常见授信风险

识别与防范

孙建林　著

中国商业出版社

图书在版编目（CIP）数据

常见授信风险识别与防范 / 孙建林著. —北京：中国商业出版社，2022.4
ISBN 978-7-5208-1926-8

Ⅰ. ①常… Ⅱ. ①孙… Ⅲ. ①商业银行—信贷管理—风险管理—研究 Ⅳ. ①F830.33

中国版本图书馆CIP数据核字（2021）第242374号

责任编辑：滕 耘

中国商业出版社出版发行
（www.zgsycb.com 100053 北京广安门内报国寺1号）
总编室：010-63180647 编辑室：010-83118925
发行部：010-83120835/8286
新华书店经销
天津中印联印务有限公司印刷
*
889毫米×1194毫米 16开 31印张 729千字
2022年4月第1版 2022年4月第1次印刷
定价：168.00元
* * * *
（如有印装质量问题可更换）

前　言

不良资产是银行家心中的痛。从大的方面看，2020 年中国银行业净利润 2 万亿元，但当年处置不良资产达 3.02 万亿元，年末不良贷款余额还有 3.5 万亿元。从小的方面看，一家银行不良资产增加，必然导致一系列的负面影响：拨备增加、利润减少、开设网点和高管任职受限、股东分红减少、股价下跌、员工薪酬下降、社会声誉受损，更严重者甚至会被清盘接管。

对于如何防范授信风险、确保资金安全这样的重大问题，改革开放几十年来几代银行人已付出了艰辛努力，防范风险的研究资料也层出不穷，但效果仍有待提高。于是笔者想，是不是该从“风险导向”这个新的角度来研究呢？银行人员首先要知道授信业务都有哪些风险，才能有针对性地加以识别和防范。就如银行讲合规，就先要知晓需要遵守哪些法规，才能审慎经营不触犯。又如司机预防事故，先要清楚可能发生哪些事故，才能做到预防性驾驶。再如医生治病人，首先要知道可能有哪些病因，才能对症下药，进而药到病除。

然而目前市场上鲜见授信业务风险分类和如何识别的书籍。有鉴于此，笔者经多年对银行大量案例的收集整理、归纳分析、提炼总结，最终形成这本研究授信业务风险类型的专著。

现在银行人都明白，授信业务经营的不仅是货币，更是风险。风险就是资金损失的可能性，经营得好就不会发生损失，经营得不好就会发生损失。

根据笔者多年的经历体会，银行对于授信风险的防控，应该从宏观、中观、微观三个层面进行。

宏观层面风险是指宏观经济形势出了问题，许多行业陷入困境，企业资金链紧张，这时哪家银行都难以独善其身，整个银行业会普遍出现不良资产。2020 年全球新冠疫情蔓延、经济下滑，企业和银行举步维艰，就是典型的宏观风险。对于宏观风险，银行应从研判经济趋势、国家政策、监管规定等方面加以防范。

中观层面风险是指一家银行经营管理出了问题，在同样的经营环境下，如果其他银行都没出问题，只有这家银行的不良资产在大幅增加，那肯定这家银行的风险管理有大问题。1998 年海南发展银行清盘倒闭，2020 年包商银行更名重组和锦州银行改革重组，都是沉痛的教训。对于中观风险，银行应通过战略导向、管理体制、风险理念、组织结构、考评机制等方面加以防范。

微观层面风险是指授信业务出了问题，在授前调查、授信审查、授后管理各环节操作中未能识别和防范风险，从而导致损失。这样的案例不胜枚举。对于微观风险，银行应从规章制度、操作流程、案例培训等方面加以防范。

本书主要是从微观层面出发，告知银行人员在具体办理业务过程中应如何识别和防范客户风险：第一要做到心知肚明，知道都有哪些风险；第二要有火眼金睛去识别这些风险；第三要有有效措施去防范和化解这些风险。

银行的授信风险管理全过程可划分为六个阶段，即授信调查、授信审查、授信审批、授信发放、授后管理、授信回收。前四个属于放款前阶段，资金在银行手上，银行具有主动性；后两个属于放款后阶段，资金已在客户手上，银行具有被动性。

对于本书中所列举的各类型风险，银行人员如果是在放款前发现的，应要求排除风险后才放款，或者直接拒绝贷款申请；如果是在放款后发现的，应立即采取措施提前收回贷款，或者采取保全措施化解风险。

按照企业风险的严重程度和紧急性，本书中所列举的风险，有些是属于“急性病”，一旦发作起来，企业立马就会陷入瘫痪，说倒就倒，对此银行人员必须高度警惕、时刻关注。有些属于“慢性病”，虽不会立刻致命，但如果不加重视，任其发展下去，问题逐渐积小成大，最终会出大问题。对于此类的风险苗头，银行人员切不可掉以轻心，要做到防微杜渐，防止小害变大祸。须知，企业的风险始终存在于企业的生命周期中，不知什么时候会爆发，银行人员从授信调查开始直到授信结清的全过程，必须随时监控，紧盯不放松。

按照企业风险的存在形式，有些风险是单一的，有些风险则是综合的。本书是把企业可能发生的各种风险，分解后逐一罗列出来，供银行人员了解掌握。在实际操作中，企业发生的问题和风险大部分不是单一的，而可能是多种风险综合存在的“并发症”。银行人员在实际工作中，对于企业存在的所有风险必须全面研究、综合判断。

本书书名之所以冠以“常见”两字，是因为本书所列举的风险类型，从时间上看，多年来不断在发生，从机构上看，各家银行都有发生，犹如授信业务中的“常见病”，必须随时加以提防。

本书所列举的各类风险，不是笔者无中生有、随意杜撰的，而是来自现实中发生的实际案例。列举这些案例并不是要让银行人员知难而退，使其不敢开展业务，而是要使大家意识到风险的危害性和风险的普遍性，要大家以小心谨慎的态度按银行的制度要求开展业务，以确保资金安全和资产收益。

本书所列举的各类风险，是银行业之前遇到的风险，是笔者对收集到的案例的研究结果。但因笔者能力和资料有限，案例收集肯定不甚全面，风险类型必有遗漏。建议各家银行能组织专门人员，将多年来本行的风险案例也好好总结一下，整理出本行应重点防范的各类风险。

此外，本书不仅列举了借款人的风险所在，也介绍了如何识别和防范这些风险的方法，供银行人员借鉴使用。然而有些方法并不一定是最有效的，建议各家银行也组织专门人员对不同类型的风险进行研究，包括危害程度、发生概率、产生原因，进而有针对性地研究出更多、更好、更有效的识别和防范方法。

本书很厚，内容很多，读者在读完每一章节后，应记住每节前面列举的风险类型，在工作中提高警惕加以防范。但书中所述风险类型太多，仅凭人脑记忆是难以全部记住的。建议银行风险管理部门把书中这些风险类型，加上本行的风险类型，加入贷前调查报告、贷时审查报告、贷后检查报告三个报告的模板中，提示各个岗位的人员，在授信调查、授信审查、授后管理工作中，对这些类型的风险都能做到有效识别和防范。

本书在写作时力求做到四点：一是讲得清，对每种风险类型都要讲得清楚；二是看得明，使每位读者都能看懂风险所在；三是记得住，本书对每种风险类型的讲述尽量简明扼要，方便读者记忆；四是用得上，本书所提供的风险防范方法来自实际，可用于实践。希望银行从事授信业务的经营人员和风控人员在阅读之后能对其有所帮助。

由于笔者能力和资料有限，书中难免存在不足之处，欢迎批评指正，谢谢！

孙建林

2021 年 12 月 1 日于北京

说明：本书中未标明出处的案例均来自笔者的《授信操作风险防范——近年 600 案例解析》（2017 年 8 月由企业管理出版社出版）一书。

目 录

第一章 借款人风险

第二章 借款用途风险

第三章 还款来源风险

第四章 授信条件风险

第五章 担保人风险

第六章 抵押风险

第七章 质押风险

第八章 虚假资料风险

第九章 银行授信风险苗头

第十章 专项授信业务风险

附 录

第一章 借款人风险

防范风险要从选对客户开始。

——一位行长的话

我国银行业之所以发生大量不良账目和坏账，是由许多原因综合而成。但作者认为，从授信业务操作层面来看，可归纳为两大原因。

第一大原因是不法分子欺诈银行。有的人在申请贷款时就没打算偿还，一旦骗到资金后就人去楼空、远走高飞，造成银行损失。这在《中华人民共和国刑法》（以下简称《刑法》）第一百九十三条有对应的罪名是“贷款诈骗罪”，最高可判无期徒刑。还有的人是以虚假资料骗取贷款后挪作他用，如果有钱就归还银行，如果没钱就不还，造成银行损失。这在《刑法》第一百七十五条中对应的罪名是“骗取贷款罪”，最高可判7年有期徒刑。

【参阅资料】《刑法》中相关条款

第一百九十三条 【贷款诈骗罪】有下列情形之一，以非法占有为目的，诈骗银行或者其他金融机构的贷款，数额较大的，处五年以下有期徒刑或者拘役，并处二万元以上二十万元以下罚金；数额巨大或者有其他严重情节的，处五年以上十年以下有期徒刑，并处五万元以上五十万元以下罚金；数额特别巨大或者有其他特别严重情节的，处十年以上有期徒刑或者无期徒刑，并处五万元以上五十万元以下罚金或者没收财产：

（一）编造引进资金、项目等虚假理由的；

（二）使用虚假的经济合同的；

（三）使用虚假的证明文件的；

（四）使用虚假的产权证明作担保或者超出抵押物价值重复担保的；

（五）以其他方法诈骗贷款的。

第一百七十五条之一 【骗取贷款、票据承兑、金融票证罪】

以欺骗手段取得银行或者其他金融机构贷款、票据承兑、信用证、保函等，给银行或者其他金融机构造成重大损失或者有其他严重情节的，处三年以下有期徒刑或者拘役，并处或者单处罚金；给银行或者其他金融机构造成特别重大损失或者有其他特别严重情节的，处三年以上七年以下有期徒刑，并处罚金。

对于“贷款诈骗”和“骗取贷款”，本书中统称为欺诈。

第二大原因是企业经营失败。企业申请贷款时提交了各项真实资料并获银行审批同意，但拿到贷款后却因经营不善而最终破产，造成银行贷款资金损失。刑法对此类借贷纠纷不予追究，由银企双方通过民事诉讼等方式自行解决。

鉴于欺诈风险对银行的危害如此之大，银行防范欺诈风险如此之重要，故本书中凡涉及防欺诈的内容，都放在各章节的最前位置，包括欺诈的危害性、欺诈的手段，以及如何识别与防范欺诈案件，请银行高管和各岗位人员务必高度重视。

第一节　欺诈风险

一、欺诈危害的严重性

对于商业银行而言，业务发展是成长线，资产质量是生命线。一家银行如果不是以安全经营为前提，时常发生刑事案件和屡屡发生不良贷款，那就是有再大的经营规模和再多的利润也会前功尽弃、满盘皆输。

多年来，新闻媒体有关欺诈案件的报道，令人触目惊心，因此，银行务必要提高警惕，防范欺诈行为。

（一）欺诈的含义与构成要点

所谓欺诈，是指欺诈方故意隐瞒真实情况或者故意告知对方虚假的情况，欺骗和诱使对方做出错误的意思表示而订立合同。欺诈具有以下构成要点。

1. 欺诈方有欺诈的故意

这是指欺诈方明知告知对方的情况是虚假的，并且会使对方当事人陷入错误而仍为之。欺诈的故意既包括欺诈人有使自己因此获得利益的目的，也包括使第三人因此获得利益的目的，均使得对方当事人受到损失。

2. 欺诈方有欺诈的行为

这是指欺诈方将其欺诈故意表示于外部的行为。欺诈行为在实践中可分为故意陈述虚假事实的欺诈和故意隐瞒真实情况使他人陷入错误的欺诈。故意陈述虚假事实是指行为人故意告知虚假情况，如借款人将产品滞销说成畅销，将经营亏损说成盈利等。故意隐瞒真实情况是指行为人负有义务向他方如实告知某种真实情况而故意不告知的，如借款人隐瞒真实贷款用途，隐瞒有高利贷债务，隐瞒有司法纠纷等。

3. 受欺诈方签订合同是由于受欺诈的结果

这是指欺诈行为使他人陷入错误，并使得他人由于此错误在违背其真实意愿的情况下而签订了受欺诈的合同。

（二）欺诈风险对银行的危害

银行为什么要高度重视防范不法分子的欺诈风险呢？因为每年发生欺诈案件的次数和金额，

虽然在银行业资产总量中占比很小，但给当事银行带来的危害性极大，资金损失率最高，造成了严重的后果和惨痛的教训。其现实危害总结如下。

1. 银行高管人员被免职

例一：2009 年 4 月，北京某商业银行爆出二手房和小企业 7.08 亿元贷款重大诈骗案件。2012 年 10 月，北京市高院终审对该行多名涉案的支行长、副行长等人判处 20 年及以下的有期徒刑。银监会对总行行长以及分管信贷的副行长处以罢免职务并终身不得再从事金融服务业的处罚。

例二：2010 年 12 月 6 日，山东某商业银行爆出 6 亿元假存单质押贷款的诈骗大案。2013 年 6 月 14 日，济南市中院公开审理查明，被告人刘某源自 2008 年 11 月起在两年时间内，采取私刻存款企业和银行印鉴，伪造质押贷款资料、银行存款凭证、电汇凭证、转账支票等手段，骗取多家银行和企业资金共计 101.3 亿元。案发后，依法追缴赃款赃物合计 82.9 亿元，但仍有近 20 亿元的损失。法院认为，被告人刘某源的行为构成贷款诈骗罪、金融凭证诈骗罪、票据诈骗罪、诈骗罪。四罪并罚，决定执行无期徒刑，剥夺政治权利终身，并处没收个人全部财产。山东该商业银行“三长”即董事长、监事长、行长案发后皆被免去职务。

2. 银行涉案人员被判刑

银行领导应该明白的是，只要该行发生了贷款诈骗的刑事案件，全行上下将大受影响，要花很多时间、精力、财力去处理“后遗症”。

银行员工应该明白的是，只要触犯了刑法，哪怕只判了一年，也会自此结束职业生涯，家人生活等也难免受到影响。

例一：海南某县信用社副主任在 2004 年 3 月主持工作期间，利用冒名、假名等方式骗取其所在信用社贷款 45 笔共计 114 万元。2009 年 9 月法院判决，其犯职务侵占罪判刑 12 年，犯贷款诈骗罪判刑 10 年，决定执行有期徒刑 20 年，并处罚金 5 万元。

例二：上海某纳米复合材料公司总经理周某，自 2001 年 9 月起勾结某家银行支行信贷科副科长陈某某，伪造存款单位的担保承诺，骗开银行承兑汇票 42 笔，金额共计 2.96 亿元，造成实际损失 2.5 亿元。最终法院以票据诈骗罪判处周某死刑，判处陈某某死刑，缓期两年执行。

例三：2008 年 2 月，审计署在审计北京某国有银行开发区支行核销 9 亿多元的呆坏账时，发现某民营集团办理虚假按揭 555 笔，金额共计 6.6 亿元。该支行还 46 次滚动开出 4.6 亿元的承兑汇票。公安部证券犯罪侦查局北京分局为此成立了专案组。2009 年 12 月，北京一中院一审判决该民营集团董事长犯贷款诈骗罪，判处无期徒刑，剥夺政治权利终身，没收个人全部财产；该开发区支行长因违法发放贷款罪、违规出具金融票证罪，被判处有期徒刑 20 年，副行长被判处有期徒刑 19 年。

【参阅资料】

中国银保监会办公厅2020年2月20日发布《关于预防银行业保险业从业人员金融违法犯罪的指导意见》，其中第十九要求严肃责任追究：“对违法违规行为事实清楚、证据充分的，要对案件相关责任人严肃追究责任。发现涉嫌违法犯罪的，应及时移送监察机关、公安机关和司法机关处理，积极配合有关部门查清犯罪事实，不得以纪律处分或者解除劳动合同代替刑事责任追究。”

3. 银行坏账增加和利润减少

银行如果发生贷款欺诈案件，涉案贷款资金追回的可能性很小，必然形成损失，从而导致银行坏账增加和利润减少。假如某家分行出现一笔1000万元的不良贷款，按照银行监管部门150%的最低拨备比例要求，银行当年至少要计提1500万元的坏账准备金，由此减少当年利润1500万元。

4. 影响银行开设网点和高管任职

银行监管部门对于多次发生刑事案件的银行，通常会采取暂停审批新设网点、暂停高管人员任职资格等处罚措施，使得银行的经营发展受到限制。近年来，监管部门更是不断加大对涉案银行机构和人员的处罚力度。

5. 影响银行各方的经济利益

银行刑事案件和坏账增加导致利润的减少，必然会影响到银行各方面的经济利益，包括股东分红减少、银行股价下跌、员工工资奖金福利减少，等等。

6. 影响银行社会声誉

在现代社会中，手机微信、互联网、广播、电视等媒体具有快速广泛传播的功能，哪家银行一旦发生刑事案件，经过法院判罚公告，短时间内全社会都能知道，使得当事银行声誉受到影响，而声誉的无形损失有时要比资金的有形损失更大。

7. 破坏社会经济秩序和金融秩序

重大的贷款诈骗案件，由于涉及金额巨大、影响恶劣，在给国家、银行、企业和个人造成经济损失的同时，也严重破坏了整个社会的经济秩序和金融秩序，损害了金融机构的信誉，损坏了国家的经济建设环境。贷款诈骗罪侵犯的客体，不仅侵犯了银行贷款资金的所有权，更侵犯了国家的金融管理制度。

> 要想不被骗，就不要和骗子打交道。
>
> 要想学会做好的贷款，先要学会拒绝不好的贷款。
>
> ——一位行长的话

二、虚假借款人风险的类型（3种）

不法分子要骗取银行的信任，必然要作假。大量案例表明，不法分子对银行的欺诈行为主要集中在这几个方面：虚假借款人、虚假借款用途、虚假还款来源、虚假授信条件、虚假担保条件、虚假资料等。

本节主要讲解如何防范虚假借款人。

虚假借款人风险的类型（3种）
● 假公司 ● 假地点 ● 假人员

（一）假公司

如果银行把资金贷给了一个根本就不存在的公司，这样的风险还不够大吗？虽然这种情况看似不可能，但现实中银行被骗的案件为数不少。常有的情况是，几个不法分子注册后成立一个假公司，骗到银行贷款后就人去楼空。

一般来说，制造行业造假难度较高，因为制造业企业生产需要征地、盖厂房、进设备、买原材料、招工人等，资金投入会很大，成本比较高、时间比较长。而做商业贸易的公司的造假难度则相对较低，只需要几间办公室、几个员工就行。因此，银行人员对于新成立的公司、外地公司、第一次打交道的公司，都必须十分小心。

由于假公司不真实，几乎所有东西都是靠造假，因此银行人员只要提高警惕性，加强专业识别能力，遵守职业道德，不贪占便宜，不失职渎职，要发现真相是不难的。

◆ 要从多方面查实公司身份的真实性，比如：到工商局调查公司的注册和年审情况，到公安部门调查公司刻制公章情况，到开户银行调查公司的开户情况，到行业协会或商会调查公司的信誉情况，到公司生意伙伴调查公司的合作情况，到公司左邻右舍了解对公司的生产印象，等等。

◆ 要查实公司的实际控制人是谁，他的社会经历如何，有无不良记录，资产积累过程是否正常，股东资质是真有实力还是挂名的。如果发现有可疑之处，要做更深入的调查，查清背后的真相。

◆ 去公司实地调查时，不能走马观花，不能仅看生产线的表面现象，还要看水表、电表、原材料、产品等能证明公司真实生产经营情况的数据。

◆ 对于有怀疑的公司，不仅要明察，还要暗访，不能只按公司安排好的时间去检查，还要采取“突击调查”“飞行检查”“杀回马枪”等方式，事先不和公司打招呼，直接就去现场查看，甚至可采用无人机、监控摄像等高科技手段，发现公司的造假行为。

> 不怕乱如麻，只怕不调查。
>
> ——一位行长的话

假公司是这类公司的统称，细分类型有：虚假公司、皮包公司、空壳公司。

1. 虚假公司

这种子虚乌有的公司具有典型的“三无”特征：无办公地点、无正经工作人员、无生产经营。他们递交的申请资料都是虚假的，包括假营业执照、假高管人员身份、假注册验资报告、假法人公章、假财务章、假委托书等。

在我国改革开放初期，这类三无公司比较多。但随着后来各家银行加强贷前调查管理，要求客户经理必须双人实地调查，此类公司已难以蒙混下去了，现在也难见有这方面案件的报道了。但值得注意的是，在个人贷款业务方面，例如房屋按揭贷款、汽车按揭贷款、个人经营贷款等，不法分子以虚假资料杜撰虚假借款人，骗取银行贷款的案例仍时有发生。银行人员必须严格执行实地调查、面谈面签制度，防止上当受骗。

2. 皮包公司

皮包公司通常是不法分子注册的一家贸易公司，有办公场所但很小，有工作人员但很少。由于公司的公章就放在老板的皮包里随身携带，故称为皮包公司。皮包公司的诈骗手段主要是靠虚假的贸易合同，加上对银行人员行贿而达到目的。

在我国1979年改革开放初期，部分沿海城市有大量的“三来一补”对外贸易方式（来料加工、来样加工、来件装配、补偿贸易），许多皮包公司由此而生，许多骗贷案件也由此发生。随着后来银行不断加强对贸易背景真实性的调查，皮包公司骗贷的案件已经减少了很多。

银行防骗措施：一是要小心那些注册成立时间不长的公司，二是要小心那些办公地点不正常的公司，三是要小心那些员工对公司情况一问三不知的公司，四要小心那些拿来的合同金额都非常大的公司。

对于有怀疑的公司，银行人员可以在其众多的贸易合同中，随机抽查一些大金额的合同，到其买卖的上下家公司去调查。还可以要求这些贸易公司提供与贸易有关的材料，如购销合同、发票、保管单、运输单、保险单等，多方面交叉核实贸易的真实性。

在下面这个案例中，一家只有5个人的皮包公司，使用虚假企业印章，冒签他人姓名，伪造工矿购销合同、资产负债表、虚假验资报告、增值税专用发票、保证人声明书等资料，居然骗取银行近2亿元。

案例

深圳皮包公司骗贷1.83亿元

（来源：深圳特区报，吴涛，2012年8月4日）

《深圳特区报》讯，一家没有任何实际业务的皮包公司，在不到1年时间内，凭借伪造各种虚假资料，骗贷1.83亿元。2012年8月3日，该公司的财务经理在市中级人民法院受审，其他主要涉案人员已判刑。

被告人贺某，初中文化，原××市港航机电有限公司（以下简称“洪航公司”）财务经理。据检方指控，1998年7月至1999年3月，贺某和周某、吕某、刘某（均已被判刑）、项某（另案处理）一起，使用虚假的企业印章，冒签他人姓名，伪造工矿购销合同、资产负债表等资料，使用虚假的验资报告、增值税专用发票、××市盐田港集团有限公司的保证人声明书、以盐田港集团为出质人的质押合同等贷款资料，以××市港航机电有限公司、××市恒德丰投资发展有限公司为借款人，骗取甲银行发展大厦支行、乙银行深圳分行等开具银行承兑汇票，然后向银行贴现，再分散转账到其他单位账户换取现金，或转到港航公司账户。

案情显示，他们用这种方法，共计诈骗人民币1.83亿元，其中有部分贷款已经用其后所骗贷款归还，但尚有人民币1.4亿元没有归还。

检方认为，被告人贺某无视国家法律，以非法占有为目的，编造虚假的投资项目，使用虚假的经济合同和证明文件，骗取银行贷款，数额特别巨大，应以贷款诈骗罪追究其刑事责任。

3. 空壳公司

有段时期，空壳公司骗取银行贷款的案例被媒体大量报道，说明其活动的猖獗性。空壳公司有商贸型的，也有生产型的，常见表现形式有：公司法定代表人与实际控制人不符，公司注册资本与实际情况不符，注册登记地址与实际经营地址不符，不法分子名下注册有多家空壳公司。

空壳公司的经营场所通常有以下特征。

一是空壳公司的营业场所往往都是短期租赁，或者有多个办公场所，甚至有多家公司同租一间办公室的情况。银行人员在上门考察时，应要求公司提供场所租赁合同。一般来说，生产型公司租赁期较长，商贸型公司租赁期较短，如果租赁期低于一年则需要公司负责人做出合理解释。银行人员在考察时，还应调查房屋的业主或者写字楼物业公司，该公司的房屋租赁合同是否属实，是否有停止办公、来往人员复杂等其他异常情况。

二是空壳公司办公场所内人员很少，除了老板之外只有两三个人在办公，现场的电脑数量大于工作人员数量。

空壳公司为了骗取银行贷款，会制造许多假象：

◆ 注册多家关联公司，而实际控制人就一人。各公司营业执照上的法定代表人并不是实际控制人。

◆ 用骗来的资金注册新公司，在完成验资和工商登记后，再抽逃资金。

◆ 在关联公司之间签订大量虚假的贸易合同。

◆ 用骗取的银行贷款资金，在关联公司的银行账户之间不停转账，造成各个公司有很大销售收入和现金流充裕的假象。

有的空壳公司也有生产线，但由于没有订单，平时根本不启动，只有当银行人员要上门检查时，再临时召集一些闲人假装上线，制造生产的假象。

案例

男子注册140多家空壳公司骗贷25亿元

（来源：荆楚网—楚天金报，2011年3月30日）

1962年出生的何某军虽然只有高中文凭，却将几十亿金钱玩于股掌之上。2011年3月28日，涉嫌制造浙江“贷款诈骗第一案”的何某军在杭州受审，法院宣布将择日进行宣判。

何某军是原浙江之俊控股集团老总，1995年，他在富阳开了第一家公司，并以这个公司，开始了他的骗贷历程。

检方指控：在过去的10多年里，何某军开了140多家空壳公司，骗了多家银行的贷款，最多时高达25亿元。

140多家空壳公司，构成了所谓“之俊系”企业集团，这些企业都是何某军骗贷的工具。为了不被发现，这些公司基本上不以何某军的名字注册，而都是一些不太相关的人，比如公司的打字员、食堂的厨师，甚至给他家里看孩子的保姆，都挂上了股东的名字。

何某军骗贷速度惊人。1996 年底，何某军控制的“之俊系”公司的贷款就有 4838.15 万元。至 2003 年，他操控的“之俊系公司”的贷款高达 25 亿余元之多。多年来，何某军一直采取虚构利润等方式从银行骗贷，并用新贷来的款来偿还之前的旧账维持资金循环。警方调查发现，何某军骗贷的案子基本金额都在千万元以上，仅某银行杭州一家支行，就被何某军骗贷超过 3 亿元。

因为骗贷得来的大笔现金没地方放，何某军专门给情人买了套豪宅堆放现金，让情人看管。情人一个人看这么多钱觉得心里发慌，还叫来了亲人一起守钱。

圈钱容易，何某军出手也相当阔绰。为了搞定一系列复杂的法律纠纷，他仅律师的咨询费就花了 1.3 亿多元。

何某军也深知多行不义必自毙的道理，他早就想到迟早有一天会东窗事发，很早就开始谋划将赃款转移境外，还把妻儿都送到了国外。为了方便逃亡，何某军曾仔细研究过偷越国（边）境的相关法律、法规和操作手段。

得知警方立案侦查后，2006 年 7 月 5 日，何某军仓皇出逃到马来西亚。

逃亡 3 年半之后，2010 年 1 月 21 日，何某军在吉隆坡某酒店被抓获，后被引渡回国。

（二）假地点

银行制度规定，经办人员在授信调查阶段，必须到公司或工厂进行实地调查；在授信发放阶段，必须到借款人和担保人处实地核保和当面签字盖章；在授信后的管理阶段，必须到公司或工地、水电站、造船厂等实地检查贷款资金使用情况和工程进度。

面对银行的实地调查要求，有些不法分子由于没有自己真实的生产经营场所，通常会采取偷梁换柱的障眼法，精心布下迷局，用假地点接待银行人员。主要有两种做法，一种是布置出一个假公司进行接待，另一种就是把银行人员带到其他单位去参观。银行人员必须防止假地点陷阱。

银行人员在现场调查时，应注意是否有以下的疑点。

老板总是刻意领银行人员转到公司或工厂中人少的地方去查看，急匆匆地想早点结束贷款调查。还有进门就给旁人使眼色，逢人便递香烟。调查人员在心里就要画出问号，为什么老板要如此讨好工人？这工厂究竟是谁的？

老板很不熟悉公司内部情况，比如在要查找一些常见的物品和单据时，却根本不知道这些东西放在何处，还得不停地打电话询问，这与其主人的身份不相吻合。

银行调查人员在对公司多人访谈时，每个人对相同问题的表述不一致，或是趁调查人员不注意时用眼神交流，避免一些话题“穿帮”，或是总有人为另一人“圆场”，这些现象都有较大疑点。

老板作为被访对象，自己对公司不甚了解，而其朋友在旁边却能夸夸其谈，讲得头头是道，究竟是谁在经营这家企业？

调查人员与工人聊天时，工人对问题三缄其口，表示什么都不清楚，或是对调查人员充满戒心，或是对“老板”的到来视而不见，照常聊天抽烟。

银行防范措施：银行调查人员实地调查时，不能被对方人员牵着鼻子走，可出其不意半途停下了，随意询问公司中其他员工一些问题，如那位是你们老板吗？你们待遇怎么样？通过交叉核实，确认公司和老板的真实性。还可以根据公司营业执照上标明的地址去查找，或者用地图软件自行确认。

案例

孙某把信贷员带去别人公司参观

孙某向一家银行分行申请了小额贷款，提供了以他为法定代表人的公司营业执照、税务登记证复印件，并提供了营业场所的租赁合同以及银行往来对账单。银行提出要看证照原件，孙某谎称原件恰好拿去工商局审核了。

当银行要到他公司实地调查时，孙某把银行信贷员带到某数码经营部，楼上楼下一路“讲解”，该经营部的员工也显得与他很熟的样子。这些表象让银行的信贷员信以为真。很快，根据调查结果，银行向孙某发放了10万元贷款。但他们没料到的是，这不过是孙某导演的一出“借鸡生蛋”的把戏。

在还完3个月的贷款利息后，孙某就没了音讯。银行立即派人来到那家数码经营部，才知道孙某不过是一名曾经到这里修过数码相机的顾客，只是与经营部的老板韩某比较熟悉，而且他经常出入，认识了这里的不少员工，因此，当他热情地带着信贷员“逛店”的时候，没引起任何人的怀疑。

“他说他是搞教育的，能帮我扩大电脑销量，还会带着客户到我的店里谈生意。”韩老板怎么也没想到，偶尔认识的一个顾客，竟然将他拉下了水。当时银行信贷员进店考察时，他还以为是孙某带来的大客户呢。

一家公司两块牌子

银行调查人员对A高凌公司感觉一切都正常，但是作为一家新成立不久的公司，似乎又有点太正常。转了一圈下来，又与相关人员了解了一些企业情况，并翻看了一下企业的订单（新成立不久，没有前期销售记录），前景确实不错。担保公司的人员也挺认可，毕竟一家新成立企业能投入资金购置这么多机器设备，又能有这么多的订单，要向银行借款补充流动资金，似乎没有什么不对。

破绽出在企业车间里一台大型机器的铭牌上，上边印的企业名称不是A高凌公司，而是一字之差却高度相似的B高陵公司。于是银行人员多了一个心眼，回单位后一调查，果然这两家公司的注册地址相同，实际控制人名字完全一样，明显就是一家公司两块牌子。而B高陵公司在那个时候已经负债累累，接近破产倒闭边缘，想通过换成A高凌公司的牌子到银行来借款。银行发现后，立即停止了贷款。

● 提示：某些公司为了骗取银行贷款，往往会采取弄虚作假、偷梁换柱的障眼法，银行调查人员在现场调查时务必多个心眼，仔细查看，不可错过任何可疑之处，从细微处发现出大隐患。

（三）假人员

不法分子现在基本都知道银行有贷前调查和核保制度，就是银行经办人员必须到公司现场，当面看着公司负责人亲自在借款合同和担保合同等法律文件上签字盖章。为了假冒公司负责人蒙骗银行人员，不法分子往往会设下圈套，布下陷阱，事先在银行人员要去签章单位的办公大楼里，或借或租地找一间办公室，然后冒充公司的负责人或财务主管，出面接待银行调查人员，递交假名片，当面在有关资料上签假字、盖假章。

更有甚者，不法分子还可能买通了公司中的“内鬼”出面，内外勾结、里应外合地接待银行前来调查和核保的人员，令银行人员防不胜防。

银行防范措施：银行经办人员去现场时务必保持警惕性，防范公司中有假冒人员布下陷阱。要采取多种方式识别对方人员的真实身份，比如：

（1）采用陌生拜访方式，不提前与对方预约，而是直接上门见面。

（2）提前收集对方负责人员的照片并记住相貌。

（3）注意观看公司墙上宣传栏中相关负责人的照片，并与实际人员对比。

（4）到公司后随机地、巧妙地请第三方旁人从侧面辨别确认。

（5）除了看对方身份证之外，突然提出要看驾驶证等其他证件，因为不法分子一时拿不出来。

（6）事先掌握公司负责人手机号码，现场拨打该电话，看是谁在接电话。

（7）现场用手机对有关人员拍照和录像，离开公司后找人确认。

银行对于大金额《借款合同》《担保合同》的签署，不要采用派客户经理上门面签约的方法（很容易上当受骗），而是采用签字仪式的方式，要求对方法定代表人、班子成员、财务主管、经办人员等多人共同出席，并摄影拍照。用签字仪式这种方法，能很好地杜绝假冒人员签字的骗局。

核对借款申请人身份证是否真实，可用以下方法。

（1）使用居民身份证阅读机具进行鉴别。

（2）通过公民身份信息联网核查系统核实。

（3）通过户口簿、护照、驾驶证等证件对比核实。

（4）到被核查人户籍所在地公安机关申请核实。

（5）到借款申请人单位询问其同事，或访问左邻右舍，提供照片辨认。

（四）防范四种骗贷情形

当银行人员在贷款调查阶段要去公司实地调查，或在放款阶段要去公司实地对借款合同等法律文件签字盖章时，有时对方公司会派来车辆，将银行人员接到其办公场所，见到对方的有关负责人，开展调查或核保事项。于是在现实中，不法分子为了骗取银行的信任，常常会布好局、设好套，以假地点或假人员蒙骗银行人员。接待的地点可能有真有假，接待的人员也可能有真有假，由此排列组合出四种可能骗贷的情形，见图 1–1。

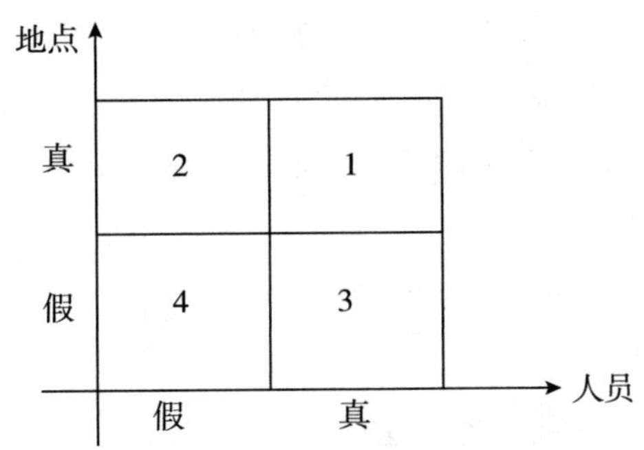

图 1-1　可能骗贷的情形

按银行人员识破骗局的难度（由难到易）排序如下。

第一种情形：真地点、真人员。就是说，公司办公场所是真的，出面接待人员的身份也是真的，属于对方“内鬼”作案。这种情况最难防，识破骗局的难度也最大。

第二种情形：真地点、假人员。在真的公司办公场所里，不法分子假冒公司人员出面接待银行人员。目前诈骗案件中这种情形最多。

第三种情形：假地点、真人员。就是身份真实的公司人员把银行人员带到别人的工厂、工地去看，骗说是自己的公司。这种情况也时常发生。

第四种情形：假地点、假人员。不法分子假冒公司人员把银行人员带到虚假的地方去参观调查。这种情况最容易被识破，因此目前已很少发生。

银行人员在做贷前调查和核保时，务必确认公司地点和人员的真实性，谨防上当受骗。

三、防欺诈需要各方齐抓共管

鉴于贷款诈骗的大案要案不时发生，危害性极大，亟须三个层面的齐抓共管，共同防治。

（一）银行监管部门要有针对性地采取管理措施

贷款欺诈是危及银行资金安全和社会金融秩序的重大犯罪活动，国家历年来监管部门十分重视，多次发文要求各家银行加强管理。

《关于印发银行业金融机构案件处置三项制度的通知》（银监发〔2010〕111 号）
《关于落实案件防控工作有关要求的通知》（银监办发〔2012〕127 号）
《关于建立银行业金融机构案件防控统计制度（试行）的通知》（银监办发〔2013〕25 号）
《关于 2013 年银行业案件防控工作的意见》（银监办发〔2013〕46 号）
《关于印发银行业金融机构案件问责工作管理暂行办法的通知》（银监办发〔2013〕255 号）
《关于印发银行业金融机构案防工作办法的通知》（银监办发〔2013〕257 号）
《关于印发银行业金融机构案防工作评估办法的通知》（银监办发〔2013〕258 号）
《关于 2014 年银行业案件防控工作的意见》（银监办发〔2014〕26 号）
《关于印发银行业金融机构案件风险排查管理办法的通知》（银监办发〔2014〕247 号）

《中国银监会关于银行业风险防控工作的指导意见》（银监发〔2017〕6号）

《关于进一步强化内控合规管理防范案件风险的通知》（银监办发〔2017〕10号）

《关于预防银行业保险业从业人员金融违法犯罪的指导意见》（银保监办发〔2020〕18号）

除了落实国家发布的规定和要求外，建议银行监管部门还应从以下几方面采取措施。

1. 加强防范诈骗的宣传力度

公安消防部门对于消防安全的宣传是不遗余力的，大街小巷里预防火灾的宣传广告深入人心；交通管理部门对交通安全的警示标语，在公路两侧也随处可见。银行一笔不良贷款的金额成千上亿元，损失不可谓不大，也应该加大防范案件的宣传力度。监管部门应该要求银行加强防范诈骗的宣传力度，可在各有关场所都张贴风险提示，使员工们抬头可见，时刻保持对风险的警觉性。

2. 做好对案件原因的研究工作

对于风险案件的防范工作，不能只满足于发文件、定制度、开会议、抓检查，搞处罚，还应对每笔案件发生的具体原因进行认真研究，找出漏洞细节在哪里，到底是制度上有漏洞，还是执行中有问题，详细告诉各家银行经营机构，有针对性地对照检查，做到防患于未然或亡羊补牢。总之，对于一家银行发生过的案件，不能让它在其他银行再次发生。

3. 协调政府有关部门共同防范

不法分子要诈骗银行，首先要在证件、公文、印鉴等资料上造假，而且现在造假的仿真度越来越高，银行人员肉眼根本难以识别，上当受骗的概率很高。防风险、防诈骗需要全社会齐抓共管。建议银保监会推动政府各主管部门开设鉴证窗口，按照“谁发证、谁鉴定”的原则，专门受理银行提交的证件、公文、印鉴并进行鉴伪（可收费），帮助银行识别识破不法分子的造假行为，从源头上堵截诈骗案件发生的可能性。

比如，由公安部门受理身份证和公章真伪的查证，工商部门受理营业执照真伪的查证，税务部门受理发票真伪的查证，民政部门受理结婚证件真伪的查证，房管部门受理产权证和他项权证真伪的查证，土地部门受理土地证真伪的查证，林业部门受理林权证真伪的查证，等等。另外，银行、会计师事务所、律师事务所、评估事务所、公证处等，对本单位出具的文件，均有受理真实性查证的义务。通过这些“照妖镜”使社会上的不法分子难以造假，无处可藏，露出尾巴，现出原形。

（二）银行高管要不断健全管理制度

银行是一架风险管理机器，必须有一套好的管理制度，才能保证银行安全运行。凡存在漏洞的制度，都有使银行出问题的概率。千里之堤，溃于蚁穴。因此，必须加强银行规章制度的建设，堵截风险漏洞。同时，要求员工严格按规章制度执行，防止操作性风险。还必须加强对全体员工特别是高管人员的思想教育和行为管理，防止个人因违法违规而出卖银行利益，造成银行资金重大损失。

（三）银行员工要不断提高识假和防骗能力

诈骗行为大部分是发生于业务操作过程中的。即使银行授信政策是正确的，制度规定是严密的，如果经办人员在业务操作中走样，还是会出问题的。

银行员工应重点注意：一是要在思想上充分认识贷款诈骗的危害性，在办理各项授信业务的过程中，对客户的各种攻关手段保持头脑清醒，不得损害银行利益为己谋取私利；二是要经常参加培训，了解不法分子的诈骗伎俩，尤其通过学习最新案例吸取教训，不断提高业务水平和识假反假能力；三是要按银行规章制度和操作流程办事，认真执行岗位职责，在授前调查、授信审查、授信后检查的过程中，用火眼金睛识破骗贷迷局，及时堵截和化解诈骗风险，确保银行资金不出问题。

四、放款阶段应防范的欺诈风险和操作风险

授信经过调查、审查、审批三个阶段之后，将进入放款阶段。这是资金离开银行的最后一道关口。银行人员在这个阶段要做的工作有：制作借款合同和担保合同，到借款人和担保人处签署合同（简称“核保”），办理抵押或质押手续，客户提取贷款，等等。

当出现以下情形时，小心可能存在欺诈风险。

（1）客户营业场所与营业执照标注地点不符。

（2）客户只在周末和节假日接受银行上门核保。

（3）客户只在单位会议室接待银行核保人员，阻止去领导办公室。

（4）借款合同等法律文本签署地点未在企业法定代表人办公室。

（5）借款合同等法律文本盖公章地点未在企业印章管理部门。

（6）签字盖章人员提供不出授权书或转授权书。

（7）抵质押权利登记证书，不是通过登记机关的业务窗口取得。

当有以下情形时，属于操作风险。

（1）借款合同和担保合同中有不利于银行的条款。

（2）借款合同等法律文本的制作不符合银行规定。

（3）借款合同等法律文本的签字盖章不符合银行规定。

（4）核保未按“双人、实地、当面、复核”原则执行。

（5）银行人员未核实对方人员身份的真实性。

（6）抵质押手续未落实。

（7）放款条件未达到审批要求。

（8）放款操作程序不符合银行制度要求。

（9）超过授信额度放款。

（10）超越工程进度放款。

（11）档案移交不符合规定。

> 事后控制不如事中控制，事中控制不如事前控制。
>
> 防风险，要“三早”：早发现、早行动、早化解。
>
> —— 一位行长的话

银行人员在办理业务的过程中，对法律要有敬畏之心，要知法、懂法、守法，要警示客户不要去触犯到以下与信贷业务有关的刑事法律。

第二节　实际控制人风险

一、实际控制人风险的概念

企业实际控制人是企业的领军人物和主心骨，他们大多数视野开阔、思维敏捷、敢为人先、艰苦创业、执着创新。一位合格的实际控制人能带领企业不断发展壮大，也能给银行业务带来良好的综合效益，是各家银行积极争取合作的伙伴。

但不可否认的是，企业实际控制人也难免会有缺点、会犯错误。企业实际控制人的不良嗜好和性格缺陷会给企业带来风险，例如偏好投机炒作，一旦失败，就可能会占用企业资金，为企业带来巨大风险。若企业实际控制人沾染上不良恶习，则可能会毁掉整个企业。

对于银行而言，必须重视的问题是，如果企业实际控制人出了事，必然影响到企业的经营和发展，再好的企业也会急转直下。因此，对于实际控制人的个人风险，银行必须高度关注。

企业实际控制人，是指虽不一定是企业的股东，但通过投资关系、协议或者其他安排，能够实际控制公司行为的自然人、法人或其他组织。

根据《上市公司收购管理办法》《股票上市规则》《中小企业板上市公司控股股东、实际控制人行为指引》等文件，有下列情形之一的，被认定为实际控制人。

（1）单独或者联合控制一个企业的股份、表决权超过该企业股东名册中持股数量最多的股东行使的表决权。

（2）单独或者联合控制一个企业的股份、表决权达到或者超过 30%。

（3）通过单独或者联合控制的表决权能够决定一家企业董事会半数以上成员当选的。

（4）能够决定一家企业的财务和经营政策，并能据此从该企业的经营活动中获取利益的。

（5）有关部门根据实质重于形式原则判断某一主体事实上能对企业的行为实施控制的其他情形。

为论述方便，本书将法定代表人、企业家、领导、一把手、老板等多种称呼统称为企业实际控制人。其他有关名词定义如下。

贷款，其动词形式是指银行向客户出借资金使用权，并按约定期限和利率回收本息的经营行为，如银行贷款给客户。其名词形式是指能产生利息的货币资金，如申请贷款、偿还贷款等。

信贷，是指银行向客户出借资金使用权的表内业务，包括贷款和贴现。

授信，是指银行向客户授予信用，包括表内的信贷业务和表外的开证、开票、开保函等业务。

用信，是指客户使用授信。

二、实际控制人风险的类型（21种）

从近年来发生的案件来看，当企业实际控制人出现以下5类21种问题时，有可能导致银行贷款出现风险。这些问题有的是持久的、隐蔽的，有的则是临时的、突发的。银行人员在进行授前调查、授信审查和授信后检查时，必须十分警惕，及时发现并采取措施加以防范和化解。

实际控制人风险的类型（21种）
（一）健康风险 ● 暗疾——有重大健康暗疾隐患 ● 重病——重病已不能正常工作 ● 身亡——正常或非正常死亡 ● 失联——突然失踪或无法联系
（二）违法违规 ● 涉案——涉及刑事案件被司法机关传唤、拘留、逮捕或判刑 ● 涉讼——涉及民事纠纷诉讼 ● 欺诈——对他人发生过欺诈行为 ● 传闻——媒体和社会对其有负面报道或不良传闻 ● 其他——违反国家法律法规的其他情形
（三）资金紧张 ● 投机——存在大量炒股、炒期货等高风险投机行为 ● 借贷——参与（或曾经参与）民间高息借贷活动 ● 欠债——仍有拖欠民间大额个人债务 ● 不良——个人征信系统中有（或曾有）大额不良贷款记录 ● 违约——个人信用卡有违约记录 ● 转股——非正常原因向他人转让（或拟转让）股权
（四）行为异常 ● 身份——无法确认是否为企业实际控制人 ● 离职——非正常原因离开原企业或现企业的重要职务 ● 异常——频繁跳槽、常换手机号等异常情况
（五）家庭问题 ● 家庭——家庭存在重大纠纷（婚姻、财产、子女、遗产等） ● 移民——本人或全家已经（或正在）办理移民 ● 退休——本人已经（或将）办理退休

（一）健康风险

企业实际控制人虽然一方面有事业成就感，但是另一方面也承受着巨大压力，包括健康压力和心理压力，如果还有不良生活习惯，如嗜烟、酗酒、熬夜、缺少运动，久而久之必将付出健康的代价，导致严重失眠、郁郁寡欢、心神不宁。有的人是积劳成疾、重病在身，还有的人是英年早逝。如果出现这些情况，对银行贷款安全性的影响是很大的，必须时刻加以注意。

1. 暗疾——有重大健康暗疾隐患

案例

企业实际控制人罹患较难逆转的疾病

某镍合金有限公司注册资本2亿元，生产设备先进，所采用的红土镍矿火法冶炼技术，在行业中处于先进水平。某银行一家支行对其贷款余额最高时达8322万元。

某年1月，该支行在贷后检查时了解到该企业实际控制人罹患了较难逆转的疾病，马上敏锐地察觉到，因该企业的先进技术主要掌握在实际控制人的手中，一旦病情恶化，企业风险不可估量。基于此认识，该支行立即着手制订风险化解方案，于5月安全收回全部贷款余额1000万元。数月后，该企业实际控制人因病情恶化不幸逝世，企业经营陷入困境，10月申请破产重组。

● **风险提示：**我们经常说，有健康不一定有一切，但没健康肯定没有一切！目前中国人主要常见病有：高血压、高血脂、糖尿病、超重或者肥胖症、血脂异常、脂肪肝等。亚健康、劳累过度也是重大健康隐患。而慢性病和恶性肿瘤则是威胁中国人健康的致命因素。银行人员要关心企业实际控制人有无健康隐患问题，防止其因病影响企业运转。

银行人员可通过以下方式了解企业实际控制人的健康状况。

平时多注意企业实际控制人的个人健康状况。通过访谈聊天、察言观色，了解其有无酗酒、熬夜等不良习惯，近期身体有无不适症状，家族有无疾病遗传史等。

在贷前调查面谈时、在核保面签时、在贷后检查时，都必须直接面见企业实际控制人本人。可通过手机拍照录像等方式，记录其正常工作能力。

通过与企业实际控制人的家人、亲朋好友或单位员工访谈聊天，了解情况。

定期关注企业实际控制人的体检报告，关注其购买人寿保险情况。

2. 重病——重病已不能正常工作

案例

刘老板病重住院，银行暂停放款

刘老板能力强、事业大，个人控制的关联企业达9家之多，涉及制造业、房地产、农业等多个板块。现向银行申请5000万元一年期综合授信额度。银行研究认为，该公司房地产板块在建在售项目较多，资金压力较大，且关联企业合计授信余额已达3.9亿元，银行刚性负债大。但因考虑到该公司与某大型国有建筑施工企业有建材供货关系，银行最终同意以商业承兑汇票方式合作，具体为：由国有施工企业为出票人，由借款人公司收票后在本行贴现和质押，并追加公司刘老板及全体股东的个人连带责任担保。

在核保放款环节，核保人员得知刘老板已病重住院，请示行领导后暂停放款工作。企业提出取消实际控制人担保，改由其妻担保，申请放款。银行信审会讨论后认为，民营企业的实际控制人（创始人）对企业影响力很大，依赖关系明显。如果刘老板不能主持工作，企业经营情况难以预料。因此决定保持关注，暂不放款。

两个月后，刘老板不幸病逝，该企业立即陷入瘫痪状态，各债权人听闻消息后纷纷进行保全。最终企业资金链断裂，进入破产清算程序。

● **风险提示**：银行对企业实际控制人病情的发展是否会影响到企业的生产经营，应该做出分析判断，做好心理准备和采取相应措施，以防不测。

如何发现企业实际控制人重病：从企业员工和其亲朋好友处得知企业实际控制人住院时，银行人员应及时前往探视，表示慰问并了解情况，酌情协助治疗等事宜。

3. 身亡——正常或非正常死亡

案例

商贸公司实际控制人因个人原因突然自杀

某年7月，兰州某银行给予甘肃A物资有限公司、兰州B金属材料有限公司、兰州C物资贸易有限公司和甘肃D商贸有限公司组成的四户联合互保小组合计4000万元一年期综合授信额度，每户授信1000万元，各交保证金400万元。

贷款快到期前1个月某日晚9点左右，四户联保小组之一D公司实际控制人因个人原因突然自杀。得到消息后，联保小组成员及四家债权银行一并赶到现场（四户联保对外总债务达1亿元）。

凌晨1时许，四家债权银行和四户联保成员紧急对D公司资产进行盘点，得出结论为，该公司资产状况良好，货币资金较充裕，但家庭成员情绪激动，配合不力。鉴于此种情况，银行提出暂时封存该公司所有资产，获得一致同意。之后不久，通过扣划三户联保成员保证金等方式，将贷款全部结清退出。

法定代表人意外身亡后，银行发现生产线停工等更多问题

某银行分行给予天津市YK食品有限公司3500万元固定资产贷款，以土地房产抵押，抵押率低于57%，追加法定代表人及配偶连带责任保证。

时隔7个月之后，该法定代表人意外身亡。得到消息后，分行分析认为，由于法定代表人持股比例较高，且参与日常经营管理，预计会给公司经营带来较大冲击，遂将该客户列为重点关注对象。

在对客户进行定期检查过程中发现，企业提供虚假增值税发票，且3条生产线中有2条已停工。同时在检查客户房地产权证时，发现该权证在本行银承到期前一天在小贷公司办理了抵押贷款，金额与银承敞口一致，由此分行推断支付银承到期敞口资金来源于短期拆借，客户资金压力

较大。

此后，分行每月进行两次随机检查，与企业高管人员密切沟通，在强大压力下，企业最终通过他行融资提前归还剩余贷款。

● **风险提示**：实际控制人去世的原因有多种，包括意外身亡、医治无效、自杀、交通事故等。由此可能导致企业的一系列变化，包括重要人事安排的变动、经营决策的改变、上下游生意合作伙伴关系的变化、银行等金融机构支持态度的变化等。授信银行必须重点关注企业新掌门人的情况，以及经营策略有无不利的变化。

如何发现企业实际控制人身亡：对于这种突发事件，银行人员应在第一时间到实地了解情况，分析判断后果，采取应对措施。

4. 失联——突然失踪或无法联系

案例

五金塑胶制品有限公司实际控制人突然失踪

东莞某五金塑胶制品有限公司在某分行有贷款余额1600万元，以第三方土地及地上建筑物抵押。

某日该分行在贷后检查时发现，企业实际控制人突然失踪，企业经营暂由其家属接管。企业生产已经下滑，资金明显不足，面临较大经营风险。

其后，分行从企业相关人员了解到，企业拟通过股权转让方式，转让本行抵押物作为还款来源，且已与买家签订相关转让协议，并已收到部分款项。分行立刻与买方取得联系，一方面告知买方土地抵押情况，要求将剩余款项优先用于归还本行贷款；另一方面承诺对抵押物的及时释放，保障买方利益，达到三方共赢。经过多方努力与长时间协商，买方与借款人终于达成共识，顺利结清了1600万元贷款。

药业集团公司法定代表人失去联系后企业生产经营受影响

四川某药业集团有限公司是一家正常生产经营十余年，拥有GMP（国家公布的药品生产质量管理规范标准）20余种药品的中型制药企业。某分行给予其综合授信额度4000万元，期限1年，品种包括流贷和银票，贷款利率上浮20%，银票保证金比例不低于30%。由某小企业融资担保有限责任公司和药业集团实际控制人提供保证担保。

某日，经办支行实地贷后调查时，发现无法与借款企业法定代表人吴某取得联系，在与借款企业（尚在正常生产经营）管理人员、财务人员联系后得知，得知他们也无法联系到吴某。支行立即与担保公司取得联系，并及时到达借款人生产厂区现场检查。得知企业现由另一名股东邢某全面负责，但由于吴某失去联系对该企业生产经营已造成了一定的影响，存在无法按时兑付本行银承的风险。

为此，分行组成风险处置领导小组，经过与担保方上百次电话、十余次不同层面的沟通和磋商，最终在票据到期日当天营业结束前使代偿款资金安全到账。

●**风险提示**：企业实际控制人突然没有踪迹、失去联系，必有重大原因，或是被人追债跑路，或是被人绑架勒索。银行一方面要和其家人保持联系，积极协助警方查找；另一方面要提前研判企业经营风险，采取措施化解风险。

如何发现企业实际控制人失联：电话打不通，手机关机，企业人员和家人都联系不上，常去的场所也找不到人，可以向公安机关报案。

（二）违法违规

1. 涉案——涉及刑事案件被司法机关传唤、拘留、逮捕或判刑

我国的企业家主要分为国企企业家和民营企业家两大群体。

国企企业家属于国家工作人员，触犯的刑法类型大多属于职务犯罪，最易发生的是受贿罪、贪污罪、挪用公款罪、私分国有资产罪、行贿罪，其他的还有滥用职权罪、巨额财产来源不明罪等。

民营企业家不属国家工作人员，他们的个人利益与企业利益几乎是一致的，最容易触犯的有：非法吸收公众存款罪、虚开增值税专用发票罪、单位行贿罪、合同诈骗罪、虚报注册资本罪、挪用资金罪、职务侵占罪、贷款诈骗罪、偷税罪、组织领导黑社会性质组织罪等。

企业家涉案可分为以下三种情况，但无论出现哪种情况，都会导致企业的生产经营受到严重影响。

第一种，企业家自身触犯法律，构成犯罪。

案例

农业物资公司法定代表人被检察院批捕

JG农业物资有限公司主营化肥、农业及农作物种子销售，是济南某分行存货质押业务授信客户，合作7年多经营运作稳定，银企关系良好。企业在分行有未结清银行承兑汇票3笔，金额共计4000万元，50%保证金。全部敞口2000万元以第三方化肥公司存放在德州平原县的化肥作质押，由青岛某物流有限公司监管。

9月的某天，银行客户经理在贷后现场检查时发现，该公司法定代表人前一天被检察院批捕。在接到汇报后，分行信贷管理部迅速反应，随即将该公司列为风险预警客户，并制订了应急处置方案。

一是密切关注企业经营变动，及时掌握企业资金周转情况，特别是他行以及各大债权人对企业态度的变化。

二是与借款人、担保人、监管方保持沟通联系，特别是向监管方发送了正式的告知函，要求其提高盘库频率，务必确保每周向银行提交一次质押物清单原件。且一旦遇有企业出入换货频繁

的情况，应隔日出具新的质押物清单。

三是及时联系客户，密切关注其法定代表人被捕后对企业生产经营尤其是高层人员分工以及进、销渠道产生的影响。

四是及时会同大股东代表协商对分行授信敞口的处置。

根据企业9月和10月属于经营旺季，资金周转较快，销售回款与用款需求较多的经营特点，分行在不弱化质押率的情况下，先后两次同意企业使用备付票款资金对外采购，既支持了企业的正常生产经营，又融洽了银企关系。

对于分行能够充分体谅企业生产实际情况的态度，企业大股东代表人表示非常感谢，在与分行制订的还款计划中，给予了积极配合，提前20天全部资金到账，结清了分行授信敞口。

第二种，他人犯法，企业家牵涉其中。

综观已发生的一些案例，我们不难看出企业实际控制人如果牵涉案件，必然会造成企业经营出现重大风险，进而导致银行发生不良贷款。因此，银行人员一是要注意了解企业实际控制人的人际关系网；二是随时关注媒体报道，要在第一时间跟进排查本行客户相关风险情况。

第三种，司法机构人员徇私枉法，企业家遭受殃及。

案例

老板入狱456天被判无罪，2.3亿元会馆已破产倒闭

（来源：新京报，王煜，2017年11月15日）

厦门特区，民营企业家江某投资近2.3亿元创办的国际商务会馆于2011年元旦隆重开业。鼎盛时期，员工多达1000余人，营业面积38000平方米，号称当地“最大文化休闲品牌”。

2012年4月，因为租金纠纷，房东于营业高峰期拉闸停电，商务会馆派人要求送电营业，结果遭暴力追打致多人受伤。而江某涉嫌聚众斗殴，被厦门警方刑事拘留，会馆由此停止营业。

2013年7月，因被查出肺癌，被关押456天的江某被取保候审。

2013年11月16日，思明区法院一审判决以聚众斗殴罪，判处江老板1年3个月刑期。江某等人不服一审，提出上诉。

2015年10月，厦门中院作出终审判决，以“事实不清、证据不足”为由，改判江某无罪。

2016年4月江某因病去世。

2016年10月，江某家人向区法院递交了国家赔偿申请书，请求包括侵犯人身自由赔偿金、死亡赔偿金、精神损失、财产直接损失等7项共计2.3亿元国家赔偿。

2017年2月，区法院判决同意2项赔偿请求，合计14.9万余元；驳回其他5项赔偿请求。江某家人不服，向厦门中院再一次提出国家赔偿申请。2017年11月，厦门中院出具决定书，维持区法院的赔偿决定。

● **风险提示**：企业实际控制人如果被刑事拘留或判刑，企业立刻会陷入群龙无首的局面。企业如果没有得力的应急措施，生产经营很快就会陷入瘫痪，再加上闻风而来的各路债权人的逼债，很可能就进入破产倒闭状况。

银行如果发现企业实际控制人涉入刑事案件，应立即停止发放贷款。如果贷款已经发放，应积极采取措施，帮助企业维持生产的正常进行，确保还款资金来源的安全性。

此外，也应注意防范一些将经济纠纷当作刑事案件立案处理，或在刑事诉讼过程中非法占有、处置、毁坏企业及企业家财产的情况。对此，2017 年 12 月 29 日，最高人民法院发布《关于充分发挥审判职能作用 为企业家创新创业营造良好法治环境的通知》(以下简称《通知》)，严禁刑事干预经济纠纷，立即纠正涉产权冤错案。

最高人民法院有关负责人答记者问时特别指出："利用刑事手段插手经济纠纷，是企业家们反映较为突出的问题，直接影响到企业家人身及财产财富安全感，关系到企业家能否真正做到安心经营、放心投资、专心创业。因此，坚决防止利用刑事手段干预经济纠纷，依法保护企业家人身财产权利，对于回应企业家关切，引导企业家预期，激励企业家创新具有重要意义。"

为此，《通知》提出："对企业家在生产、经营、融资活动中的创新行为，只要不违反刑事法律的规定，不得以犯罪论处。对于在合同签订、履行过程中产生的民事争议，如无确实充分的证据证明符合犯罪构成要件的，不得作为刑事案件处理。严格区分企业家违法所得和合法财产，没有充分证据证明为违法所得的，不得判决追缴或者责令退赔。严格区分企业家个人财产和企业法人财产，在处理企业犯罪时不得牵连企业家个人合法财产和家庭成员财产。"

【参阅资料】

最高人民法院《关于充分发挥审判职能作用 为企业家创新创业营造良好法治环境的通知》(法〔2018〕1号)

公安部《关于公安机关不得非法越权干预经济纠纷案件处理的通知》[〔89〕公(治)字30号](1989年3月15日)

公安部《关于严禁公安机关插手经济纠纷违法抓人的通知》(1992年4月25日)

公安部《关于严禁越权干预经济纠纷的通知》公通字〔1995〕13号(1995年2月15日)

2. 涉诉——涉及民事纠纷诉讼

案例

23 家烟酒店、22 家超市老板集体被罚，无一幸免！

不管是作为烟酒经营者，还是商超、便利店老板，很多商家知道自己进的货有问题，但是仍然抱着侥幸心理，认为这是生产者的责任，自己花钱进货，做点小生意，碍不着别人，但正是这种侥幸心理给了制假造假违法牟利者以机会，最终也导致自己悔不当初！

晋城、成都、长沙等多地老板都摊上大事儿了，所有老板都大呼冤枉！

1. 23 家烟酒老板涉嫌侵害商标权

2017 年 10 月 16 日，晋城中院收到起诉状，烟台 ×× 葡萄酿酒股份有限公司起诉晋城市 23 家烟酒超市侵害其商标权，要求停止侵权行为并赔偿损失。诉讼中，23 个案件的被告均表示不解，商标侵权跟他们有什么关系？

对此，晋城中院民三庭依法组成合议庭，根据经营者侵权的性质和情节、经营规模、经营时间等，最终判决立即停止销售侵权商品，并对原告进行 3000~6000 元数额不等的经济赔偿。

2. 仅因杯子印了卡通人物，长沙多名老板肠子都悔青了

同样有此遭遇的还有长沙的多家超市老板。

被告王先生自己经营一家生活超市，主要销售生活日用品、零食、酒水饮料等。饮料食品经销商会送货上门，一些日用品他都是在高桥进货。某一天，他收到了岳麓区人民法院的通知，因为店里销售的茶杯、编织袋印有某卡通人物的图案，已被国外一家公司提起诉讼，被告侵犯该公司的知识产权。与此同时，成为被告的还有岳麓区其他 8 家超市、母婴店等店铺相关负责人。这几位店主和王先生的情况基本一致。

大家拿出进货的单据，却被告知不能成为货物正规来源的证据。因为红色的单据上没有公章，也没有商品生产厂家等任何信息，仅有进货商品的价格、数量等。

“如果能够证明来源合法，他们可以免责，侵权责任由上游供货方承担。但这些单据不能成为证据。”律师袁伟平表示，单据不具备法律效应，王先生等店主无法免责。

最终，在湖南省知识产权纠纷人民调解委员会的调解下，包括王先生在内的 9 位店主，终于与原告方就赔偿问题达成了一致。

3. 无经验分辨真假货，22 家商超集体被告上法庭

除了商标侵权、图案侵权之外，2017 年 12 月 22 日，成都 22 家超市老板被云南 ×× 公司以涉嫌假冒其品牌的牙膏为由告上了法庭。法庭上，被告的 22 家商户老板们表示，在进货时并不知道这是假货，而且进货单价和真品一样，故无法辨别真伪。但法院最终判决，21 家被告于判决生效后立即停止销售侵权商品，并于判决生效后 15 日内每家每户赔偿原告 1 万元。

针对此类案件逐年增多的现状，法院知识产权和涉外商事审判庭有关人员建议，超市经营者应从三个方面避免因侵权被诉的法律风险：一是对供货商的资质进行审查，看其是否具有营业执照和相关品牌的授权文件，对营业执照和授权文件要复印保存。二是保存进货凭证、发票及其他支付凭证，进货凭证务必要供货商盖章确认。三是被起诉后，要积极应诉，提交前面所提及的要保存的材料，证明自己符合法定的免赔条件。

注：《中华人民共和国商标法》第六十条第三款规定：“销售不知道是侵犯注册商标专用权的商品，能证明该商品是自己合法取得的并说明提供者的，由工商行政管理部门责令停止销售。”司法实践中，这一条款被称为“销售商合法来源抗辩”条款。

● **风险提示：** 银行小额贷款的对象大多是个体工商户经营者，这些人许多是不知法、不懂法的，但也有明知故犯的。银行人员对这些借款人应该加强法制教育，使其做到守法经营，防止其因民事纠纷而吃官司或出现大额赔偿，最终影响对银行贷款本息的偿还。

3. 欺诈——对他人发生过欺诈行为

案例

武汉打掉最黑黑中介，曾多次坑害房客欺诈房东

《楚天都市报》2018 年 8 月 15 日讯，一度盘踞在武汉市中南、亚贸一带的一伙房屋中介，引发“纠纷”报警多达数百起。几乎天天扯皮，这样还能做生意？

武昌警方深入调查发现，该团伙以欺诈、软暴力方式“经营”，一头欺诈房东，另一头蓄意坑害房客。他们租下房东的房屋后，非法隔断成胶囊房转租赚取差价，通过设置合同陷阱不断斗狠滋事，欺骗、敲诈房东，强迫交易。他们在租房中介合同条款里暗设陷阱，借着合同纠纷的外衣掩盖欺诈，以大学毕业生为主体的租房族受害犹深。通过欺诈、暴力威胁、殴打等犯罪手段，非法强占房客定金、押金。

该团伙既坑房客也坑房东，受害人数众多，涉及阶层广，社会危害大，特别是针对外地就业人员实施侵害，严重损害城市形象。

武昌警方走访数以百计的受害人搜集证据，锁定该团伙寻衅滋事、聚众斗殴、敲诈勒索、强迫交易、妨碍公务的犯罪事实。武昌区人民法院一审公开宣判，认定公司老板任某等 17 名被告人犯组织、领导、参加黑社会性质组织罪，强迫交易罪，寻衅滋事罪等 7 项罪名，分别判处 1 年至 19 年不等的有期徒刑。

● **风险提示：** 有些企业为了赚钱不择手段，搞假冒伪劣，以假充真，以次充好，设置合同中的欺诈条款、霸王条款，甚至非法高息集资、诈骗社会民众钱财，等等。

银行人员一旦发现贷款企业存在这些行为，务必审慎处理，避免银行资金受损。银行人员可通过对企业实际控制人的亲朋好友、生意伙伴、商会协会等渠道，了解企业实际控制人的品行。如果发现他在历史上有欺诈行为，在贷款调查时，一定要小心地听其言、观其行，谨防上当受骗，或者干脆直接拒绝其贷款申请。

4. 传闻——媒体和社会对其有负面报道或不良传闻

案例

传闻母公司集团董事长被“约谈”，人身自由受到限制

大连 FY 贸易有限公司和大连 ZY 建筑材料有限公司在某分行共有 2800 万元贷款，由其母公

司 ZY 集团担保。

2012 年 4 月，某分行得到非官方传闻，ZY 集团董事长被“约谈”，人身自由受到限制。针对传闻，分行信贷管理部第一时间对企业进行实地走访和调查，在传闻得到确认后，研究制订了“补强担保，逐步压缩”的风险化解方案。经过数轮谈判磋商，ZY 集团同意追加重庆房地产开发公司的 1 亿元股权质押，并以北京两家房地产公司的房屋和土地抵押，抵、质押物实际评估价值完全覆盖全部风险敞口。其后 8 个月时间内，分行通过抵押房产的销售回款逐步收回了全部贷款。

● **风险提示**：银行人员应时刻保持对借款人负面信息的敏感性，哪怕是道听途说的消息，也不可掉以轻心。必须快速做出反应，与企业有关人员取得联系，核实真实情况，制订化解风险的预案。

我在基层银行工作，经常跑企业，直接接触企业的各级管理人员，得出了一个重要体会：要看厂长的素质。厂长的素质就是企业的素质，一把手的素质决定了贷款项目的成败。

看企业首先要看厂长，看他的人品素质怎样，精神状态是否积极向上，工作思路是否清晰流畅。企业家有许多精神上的东西，靠电脑评级是评不出来的。对于中小企业，了解企业负责人的性格、为人、嗜好等情况非常重要，因为这些东西会决定企业行为甚至成败。

——一位行长的话

5. 其他——违反国家法律法规的其他情形

此外，银行人员还必须时刻关注贷款企业及其实际控制人的状况，若其存在违反国家法律法规的其他情形，也应做出快速反应，避免国家资金损失。

（三）资金紧张

1. 投机——存在大量炒股、炒期货等高风险投机行为

案例

温州女老板非法集资炒期货亏空 4 亿多元被判死刑

（来源：新华网，张和平，2013 年 5 月 15 日）

新华网温州 5 月 15 日电（记者张和平），温州市中级人民法院一审对原温州 ×× 投资咨询有限公司执行董事兼总经理林某燕（女，39 岁）以其犯集资诈骗罪判处死刑，剥夺政治权利终身，并处没收个人全部财产。责令退赔其违法所得人民币 4.28343 亿元返还相关被害人。该案系温州市涉案金额最大的集资诈骗案。

法院审理查明，林某燕于 2007 年开始向他人集资投资期货。发生巨额亏损后，她隐瞒真相，虚构炒期货很赚钱的假象，以委托炒期货利润共享、风险分担的形式，或虚构运作公司上市、打

新股、银行拉存等项目需要巨额资金，承诺本金无风险，以高息或高回报率为诱饵，陆续向朋友、同事、同学、老师、亲戚、邻居以及他们介绍的不特定对象继续非法集资，部分用于前期集资款还本付息、支付回报，部分继续用于炒期货、股票。

随着亏损数额和利息、回报支出的不断增加，林某燕继续虚构事实，隐瞒真相，拆东墙补西墙，直到 2011 年 10 月下旬因资金无法周转而案发，累计向他人非法集资 6.4 亿余元，实际骗取集资款不能归还数额 4.28 亿多元。

法院认为，林某燕的行为已构成集资诈骗罪，数额特别巨大并且给国家和人民利益造成特别重大损失，给众多被害人造成无可挽回的经济损失，犯罪情节特别严重，社会危害极大，应依法严惩，故作出如上判决。

● **风险提示**：股票、期货都属于高风险的投机行为，而且做亏了很难有翻身的机会。那些一心想赚大钱、赚快钱，赌性大又自以为脑子聪明的老板，很可能就把身家财产和企业资产都赔进去的。

如何发现企业实际控制人的高风险投机行为：银行人员要通过平时聊天和观察，注意了解其个人有没有这方面的嗜好，做的有多大，盈亏如何。如果可能危及企业经营和财务时，应提前对抵押物采取保全措施。

2. 借贷——参与（或曾经参与）民间高息借贷活动

案例

实际控制人涉及高利借贷跑路，3 家银行不良贷款近 1 个亿

福建南平市某公司向福州市一家股份制银行申请综合授信，用于办理保险后出口押汇，以及免保证金远期结售汇业务。

银行审查认为该公司申请的授信品种风险系数较低，正常情况下在南平市当地银行应容易获得授信，但他却舍近求远到几百公里外的福州市来申请贷款，十分可疑。对此，分行风险管理部先向支行询问贷前调查的详细情况，然后通过咨询南平当地同业及其他知情人士，了解到的情况是，公司实际控制人黄某在当地涉及民间大额资金借贷，向多人募集资金然后高息借出，因此不愿意在当地银行申请授信。

摸清情况后，虽然该客户申请的授信品种为相对较低风险的业务，但涉及民间借贷，该行仍坚决予以否决。果然，1 个月后实际控制人黄某跑路，而有 3 家银行牵连其中，来不及退出，不良贷款近 1 亿元。而该家银行信审环节严格把关，及时发现风险苗头，未介入得以幸免。

针织公司高管涉及民间借贷引发集中上门讨债

海宁某公司是一家从事针织袜生产、销售的台港澳法人独资企业，产品出口量占其年销售的 90%。公司在杭州某分行的授信敞口为 1000 万元，由海宁市某包装有限公司保证。

某年 12 月初，因公司法定代表人和主要财务负责人涉及民间借贷，引发供应商及加工单位集中上门追讨债务。企业正常经营受到冲击，企业资金链断裂，直接影响银行贷款到期归还。

分行获悉企业发生危机后，立刻组织人力对借款人及保证人向法院提起诉讼，采取诉讼保全措施。保证人由于生产经营状况较好，诉讼将对其产生不良影响。因此主动寻求协商、请求撤诉，于 12 月中旬代偿了全部贷款本息。

● **风险提示**：企业实际控制人个人涉入民间高利贷，分为两种情况。

第一种情况是借出高利贷，根据资金来源又分为两种情况：一是用自己的钱借出去，如果亏了就自认倒霉；二是用别人的钱借出去，如果是从亲朋好友处集资后转贷出去，风险自担，盈亏自负；如果是从银行借出贷款后高利转贷出去，则有可能触犯我国《刑法》第一百七十五条“高利转贷罪”。

第二种情况是借入高利贷，这说明他已借不到低息资金，资金链已经很紧张了。如果还不上高利贷，不仅企业生产经营遭受影响，连其自身生命安全都会遭受威胁，由此发生跑路的情况很多。

银行对于涉入高利贷的个人及其企业，都不应发放贷款，已发放的贷款应抓紧收回。

如何发现企业实际控制人有高利贷行为：向企业实际控制人周围关系密切的人了解；向企业的会计和出纳了解资金进出和付息情况；看企业实际控制人个人账户或信用卡有否大额资金的整进整出；看企业实际控制人是否与小贷公司、网贷公司、典当行往来；看有无债权人或讨债公司人员上门讨债的情况。

【参阅资料】关于民间借贷利率的有关法律规定

《最高人民法院关于审理民间借贷案件适用法律若干问题的规定》（法释〔2015〕18号）第二十六条规定：

借贷双方约定的利率未超过年利率24%，出借人请求借款人按照约定的利率支付利息的，人民法院应予支持。

借贷双方约定的利率超过年利率36%，超过部分的利息约定无效。

借款人请求出借人返还已支付的超过年利率36%部分的利息的，人民法院应予支持。

3. 欠债——仍有拖欠民间大额个人债务

案例

对于有恶意逃废债不良记录的老板应坚决拒贷

银行业务部门向审批部门上报 JL 纸业有限公司 2.5 亿元 2 年期综合授信额度申请，用于流贷、银承、贸易融资，由企业实际控制人夫妇提供担保。该公司与多家大型造纸企业保持长期合作关系，木浆及纸品年贸易量达到 30 万吨，年收入超过 10 亿元，其系列产品获得过省名优产品称号。

企业实际控制人还在当地发起成立浆纸交易所，拟打造成中国的浆纸交易平台。

虽然该公司是当地纸品贸易行业的龙头企业之一，而且从企业提供材料、人行征信系统及业务部门的调查中，均未发现实际控制人郝某有负面信息。但信审员丝毫没有放松对控制人信用记录的审查和核实，不放过任何蛛丝马迹。

信审员通过搜索，找到网上一则多年前的新闻报道，发现郝某多年前曾担山东 ×× 纸业有限公司总经理。信审员顺藤摸瓜，进一步发现郝某十年前在山东收购过两家造纸厂，并在当地银行进行融资，由其个人提供担保。但之后这两家企业经营不善均告破产，并拖欠银行近 8000 万元贷款本息。而据网上查询到的当年法院判决文书，显示郝某“下落不明”，可见其没有履行相关担保责任，有恶意逃废债不良行为的历史记录。由此引起信审员的高度警觉。

之后，信审员认真审核金联连续三年的财务数据，发现该公司在收入没有大幅增长的情况下，应收账款及融资增速较快，特别是应收账款每年增幅近 40%。信审员判断其中存在两种可能性：一种是该公司通过有意延长下游贸易商的付款期，实际上在为其关联贸易商垫款融资；另一种是虚构应收款科目，掩饰其挪用资金的行为。

这两种可能性均将为企业带来较高的资金风险。加上企业隐藏的关联企业较多，其实际控制人诚信不佳，信审员对该项目予以劝退。不到一个月，业务部门将金额压减到 1.5 亿元后再次申报，信审员顶住压力，坚持意见，报请领导同意后再一次劝退。

两年后的 8 月，该公司资金链断裂，控制人郝某跑路。该公司及多家事后发现有关联关系的企业，在近 20 家银行贷款余额近 8 亿元，在平台融资超过 1 亿元，还有大量民间借贷，都陆续出现逾期及欠息，由于实际控制人郝某失联，一直无法解决。而这家银行的审批部人员，通过高度的责任心、细致的审查分析和准确的判断，坚持原则，成功避免了 1.5 亿元的风险贷款。

● **风险提示：** 俗话说，江山易改，本性难移。银行人员对于那些有恶意逃废债历史记录的企业实际控制人要务必小心。他既然有过第一次的不良行为，就有可能故技重施再来第二次。银行人员若不想被骗，首先要远离不法分子，拒绝向其发放贷款。

4. 不良——个人征信系统中有（或曾有）大额不良贷款记录

案例

都是“第三方代理还款”惹的祸

孟先生因购房资金不足，向银行申请个人住房按揭贷款 100 万元，期限 10 年。但银行在审查其个人信用报告时发现：几年前，孟先生在另一家银行办理了汽车消费贷款，还款期限为 24 个月。贷款虽然已还清，但在还款的两年时间内，其信用报告中显示“累计逾期次数 16 次”。面对如此多的不良记录，银行审贷会没有通过孟先生的住房贷款申请。

后经多方调查，孟先生办理汽车消费贷款后，每次都按时将应还款金额交给某汽车销售公司，但这家汽车公司，却没有及时将孟先生的钱划转给银行，所以造成了孟先生信用报告中出现多次逾期，形成了不良记录。

银行在查清情况后为孟先生办理了贷款，同时也提出建议，为避免这种情况的发生，今后最好直接与银行办理相关信贷业务。如果采用第三方代理贷款的方式，应特别注意代理合同中的相关条款，并关注自己的信用记录。万一发生第三方机构未及时向银行还款的情况，应及时与第三方机构进行交涉，必要时可通过司法途径维护自己的合法权益。

● **风险提示**：随着个人征信系统的广泛使用，信用记录已经成为居民个人的“经济身份证”，在社会金融活动中扮演着重要角色。银行在贷款前查询借款申请人的信用信息，也成为信贷业务流程中的规定动作。可以通过人行个人征信系统查询，也可以通过百行征信（也称“信联”）进行查询。

对于有贷款逾期和不良记录的借款申请人，银行人员一定要查明情况，拒绝向信誉不好和没有还款能力的人发放贷款。

百行征信有限公司是在中国人民银行监管指导下，由中国互联网金融协会与芝麻信用、腾讯征信、前海征信、考拉征信、鹏元征信、中诚信征信、中智诚征信、华道征信等 8 家市场机构按照共商、共建、共享、共赢原则，共同发起组建的一家市场化个人征信机构。

2018 年 5 月 23 日，百行征信有限公司在深圳揭牌开业，注册资本 10 亿元，主要专注于个人征信业务，数据库管理，征集、利用企业信息开展企业信用评估、评级业务等。百行征信于 2019 年 1 月 1 日正式启动了“个人征信系统”、“特别关注名单平台”和“信息核验平台”三款产品的上线验证测试工作。

5. 违约——个人信用卡有违约记录

案例

信用卡透支不按期还款被记入征信系统

黄某经营着一家钢铁公司，资产过亿元。前不久公司因开展业务需要，向银行申请贷款。银行通过认证调查，初步认为可以贷款。但在办理贷款的过程中，银行发现黄某在人民银行的个人信用记录档案中有不良记录行为。经查，黄某在两年前办过一张信用卡，该卡有透支 5 期不还的记录。按照规定，个人信用记录不良行为的客户，银行不能办理贷款，这样黄某的银行贷款就此卡壳，黄某为此追悔莫及。

● **风险提示**：对于有不良记录的个人申请贷款时，银行可选择：压低贷款金额、提高贷款利率、提高担保条件或直接拒绝申请。

6. 转股——非正常原因向他人转让（或拟转让）股权

【参阅资料】自然人股权转让的原因有哪些?

股权转让是现代经济金融发展中的重要交易活动。当公司出现以下情况时，股东可能就会实行股权转让。

（1）注重主业：如为逐步按A股IPO标准规范整改，专注主业，清理副业，将与其业务战略不同的公司从集团架构中剥离，并后续将持股权转让给经营管理层的核心员工，以有利于公司的发展。

（2）股权激励：如为了进一步优化公司的治理结构，建立对公司管理层的激励机制，故将部分股权转让。

（3）引进合作：如为了引进优秀管理人才，充实公司核心管理层，因此向外部人员转让股权。

（4）对赌、代持：如有限公司第二次增资时，公司股东签署对赌协议，因对赌目标失败，遂按照对赌协议转让。

（5）经营不善：如公司业务没有起色，股东不看好公司的发展前景，无意再经营而抛售手中的股票。

（6）股东分歧：如股东间的经营理念发生重大分歧，经双方友好协商之后进行股权转让。

（7）资金紧张：如个人或家庭因正常或不正常原因，急需用钱。

（8）股东离开：如股东从公司离职，故将其所持公司股权转让予其他股东。

（9）价格合适：如当有人收购股份而股东觉得价钱合适的时候可能卖出股权。

（10）其他原因：如股东因投资方向改变，或公司准备申请股票在全国中小企业股份转让系统挂牌并公开转让等。

值得注意的是，近年来上市公司的高管辞职套现的现象突出。公开资料显示，2011 年 A 股市场已发布了 1264 个高管离职公告，与 2010 年的 752 个相比，大幅增长了 68.09%。其中创业板公司高管离职公告已由 2010 年的 49 份增加到 2010 年的近 160 份，增幅超过 200%。而中小板高管离职公告也同比增长了 79.7%，达到 478 份。

虽然并非每个离职高管都持有公司股票，离职也不一定意味着减持套现，但是面对“工作调动”“个人原因”“身体原因”“其他工作需要”这样千篇一律的解释时，投资者难免会无法信服。有业内人士指出，导致高管离职的原因固然有很多，不能一概而论，但高估值和业绩下滑无疑加大了高管们离职套现的冲动。

创业板本来就是个高风险、高收益的市场，相对应地，市盈率也应该较高。然而，开板几年来，高风险似乎占了上风，业绩“变脸”成了普遍现象。市场纷纷质疑，创业板公司果真如其展现出来得那么光鲜亮丽、生机勃勃吗？当高估值和差业绩互相碰撞时，高管套现的欲望难免会被点燃。

根据相关规定，高管在任职期间每年转让的股份不超过其所持有本公司股份总数的 25%，但离职一段时间后则可全部套现。因此，一些难以忍受慢慢减持“折磨”的高管选择了离职套现。

高管选择离职套现，意味着他对企业发展后劲的判断较悲观，并且认为当前股价被高估。如果高管对外界将公司吹得天花乱坠，转身却离职走人，这样前后不一的举动，如何让人信服？

● **风险提示：**公司股东转让股权或是公司高管套现离职，既有正常的原因也有非正常的原因。如果股东突然无故转让股权，可能预示公司将要出现重大问题，或者企业经营不善，或者股东之间发生重大矛盾冲突，或者股东个人急于套现还债。对于这样的企业，银行要加以小心。

（四）行为异常

1. 身份——无法确认是否为企业实际控制人

案例

法定代表人实际只是一名司机，实际控制人不明

北京A商贸公司申请流贷1000万元，期限1年，由B公司提供担保，并以10%存单质押。但客户经理调查时发现，企业法定代表人郑某并不是公司实际出资人和实际控制人，他只是该企业的一名司机而已。考虑到不可预见的风险因素，银行婉拒了该笔贷款申请。

审核发现无法确定实际控制人身份暂缓700万元放款

银行批准给予武汉一家贸易公司1600万元贸易信用险项下商票保贴额度。放款中心人员在审核中发现，审批文件要求落实贸易公司实际控制人的连带责任担保责任。虽然经办支行提供了银行与贸易公司法定代表人何某某签订的合同，但没有任何材料能证明何某某为该贸易公司的实际控制人。

于是放款中心暂缓放款，在支行补充提交了证明何某某为公司实际控制人的资料后，才办理了放款手续。

● **风险提示：**现在许多民营企业工商执照上的法定代表人，并不是企业的实际出资人和实际控制人，而是由一些没有资金实力和不具备经营管理能力的人员挂名。一旦企业因经营和资金问题而产生司法纠纷时，企业的真正老板就玩金蝉脱壳，躲避债务，逃之夭夭。

如何找出实际控制人：和法定代表人交谈，如果他对企业生产经营财务等方面情况不熟悉，或一问三不知，则可判定他只是挂名的；查看企业内部重要会议纪要，看出席人员名单中第一人是谁，看拍板决策的人是谁；查看企业集体合影，了解前排中间就座的人是谁；查看企业批准重大财务支出报告和支票存根，看签字人是谁。

2. 离职——非正常原因离开原企业或现企业的重要职务

案例

电器公司中方股东董事长辞职且财务总监也有辞职意向

某年 8 月 30 日，某分行给予天津中外合资企业电气有限公司 2000 万元商票保贴额度，期限 1 年。限定为电气公司对上游客户机械物资总公司开立商业承兑汇票，贴现人为机械物资总公司。

隔年 1 月中旬，临近春节，银行人员拜访电气公司时了解到，中方股东的董事长已经辞职，财务总监本人也有辞职意向，借款人未来现金流较差，资产拟整体出售。2 月 9 日应归还本行 500 万元到期资金压力很大，3 月到期贴现款尚无还款资金来源，有不良发生的可能。

分行立即制订紧急回收预案，要求借款人积极筹措还款资金，否则在票据到期日前冻结担保人在本行资金。最终企业高管积极配合，想尽办法筹措资金全部归还银行。

● **风险提示：**企业董事长、总经理、财务总监等重要岗位上的高管人员突然离职而且是出于非正常原因，是重要的风险信号。这些人能奋斗坐到这个位置上是不容易的，他们最知道企业内部的经营和财务好坏，不是预感到情况不妙，是不会轻易离开的。

如何发现企业高管想离职：银行人员平时应与企业高管保持良好关系，定期走访联系，维护感情联络，注意有否离职意向。重要的是，应向离职高管打探企业内部情况。只要你的个人关系到位，这时他即使不好明说，也会暗示你一些重要信息。

3. 异常——频繁跳槽、常换手机号等异常情况

案例

中国企业高管跳槽频繁，这三行业跳槽最多

（来源：中国新闻网，李金磊，2017 年 1 月 12 日）

职场社交平台 LinkedIn（领英）和管理咨询公司贝恩公司在北京联合发布了《中国商界领导力洞察报告》（以下简称《报告》）。《报告》涵盖了 18 个行业、220 家大型企业的 25000 名商业领导者。参与调研的企业中，近三分之一来自世界 500 强企业，约 15% 为前 100 强。

报告指出，中国企业领导者跳槽频繁。超过 40% 的领导者在过去五年内换过公司，其中超过一半是跨界跳槽。其中，互联网、公关和奢侈品是跳槽最多的三大行业，而航空、物流和工业设备制造行业人才流动较少。

《报告》称，中国市场上的人才竞争日趋激烈，然而跨国公司对下一代中国企业领导者的吸引力正在缓慢消退。

● 风险提示：

（1）企业高管频繁跳槽的不利影响是：不易建立职场固定的人脉资源关系，容易与自己所学专业脱节，未来的不确定性容易导致焦虑和压力，新单位的领导不敢放手重用，朋友和家人会认为没有稳定性和责任感。

银行与这类人打交道时存在较大风险，因为他极有可能今天还在这家企业，明天就不知去向，甚至留下一堆没有解决的麻烦事。当银行人员发现对方准备跳槽时，有关贷款的业务都应该暂停办理，以观后况。

如何发现高管想跳槽：当事人对单位领导同事和工作经常有抱怨发牢骚；曾向亲朋好友征求换工作单位的看法；正在有意地了解目标单位的岗位职务和薪酬待遇情况；近期与猎头公司接触较多。

（2）常换手机号。手机在现代人生活中的作用越来越重要，打电话、看视频、发微信、拍照摄影、购物支付……手机号也与邮箱号、银行账号、信用卡号等绑定，一旦更换手机号，必然对工作、学习、生活带来极大的不便。经常更换手机号的人，或是为了逃避债务纠纷，或是要躲避感情纠葛，或是其他不明原因。

银行人员对于经常换手机号的借款人要特别注意，要防止他突然发生意外之事，或者突然联系不上。

如何发现借款人常换手机：隔三岔五被告知其旧的手机号已停机，已换用新的手机号。

（五）家庭问题

1. 家庭——家庭存在重大纠纷（婚姻、财产、子女、遗产等）

对于一般民众而言，婚变本是家务事，但对于企业实际控制人而言，一朝处理不慎，他们婚变引起的财产纠纷、股权变动，可能会给企业带来重大影响。

（1）公司财产被查封。企业实际控制人面临离婚纠纷时，如果对方向法院提出分割公司股权的申请，法院极其可能会冻结公司的银行存款，查封公司的财务账册，限制债务人向公司清偿债务，以进行司法审计。如此，将对公司的正常运营造成致命影响。

（2）公司经营权变动。如果产生离婚纠纷，企业实际控制人持有的公司股权可能会产生变动，即意味着他就可能从大股东变成小股东，面临经营权变动的风险。进而引发公司重大人事变动和经营理念的变更。

（3）公司上市受阻。企业实际控制人的离婚纠纷对公司上市的影响十分明显。因为一旦对方提起离婚财产分割诉讼，要求对公司股权进行财产保全，而为了避免股权结构不清晰，上市申请将被驳回。

（4）陷入刑事案件，失去人身自由。如果企业实际控制人在经营管理过程中出现过一些操作不够规范的情况又恰好被对方掌握到并提交给办案机关的话，则企业实际控制人可能会面临相应的刑事指控，进而锒铛入狱，失去人身自由。

此外，企业实际控制人如果存在以下两种情况，也会产生纠缠不清的官司，一是将婚前个人财产与婚后夫妻共同财产混同，二是将个人财产与公司法人财产混同。

● **风险提示**：企业实际控制人如果出现重大家事纠纷，可能会对企业经营造成巨大打击，有的企业实际控制人可能连最基本的家庭生活都失去了保障，甚至有的因此而锒铛入狱。

如何发现与防范：银行切不可将企业实际控制人的家庭纠纷看作他个人私事，因为很可能会影响到贷款资金的安全问题。平时可注意与其家人、亲戚保持联系，如果发现有迹象，应密切关注，研判可能的不良影响和后果。

2. 移民——本人或全家已经（或正在）办理移民

近些年中国企业实际控制人与家人移民海外的情况不断增多，其中主要有两种情况，一种是完全放弃国内的工作而全家移民，另一种是家人在国外生活而自己在国内工作。

● **风险提示**：银行人员对于企业实际控制人自己或全家已办或正办移民的，要注意两种情况。一种是借到钱后就人去楼空、远走高飞的，属于贷款诈骗。另一种是，借到钱后也进行生产经营，如果赚到钱就继续干；如果破产倒闭负债累累，立马跑出境外，属于逃避债务。

如何发现与防范：在贷前调查和贷后检查时，要了解企业实际控制人个人和其家人的护照与签证情况；如果发现有问题，可向法院申请《限制出境令》。

3. 退休——本人已经（或即将）办理退休

企业实际控制人到了年龄就要退休，这是件自然而然的事情。但作为银行来说，更应关注的是后续接班人的问题。

要解决企业权力交接中的矛盾，保持企业的可持续发展势头，重点是解决以下三个基本问题。

第一，从哪里选接班人?

（1）内部提拔。该方法的好处在于：一是有利于调动企业员工奋发向上的积极性；二是内部提拔的接班人更了解企业历史沿革和文化理念，有长期企业工作经验，熟悉内部运作的程序，人脉关系较好，能很快进入工作状态，使企业文化一脉相承；三是有利于对候选人进行长期考察和有意识的培养锻炼。

（2）外部招聘，俗称寻找“空降兵”。企业可以在外部广阔的人才市场，寻找到需要的高管人才，更具发展战略眼光，更有开拓市场经验，更有内部管理能力等，能使企业面貌焕然一新。

（3）子承父业，由企业实际控制人的后代接班。这在国内外一直是家族企业的主流传承模式。只不过，国外企业的继承人一般只继承企业的所有权，不一定插手企业的经营业务。而中国的子承父业，既继承了所有权也继承了经营权。

第二，如何选定接班人？主要有以下三种模式。

（1）“慢火煲汤”模式。在这种模式下，选出来的接班人是经过精心挑选、长期栽培的，他们最终经过层层考验达到企业的要求，降低了犯错的概率，减少了企业未来的风险。

（2）“分槽喂马”模式。俗话说“一山难容二虎”，当有多个家族后人争夺一个位置时，难免会两败俱伤。可以将企业分拆成多家，分给家族后人去经营管理。不管哪边做大，都是家族的；

假如一方有难，也可获多方支援。

（3）“接班人基金”模式。企业鼓励接班人到企业外部去打拼，若是成器，可由董事会聘请回到企业集团担当大任；若不成器，则也可由原始股东会成立的专门基金供养。

第三，接班人的标准是什么？

不管哪个企业家在选择接班人的时候，常常面临着“亲”和“贤”的选择问题。就像坐标系的两维，能力和忠诚要找到平衡点。一是对原有企业文化要有认同、秉承、忠诚度；二是要具有国际化视野和经营能力；三是要能适应国内外市场环境的风云变幻，随时应付企业可能面临的各种风险和危机。

银行人员一定要关注企业实际控制人的接班人的问题。

第三节　管理层风险

一、管理层风险的概念

俗话说：“火车跑得快，全靠车头带。”在现代公司中，股东大会、董事会、监事会和执行机构（高管层）四部分各司其职、各担其责、相互制衡，共同组成公司法人治理结构。一个好的管理机制能够保证企业正常经营和良性发展，而一旦管理层出现问题，轻则影响公司生产经营发展，重则导致公司衰败倒闭。尤其是大公司，其决策都是由管理层集体讨论决策的，管理层的作用大于个人作用。对于私营企业，银行主要关注的应是实际控制人的个人风险；而对于国有企业和上市公司，银行主要关注的则应是管理层的风险。

银行人员如果发现企业管理层出现问题，必须高度重视，立即跟踪调查，采取风险防范措施，以保障银行信贷资金的安全。

二、管理层风险的类型（6种）

管理层风险的类型（6种）
● 人事异常——高管人员或董事会成员异常变动 ● 高管分裂——管理层出现严重分歧 ● 决策混乱——经营理念和决策混乱 ● 股权变化——股权结构发生重大不利变化 ● 兼并重组——企业将进行兼并或重组 ● 逃废债务——债务人通过种种方式逃废银行债务

（一）人事异常——高管人员或董事会成员异常变动

企业高管的变更，绝对是企业的头等大事，将影响到企业经营管理各方面的变化，包括战略方向、经营决策、机构调整、人事变动、生产组织、市场营销等。

银行人员到企业实地调查时，要注意了解企业高管的动向，尤其是不正常的变动，防止出现“新官不理旧账”等危及授信资金安全的情况。

案例

食品公司因法定代表人变更引起两方激烈冲突

某分行向兰州 ZL 农垦食品有限公司（以下简称 ZL 公司）先后发放了两笔流动资金贷款 500 万元和 1200 万元，以 ZL 公司自有房产、土地抵押，并追加法定代表人郭某连带责任保证。

某日，省工商管理部门在当地报纸上刊发公告称，ZL 公司的法定代表人由郭某变更为林某，原营业执照作废。对此，双方存在分歧：郭某一方坚守公司办公及厂房驻地，拒绝林某接管企业，并要求省工商部门撤销变更决定；而林某一方也试图进驻企业，民警及时赶到才避免双方冲突进一步升级。

企业因法定代表人变更引起的激烈冲突使得分行高度重视，副行长亲自带队，两次对该公司进行实地调研，了解到 ZL 公司已备足存货，准备在销售旺季（元旦、春节）之前加足马力生产，经营基本正常。

针对企业现状，分行再次召开碰头会研究，认为 ZL 公司虽然受到很大影响，但基本面向好，如果要求提前还款或诉前保全既不利于企业生产销售，也无法达到企业全额还款的效果。因此决定，严密监控企业各项财务指标，按月核实存货和销售，同时要求企业出具按时还本付息的承诺，追加林某个人连带责任保证，同时将本行列为主要结算行。

随着元旦、春节的到来，企业生产、销售恢复正常，股权之争也尘埃落定。分行加大工作力度，经多方争取，最终收回全部贷款。

电器公司中方股东董事长辞职且财务总监也有辞职意向

某年 8 月 30 日，某分行给予天津中外合资企业电气有限公司（以下简称电气公司）2000 万元商票保贴额度，期限 1 年。限定为电气公司对上游客户机械物资总公司开立商业承兑汇票，贴现人为机械物资总公司。

隔年 1 月中旬，临近春节，银行人员拜访电气公司时了解到，中方股东的董事长已经辞职，财务总监本人也有辞职意向，借款人未来现金流较差，资产拟整体出售。2 月 9 日电气公司应归还分行 500 万元到期资金压力很大，3 月到期贴现款尚无还款资金来源，有不良发生的可能。

分行立即制订紧急回收预案，要求借款人积极筹措还款资金，否则在票据到期日前冻结担保人在本行的资金。最终企业高管积极配合，想尽办法筹措资金全部归还分行。

（二）高管分裂——管理层出现严重分歧

企业高管成员在经营管理上出现不同意见是正常的，但如果人心不齐，出现严重分歧甚至分裂，拉帮结派、内斗严重，必将影响到企业的正常生产经营。对于这样的企业，银行应暂停授信业务。

● 风险提示：在与企业不同高管人员接触时，银行人员应注意他们是否有互不买账甚至相互攻击的情况；在与企业中层干部访谈中，注意了解有关高管人员的传闻；从企业提交的材料中发现是否存在前后矛盾、朝令夕改的情况。

案例

林业公司班子成员关系紧张　管理混乱巨额亏损

云南JG林业股份有限公司自上市后，资产及经营规模不断扩大，成为当地经济支柱，昆明某分行给予3000万元1年期流贷。

由分行行长牵头的检查小组在实地检查中发现，客户未能扭转上年三季度亏损局面，全年年报显示巨额亏损；公司内部班子成员关系紧张，管理出现混乱；对7月到期的信贷资金不能落实；企业高管还出现逾期不还、等待银行展期的消极思想。

面对贷款出现了风险预警，分行采取了一系列化解风险措施。

（1）对借款人方面，与公司高层多次接触，摸清公司真实的资产实力和还款意愿，多次重申贷款逾期的严重后果；同时提出多渠道融资途径（包括贷款重组）的建议，寻求积极解决问题的途径。

（2）对担保人方面，一方面做好对其诉讼前的准备；另一方面站在担保人的角度考虑问题，最大限度地保障担保人的利益，与其达成抵御风险的共识，结成催债同盟。

（3）对抵押物方面，由于抵押率较低，抵押手续完备，如果处置有市场需求，这些对迫使借款人还款产生积极作用。

由于发现风险及时、采取措施得力，在中国人民银行征信系统中还未出现JG公司不良信息时，分行的催收行动已经按步骤开始运作。最终该笔3000万元贷款以借款人自筹资金按时归还1210万元，以代偿及委托贷款方式归还1590万元，以抵押物为保障归还剩余200万元，没有造成逾期和任何损失。

之后当地银监局向各金融机构发出《关于云南GJ林业信贷风险提示的通知》时，该分行由于提前催收，已成功地化解了即将出现的贷款风险。

（三）决策混乱——经营理念和决策混乱

俗话说得好，选择方向比埋头苦干更重要。企业的经营理念和管理决策如果不正确，必然导致企业走弯路、错路，甚至失败。银行人员不仅要了解企业贷款的用途和还款来源，更应该了解企业的经营决策是否正确和清晰。

● **风险提示**：在与企业高管人员访谈中加以了解；查阅企业工作报告、生产计划、年度总结等资料；了解同业情况并进行对比。

案例

皮塑厂股东之间在策略上产生较大矛盾导致经营混乱

银行向泉州 FZ 皮塑厂发放贷款 450 万元，利率上浮 20%，期限 1 年，以该企业房地产抵押担保。

放款之后，分行领导亲自带队，对经营企业进行现场走访，深入了解企业生产经营情况。结果发现该企业开工率严重不足，管理较混乱，同时，通过侧面了解到，股东在经营策略上出现了较大的分歧，股东之间产生矛盾，不仅将股权转让与第三方，还准备出售厂房、设备等资产。

对此，分行领导高度重视，立即召开会议，要求经办机构提高贷后检查频率，每周不少于一次现场走访，密切关注企业生产经营动态及财务状况，制订授信风险应对预案。最后，通过与企业主多次沟通协商，同意将销售款项直接转入本行最终提前结清贷款。

粮食生产加工企业内部管理混乱

2014 年 10 月，多家媒体陆续报道陕西大荔 JZY 农业科技集团有限公司（以下简称“陕西 JZY 公司”）资金链断裂，董事长失联，企业经营瘫痪等消息。当地政府部门组织债权登记、查封资产及相关调查工作，企业停产进入清算阶段。而在此之前，当地一家银行坚守风险底线，成功规避了授信风险。

陕西 JZY 公司实收资本 1.5 亿元，是一家集粮食收购、加工、储存、销售和生态养殖于一体的民营企业。2014 年 3 月，陕西 JZY 公司申请向当地一家股份制银行申请 2 亿元综合授信额度，以其拥有的库存粮食质押担保。这家银行在贷前调查中发现以下问题。

（1）资产虚报。经对该公司实际资产内部核对评估，认为该公司已经是资不抵债。对其财务报表进行核对时，疑有虚增注册资本现象。

（2）产能过剩。银行在对第一还款来源分析后认为，借款人主营业务持续下滑，企业资金主要被其新开发淀粉、酒精项目占用，而新项目计划投资近 4 亿元，存在行业产能过剩风险和完工风险。

（3）存货重复质押。该公司对存货监管混乱，无法划分各银行机构的质押物。在进行现场调查时，工作人员回答问题时闪烁其词，含混不清，存在存货重复质押嫌疑。

（4）频繁更换审计事务所。

鉴于该项目存在以上内部管理混乱等问题，该银行最终未同意授信。

这家银行之所以能够在该起轰动全省的事件中避免损失，主要得益于“坚守风险底线”和

“客观独立、有疑必究、多方求证”的调查原则。在调查中，如发现企业有上述情况时，都应该加以注意。

> “山不在高，有仙则名；水不在深，有龙则灵。”虽然大企业的授信风险相对较低，中小企业的授信风险相对较高，但也不能一概而论。市场经济在发展，银行应以“企业不论大小，重在经营好坏”的眼光去判断风险大小。
>
> ——一位行长的话

（四）股权变化——股权结构发生重大不利变化

企业股权结构的好坏，关系到企业团队搭建、利益分配、企业治理等方面是否顺畅。股权如果发生重大变化，新的股东大会和董事会可能会对企业经营决策做出重大调整，也可能会对银行的授信提出不利的要求，如增加金额、延长期限、降低利率、减免担保责任等。因此，对于处于股权重大变化期间的企业，银行应暂缓办理授信业务，等到事态都明朗化之后，再酌情办理。

> ● 风险提示：平时注意保持与企业董事长办公室和董事长秘书的密切联系；实地走访时，关注企业股权变动的话题；关注上市企业发布的公告。

案例

汽车运输企业股东发布转让100%股权的公告

某分行给予深圳市A汽车运输企业公司（以下简称“A公司”）贷款额度4500万元，期限1年，以该公司自有的106个出租车营运牌照质押。

不久，A公司全资股东B公司发布了《关于转让深圳市A汽车运输企业公司100%股权的公告》，称拟以每股单价2.16元的价格向A公司员工转让其持有的A汽车股权，并将原对A公司的占款与本次股权转让款进行抵扣。

得知该信息后，分行信贷管理部对A公司的情况进行了分析，认为A公司在短期内除需支付抵扣后的股权转让款8500万元外，还需要支付银行借款7500万元（含本行贷款），合计1.6亿元。按照该公司目前每月约500万元的经营收入来看，将会造成巨大的财务压力，而且本行贷款到期日晚于他行，可能会影响本行贷款资金的正常回收。

对此分行高度重视，经研究后决定立即采取措施。一方面，积极跟进A公司股权转让进展，帮助A公司出谋划策，提出向他行融资和分批还款的建议；另一方面，主动与A公司新股东进行沟通，落实还款来源。经过不懈努力，分行终于提前一个多月落实了还款来源，确保了4500万元贷款到期正常回收。

放款前核保发现企业股权结构发生重大变化

某银行批准云南SZXSY有限公司6000万元银票额度，同时要求由该公司3名自然人股东提供连带责任保证。核保人员在核保时发现，该公司已于3个月前由3名自然人股东变更为1名法人股东及1名自然人股东，股权结构已发生重大变化。为防止担保条件的落空，放款中心暂停放款，要求业务部门向审查部门重新上报变更担保人后的材料。

股权结构有两层含义：第一层含义是指股权集中度，即前五大股东持股比例。从这个意义上讲，股权结构有三种类型：一是股权高度集中，绝对控股股东一般拥有公司股份的50%以上，对公司拥有绝对控制权；二是股权高度分散，公司没有大股东，所有权与经营权基本分离，单个股东所持股份的比例在10%以下；三是公司拥有较大的相对控股股东，同时还拥有其他大股东，所持股份比例在10%与50%之间。第二层含义则是股权构成，即各个不同背景的股东集团分别持有股份的多少。在我国，就是指国家股东、法人股东及社会公众股东的持股比例。

银行如何防范股权变化风险？有时银行之所以对客户提供授信，看中的是该客户有好的大股东，或者是该客户能控股一些经营财务状况好的下属子公司。如果发放贷款后，借款人的大股东或下属核心子公司发生变动，将会对借款人的经营情况和偿债能力产生很不利的影响。

对此，银行可在《借款合同》中列明“控制权转移限制条款”，要求借款人在借款期限内做到以下几点，否则视为违约：借款人的控股股东要维持对借款人的控股地位不变；借款人要维持对下属某几家核心子公司的控股地位不变；借款人要维持借款时的财务资金管理体制不变。

（五）兼并重组——企业将进行兼并或重组

兼并重组对有些企业可能是发展机遇，对有些企业则可能是背上包袱。银行要加强风险监测，有效评估双方企业发展前景、财务状况和还款来源。对不具备长期发展条件、列入被兼并重组重点对象的企业，要从严授信审批。

● **风险提示：**企业被兼并或重组的事件不会是突然发生的，而是需要经过一个较长时期的渐变过程，银行人员在授信前调查和授信后检查中，如果听到有关消息，要及时跟进并加以核实，判断这些变化对授信资金安全的影响程度，提前采取预防措施。

案例

电机生产企业改制后经营仍无好转直至陷入停产状态

沈阳某股份有限公司主营电机生产与销售，曾经是我国三大电机生产厂之一，其生产的大中型电机市场份额占全国30%以上。某银行与其合作，最高时授信额度达4000万元，利率执行基准（5.31%），期限1年，由沈阳市某区国有资产经营有限公司提供保证担保。

在政府的主导下，借款人着手进行改制，但由于转制拖期较长和下半年到来的国际经济危机的双重影响，企业在生产经营和融资等方面都受到了较大影响，处于半停产状态。

银行及时成立了以副行长亲自挂帅的催收小组，提前进行清收。由于借款人资金周转全部依赖于区国资公司，因此催收小组将工作重点转向了区政府。分行主管行长亲自与区政府有关领导进行了多次协商，取得了区政府和借款人的理解与支持，达成了逐年压缩、最终归还的解决方案，直至贷款全部收回。

能源公司董事会发布关于中止重大资产重组的公告

山东TY国际能源有限公司是某银行新合作客户，信用评级为A，给予1年期5000万元授信额度，由其控股股东山东TY集团公司提供连带责任担保。

分行贷款管理人员在利用总行“天眼”预警系统进行信息捕捉时发现，多家媒体相继发布了关于“山东TY恒基股份有限公司董事会关于中止重大资产重组的公告”，引起了分行的高度关注，立即进行了实地贷后检查。

检查发现，TY国际能源有限公司的经营尚处于发展期，资产负债率偏高，且资金用途环节繁杂，存在瑕疵。尽管贷款质押的股权足值有效，不至于形成最终贷款损失，但为切实提高思想警惕，防患于未然，银行仍将该企业纳入预警客户进行管理。后来，在企业归还了贷款后，未再予以续作。

【参阅资料】国务院《关于促进企业兼并重组的意见》

2010年9月6日，国务院印发了《关于促进企业兼并重组的意见》（国发〔2010〕27号），指出要以汽车、钢铁、水泥、机械制造、电解铝、稀土等六大行业为重点，推动优势企业强强联合和兼并重组，同时提出了财税、金融、资本市场、土地等方面扶持企业兼并重组的具体措施。

该意见强调，促进企业兼并重组，必须坚持以下原则：一是发挥企业的主体作用，充分尊重企业意愿，通过完善相关行业规划和政策措施，引导和激励企业自愿、自主参与和兼并重组；二是坚持市场化运作，由企业通过平等协商、依法合规开展兼并重组，防止“拉郎配”；三是促进市场有效竞争；四是依法妥善解决资产债务处置、职工安置等问题，促进企业、社会和谐稳定。

（六）逃废债务——债务人通过种种方式逃废银行债务

企业逃废银行债务的主要形式如下。

（1）抽逃。企业在注册成立时就没有启动资金，只是骗取法人资格和银行贷款；或者注册成立后即抽逃注册资金，企业做的是空壳买卖、无本生意，根本不具备偿还银行贷款的能力。

（2）转移。企业在改制之前就将资产以“投资”“抵债”等名义转移，或者以分立形式将有效资产划割到分立企业，以所谓“剥离资产”的手段来悬空银行债务。

（3）隐匿。银行在主张债权过程中，企业或以经营亏损，或以自然损耗为名，或低价变卖资产，或隐藏实物等种种手段，扩大资产损失，隐匿实有资产。

（4）改制。企业在改制中利用租赁、合资、重组等改制方式，剥离出优质资产，留下烂摊子承担债务，致使银行债权无从实现。

（5）破产。如果企业进入破产程序，银行即使有再多的债权也只能参与剩余财产的分配，严重损害银行的利益。

● **风险提示**：银行人员平时对企业所有的主要资产、生产设备等，应该做到心中有数；定期对账务、登记册、实物进行三方核对，确认企业资产完好无损；如果发现资产有所减少、设备有所搬移，应立即查明原因。

种种现实案例提示各家银行注意，所谓企业抗风险能力强、授信风险低、最终损失小的传统观念已不可靠。尤其不能想当然地认为，集团母公司一定会为陷入债务危机的子公司承担债务。由于各自独立的法人地位，母公司不仅在法律上无必然的偿债义务，甚至还可能为甩掉包袱而积极促成其子公司通过重整剥离债务。

在发生债务危机后，一旦债务人走上破产重整之路，银行作为债权人的话语权十分有限。这样就为债务人逃废银行债务提供了一条有空可钻的漏洞。例如，债务人企业可以通过向中介机构施加影响等手段，达到降低清算受偿率的目的，或者人为调高重整受偿率，减少巨额银行债务。对此，银行切不可掉以轻心。

银行要转变传统观念，严格控制对经营效益较差且经营多年没有转机的企业的授信总量，努力争取有效抵质押担保条件。同时，还要避免成为该企业的单一最大授信银行。

发现存在较大风险隐患的，应尽快制订“追加有效抵质押担保”或“逐步压缩退出”的风险化解预案。一旦出现风险苗头或迹象，应果断退出，必要时应毫不犹豫地采取保全措施，最大限度地掌握化解风险的主动权。

对于出现问题的贷款采取果断措施，可以在很大程度上减少损失。采取的措施越早，银行的损失越小。

——一位行长的话

第四节　违法违规风险

企业在生产经营过程中，必须严格遵守并执行国家的法律法规，如有触犯必会受到严厉查处。轻者被新闻媒体曝光不法行为，被银行等金融机构记录在案，重者则被政府监管部门吊销营业执照、专营权、许可证，直至被勒令停产整顿，这些不仅会影响企业的经营，也将严重影响银行授信资金的安全。对此，企业和银行均不可抱有侥幸心理。

银行人员在开展授信业务过程中，应熟悉与企业相关的法律法规，以及国家最新政策动向。在授信前调查和授信后管理中，如果发现企业有违法违规苗头的，应立即要求整改达标，否则停止发放贷款并采取措施收回已放贷款。

近年来，企业因违法违规而危及银行信贷资金安全的情况主要有以下几种。

一、触犯国家刑法的类型（4种）

触犯国家刑法的类型（4种）
● 企业经营中的刑法风险
● 企业管理中的刑法风险
● 企业政商交往中的刑法风险
● 企业融资中的刑法风险

案例

企业面临四类刑事法律风险

据2017年5月23日法制网报道，北京一家企业的实际经营人陈某，在向投资人借款时许诺可以每月按3%的利息给予回报。在长达7年的时间里，陈某向28名投资人吸收人民币1.4亿余元。2015年，陈某因为资金链断裂被投资人举报而案发。北京石景山区检察院以陈某涉嫌非法吸收公众存款罪向法院提起公诉。

陈某非法吸收公众存款案，这只是北京石景山区检察院近年办理的诸多企业刑事犯罪案件其中的一起。“刑事法律是悬在企业和企业家头上的‘一把剑’，企业和企业家稍有不慎，就会面临巨大伤害甚至灾难。”检察长如是说。

2017年5月22日，由法制日报社《法人》杂志主办的首届中国企业刑事风险防范实务操作论坛在北京举行。在论坛上，最高人民检察院理论研究所专家将企业面临的刑事法律风险归纳为四类：一是企业生产经营中的刑事法律风险；二是企业管理中的刑事法律风险；三是企业政商交往中的刑事法律风险；四是企业融资中的刑事法律风险。

（一）企业经营中的刑法风险

案例

HS特种水泥有限公司在生产经营活动中，在环评环节存在违法行为，主要包括：一是为规避我国生态环境部审批，与省环境科学院联手伪造环境影响报告书。根据我国生态环境部审批有关规定，日产5000吨及以上水泥熟料生产项目的环境影响评价文件，应报由我国生态环境部审批审批。而在实际中，该省环境科学研究院受公司委托进行了环境影响评价，将生产线规模虚减为日产4500吨。二是未按省生态环境厅批复要求拆除落后生产线。省生态环境厅批复中明确指出，HS水泥应在拆除450吨生产线的前提下建设新生产线。三是尚未办理环保设施验收。根据《建设项目环境保护管理条例》，环境保护设施竣工验收应当与主体工程竣工验收同时进行，需要进行试生产的建设项目，应当自建设项目投入试生产之日起3个月内向环保部门申请环保设施竣工验收。

某银行在贷款调查和审查时，未能发现该公司的环保违法行为，认为其全部生产线符合国家政策，予以授信额度 2 亿元，累计发放贷款 1.08 亿元。我国审计署在对该家银行进行审计时，发现了问题，并对银行和有关责任人进行了处罚。

（二）企业管理中的刑法风险

除了税务类犯罪，企业在管理中常会触犯的刑事法律风险主要还有：会计类犯罪，会计管理是企业保障资金安全的重要工作，涉及的罪名主要是销毁会计凭证等；挪用资金类犯罪，即将企业和企业家两者之间的资产混同，这也会导致企业家涉嫌挪用资金罪；破产类犯罪，企业在破产清算过程中，容易出现刑事犯罪。

（三）企业政商交往中的刑法风险

正常、健康的政商交往既有利于公权力在阳光下运行，又有利于企业按经济规律有序经营。对此，应着力构建和谐有序的新型政商关系，营造优良的营商环境，政商交往应当亲而有度、清而有为，进而有力地避免刑法风险。

（四）企业融资中的刑法风险

企业融资类刑事法律风险主要出现在两种融资过程中：一是向金融机构贷款，主要涉及贷款诈骗罪、骗取贷款罪；二是向社会民众公开筹资，主要涉及非法吸收公众存款罪、集资诈骗罪、非法经营罪等。

刑事法律风险应该引起企业和银行的高度重视。刑法理论界专家和实务界人士认为，通过观察近年来发生的企业刑事犯罪案例可以发现，企业涉及刑事犯罪后，不仅企业家本人及其家庭遭受重创，企业的发展也往往遭受倾覆危机，多年经营心血毁于一旦。

银行人员为了更好地关注企业的刑法风险，一是提示企业设立法务部门或聘请律师；二是可向企业提供有关学习资料，包括刑法和其他企业违法的案例；三是如发现企业有违法风险迹象时，要及时提醒并加以制止。

二、违反国家法规的类型（5 种）

违反国家法规的类型（5 种）
● 违反国家税务规定
● 违反国家环境保护法规
● 违反海关监管规定
● 违反药品食品监管规定
● 违反国家土地管理规定

国家法律法规是“高压线”，什么时候都不容违反。对此，企业和银行都必须认识到这一问题的严肃性，不可掉以轻心。

一般来讲，违反国家法规的企业行为有以下五种：违反国家税务规定、违反国家环境保护法规、违反海关监管规定、违反药品食品监管规定和违反国家土地管理规定。

（一）违反国家税务规定

据某市检察机关负责人介绍，某些不法分子为了虚列交易成本、掩盖资金流向、实现逃税避税，会购买、使用虚假或非法代开的发票，严重危害税收征管。一些公务人员、出差人员等为虚报开支，往往也是假发票的购买者。还有少数企业需要大量的假发票冲抵私设“小金库”，致使买方市场不断扩大，为制售假发票犯罪提供了土壤。

案例

钢贸公司被国税局停开增值税发票导致销售困难

湛江A物流有限公司（以下简称“A公司”）是B钢铁有限责任公司（以下简称“B公司”）的一级经销商。某分行给予其1亿元钢铁金融网络授信额度，期限1年，专项用于向B公司开立银票，30%保证金，先票后货存货质押，由某物流有限公司提供监管。

分行在实地贷后检查时发现，市国税局对A公司的一个下游客户进行税务检查过程中发现问题，停止了A公司的税务发票办理。因无法开出增值税发票，A公司的钢铁销售出现困难，库存货物不断增加，经营压力变大。直至被取消地区一级经销商资格，并终止了与B公司的钢铁购销合同。

获悉上述情况后，分行立即派人到B公司了解情况，并全面参与双方的货物清算工作。随后对质押物存放仓库进行了细致的实地核库。经过初步核算，质押率仍然为70%，质押物足值。

为降低授信风险，分行一方面向A公司施加压力，要求其保证在银行承兑汇票到期前，完成对剩余质押货物的销售，用以偿还风险敞口；另一方面积极与B公司保持联络，要求在本行银行承兑汇票到期前，将A公司订货未发货物余款退还至A公司在本行的保证金账户，用以偿还授信敞口。最终在B公司的积极配合下，A公司在该行授信业务全部正常结清。

贸易公司涉嫌倒卖增值税发票被调查取证

ZY贸易有限公司位于余姚市中国塑料城，是一家专业经销各类塑料原料、化工原料、金属材料的批发零售企业，公司年交易额在塑料城经营户中位居前列。某分行给予该公司授信5000万元，由宁波某日化制造有限公司保证担保，另由公司法定代表人个人名下10套房产抵押。

某年6月14日，分行通过当地网站论坛了解到塑料城部分企业因参与增值税发票倒卖偷税正被公安、税务部门调查取证，第一时间内启动了风险预警机制。

经过全面排摸，发现ZY贸易有限公司法定代表人的妹妹已被公安部门调查。虽然从表面看，只是她个人业务行为，但随着案子的深入侦办，极有可能累及ZY贸易有限公司，给本行信贷资产造成重大损失。针对这一情况，分行根据借款合同中的“交叉违约”条款和“加速到期”条款，立即采取了以下措施。

一是迅速与法院联系，查封ZY贸易有限公司法定代表人个人名下所有房产，确保抵押物资产不被他行第一查封，以掌握风险资产处置主动权。同时，要求保证单位配合银行做好借款人的思想工作，要求提前归还本行贷款。

二是为防止企业法定代表人因刑拘或失去联系，联系公证部门，上门办理授权委托书。要求企业法定代表人夫妻出具委托书，委托由本行指定的他人，可办理其名下的 14 套房产抵押手续，包括签订合同、办理合同公证、办理房屋抵押登记手续等。

三是更换授信主体，压缩风险敞口，增加强担保。要求 ZY 贸易有限公司提前归还本行 1700 万元贷款，同时要求更换授信主体，压缩风险敞口至 3300 万元。在原有 10 处房产抵押的基础上，再增加 4 处房产抵押，全部房产足额担保。同时做好法院、房产抵押登记部门协调工作，确保中途不被其他法院查封。通过相关部门连夜加班，14 套房产抵押顺利转至第三方授信企业名下。

通过分行上下联动，齐心协力，动员一切可以动员的力量，顺利化解了 ZY 贸易有限公司 5000 万元授信风险。

对于以上问题，银行人员只有善于捕捉风险预警信息，及时真实反映，才能为制订有效化解方案提供重要依据。同时还要缜密部署，前瞻判断，以最坏的打算制订有针对性的化解方案，采取环环相扣的应对措施，才是化解风险的关键。

【参阅资料】违反我国税收管理法的行为

根据《中华人民共和国税收征收管理法》第五章“法律责任”规定，企业如有以下行为的，将会受到罚款、收缴发票或开发票、吊销营业执照、追究刑事责任等不同程度的处罚。

● 第六十条　纳税人有下列行为之一的，由税务机关责令限期改正，可以处二千元以下的罚款；情节严重的，处二千元以上一万元以下的罚款：

（1）未按照规定的期限申报办理税务登记、变更或者注销登记的；

（2）未按照规定设置、保管账簿或者保管记账凭证和有关资料的；

（3）未按照规定将财务、会计制度或者财务、会计处理办法和会计核算软件报送税务机关备查的；

（4）未按照规定将其全部银行账号向税务机关报告的；

（5）未按照规定安装、使用税控装置，或者损毁或者擅自改动税控装置的。

● 第六十一条　扣缴义务人未按照规定设置、保管代扣代缴、代收代缴税款账簿或者保管代扣代缴、代收代缴税款记账凭证及有关资料的，由税务机关责令限期改正，可以处二千元以下的罚款；情节严重的，处二千元以上五千元以下的罚款。

● 第六十二条　纳税人未按照规定的期限办理纳税申报和报送纳税资料的，或者扣缴义务人未按照规定的期限向税务机关报送代扣代缴、代收代缴税款报告表和有关资料的。

● 第六十三条　纳税人伪造、变造、隐匿、擅自销毁账簿、记账凭证，或者在账簿上多列支出或者不列、少列收入，或者经税务机关通知申报而拒不申报或者进行虚假的纳税申报，不缴或者少缴应纳税款的，是偷税。

● 第六十四条　纳税人、扣缴义务人编造虚假计税依据的。纳税人不进行纳税申报，不缴或者少缴应纳税款的。

● 第六十五条　纳税人欠缴应纳税款，采取转移或者隐匿财产的手段，妨碍税务机关追缴欠缴的税款的。

● 第六十六条　以假报出口或者其他欺骗手段，骗取国家出口退税款的。

● 第六十七条　以暴力、威胁方法拒不缴纳税款的。

● 第六十八条　纳税人、扣缴义务人在规定期限内不缴或者少缴应纳或者应解缴的税款，经税务机关责令限期缴纳，逾期仍未缴纳的。

● 第六十九条　扣缴义务人应扣未扣、应收而不收税款的。

● 第七十条　纳税人、扣缴义务人逃避、拒绝或者以其他方式阻挠税务机关检查的。

● 第七十一条　非法印制发票的。

● 第七十二条　从事生产、经营的纳税人、扣缴义务人有税收违法行为，拒不接受税务机关处理的。

● 第七十三条　纳税人、扣缴义务人的开户银行或者其他金融机构拒绝接受税务机关依法检查纳税人、扣缴义务人存款账户，或者拒绝执行税务机关作出的冻结存款或者扣缴税款的决定，或者在接到税务机关的书面通知后帮助纳税人、扣缴义务人转移存款，造成税款流失的。

2009年5月5日，国家税务总局发布《大企业税务风险管理指引（试行）》（国税发〔2009〕90号），加强大企业税收管理及纳税服务工作，指导大企业开展税务风险管理，防范税务违法行为，依法履行纳税义务。银行人员应提示企业有关部门认真学习该指引，对照执行。

（二）违反国家环境保护法规

如果说2016年是国家环保政策元年，2017年是环保政策爆发年，那么2018年就是环保政策落实年。据媒体报道，广东省东莞市自“蓝天保卫战”开展以来，截至2018年5月8日，全市已排查出“散乱污”企业759家，关闭198家。全市建立“散乱污”企业淘汰整治工作考核机制，将整治工作实效纳入镇街年度环保责任考核，年内完成了5000家“散乱污”企业的淘汰整治工作。

银行也要加强对企业环保风险的管理，尤其是对有色、化工、水泥、制革、制浆造纸、印染、制糖、植物油加工、印制电路板、电镀等环境敏感行业，或可能存在环保风险隐患的客户，在调查和审查时，重点要注意是否存在以下问题。

（1）建设项目环境影响评价报告是否获得有权部门批准。

（2）建设项目中的环保设施是否遵守“三同时”（同时设计、同时施工、同时投产）制度或是否通过环保“三同时”验收。

（3）对于危险废物经营企业，是否取得危险废物经营许可证。

（4）企业是否取得排污许可证，污染物超标排放或存在偷排偷放、故意直排情况。

（5）企业环保治理设施是否完善或是否正常运转。

（6）企业是否涉及环保、居民或职工健康等群体性事件。

案例

当地政府对铅蓄电池污染企业实行停电整治

浙江省诸暨市JT电器有限公司（以下简称“JT公司”）主营生产销售充电灯及配件、电器机械配件、充电灯用极板、车用极板，在绍兴某分行有综合授信额度1000万元，由第三方物资有限公司保证担保。

某年5月初，经办行获悉，国家对铅蓄电池行业的环保整治力度加大，全国行业面临大规模的整顿。为此该行立即着手对涉铅的JT公司进行风险排查，发现作为小型企业，该公司各方面条件欠成熟，极有可能经不起正规的检查与整顿，对其继续授信不符合“绿色信贷”政策。故经办行当机立断将其列入退出名单，并加大催收力度，提前回收贷款。

不出所料，当地涉铅企业从5月中旬进行了停电整顿，该企业也名列其中，之后处于停业整顿中，而该行已全身而退。

空心玻璃微珠生产因有污染性而未获环保评估许可

浙江TD实业有限公司是一家研发、生产符合国际标准的节能隔热保温材料及反光材料的生产企业。为提高核心竞争力，该公司对“空心玻璃微珠隔热保温胶膜制备高新技术”投入大量资金进行生产基地的建设。某年9月，某分行向该企业发放流动资金贷款900万元，期限1年，由浙江某担保投资有限公司担保，并追加实际控制人夫妇连带责任保证。

第二年4月，客户经理在贷后检查中，通过查对报表、实地查看，及与股东、合作单位人员谈话等了解到，由于空心玻璃微珠的生产带有一定污染性，因此该项目的环保评估未能获得环保局的批准，项目无法正常投产。

此外，借款人在钱江开发区生产基地投入约1.9亿元（其中银行项目贷款6000万元），因项目的环保评估也未获批，未能如期取得投产许可。之后，由于企业自身投资失误和对外担保发生代偿风险，企业资金链断裂，法定代表人采取了躲避的方式离开了余杭，企业风险凸显。

《焦点访谈》对化肥公司违法排污致农田绝收情况曝光

山西某县化肥有限公司获某银行综合授信额度6000万元，期限1年，由某焦煤集团有限公司提供连带责任保证。

某日晚，中央电视台《焦点访谈》对该公司违法排污致部分农田绝收情况予以曝光。事发后，山西省政府责成该县政府下发通知，责令该公司停产整顿，冻结该公司在银行的结算账户，并派出工作组对此事件进行实地调查。受此事件影响，企业经营逐步陷入困境，银行融资逾期，贷款风险凸显。

对此，银行立即启动应急预案，成立“突发事件应急小组”，先后召开七次专题会议，及时掌握事件进展情况。鉴于政府部门难以短期内就该突发事件做出处理决定，借款人短期复产无望，丧失自偿能力，银行最终直接扣划担保人在本行账户内的款项用于代偿借款人全部债务，从而避免了不良贷款的产生。

【参阅资料】《中华人民共和国环境保护法》解读

《中华人民共和国环境保护法》（以下简称“新环保法”）于2015年1月1日修订后施行。法律条文从原来的47条增加到70条，增强了法律的可执行性和可操作性。被称为“史上最严”的环境保护法。新环保法特别加大了违法排污的责任，解决了违法成本低的问题，加大了处罚力度。

一是规定了按日计罚制度。按日计罚，就是按照违法的天数计算罚款，不再是一次性罚金，同时罚款总额上不封顶，且建立“黑名单”制度，将环境违法信息记入社会诚信档案并向社会公布，提高了企业的违法成本。

二是责令停业、关闭。新环保法第六十条规定，企事业单位和其他生产经营者超过污染物排放标准或者超过重点污染物排放总量控制指标排放污染物的，县以上环境保护行政主管部门可以责令其采取闲置生产、停产整治等措施，情节严重的，报经有批准权的人民政府批准，责令停业、关闭。

三是规定了行政拘留。新环保法第六十三条规定，违反法律规定，建设项目未依法进行环评，被责令停止建设，拒不执行的；未取得排污许可证排放污染物，被责令停止排污，拒不执行的；通过偷排或者篡改、伪造监测数据，或者不正常运行防治污染设施等逃避监管的方式排放污染物的；生产、使用国家明令禁止生产、使用的农药，被责令改正，拒不改正的。有以上行为之一尚不构成犯罪的，由县级以上人民政府环境保护主管部门或者其他有关部门将案件移送公安机关，对其直接负责的主管人员和其他直接责任人员，处十日以上十五日以下拘留；情节较轻的，处五日以上十日以下拘留。

四是可以判刑。新环保法第六十九条规定，违反该法规定，构成犯罪的，依法追究刑事责任。

（三）违反海关监管规定

案例

全国逃税数额巨大的葡萄酒走私案被提起公诉

新华社北京8月3日电（记者涂铭、李京华）犯罪嫌疑人孙某、孟某10月3日被北京市人民检察院第二分院以涉嫌走私普通货物罪提起公诉。二人在近6年时间里通过伪造报关单据等方式走私高档进口葡萄酒，偷逃税款总额超2000万元。

据公诉机关介绍，犯罪嫌疑人孙某系北京三家公司的法定代表人兼总经理，于2004年1月至2009年12月间，指使孟某采取制作虚假发票、合同等方法，故意向海关低报货物价格、伪报品名、伪报成交方式，将从英国、法国进口的总价4500万余元的葡萄酒，分58次向海关进行虚假申报，偷逃税款共计 2027 万余元人民币。

物流公司多次违反海关监管规定，评级从 B 级降为 C 级

某分行给予深圳市 TB 物流股份有限公司授信额度 8000 万元，期限 1 年，由借款人股东公司和企业实际控制人同时提供连带责任保证。

分行信贷管理部进行贷后非现场检查时，发现该公司因 1 年内 3 次违反海关监管规定，海关对其监管评级由 B 级降为 C 级。同时在随后的实地走访中了解到，该公司主业向国内煤炭贸易转型进展并不顺利。

根据以上信息，分行认为，尽管该公司在银行信用历史记录较好，贸易上下游企业具有较强实力，且其关联企业即将上市，但鉴于公司自身抗风险能力较低，授信存在一定的风险隐患，仍需保持谨慎态度，最终决定暂停对其发放新的授信，同时积极落实存量授信的还款来源。一方面，通过各种渠道对公司的经营情况和海关记录进行摸查，落实授信资金还款来源，确保出现极端情况下能够及时采取行动保全资产；另一方面，关注其关联企业上市进展及海关评级情况的变化。经过不懈努力，企业在分行授信全部正常结清。

（四）违反药品食品监管规定

案例

长春长生问题疫苗案处理 6 名中管干部　多人被开除党籍

《新京报》讯（记者许雯），“长春长生问题疫苗案”追责继续。2019 年 2 月 2 日，中央纪委国家监委网站发布消息称，问题疫苗相关责任人被严肃处理。

据中纪委国家监委官网消息，问题疫苗案件发生后，党中央高度重视，国务院派出专门调查组对事件进行了全面调查，中央纪委国家监委开展了监管责任调查和审查调查工作，对 6 名中管干部作出予以免职、责令辞职、要求引咎辞职等处理。

同时，有关部门和地方根据调查认定事实，依规依纪依法对涉及原国家食品药品监管总局、国家药监局、吉林省各级药品监管部门、长春市人民政府、长春市高新技术产业开发区管委会等 42 名非中管干部进行了严肃处理。

其中，厅局级干部 13 人、县处级干部 23 人、乡科级及以下干部 6 人，对涉嫌职务犯罪的原吉林省食品药品监管局 3 名责任人给予开除党籍处分并移送检察机关依法审查起诉，对包括原国家食品药品监管总局药品化妆品监管司 1 名副司长、原吉林省食品药品监管局两名副局长在内的 6 名责任人给予留党察看或撤销党内职务、政务撤职处分，对 29 名责任人给予其他党纪政务处分。

【参阅资料】

《中华人民共和国药品管理法实施条例》第九章明确规定，企业如果有下述不法行为的，将会受到严厉处罚。

● 开办药品生产企业、药品生产企业新建药品生产车间、新增生产剂型，在国务院药品监督管理部门规定的时间内未通过《药品生产质量管理规范》认证，仍进行药品生产的；

● 药品经营企业未通过《药品经营质量管理规范》认证的；

● 擅自委托或者接受委托生产药品的；

● 擅自在城乡集市贸易市场设点销售药品；

● 医疗机构擅自使用其他医疗机构配制的制剂的；

● 生产、销售、使用假药、劣药的；

● 擅自进行临床试验的；

● 药品申报者在申报临床试验时，报送虚假研制方法、质量标准、药理及毒理试验结果等有关资料和样品的；

● 生产没有国家药品标准的中药饮片，不按照标准配制制剂的；

● 药品及制剂的包装、标签、说明书违反《药品管理法》规定的；

● 药品生产经营许可事项应办而未办理变更登记手续的；

● 篡改经批准的药品广告内容的；

● 异地发布药品广告未向当地部门备案的；

● 擅自发布药品广告的。

（五）违反国家土地管理规定

案例

国土资源部通报土地违法违规典型案件

1. 黑龙江省黑河市政府非法批地案

2006 年 2 月，黑龙江省黑河市政府下发会议纪要，提出“边建设，边报批”的原则，非法批准某铜业公司占用耕地建设办公楼和职工宿舍，导致该企业违法占地 290.11 亩。同年 5 月，黑河市政府与宁波某公司签订投资建设水泥厂项目合作合同书，明确该项目按照“边建设，边办理相关手续”方式进行建设。2006 年 8 月至 10 月，该企业共非法占用土地 455.51 亩（其中耕地 32.09 亩）。

黑龙江省国土资源厅提出以下处理意见：责令黑河市政府依法收回非法批准的土地。黑龙江省纪委、监察厅提出以下处理意见：责令黑河市政府废止两个市长办公会议纪要中违反土地管理法律法规的条款；责令黑河市政府主要领导向省政府检讨，并在全省对其作通报批评。

2. 湖北省某房地产开发有限公司非法占地案

2004年至2006年，武汉市黄陂区国土资源局三次协议出让建设用地668.3亩给某房地产开发有限公司，用于标准工业厂房建设。该公司在建设过程中实际占地800.5亩，超出批准用地面积132.2亩，其中耕地94.8亩。

湖北省国土资源厅提出以下处理意见：责令该房地产公司退还非法占用的土地；对非法超占土地处以罚款176.27万元。湖北省纪委、监察厅对有关责任人提出了相应的党纪政纪处理意见。

【参阅资料】

《中华人民共和国土地管理法》第七章规定，企业如果有下述不法行为的，将会受到不同程度的处罚，包括限期拆除、恢复土地原状、没收违法所得、罚款、行政处分、追究刑事责任等。

- 买卖或者以其他形式非法转让土地的；
- 违反土地利用总体规划擅自将农用地改为建设用地的；
- 占用耕地建窑、建坟或者擅自在耕地上建房、挖沙、采石、采矿、取土等，破坏种植条件的；
- 因开发土地造成土地荒漠化、盐渍化的；
- 拒不履行土地复垦义务的；
- 未经批准或者采取欺骗手段骗取批准，非法占用土地的；
- 超过批准的数量占用土地的；
- 侵占、挪用被征收土地单位的征地补偿费用和其他有关费用的；
- 拒不交出国有土地使用权土地的；
- 临时使用土地期满拒不归还的；
- 不按照批准的用途使用国有土地的；
- 擅自将农民集体所有的土地的使用权出让、转让或者出租用于非农业建设的；
- 不依照规定办理土地变更登记的。

三、违反国家行业清理政策

被国家列入“两高一剩”的企业，即使一时有较好的经济效益，也会受到政府主管部门的清理整治，导致银行信贷资金出现风险。对此银行人员不可抱有侥幸心理，而是应该采取措施尽早退出。

案例

不锈钢热轧企业因高耗能停产转型搬迁外地

宁波HG不锈钢有限公司是一家大型民营不锈钢热轧企业，经营情况良好，某分行给予综合授信5000万元，由某特种紧固件有限公司保证。

分行在贷后发现，该企业报表显示的盈利能力急速下降，于是第一时间实地走访。于是得知为响应国家节能减排政策，该企业作为高耗能高污染行业将进行停产转型，并计划将企业主体搬迁至异地。

对此，分支行迅速联合，主动出击，与企业、所在地政府进行多次协商。考虑到企业整体实力较为雄厚，且有积极主动的还款意愿，分行在其提前归还1750万元贷款的前提下，将剩余1250万元予以续作授信，最终到期结清。

造纸企业被列入产能过剩第四轮强制关停淘汰落后产能名单

富阳区HW纸业有限公司主营中高档卫生纸和工业用云母纸，拥有造纸生产线15条。在杭州某分行有贷款500万元，由浙江FY公司提供连带责任保证。

某年8月，分行在得知该企业有10条生产线被政府有关部门列入《造纸行业第四轮（第二批）强制关停淘汰落后产能生产线》名单后，立即派人进行了实地调查，发现企业为了响应当地政府淘汰落后产能的文件精神，已主动进行设备整合，关停了部分生产线。但企业还计划征地500亩，再上3条高档卫生纸生产线。

实地检查后，分行对该企业进行了重点讨论分析，认为：

（1）企业已有的15条纸机都属淘汰关停的机型，而新上生产线的环保批文还没有落实。

（2）从企业计划投资生产规模来看，后续还需要投资7600万元，资金需求大，未来的生产经营尚存在不确定性，发展前景不够明朗。

（3）保证单位保证能力一般，企业与本行的合作效益不佳。

次年1月，企业500万元贷款到期，由于合作效益依然低下，且当时又有其他银行对该企业相继授信，该行择机退出，收回贷款后不再续作。

【参阅资料】

“两高一剩”行业是指高污染、高能耗和产能过剩行业。银监会2014年发过一份《绿色信贷实施情况关键评价指标》，里面附表4提供了涉及“两高一剩”行业参考目录（见表1–1），供参考。

表1–1 “两高一剩”行业参考目录

国民经济代码	行业名称
1713	棉印染精加工
1723	毛染整精加工
1733	麻染整精加工
1743	丝印染整精加工
1752	化纤织物染整精加工
1910	皮革鞣制加工
1931	毛皮鞣制加工

续表

国民经济代码	行业名称
2211	木竹浆制造
2212	非木竹浆制造
2520	炼焦
2611	无机酸制造
2612	无机碱制造
2613	电石*
2614	甲醛*
2614	有机硅单体*
2619	黄磷*
2621	氮肥制造
2622	磷肥制造
2651	电石法聚氯乙烯*
2911	斜交轮胎*
2911	力车胎*
3011	水泥制造
3041	平板玻璃制造
3099	多晶硅*
3110	炼铁
3120	炼钢
3150	铁合金冶炼
3216	铝冶炼
3731	金属船舶制造

注：带*号行业名称是指该国民经济代码下的细分行业或具体产品。

四、如何防范企业违法违规风险

银行在对某个企业开展授信业务时，应先收集、学习、掌握国家对该行业的法律法规，做到心中有数。同时，要随时关注国家对该行业的最新政策，及时采取应对措施。银行风险管理部门最好统一建立法律法规信息库，方便有关人员随时查询对照。

贷前调查时，客户经理应向企业主管查问，看其是否知晓国家有关法律法规，并实地检查是否有触犯的行为。同时，到政府主管部门，当面了解企业遵纪守法情况。还可以查阅政府主管部门网站，看其是否上了黑名单，或查阅新闻媒体网页，看其是否有负面报道。

贷中审查时，审查人员应该非常清楚国家的相关法律法规，对照审查企业是否存在违法违规的情况。

贷后检查时，如果发现企业有违法违规苗头的，应立即要求企业限期纠正整改，否则采取措施收回贷款。

第五节　经济纠纷风险

企业在社会经济活动中，难免会发生经济纠纷。银行虽然不会因为企业有经济纠纷而不提供贷款，因为经济纠纷并不必然导致贷款的损失，但企业发生经济纠纷毕竟是一个风险苗头，银行必须加以注意。

一、经济纠纷的类型（2种）

经济纠纷是指市场经济主体之间因经济权利和经济义务的矛盾而引起的权益争议。

经济纠纷的类型（2种）
● 经济合同纠纷
● 经济侵权纠纷

经济纠纷主要分为两大类：一类是经济合同纠纷，如买卖合同纠纷、借款合同纠纷、承揽合同纠纷、建设工程合同纠纷、技术合同纠纷等；另一类是经济侵权纠纷，如知识产权（专利权、商标权等）侵权纠纷、所有权侵权纠纷、经营权侵权纠纷等。在市场经济中，经济合同纠纷是经济纠纷的主要部分。

产生经济纠纷的原因主要有三种：一是进行经济活动的依据不规范，“君子合同”随处可见，但履行过程中无规可依、无章可循，从而产生纠纷；二是在进行经济活动中，不严守规则，企业根据自己的利益，故意不履行合同或订立假合同，因而产生纠纷；三是有关政府部门的行政干预，而导致经济纠纷。

解决经济纠纷的方式主要有四种：和解、调解、诉讼（民事诉讼、行政复议、行政诉讼）、仲裁。

二、如何防范企业经济纠纷风险

（一）明确合同条款

银行要在《借款合同》中规定：①借款人向银行保证，在贷款前，借款人在任何法院、仲裁庭、行政法庭或管理机构中，未卷入任何诉讼程序，也没有潜在的、悬而未决的、可能会对借款人经营或财务状况造成严重不利影响的类似诉讼。②借款人向银行承诺，在贷款后，借款人如果接到法院的诉讼文件，必须在第一时间书面通知银行知晓。如果借款人不能做到，将被银行视为违约，银行有权采取借款合同中或法律上规定的权力和补救措施维护自己的权益。

（二）注意法院公告

银行可关联各级法院的网址，及时查询授信企业是否有涉诉信息。包括最高人民法院的许多网站，如人民法院公告网、中国裁判文书网、中国执行信息公开网、人民法院诉讼资产网、全国企业破产重整案件信息网、全国法院失信被执行人名单信息公布与查询系统。各地区也有高院网站，如北京法院网、上海法院网、浙江法院网等。

（三）加强现场调查

到企业实地走访时，如发现有司法机关相关人员到访，要侧面了解清楚情况。还可以到企业的法律部门、保卫部门、行政部门了解，看企业近期是否有法律诉讼的情况。

案例

加多宝被判赔王老吉 14.4 亿元　多年官司亏惨 市场份额被反超

（来源：每日经济新闻，方京玉，2018 年 7 月 28 日）

加多宝公司与广药集团的缠斗还没结束，继“红罐包装”案后，“王老吉”商标纠纷进入白热化阶段。

就侵犯广药集团“王老吉”注册商标纠纷案件，广东省高级人民法院 2018 年 7 月一审判处加多宝集团相关 6 家公司，赔偿广药集团相关经济损失及合理维权费用共计 14.41 亿元。1469.3 万元案件受理费用由原告与被告各负担一半。不过，加多宝随即发布公告表示，不服该一审判决，并立即向最高人民法院提起上诉。

值得注意的是，在多年的缠斗中，“凉茶双雄”的市场地位已发生了反转，加多宝元气大伤，屡屡被传出业绩下滑、停产等消息，高层人事变动频繁。

曾几何时，王老吉和加多宝友好合作在凉茶市场打下了一片江山。但在 2012 年，广药集团收回“王老吉”品牌，运营“王老吉”多年的加多宝失去了打造多年的“王老吉”，在与“王老吉”多年年博弈之外，开始了自有品牌“加多宝”凉茶的品牌重建之路。

通过巨大的营销投入，再加上凉茶市场的快速发展，2012 年加多宝的年销售额突破 200 亿元，而 2013 年在 2012 年的基础上增长了 20%~30%。到了 2014 年底，加多宝公开表示，为庆祝 2014 年加多宝销量再度夺金，推出金罐凉茶。由此可见，在 2014 年加多宝的销售依然可观。

不过，据智通财经报道数据，加多宝的销售额在 2015 年开始停滞，2016 年更是出现倒退，2017 年则下滑至 150 亿元；而王老吉销售额在 2015 年就突破 200 亿元，并不断拉开与加多宝的差距，目前市场份额已经突破 70%，实现反超。

战略定位专家徐雄俊向认为，加多宝从 1995 年推出凉茶至今的盈利，基本用在了与王老吉的斗争上了，还有价格战、争夺渠道经销商等。而实际上，加多宝和王老吉是两败俱伤，两家近年来的利润均不高。

第六节　账户查冻扣风险

企业在银行的账户如果被司法机构查询、冻结、扣划（简称“查冻扣”），无论是何原因，都是重要的风险信号。依据事态严重程度来看，如果仅是查询，情况还好；如果是冻结，则问题较严重；如果是扣划，资金基本是有去无回了。

企业账户一旦被冻结或扣划，将无法从账户支付资金，要么会使生产经营活动中断，要么账户里有钱也无法用于偿还银行贷款。

一、账户查冻扣风险的类型（3 种）

账户查冻扣风险的类型（3 种）
● 账户被查询
● 账户被冻结
● 账户被扣划

案例

借款人因工程款纠纷被异地法院冻结账户 1000 万元

北京 A 建设工程有限公司（以下简称“A 公司”）从某分行借有 1 年期流贷 3000 万元，由某城建集团公司提供连带责任担保。

某年 12 月初，江西省江阴市法院到分行要求冻结 B 公司账户金额 1000 万元。起因是 B 公司承接江阴 A 开发公司的市体育场项目，该项由江阴市 C 混凝土工程公司（以下简称“C 公司”）向 B 公司提供工程原材料，目前工程已竣工。三方施工合同约定，待 A 公司支付 B 公司工程款后，方达到结算条件，B 公司再按工程量支付 C 公司货款。

由于 B 公司认为该项目尚未达到结算条件，因此未向 C 公司付款，由此 C 公司到法院申请进行财产保全，金额 1000 万元，期限半年。

此事件发生距贷款到期仅剩半个月的时间，分行立即研究制订了两套方案。一是，如在贷款到期前可使法院撤销对 B 公司账户的冻结，立刻安排借款人将贷款本息归还分行；二是，如在贷款到期前无法撤销冻结，支行应及时安排借款人以支票、汇票等形式还款。

在分行各相关部门和支行的全力配合和推动下，12 月 10 日，B 公司与原告混凝土 C 公司谈妥了解决纠纷的方案，江阴市法院解除了对分行账户的冻结。最终分行于 12 月 17 日安全收回了该笔贷款。

省经侦总队到分行对涉案借款人结算账户司法冻结

某分行向鞍山JH矿业有限公司发放8000万元流动资金贷款，由本溪某铁选厂、借款人法定代表人及实际控制人承担连带责任保证。

某年11月12日，辽宁省公安厅经济犯罪案件侦查总队工作人员到分行，对JH矿业的结算账户进行了司法冻结。经了解，该实际控制人涉嫌经济犯罪，连同其妻子（股东）、儿子（法定代表人）均被警方控制，接受调查。

事件发生后，分行立即对借款人实际控制人个人账户资金进行了控制，主动将该客户五级分类下调至关注类，充分暴露风险。通过密切关注案件进展情况，动用各方面关系积极与经侦部门沟通，客户分两笔偿还8000万元贷款本息，至此成功化解风险。

县法院违规冻结质押担保的高速公路经营收费账户

某分行向西安HT高速公路发展有限责任公司（以下简称“HT公司”）累计投放5亿元长期专项贷款，用于西蓝高速公路建设和经营，以高速公路经营收费权作为质押担保。

某年12月2日，分行贷后回访获悉，拥有HT公司股权的HA集团公司因涉及民事纠纷，被法院强制执行。县法院在执行中，违反正常手续先行将HT公司收费账户中用于分行质押的西蓝高速公路已收费的70%冻结，理由为用于清偿HA集团公司债务。

获此消息后，分行领导高度重视，信贷管理部联合法律保全部快速行动，向县法院提请异议，要求撤销错误执行行为。经过多次参加听证会，阐述银行正当权益，以及敦促HT公司与有关各方联系协调，县法院同意撤销该执行，分行最终有效化解了潜在风险。

二、如何防范企业账户查冻扣的风险

（一）客户账户开在本行的

银行内部应建立企业账户管理部门与授信业务部门的联动机制。如果企业账户被查冻扣，账户管理部门应立即通知授信业务部门，并尽快查明原因，判断风险，采取措施化解授信风险。

（二）客户账户开在他行的

银行应要求客户在申请授信时，如实填报有关信息，包括开户行信息、查冻扣的时间、单位、事由、结果等。

【参阅资料】有关查冻扣法律法规文件

◆ 中国人民银行、最高人民法院、最高人民检察院、公安部《关于查询、冻结、扣划企业事业单位、机关、团体银行存款的通知》（银发〔1993〕356号）；

◆ 中国人民银行《金融机构协助查询、冻结、扣划工作管理规定》（银发〔2002〕第1号）；

◆ 最高人民法院《关于人民法院民事执行中查封、扣押、冻结财产的规定》（法释〔2004〕15号）；

◆ 最高人民法院《关于网络查询、冻结被执行人存款的规定》（法释〔2013〕20号）。

第七节 行业风险

国民经济是由各行各业组成的，在社会经济发展的不同时期，不同行业的景气程度是不同的。20世纪80年代，食品业和服装业就是“好”行业；90年代，社会对家电的需求很大，包括电冰箱、电视机、洗衣机，因此家电业就是“好”行业；2000年以后，社会对住房和交通的需求大大增加，房地产业和汽车业就成了“好”行业。银行在这些时期，对这些行业大发展之际提供信贷支持，都取得了良好的经济效益。

在如今的中国社会中，人们的“衣、食、住、行、用”五大需求已经基本满足，更加重视提高生活质量和生命质量，于是与此相关的行业如文化、娱乐、体育、旅游、医疗、健康、养老等，成了方兴未艾的好行业。另外，许多新兴行业如能源化工产业、新能源汽车产业、节能环保产业、现代农林业、高科技产业等，也值得银行提供授信支持。

一、研究行业风险的重要性

因为行业的特征是“一荣俱荣，一损俱损”，行业的景气程度，已经决定了企业的发展前景如何。因此，银行开展授信业务时首先便要选对行业。

研究行业风险的逻辑思路为：国民经济中都有哪些行业？在这些行业中，哪些行业对银行资金的需求量较大？对资金需求量大的行业，分别处于行业发展周期的哪个阶段（初始期、上升期、成熟期、衰退期）？判定风险程度的高低，制定本行的授信政策，处于前三个阶段的行业可以支持，处于第四阶段的行业则要谨慎介入。银行人员应了解各行业的基本概念、主要特征、授信需求、主要风险、防控措施等。

> 先求控大，再求控小。就是说，要先看行业风险大小，再看企业风险大小。
>
> ——一位行长的话

【参阅资料】国民经济行业分类

国家统计局发布的《国民经济行业分类》（GB/T 4754—2017）于2017年10月1日实施，将国民经济行业分为如下20个门类：

A.农、林、牧、渔业；B.采矿业；C.制造业；D.电力、热力、燃气及水生产和供应业；E.建筑业；F.批发和零售业；G.交通运输、仓储和邮政业；H.住宿和餐饮业；I.信息传输、软件和信息技术服务业；J.金融业；K.房地产业；L.租赁和商务服务业；M.科学研究和技术服务业；N.水利、环境和公共设施管理业；O.居民服务、修理和其他服务业；P.教育；Q.卫生和社会工作；R.文化、体育和娱乐业；S.公共管理、社会保障和社会组织；T.国际组织。

在这20个门类之下，又细分出97个大类、473个中类、1380个小类。

> 国外先进商业银行的实践证明，几乎每家银行都选择自己最熟悉、风险管理经验最丰富的行业作为信贷进入的主要领域并设定相应限额，而对其感觉陌生、缺乏风险管理经验的行业，无论该行业的企业处于何种生命周期阶段及发展方向如何，一般都不会轻易进入。[①]
>
> ——魏国雄　中国工商银行原首席风险官

二、高风险行业的类型（5 种）

高风险行业的类型（5 种）
● 经济周期下行时的行业 ● 受国家政策性限制的行业 ● 整体衰退的行业 ● 快速消失的行业 ● 受汇率变动影响大的行业

（一）经济周期下行时的行业

国家经济的发展不是直线型的，而是有时候上行，有时候下行，波浪式、起伏式前进。当经济上行时，企业和银行的发展机会多、发展潜力大；而当经济下行时，企业和银行的经营压力明显加大，对企业和银行的各项管理水平提出了挑战和考验。

在国民经济中，许多行业的好坏兴衰与国家宏观政策的变化密切相关。当国家需要拉动经济、扩大投资需求时，全国各地就会开工很多基建项目；全国各地的基本建设项目需要大量的钢铁，由此钢铁行业就兴旺起来；而炼钢就需要电，电力行业也就兴旺起来；发电就需要煤，煤炭行业就兴旺起来；运煤就需要运输，公路运输和铁路运输行业就兴旺起来；由此又带动了汽车制造业和机车制造业的兴旺。这些与经济周期密切相关的产业链行业兴起时，企业订单充足，经营和财务状况良好，对银行信贷资金的需求量就很大，银行大量放款。

但一旦基建项目过多，经济过热，就会出现产能过剩、物价上涨的情况，国家就有必要采取措施进行控制，包括停建缓建许多基建项目，控制信贷规模。

因此，银行必须提前预判宏观经济变化趋势，提前采取措施退出高风险行业。

① 魏国雄．信贷风险管理［M］．北京：中国金融出版社，2008．

《周易》上说“安不忘危，存不忘亡”。银行在“大好形势”下面临着大发展时机，更要冷静地分析和思考。冲动往往会作出错误的决策。很多历史经验证明，表面的大发展往往潜伏着大风险。

——一位行长的话

“月盈则亏，物极必反。”从世界各国银行的经验来看，似乎都难逃这样的规律，在经济高涨时放出去的大量贷款，会在经济衰退时形成大量不良资产。

——一位行长的话

（二）受国家政策性限制的行业

对于国家政策已有明文限制的行业，都属于高风险，银行必须高度重视，审慎贷款。

案例

光伏产品价格下跌迅猛，行业景气度急剧下降

南京某分行与宜兴A太阳能科技公司开展合作，发放流动资金贷款5000万元，期限1年，由大股东B公司信用担保。该公司当时在各家银行已有贷款10亿元。

2011年以来，光伏产品价格下跌迅猛，行业景气度急剧下降。但考虑到借款人大股东资金实力雄厚，因此在半年度风险排查时将其按照一般关注类进行管理。

分行在3季度贷后检查发现，借款人通过上海产权交易所变更了股权结构，大股东B公司将40%的股权转让给宜兴市C科技有限公司，借款人从国有控股企业变为民营控股企业。同时发现，借款人与其原大股东B公司之间产生一系列业务纠纷，导致B公司不愿为其调度资金用于周转，在他行已出现延迟付息情况。

上述预警信号出现后，分行迅速从征信系统了解到本行贷款是该公司当年各行贷款中最先到期的。根据这一有利情况，分行再次分析借款人现金流情况，认为其已无能力归还贷款，收回贷款的唯一希望在B公司身上。

起初对方态度强硬，认为他们已不是控股股东，要求分行通过法律途径向借款人催讨。经办支行行长亲自上门斡旋，经过多次艰难交涉，最后经国电集团批准，由B公司代偿了该笔贷款本息。

关注焦炭行业价格暴跌风险　提前采取预防措施

山西某股份有限公司主营焦炭、化工，已形成比较完整的产业链，是全国82家循环经济试点企业，属于国内焦化行业的龙头企业。2009年3月，太原某分行给予其1亿元1年期流动资金贷款。

自2008年下半年以来，受经济危机影响，我国焦炭、钢铁等行业均出现了较大幅度的下滑，特别是山西省作为全国焦炭产业基地所受影响更为巨大，焦炭价格从2008年的3500~3600元/吨

下跌至1500元/吨，价格下跌超过1/2。在这种情况下，焦化企业大面积亏损，大中型焦化企业纷纷减产、限产，部分小型焦化企业停产、倒闭。

分行自2009年初就开始对焦化行业进行了跟踪调查。通过实地摸查，分行信贷管理部门注意到借款人作为山西省的焦化龙头企业，2008年的年度财务报表已经出现了亏损；而2009年其生产经营更是遭遇到前所未有的困难。受国际金融危机持续影响，焦炭需求下降，销售价格下滑；受山西省煤炭资源整合、煤矿兼并重组的影响，炼焦煤供应紧张，价格居高不下，造成煤焦价格严重倒挂；受下游钢铁行业不景气影响，公司生产系统长时间处于低负荷运行状态；受铁路运输制约，公司主导产品运输不畅，造成阶段性的焦炭落地，成本增加等。针对该企业出现的种种风险因素，分行领导高度重视，于年初亲自组织相关人员召开了风险控制会议，部署贷款回收事宜。

首先，客户经理密切关注企业经营动态，由于焦化行业的亏损属于行业整体亏损，而借款人在行业内尚处于顶尖地位，因此不能盲目"一刀切"，必须具体问题具体分析。考虑其本身为山西省大型的国有企业，母公司为山西JM集团，股东实力十分雄厚，在企业困难时必然会施以援手，因此可以给借款人一个月的观察期，然后视情况而定。

其次，做好两手准备，提前制订贷款回收预案。如焦化行业以及借款人整体情况均有好转，贷款到期后可以足额偿还贷款本息，则可以考虑续授信的问题；如情况持续恶化，在贷款到期的前一个月必须严格执行贷款回收预案，确保贷款的顺利回收。

最后，回收预案必须切实可行。由于借款人为国有重点企业且在异地，其母公司山西JM集团亦为分行营销的重点客户，稍有不慎则影响颇大，因此回收预案的制订必须通过业务营销部门和信贷管理部门的密切配合才能完成。最终分行制订了以沟通企业为主、其他手段（包括法律诉讼等强制手段）为辅的回收预案。

通过上述措施，分行在对该笔贷款的回收过程中处处走在了企业前面，充分掌握了主动。在随后的调查了解过程中，焦炭行业以及企业的整体经营并未有所好转，其年报公布后由于连续两年亏损且亏损数额巨大，导致股票变为ST，大大影响了其作为上市公司在山西省内的形象，各家银行对其信心也发生了动摇。

为了防止其他银行对借款人可能采取突然的清收措施，分行随即启动了贷款回收预案，指派客户经理及信贷管理人员同企业进行了多次沟通，并以《还款提醒函》等多种形式敦促企业正常还款，最终与企业达成了共识，在贷款到期日前一个星期就足额归还了贷款本息，保持了分行多年来贷款零逾期的良好趋势。

而就在分行贷款收回后两个星期，借款人在另一家银行太原分行的2亿元贷款由于资金周转问题出现了逾期。

> 从中外金融史来看，银行和企业的兴衰基本是同命运的。企业经营不佳，必然带来银行的坏账。犹如常言所说：企业今天的困难，就是银行明天的困难。因此，当国家开始对过剩行业紧缩调控时，银行务必要小心。
>
> ——一位行长的话

审批部门在对客户审查过程中，应始终坚持对客户风险的独立分析判断，坚持“优质行业、优质企业；主流市场、主流客户”的客户定位，不因业务发展的巨大压力而放弃风险底线。

案例

要注意国家政策变化影响的餐饮行业风险

广东某食品有限公司创建于2000年3月，是一家集生产传统糕点、饼干、中秋月饼等食品和经营60多家蛋糕连锁店的民营企业，拥有2万多平方米生产基地。近年来，企业引进糕点自动生产线及月饼生产线，主打粽子系列及婚嫁喜饼系列。

客户拟向银行申请1.1亿元授信额度，担保措施包括部分房产抵押以及糕点博物馆收费权质押等。

银行风险部初审认为，该客户所处食品行业受近年政策影响，销售增长动力不足，且提供的有效风险缓释措施不足，提出不予授信支持的意见。2013年11月末，该公司控制人被当地镇政府确认失联。

【参阅资料】《市场准入负面清单（2018年版）》发布

经党中央、国务院批准，国家发展改革委、商务部2018年12月24日正式印发了《市场准入负面清单（2018年版）》，这标志着我国市场准入负面清单制度进入了全面实施的新阶段。

《市场准入负面清单（2018年版）》中包括4项“禁止准入类事项”。第1项是法律、法规、国务院决定等明确设立且与市场准入相关的禁止性规定，第2项是国家产业政策明令淘汰和限制的产品、技术、工艺、设备及行为，第3项是禁止违规开展金融相关经营活动，第4项是禁止违规开展互联网相关经营活动。对于禁止类事项，市场主体不得进入，行政机关不予审批。《市场准入负面清单（2018年版）》附件列出了具体禁止性规定共15类135条。

《市场准入负面清单（2018年版）》将我国产业政策、投资政策等制度中涉及市场准入的内容直接纳入清单中，确保“全国一张单”的权威性与统一性。一是将国家发改委《产业结构调整指导目录》中的“淘汰类项目”和“限制类项目”纳入负面清单。二是将国务院发布的《政府核准的投资项目目录》中的10个事项直接纳入许可类清单。三是将国家发改委《互联网行业市场准入禁止许可目录》纳入负面清单。

实行市场准入负面清单制度是一项系统工程，有三个配套机制。一是清单信息公开机制。通过国家发展改革委门户网站等渠道，向社会公开《市场准入负面清单（2018年版）》有关内容信息，便于市场主体实时查询。二是清单动态调整机制。明确和细化清单调整频次、方式、流程，进一步缩减清单事项，优化清单结构。三是与行政审批事项的衔接机制。各地区各部门要确保在清单之内的事项管得住、管得好，便利高效，确保清单之外无审批事项。

（三）整体衰退的行业

当一个行业进入衰退期的时候，银行对该行业中的企业就要更加审慎。在一个区域的行业结构中，衰退行业一般有以下几个方面的特征。

（1）产能过剩。全行业生产能力严重过剩，或生产成本过高，导致开工不足。

（2）效益低下。由于产能过剩和竞争激烈，企业为了生存下去，不惜采取低价竞争手段，使全行业长期效益很低甚至亏损。

（4）销售困难。生产的都是传统产品，技术含量低，产品销售困难，市场需求增长率下降较快。产业所提供的产值在 GDP 中的比重呈不断下降趋势。

（5）行业衰败。低收益率使这些行业中的原有企业不断退出，没有新进入的企业，资金投入减少，优秀人才流失。

（6）退出困难。由于历史包袱沉重和存在各种困难，企业并不容易从这个行业中退出，成为僵尸企业。其中，僵尸企业是指已停产、半停产、连年亏损、资不抵债，主要靠政府补贴和银行续贷维持经营的企业。

案例

即使合作 8 年的客户，如果亏损严重，该撤还得撤

ZJH 味精有限公司主业为食用味精的生产及销售，2007 年以来已是济宁一家银行授信合作 8 年的客户。2013 年 2 月有 4000 万元授信额度，其中流贷 2000 万元，银承 2000 万元。

2014 年 4 月，银行为其上报续作授信申请 4000 万元。在审查过程中分行信审人员认为存在较多问题：一是行业产能严重过剩，企业亏损严重，如果行业整合，将对企业经营影响较大；二是企业无规模优势，产能处于淘汰边缘；三是企业无环评手续，存在政策风险；四是企业关联单位众多，关联交易频繁；五是企业及提供担保的关联企业资金链紧张。

为此，信审人员要求银行深入了解企业资金及经营情况，确定企业风险情况后再予上报。银行在充分调查落实后，未再坚持为该客户上报授信申请。由此，合作 8 年之久的客户在这家银行结束了授信余额。

在这家银行否决该公司新授信后一个月，因对外投资金额较大，同时涉及民间借贷行为，2014 年 5 月，该公司及关联企业山东某实业有限公司资金链断裂，涉及众多金融机构，并将风险蔓延至担保圈内共计数十亿元债权债务。在政府协调下，当地多家银行只能维持存量额度逐步压退。而这家银行成为为数不多的成功提前退出风险企业的银行。

银行与企业是买卖合同关系，为了保证国有资产的安全，即使合作的时间再长，如果企业出现风险问题，银行也得果断退出，不可犹豫。

案例

中国制造95个行业全景图：哪些在成长？哪些在衰退？[①]

人的一生会经历幼年、青年、中年、老年，一个行业也会经历萌芽、成长、成熟、衰退。

一家企业可以在不同的行业之间跃迁，踩在新行业的浪潮之巅，成为一家新企业，像GE、诺基亚这样的百年老店几乎都是如此。但一个行业很难逆生长，再新的行业，也会有衰退的一天。

每个行业的生命路径不同，有的行业早熟，几乎没有萌芽期，短暂的爆发式成长后就进入了寡头竞争的成熟期，这类行业的共同特点是技术壁垒低、短时间内出现大量竞争者，比如O2O、共享单车，典型的生命路径是大起大落之后保持稳定。有的行业晚熟，从萌芽阶段开始，一直缓慢成长，比如医疗器械、燃气、涂料、油漆油墨。

每个行业的寿命也不同，有的行业从成长到衰退只要十年，比如某些高科技和服务业，而有的行业经历上百年，甚至与人类的发展同步，比如能源、水利、电力等。

由于我国对企业上市的财务标准比较严格，A股几乎看不到萌芽期的企业，所以我们将可观测的中国制造分为三个阶段（成长期、成熟期、衰退期），具体如下。

成长期行业：集成电路，被动元件，医疗服务，显示器件，涂料油漆油墨制造，LED，电子零部件制造，电子系统组装，其他视听器材，医疗器械，光学元件，非金属新材料，锂，低压设备，储能设备，光伏设备，终端设备，中压设备，软件开发，工控自动化，钢结构，计量仪表，风电设备，仪器仪表，电机，线缆部件及其他，通信传输设备，环保设备，航天装备，汽车零部件等。

成熟期行业：燃气，磁性材料，洗衣机，轮胎，纺织化学用品，氟化工及制冷剂，改性塑料，日用化学产品，化学制剂，分立器件，包装印刷，印刷电路板，水电，小家电，彩电，生物制品，空调，高速公路，金属新材料，高速公路，造纸，航空运输，化学原料药，家电零部件，印染，玻纤，工程机械，商用载货车，机械基础件，电网自动化，乘用车，印刷包装机械，高压设备，铁路设备，航空装备，火电设备，计算机设备，船舶制造，重型机械，纺织服装设备，玻璃制造，机床工具等。

衰退期行业：棉纺，火电，普钢，港口，煤炭开采，石油开采，石油加工，氨纶，特钢，炭黑，金属制品，路桥施工，商用载客车，化学工程，农用机械，综合电力设备商，制冷空调设备，水泥制造，冶金采矿化工设备等。

整体来看，处于成长期的中国制造大多属于技术密集度较高的电子、通信、电气、医疗、新能源、新材料等产业链。处于成熟期的大多属于中游的机械、化工、运输、装备制造和下游的消费品制造。处于衰退期的主要是早期城市化和工业化1.0时代崛起的周期性产业，受益于地产基建需求，以重资产高耗能行业为主。

---

① 改编自：天风宏观宋雪涛团队．中国制造95个行业全景图：哪些在成长？哪些在衰退？[EB/OL]．[2018-04-25]（2021-10-20）．https://www.sohu.com/a/229469326-177747.

（四）快速消失的行业

时代发展的节奏越来越快，银行在注意高新科技发展的同时，也要关注那些即将消失的行业。银行人员要及时地了解这些行业的发展动态，其途径包括关注新闻媒体报道、参加前沿科技讲座、收集行业发展资料、研判行业变动趋势等。

案例

许多行业正在消失，企业逃不掉的大洗牌！

这是一个倍速变化的时代。最大的特征就是一个字：快！有多少企业快速崛起，又有多少企业转眼陨落。

想想这些年，柯达胶卷被数码相机替代了，索尼随身听被CD机替代了，CD机被MP3替代了，地图被GPS系统替代了，诺基亚被智能手机替代了，出租车生意被打车平台和共享单车压缩了……

企业如果在大变革来临之际，不顺应时代的潮流做出应对之策，即便是再庞大的商业帝国，也不能幸免于难。中国许多行业将面临大洗牌，人人都逃不掉。最彻底的竞争是跨业洗牌、跨界分金。

跨界的，从来不是专业的，创新者以前所未有的迅猛，从一个领域进入另一个领域。门缝正在被挤开，边界正在被打破，也许5年到10年后，传统的广告业、运输业、自驾汽车、零售业、酒店业、教育、服务业、医疗卫生等，都将面临被淘汰的危机！

大数据时代，云计算发展，一切都在经历一个推倒重来的过程。你所在的行业是否正在消失中呢，下一个即将消失的行业又是谁呢？

（五）受汇率变动影响大的行业

随着中国日益成为世界经济大国和贸易大国，越来越多的企业开展对外贸易和对外投资业务。银行必须密切关注企业受人民币汇率变动而可能产生的风险，并及时采取措施加以预防。

那么，人民币汇率波动对哪些行业影响大呢？一般而言，当人民币升值时，对进口企业有利，也对购汇投资境外的企业有利；而当人民币贬值时，对出口企业有利，也对结汇到中国投资的外资企业有利。反之，则是风险所在。

1. 人民币升值的影响

对于依赖于原材料进口的行业，在购买海外原材料外币定价不变的情况下，由于购汇成本的减少而使企业利润增加，受益最为明显。这些行业主要是石油化工行业（原油）、钢铁行业（铁矿石、特钢）、化学纤维行业（原油）、汽车服务行业等。另外，受益的进口企业还有机电产品、成品油、铁矿石、钢铁、汽车、大豆农产品、纸浆、部分医药品的企业等。

而相反的情况是，人民币升值时，拥有较多海外业务收入的出口型企业不得不承担较多的汇兑损失。举个例子，某纺织制造公司在某年5月2日发生一笔1亿美元的出口销售，按当日人民币兑美元的即期汇率 6.90，记账销售收入（或应收账款）为 6.90 亿元人民币。但在资产负债表日（6 月 30 日），即期汇率升值至 6.78，则该笔销售收入（或应收账款）折减为 6.78 亿元人民币，差额 0.12 亿元人民币只得计入企业当期损失。

2. 人民币贬值的影响

当人民币贬值时，产品出口型企业可将产品的外币定价变得更加“便宜”，从而提高竞争力、扩大出口额。如果外币定价不降和销售收入不变，则结汇时可兑换到更多的人民币，增加企业利润。我国出口型行业主要是白色家电、汽车零部件、通信设备、电子制造、半导体、交运设备、纺织制造、橡胶、电机、纺织服装、化学制品等。

而相反的情况是，人民币贬值对航空公司的不利影响最大，主要是两方面。一方面，由于购买或者租赁飞机时大多是靠外币借债，当用人民币购汇还债时，人民币大幅度贬值将会带来更多的成本支出。另一方面，航油大多依赖于进口，是航空公司最主要的成本支出，人民币贬值相当于加重了购油成本。航空公司需要提前购入外汇远期合约对汇率风险进行管理。

三、要认真执行授信政策

对于银行每年的授信政策，总行主管部门应全面、及时、准确地传达到各个经营和管理部门。为了便于各级人员学习掌握和遵照执行，应编制《银行年度授信政策汇编》，放在银行网页上，供各分支行客户经理对照执行，以取得较好效果。在总行总的授信政策指引下，各地区分行还应从当地实际情况出发，制定出本分行的实施细则，经总行审核后执行。

银行的授信政策会把行业分为几类：支持类，主要是国家政策支持、经济发展需要大、安全性高、综合效益好的行业；维持类，主要是受经济周期变化影响较大、有时供过于求、还款资金不稳定的行业；压缩类，主要是国家法律法规禁止、银行政策限制的高风险行业。

年初制定的政策也不能是全年一成不变。在执行过程中，还要根据国家宏观经济形势变化和银行监管部门新的政策要求，以及总行的新政策，每季度或半年一次加以调整。

银行的风险高管人员必须关注市场变化，掌握行业政策，要有整体概念和灵敏反应，不能只埋头于每天的一审一批，必须从整个行业防范风险出发，并做好对全行的引导。

要对于过热和过剩的行业加以关注，如钢铁业、造船业、光伏业、煤炭业、房地产业、零售商业、汽车产销业等，都应采取十分谨慎的授信政策。对于国家近年宏观调控出台的政策，也高度重视，要求各部门、各支行不得违法违规经营。

对于现有的存量授信客户，不能就高枕无忧。风险管理部门要按照“有进有退，有保有压”的授信原则，每年对于不符合银行发展战略要求、业务合作潜力较小、综合收益较低、经营及财务风险相对较大的客户，要提出主动退出客户名单和处理方案，经银行风险委员会批准后执行。

四、如何识别行业中的好企业

各行各业中都有许多企业到银行来申请贷款，那么哪些是所谓“好”企业，哪些是所谓“差”

企业呢?

俗话说“隔行如隔山”，银行人员不可能对每个行业的情况都了如指掌。对此，银行人员可以借鉴使用《企业绩效评价标准值》一书。《企业绩效评价标准值》由国务院国资委统计评价局编写，经济科学出版社从 2009 年起每年出版。书中公布了各个行业企业绩效水平的参考值（优秀值、良好值、平均值、较低值、较差值），是国内最权威、最全面的衡量企业管理运营水平评价标准。

书中将评价行业划分为 10 个大类，包括工业、建筑业、交通运输仓储及邮政业、信息技术服务业、批发和零售贸易业、住宿和餐饮业、房地产业、社会服务业、传播与文化业、农林牧渔业。各大类中，再分为 52 个中类和 110 个小类。

书中对企业绩效评价设立了以下五类标准值。

（1）盈利能力状况：净资产收益率，总资产报酬率，销售利润率，盈余现金保障倍数，成本费用利润率。

（2）资产质量状况：总资产周转率，应收账款周转率，不良资产比率，流动资产周转率，资产现金回收率。

（3）债务风险：资产负债率，已获利息倍数，速动比率，现金流动负债比率，带息负债比率，或有负债比率。

（4）经营增长状况：销售增长率，资本保值增值率，销售利润增长率，总资产增长率，技术投入比率。

（5）补充材料：存货周转率，资本积累率，三年资本平均增长率，三年销售平均增长率，不良资产比率。

第八节　生产问题

企业生产出现问题，必然导致偿还银行授信资金的来源出现问题。银行人员不论在授前调查或者是在授信后检查过程中，必须高度重视企业是否存在生产管理混乱、开工不足、产品质量风险、生产成本上升、安全生产风险等五方面问题。

一、生产管理混乱问题（8 种）

企业的生产管理是指企业用科学的管理制度，对生产现场的生产人员、机械设备、原辅材料、加工方法、环境保护、信息资料六要素进行有效组织，从而达到优质高效生产的目的。

客户经理进行授前调查的现场观察，是了解企业生产经营状态最重要、最直接的方式。现场调查时应眼观六路、耳听八方，凭着敏锐的观察力和判断力，对于实地看到和听到的事情，加以记录、分析和判断。要做到“三看、三注意”。

“三看”是指：

一看厂区环境是否整洁。到了企业，要看厂容厂貌是否整洁，办公楼的走廊过道是否干净。到了办公区，要看办公室是否井然有序，洗手间是否干净卫生。到了建筑工地，要看施工场所是否有序，物料是否码放整齐。这些虽是表面现象，但可以反映出管理水平的高低。

二看员工面貌是否精神。通过看员工的衣着和言谈举止，可以看出员工的士气和精神状态。如果大家埋头各做各事，工作有条不紊，说明生产饱和，管理有章法。如果办公室里聊天的人多，车间里闲散的人多，说明企业可能管理不严，奖罚机制不到位。

三看生产运行是否正常。可按照产品的生产流程，按顺序看原料仓库、生产车间、检验车间、产品仓库等。通过看生产线的运行情况，看出工厂生产是否正常，管理是否规范。

> 调查贷款时，要做到“耳听为虚，眼见为实”。
>
> ——一位行长的话

“三注意”是指：

一要注意从不同层面了解情况。客户经理应通过接触企业不同层次的人员了解情况。一是对高层管理人员，要重点了解企业经营管理决策方面的问题。二是对基层干部，他们对所掌管的业务最为清楚，言语较为真实可信，可通过他们了解到生产和销售情况，再向高管人员去证实。三是对普通员工，最好提出和他们有切身利益关系的问题，如薪水变化、福利条件、加班情况、休假情况等，从而证实企业的经营情况。

调查谈话时要有技巧。包括控制谈话主题，居于交谈的主动立场，引导谈话者步入自己想了解的内容。平时多积累社会知识，使谈话内容丰富和轻松。要善于察言观色，旁敲侧击，避免单刀直入引起对方的怀疑和警觉。要注意疑点，对于对方顾左右而言他、不愿正面回答的问题，应另行专门深入调查。

二要注意收集资料。对于能证实客户资信能力、贷款用途、还款能力的各种资料，都应该加以收集。对于企业高管人员及家人财产的变化动向，也应留意。

三要注意核实情况。可以通过工厂用水量、用电量的变化，核实企业的开工量。通过租用运输车辆的记录，看销售发货的情况。通过检查仓库，看出产品有否积压的现象。通过银行对账单，看销售回款情况。

> 我要求客户经理到企业调查时必须做到：
>
> 三个“必看”，必须对生产车间、仓库、抵质押品实地查看。
>
> 三个“必谈”，必须与实际控制人、财务经理、基层员工三级人员见面谈话。
>
> 三个“必查”，必须对财务账单、水电费单、纳税单进行核查。
>
> ——一位行长的话

生产管理混乱问题的类型（8种）
● 营业证照不齐备
● 厂区环境脏乱差
● 劳动纪律松散
● 生产厂区冷清
● 设备陈旧落后
● 上班工人和职员稀少
● 工作精神状态不饱满
● 内部管理制度混乱

当出现生产管理混乱问题的以下情况时，表明企业的生产经营已存在严重问题。

（一）营业证照不齐备

营业执照是国家工商管理部门核发给企业准许其营业的凭证。企业如果违反营业执照上登记注册的内容从事经营活动，则构成行政违法，要受到相应的处罚。

如何防范此类风险：查看企业办公场所墙上是否悬挂有营业证照；登录“国家企业信用信息公示系统”，查询企业或者个体户营业执照注册号；直接到当地工商管理部门查询企业的注册登记信息。

案例

五小行业证照不全问题较普遍

北方沿海某市开展整体市容改造工作，爱国卫生运动委员会办公室组织工商、文化、食药、卫生等部门组成检查组，对小型网吧、旅馆、餐饮、理发、洗浴等“五小行业”经营场所进行暗访检查。检查内容重点为证照、从业人员卫生及控烟等，发现证照不全问题较普遍，要求限期整改，否则将依法强制关停取缔证照不全的门店。

审查发现企业营业执照吊销，停止350万元放款

某银行放款中心放款员在审查宁波XL机电制造有限公司350万元贷款时发现，借款企业的贷款卡状态为“注销”。再经查明，企业营业执照为“暂时吊销”。放款员及时与客户经理、信审员联系，确认了之前都未发现这一情况，也不知道暂时吊销原因。放款中心对该笔业务做了退卷处理，堵截了一起对吊销执照企业发放贷款的风险事故。

（二）厂区环境脏乱差

生产环境脏乱差的企业，必然存在极大的生产事故隐患，随时有可能被政府主管部门责令停工整顿。

如何防范此类风险：了解行业管理规定，到同业工厂参观对比，到企业现场实地查看。

案例

环境专项行动办公室要求企业限期整改

日前，某市环境专项行动办公室暗访小组暗访，发现当地部分工业企业存在污水排放不达标、生产环境脏乱差等问题，污染防治水平亟待提高。

暗访小组首先来到某内燃机有限公司，发现该公司一处闲置车间的地面结有一层厚厚的油漆残渣，现场充斥着刺鼻的油漆味。车间外是一处含油废水处理设施，沉淀池内大量油脂直接裸露在空气中，现场未见有效防火措施。厂区内有不少煤渣、铁丝、油桶露天堆放。一处砖砌的仓库内存放着大量有机溶剂，仓库外有不少废旧容器。该厂区一负责人表示，并未采取防渗漏措施。

随后，暗访小组来到某橡胶制品有限公司，发现该公司多处车间未安装废气处理装置。胶辊车间内炭黑、石粉扬散严重，在机械上、地面上结了厚厚一层。传送带车间于七年前建设，至今都未办理环评手续。厂区的冷却系统已经停用。厂区西侧的一片空地上堆放了大量油桶，地面可见大量油泥堆积，现场污浊不堪。厂区内有大量下脚料露天堆放，生产环境脏乱。

检查之后，环境专项行动办公室要求这些企业限期整改。

（三）劳动纪律松散

工作状态散漫、员工纪律松弛的企业，说明生产任务不饱满，生产效率不高，不具有还款能力。

如何防范此类风险：现场实地查看。

案例

发现建安工程公司领导上班打麻将

SL 建设工程有限公司申请借款 3000 万元。当银行客户经理到企业现场做贷前调查时，发现企业法定代表人、财务经理等主要领导人正在办公室打麻将。客户经理表示诧异，而企业接待人员却轻描淡写，表示领导经常上班无事可做，聊以娱乐。

客户经理认为该公司经营机制混乱，管理不规范，工作状况极为散漫，故向领导做了汇报。根据进一步调查，SL 建设工程有限公司为房地产建筑安装企业，业绩不佳，盈利能力一般，于是银行婉拒贷款。

（四）生产厂区冷清

如果上班工作期间，企业生产场所冷冷清清，明显是企业生产不景气的表现。这样的企业，根本不具还款能力。

如何防范此类风险：现场实地查看；有些企业为了应付银行检查会弄虚作假，制造虚假生产的场面，银行人员就必须采取暗访和“回头看”的方式发现问题。

案例

观察发现薄板公司厂区冷清、人员稀少

常熟市JLB薄板有限公司向银行申请1000万元贷款，由浙江CD船业有限公司担保。客户经理做贷前调查时，观察发现公司厂区及办公区域人员稀少，工作气氛不浓，且门卫处和办公室有2条游荡的狗，不合常理。回银行后立即将此情况反馈给领导和信审部门。经复查，发现该企业确实开工不足，生产经营存在不确定性。为避免发生风险，分行经研究不予贷款。

（五）设备陈旧落后

《中华人民共和国安全生产法》规定，国家对严重危及生产安全的工艺、设备实行淘汰制度，生产经营单位不得使用国家明令淘汰、禁止使用的危及生产安全的工艺、设备。

如何防范此类风险：可查询国家发改委发布的最新的《国家明令淘汰的"落后生产工艺装备、落后产品"目录》；参阅工业和信息化部发布的《高耗能落后机电设备（产品）淘汰目录（第四批）》；参阅国家安监总局发布的《淘汰落后安全技术装备备目录》。

案例

19家钢铁铸造企业全部拆除落后生产设备

某记者在乌鲁木齐某固远耐磨材料有限公司厂区看到，用于生产的1吨中频感应炉、变压器等设备已全部拆除清理，只剩下一间空旷的厂房和摆设在生产车间的生产钢球珠模具。

区经发委主任告诉该记者，区委、区政府高度重视中央环保督察组反馈意见的整改工作，迅速组成由区经发委牵头，联合公安、环保及各乡镇等开展整治，结合打击取缔"地条钢"行动，对19家钢铁铸造企业生产设备逐一进行摸排、甄别，对识别为"地条钢"生产企业的，采取断电、拆除设备、关停等方式予以取缔。

（六）上班工人和职员稀少

一般而言，企业裁员的原因可分为三种。一是经济性裁员，即企业经营不善，盈利能力下降，为转化困境和降低薪酬支出成本，被迫裁员。二是结构性裁员，即企业经营结构发生变化，在内部机构的重组过程中，或采用新技术设备而引起的裁员。三是优化性裁员，即企业为保持人力资源的质量，根据绩效考核结果解聘那些业绩不佳的员工。在三种裁员中，第一种为被动性裁员，后两种为主动性裁员。如果发现企业有被动性裁员，应注意是企业将出现问题的征兆。

如何防范此类风险：实地查看生产车间的岗位上是否人员齐全；在上班和下班时段，查看进出工厂的人数；看自行车棚里停放的自行车、电动车数量，看工厂食堂吃饭人数量；从企业的花名册、工资和奖金发放数额，了解企业正常生产经营时所需的人员编制数。

案例

检查发现企业员工不断在减少

某地中型钢材加工企业是某银行的信贷客户。一段时间，银行信贷客户经理在贷后检查时细心地发现，工厂内上班员工和职员人数有所减少，体现为中午员工食堂餐桌上吃饭的人数比以前少，自行车棚里的自行车和电动车也比以前少。马上深入调查，发现企业的生产量和销售量都在下降，于是报告银行领导，采取措施压减信贷规模，比其他银行提前退出，避免了不良资产的发生。

（七）工作精神状态不饱满

员工精神状态不好，除了个人身体原因，还可能是企业内部出了问题，生产经营走下坡路。

如何防范此类风险：实地观察，员工上班时是精神饱满，还是无精打采；交流访谈，员工对企业和工作是充满激情，还是牢骚满腹、一肚子怨气。

案例

某大牌家电企业售后服务质量明显下降

有家全国著名电器公司，创业初期，客户从每个员工的眼睛里都能看出希望，他们总是全身心积极地投入工作。售后服务反应速度非常快，客户夸他们："你们信息回馈这么快啊？！"他们自豪地回答："这就是我们公司的速度！"那个时候，客户可从他们所有售后维修人员的身上，看出这是一个充满着希望的企业。员工的工作制服整洁，进客户家门会自己穿戴鞋套，在工作的位置做铺垫防止弄脏地板等，令人感到该电器公司服务的特色。

后来这个企业内部出了问题，客户最明显的感受是，企业员工的精神状态大不如前了，最引以为傲的售后服务质量明显下降；工作服感觉都是脏兮兮的；客户咨询问题的时候，原来的那种积极应答的热情，很难见到了。

企业员工工作时的精神状态，是企业经营业绩好坏的体现。精神状态不佳的表现：一是没有激情，表现为工作热情和积极性下降，看到困难就避，遇到问题就躲，工作无决心、无干劲、无闯劲。二是牢骚满腹，表现为只要不满意就发牢骚，把个人的不满情绪传达到工作中，甚至影响他人工作。三是漠不关心，表现为对本企业情况不感兴趣，事不关己，高高挂起，做一天和尚撞一天钟。四是缺乏创新，表现为思想僵化、不爱学习，不善于创新思维和创新工作方法，凭经验行事，照搬照抄，一遇到问题更是六神无主，束手无策，拿不出实招、硬招。五是办事拖拉，表现为缺乏事业心和责任感，工作作风懒散，对领导的工作部署和要求当耳边风，就连自己分内的工作也不能按要求完成，执行力差。

（八）内部管理制度混乱

内部管理混乱的企业，是不可能经营长久的，难免会出事。其结果，轻的是产量减少和质量下降，重的是停工停产等重大生产责任事故。

如何发现此类问题：大股东任要职，但很多人却不会经营、不懂管理，决策频频失误；组织结构不合理，部门臃肿、人浮于事、职责不明、责任不清；文化理念不健康，唯利是图、急功近利、人心思动，结帮拉派、内耗严重，甚至还有另立山头，利用现有客户和资源与企业对着干的情况；无章可循，缺乏科学合理的系统性管理规章制度；有章不循，制度只能制约普通员工，而对高层领导、股东、关系人没有约束力，制度形同虚设；内控不严，时有发生内部案件。

案例

坚持9位数调查法

一位资深客户经理在总结成功经验时谈到，现场调查的关键在于坚持良好的习惯，细节决定成败。他将自己的坚持总结为“9、8、7、6、5、4、3、2、1”，即坚持见过90%的股东和管理层人员，坚持早上8点到达被调查企业，坚持对企业里至少7个部门进行调查，坚持在企业连续待6天，坚持对企业团队、管理、技术、市场、财务等5个要素进行详细调查，坚持与被调查企业的4个上下游企业交谈，坚持调查3个以上同类企业或竞争对手，坚持提问不少于20个关键问题，坚持与公司普通员工至少吃过1次饭。

二、开工不足问题（4种）

开工率（也称产能利用率、设备利用率）是指企业生产能力发挥的程度，一般用实际产量与生产能力的比率表示。它是判断企业生产经营是否正常的重要指标。没有生产就没有销售，没有销售就没有还款来源。

开工率低，一是说明企业的产品供过于求，市场销售困难，偿还贷款有问题；二是对企业而言，闲置的产能就是过剩产能，是无效资产，无法创造利润，只会增加成本。银行人员要了解核实客户的产能利用率情况，并与同业正常的水平对比，判断客户的生产是否属于正常。

考虑到设备检修等因素，一般认为，85%~90%的产能利用率为设备的正常状况。反之，如果产能利用率较长时间在85%以下，则表示设备利用不足；而低于70%的产能利用率则是“红灯值”。

那么，该如何发现开工不足的问题？

发现开工不足可采用“明察”和“暗访”两种方法。

明察，是指在与企业约定好时间后，直接到企业去查看。依照企业的生产流程，顺序查看每个生产车间。在去之前，客户经理最好先做些功课，收集相关资料，了解熟悉该行业和企业生产的情况。必要时，也可邀请业内人士或行业专家一同前往。

暗访，是因为有些企业为了欺瞒银行获取贷款，会制造虚假开工的景象。银行人员如果不注意，可能就会上当受骗。对此，银行人员可以采取“突击检查”“飞行检查”“杀回马枪”等方式，不打招呼，不要企业人员接送，突然直接到企业现场检查，甚至可以采用隐秘摄像或无人机等方式进行查看，搞清企业真实经营和财务情况。对于首次贷款客户、大金额贷款客户、有诈骗疑点的客户，可采取暗访方法。

开工不足问题的类型（4种）
● 虚假生产 ● 车间设备开工不足甚至停产 ● 用电量减少（下降20%以上） ● 用水量减少（下降20%以上）

（一）虚假生产

有些企业为了骗取贷款，在银行客户经理进行现场调查之前，会安排有关人员站在生产线上，开动机器制造虚假开工的景象。对此，客户经理在对生产厂区进行调查时，表面看起来生产正常，但如果发现下列情况，应视为造假疑点，必须提高警惕。

（1）厂区存在长期未整理痕迹，如杂草、灰尘、杂乱摆设等。还有些企业为应对银行检查，会刻意对主厂房进行修缮，以蒙骗银行调查人员。对此，如果企业的产品是有配件并在其他厂房生产的，有经验的调查人员会突然要求去查看那些生产配套零件的厂房。

（2）厂房内的机器数、机器产能、生产班次、工作时间、生产人数等与企业所说的销售规模不相符。

（3）机器过旧和未清洗，灰尘较厚，似乎长时间未用。

（4）生产人员看似非常忙碌，但是很不熟练，有些人员甚至机械呆板、笨手笨脚。

案例

开动生产线制造正常生产的假象

在2009年7月佛山NHXD集团5亿元空壳公司骗贷案中，该集团下注册的关联公司达到17家，其中的南海区DLXD科技有限公司，成立于2000年11月23日，但只是一个小作坊的工厂，只有一条生产线。

公司从成立到倒闭总共才组装出几百台电脑，后来虽然扩大至四条生产线，但都不生产。只是有人来参观时，特别是银行人员来时，企业实际控制人就要求工人假装生产，做成正常生产的假象，以达到诈骗银行贷款的目的。过后又长期拖欠工资以逼走工人。

至案发时，共造成佛山南海区某银行贷款本金3.29亿元，利息1.71亿元无法收回。

（二）车间设备开工不足甚至停产

对企业的授前调查和授信后检查必须深入实地现场，不能盲目听信借款人一面之词。客户经理必须熟悉生产型企业的“采购—生产—销售”各个环节，对生产能力、经营成本、利润来源等进行数字分析，通过准确计算发现企业内在问题。以下是诸多实地调查和检查过程中发现问题的案例。

案例

鞋业公司外销订单减少，6台生产设备中仅有2台在开工

福建莆田市LF鞋业有限公司成立于2003年1月28日，注资300万元，主营运动鞋气垫生产销售，拥有生产设备6台，年产值4000万元。某分行给予800万元流贷，以工业用地抵押担保，抵押物估值1641.8万元，抵押率为48.7%。

由于世界经济金融危机影响，外销型制鞋企业订单量出现大幅度下降，作为制鞋行业原辅材料供应商的借款人，受下游需求减少的影响，订单量也呈现大幅减少。

分行在组织开展贷后现场检查工作中，发现借款人6台生产设备中仅有2台在开工，工人数量也大幅减少。未开工的机械设备表面积尘较厚，部分设备上还结有蛛网。综合分析，企业生产开工率严重不足，部分设备停产有较长时间，企业经营出现不正常现象，授信风险已经呈现。

客户发生风险预警后，分行加大了贷后监控与检查力度。多次与借款人、抵押担保人充分座谈协商，告知依据其现有生产状况，企业将被列入调整退出对象，请企业提前安排资金，做好还款准备。

分行友好、合理地表明真实意愿后，得到企业充分理解。企业一方面合理安排生产经营资金，另一方面积极通过其他渠道筹措资金，分期分批陆续归还全部贷款，分行实现该风险客户授信有效化解。

贷后检查发现塑料制品公司处于半停工状态

福州某分行向石狮市JX塑料制品有限公司发放贷款300万元，期限1年，用于向浙江义乌购买原材料，贷款以老板个人房地产作抵押。

分行专项贷后现场检查发现，该公司经营主业不突出，生产规模偏小，且仅服装扣件产品在生产，五金配件产品已停产，公司处于半停工状态。另外，该公司提供抵押的厂房地处农村，变现价值有限。

支行即将该公司列入授信客户退出计划，要求银行人员每周进行一次现场贷后检查，及时掌握企业经营变化及现金流状况，提前向该公司发送贷款到期通知，提前催收。经过不懈努力，该公司通过多种渠道筹集资金，按时归还300万元贷款本息。

经三次实地调查确认钢结构企业开工率不足30%

青岛某钢结构有限公司申请流贷800万元。客户经理到公司车间查看生产情况，发现：全厂工人已不足30人，8个大车间仅有几台设备前有工人操作。财务人员解释因当地夏季限电，企业

开工减少。两周后，分行再次派人到公司查看生产情况，发现企业开工率仍不足30%。事后，分行第三次派人到公司继续落实开工情况，发现与前两次到现场观看情况一样。为进一步落实公司经营能力，客户经理查看该企业4~6月销货发票，金额为400万元至500万元之间。而企业提供的6月财务报表中显示，当月销售收入为1694万元，上半年销售收入1亿元，远远超过销货发票金额，且企业不能解释巨大差额原因。

根据三次派人到公司调查的情况，银行拒绝发放该笔贷款。

● **风险提示**：对于在调查中发现的问题，不能光听企业解释，应该通过多次突击调查，以及核对发票等方式，查明企业真实情况。

同时，不仅要对借款人进行调查，还要对同类的企业进行调查，从而得出该行业是否有风险的结论。

通过观察同业判断出印刷企业不景气

湖南LH印务公司主要从事包装、印刷等业务，在银行贷款3000万元，由省农信担保有限公司提供保证担保。该授信到期结清后，客户申请续贷业务。

银行受理申请后两次安排客户经理进行实地调查及暗访。发现该公司存在开工不足，人员显著减少的现象，仍在进行的作业是为完成已签合同但未交货的订单。

客户经理同时注意到工业园中的印刷类企业大部分呈现不景气状态，附近的其他印务公司已将厂房和仓库出租，另一公司的厂房也已改作钢材堆积仓库。鉴于上述不利因素，银行认为开展续贷业务存在风险，故果断否决了客户的续贷申请。

通过产供销多方调查发现铜加工企业生产困难

江西某铜业有限公司位于鹰潭地区，依托地区产业聚群优势，主要从事专业的铜加工制造等。公司总资产2.5亿元，刚性负债1.1亿元，全年主营业务收入5.8亿元，净利润约1500万元。申请授信5000万元，由担保人位于鹰潭地区某酒店1万多平方米面积提供抵押担保。

客户经理进行贷前调查，实地查看过程中发现了以下问题。①生产方面。该公司有四个车间，仅有一个车间在正常生产，迹象表明其重要的废铜提炼车间处于停产状态。②采购方面。废铜等原材料采购当时受行业大势影响也相对较少。公司融资真实用途不明晰。③销售方面。与下游需求其产品企业的业务已处于停滞状态。④资金方面。其他银行对其融资额度已经减少。⑤担保方面。抵押物为第三方酒店的一部分，面积较大，评估价格较高，今后存在一定的难以变现风险。抵押物实际控制人又涉及房地产业务，存在资金挪用可能。银行最终婉拒该客户授信申请。

不到一年时间，该铜业公司资金链断裂，其实际控制人全家逃往海外。当地有关贷款银行损失较大，相关责任人受到处罚。而这家银行因调查认真，拒绝了贷款，避免了损失。

● **风险提示：**银行不可而因借款人资产规模大、有房地产抵押而放松警惕，而是通过对其生产、采购、销售、资金、担保等各方面的仔细调查，发现问题。

通过计算陶器公司每天捏制砂锅数量判断其难以归还贷款

某分行向山西XJ陶器有限公司发放流动资金贷款100万元，期限1年，由担保有限公司保证担保，贷款资金用于购买制造陶器所需的原料高岭土。

某年，在分行信管部组织的小企业贷款风险排查过程中，检查人员发现该企业处于停产状态，车间内无一生产人员，生产设备闲置，只有少量库存。检查人员多次联系该企业负责人未能见面。后经电话联系，负责人称由于企业车间暖气未通，11月中旬暂停生产，天气转暖后再恢复，目前企业库存产成品已全部销售完毕。

6月，分行再次组织实地检查，检查人员发现企业虽然5月已复产，但其工艺技能尚不稳定，由于陶器工艺品市场较差，目前主要生产砂锅。简陋的车间内有3名陶器制作人员，2名烘焙人员，而企业法定代表人长期在山东、河北、河南等地找订单。通过询问陶器制作人员得知，其每天最多可捏制15件砂锅制品，以自5月复产以来3个人60天测算，最多生产2700件砂锅，按每件50元计算，全部实现销售也只有13.5万元。因此以其现有生产、销售能力根本无法足额偿还贷款。

由于在第一次检查时已将检查结果通报担保人，因此第二次检查后与担保公司再进行沟通时，由担保公司代偿100万元贷款本息。

有问题的企业不会把它最隐秘的情况告诉你。

——一位行长的话

（三）用电量减少（下降20%以上）

电力是企业日常生产经营中离不开的能源，尤其是工业企业，除了日常的照明以外，还需要电力提供设备动力以维持生产及辅助系统的持续性运转。钢铁、有色、煤炭、电力、石油、化工、建材、纺织、造纸等行业中的企业，都是耗电大户。由于电具有不可存储的特性，因此通过观察一个企业的实际电力消耗情况，可以了解这家企业的经营好坏情况。当一家企业用电量下降20%以上时，说明企业生产出现了问题。

如何核查企业用电量：首先，查看企业定期电费支出的财务数据（月、季、半年、一年）；其次，查询供电部门收取电费的发票；再次，将企业当期用电数据与上年同期数据相比较；最后，将企业当期用电数据与同行业、同规模企业数据相比较。

（四）用水量减少（下降20%以上）

我国十大高耗水行业是：煤炭开采和洗选业，黑色金属冶炼和压延加工业，非金属矿采选业，电力、热力生产和供应业，纺织业，造纸和纸制品业，有色金属冶炼和压延加工业，化学原料和化学制品制造业，非金属矿物制品业，石油加工、炼焦和核燃料加工业。当用水大户企业的用水量下降超过 20% 时，说明企业生产出现了问题。

如何核查企业用水量：核查企业定期水费支出的财务数据（月、季、半年、一年）；上当地自来水公司或水务集团网站，核查公司缴纳水费情况；将企业当期用水数据与上年同期数据相比较；将企业当期用水数据与同行业、同规模企业数据相比较。

> 对于未到期的贷款必须加强检查，及时发现和处置风险苗头。如果等到潜在的风险转变为真正损失时，为时已晚。
>
> ——一位行长的话

案例

木地板公司不提供水电费单据 实际是放假停产

济宁 A 木业有限公司主营复合木地板的生产及销售，向银行申请综合授信额度 800 万元，由济宁 B 装饰材料有限公司提供连带责任保证担保。

银行客户经理在调查中发现，企业资产规模较小，土地及厂房均为租赁方式取得，抗风险能力较差，存在一定的经营风险。

当客户经理为核算企业真实销售收入，要求提供水电费单据时，企业负责人称该厂有自用水井不缴纳水费，当地政府为支持其发展予以减免电费的优惠政策，故可提供的水电费单据较少。对此客户经理不是轻易相信，而是通过侧面向同业及当地居民了解到，该企业生产并未满负荷，生产期间曾存在放假停产情况。基于上述情况，银行不同意给予其授信。

半年后，企业因投资纠纷出现资金链断裂而彻底停产。

三、产品质量风险问题（3 种）

随着我国市场上各种商品供过于求以及法制的健全，那些生产假冒伪劣产品的企业，将越来越没有出路，或者无人购买而被市场淘汰，或者被国家主管部门查处而无法生存。产品质量有问题的企业，即使靠虚假宣传和不良营销手段，短期内获得了很大的销售额和现金流，却迟早会原形毕露，因此银行必须提高警惕，避免出现信贷资金难以回收的风险。

银行人员应深入企业的生产、运输、销售、服务各个环节，监督企业层层严把质量关，切实做到“五不准”，即没有产品质量标准、没有质量检验机构、没有质量检测手段的产品不准生产；不合格的原材料、零部件不准投料、组装；国家已公布淘汰的产品不准生产和销售；不合格的产品不准出厂，也不得计算产量、产值；不准弄虚作假、以次充好、伪造商标、假冒名牌。银行如发现企业存在产品质量风险，应该立即采取退出措施、收回贷款。

产品质量风险问题的类型（3 种）
● 产品质量不达标
● 以假充真
● 以次充好

（一）产品质量不达标

我国现行的产品质量标准，包括国际标准、国家标准、行业标准（或部颁标准）和企业标准等四类。银行人员应该学习和了解企业产品的质量标准，并加以督促检查。

案例

央视"3·15"晚会曝光销售公司的轮胎质量问题

某年 8 月，上海某分行审批给予 JH（中国）轮胎销售有限公司银行承兑汇票授信额度 5000 万元，授信期限 1 年，担保方式信用，保证金比例不低于 30%。

次年 3 月 15 日，央视"3·15"晚会曝光该公司轮胎质量问题。分行在获悉负面信息后立即于 3 月 16 日上午现场拜访借款人，了解事件对公司经营的影响及后续措施。由于当时情况及公开信息并不明朗且公司在他行借款总额较大，分行坚决采取了如下措施。

（1）密切关注曝光事件的进展情况，客观判断可能对借款人的后续影响。

（2）在取得借款人理解的基础上，要求增加担保、通过存入保证金或质押银票等方式覆盖风险敞口。

（3）每日监控他行授信到期归还、发放情况、五级分类变动情况。

（4）每日查询房产抵押情况、可能的查封情况。

在分行积极沟通下，借款人改变了最初不愿配合的态度，最终同意提供保证担保，并出具保证按期承兑、提供保证担保的承诺函。5 月 3 日，轮胎销售公司最后一批银票 3500 万元按期承兑，风险最终得到化解。

（二）以假充真

以假充真是指不法分子以不具有某种使用性能的产品冒充具有该种使用性能的产品，通过生产和销售以此牟取非法利润。如果借款人由此发生经济纠纷和触犯法律，银行的授信资金将会遭受损失。因此，对于以假充真的企业，银行不应对其授信。

案例

煤炭经销商向下游客户某发电厂供应掺假电煤

河南博爱县 DD 物资有限公司是焦作一家较具规模的煤炭经销商。某年 10 月 27 日，某分行给予贷款380万元，期限1年，担保方式为存货质押加自然人担保，存货由银行指定第三方监管。

贷款快到期之前，该公司因向下游客户山东某发电厂供应的电煤掺假，发热量低于规定值，造成供货合同违约，发电厂对煤炭没收的同时还声称将诉讼索赔。该事件对经销商生产经营造成严重影响，现金流面临断裂风险。

分行知情后随即紧盯企业实际控制人，力争提前落实还款资金。而企业仅筹措到资金110万元，剩余270万元贷款逾期。分行积极与监管公司交涉，要求对方承担监管失职责任，垫付逾期贷款。经过不懈努力，最终收回逾期一个多月的全部资金。

（三）以次充好

以次充好是指不法分子以低等级、低档次产品冒充高等级、高档次产品，或者以残次、废旧零配件组合、拼装后冒充正品或者新产品，以此来欺骗消费者。银行如果发现客户有此不法行为，应该停止授信业务往来。

案例

钢贸商以次充好销售冒牌钢材最终被刑拘

杭州QS金属材料有限公司是一家从事钢材贸易的小型贸易公司，主要是螺纹钢、线材批发。某分行与其合作融洽，给予银票敞口额度1000万元，由另两户钢贸企业和实际控制人承担连带责任保证。

某年初，经办支行领导在与其他客户交流过程中，了解到QS金属公司代理销售仿冒品牌钢材，进价低，利润空间高，效益好。支行领导随即要求在不惊动借款人的前提下侧面了解并核实情况。

业务人员以贷后检查名义走访了钢材市场内几家对QS金属公司比较了解的钢贸企业，证实其确实存在销售仿冒品牌钢材的情况，主要是从一些小钢厂采购钢材，然后贴牌大钢厂的产品，以次充好。为此，经办支行讨论认为企业存在违法经营情况，经营风险非常大，决定主动退出，同时要求讲究方法、平稳择机退出。

企业在到期结清授信后，多次来电要求续作，都被经办行委婉拒绝。后来，法定代表人因涉嫌销售假冒伪劣钢材东窗事发被刑拘，企业账户被冻结，货物被查封，经营陷入停顿。而此时该行已经安全抽身。

【参阅资料】国家对假冒伪劣产品的处罚规定

《中华人民共和国产品质量法》第五章罚则规定，企业如有以下违法行为的，将会受到不同程度的处罚，包括责令停止生产、销售，没收违法产品，罚款、没收违法所得，吊销营业执照，追究刑事责任等。

- 生产、销售不符合保障人体健康和人身、财产安全的国家标准、行业标准的产品的；
- 在产品中掺杂、掺假，以假充真，以次充好，或者以不合格产品冒充合格产品的；
- 生产、销售国家明令淘汰产品的；
- 销售失效、变质产品的；
- 伪造产品产地的，伪造或者冒用他人厂名、厂址的，伪造或者冒用认证标志等质量标志的；
- 产品标识不符合规定的；
- 销售禁止销售产品的；
- 拒绝接受产品质量监督检查的；
- 在广告中对产品质量进行虚假宣传，欺骗和误导消费者的；
- 为违法产品生产原辅材料、包装物、生产工具的；
- 为违法产品提供运输、保管、仓储等便利条件的；
- 为以假充真的产品提供制假生产技术的；
- 隐匿、转移、变卖、损毁被执法部门查封、扣押的物品的。

四、生产成本上升问题（6 种）

利润是企业的生命线，在市场需求日益减弱、行业竞争日趋激烈的形势下，高成本已经成为企业利润的杀手。向成本要效益、向损耗要利润已是企业的共识。企业生产成本的上升，虽然不至于一下子造成企业难于还款的风险，但也必须引起银行人员的重视。了解企业成本是否发生了不利变化，一是要与企业前三年同期相比，二是要与同行业同期相比。如果超过 20%，说明成本上升过快。

【参阅资料】十大行业生产成本有哪些

财政部2013年8月16日印发《企业产品成本核算制度（试行）》（财会〔2013〕17号），对十大行业生产成本范围明确如表1–2所示。

表 1–2　十大行业生产成本范围

序号	行业	成本范围
1	制造企业	直接材料、燃料和动力、直接人工、制造费用等
2	农业企业	直接材料、直接人工、机械作业费，其他直接费用、间接费用等
3	批发零售企业	进货成本、相关税费、采购费等
4	建筑企业	直接人工、直接材料、机械使用费，其他直接费用、间接费用、分包成本等
5	房地产企业	土地征用及拆迁补偿费、前期工程费、建筑安装工程费、基础设施建设费、公共配套设施费、开发间接费、借款费用等
6	采矿企业	直接材料、燃料和动力、直接人工、间接费用等

续表

序号	行业	成本范围
7	交通运输企业	营运费用、运输工具固定费用与非营运期间的费用等
8	信息传输企业	直接人工、固定资产折旧、无形资产摊销、低值易耗品摊销、业务费、电路及网元租赁费等
9	软件及信息技术服务企业	直接人工、外购软件与服务费、场地租赁费、转包成本等
10	文化企业	开发成本和制作成本等

注：直接材料是指构成产品实体的原材料以及有助于产品形成的主要材料和辅助材料；燃料和动力是指直接用于产品生产的燃料和动力；直接人工是指直接从事产品生产的工人的职工薪酬。

案例

中国企业进入“高成本时代”①

自改革开放以来，“低成本竞争优势”一直是中国产品在国际市场上的有力武器，但在不经意间中国经济已进入“高成本时代”。生产要素成本全面上升，主要体现在以下方面。

一是土地成本上升。随着工业化、城镇化的快速推进，我国耕地面积不断减少，土地严重短缺。虽然国家建立了严格的土地管理制度，但全国主要城市地价总体水平仍不断上涨，商业、居住、工业地价都是呈倍数增长。

二是原材料成本增加。随着我国加工制造业的迅速发展，原材料购进价格指数每年都在上升，其中黑色金属材料和有色金属材料上升幅度尤其明显。

三是能源成本上升。油价、煤价、天然气价格、电价因市场资源偏紧，总体呈现波动上升趋势。

四是劳动力成本上升。我国职工工资水平经历了一个大幅提升的过程，年均增长高于同期物价增长速度。全国大部分省份调高了最低工资标准，平均增幅为22%，这些都导致了劳动力成本的快速上升。

五是资金成本提高。社会资金供给偏紧，银行利率多次上调，推高了资金成本。中小企业的民间融资成本更高，在有抵押物的情况下，年利率都可能高达20%。

六是环境保护成本上升。随着环境保护要求越来越严格，企业环保投入成本里隐含着“机会成本”增加。

---

① 改编自：李佐军．中国企业进入“高成本时代”[J]．决策探索·下旬刊，2013(2)．

七是物流成本居高不下。国家统计局、中国物流与采购联合会共同发布的《全国物流运行情况通报》显示，中国物流总费用占 GDP 比重约 18%，比发达国家高出一倍，过高的物流成本导致我国不少商品价格偏高。

八是税费成本负担沉重。自 1994 年税制改革以来，我国税收收入每年以两位数的增长率增长。国内增值税、消费税、营业税、企业所得税等，种类多、税负重。部分小微企业缴税总额高于净利润。个别税种设置不合理，存在重复征收现象。据粗略统计，向中小企业征收行政性收费的部门就有十几个，收费项目达几十大类。

九是债务拖欠成本。企业完成销售后，如果货款被长期大量地拖欠，不得已向银行借款周转，就要承担利息成本。有调查数据显示，企业 60% 的债务人是有意拖欠货款，债务风险已成为企业仅次于投资风险的第二大经营风险。

“高成本时代”带来巨大挑战，在生产要素成本全面上升、节能减排压力加大、交易成本较高等多方面的影响下，许多高消耗、高排放行业面临转型升级压力，出口行业和产品面临国际竞争压力，广大中小企业面临巨大的生存压力，特别是营业收入在 2000 万元以下、员工人数在 200 人以下的中小企业更是如此。

企业应从以下几个方面降低成本。

（1）降低管理费用与人工费用。现代企业中，管理人员要本着“少而精”原则配置。少就是高管人员要少。因为高管的薪酬高，往往是员工的几倍、几十倍。减少高管的职位数，有助于减少管理费用与人工费用。精就是要精兵简政。对企业管理部门数必须加以限制，管理人员数与经营人员数必须控制在一定的比例之内。防止人浮于事，增加人工费用，降低生产效率。

（2）降低经营成本。经营成本包括材料成本、工资成本、制造费用、管理费用等。一是要尽量采用高科技设备来提高生产效率；二是要用高熟练度与高技能的知识型员工，从而创造出更多的价值。

（3）降低采购成本。采购成本是企业购进原材料的关键费用，要货比三家、质比三家、价比三家。大宗采购必须以招标方式进行，小宗采购要选派诚信、有议价能力的采购人员。

（4）降低时间成本。同样的产品，有的企业 1 分钟就可以生产出来，而有的企业要多花 2 分钟才生产出来，无形中就增加了时间成本与人工成本。许多企业完全没有时间成本的概念，决策拖拉，执行拖拉，交货期拖拉，检验与审核拖拉。这一拖拉，时间成本就增加了。

（5）降低流通与库存成本。流通成本包括运输成本、保管成本、管理成本三方面。运输方式包括陆运、水运（河运与海运）、空运、管道运输，每种运输方式，各有优缺点。最好是掌握各种运输信息，计算时间、成本、产品完好度、距离远近，进行最低成本的最优化组合，如水运加陆运，空运加水运等。对于库存成本，最好是采用 JIT 准时制生产方式，实现零库存管理。至少也要尽量缩小库存量，减少库存管理费用。

生产成本上升问题的类型（6 种）
● 单位产品原材料消耗量增加
● 原材料价格大幅上升（超过产品价格涨幅）
● 重要供货商终止合作或大幅减少供货量
● 用工成本增加
● 管理费用增加
● 税收费用增加

6 种生产成本上升的情况将直接导致企业利润的减少，银行人员应特别关注。

（一）单位产品原材料消耗量增加

单位产品原材料消耗简称单耗，是指企业生产单位产品（或完成单位工作量）平均实际消耗的原材料数量。计算公式为：某种产品单耗 = 原材料消耗总量 ÷ 产品产量（或工作量）。

单耗一般以实物表示，有时也可按产值计算，例如每万元产值耗煤量等。它是考核企业绩效的主要技术经济指标之一，反映企业原材料的节约与浪费程度。单耗的增加，意味着企业原材料成本整体的上升，利润的减少。

（二）原材料价格大幅上升（超过产品价格涨幅）

案例

包装公司原材料价格大幅上涨致资金紧张

杭州 JL 包装有限公司主要从事 PP、PE、CPP、CPE 等塑料包装制品及材料的生产销售。在某分行有授信额度 2000 万元，其中 1500 万元系土地使用权抵押，500 万元由某塑胶有限公司担保。

贷后检查发现企业当年的盈利能力较上年有较大幅度的下降，主要因为原材料价格有较大幅度的上涨。同时，该企业对下游客户谈判地位较低，大量应收账款被占用，其他应收款大量又被关联企业占用，存货占用也偏高，种种因素导致企业现金流非常紧张。且该企业抵押的近 100 亩工业出让用地，由于企业自身资金短缺根本无力按计划开工建设，闲置土地面临被政府收回的可能。

经办分行对此非常重视，认为该企业虽未形成现实风险但潜在风险信号已显现，应尽快收回贷款以化解风险。企业在贷款到期日前多次要求续贷，并以提供国际结算、存款等条件加以保证，经办分行始终坚持“风控优先”原则，通过积极的沟通、协商，最终令企业归还全部贷款。

纺织公司原料价格波动大，经营成本大幅上升

苏州 HSL 纺织有限公司销售对象主要为浙江地区，与某分行建立信贷关系已有 5 年，总体合作情况良好，无不良记录。有贷款余额 390 万元，由苏州某担保投资有限公司担保。

近年来，原料价格波动较大价格猛涨，纺织品市场购买坯布全部需现款交付，资金需求量大，市场融资利率屡创新高，这些均导致企业经营成本大幅上升。分行经办人员在贷后检查中发现，公司由于上述原因，以及产品没有特点且谈判地位较低，许多订单不敢接，每月销售收入已下降到几十万元，利润被严重压缩，经营步入困境，且情况持续得不到改善。

分行注意到这方面预警信息后，决定退出该业务，收回贷款。在方案选择上，决定和担保公司协商，共同向该企业施加压力，催收贷款。经过多次和客户谈判、沟通，企业最终通过股东筹资及收回部分货款的方式归还了全部贷款本息。

（三）重要供货商终止合作或大幅减少供货量

如果企业在与其供货商的合作中发生问题，供货商终止合作或大幅减少供货量，也必然会提高企业的生产成本，影响其信贷的稳定性。

（四）用工成本增加

用工成本是指企业雇用社会劳动力支付的费用，包括工资收入、社会保险、福利费用、劳动保护、人员招聘、员工培训及其他相关费用。

（五）管理费用增加

企业管理费用大幅增加，可能有以下几方面的原因。

（1）管理人员的增多，或者工资的提高，造成工资支出的加大。同时直接导致福利费、职工教育费提取额的加大；还会直接导致劳动保险费（五险）多缴纳。

（2）没有开支计划，过多购买办公用品，造成办公费支出的加大。

（3）过多的应酬、请客送礼等，造成业务招待费支出的加大。

（4）车辆、固定资产陈旧等原因，造成修理费支出的加大。

（5）购进固定资产的增多，使提取的折旧费用加大。

（6）无法预测的原因，使其他费用支出加大，等等。

如何发现企业管理费用增加：进行月度比较（曲线趋势图）和年同期比较（柱状图）；将各项费用明细进行分类，逐一对比，如固定支出类（折旧、人工等）、变动支出类（办公低耗等）；考虑要员变化、管理类投资项目的增减等影响因素。

（六）税收费用增加

企业的各项税收费用负担若超过企业的盈利，也将成为企业生产经营难以为继的重要原因之一。银行对于此类情况应该予以关注。

案例

财政部：落实政策减轻居民税负　进一步减轻企业负担

据中国经济网报道，2019 年 1 月 15 日，国务院新闻办公室举行新闻发布会，介绍落实中央经济工作会议提出要实施更大规模的减税降费精神的具体举措。

财政部部长助理许宏才介绍：2019 年在 2018 年减税降费的基础上，还要有更大规模的减税和更为明显的降费，主要包括以下四个方面。

一是对小微企业实施普惠性税收减免。

第一，提高增值税小规模纳税人起征点，月销售额 3 万元调整到 10 万元，即月销售额 10 万元以下的，不用再缴纳增值税。

第二，放宽小型微利企业标准并加大优惠力度，放宽小型微利企业标准就是放宽认定条件，放宽后的条件为：企业资产总额 5000 万元以下、从业人数 300 人以下、应纳税所得额 300 万元以下。这都比原来认定的标准有大幅度的提升，也就是说有更多的企业会被认定为小型微利企业。我们根据有关的数据进行了测算，认定为小型微利企业户数 1798 万户，占全部纳税企业的比重超过 95%，其中，民营企业占 98%。在税率优惠方面，按应纳税所得额不同，分别采用所得税优惠税率。其中，应纳税所得额 100 万元以下，税负是 5%，低于标准税率 20 个百分点。应纳税所得额是 100 万 ~300 万元之间的，税负是 10%，低于标准税率 15 个百分点。

第三，对小规模纳税人缴纳的部分地方税种，可以实行减半征收。即允许各地按程序在 50% 幅度内减征资源税、城市维护建设税、印花税、城镇土地使用税、耕地占用税等地方税种以及教育费附加和地方教育附加税。

第四，扩展初创科技型企业优惠政策适用范围，对创投企业和天使投资个人投向初创科技型企业可按投资额 70% 抵扣应纳税所得额的政策，也就是说如果创投企业和天使投资个人向初创科技型企业投资，投资额的 70% 可以拿来抵免应纳税所得额。把投资的初创科技型企业的范围或者标准进一步扩大，扩展到从业人数不超过 300 人、资产总额和年销售收入不超过 5000 万元的初创科技型企业。

二是深化增值税改革，继续推进实质性减税。

三是全面实施修改后的个人所得税法及其实施条例，落实好 6 项专项附加扣除政策，减轻居民税负。

四是配合相关部门，积极研究制订降低社会保险费率综合方案，进一步减轻企业的社会保险缴费负担。同时，清理规范收费，加大对乱收费查处力度。

我们相信随着减税降费政策逐步落地，将进一步激发市场主体活力，提振市场信心，促进经济实现高质量发展。

五、安全生产风险问题（2 种）

对于飞机失事、航船沉没、桥梁垮塌、水库决堤以及种种重大安全生产事故，根据海因里希法则，相关企业内部必然存在管理漏洞和风险先兆。企业如果对这些风险预警信号不敏感、不重视、不及时采取措施解决，损失将无法挽回。这也是中国的古语所说的：小漏不补，大洞难堵。千里之堤，溃于蚁穴。银行人员对于企业生产经营中出现的安全隐患和风险苗头，必须及时通知企业人员采取措施加以消除，防止酿成不可挽回的大祸。

【参阅资料】海因里希法则

海因里希法则是美国著名的安全工程师，他在1941年统计分析了55万件机械事故得出重要结论，即在机械事故中，死亡（或重伤）、轻伤、无伤害事故的比例为1∶29∶300，国际上把这一法则叫作“事故法则”。这个法则表明，在企业的安全管理上，每发生1件重大的事故背后，必有29件“轻度”的事故，还有300件潜在的隐患。

对于不同的生产过程、不同类型的事故，上述比例关系不一定完全相同。但这个统计规律说明，重大伤亡事故不会是一个孤立的事件，小事故和大事故之间是有着因果的必然联系。

安全生产风险问题的类型（2种）
● 发生重大安全事故
● 遭受重大自然灾害

（一）发生重大安全事故

安全生产是企业的头等大事，特别是高危行业，银行尤其应予注意。企业如果发生安全生产事故，轻者追责赔偿，重则停产整顿，触犯刑法，甚至关门倒闭。银行对于生产安全事故频繁发生的企业，不得发放贷款。

案例

7·23甬温线特别重大铁路交通事故

2011年7月23日晚上，甬温线浙江省温州市境内，D301次动车（时速99千米）与D3115次动车（时速16千米）发生重大追尾事故。两车共有6节车厢脱轨，造成40人死亡、172人受伤，中断行车32小时35分，直接经济损失19371.65万元。

7·23甬温线特别重大铁路交通事故，是一起因列控中心设备存在严重设计缺陷、上道使用审查把关不严、雷击导致设备故障后应急处置不力等因素造成的责任事故。

县煤矿未取得安全许可证发生顶板大面积冒顶事故

某分行向陕西某县煤矿发放5000万元项目贷款用于煤矿技术改造，以采矿权质押，并由A煤业镁电（集团）公司和B投资有限责任公司提供连带责任保证。

之后，该煤矿发生顶板大面积冒顶事故，因其未取得安全生产许可证和煤炭生产许可证，企业处于停产整顿中。

事故发生后，分行信贷管理部和经办机构立即前往企业，掌握事故发展的最新信息。同时，通过多方渠道，积极跟进了解政府对企业的整顿处罚措施以及恢复生产的动态信息。经过不懈努力，县煤矿按照原计划，按期偿还了贷款。

（二）遭受重大自然灾害

重大自然灾害可归结为以下七大类，每类又包括若干灾种。

（1）气象灾害：包括热带风暴、龙卷风、雷暴大风、干热风、沙尘暴、暴风雪、暴雨、寒潮、冷害、霜冻、雹灾及旱灾等。

（2）海洋灾害：包括风暴潮、海啸、灾害性海浪、赤潮、海冰、海水侵入、海平面上升和海岸侵蚀等。

（3）洪水灾害：包括洪涝灾害、江河泛滥等。

（4）地质灾害：包括崩塌、滑坡、泥石流、地裂缝、塌陷、火山、矿井突水或突瓦斯灾害、冻融、地面沉降、土地沙漠化、水土流失、土地盐碱化等。

（5）地震灾害：包括由地震引起和诱发的各种次生灾害，如沙土液化、喷沙冒水、城市大火、河流与水库决堤等。

（6）农作物灾害：包括农作物病虫害、鼠害、农业气象灾害、农业环境灾害等。

（7）森林灾害：包括森林病虫害、鼠害、森林火灾等。

虽然重大自然灾害是小概率事件，但如果发生，也将造成银行的“非预期损失”和“极端损失”。

重大自然灾害这类不可预知事件对银行在突发事件中如何保障信贷资金安全提出了新的要求。各地各级银行在发放贷款之前就应想到灾害风险，采取行之有效的措施提前预防。一是要提高防灾减灾意识，重视自然灾害对银行贷款造成的损失。二是要加强与政府部门的沟通，及时收集各类气象、地震、地质、环境等自然灾害信息，为防灾减灾做好前期准备。三是推广并完善现代生产模式，建立普通企业与龙头企业风险共担机制。四是推动建立风险基金。五是强制遭受灾害风险较大的企业购买相应的自然灾害保险。六是发放救灾贷款，帮助受灾企业重建家园、恢复生产。

第九节　产品销售困难

企业销售收入快速下跌，对企业的打击是巨大的。如果祸不单行，同时出现产品销量暴跌、销售价格断崖式下跌和货款回笼不畅三种情况，将直接造成企业财务的崩溃。

如果一家企业的资金链出了严重问题，还可能会通过供销、借贷和担保等业务关系，迅速将资金紧张的风险传导给上下游客户、银行和担保方。

企业产品能否成功销售并收回货款，是银行能否获得还款资金的最重要来源。当企业的销售出现以下情况时，银行应该引起重视，意识到严重性，采取措施帮助企业解决问题、渡过难关。

一、产品销售困难的类型（4 种）

产品销售困难的类型（4 种）
● 产品销售量大幅下降（下降20%以上）
● 产品销售价格下降
● 重要销售商终止合作或大幅减少订货量
● 产品竞争力和市场占有率明显下降

（一）产品销售量大幅下降（下降 20% 以上）

导致企业产品销售量下降的主要原因有：产品款式过时、产品质量出现问题、市场出现更好的替代品、价格偏高、售后服务差、消费者群体减少、突发事件，等等。银行人员要通过财务报表中销售收入数据，与往年相比，与同业相比，从中发现问题。当然，偶尔下降或小幅下降是可接受的。但如果降幅达到20%，那问题就严重了。

以下是企业产品销售量大幅下降导致银行贷款风险的案例。

案例

浓缩苹果汁公司市场销售疲软订单大为降低

陕西HX果汁饮料有限公司为中外合资企业，主要经营浓缩果汁、饮料制造、出口及国内销售等。某分行给予该公司4000万元贸易融资额度，期限1年。

此后受国际经济环境变化的影响，我国苹果汁的生产量明显减少，国外客商的采购量也大幅减少。果汁作为一种弹性消费品，受总体经济环境的影响很大，经济不景气时，终端消费者购买力降低，导致果汁企业销售疲软，继而对主要原料浓缩苹果汁的需求降低。这些因素的共同作用使得该企业的订单和产量都极大减少。同时分行注意到，该企业的主要采购商都是原来的一些老客户，新增客户较少，而且老客户的需求量也在不断下降，企业的出口量明显减少。

因此，分行在对该客户重新授信时充分考虑到企业面临的困难，给予该企业4000万元综合授信额度，以机器设备作抵押，抵押率不超过25%，追加法定代表人连带责任担保，另签订果汁监管协议。同时规定，先允许使用的额度为2000万元，待果汁行业情况好转、订单增加后方可使用另外2000万元额度。另外，在担保方式上增加了存货质押。

之后，分行强化贷后管理，重点关注果汁行业变化，安排信贷管理人员与经营机构坚持按月实地检查，及时跟踪企业经营情况变化，最后该企业清偿了债务，分行成功化解授信风险。

塑料制品公司受“塑化剂”事件影响销售严重下滑

成都某分行某年初向双流某塑料制品公司发放流贷1100万元，期限1年，由某投资信用担保有限公司担保。

当年5月，国家质检总局接到通报，一种含有毒性化学物质的塑化剂生产加工的食品或者食品原料，已经被销售到中国、东南亚、美国、中东等国家和地区，影响较大，且范围较广。

分行现场抽查塑料制品企业发现，借款人受“塑化剂”事件影响，生产销售严重下滑，经营出现较大问题，企业拟寻求投资参股资金或部分转让资产维持经营；此外，担保公司正积极促成公司转让、帮助企业寻找合作者、要求企业追加抵押担保等措施，以减轻担保损失。

针对发现的问题，分行立即启动风险预警程序。依据合同，首先，让企业出具了生产经营不利、无法靠经营正常还款的说明，并达成分期还款协议；其次，向担保公司发出提前收贷决议，分行“应急清收小组”3次上门与担保公司商议代偿事宜。迫使担保公司推动、促成企业资产转让。经过3个多月追索工作，终于化解1100万元贷款的潜在风险。

对于高新技术企业也要考察其产品是否有市场订单

某化工企业与一家银行建立了信贷关系。该行首次授信时，主要考虑该公司是高新技术企业，生产的某不溶性硫黄单一产品技术指标在同行业中处于领先地位，得到了省市各级政府的大力支持，为所在地市的上市首推企业，尽管存在新老生产线更替这一不确定性风险因素，但在足值抵押的前提下，仍给予其2000万元授信。

后续作授信时，发现该客户新生产线投产后，经营明显未达预期，产品被市场接受的程度明显出现问题，无法取得下游不溶性硫黄重要需求客户——各知名大型轮胎企业的批量订单。

因此，分行信审会否决该项目，理由及主要风险点如下。

（1）该企业第一条生产线完成改造，第二条生产线投产，但到年底时产销量反较上年明显下降，收入下降超过50%，经营出现亏损。显示公司产品未被市场接受，直销客户市场的拓展进度缓慢。

（2）近3年，该企业固定资产和在建工程不断新增，在新增第二条生产线后，固定资产与在建工程又较上年新增1.27倍，反映该公司在原产能未完全释放、总产能利用率仅约30%的情况下，盲目乐观，又在进行进一步的产能扩张。

（3）从企业报表反映，公司存货、预付账款、应收账款金额较大，均超过了公司年销售收入。

（4）近年来公司多次变更授信合作银行，除当地农信社外，多数银行均与之合作一期后便不再授信；同时前期风投也退出该公司，且公司上市进程停滞，至今未股改更名。

由于该企业是政府重点支持企业，公司为维护信用，按期归还了这家银行授信，但生产经营已明显停滞，在他行授信申请也均以失败告终，之后企业主要精力放在了由政府牵头、引入新的战略投资者上。

对于高新技术生产企业，即使其技术先进，也要考察其产品能否得到市场认可，必须经过市场检验才能接受。此类企业更适合风险投资者介入，而银行对其授信支持，应持谨慎态度。

案例

预判铜杆线企业销售前景堪忧而提前退出

江苏 CL 科技公司，为华东地区铜杆线生产和销售领先企业之一，客户群稳定。2011 年分行给予其 5000 万元综合授信额度。2012 年公司申请还后再贷，并提出再新增 5000 万元授信请求。经分行信审会审议，否定了新增方案，主要原因如下。

（1）销售前景堪忧。下游电缆行业产能过度膨胀、竞争白热化。营收规模增长迅速却难掩盈利微薄窘况，经营绩效实为低效粗放，未来大势行情不利于企业经营。

（2）资金运转缓滞。营运资金遭遇流动资产挤占，货币资金虽高但剔除保证金后可支配数额有限；销售扩张牵动应收账款迅速增加；囤货待售引致资金周转趋缓，倒逼银行刚性负债增长。

（3）新增担保缓释形式大于实效，且存在区域互保隐患，深度介入必将积重难返。

（4）企业股东 TL 集团虽"光环"颇多，实力雄厚，却涉足地产等投资"老路"，银行授信深度介入。外部形势一旦逆转，必将波及集团内部子公司。

基于上述判断，分行信审会设定了维持原 5000 万元存量、逐步压退的总体方案。2013 年贷款到期后，收回不再发放新贷款。

2014 年以来，TL 集团由于近几年对外投资房地产、矿山等远期回报项目速度过快，加上各家银行对铜贸企业贷款政策收紧，集团遭遇银行集中收贷 5 亿～6 亿元，资金链陷入困境。CL 科技公司在一家银行开立的 3000 万元银票到期，在获知续贷未批准的情况下，企业直接拒绝还款，引发各家银行贷款连锁式逾期。

而上述分行由于在企业风险暴露之前判断准确，及早"跳出"，从而避免了其他银行对企业同步压收贷款的风险处境。

（二）产品销售价格下降

看看当下媒体的报道就知道，产品价格下跌与企业亏损是形影相随的。银行人员要密切关注客户产品的市场价格，多请教行业专家，对价格走势做出判断。对市场过剩、产品价格下跌的企业，授信要从严控制。

（三）重要销售商终止合作或大幅减少订货量

企业的重要经销商如果终止了合作关系，或者大幅减少订货量，必然导致企业的产品销售出现很大问题。因此，银行人员必须关注企业排名前几位大经销商的订货量变化情况。

（四）产品竞争力和市场占有率明显下降

企业市场占有率的下降，说明其产品竞争力的下降。银行对这类企业的授信，必须要慎重。有关企业产品竞争力和市场占有率的数据，银行人员可以从政府部门、行业协会、研究机构的统计资料中查到。

市场营销中的重点就是"市场占有率"：市场占有率越高，企业的积累生产量也就越高，企业的单位制造成本也就越低，获取的利润也就越高。市场占有率可以直接反映出企业的竞争能力。计算公式如下。

公式 1：市场占有率＝产品品牌的销售数量 ÷ 行业销售数量

公式 2：市场占有率＝产品品牌的销售金额 ÷ 行业销售金额

对于只出售一种产品的企业，用公式 1 计算；企业在同一市场中出售几种不同的产品时，用公式 2 计算。

在计算市场占有率时，应考虑如下几个重要因素：确定地理区域；确定产品范围；只能将互相竞争、互相能替代划分为一类的产品来计算市场占有率；对可比的产品以销售数量来计算市场份额，对不可比的产品以销售额来计算市场占有率。

有时企业可以通过使用“相对市场占有率”来衡量本企业在市场中的位置，即相对市场占有率＝某企业的市场占有率 ÷ 排在第一位企业的市场占有率。

案例

要注意新产品替代的风险

社会在发展，新产品层出不穷。今日畅销的产品，明日就有可能昙花一现，退出市场。电风扇几乎已被空调替代了。当年风靡一时的车载电话、对讲机、寻呼机也已完全被手机替代了。互联网的普及，使日常写信和节日贺卡也退出了社会生活。计算机的五寸磁盘、三寸磁盘，早已被轻巧的 U 盘所取代。尤其是手机的更新换代更是日新月异。这样的事例还有很多，银行发放贷款时，便要注意规避这些新产品替代的风险。

二、销售成本真实性调查方法

（1）原始单据法。通过采购明细账与进货单的抽查，比对销售收入进行核实。

（2）毛利反推法。通过企业的销售收入与毛利率反推销售成本。

（3）能耗分析法。以能耗计算产量，再结合单品成本即可得到当月大致销售成本。

（4）举一反三法。根据上游主要供应商的采购金额和占所有采购金额的比例，推导企业的总销售成本。

（5）银行流水法。根据银行流水的借方发生额得出期间销售成本的支出金额。

（6）合同推定法。根据企业所有历史采购合同，推定企业的销售成本是否真实。

（7）发票推定法。查阅企业所有进项发票，借以推定企业的销售收入是否真实。

（8）经营痕迹法。根据企业经营痕迹推算其销售成本，例如生产废料等。

（9）口头询问法。通过访谈企业有关人员，验证企业的销售成本。

（10）外围信息法。通过对企业上游供应商调查，验证企业销售成本。

（11）生产场地验证法。到企业生产现场根据企业的生产流程，了解企业生产各环节成本核算方法和步骤，确认公司报告期成本核算的方法是否保持一致。

（12）单位成本计算法。获取主要产品的成本明细表，了解产品单位成本及构成情况，包括直接材料、直接人工、燃料和动力、制造费用等。报告期内主要产品单位成本大幅变动的，应进行因素分析并结合市场和同行业企业情况判断其合理性。

三、营业收入真实性调查方法

如果将企业反映还款能力各项财务因素按重要性排序的话，营业收入无疑是最重要的指标。只要把企业的真实营业收入核实清楚，企业的还款能力在很大程度上就已经浮出水面。在大多数情况下，企业只要有营业收入和现金流，即便企业整体亏损也基本能够保证偿还一定程度的短期债务。因此，银行调查人员应投入较多时间和精力，通过以下多种方法，调查和检验营业收入数额的真实性。

（一）原始单据法

原始单据法是最为简单的一种核实方法，其前提是企业对销售或出货做了纸质或电子版的记录。通常银行调查人员可以通过销售明细账与发货单的抽查比对销售收入来进行核实。

例如：某企业对其每月销售做了明细账记录，银行调查人员可累加近 6 个月销售推算全年销售。对于淡旺季明显的企业，银行调查人员可抽查旺季平均销售、淡季平均销售推算全年销售。同时，银行调查人员可抽查期间任一月份或周的出货单，将其与销售明细账进行对比，以此证实该销售明细账是否以出货单为依据真实编制的。

（二）生产推算法

将每月消耗的原材料数量扣除必要的损耗后，除以单个单品的重量，就可以得出产品的总产量，结合其销售单价就可以估算出理论销售额，与企业提供的月销售收入进行比较。

也可以用月支付的工人工资和计件提成单价估算出月产数量，核对单个产品的价格乘以月总产量是否与月销售额吻合。

（三）应收账款法

该方法适用于具备较稳定结算账期的企业，应收账款余额 = 账期内的销售额 × 赊销比例，则账期内的销售额 = 应收账款余额 ÷ 赊销比例。例如：某生产企业结算条件为第 3 个月支付第 1 个月货款，该企业的赊销比例为 100%，假设企业近一月应收账款余额为 500 万元，账期内（2 个月）的大致销售额为 1000 万元，从而推算大致的全年销售为 6000 万元。同时，该方法要求企业的回款周期相对稳定，而大多数企业均存在下游企业结算不及时的情况，因此，该方法的准确度受到一定程度的影响。

（四）能耗分析法

就是通过企业能耗计算出产品数量，再推算出收入。能耗包括水、电、气等。

例如，开机时间 = 期间用电度数 ÷ 电机功率，假如得知生产线每小时的产品生产数量，则可得出期间产品生产总数量。例如：一台冲床单机功率 11 千瓦，每小时能生产产品 180 个，通过查看电费单据得知，最近一月用电量 2200 度，则该台冲床当月开机时间为 2200 度 ÷ 11 千瓦

=200 小时，180 个 / 小时 ×200 小时 =36000 个产品，最后结合单品价格即可得到当月大致销售收入。

如果企业的主要能耗为天然气、自来水等，银行调查人员则同样需要找到能耗与销售收入之间的关联关系。

银行调查人员还应查看企业能耗是否符合其经营淡旺季的特点，是否与往年的产量或销售收入匹配。例如，去年企业单位产量的耗电量是 1000 瓦，但今年经过推算单位产品耗电量却只有 800 瓦。那么，只有企业大规模提高了生产效率才能够实现如此大的改善，否则很可能在产量和销售收入上作假。如果客观如此，现场访谈时可了解企业是否有明确的原因大幅度提高了生产效率。

此外，可以将近三月能耗与上年同期作对比，推测出企业的经营规模相比往年是利好、下滑或平稳。

（五）工资推算法

工资推算法主要适用于实施计件工资或提成工资的企业，关键在于掌握其计件及提成的计算方法，通过工资表或提成情况推算出经营规模。例如：银行调查人员经过现场访谈或内部经营制度调查发现，企业的业务员提成为销售额的 3%，如果当月该企业业务团队提成总额为 3 万元，则当月企业总体收入约为 100 万元。

（六）局部推测整体法

如果企业某一下游企业或某一产品的销售收入易于核实，则通过企业高管口述该下游企业或该产品的销售占比，可反推算出销售收入。例如：某一贸易公司的下游企业为国有大型百货超市，近 6 个月开票销售为 600 万元，与企业负责人访谈或通过存货占比得知，该下游企业销售占总销售比例约 20%，则企业近 6 个月总销售收入约为 3000 万元。

（七）银行流水法

该方法的核心在于对银行流水的加工与分析，首先要证实银行流水的真实性；其次进行技术性处理，如剔除银行流水大额进出账、关联交易账，对银行流水是否符合企业经营模式特点作出判断；最后加总银行流水贷方发生额，得出期间回款销售收入。此外，如果企业向上游采购的账务支出较为规范，银行调查人员可以通过加总借方发生额，再结合毛利反推法得出期间销售收入。

（八）合同推定法

该方法就是查阅企业所有历史销售合同，借以推定企业的销售收入是否真实。在查看合同时，要检查合同必备八要素是否齐全；甲乙双方签章是否齐全；合同是否原件。

在进行合同推定时，还必须小心检验、分析合同的真实性。一般情况下，伪造的合同往往内容简单，对双方责任、义务较少描述，对产品质量、服务等重要的合同要素也不做要求或极简单描述，没有签字只有盖章、没有骑缝章等，这些都是伪造合同经常出现的特征和疑点。

（九）发票推定法

该方法就是查阅企业所有销售发票或增值税发票，借以推定企业的销售收入是否真实。在查看销售发票时要检查：

（1）发票的购货方与合同的购货方是否一致。

（2）确认收入的金额与开票金额是否一致。

（3）发票的开票项目是否与合同的购货清单一致。

（4）确认收入的时间与开票时间是否一致。

（5）确认收入的二级科目与发票的购货方是否一致。

（6）确认收入的二级科目与合同的购货方是否一致。

以上如有不一致，银行调查人员需向企业询问原因，将原因记录在核查备注中。

（十）收款推定法

该方法就是查阅企业所有收款凭证，借以推定企业的销售收入是否真实。在查看收款凭证时要检查：

（1）付款单位或付款人是否与合同购货方、发票购货方一致。

（2）收款金额与合同约定的金额是否一致。

（3）收款的分期是否与合同约定的一致。

（4）收款的银行回单摘要是否与收入项目或业务性质一致。

以上如有不一致，银行调查人员需向企业询问原因，将原因做详细记录。

（十一）经营痕迹法

企业经营的痕迹无处不在，需要银行调查人员仔细观察和善于发现。例如，根据制造类企业生产过程中的废料推算销售，根据贸易类企业墙面的业绩展示表或任务表推算销售，根据餐饮类企业的日均一次性餐具使用数量、人均消费水平推算营业额等。

（十二）口头询问法

在电话沟通和现场评估过程中，银行调查人员可以间隔穿插询问淡季销售额、旺季销售额、每天／每周／每月销售额、近期销售额等，以此交叉检验企业各种口头叙述的销售收入折算为全年销售收入后是否相互吻合。

（十三）外围信息法

通过外围非关联第三方得知企业大致销售规模，例如制造类企业的上下游企业均有可能知晓企业大致收入规模，银行调查人员可通过随机给几个企业重要客户打电话，了解企业的销售额，并根据占比推算企业的实际总销售金额。

在实践中，对一家企业营业收入进行真实性调查，不需要采用上述所有方法。而是根据具体情况采用其中部分方法，能够起到多方法交叉检验，满足调查需求即可。否则，如果对一个项目采用过于复杂的交叉检验手段，就会影响整个调查工作的进度和效率。

第十节 库存积压问题

库存是指企业在生产经营过程中为销售或耗用而储备的各种资产，包括原材料、半成品、在产品、产成品、商品，以及各种燃料、包装物、低值易耗品等。企业持有产成品库存的最终目的是完成销售，这是库存区别于企业固定资产等非流动资产的最基本的特征。

一、企业加强库存管理的重要性

（一）库存在企业供产销链条中地位非常重要

企业的生产管理、上下游关系管理、收付款管理，都是以库存为核心进行的。在企业整个供、产、销链条中，库存依次变换着三种形态：原材料（从上游供应商采购）→在产品（在企业中生产）→产成品（向下游经销商销售）。围绕以库存为核心的供产销链条上的"三流"——物流、资金流、信息流，清晰地展现了企业生产经营过程的全景图。

（二）库存与银行贷款之间存在密切的转换关系

银行流动资金贷款通过材料采购环节变为原材料库存，原材料库存通过企业的生产环节变为在产品库存和产成品库存，产成品库存通过销售环节再变为资金收入。产成品库存中还包含了固定资产折旧和摊销（固定资产贷款的转化形式）。

前两个环节（采购环节和生产环节）涉及资产负债表不同科目之间的转换，即"钱变物"的过程。最后一个环节（销售环节）涉及资产负债表和利润表科目之间的转换，即"物变钱"的过程，是"惊险的一跃"，是企业生产经营最核心转换关系的环节。如果企业生产的东西卖不出去，库存无法变为收入，银行的贷款就收不回来。

（三）围绕库存的收付款管理反映了企业的竞争地位

围绕库存的付款管理主要与材料采购有关，涉及应付账款、应付票据、预付账款三个科目。如果年末比年初应付款项增多，预付账款减少，表明企业占用了上游企业的资金。

围绕库存的收款管理主要与产品销售有关，涉及应收账款、应收票据、预收账款三个科目。如果年末比年初应收款项减少，预收账款增加，表明企业占用了下游企业的资金。

通俗地说，如果企业买东西不用马上付款，或东西卖了马上就能收到钱，甚至东西还没有卖出去就先收到了预付款，说明这家企业在整体生产经营链条中处于强势地位，对上下游企业的谈判地位高，是该企业产品好、竞争力强的重要表现。

二、库存积压问题的类型（2 种）

库存积压问题的类型（2 种）
● 库存产品过剩积压
● 库存账实不符

（一）库存产品过剩积压

目前在我国企业的流动资产中，库存所占比重相对较大，且很多表现为超储积压库存。库存流动性差，一方面占用了企业大量资金，另一方面企业必须为这些库存支付大量的保管费用，从而导致财务成本上升，经营利润下降。总而言之，库存高企是企业财务恶化的重要征兆。

长期大量的库存存在以下风险，对企业财务的不利影响是巨大的。

第一，跌价风险，包括原材料跌价和产成品跌价，都会造成企业损失。

第二，过时风险，当产品的适用性、品质、功能、款式等落后于市场需求时，必将面临积压滞销风险。

第三，损耗风险，温度、湿度、光照等自然因素变化对库存外观、性能、质量都会产生不利影响，特别是那些容易发生化学反应的商品及鲜活商品，自然损耗风险会超过跌价风险。

企业库存高企的原因：一是产品质量或功能出现问题；二是市场需求形势恶化，产品销售困难；三是担心缺货、涨价而有意增加原材料储备；四是企业的生产和物流组织管理出了问题。有时表面上看是生产部门追求产量和销售部门对市场需求预测过高，而更深层的原因可能是企业经营管理甚至战略方向面临危机。

案例

发现石油压裂支撑剂公司产品严重积压

JND 石油压裂支撑剂有限公司（以下简称“JND 公司”）成立于 2009 年 5 月，是一家生产、销售石油压裂支撑剂，并经营铝矾土加工销售、进出口业务的企业。2012 年度、2013 年度营业收入分别为 8000 万元、4500 万元。

JND 公司向银行申请一年期 2000 万元流动资金贷款，担保方式为第三方土地抵押。银行客户经理实地走访客户并查阅该公司相关资料后，发现公司以往主要以产品代工加工为主，除此之外，公司没有稳定的下游销售合作对象。

现场调查发现，JND 公司一方面库存积压严重，产品严重滞销；另一方面，抵押物位于贵州省偏远县份，而当地房地产市场并不活跃，抵押物变现存在较大困难。鉴于上述原因，银行否决了该项目。

之后不久，该公司在另一家银行 1000 万元贷款发生逾期并下调至不良。

（二）库存账实不符

在对仓库库存进行调查时，如果发现下列情况，可视为虚假库存的疑点。

1. 仓库外观杂乱

如果存在长期未整理痕迹，如杂草、灰尘、杂物等，说明长期未使用。调查中应随机询问企业人员仓库数量并前往查看。如果企业对仓库的检查不配合，就说明该企业存在疑点。

2. 库存数量不符

通过对仓库内单位产品面积、装箱的包装面积、装箱数量等，可大致推测出仓库内原料、半成品、产成品存放数量。这些数量应与企业财务报表数据进行对比核实，如果存在明显差异，说明企业财务数据可能作假。

3. 混杂空壳纸箱

一些企业为了应对银行检查，虚充库存，会摆放一些空壳的包装箱，一般情况下都放置在货堆的内侧和里面。对此，银行调查人员应该随机抽查货堆中间的包装箱，防止企业藏匿空箱。

4. 包装信息模糊

每个包装箱上均应有生产产品的名称、生产日期、车间、入库日期等信息，如果有的包装箱上没有这些信息，或者包装信息明显与摆放的时间等不符，说明包装箱存在造假疑点。

5. 表面灰尘很厚

一些企业在报表中反映出库存周转快速，例如20天的库存周转期，但在仓库检查时却发现包装箱上的尘土非常厚，表明库存的时间已经非常长，说明企业的财务数据可能作假。

案例

通过紧闭大门等迹象判断建材贸易公司虚假库存

贵州某贸易有限公司，主要从事建筑材料、装饰材料的销售，向银行申请一年期3000万元流动资金贷款，以自有商业用房抵押担保。

该公司提供的书面材料显示公司总资产达9851万元，资产负债率36%，无刚性负债，主营业务收入为1.9亿元，且净利润1737.7万元。如果单从申请材料看，该公司融资条件应该是不错的。银行客户经理实地走访客户要求查看库存时，公司负责人带其到附近小区并声称库存已大部分发往武汉工地，仅小部分存于小区库房内，但因管库人员有事外出无法打开库房查看。

客户经理细心观察，该库房实际为小区一楼单独车库，大门紧闭且门锁锈迹斑斑，门前地面积灰严重，无脚印和车轮等频繁使用迹象。由此判断该公司存在严重的信息造假行为，若对该公司发放贷款，相关风险较难控制。鉴于以上原因，银行否决了该笔申请。

后经调查了解，该企业所在同一家族控制的某酒店，在他行2000万元的贷款逾期金额已达401万元。

客户经理实地调查时，应该眼观六路、耳听八方，通过细心观察判断出真实情况。

三、如何判断库存是否合理

虽然追求零库存是现代化生产企业的一个目标，但总会需要一些库存，以保持生产和销售活动的正常开展。从库存占资产合计的比例看，各行业差别较大。房地产、白酒、电子器件企业的库存占比相对较高，一般在 30% 以上；建筑材料、生产设备等工业企业在 16%~20%；饮料、日用品等销售环节企业在 5%~10%；机场、港口、高速公路等运输服务企业，以及软件、咨询企业几乎没有库存，一般在 0.2% 以下。即使是同一行业中的企业，因生产技术水平和经营模式的不同，库存的差异也可能较大。

判断库存水平是否合理的方法如下。

（1）比较分析法：将库存的变化与营业收入的变化加以比较。一般来说，库存与营业收入规模是正相关关系。正常情况下，企业的营业收入规模越大，库存的规模越大；反之，企业的营业收入规模越小，库存规模越小。因此，如果库存的增长率明显大于营业收入的增长率，则说明库存过多。一般制造业企业的库存占收入的比例，在发达国家低于 15% 比较正常，超过 30% 就不正常；在我国低于 20% 比较合理，超过 40% 就不合理了。

（2）结构分析法：将企业库存占总资产的比例与同行业其他企业的情况加以比较。一般来说，每一个行业都有其独特的库存结构。如果企业的库存占总资产的比例显著超过同行业的一般水平，则说明库存过多。

（3）比率分析法：将企业的库存周转率与同行业其他企业的情况加以比较。如果企业的库存周转率显著低于同行业的一般水平，则往往说明库存过多，周转过慢。库存资金周转的速度，除房地产企业外大多数行业一年应当在 4 次以上。

第十一节　过度扩张风险

在大多数情况下，企业的过度扩张和盲目投资，往往出现在经济效益持续提高、营运资本不断增加、富余现金支付能力增多的时候。当企业发现自己账面上有成百上千万元的“闲置资金”的时候，很难挡住投资诱惑。此时的企业常常会出现投资扩张的冲动本能，企业现有的和未来新增的现金支付能力会被全部用于投资扩张。

过度扩张的情况，通常发生在想要超常规发展的企业身上，表现为只追求规模和利润，不顾风险的急剧发展。过度扩张往往始发于销售的过大，一见订货单踊跃，就唯恐生产能力不足，于是增加设备，进行固定资产投资，而自有资金又不充裕，于是大量借款，导致企业固定资产过大和负债过度。

一、企业过度扩张风险

尽管不乏通过增加贷款和高负债进行高风险投资扩张而取得成功的企业，但因技改和扩建导致债务危机的现象更为常见。一旦经济形势发生逆转，经济效益下降，企业就会陷入资金紧张的局面。这也是为什么许多企业曾经生意兴隆、门庭若市，但忽然之间就债台高筑、资金链断裂的原因。

投资活动会占用企业大量资金。当企业期望通过一个大的投资来扭转经营现状、改变市场竞争地位的时候，一旦该项投资失败就会带来非常严重的后果，它将使企业过去充裕的资金变成了一堆“半拉子”工程，进而导致企业的正常经营陷入被动。

即使企业的固定资产形成后，也需要较多的原材料和在产品，这就造成占压资金上升。同时，由于借债或赊购的增加，负债进一步增大。赊销量过大导致应收款项过大，进一步使得借款增加或应付款的无力支付，负债再次增加，这就出现了恶性循环。一旦市场环境变差，销售和回款困难，势必出现资金短缺，进入“有利可图、无钱可用”的财务困境。

银行特别要小心那些扩张过快、摊子铺得很大的企业。反映在企业的资产负债表上，就是在建项目很多，在建工程余额很大。这样的企业存在很大的风险，因为所有的投资决策，都是在此前经济高涨的时候做出的，而后来的市场环境已经发生了非常大的变化，那些在建工程往往做也不是，不做也不是。如果硬着头皮继续做下去，后续投入的钱从哪里来？如果不做，前期投入就变成了沉没成本，面临很大的不确定性。即使企业还能够借到钱，除了进一步增加企业的债务负担外，项目建成后的效益也可能大打折扣。

二、企业过度扩张风险苗头

当发现以下情况时，银行应判断企业存在过度扩张风险。

（1）行业生产能力已经过剩。看一个企业的产品是否有销量，要看整个市场的供求关系。如果整个行业的产能已经或者快要过剩，则企业不应该再扩大投资了，除非其产品在质量和价格方面有很强的竞争力。

（2）超过企业自身经营管理能力。企业要扩张就必须先具备相应的经营管理能力，包括管理团队要跟上，技术骨干队伍要建立，市场营销人员要足够，原材料供应、生产能力、内部管理机制要配套等。否则就可能成为“小马拉大车”，最终因超出能力而失败。

（3）资金来源不落实。有时企业账面上看似货币资金很多，可用于投资，其实并不都是企业自有的闲置资金，有些是银行的短期借款，有些是刚收回的应收账款，也有可能来自现金销售收入。企业进行长期投资，保守的应该是用企业自有的闲置资金，即企业的营运资本减去营运资金需求之后剩余的那一部分资金。如果长期投资规模超过闲置的现金支付能力，均可以被看作盲目投资。当然，企业依靠新增权益资金或长期负债资金来进行长期投资并非不可，因为这种情况下企业的长期投资资金已落实。但还应注意的风险是，资金来源还有缺口就上项目，企图搞边建设，边筹资的“钓鱼”工程，很容易出现夭折。

（4）资金期限不匹配。虽然企业能筹措到的资金总量，与投资需要的资金总量相等，但往往没去注意期限不匹配的风险，出现了短款长用、短贷长投的风险，最后导致到期的债务没钱偿还，资金链断裂，各路债权人开始逼债，最后不得不清盘倒闭，很多企业就是被困在这个问题上的。

三、如何防范企业过度扩张风险

（1）关注行业发展。银行对于企业所在的行业要加以研究，判断其处于行业发展周期的哪个阶段（初始期、上升期、成熟期、衰退期），处于前三个阶段行业中的企业尚可以支持，处于第四阶段行业中的企业则应禁止介入。

（2）论证管理能力。当发现企业准备大规模扩张的时候，银行一定要参与可行性研究的论证，防止无效投资和失败投资的风险。跟踪新投资项目的进展情况，资金落实、施工进度、完工时间、验收试产、产能达标、销售情况、资金回收等。一旦发现有问题，就必须立即采取退出措施。另外，对于准备搬迁和正在搬迁的企业，银行应暂停贷款进程，要论证其搬迁后生产经营的风险。

（3）确保资金充足。防止投资失败最有效的办法，是在投资项目启动之时，准备好充足的资金，不但要保证投资项目的顺利实现，而且要保证日常经营业务能够有充足的资金正常进行。要求企业投资活动所需要的资金，在可以不依靠企业未来创造的现金的情况下，就尽可能地不用，以便使投资不确定性所带来的风险控制在投资项目本身范围之内。

（4）注意期限匹配。要求企业资金来源的期限，一定要匹配好投资资金的期限，严格防止短款长用、短贷长投。在每笔债务到期之前，都要提前筹集好足够的还款资金，防止被债权人起诉。

> 要特别小心“三过”企业，过度扩张、过度负债、过度担保。这些膨胀很快的企业，往往结束得也快。
>
> ——一位行长的话

银行要当心迅速扩张的企业。当某企业不顾实力疯狂收购，迅速扩张的时候，就是走向失败的开始。有些企业家，能做好第一家、第二家企业，但在迅速扩张后，资金跟不上，生产跟不上，销售跟不上，管理跟不上。当一个环节出问题后，整个企业集团就会像多米诺骨牌一样崩溃下去，这样的事例很多。

以下都是企业过度扩张导致资金紧张，偿还银行贷款困难的实际案例。

案例

融资百亿，扩张过猛，失败的共享单车

（来源：房东东，苏佶，2018 年 12 月 25 日）

曾经被称为“新四大发明”之一的共享单车，号称 21 世纪最伟大的商业模式创新，短短三年获得了上百亿元的融资，甚至差点掀起腾讯、阿里的新一轮大战，直到最后口碑暴跌，成为 21

世纪最大的试错，令人唏嘘。

2016 年，共享单车的兴起只用了短短几个月，共享单车的创业产品很快就已经高达几十种了，出现了“小黄”“小红”“小蓝”“小绿”……越来越多的创业者进入了共享单车市场。2017 年上半年，共享单车迎来了井喷，成为当时广受追捧的现象级创业风口，吸引了众多资本入局，上百亿的投资资金被投入市场当中。同年，ofo 与摩拜打响了价格战，推出了免费骑、红包车、免押金等诸多策略，企图获得更多的客源。

2017 年下半年，共享单车迎来了极速衰退。在 2017 年 6 月，重庆的悟空单车在运营 5 个月之后成为国内首家倒闭的共享单车企业。随后小蓝单车、小鸣单车、酷奇单车等纷纷因为资金链断裂，宣告倒闭，一时间共享单车倒闭潮来袭。

2018 年下半年，共享单车局面更加恶劣。作为共享单车排头兵的 ofo，年初被披露公司整体负债 64.96 亿元。随即爆发恐慌性挤兑押金的现象，截至 12 月 18 日 22 时，排队退押金的人数就超过 1000 万，一地鸡毛。

有资深评论人士表示，“共享单车的失败，或许就是资本捧杀了它，资本给了它希望，面对寒潮，资本又纷纷撤退”。

再好、再赚钱的商业模式，最终也会败在盲目扩张和乱花钱上。

汽车润滑油生产企业规模扩张过快导致资金链紧张

河南 DF 油品公司是当地一家规模较大的汽车润滑油生产企业，某分行给予开票额度 6000 万元，担保方式为存货质押加自然人担保，存货由银行指定的第三方监管。

但该企业一方面由于规模扩张过快，上马项目仅靠银行融资已满足不了，还涉及大量民间借贷，多为短期，成本高企；另一方面，该企业成立时间较短，尚未建立起稳定的销售渠道，经营性现金流非常少，资金链紧张。

分行在贷后检查中发现上述情况后，认为可能存在到期无法还款风险。于是要求第三方监管单位增派现场人员，严控质押货物。并由经办支行派驻一名客户经理 24 小时驻厂，关注公司是否有生产、销售及员工异常行为。

后来发生担保公司围堵企业讨要欠款事件，分行债权面临极大威胁。分行果断采取强硬措施，严控存货，同时对进出油品进行逐罐测量数据、取样送检，确保质量合格、货物足值，且要求企业每出一车货物，必须缴存相应保证金至分行。经过近半年多的艰苦清收，随着客户最后一笔还款资金到账，风险化解工作画上圆满句号。

重机公司未接到订单即生产一批常用型钻机致销售困难

湖南 A 重机股份有限公司（以下简称“A 公司”）由深圳中小板上市的湖南 B 高压开关集团公司（以下简称“B 集团公司”）控股。长沙某分行向 A 公司贷款 200 万元，期限 1 年，由 A 公司股东王某提供个人连带责任保证担保。

贷款快到期前，客户经理检查发现该公司生产经营不太正常，可能无力按期归还贷款。分行立即再次派人对公司进行现场检查。了解到，B集团公司自控股A公司后，已投入资金1700万元。但因对基建市场发展趋势盲目乐观，在未接到订单的情况下，生产了一批20–60T常用型钻机，销售困难。加上工程机械行业普遍存在的赊销模式，几年来近700万元应收账款占用了企业大量资金，员工从高峰期的150余人裁减至30人，公司生产经营陷入困境。

了解到企业真实情况后，分行研究制订了详细的多管齐下风险化解预案，重点是说服B集团公司代偿此笔贷款。但B集团公司领导明确表示，A公司是集团的子公司而非分公司，集团已投入1700万元，极可能成为损失，集团不会再为A公司的任何债务买单。

为此，从分行多次派员沟通，希望B集团公司考虑双方良好的合作关系，在年底前归还该笔贷款。否则，银行将通过法律程序解决，势必对B集团公司带来一定影响。与其通过查封和处置资产还贷，还不如由集团公司内部自行处理为妥。经共同努力，终于在年底前成功收回了该笔贷款。

服饰有限公司过度投资和高额民间借贷而资金紧张

某服饰有限公司与杭州某分行建立合作关系，获得一般授信敞口2750万元，信保融资专项额度2000万元，由第三方提供保证和厂房抵押担保。

分行在全面风险排查时了解到，该公司由于过度投资固定资产，流动资金已十分紧张，且涉及民间高息借贷近千万元。同时，其担保圈均为小企业，抗风险能力及稳定性较差。对此，分行及时制订化解方案，逐步退出了风险授信。

一是落实抵押，强化担保。在得知该公司部分房产权证已办出后，分行立即要求其落实抵押。由于其土地使用权已全部抵押分行，分行在谈判中占据了主动地位，成功追加了抵押物。

二是先易后难，逐步退出。当时信保融资业务仍是各家银行为争取外汇业务而重点拓展的业务之一，分行以本行受专项规模限制为由，建议其转从他行融资，成功全部退出了信保融资业务。

三是坚持原则，彻底清退。得知贷款未予续贷后，企业主通过言语威胁、让员工到市政府及分行闹事等方式，不断施压。对此分行自上而下始终坚持原则，最终全部结清授信，风险得到彻底化解。

在分行贷款全部收回后一个月后，该企业因涉及高额民间融资无力偿还，信保融资业务逾期，风险全面爆发。

第十二节 多元化投资风险

中小企业成长到一定阶段就面临成长的瓶颈，那些持续谋求专业化、不断创新的企业，往往都会有很好的专业化成长空间。而那些没有能力谋求专业化发展的企业，一般在经营规模遭遇瓶颈时，多数会选择另外开辟战场。另外，在经济快速增长期，看似很多赚钱的机会来了，很容易导致企业多元化投资欲望的膨胀。

一、企业多元化投资风险

多元化投资很容易使企业陷入败局陷阱，尤其是跨行业无关联性多元化投资失败的概率，要远高于本行业多元化投资失败的概率。那些在本行业做得好的企业，进行多元化跨业投资时未必就能做得好。因为对于新行业，除了资金之外，还必须有管理人才、生产经营、市场营销等方面的经验。

很少有企业家能够把控多个业务领域并且取得成功。这是一个悖论式的逻辑，因为如果企业家有把控多个业务领域的能力，他一定有能力在专业化的方向上取得突破。因此，多数情况下企业逐渐走向衰败，就成为那些多元化投资（尤其是跨行业）企业家的最终结局。

案例

小微企业最容易误入多元化发展的歧途[①]

——一位客户经理的经验之谈

在2008年金融危机之后，国家为了提振经济，出台了很多刺激政策，很多企业纷纷上马新项目，有的是扩大产能，有的是投向了自己不熟悉的新领域。也就是说，在经济景气度较高的时候，企业最容易进入多元化发展的误区。

我看到许多企业都毁在了多元化的路上。很多小微企业的老板，经营主业是没问题的，轻车熟路。可能是老板觉得自己的主业不赚钱，或是自己有能力再开辟出一番事业，走上了跨行业发展的路。但是隔行如隔山，老板干自己的老本行，也许没有问题，即使有的年头亏一点也不要紧，庄稼不收年年种嘛。但如果跨行业发展，就超出了小微企业的能力。

首先是超出了资金能力。上新项目难免大举借债，银行的借不到就借民间的，低息的借不到就借高息的，总之一定要把项目上起来。但是项目投产只是第一步，完成固定资产投资之后，还要买原材料备货，下游客户还会压一部分货款，配套的流动资金有时超出老板的想象，资金缺口越来越大。

其次是超出了管理能力。跨行业发展，新项目和老项目是两个没有任何关联的项目，所有的人都要重新聘请，不但老板不懂，而且员工还有一个磨合过程。可以断言，新项目投产的前三年内一般是亏损的。一个小微企业，哪里有能力亏损三年？没有等到新项目盈利，债主们已经把企业逼得关门了。

> 贪婪是商人的天性，也是商人的天敌。
>
> ——一位行长的话

① 摘自：王团结．我是银行客户经理［M］．北京：中国发展出版社，2014.

二、如何防范企业多元化投资风险

银行一旦发现自己的客户打算多元化投资，就必须深入调查其投资的效果如何，尤其是跨行业多元化投资。根据投资金额而言，如果投资金额和风险预估可控，尚且可以考虑授信；如果投资损失甚至可能将企业的主营业务拖入泥潭，那么从风控角度考虑应该回避此类企业。银行应该着重注意以下情况。

（1）企业实际控制人和管理层是否具有拟多元化投资的行业的从业经历和管理经验，这将直接决定着公司的决策是否能够适应市场，投资能否成功。

（2）企业所有投融资项目和资金流动性情况。民营集团多元化投资往往会占用集团的大部分资金，易使集团出现资金链紧张的情况。一个项目的亏损会影响整个集团的现金流，甚至会导致整个集团的崩塌。

（3）企业担保圈风险以及涉及民间借贷情况。发现对外担保过多或涉及民间借贷的，应严格禁止介入。

（4）银行同业授信情况，包括要了解他行的授信担保条件，他行近两年有否压缩对该企业的授信等。

近几年来，随着全球经济形势长期低迷、我国经济增速放缓、经济增长结构转型，企业生产经营以及融资环境趋紧，民营企业特别是具有一定规模的民营集团公司治理结构不健全、过度多元化投资等问题逐步暴露。

以下是企业因多元化陷入困境的案例。

案例

工矿公司转入煤焦、光伏、酒店等多元化经营导致资金紧张

LX 工矿股份有限公司某年总资产 84.8 亿元，总负债 52.3 亿元，总收入 9.9 亿元，净利润 2.0 亿元。在某分行 1.6 亿元贷款到期，申请续作。分行审查发现该公司存在四个方面的问题：一是多元化扩张趋势明显，新建煤焦企业和光伏玻璃生产线，参股酒店经营等；二是刚性负债增加明显，总额达 31.5 亿元，一年内仅长期借款就增加了 12.2 亿元，应付票据增加了 10.2 亿元；三是对外担保 13 亿元，或有负债增长较大；四是保证人（母公司）山西某能源集团公司及其下属并表企业对外担保总额 123.4 亿元，而煤矿行业进入寒冬期，经营状况持续恶化，担保能力存疑。分行信审部门综合考虑上述因素后，审议决定不再对该公司续作授信。

一年后该公司因负债较大，拖欠贷款和参与民间借贷，资金链断裂，银行贷款出现逾期，发生了近百人群体讨债事件。且中国人民银行征信报告显示，该公司已累计发生 19 笔未结清银行承兑汇票垫款，金额合计 1.6 亿元，同时欠息金额达到 432.3 万元。而该行此前主动退出该公司授信，有效防范了 1.6 亿元授信风险。

洗衣机企业新投入冰箱、电视机、投影仪等生产线导致资金困难

DH电器实业有限公司已与宁波某分行合作多年，有综合授信额度3800万元，以公司自有房地产抵押3500万元、担保公司保证300万元，全额追加企业法定代表人夫妇连带责任保证。

该公司原以专业生产洗衣机为主，由于竞争激烈导致企业利润较大幅度下滑，迫使公司进行产业结构调整。分行贷后检查发现该公司新增投入了冰箱、电视机、投影仪等生产线，导致资金周转困难。但由于当地政府将该公司列入重点帮扶对象之一，其他银行授信额度仍在增长，分行只加强了对该公司的严密监控。

之后发现该公司运营没有明显改善，但各行授信规模已远远超过其实际经营需求，存在贷款资金挪用风险。分行领导高度重视，组织相关部门制定了逐步退出的时间表，通过采取收回临时额度、提高贷款利率、释放部分抵押物用于他行授信等多步走的办法，全额回收3800万元贷款。

> 冒险是企业家的生命，而谨慎则是银行家的生命。银行家不能只跟着企业家跑，必须要有自己的判断能力。
>
> ——一位行长的话

第十三节　投资房地产风险

在许多企业多元化跨界投资中，投资房地产是重要的一个方面。房地产行业是资金密集型、生产密集型、技术密集型的企业，具有政策风险、行业风险、资金风险、建设风险、销售风险等，一般企业不能轻易尝试房地产项目。因此，银行如发现企业有转投房地产的倾向，一定要引起重视。以下都是企业跨行业投资房地产失败的案例。

案例

江苏纺织公司投资6000万元到江西购买土地开发不顺

江苏HL纺织公司主要生产各种规格的尼丝纺、春亚纺、涤塔夫、桃皮绒等，是一家集纺、织、染于一体的中型民营纺织企业。

某年，某分行给予1500万元授信额度，期限1年，用于流动资金周转。担保方式为：某担保公司和某织造公司分别保证担保500万元和570万元，抵押担保430万元。担保部分利率上浮20%，抵押部分上浮15%。

第二年，企业投资6000多万元在江西某地购买93亩商住用地和150亩工业用地（含1家服装厂），全部办妥房地产权证，准备开发房地产并融资。

但不久发生次贷危机，一方面项目开发和融资并不顺利，另一方面整个纺织行业跌入谷底。担保公司为应对危机，缩减对该企业的担保额度，甚至到期后不再续保，导致企业到期续借困难。而该公司在江西的投资款中，部分为民间借贷，一时讨债者云集。当时的情形完全出乎该民营老板的意料，企业至此出现了资金链断裂。

分行人员通过仔细调查和测算，并且多次到江西实地查看情况。总体认为公司经营有困难，但并不至于资不抵债或倒闭，在江西的房地产开发进度正常，逐步形成销售。故在政府部门的牵头下，会同其他两家银行共同采取逐步压缩的办法，并要求其同各方民间借贷债权人签订分期还款协议，以帮助企业渡过难关。经与企业经过多次协商和沟通，公司终于自筹资金分两次归还了全部不良贷款。

物资再生公司连续置土地、购设备，再融资风险显现

苏州某分行给予苏州KJ物资再生有限公司1年期600万元贷款，由苏州CX担保有限公司担保。

分行贷后检查发现，公司业务规模没有达到投资预期，基本停留在原有水平。而银行贷款急剧增加到6500万元。主要原因是公司在北桥新厂旁又置地20亩建设新厂房二期，进口焚烧炉一台。在总投资已达1.2亿元的情况下，公司计划再向银行融资3000万元。

分行认为，该公司固定资产投资过快过大，相对于1.5亿元的销售规模来说，负债规模过大，自身现金流不足，今后的还款来源必然大量依靠再融资。因此，分行研究决定退出该企业。在企业如期归还贷款后，不再续作授信业务。

贸易发展有限公司挪用票款投资别墅用地资金被套

南京某分行为江苏HMD贸易发展有限公司签发银行承兑汇票7500万元，敞口3000万元，期限半年，存货质押，由上海ZY物流配送有限公司监管，追加借款人资产浮动抵押担保。

客户经理贷后检查发现，该公司经营状况出现异常，存货增加，账面资金走向疑点较多，银行借款大幅上升。于是通过外围渠道多方调查发现，该公司股东投资注册了一个房地产公司，购买了太湖边价值9000万元的别墅建设用地，由股东自有资金投入6000万元，另从HMD公司抽资3000万元。公司原乐观估计该地的市场估值将达到2亿元左右，但由于国家对房地产行业进行调控，该别墅地块未能按预期通过规划审批，企业及股东资金被套牢。

鉴于企业"短款长用"挪用资金的风险，分行作出了到期收回授信资金的决定，并制定了以下措施：一方面与物流监管公司达成一致意见，加强对库存钢材的监管力度；另一方面监控企业的资金往来，密切关注其他金融机构的授信政策变化，督促企业及时打入还款保证金。在该公司授信7500万元全部正常结清后，分行以提高授信条件和监管要求等为由婉拒了企业的续贷请求。

第十四节　关联交易风险

关联交易主要指三类企业之间的交易，即集团并表企业成员之间的交易、集团成员企业与集团外企业之间的交易、非集团形式关联企业之间的交易。

企业间进行关联交易的目的分为两种：一种是正常的目的，包括降低交易成本、提高营运效率、增加协同效应等；另一种是不正常的目的，往往会对银行授信资金安全构成如下威胁。

一、不法关联交易对银行的风险

（一）过度授信

有时从单个企业的贷款量看，可能并不大，但关联企业成员往往串通其他成员隐名获取贷款，而且被控制企业缺乏持续经营能力，因此从关联企业的整体上看，就会存在过度授信的问题。

（二）虚化担保

担保的作用在于使债权的效力扩及债务人之外的第三人，为其提供第二还款来源，转移债权人的债务风险，为贷款债权提供安全屏障。表面上看，关联企业担保是两个独立法人主体之间的独立行为，对贷款是有保证作用的。但由于关联关系的存在，担保效力和担保能力都存在很大的问题。

（三）抽逃资金

投资方可能存在利用关联交易抽逃资金，将风险转移给银行的情况。在借款企业建成投产并取得银行贷款后，投资方为了尽快收回投资并赚取高额利润，就会要求借款企业利用关联交易和不合理的转移定价，向投资方转移资产、资金，违背了资本确定、资本维持和资本不变的资本真实性原则，降低了借款企业的偿债能力，把风险留给了贷款银行。

投资方提前收回投资的主要方式：向被投资企业高价出售设备、商品、技术及其他资产；向被投资企业低价购买原材料；收取不合理的房地产使用租金、商标权使用费、社区管理费、技术使用费、管理费等；低价购买甚至无偿占用被投资企业的资产等。

（四）转移资产

当企业无法偿还债务时，关联交易也是其逃废债的重要途径，包括抽逃资金、剥离资产、悬空债务、转移财产等失信行为。使得银行面临这样一种困境：碍于法人人格独立原则，无法向转移资产的幕后关联企业直索还款责任。大量的贷款无法得到有效回收，银行蒙受极大损失。

（五）破产逃债

有很多企业在破产清算前，通过关联交易向关联方转移破产资产、利益，使银行利益受到侵害。例如，破产企业向关联方分配、无偿转让资产；以较低价格向关联方出售商品或资产；对原本没有财产担保的关联方债务提供担保；提前清偿关联方债务；放弃对关联方的债权或怠于行使债权等。无论是哪一种形式，都会减少银行的可分配资产，增大了银行贷款损失的风险。

（六）信息失真

不法关联交易会导致银行获取的风险信号钝化，一是借款人财务信息不真实、不可靠，银行在贷前难以准确判断贷款风险；二是关联交易的隐秘性，使得银行无法监控资金去向；三是贷后检查失效，风险预警信息来源钝化。

某企业集团为了达到融资的目的，联合集团母公司美化财报以获得低成本的银行融资。比较典型的一次操作，是当时 A 子公司和 B 子公司一起投资 6 亿元在北京建设一座写字楼大厦。过了一年之后，这两家子公司以成本价将该大厦的产权出售给了集团母公司。此后，两家公司又以 17.3 亿元人民币的价格从集团母公司收购该大厦 95% 产权。类似的交易操作还有某大饭店的项目。单从这两笔交易，就为集团带来了 23.5 亿元的账面收入。这些收入不仅冲抵了集团的大额亏损，而且使集团报表扭亏为盈，实现账面利润 9699 万元。

虽然这些通过内部交易带来的盈利只是让报表变得好看，并不能带来实际盈利的增长，但集团借助内部交易美化报表获取的银行融资却是实实在在的真金白银。由于企业没有相应的收入去弥补融资带来的融资成本，长此以往就很可能进入融资恶性循环，最终面临资金链断裂的风险。

二、关联交易风险的类型（4 种）

关联交易风险的类型（4 种）
● 虚假交易，套取授信
● 相互担保，虚化信用
● 内部挪用，资金失控
● 躲避责任，逃废债务

（一）虚假交易，套取授信

关联企业双方的高管和财务人员一般相互比较熟悉，当一方需要资金时，很容易与另外一方签订出一份虚假的购销合同，从而到银行去套取出授信资金，使银行面临很大的风险。尤其是民营企业隐蔽关联公司较多，民借贷随意性较强，对内部问题往往刻意隐瞒，对优势方面则着力夸大。银行经办人员必须通过多种渠道摸清关联企业真实状况，如果发现购销合同的双方有关联关系，必须加强对贸易背景真实性的审查，注意防止以虚假合同套取银行资金的风险。

自 2012 年中国人民银行新版征信系统升级后，极大地方便了银行对各种关联公司信息的获取，多头授信的被动局面得到有效解决。银行经办机构可通过人行征信报告等途径，对于关联企业信息逐条落实，尽力做到对借款人关联企业情况的整体把握，防止对企业多头授信、交叉授信、过度授信的风险。

以下是银行堵截关联交易风险的案例。

案例

审查合同发现是与关联方的虚假钢材交易

深圳YD贸易公司是一家从事钢材贸易的建材批发企业。与其合作的某银行给予3600万元1年期授信额度，单笔开票保证金比例不低于35%，用于对外采购钢材。授信敞口以四套房产抵押担保，加实际控制人的个人连带责任担保。

银行在审查中发现：客户声称办理银承业务是购买钢材，但供应商名称为深圳A科技有限公司，是其关联企业，而非原始钢材生产厂家。进一步审查发现，该客户申请签发的7张合计金额3000万元的银行承兑汇票，贸易背景资料存在问题，表现为购与销的两份合同之间没有价差，而且交易合同的供货方（收款人）与银承的收款人不符。当要求客户补交相关增值税发票后，发现不能证实是客户采购钢材的贸易背景。

银行发现是关联方虚假贸易背景风险后，立即决定否决与它的合作。

堵截夫妻关系两家企业关联交易资金500万元

佛山市A金属加工公司（以下简称“A公司”）在银行有1500万元小企业授信额度。在一次申请500万元提款时，放款员发现该客户实际控制人LSW与本行另一家授信客户广州B钢铁有限公司（以下简称“B公司”）的实际控制人HXL为夫妻关系，属于关联企业。而本次A客户提款的资金用途是向上游B客户采购钢材。

这一情况引起了放款员的注意。为此放款员通过查阅档案和信贷系统资金流向监控功能检查发现，发放给A公司的贷款资金，均用于向关联企业B公司采购钢材。而A公司的回笼资金并未回到本行账户，不符合本行贷后管理规定，可能存在替关联企业B公司融资的嫌疑。

在审查发现上述情况后，放款员立即向信管部负责人汇报，将该笔贷款做退卷处理，同时要求经办业务部门对该客户授信管理进行限期整改。

● **风险提示**：发现是关联交易时，要防止无真实贸易背景的企业融资行为。

成功堵截关联方以假发票套取500万元资金风险

银行放款员在对东莞A线缆有限公司500万元开票业务进行审核时，发现购销合同上其销货方东莞B科技发展公司的法定代表人，与A公司的法定代表人为同一人，二者为关联企业，贸易背景存疑。于是暂停了该笔业务，并对客户所提供的发票进行了查实，发现为假发票，确认该笔业务为虚假贸易背景。随即上报放款中心负责人，并与经办部门联系，中止了该笔业务的办理。

要防范关联企业“彼退此进”“交叉融资”风险

A支行开发了两个客户山东甲外贸公司、济南乙帽业公司，各有500万元授信额度，按统一监控模式管理，由山东邦越担保公司及两公司实际控制人担保。

A支行在贷后检查过程中发现企业存在经营规模萎缩、刚性负债偏高、对外投资偏大等风险隐患。而且两公司的还款资金来源不完全是公司的销售收入，而是从小额贷款公司或民间借贷机构拆借的过桥资金。因此，A支行在以有效手段督促两公司正常结清贷款后，未再予以办理续贷。

不久，B支行为其两个客户丙陶瓷礼品公司及丁医疗器械公司分别申请1000万元、700万元授信额度。

分行信审经理在审查中发现，丙、丁两户企业实际为甲外贸公司和乙帽业公司的关联企业，老板都是同一个实际控制人。为此，通过向A支行深入了解停止对甲公司和乙公司续贷的原因，认为丙和丁客户资质不佳，关联关系复杂，同时结合A支行对客户的风险判断，该业务明显属于民营关联客户在不同银行机构之间“彼退此进”“交叉融资”的典型做法，授信风险隐患较大，分行最终对丙陶瓷公司和丁医疗公司两户企业的申请予以退卷处理。

（二）相互担保，虚化信用

当银行要求借款人提供一个担保人时，借款人最容易找来的就是其所在集团中的关联企业。虽在法律上并未禁止关联企业可以相互担保，但值得注意的是，关联企业之间通过相互担保增信，容易使银行放大了授信总量。而从集团整体看，关联企业之间的互保，风险并未从集团转移分散出去，实际上仍是银行对集团的信用放款，加大了银行的风险。

因此，银行可接受的互保企业，或者是两家资信都很强，或者是其中一家资信很强，不可接受两家资信都很弱的企业互保，因为那样没有实际的担保意义。

案例

发现三家企业高风险关联担保后全身而退

C国际贸易有限公司（以下简称“C公司”）位于大连，主要经营销售铁矿粉、铁矿石、带钢、板坯、硅锰合金等产品。自2009年开始与某股份制银行大连分行建立授信合作，金额从最初的5000万元增加到7000万元。由鸡西A制钢有限公司（以下简称“A公司”）、沈阳B钢铁有限公司（以下简称“B公司”）共同提供连带责任担保。

授信到期后，经办支行上报新的授信申请，担保方式不变。分行风险部门在审查中发现业务存有以下问题。

（1）A、B、C三家公司的实际控制人分别是父、子、女一家三人，业务上高度关联。C公司向B公司销售铁矿石的同时，还由B公司代为进口铁矿石，体现出非正常的关联交易。且单笔大额银票进出，融资票迹象明显。

（2）前期刚性负债增幅度较大，但销售收入未体现同步的增长幅度，举债与经营的对应关系不明显。

（3）C公司的两家关联企业A公司和B公司，在东北地区的钢铁企业排名中等偏下，整体规模和产能一般，基本处于产能控制的边缘，未来存在较大的不确定性。而申请人C公司作为其贸易窗口单位，经营状况必然与其同步下降。

（4）当年铁矿石市场的交易量和价格已出现较大的波动，对钢铁行业及C公司的影响已初步显现。

为此，分行信审会经与支行沟通后认为，当年一次性全部退出较难实现，且容易带来不良后果，决定压缩2000万元，给予5000万元的续作，并明确要求"加强贷后管理，避免关联交易挪用贷款。同时鉴于C公司主要依赖于两家关联（担保）企业的经营支撑，要求支行将两家担保企业视同实际借款人一并监控，密切关注其生产经营变化情况"。

之后，A公司资金紧张消息在民间已有所传闻。分行与支行商洽，将"到期贷款先还，增强抵押担保条件后再予以续作"的意见传达给客户。业务结清后未予续批。

2013年5月，生产经营了20年的沈阳B公司停产，50亿元债务使老板跑路、工人失业，7家银行起诉。而在这风险事件爆发前，大连分行已全身而退，避免直接不良资产额7000万元。

（三）内部挪用，资金失控

企业通过关联交易很容易掩盖真实用途，将资金用于高风险的领域，如房地产、股市、期货、资本性支出或放高利贷等类金融化操作，或者将资金转给经营情况差、不符合贷款条件的关联企业使用。使贷款用途与还款来源之间失去了正向有机的联系，实际已将用途失控的风险转嫁给了银行。

因此，银行必须严格放款管理，严控资金去向，防止资金在关联企业之间挪用。

案例

要防止关联企业资金出现多米诺骨牌式的崩塌

A轮胎有限公司（以下简称"A公司"）成立于2009年12月，是山东东营地区集全钢子午胎、半钢子午胎的研发、生产、销售和国际贸易于一体的大型现代化轮胎民营企业，注册资本2.1亿元。它也是济南一家银行多年授信业务客户，累计办理流动资金贷款3000万元，银行承兑汇票3000万元。

2014年7月，支行向分行上报6000万元额度续作申请。在审查过程中，分行信审人员发现A公司与关联企业B纺织公司的资金往来密切，财务运作不独立，遂要求进一步调查落实。

经办机构经过进一步调查，发现A公司关联企业较多，包括纺织、橡胶、淀粉食品、化工等。由于产业较多，且各产业市场行情均不佳，因此企业整体资金面较为紧张。

经办机构同意对该户压缩额度并逐步退出，同时将上述情况一并提报分行信审会审议。经审议，将该客户授信额度由6000万元压缩至4000万元，并明确要求对该户择机压退。在后续业务开展时，支行与客户进行了多轮策略性的沟通，成功于2014年9月将最后一笔业务结清。

贷款业务结清后，A公司及当地政府均对银行经办机构施加压力，要求重新对企业办理提款，但经办机构贯彻分行信审会要求，坚持将风险防控置于首位，顶住了各方压力，坚决不再向该客户放款。

A公司自2015年2月7日提出破产申请后，已被山东省广饶县法院查封，资产清算小组也进驻该公司。据公开报道，截至破产时，该公司已负债达47亿元，其中银行负债超过20亿元。

有了解A公司的业内专家向轮胎世界网表示，盲目投资和产能过剩是其经营陷入困境的主要原因。“扩张太快了，起步晚，摊子铺得又太大，加上之前是做纺织起家，没有经验，在轮胎行业遭受困境时，难免最先受到冲击。”还有报道称，因为管理不善无法保证产品质量，导致产品严重滞销，一直处于高库存状态，加上负债累累，导致A公司财务状况极度恶化，出现多米诺骨牌式的崩塌。

而这家银行贷款余额已全部结清，成功规避了陷入不良及重组的被动局面。

加强本行系统内沟通，防止资金被挪用于亏损的关联企业

A管材（集团）有限公司（以下简称“A公司”）是西安一家自然人控制的民营企业，注册资金4000万元，主要从事钢管销售。总资产2亿元，总负债8155万元。2012、2013年经营收入分别为3.7亿元，5.1亿元。征信系统显示，银行融资余额为银承1.46亿元，信用记录良好。

2014年两次向某股份制商业银行西安分行申请5000万元授信额度，以存货质押。西安分行在审查中发现如下问题。

（1）A公司的主要供货商是山西一家B管业公司，而这两家公司的法定代表人和总经理是父子关系，经营关联度高。

（2）通过银行内部信贷管理系统，调阅太原分行对山西B管业公司的贷后检查报告，发现山西B管业公司已处于半停产状态，应收账款多、回款周期长，银行抽贷且民间融资多，还款困难。在太原分行8000万元逾期贷款拟进行重组。

（3）A公司报表显示其经营收入规模较大，2014年前三季度为4.6亿元，但其前三季度纳税申报表收入仅6800万元，两者数据差距巨大，收入和利润的真实性难以核实。

经分行审议会审议后，否决了该企业授信申请。

● **风险提示：** 审查部门在审查审批过程中，不能只关注申请人的信用状况，还要多条渠道积极调查其关联公司及实际控制人的信用状况。本案例中就是通过与兄弟分行沟通了解到了关联交易的风险隐患，成功规避了风险。

银行应规定制度，对于有异地关联交易的企业，受理申请行应主动与异地兄弟分行取得联系，了解借款人关联交易方的有关情况。

（四）躲避责任、逃废债务

借款企业常通过关联交易将贷款资金转移出去，或通过剥离资产、抽逃资金、悬空债务等方式使借款人成为空壳公司，由此达到躲避责任、隔离风险、逃废债务的目的。一旦借款企业违约，银行很难向实际使用贷款或接受资产的关联企业追索还款责任。因此，银行人员必须加强授信后管理，发现借款人对其关联企业有转移资金和资产的行为时，应立即查明情况，加以制止。

三、如何识别隐性关联方

很多企业特别是民营企业之间的关联关系非常隐蔽，有些集团客户故意不编制集团合并报表，或刻意将部分关联企业排除在并表范围之外，但同时还与并表范围内的客户进行大量的关联交易，以粉饰业绩。如果银行未能有效识别隐性关联交易，则可能造成重复融资和过度融资，增大集中度风险，成为贷款安全的重大隐患。

银行对于显性关联方是比较容易判断的，核实的方法包括，查询企业工商注册登记的股权关系、报表附注的合并范围和企业对外投资情况等。但在实践中，企业常有隐性关联关系的关联方。隐性关联是企业之间一种表面上不显露关联关系而实际上隐含有投资关系，或在经营决策、资金调度、生产活动上存在控制或影响关系的关联方式。

信贷实践中，可通过运用"五关联"法，即从投资关联、人事关联、融资关联、购销关联和担保关联等方面入手，核查出企业隐性关联方。

（一）厘清隐性投资关系

通过查询工商注册信息、国家企业信用信息公示系统、启信宝、外部征信机构信息及会计报表附注等，摸清企业资本纽带关系，包括企业的股权结构、对外投资及其他形式投资等三方面情况。

（1）对于股权结构，要进一步追溯股东的股东、股东之间以及股东与其他企业之间的资本关系，判断企业是否存在迂回投资、交叉持股、受同一股东控制等隐性关联情况。

（2）对于对外投资，要关注企业对外股权投资、并购及控股、参股企业情况。

（3）对于其他形式投资，要关注企业的隐性投资行为，如通过其他应收款或预付账款等方式掩盖对外投资情况。

此外，还要关注企业营业外收入来源，结合工商登记信息等进行交叉验证，核实企业是否存在隐性关联关系。

（二）厘清隐秘人事关联

要通过查询工商注册信息，结合内外部渠道的信息源，同时充分运用访谈、实地调查等方式，认真核实法定代表人、家族成员或企业高管对外投资及人事关系信息。

特别要关注借款人与交易对手有无共同或相近的股东，借款人与交易对手有无共同投资或控制同一企业，法定代表人或管理层有无代理持股，同一自然人、家族成员、亲戚或特定关系人有无在不同企业交叉任职等，由此挖掘背后可能存在隐性的关联关系。

（三）核查上下游客户

核查的主要目的是要发现隐性关联方、关联交易以及虚假交易。核查方法包括查询上下游客户的工商登记资料、现场走访和核查借款人资金流向等。

1. 查询工商登记

查询工商登记时注意上下游客户的以下问题。

一是借款企业与相近企业有无关联关系。隐性关联的客户通常有一些共同的特征，如某上市公司集团虚假注册了 35 家上下游公司，名称都非常相近，另外这批公司的注册时间、注册地点、经营范围、办公地址、联系电话及联系人等，都有异常的关联之处。

二是借款企业与上下游客户有无关联关系。如借款企业是否用员工名字注册上下游企业，或者在上下游客户的股东中有借款企业董事、监事、高管及员工的身影。

三是上下游客户之间有无关联关系。银行要核查上游客户之间、下游客户之间，以及上下游客户之间，是否存在疑似关联关系。

2. 现场调查走访

媒体之所以通常能够较早发现借款企业及上下游客户的问题，与其现场调查方法及访谈效果有很大关系。银行对与借款企业开展保理、发票融资、订单融资等商贸业务的伙伴客户，或对贷款还款来源有重要影响的客户，需要进行现场走访。

对借款企业的前十大供应商和购货商、新增或异常的上下游客户，特别是同时符合“两新一大”（新注册公司、新增客户、大客户）特征的上下游客户及在外地注册的贸易公司，更需要实地查看。

3. 核查资金流向

要特别关注部分客户既是借款企业的买方又是卖方的情形，以及借款企业资金双向交易、受托支付资金回流等问题。

（四）核查异常交易行为

如果核查发现企业有以下异常行为，可能存在隐性的关联关系或虚假交易。

（1）交易价格、条件、形式等明显异常或显失公允的交易。

（2）与无正常业务关系的企业或个人发生的偶发性或重大交易。

（3）缺乏明显商业逻辑的交易。

（4）仅有贸易合同，但未发生货物交付和资金回笼等实质与形式明显不符的交易。

（五）核查异常资金流向

要关注企业贷款资金去向和还款资金来源。如果多户企业的贷款资金流向同一企业（多对一），或多户企业的还款资金来自同一企业（一对多），则这些企业之间很可能存在隐性的关联关系。银行还可通过查询企业的资金流水、追踪资金流向发现企业间的关联关系。通常而言，银行对于贷款资金的流向监控比较严格，企业会通过很多方法和手段进行规避。而银行对于还款资金的来源不会监管，特别是企业是按月或按季还息，还款次数多且操作麻烦，企业不会去注意隐瞒关联关系，因此银行从还款来源入手，更容易查清企业的关联关系。

（六）核查异常担保关系

通常企业的互保、连环保、一对多担保的背后，可能存在关联关系。例如，多家贷款企业的抵押物来源于同一所有权人，多家企业的贷款由同一保证人提供保证等。银行可通过查询中国人民银行征信系统或上市公司公告，查询企业对外担保信息，发现隐性关联关系。

四、如何限制关联交易

借款人与关联企业在商品购销、提供劳务、资金往来、资产重组过程中，如果通过制定显失公允的交易价格等方式向股东或关联方输送利益，将会影响其偿还银行贷款的能力。对此，银行应该在《借款合同》中，加入关联交易限制条款。该类条款主要是约束那些关联关系复杂的借款人，特别是存在频繁或大额关联交易的借款人。关联交易限制条款如下。

（1）借款期限内，当借款人的重大关联交易影响债权安全时，应取得本行同意，否则即视为违约。重大关联交易是指单笔交易金额占上年末资产总额的一定比例或占上年营业收入的一定比例。

（2）借款期限内，借款人须确保在关联交易中按公允市场价格和结算方式采购原料（或销售产品）。

（3）借款期限内，当借款人与关联企业间的交易比较频繁且对借款人的偿债能力造成较大负面影响时，本行有权要求借款人协调上下游关联企业提供连带责任保证。较大负面影响是指借款人任一年度经营亏损或营业利润率低于一定比例。

五、如何防范关联交易风险

银行可采取的措施很多，但主要要把握以下三条。

第一，控制总量。银行要在掌握集团企业关联图谱的基础上，按照“一个借款人”原则，对集团及其关联企业统一授信，核定总额度和分额度，分别使用。授信总量控制住了，就不会出大问题。

第二，盯住现金。所有恶意关联交易的最终目的都是想要套取银行资金。银行要紧紧盯住企业现金和贷款资金的来龙去脉，不要被假象所迷惑。

第三，落实担保。除非对资信好的企业发放信用贷款，否则对于关联企业都应该要求和落实可变现的有效资产进行抵押，做到手中有物，心里不慌，切实防范企业用虚假交易套取银行资金。

第十五节　人力资源管理问题

企业的事是要靠员工来干的，如果人力资源管理出了问题，意味着企业也要出问题。虽然不会马上导致企业经营失败，但它是企业走下坡路的苗头。人力资源危机与其他类型的危机有所不同，是逐渐积累起来的，是一个渐变的过程，就像温水煮青蛙一样，平时感觉并不明显，但一旦爆发，尤其是一些严重的突发事件，对企业来说很可能是破坏性、毁灭性的。

一、人力资源管理问题的类型（4 种）

人力资源管理问题的类型（4 种）
● 缺乏良好的文化理念 ● 员工离职率高 ● 人力资源过剩 ● 人力资源短缺

（一）缺乏良好的文化理念

缺乏良好的文化理念的企业，内部容易出现以下消极现象。

（1）企业制订年度计划时，员工普遍缺乏积极参与感。

（2）年终考核与分配时，价值评价与薪酬分配缺乏公平的标准。

（3）企业任意拖欠员工薪资，将企业困难转嫁给员工，使员工心生积怨。

（4）企业发现重大事故时，大家或者事不关己，或者相互推诿。

（5）内部矛盾激化，诸如新老员工的矛盾、“地面部队”与“空降部队”的矛盾、本地员工与外地员工的矛盾等。

（6）高层人员腐败或丑闻曝光。

（7）员工集体上访请愿。

（8）企业机密和技术专利泄露。

（二）员工离职率高

员工离职率高主要表现为普通员工的频繁跳槽和中高层管理人员的非正常离职。一定的人员流动率是经济和社会发展的自然现象，但过度频繁的流动，无论对个人还是对企业而言都是一种资源损失。

调查发现，企业中高层管理人员意外离职后，只要不改换行业，投奔的往往是原企业的竞争对手，势必会给原企业的经营和发展带来较大的冲击。另一项调查表明，员工跳槽的主要原因是：个人发展空间小，工资福利待遇低，受到不公平对待等。

对企业而言，一些核心员工及技术骨干突然离职带来的影响是巨大的，这些影响既有有形的，也有无形的：一是良好的合作团队不复存在，执行中的任务被迫中断，企业经营效率大大降低；二是迫使企业重新花费一大笔成本培养或是寻找接替者，其间所耗费的时间成本还给了竞争对手有利的追赶机会；三是离职者有可能带走商业机密和客户等宝贵资源；四是会影响在职员工的情绪，极大挫伤企业的整体士气；五是会严重影响企业的形象，使外界对企业的管理能力和前景产生怀疑。

（三）人力资源过剩

人力资源过剩通常在三种情况下发生：一是企业并购活动中，重复机构撤并时，会造成人员富余；二是企业效益不佳，需撤销分支机构或缩减业务规模时，而产生人员富余；三是目标过高的战略失败后，高目标的人力资源配置造成大量冗员。

企业在撤并中大量的过剩人员需要安置，处理不好将给企业经营和形象带来负面影响。这是企业人力资源过剩时需要特别妥善处理的一种危机。

企业因内部机构及岗位编制缩减时，常见的问题是：一方面是动荡时人心不稳，优秀人才可能大批跳槽；另一方面是多数普通员工，甚至能力差的员工不愿被裁掉。这种局面比较复杂，经常出现要裁减的人走不了，要留的人却留不住。

企业过高的战略目标失败后，各级组织平台上人满为患，人浮于事，企业不得不大量裁员，一时间社会上或人才交流中心到处是这些企业裁员下来的流动大军，既影响了公司形象，也可能导致优秀人才再也不敢踏入这种企业的大门。

（四）人力资源短缺

人力资源短缺主要有两种情况：一种是人力资源数量结构性短缺，即各职类职种的核心人才缺乏；另一种是人力资源素质水平满足不了企业发展的要求。这些都会导致企业在激烈的市场竞争中总是处于劣势，进而陷入经营管理的困境。

人力资源结构性短缺问题，在一些以项目形式运作的高新技术类、工程类等企业中时有发生。这类企业由于市场的周期性变化或不确定性，在人工成本的压力下，人力资源规模受市场周期变化的影响，淡季人员过剩，而旺季核心人才又严重短缺，使得已有核心人才疲于奔命。

人力资源素质性短缺问题，在许多企业都普遍存在，主要表现在人力资源的素质提高没有同步于企业发展的需要，无论是在知识、技能和经验上，还是在职业精神和职业道德上，都达不到企业新的要求，无形中造成工作中的许多错误和矛盾。人力资源素质性短缺危机持续的时间长短，与企业培训体系是否完善、是否有效有关。

二、员工高流失率对企业的不利影响

（一）影响员工士气

一个员工的离职会影响到多名员工的士气，因为离职员工很容易散发对企业不利的言论。多名员工的离职，则会影响到整个团队的士气。

（二）影响运营成本

员工离职后必然需要补充新的员工，就无形中大大增加了招聘成本、培训成本，同时新人的工作效率低、工作绩效低，造成了运营成本的居高不下。

（三）影响客户满意度

员工的流失会造成员工平均工作年限的下降，降低整体员工的知识技能水平，引起客户服务质量的下降，从而降低了客户满意度。

（四）影响运营绩效

人力资源短缺会直接影响到整体运营绩效，大量新员工的加入，必然会造成平均绩效的下降。

（五）影响企业长远发展

员工的流失必然会导致企业人才整体水平的下降，导致企业竞争力的下降，影响到企业长远发展。

三、人力资源管理问题多的原因

从企业文化上看，缺乏清晰的愿景是近年来许多企业陷入危机、效能减弱的主要原因。而具有吸引力的、清晰的共享愿景是组织管理成功的基础。

从激励机制来看，企业往往对薪资系统的科学性、合理性和完善性缺乏应有的重视。

从人力资源管理来看，企业只关心企业的盈亏，不关心员工的成长。一项针对“跳槽原因”的调查表明，员工既关注当前的福利待遇，也关心个人和单位今后的发展前途及企业的文化氛围。

从领导能力来看，表现为企业领导力缺陷，如计划能力、控制能力、协调能力、沟通能力、创新能力不足，也可能是任人唯亲、墨守成规、集权控制、奖罚不公等。

从行业竞争来看，人才争夺激烈，各企业的技术骨干或部门经理等极易得到竞争对手的青睐，后者为吸引这些优秀人才，往往开出优厚的条件加以猎取，这也是造成许多核心员工离职的一个重要原因。

四、如何发现企业人力资源管理问题

从人工成本来看，当企业的人均成本、工资增长指标不断增长，意味着成本增长的速率大于利润增长的速率。从出勤率、员工满意度来看，如果明显降低则意味着员工离职倾向升高。从员工素质来看，如果相当部分的员工学历结构、基本素质、劳动技能与岗位要求不匹配，企业有可能出现管理及企业文化方面的危机。从员工年龄结构来看，如果年轻人过多或老年人过多，就会出现人才断层。从工作效率来看，如果不断下降可能说明生产流程有不尽合理之处。从员工工作责任心来看，如果持续降低，企业可能存在绩效考评或激励机制方面的问题。

还要注意看企业是否存在以下问题：有无违反《中华人民共和国劳动合同法》情况；技术工种和熟练工种人员是否充足；员工流失率是否高于行业平均水平；机构是否臃肿、人浮于事；员工工资水平是否下降 20% 以上；是否出现连续三个月拖欠工资情况；是否存在重大劳资纠纷等。

第十六节　社会负面信息

银行人员对于企业信息，除了到企业直接调查外，还应从社会各方面多加收集。

一、企业负面信息来源的类型（5 种）

企业负面信息来源的类型（5 种）
● 从中国人民银行征信系统中发现不良记录
● 从其他银行获悉负面信息
● 从政府部门网站收集负面信息
● 从媒体报道获悉负面信息
● 从社会渠道获悉负面信息

（一）从中国人民银行征信系统中发现不良记录

中国人民银行征信中心建设的征信系统，是世界上规模最大、收录人数最多、收集信贷信息最全、覆盖范围和使用最广的信用信息基础数据库，基本上为国内每一个有信用活动的企业和个人建立了信用档案。征信系统收集的信息以银行信贷信息为核心，还包括企业和个人基本信息以及反映其信用状况的非金融负债信息、法院信息和政府部门公共信息等；既有正面信息，也有负面信息。

征信中心主要提供两份报告。

1. 企业信用报告

企业信用报告是全面记录企业各类经济活动，反映企业信用状况的文书，是企业征信系统的基础产品。企业信用报告客观地记录企业的基本信息、信贷信息以及反映其信用状况的其他信息，全面、准确、及时地反映其信用状况，是信息主体的“经济身份证”。

企业信用报告主要包括四部分内容：①基本信息展示企业的身份信息、主要出资人信息和高管人员信息等；②借贷信息展示企业在金融机构的当前负债和已还清债务信息，是信用报告的核心部分；③公共信息展示企业在社会管理方面的信息，如欠税信息、行政处罚信息、法院判决和执行信息等；④声明信息展示企业项下的报数机构说明、征信中心标注和信息主体声明等。

企业信用报告主要用于商业银行信贷审批和贷后管理，也用于政府部门评奖、评优、招标或审计机构进行财务审计等许多活动中。在经过企业的授权同意后，商业银行、政府部门等可以查询该企业的信用报告，了解其信用状况。

2. 个人信用报告

个人信用报告是个人征信系统提供的最基础产品，它记录了客户与银行之间发生的信贷交易的历史信息，只要客户在银行办理过信用卡、贷款、为他人贷款担保等信贷业务，他在银行登记过的基本信息和账户信息就会通过商业银行的数据报送而进入个人征信系统，从而形成了客户的信用报告。

个人信用报告中的信息主要有六个方面：公安部身份信息核查结果、个人基本信息、银行信贷交易信息、非银行信用信息、本人声明及异议标注和查询历史信息。

个人信用报告的使用者包括商业银行、依法办理信贷的金融机构（主要是住房公积金管理中心、财务公司、汽车金融公司、小额信贷公司等）、人民银行、消费者个人。根据使用对象的不同，个人征信系统提供不同版式的个人信用报告，包括银行版、个人查询版和征信中心内部版三种版式，分别服务于商业银行类金融机构、消费者和人民银行。

值得一提的是，银保监会内部还有一个风险信息系统，供各家银行内部查询企业的不良贷款信息之用。

（二）从其他银行获悉负面信息

各家银行对于企业的不良信息都是非常敏感的，贷款行可从多方面获得同业消息。比如，从人行征信系统中了解，从银保监会召开的银行会议中了解，从债权人会议中了解，从其他银行工作人员了解，等等。

（三）从政府部门网站收集负面信息

互联网时代，时间就是金钱，能够快速获取有效信息就成功了一大半。信贷客户经理无论是在办理授信调查、授信审查、授信审批，还是在办理授信发放、授信后管理、授信清收，都可以通过有关网站随时收集和查询客户的风险信息，从而获得对借款人风险判断的话语权。

银行人员需要查询的内容包括企业基础信息、企业信用信息、企业资产信息、企业涉诉信息、企业被行政处罚信息、企业税务信息、企业投融资信息、政府各主管部门信息、行业协会信息等。本书附件中，提供了多家常用网站以供查询。

（四）从媒体报道获悉负面信息

当前信息的传播主要是通过媒介，包括网络、电视、海报、报纸等。一个企业的负面事件，一夜之间传遍互联网已经是轻而易举。而因为一个事件舆情使一家知名企业涌现危机甚至面临破产，都不再是偶尔景象。银行人员要时刻关注媒体的负面报道，一方面应通知企业立即采取措施予以化解；另一方面对于有风险苗头的企业，要立即核实情况后做出判断。

（五）从社会渠道获悉负面信息

（1）外部走访。银行人员可通过外部走访，包括主管部门、金融同行、社会征信系统、中介机构、上下游企业等关联体查询客户相关信息。

（2）搜索引擎。银行人员可以利用搜索引擎比如百度、谷歌、搜狗等，对借款人相关信息进行查询。在查询过程中可以以借款客户及配偶、共同借款人、担保人、其他关联方等的身份证号、姓名、手机号、商铺、公司名等作为关键词，查询其是否有相关的负面信息。一旦发现负面信息，应该加强警惕，并通过询问核实信息真伪。

（3）查询自媒体。现在很多企业或个人都有自己的网站、公众号、博客和微博，从这些渠道中，有时候我们也会发现一些有用的信息，比如借款人交往的都是哪些人、价值观怎么样等，这些信息有助于银行衡量借款人的资信及偿债能力。

（4）查询相关资料，包括来自官方的资料，如政府主管部门发布的经济动态、经济指数、物价统计、商品走势、市场行情等；来自行业协会的资料；来自专业及一般新闻杂志等。

（5）关注报纸杂志，如《财经》《21世纪经济报道》《金融时报》《中国产业经济信息报》《中国经济时报》等，对重要事件一般都会有深度报道和评论，有助于银行人员对客户情况进行了解和判断。

（6）专业调查。就是委托专业资信调查机构进行调查。

二、如何要求借款人及时披露信息

银行要求借款人披露有关信息，是银行保护自身利益，了解企业经营情况和财务状况，判断其偿债能力的重要途径。因此，银行可在《借款合同》中明确信息披露条款如下：

"借款人应及时向本行提供财务报表和其他相关资料；借款人应及时、准确、全面地向本行披露包括关联关系、关联交易及对外担保情况等信息。当借款人不履行上述信息披露义务时，本行有权采取借款合同项下约定的或法律规定的救济措施。"

第十七节　财务风险

企业财务风险是指企业在各项财务活动中，由于内部、外部各种难以预料因素的作用，使企业的实际收益与预期目标发生偏离而形成的经济损失。在市场经济活动中，财务风险作为一种信号，能够全面反映企业经营管理中的问题。银行人员要通过企业的"资产负债表""损益表""现金流量表"三张财务报表，分析和发现问题。

财务风险的类型（8种）
● 经营亏损 ● 应收账款出问题 ● 现金流紧张 ● 高利贷风险 ● 债务负担沉重 ● 过度担保 ● 资金链断裂 ● 财务制度混乱

一、经营亏损

企业出现经营亏损时，每亏损 1 元，资产就会减少 1 元，营运资本就会降低 1 元，现金支付能力就会下降 1 元。当企业亏损金额累积到足够大的时候，就会出现支付困难，经营活动就会受到影响。当企业继续亏损直到现金支付能力为零，而银行又不愿意提供流动资金贷款时，企业就会出现资金链断裂的风险。

企业可以承受的第一层次的亏损，是将富余的现金支付能力亏损掉；第二层次的亏损，是将正的营运资本亏损掉；第三层次的亏损，是将所有者权益亏损掉；第四层次的亏损，是将企业流动资产亏损掉。银行如果到第四层次才发现企业是个不能运转的空壳时，企业已经进入清盘倒闭的境地了。

因此，银行人员发现企业有亏损时，一定要对亏损给企业财务状况带来的影响程度做到心中有数。银行人员一定要明白，企业亏损多少，企业的营运资本就会减少多少，企业的资金实力就会亏减多少。同时要计算清楚，在企业当前亏损的财务状况下，还能够坚持多长时间，在这期间内有没有希望扭亏为盈，或者能否获得新的外部资金来源。

亏损企业按其亏损时间长短与状态，可分为偶然亏损、间断亏损和连续亏损三类。偶然亏损是指历史上没有亏损发生，只是目前一年左右有亏损。间断亏损是指历史上亏损时有发生，但并非连续亏损，即时盈时亏。连续亏损是指连续两年以上亏损。

弄清企业属于何种亏损对银行来说很重要。企业如果只是偶然性亏损或间断亏损，那么银行提供资金支持、“放水养鱼”是没有问题的，可以帮助企业扭亏为盈、起死回生走出困境。但企业如果是连续亏损，并且根本没有扭转局面的计划和实施能力，那么企业走向破产倒闭是早晚的事，银行的资金进入了就别想再出来了。

案例

对 10 家上市公司亏损原因的分析

某研究机构根据公开披露的会计信息，统计出 10 家上市公司共计亏损 35.68 亿元，其中亏损最多的高达 8.18 亿元，最少的也有 0.40 亿元，已经接近资不抵债。经过分析，其亏损原因主要是以下几个方面。

1. 组织过度膨胀

从对这 10 家亏损上市公司的分析来看，组织规模越大、经营领域越广的企业，亏损就越多。如某上市公司所经营的领域，涉及国民经济的多个行业，下属子公司多达 47 家，遍布国内许多城市和地区，投资的股份公司也有 49 家。这样大的跨度，如此多的层次，管理无法有效跟上，只能导致资金管理混乱和失控，财务成本不断增加。

2. 投资决策失误

第一是在投资方向上盲目追求热点。在这 10 家亏损企业中，有 5 家是在经济过热时期投资房地产造成的。高位套牢房地产，一方面大量占压企业资金，导致企业资金极度紧张；另一方面又使企业背上沉重的利息包袱。据统计，其中3家沉淀到房地产跌价损失4.85亿元，占其亏损总额的26%，财务费用合计支出5.91亿元，占其亏损总额的32%。

第二是在经营规模上盲目快速扩张。如某上市公司一方面募集资金1.25亿元，在全国一些城市建立了24家异地配售中心；另一方面，大借银行贷款维持快速扩张规模。第1年底，该公司银行借款余额2.1亿元，第2年底，银行借款余额就猛增至19.8亿元，财务费用支出1.27亿元。这种盲目的规模扩张，将企业拖进了亏损的泥潭。

3. 资产管理粗放

第一是流动资产损失大，缺乏科学量化的指标控制，应收账款坏账损失、存货跌价损失过多，其中四家上市公司的这两项损失分别高达4.2亿元、2.1亿元、0.88亿元、0.68亿元。

第二是资金管理失控，企业非生产性资金占用过多，存在胡乱出借资金的现象。在这10家亏损上市公司中，"其他应收款"占企业总资产的比例在10%以上的有6家，其中某上市公司为41%，金额高达7.24亿元。造成企业资金极度紧张和沉重利息负担，承受资产贬值的损失和呆坏账的威胁，导致巨额的亏损。

4. 费用居高不下

费用是影响企业损益的重要因素，这10家亏损上市公司费用支出过高是其共同的特征。其中有7家企业的费用支出占主营业务收入的比例，令人吃惊地超过100%，最高的达到160%。

对某工程项目亏损原因的分析

不同行业的企业亏损的原因和特征不同，下面是某建筑公司内部总结工程项目亏损的10方面原因。

（1）无成本控制目标或未执行。比如某工程项目在施工时，其设计水泥用量为800多吨，而实际消耗了3000多吨，实际消耗比设计用量多2.5倍以上。分项工程成本和分类成本的控制处于失控状态，从而导致总成本超支。

（2）材料、构配件管理制度不严格。一是在材料采购阶段，采购数量过度，材料价格偏高，质量不达标准，造成成本超支。二是在材料验收、保管、出库阶段，收发制度不严，账物不相符，保管形同虚设，材料短少情况突出。三是在材料消耗阶段，工地多领的材料不是被浪费就是被偷卖，剩余的钢材和钢模板无人回收管理。

（3）承包措施不配套。承包方案是包工不包料、包盈不包亏，最后任务是完成了，但材料费也超支了，设备的性能下降了，整个工程亏损了。

（4）分包工程存在漏洞。一是没有实行严格的定额发料制度，分包队伍随意使用材料，造成材料超支。二是对工程数量重复计价，导致出现多拨工程款，最后形成亏损。三是确定分包工程价格随意性大，提取的管理费还不够补偿投标所开支的费用。四是把工程以高于中标价的价格分包出去，形成巨额亏损。五是大量使用分包队伍，最多的达300多个，导致超拨款、分包队伍欠款等现象不断发生，最后形成损失。六是多个外部单位挂靠，仅象征性收取一点管理费，最后挂靠单位一走了之，而所有的善后费用全部由本公司承担，形成巨额损失。

（5）出现严重的质量问题。返工、修复、推倒重来等重复施工的现象屡屡发生，加大了人力、材料、设备的投入，最终增加了成本支出。

（6）施工设备利用率不高。盲目购置或从其他项目调入大量设备备用，增加了折旧费和设备维修费支出，造成成本急剧增加。

（7）施工安排不合理。增加了许多无效的人力、物资和资金投入，导致窝工、返工，成本大幅度增加。

（8）安全事故较多。轻伤影响正常上班，重伤需要开支医疗费，死亡事故既增加了巨额抚恤费支出，又影响员工情绪，降低生产效率，最终增加人工费和间接费。

（9）间接费控制不力。最主要的是办公费、差旅费、交通工具费和业务招待费失控。车辆折旧费、燃料费、维修费也急剧增加。

（10）财务管理混乱。一是领导个人说了算的情况突出，导致所有开支无计划，工程盈亏无人知。二是银行账户管理混乱，不及时核对清理，巨额成本隐匿在银行存款和现金余额里，造成工程前盈后亏或整个工程亏损。三是债权债务的结算不及时，有的多付了货款和工程款而形成损失，有的对应收款项不及时清理而形成损失。四是收入、成本的计算不准确，形成成本不实、前盈后亏、盈亏不准。五是会计基础工作较差，审核会计凭证不认真，凭证的手续不完备，报销的依据不充分，登记账簿不及时，等等。

放款中心审核发现企业亏损趋势，暂停开票 2800 万元

某年，广西 WZ 集团总公司申请开立 2800 万元银行承兑汇票，放款中心审核后发现，该企业 1–9 月营业收入为 12352 万元，净利润为 –842 万元，亏损有扩大趋势。经调查，企业亏损是由于部分历史遗留问题尚未解决，负担较重，但企业反映对外投资较多，预计分红比较乐观。

经过查询总行天网风险信息系统，该企业风险评分为 64 分，全行风险排名为 2124，分行风险排名第一，具有较高的信用风险。分行风险主管由此决定，暂停该企业使用授信额度，逐步压缩授信余额，并要求密切关注企业经营情况，据以进一步调整其授信规模。

二、应收账款出问题

应收账款是指企业因赊销商品、提供劳务之后而形成的商业债权。企业通过赊销方式，好处有二：一是扩大产品销售，增加市场份额，赊销跟降价作用差不多，都是扩大销售的最有效手段之一；二是能减少库存积压，控制成本费用，库存积压过多必然会导致仓储费、保险费等费用的大幅增加。

应收账款是企业最重要的流动资产之一，也是银行贷款最重要的还款来源。

企业经营情况和财务状况恶化，一般会率先从应收账款和库存等科目中得到反映。当经济下行时，应收账款的不断增加已成为企业财务状况恶化的“毒瘤”，对制造业和批发零售行业的不利影响尤为深刻。

企业如果出现大量应收账款，则会存在多方面的弊端。

（1）夸大企业经营成果。在权责发生制下，所有的应收账款都已经表现为收入了。但如果企业收不回来的应收账款余额大于当年利润，则企业只能说是账面盈利，没有现金流收入。

（2）延长企业营业周期。营业周期是库存周转天数和应收账款周转天数之和，应收账款高企必然延长营业周期，降低了资金周转效率。

（3）加剧企业资金紧张。应收账款是银行流动资金贷款的主要转化形式，高企的应收账款占用了企业大量的资金，是造成企业流动资金紧张，甚至资金链断裂的重要原因。

（4）加重企业税费负担。应收账款没有现金流入，但企业已形成的销售收入要缴纳增值税，形成的利润要缴纳所得税，要根据利润进行现金分红，同时还要增加应收账款的管理和回收等项费用。

（5）增加企业各项成本。应收账款与持有现金相比，增加的成本包括管理成本、机会成本和坏账成本。特别是应收账款的资金占用，还涉及资金的时间价值问题。

（6）粉饰企业财务报表。应收账款的质量非常关键，如果企业应收账款收不回来，则相当于东西白送给别人，其效果如同银行发放贷款收不回来。许多关联销售产生的应收账款，造成企业资产不实，虚增了收入。减值准备和坏账准备计提不足，都将导致利润虚增。

（7）成为不良资产的主要区域。由于交易对手缺乏支付能力，应收账款可能成为企业最大的潜在不良资产区域，是企业丧失持续经营能力及银行贷款违约的重要原因。

由此可见，应收账款的质量对企业财务状况、偿债能力和银行债权安全的影响是非常大的。

现实中，许多企业只注重销售业绩，忽视对应收账款的管理。一些企业为了增加销量，扩大市场占有率，大量采用赊销方式销售产品，导致应收账款大量增加。同时，由于企业在赊销过程中，对客户的信用等级了解不够，盲目赊销，造成应收账款失控，相当比例的应收账款长期无法收回，直至成为坏账。资产长期被债务人无偿占用，严重影响企业资产的流动性及安全性。

如果企业的应收账款金额大，必然导致周转资金困难，进而影响正常的生产经营活动，以及归还银行贷款本息的资金来源。因此，银行应该督促这类企业查明情况、分析原因、采取措施、回收资金，保障生产经营能够正常进行。

案例

风险案例：一代“彩电大王”四川长虹如何从“绚烂”走向“黯淡”

——难以收回的应收账款

（来源：《信贷风险管理》，寇乃天，2018 年 7 月 20 日）

对于企业的风险控制，商业银行必须高度重视企业的财务风险，尤其是要注意企业应收账款的分析与解读，因为“应收账款”真的会难以收回，造成企业经营的“大败局”，危及银行信贷资金的安全。四川长虹海外应收账款风险案例就是一个典型。

1. 最美“彩虹”：昔日的“中国彩电大王”

四川长虹电子控股集团有限公司创始于 1958 年，公司前身国营长虹机器厂是我国“一五”

期间的156项重点工程之一。1988年6月，四川长虹作为股份制试点企业，由国营长虹机器厂独家发起并控股成立。1994年3月11日，四川长虹在沪市A股上市，上市首日开盘价达到16.8元，收盘价为19.69元。

1994年上市以来，四川长虹的业绩一直不错，利润连年快速增长，被誉为家电行业的“红旗股”。1997年5月，四川长虹股价一度创下66.18元的历史最高位。四川长虹的净资产也从最初的3950万元迅猛扩张到133亿元，成为当时中国“家喻户晓”的电器品牌，被称为“中国彩电大王”。

2. 魂断“海外”：走下股市“神坛”的四川长虹

从1998年开始，越来越多的企业进入彩电行业，彩电市场几近“饱和”状态。于是各个商家开始打起了价格战，商场里随处可见各种促销降价，彩电的价格逼近成本。面对这场没有硝烟的价格大战，四川长虹的利润空间被压降得越来越小，经营业绩也随着开始下降。2000年，四川长虹的净利润由1998年的20亿元左右降到不及3亿元。

2001年2月，四川长虹开始把着眼点放到美国，开拓海外市场寻求生路，以此应对国内彩电市场的惨淡前景和异常激烈的市场竞争。2001年11月，四川长虹选择美国APEX Digital Inc.公司作为四川长虹在美国的出口代理商，与APEX公司签下了合作协议。

2003年底，四川长虹应收账款余额高达50.84亿元，而其中APEX公司作为长虹对美出口最大的经销商，长虹的应收账款余额高达44.51万亿元，占比高达87.55%，属于典型的下游客户过度集中。

从账龄结构上分析，四川长虹的应收账款账龄在一年以上的金额高达9.34亿元。面对巨额应收账款，四川长虹仅仅计提了9338万元坏账。此时的APEX公司，就像一颗重磅炸弹，随时会引爆，对四川长虹产生致命的冲击。

2004年12月14日，四川长虹以一组与APEX于2004年10月签订的一系列协议为依据，向美国加利福尼亚州洛杉矶高等法院申请临时禁令，APEX共欠四川长虹4.72亿美元货款。2004年12月28日四川发布了年度预亏提示性公告。公告一出，一石激起千层浪，四川长虹股价连续暴跌，作为中国股市历史上的第一只蓝筹股代表被一个劣迹斑斑的海外经销商APEX公司所拖累，走下“神坛”，神话破灭。

2005年3月，四川长虹从APEX公司成功追回1亿美元欠款。同年7月，双方达成协议，APEX公司向长虹提供资产抵押作为其部分欠款1.5亿美元的担保。

2006年12月，长虹发布资产置换关联交易公告透露，上市公司将把美国APEX公司的4亿元债权和近12亿元存货甩给母公司，长虹集团将长虹商标和土地使用权置入上市公司进行资产置换。至此，长虹上市公司彻底摆脱了由APEX造成的巨额海外应收账款的“包袱”。

特种气体公司应收账款收回困难，资金被严重占用

HH特种气体股份有限公司与成都某分行建立合作关系，共获得流动资金贷款3500万元，分3笔发放。

贷款期间，分行通过全行天眼预警系统得到信息，借款企业销售收入持续下滑。于是赶赴企业，对企业经营、财务、管理情况进行深入检查。了解到企业主要是应收账款收回困难，资金被严重占用，致使企业资金链紧张，企业正常经营遇到困难。分行将该客户列入重点关注对象，持续加大定期走访频率，每周进行约访，每 2~3 天进行暗访，通过社会渠道收集信息，定期查询该公司人行征信信息，掌握他行授信变化情况。

分行坚持风险监控不放松，客户按时归还贷款 1500 万元，且随着企业经营情况的好转和应收款的回收，后将 2000 万元贷款全部归还。

变压器公司“低比例、长账期”的销售政策导致周转资金困难

CH 变压器有限公司与杭州某分行建立授信关系，予以 1 年期 500 万元流动资金贷款，由浙江某气动有限公司和企业法定代表人保证担保。

此后某年，温州地区频繁发生公司倒闭及企业主出走事件，且风险不断蔓延，经济趋势越来越恶化。为此分行加大贷后管理力度，发现该公司为急于吸引客户、扩大销售份额，采取“较低的预付款比例、较长的应收账期”等销售政策，导致流动资金周转困难。于是将该企业纳入风险监控客户范围，重点跟踪、监测其风险变化趋势。

一日，客户经理得知该公司在其他银行、小额贷款公司的贷款出现暂时性逾期，且企业财务经理突然离职后，立即对这些迹象引起高度警觉，通过各种方式找到离职的财务经理，经深入沟通，得知该公司由于管理不善导致应收账款难以收回，大部分账款账龄较长，并且有社会不明身份人员上门讨债。

在得知该线索后，分行再次对企业进行多方面的深入调查，从公司内部知情人士处了解到法定代表人涉及民间借贷可能不少于 1500 万元的重要情况。其后，分行立即对企业资产、负债状况进行全面摸底。发现借款人名下 48 亩土地及厂房均未被抵押。而且担保人经营正常，现金流充裕，有能力偿还本行 1000 万元。

鉴于以上因素，为迅速化解预警，分行第一时间与借款人、担保人公司取得联系，要求担保人权衡利弊，在获得借款人名下 48 亩土地处置权的前提下，分期代偿银行贷款。经过多次谈判，方案终于得到借款人和担保人的同意，于贷款到期前全部代偿完毕，银行信贷资产得以保障。

混凝土公司应收账款已达到销售收入的 97%

南京某分行向 HT 混凝土公司发放 1 年期流动资金贷款 1250 万元，以苏州某酒店房地产抵押，房产评估价值 1325 万元，土地评估价值 1190 万元，抵押率 49.7%。

客户经理贷后检查发现，企业销售情况一般，应收账款占比大幅上升，达到销售收入的 97%，较年初提高了 25 个百分点，库存较年初增长 42%，种种迹象反映企业流动性下降、资金链趋紧。

支行对于企业出现的预警信号非常重视，通过实地走访、核查企业纳税申报系统、获取外围信息等多种渠道了解到以下情况：该公司主要为当地住宅建筑工程类工程提供混凝土，由于账款结算周期长，工程垫款情况较严重，企业资金链断裂的风险极大。

鉴于此情况，支行立即将上述情况上报分行，并制订了周密方案：一方面，密切关注企业的生产经营及资金往来情况，加大贷后走访频度；另一方面，实地查看核实抵押资产的抵押及查封状态，为资产诉讼保全做好准备工作。最终在收回到期贷款后不再续贷。

（一）企业应收账款比例高的原因有哪些

有一些企业并不是因为经营不善而倒闭的，而是被应收账款拖累的，这类企业主要包括提供定制软件的项目开发型企业、提供专用设备的制造业企业、向大企业巨头提供服务的部分企业。

对于以项目开发为主要业务的软件开发企业来说，与客户签订的通常是分期付款合同，如果在客户与开发企业之间没有建立起一个有效的工作和预算协调机制，通常情况是客户的新需求不断出现，而项目的预算又不愿意增加。软件开发企业不继续按照客户要求增加开发内容，应收账款很难收回，按照客户要求开发成本费用又没有来源，最后通常以软件开发企业倒闭为代价。

作为提供专业设备的企业，比如提供机车车辆、通信设备的企业，自己的业务经常围绕有限的几个客户来开展，客户具有选择供应商的绝对权威，也具有很强的讨价还价能力，通常迫使企业赊账销售、分期付款，由此导致其应收账款不断攀升，最终会发展到企业资金紧张，难以维持其生存。

一些强势企业在和供应商签订购货合同时也经常提出“霸王条款”，比如不支付订购货物的首付款，在货物安装到位并达到验收标准、正常运行 3 个月后再一次性支付货款。这些都迫使供应商要事先垫支资金，并且按照客户的要求配合测试、上线运行，及时解决问题，才能收到货款。像电力、自来水、供暖公司，通常也存在许多应收账款的情况。

企业对于需要事先垫款才能进行的业务，确实要有足够的资金准备，才能坚持到最后胜利。有些企业就是因为日常的应收账款管理不到位，应收账款积累到一定程度，比如超过营业收入的 40% 之后，从而出现了大量坏账和资金问题。

企业出现大量应收账款，从内部看主要有以下原因。

（1）内部考核指标不科学。企业为了调动市场销售人员的积极性，实行奖金与销售业绩挂钩的方式，却未将应收账款回收率纳入考核体系。导致业务部门只关心销售任务的完成，而不管应收账款是否能收回。

（2）赊销管理制度不完善。许多企业的赊销制度在商品定价、客户资信、合同订立、收款方式等方面存在漏洞，或者只收到少量预付货款却被提走大量货物，或者购货商的资信很差使得货款长期空挂。

（3）缺乏销售风险意识。在竞争激烈的市场经济中，一些企业为了打开营销局面，事先不对付款人资信做深入调查，不对应收账款风险进行正确评估，而是降低门槛，采取高比例、期限长的赊销合同来吸引客户，结果货款难以收回。

（4）法律保护意识薄弱。在当今的买方市场下，有些企业为了维护一定的客户，宁愿坐视相当部分应收账款沦为呆滞账，也不愿催索欠款或诉诸法律来维护自身合法权益。

（5）考核责任不落实。一些企业财务部门虽然对应收账款进行了账龄分析，也提醒了有关部门加紧催讨，但因没有建立奖惩责任制度，未将责任落实到人，致使账款成为坏账。

（6）催收手段不得力。俗话说："卖货是徒弟，收款真师父。"许多企业人员对应收账款存在"不想收、不敢收、不会收"的状况，没有积极的态度和有力有效的催收手段。

（二）企业应收账款多少属于合适

企业的应收账款应该说越少越好，自己的资金被别人占用总是不太安全的事情。在一些行业如电信、电力、医院、燃气、供水等企业的应收账款很少，别人想在这些行业里欠款消费比较困难，因为可能会被随时停止提供服务。而在另外一些行业，如建材、建筑、机械制造、造船、煤炭等行业，企业经营业务的交易金额较大，常常不是一次性付款，因而会形成较高的应收账款。但这些行业的应收账款也应由企业的赊账销售政策来决定，应该控制在一个合理的范围之内。如果应收账款持续增加或居高不下，肯定是存在问题的。

企业应收账款占营业收入的比例，一般来说在5%以下比较理想，超过20%就有些高了，如果超过40%或者说营业收入的增加主要来自应收账款的增加，则应当引起关注，存在应收账款造假的可能。

企业应收账款占资产合计的比例，设备制造企业一般在10%~15%；产品生产企业一般在8%~10%；与经济周期密切相关的钢铁、建材等基础产业，景气时低于5%，不景气时会上升到10%~20%；付费服务的行业如高速公路、商场、公共交通等，应收账款占比非常低。

一般而言，配套企业的应收账款占比高于龙头企业；竞争激烈的企业的应收账款占比高于垄断地位的企业；市场不景气时期企业的应收账款占比会高于景气时期的企业；不景气行业中企业的应收账款占比会高于景气行业中的企业。

考核应收账款是否合适还有一个重要指标是"应收账款周转率"，说明账款回收的速度，大多数行业应当每年在5次以上。每个行业的应收账款周转率有所不同。在国务院国资委考核分配局编写的《企业绩效评价标准值》（经济科学出版社出版）一书中，列举了各行各业应收账款周转率的指标，分为优秀值、良好值、平均值、较低值、较差值五档。银行人员可将授信客户的指标与其进行对照，判明风险大小，如处于平均值以下，则应该特别小心。

（三）企业应如何管理好应收账款

面对应收账款的财务风险，银行人员应督促企业从以下几个方面加强管理。

（1）科学划分不同部门管理职能。为了保证货物销售和应收账款的真实性，防止错误和舞弊，必须明确销售部、仓储部和财务部等各有关部门的管理职责。商品销售和货款回收，应由销售、库管、出纳和会计等不相容岗位的人员彼此制约及监督，保证对应收账款进行安全和有效的管理。

（2）确定客户信用标准。企业应确立信用评判标准，对下游客户进行信用度量，包括推断客户债务偿付能力和坏账损失率，从而对风险等级不同的客户予以不同的赊销条件，确保应收账款的质量。

（3）不断提高管理工作质量。企业应做好以下几项工作。

①账龄分析。是将应收账款按账期年龄分类，并计算各种老化的应收账款余额占总资产的比例。对赊销企业来讲，企业应收账款拖延时间长，账款催收的困难就变大，变成坏账的可能性也

就变高。

②结构分析。应收账款的结构可按地区、行业、客户、产品进行划分。对于高风险的应该从严控制赊销，并加强清收工作；对于低风险的则可以适当降低赊销的门槛，促进产品的销售。

③按期回收。企业应每月检查应收账款的付款日期，提前通知下游客户准备好资金按时支付。如果出现逾期，应立即组织催收。做好回收率、逾期率、清收率、损失率等各项统计工作，为企业应收账款政策的调整提供依据。

④计提坏账。企业需要按规定计提坏账准备金，保证利润真实可信。应收账款只要超出规定限期和达到条件，就应以核销等方式进行处置。

⑤加强客户档案管理。企业应有针对性地对下游客户建立应收账款管理档案，形式包括纸质档案和电子档案，内容包括客户基本情况和动态情形。一般来讲，企业如果建立了专门的客户档案管理机制，其应收账款的质量相对较好。

（四）应收账款资金来源出问题

企业在对应收账款的管理中还有一个值得注意的问题，就是原来定好的还款资金来源突然出了问题，导致银行收不回来贷款了。因此，授信后管理的一项重要工作是要提前检查落实客户还本付息的资金来源，不能等到还款日当天，再去向客户追讨资金。客户经理在日常工作中，应深入企业了解其应收账款的安全性情况，发现问题及时解决。

银行对于企业的还款资金，应该建立"提前到账制"。即在《借款合同》中，写明一个条款："借款人应于每期还本付息前 N 个工作日，将应还本息金额，汇入借款人在银行的还款账户内。"这样当银行提前发现借款人账户上没钱时，可以在贷款本息到期日之前追索。

（五）如何对应收账款的真实性进行调查

（1）取得应收账款明细表、账龄分析表、主要债务人名单、主要逾期债务人名单等资料，进行分析核查，了解大额应收账款形成原因、债务人状况、催款情况和还款计划等。

（2）抽查相应的单证和合同，对账龄较长的大额应收账款，分析其发生的业务背景，核查其核算依据的充分性，判断收回风险。

（3）取得相关采购合同，核查大额预付账款产生的原因、时间和相关采购业务的执行情况，调查应收票据取得、背书、抵押和贴现等情况，关注由此产生的风险。

（4）结合公司收款政策、应收账款周转情况、现金流量情况，对公司销售收入的回款情况进行分析，关注报告期应收账款增幅明显高于主营业务收入增幅的情况，判断由此可能引起的经营风险和对持续经营能力的影响。

（5）判断坏账准备计提是否充分，是否存在操纵经营业绩的情形。

（6）分析报告期内与关联方之间往来款项的性质，判断是正常业务经营往来，或是无交易背景下的资金占用。

（7）对其他应收款真实性进行调查。一般企业会将投资、开办费、前期亏损或待摊费用支出暂列其他应收款。有些企业也会把长期无法收回的应收账款或坏账放在其他应收款科目，以使其应收账款科目更为好看。因此，银行人员进行调查时，应取得和查阅其他应收款的明细表，具体查询有关内容，评析会计处理是否合适，并提出会计调整建议。

三、现金流紧张

对于银行而言，企业现金流紧张最直接的表现就是，没有足够的资金偿还到期贷款本金和利息，导致贷款逾期和出现不良。对此问题，银行人员必须高度重视，防患于未然。

我国企业现金流紧缺的状况是比较普遍而且严重的，即使是上市公司。中国商报记者据 Wind 资讯数据梳理发现，在披露 2021 年中期经营性现金流的 60 家典型上市房企中，现金流为负值的企业共有 23 家，占比约为 38.3%。尤其是民营中小企业，现金流量紧缺最为严重。

企业的现金流量短缺，轻则使生产运营陷入半瘫痪状态，重则导致完全停产甚至破产倒闭。即使不影响生产，现金短缺的信息如果被外界所知，也会使投资者信心下降，公司股票价格下跌。所以说企业的流动资金是运营管理的重中之重。

现金是公司的血液，只有流动起来，公司才能生存和发展。如果一家公司现金流紧张的局面一直得不到改善，公司的命运就岌岌可危。现金不但要流动，而且要在流动中获利才行，凡是不盈利的经营活动就是在“失血”。即使有些商业模式可以是暂时性不盈利，但是一定要清楚什么时候开始盈利，否则持续性的“失血”现象，后果将很严重。

一家公司经营的好坏不能仅仅看损益表（利润表），有许多大型公司都是在公司盈利的阶段突然崩溃的，原因就是公司经营“失血”严重。从理论上说，只要有现金流，亏损了也问题不大。亏损的企业只要有现金流，就可以耐心地等待时来运转；而赚钱的企业没有了现金流，就会立马崩溃。因此，企业不能只顾追求规模和利润，更应重视现金流。

企业的现金流出了问题，可以理解为企业需支付的现金总量大于可以获得的现金总量。企业需要支付现金的地方主要有：银行到期贷款、应还社会融资、应付账款、其他应付款、日常开支的资金需求等。企业可获得现金的来源主要有：自有资金储备、变卖可变现资产、金融机构融资、集团内资金拆借、定向增发、透支商业信用（如延长上游客户的账期、压缩下游客户的账期）、应收账款及其他应收款的回笼。

有这样一个小故事，体现了现金流的作用：一个游客路过一个小镇，他走进一家旅店给了老板 1000 元现金，然后走上楼去挑选房间。老板赶紧拿这 1000 元给了对门的屠夫支付了这个月的肉钱，屠夫去养猪的农夫家里把欠的买猪款付清了，随后农夫还了饲料商贩的饲料钱，饲料商贩还清了赌债，赌徒赶紧去旅馆还了房钱，这样 1000 元又转回到旅店老板的手里。这时，游客下楼说房间不合适，拿钱走了。

这个故事说明了什么？说明这个小镇的生意人都有资产、销售和利润，但是如果没有这 1000 元现金的话，就无法去付清债务，生意也将难以为继。只有现金流这个血液才能让社会经济充满活力。

（一）现金流与利润关系的形象比喻

利润如脂肪，现金流如血液。脂肪少点对人影响不大，而血液不流人就会死亡。

利润就像吃饭，人少吃几顿可能并无大碍；而现金流就像呼吸，中断了，人将性命堪忧。

现金流代表企业现在能不能活得下去，利润率代表企业未来能不能活得轻松。

现金流好比人的两条腿，利润好比走路速度。利润高走得快，利润低走得慢，总归还可以走；但如果是腿断了，人将寸步难行。

利润是可以容忍的，现在不高，以后会有高起来的可能；而现金流直接决定企业现在的生死，不发工资不行，不交房租也不行。

现金流问题不解决，会导致企业立即“死亡”；利润如果长期没改善，会导致企业慢慢“死亡”。

Dell公司董事长戴尔面对公司的亏损曾做了反省发言：“我们和许多公司一样，一直把注意力放在利润表的数字上，却很少讨论现金周转的问题。这就好像开着一辆车，只盯着仪表板上的时速表，却没注意到油箱里已经没油了。戴尔营运顺序不再是‘增长、增长、再增长’，取而代之的是‘现金流、获利性、增长’，依次发展。”

（二）企业现金流量紧缺的原因

（1）企业现金管理能力不足。一是企业管理层不够重视现金收支计划管理，二是企业主管人员欠缺管理方法和技能，三是现金管理的信息化建设没有跟上。

（2）存在大量应收账款。一是企业盲目扩大销售，过度使用赊销政策；二是内部信息沟通和内部控制存在缺陷，使应收账款回收管理工作被拖延；三是企业内部激励侧重鼓励销售，而忽视应收账款回收工作。

（3）积压大量存货。企业生产规划不够科学理性，看到市场需求较旺盛，就一窝蜂上产量，盲目扩大生产，造成产能过剩，也带来的库存成本的增多，占用了流动资金，使企业现金流周转效率低下。

（4）盲目投资固定资产。存在着盲目上项目的投资倾向，资金沉淀为固定资产，短期无法变现。投资固定资产项目时，没有留足配套的流动资金，不得不占用企业运营资金，造成现金流量的紧缺。

（5）内部控制执行不当。全面预算管理制度不健全，预算严肃性不够，执行中随意更改现象时有发生，导致现金被挪用，或者短贷长投等不平衡现象，成本规划混乱，资源管理效率低下，设备、人员闲置现象时有发生，造成资金的浪费和紧缺。

（三）企业解决现金流量紧缺的对策

（1）提高现金管理能力，科学规划流动资金的预测、筹措与使用。实现企业财务流程与管理流程的一体化，强化资金管理的监控，提高结算效率，规避流动风险，提高现金使用效率。

（2）建立科学的应收账款管理机制，盘活应收账款资金。对销售货款尽量提前收取。对于第一次购买产品的客户，一定要求对方先款后货。此后，要随时记录每个客户付款的信用情况，对信用好的可以降低预付比例，但最多不低于成本。一旦客户拖欠，就要马上提高预付款的比例。这样既能给客户以警示，也能把风险降到最低。

（3）对原材料款尽量延期支付。对于上游销售原材料的企业，第一次合作时，为表示诚意可提前支付货款，之后要尽量先货后款。当然一定要按购销合同办事，不要拖欠货款，以免影响付款信用。

（4）建立科学的库存管理机制。加速库存周转，降低库存成本，将库存科学分类，定期检查维护，防止库存管理不当引起损失。

（5）大型生产设备或固定资产尽量租用。一些中小企业赚钱以后，就迫不及待地购置厂房或大型设备，往往是钱花完了，企业也被债务压垮了。因此，对那些占用资金巨大、建设周期长的固定资产，不要用自有资金或银行贷款购买，而是要尽量采用租赁的方式。这样，虽然短期内支付的租金相应多些，但能保留下足够的现金流，支撑企业良性运转。

（6）不要接超过生产能力的大单。有时一个大单砸来，诱惑多多的利润真是可观。但要清楚自己是否能够承受和消化。一般来说，如果不能获得银行贷款，不要接超过公司生产能力 15% 以上的大单，除非能转包部分订单。

（7）向银行申请供应链融资。现在银行的供应链融资产品丰富多样、灵活方便，原材料供应商、产品生产商、商品经销商，只要有真实的贸易背景和良好的信誉，都可获得融资以减少现金流的压力。

（四）如何判断企业现金流是否紧张

现金流量主要是通过现金流量表来揭示的，现金流量表简单来说就是反映企业在某一特定时期内（如上半年）现金流入、流出及流入净额状况的报表。

在现金流量表上，企业行为被划分为经营活动、投资活动、筹资活动三大块，这些都会发生现金的流动。经营活动一般是上市公司最为主要的活动，而现金流入减去流出后的净额最有价值，因此，经营活动产生的现金流量净额最受关注。投资活动是广义的概念，不仅包括证券投资，也包括出资购建固定资产、无形资产，以及处置这些资产回收的货币资金，等等。筹资活动则包括了企业接受投资和借款所获得的现金以及分配股利、偿还债务时现金的流出。

透过现金流量表，可以大体了解企业的现金从哪里来，又流向哪里去。许多企业有大量的流动资产，但现金支付能力却很差，甚至无力偿债而破产清算。对银行人员来说，这种情况要特别注意，不要被借款企业账面上的“繁荣”所迷惑，要着重关注企业有多少现实货币资金可以用来还贷。

银行人员分析企业的还债能力，关键是看以下几个方面。

（1）如果现金净流量主要来自经营活动，说明该企业真正是一个有发展前景的、可持续经营的好企业。来源于经营活动的净现金流入一般比投资、融资活动的现金来源可靠。只有这样的企业，才是银行可以放心支持的企业。

（2）如果现金净流量主要来自投资活动，说明企业在长期投资和固定资产投资方面具有一定的投资经验，但毕竟不是主营业务，有坐吃山空的嫌疑，企业的前景不容乐观。

（3）如果现金净流量主要来自筹资活动，一方面可能是企业的信誉好，可“借鸡下蛋”获取利润；另一方面说明企业是在靠筹集资金过日子，一旦有一天借不到钱了，将有可能破产。

（4）如果企业必须变现长期证券、转让直接投资，甚至出售固定资产来偿还贷款，则说明其还贷基础很不可靠。

银行人员通常可关注以下几个指标。

第一，现金到期的债务比，即经营现金净流量与本期到期的债务的对比。比率越高，偿债能力越强。

第二，现金流量的负债比，即经营现金净流量与流动负债的对比。当一家企业的这个指标高于同业的平均水平时，表明这家企业具有较好的偿还流动负债的能力。

第三，现金销售比，即经营活动现金净流量与主营业务收入的对比。比率越高，每 1 元主营业务收入所创造的现金流量越多，企业的利润质量越好。如果这个比率持续下降，则证明企业所实现的主营业务收入缺乏必要的现金保障，企业的经营管理肯定存在某些问题，利润也可能会虚增，而且可能存在大量坏账，形成企业潜在亏损的因素，进一步可能会影响企业的现金偿债能力。

（五）对现金流量表中主要项目异常情况的分析

银行人员还应通过对现金流量表中主要项目异常情况的分析，来增强对企业真实经营情况的把握。具体分析包括以下几项。

1. 经营活动现金流量异常情况分析

（1）如果经营利润水平很高但经营活动产生的现金流量贫乏，则该客户的利润质量可能存在几种问题：一是账面利润完全是虚构的；二是账面体现的利润没有真实的现金流入予以支撑；三是对下游企业放松信用政策和扩大赊销比重，短期内虽然可以提高销售收入和会计盈余，但大量的应收款会造成未来发生坏账的可能性。

（2）如果经营活动现金流量短期内剧烈波动，则该客户可能存在通过关联交易让关联企业暂时偿还部分债务，再转回给关联企业，或是将经营活动支出放到投资活动中等情况。应分析其是否存在虚构现金流入和现金流出的情况。

（3）如果经营活动现金流量大量为负值，则意味着该客户通过正常的商品购、产、销所带来的现金流入量不足以支付上述经营活动而引起的货币支出，企业正常经营活动所需的现金支出还需要通过其他方式解决。

（4）如果经营活动收到的现金占经营活动流入现金总额的比重很小，说明企业的主营业务不突出，营销状况很差，该公司在行业竞争中处于劣势状态。如果经营活动收到的现金与销售引起的应计现金流入差额很大，说明该客户收回现金的能力很差，也可能是关联的应收账款所占比重较大等情况。

2. 投资活动现金流量异常情况分析

（1）如果投资活动现金流量大量为负值，显示为“入不敷出”的状态，可能企业处于扩大规模或开发新的利润增长点时期，需要大量只出不进的现金投入。但是否处于该阶段，应结合企业投资的实际情况加以判断，严防资金被大量挪用。

（2）如果处置固定资产、无形资产和其他长期资产所收回的现金净额大或在整个现金流入中所占比重大，说明企业可能正处于转产时期，未来的生产能力将受到严重影响，应予以高度关注。

3. 筹资活动现金流量异常情况分析

（1）如果本期借入的银行借款大部分用来偿还之前的银行借款本息，则说明企业前期银行借款使用效益不佳，存在“倒贷”现象。如果筹资活动的现金净流出量大幅增加，在一定程度上可以说明该客户的生产经营规模可能正在收缩，或是与金融机构的合作出现问题，应给予重点关注，并分析具体原因。

（2）如果企业购建固定资产所发生的现金支出与借款合同所规定的时间及金额不吻合，说明企业执行借款合同情况有问题。

（3）如果企业将流动资金借款用于固定资产的购建，就会对企业近期偿债能力产生不良影响。

4. 整体现金净流量分析异常情况分析

（1）如果整体现金净流量为正数但经营现金流量为负数，应根据企业的具体情况谨慎对待。如果通过适度追加贷款即可扭亏的，不排除在安全的前提下追加贷款，使其扭亏为盈。

（2）如果整体现金净流量出现负增长，现金流量内部结构呈现的是经营活动现金净流量为负数，投资活动现金净流量为正数，筹资活动现金净流量为负数时，可以认为企业处于衰退期。这个时期的特征是：市场萎缩、产品销售的市场占有率下降、经营活动现金流入小于流出，同时企业为了应付债务不得不大规模收回投资以弥补现金的不足。

如何通过现金流对企业的经营状况进行分析，有许多定量的指标，因篇幅关系，本书不展开叙述。有兴趣的读者，可自行寻找有关书籍资料深入研究学习。

（六）如何控制企业的现金流

企业的债务主要是通过现金来清偿，因此，债务总量必须与销售收入或经营活动的现金流量保持匹配关系。银行应该在《借款合同》中对借款人的现金流提出控制要求。

（1）明确销售收入对付息负债的最低保障要求。如在借款合同中约定：在未清偿本行贷款本息前，借款人在任一时点的付息负债总额 / 上一年度（或最近 12 个月）销售收入不应大于 *X*%（制造业参考值为 100%），或借款人在任一时点的短期付息负债总额 / 上一年度（或最近 12 个月）销售收入不应大于 *X*%（制造业参考值为 50%）。

（2）明确经营活动现金净流量对付息负债的最低保障要求。如在借款合同中约定：在未清偿本行贷款本息前，经营活动现金净流量 / 付息负债总额不应小于 *X*%（制造业参考值为 5%）。

（3）明确销售归行额对本行贷款的最低保障要求。如在借款合同中约定：在未清偿本行贷款本息前，借款人每年在本行指定结算账户中归集的销售收入不得低于本行融资总额的 *X*%。

（4）明确最低经营活动现金净流量要求。如在借款合同中约定：在未清偿本行贷款本息前，借款人经营活动现金净流量不得连续 *X* 年为负值（通常针对中长期项目贷款）。

（七）如何对企业存款真实性进行调查

企业在银行有多少存款，是现金支付能力大小最直接的证明。对此，银行人员要对企业对银行存款进行调查。

（1）取得或编制企业的货币资金明细表。

（2）关注报告期货币资金的期初余额、本期发生额和期末余额。

（3）核查大额银行存款账户，判断其真实性。

（4）抽查货币资金明细账，重点核查大额货币资金的流出和流入，分析是否存在合理的业务背景，判断其存在的风险。

（5）通过取得银行账户资料、向银行发送函证等方式，核查企业定期存款账户、保证金账户、非银行金融机构账户，了解这些非日常结算账户形成原因及目前状况。

（6）分析金额重大的未达账项形成的原因及其影响。

（7）对于企业在证券营业部开立的证券投资账户，还应核查公司是否及时完整地核算了证券投资及其损益。

四、高利贷风险

（一）高利贷风险的类别

企业的高利贷行为的风险，分为借出和借入两种情况。

第一种是借出，即企业如果挪用银行信贷资金发放高利贷。其存在的风险，一是触犯《刑法》第一百七十五条“高利转贷罪”；二是高利贷属于“高收益、高风险”，银行失去了对贷款用途和还款来源的控制，形成不良的风险很高。因此银行在放款时，必须加强对资金去向的监控，防止企业挪用于放高利贷。

第二种是借入，即企业想方设法从社会各种渠道借入高利贷，说明其资金紧张和资信下降，从正常渠道已经融借不到低息资金了。这是属于饮鸩止渴，轻者大幅增加财务成本，吃掉经营利润；重者涉及企业实际控制人人身安全，跑路失联的案例不少发生。对此，银行应该加强授信后检查，如果发现借款人有借入高利贷情形，必须立即查明情况，判明风险度，采取压缩或全部回收贷款的应对措施。

（二）如何判断企业是否借入高利贷

由于没有登记和管理制度，缺乏有效监管，资金流向不明，银行识别企业有无高利贷行为难度很大。但如果从以下几方面认真进行调查分析，仍然可判断得出结论。

1. 从经营行为判断

有些企业或者热衷于挣快钱，基本脱离主业，转而经营小贷公司、担保公司、典当行等，或者投资行为激进，热衷于股票、期货、贵金属、艺术品等高风险投资，或者存在炒原材料、大宗物资商品等投机行为。这样的企业投资高收益、高风险行业众多，当自有资金不能满足，又借不到银行信贷资金的情况下，势必会去借高利贷。

2. 从融资机构判断

企业如果交往的非金融机构过多，如信托公司、租赁公司、基金子公司、券商子公司、保险子公司等，且存量资金余额大、占比高，通常表明企业资金链较紧，也是可能涉及民间借贷的信号。另外，小贷公司、担保公司、典当行与民间融资存在千丝万缕的关系，是民间借贷的重要载体，企业从这些机构借入资金，利率通常远高于银行贷款利率。

3. 从财务报表判断

虽然企业民间借贷的资金不一定都反映在财务报表中，但只要民间借贷资金与其资产、负债、收入发生直接与间接的联系，银行人员通过对企业财务报表的深入分析，并借助征信系统、税务系统等查询平台，还是能从中发现蛛丝马迹的。

（1）分析应付款项或预收账款是否异常。企业的应付账款和预收账款产生于经营活动，一般与生产规模相当，与生产周期的变动一致，并在短期内就要支付。对于这些无业务关联的应付款项或预收账款应引起注意：一是企业的应付账款或预收账款长期固定不变；二是应付账款或预收账款科目余额较大或者突然增加，与企业规模和生产经营实际不相匹配；三是应付账款或预收账款表面挂股东或关联公司。可以通过年度财务审计报告附注中应付账款债权人明细进行对比，若应付账款或预收账款对象是与企业生产经营毫无关联的企业或个人，则很有可能是民间借贷款项。如果能对企业的资金流向信息进行追踪分析和交叉验证，则更能发现问题。

（2）分析财务费用是否异常。企业如果没有银行贷款，正常情况下的财务费用应为负值（表示企业取得银行存款利息），如为正值且金额较大，则极有可能是为民间借贷所支付的利息。

企业如果有银行贷款，应根据贷款规模和贷款成本（包括利息和费用）匡算出企业的财务费用，并与实际列支的财务费用进行比较。若后者明显高于前者，则企业很有可能是支付了民间借贷利息。若企业经营没有显著变化，销售稳定，但管理费用、销售费用、财务费用增长明显，或者呈规律性的变动（如季度性地增加一个相对固定的金额），则可能是企业将民间融资利息支出分期摊入其中。

（3）分析资本公积金是否异常。资本公积主要来源于资本溢价、接受捐赠等，一般应与企业财富积累经历保持一致。如果企业实收资本较小，而资本公积金迅速增加，则可能有民间借贷资金进入。如某纺织企业注册资本 1000 万元，而资本公积金一年时间由原来的 565 万元一下子增加到了 2165 万元。经调查核实，该企业通过员工以及其他社会集资方式借入了民间借贷资金。

4. 从账户情况判断

企业之间、企业与个人之间的资金流动主要还是通过银行账户完成的，因此银行应利用自身独特的优势，从以下几个方面进行排查，可有效识别客户是否参与民间借贷。

（1）从往来对象看。如果企业账户的资金往来对象是私募基金、资金中介机构、私人贷款公司、典当行、担保公司等机构，应及时跟踪调查是否为民间借贷。对与企业经营范围明显不符的交易对象，也应逐一核实。

（2）从转账金额看。如果企业账户是整笔划款但不是划给上下游企业或用于归还银行贷款，或者是对外有规律地划款（如在特定日期向特定对象支付特定金额资金），可以判断企业是在偿还民间借贷本息。如为大额提现，则可能是借款给其他企业、个人，或者归还民间融资。

（3）从特定日期看。如果企业账户在银行贷款到期日前后资金进出有规律，如在银行贷款到期前几日有资金划入，在还旧借新获得新贷款后几天原来划入的资金又等量划出，则可以判断企业还贷资金来源于民间借贷。

（4）从个人账户看。如果企业法定代表人、实际控制人、主要经营者（包括股东、财务及销售人员等）的个人账户，与企业账户之间有异状资金划转和大额现金存取等行为，可判断存在借还高利贷行为。

（5）从汇款附录看。如果企业资金结算对应的会计交易流水凭证中的“用途”“摘要”“备注”

栏中，带有“借款”“还款”“偿还—投资”等字样，资金汇划的金额较大，且通常为整数，也是企业可能涉及民间借贷的信号。

5. 从负债情况判断

（1）负债程度是否合适。如果企业过度负债、过度扩张或重大投资失误都会直接导致企业流动性困难，使企业陷入财务困境，如果无法取得正规金融机构的新增授信，往往会迫使企业走上大额民间借贷的不归路。

如果企业融资渠道多、融资饱和度高，但企业的资产规模与负债规模不匹配，企业可能存在抽取资金用于归还民间借款的情况。

如果企业对外投资大，且资金来源不明，在企业投资项目的资金大于银行贷款的情况下，资金来源可能来自民间融资。

（2）借款时间是否紧迫。如果企业在向银行申请授信时，特别强调了时间的要求，如“最好在 × 月 × 日前完成审批”，或者要求银行在某一天完成借款合同的签署，或者要求在某营业日提取贷款资金，这些都可能意味着企业急迫需要在该时间段归还高利贷。

（3）表外融资是否真实。为偿还民间高利贷的企业，在从银行表内融资饱和的情况下，往往会利用虚假的贸易背景从银行获取表外融资，如通过关联企业交易开立国内证等进行“假贸易、真融资”。

（4）替人担保是否过多。如果企业抵押担保的资产过多，或者企业为自然人股东或关联企业的借款提供担保，只要抵押权人或债权人不是金融机构，那么企业、自然人股东或关联企业，都有可能涉及民间借贷。

6. 从内部情况判断

（1）与公司内部人员进行访谈。有针对性的提问常常是了解企业有无民间借贷最直接简单的方式。访谈时要注意以下几点。

第一，访谈重点因人而异。如向企业实际控制人重点了解投资理念、从业经历、人际关系等；向财务人员重点了解多元化投资及资金紧缺情况；向管理人员重点了解企业实际控制人个人习惯爱好、人脉关系等，这些对分析企业是否参与民间借贷有很大帮助。

第二，访谈人员要背靠背。如问企业负责人时要避开财务人员，问财务负责人时要避开会计人员，然后根据背靠背询问出的差异情况进行分析，从中发现出问题。

第三，访谈方式要讲策略。在交谈中可突然单刀直入地提出问题，在其猝不及防的回答中发现破绽。

第四，访谈对象语言异常。在与企业财务人员，特别是负责资金调度的人员访谈过程中，注意其是否与资金中介频繁电话联系，话语中经常出现“金额、期限、利率”等字眼。如果企业财务人员曾多次向银行人员咨询社会融资问题，或言谈中对民间融资利率等行情十分熟悉，往往预示着企业已经涉入民间借贷。

第五，访谈现场人员陌生。如果发现一些陌生人在企业现场，不像企业内部人员，神情严肃，不与银行人员交流。这些人有可能是企业的其他债权人或追债人员，老板为了减轻追债压力，在银行人员前来时，叫上这些债主前来观看，以显示即将获得银行贷款。

（2）财务人员变动频繁。一般来说，财务人员属于企业实际控制人最信任的人员，如果财务人员经常变动或离职，往往说明这家企业的财务状况存在比较大的问题，银行人员要引起注意，查明原因。

（3）公司资产都被抵押。要注意核实企业及企业实际控制人（有必要的话也要调查关联方）名下财产有没有抵押或质押给其他债权人，其中需要核实的重点是房产。可要求借款人提供其名下财产的凭证，比如房产证、土地证、车辆登记证等，注意一定要求提供原件，有必要的话到主管部门核查。如果借款人拿不出来，又说不出合理的理由，或者理由一听就不靠谱，十有八九这些财产的凭证是被捏在别的债权人手里，说明外部借款很多。

7. 从外围调查判断

开展外围调查是深度了解企业有无民间借贷的重要方式，途径和方法如下。

（1）通过政府网站查询。可利用人行的征信系统、应收账款质押登记系统，以及税务、工商等部门或媒体信息，了解企业和企业实际控制人、主要股东的债务情况。如果客户最近1—3个月内征信被查询的次数频繁，说明客户这段时间内一定在办理贷款。还可通过法院网站、被执行信息网、裁判文书之类信息网站对客户及其关联方进行查询，看其是否涉及民间借贷诉讼纠纷或其他问题。

（2）对上下游客户走访 。可以通过上门走访、发函等正规方式开展调查。对于上游客户，要重点了解其赊销的数额（出于控制财务成本考虑，借款人如果能以赊销的方式从上游客户拿到货物的话，往往不会去寻求民间借贷）。对于下游客户，要重点了解赊销数额和账龄情况，综合判断借款人资金是否紧张。

（3）从民间借贷机构了解。企业民间借贷的资金来源，许多是不规范的担保公司、小贷公司、典当行等机构。有些地区的这些民间借贷机构已经组成联盟，一是形成黑名单共享机制，二是防止借款人多头借款。银行人员可以想办法，让其帮助侧面查询借款人是否有高利贷。对于民间借贷而言，一个城市的民间借贷圈子往往不大，如果有心，通过圈子获得有用的信息并不难。

（4）对于企业实际控制人或股东的亲朋好友，客户经理可以个人的名义进行非正式的调查。调查中要注意拜访礼节，争取得到其配合，从而得到真实情况。

（5）向外围人员打听。比如和企业所在园区或写字楼的门口保安、物业人员、清洁工人等聊天，可问问近期有没有人上门来讨债，没准也会有意外收获。

以下是企业因高利贷而陷入困境的案例。

案例

市农业龙头企业因涉及民间借贷纠纷最终停产

浙江QL棉脂有限公司为市农业龙头企业，受到市政府的重点扶持。在某分行有短期贷款680万元，其中房地产抵押480万元，保证担保200万元。

某年 12 月，该公司在当地一家合作银行的续贷未成功，导致企业资金链趋紧，同时因涉及民间借贷纠纷，最终停产。分行信管部获悉风险信号后，快速派员实地了解事态发展。经了解，企业出现风险后，当地市政府和人民银行已召集各债权银行开了几次协调会，要求各家银行支持企业重新恢复生产。

但经办行根据现场调查和走访了解的情况，认为企业恢复生产较难，且已有民间债主起诉。经紧急磋商后确定了风险化解方案：尽快与担保单位谈妥，促其履行担保职责。对于拟处置的抵押物文件尽快找企业实际控制人签字，防止其突然失踪导致延长法律程序处理时间。最终多方寻找到买方，在资产顺利拍卖后收回全部贷款。

经验总结：平时要深入了解企业经营情况和资金流，关注企业各种信息动态。对投资过度、银行过多、政府干预的农业企业贷款要慎重。与客户保持良好联系，确保其在诉讼、执行时能积极配合处置。发现风险需在其他人起诉之前第一时间起诉，有利于缩短诉讼、执行、贷款收回时间。

煤炭公司涉及民间借贷和经济纠纷诉讼

福州某分行为泉州 TL 煤炭有限公司办理 40% 保证金银行承兑汇票 5000 万元。由泉州市某家具有限公司、公司实际控制人提供担保，同时追加第三方个人财产抵押（评估价值 553.8 万元）。

经办机构贷后日常监控发现，该公司两个月来账户资金往来极少，于是保持高度关注。之后当地媒体爆出，该公司涉及民间借贷和经济纠纷诉讼 3000 多万元，实际控制人“跑路”的报道（后经查实并未跑路），银行资金面临较大风险隐患。发现风险信息后，分行立即采取措施。

首先，以上级行票据检查发现贸易背景存在问题为由，要求公司配合整改，提前归还了承兑汇票敞口资金 2040 万元。其次，多次约见担保企业迫其筹集资金代偿了 960 万元授信敞口。最终成功化解授信风险。

马口铁空罐龙头企业老板儿子涉入高利贷资金被骗

某市制罐公司是当地生产出口马口铁空罐的龙头企业之一。某分行向其发放 1 年期流贷 2000 万元，由当地一家实业公司及制罐公司实际控制人提供连带责任保证。

某年 2 月，当地某信用社营业部主任庄某某大肆高息非法集资后携款潜逃，很多企业资金卷入其中。得知此消息后，分行领导高度重视，要求发动社会力量进行调查。经查，制罐公司实际控制人的大儿子被骗，高息借出资金近 3 亿元。

对此分行紧急召开会议，要求深入客户实地检查，明确授信退出的风险化解方案。一是约谈公司实际控制人，提出提前还贷的要求。二是多次约谈担保人，要求准备资金代偿，否则将影响到其控制的企业融资和上市进程。

4 月，在得知实际控制人拟将一公司股权转让并取得实质性进展之际，分行抓紧时机，使其以首笔股权转让款 2000 万元还清了贷款。

五、债务负担沉重

对于债务负担很重的企业，银行人员对其授信申请一定要小心，其中的道理是不言而喻的。工业企业的资金形态主要是储备资金、生产资金、产品资金和结算资金。如果企业债务负担沉重，必定是其中哪道环节出问题了，或者是原材料储备过多，或者是半成品过多，或者是库存产品过大，或者是赊销应收账款太多，资金被大量占压，周转缓慢，都说明企业生产经营出现了问题。

对于企业债务沉重这个话题，银行人员应注意两方面的问题：一是债务过重，二是隐性债务。

（一）企业过度负债的财务预警信号

从银行作为债权人的角度看，一个非常简单的规则是：债务轻的客户就是好客户，债务重的就不是好客户。债务由轻变重的过程，就是客户从好变坏的过程。

如何界定企业债务负担过重呢？过去大家习惯以资产负债率的高低来衡量企业债务负担的轻重，实际上是不够全面的。因为在正常情况下，债务首先是靠企业资产创造的收入来偿还的。只有当企业经营出现问题时，才会变现资产以清偿债务。

从银行债权安全能否得到保障的角度看，企业债务应与资产、收入、利润、经营活动产生的现金净流量四个方面的财务指标相匹配。过度负债就是比率超过了合理的范围。表 1–3 所示是从实践中归纳的企业过度负债的部分经验预警值。

表 1–3　企业过度负债的部分经验预警值

项目	序号	财务指标	预警值
债务规模 与资产的匹配性	1	实体性企业的资产负债率	>65%
	2	短期付息债务/流动资产	>1
债务规模 与收入的匹配性	3	总付息债务/销售收入	>1
	4	短期付息债务/销售收入	>0.5
债务规模 与利润的匹配性	5	利润总额/总资产	<5%
	6	税息折旧及摊销前利润（EBITDA）/ 总付息债务	<0.15
债务规模 与经营现金流的匹配性	7	经营活动产生的现金净流量 /（营业利润—投资收益）	<1.2
	8	经营活动产生的现金净流量 / 总付息债务	<0.05

注：①不同行业指标的合理范围差别较大，表 1–3 主要适用于制造业，其他行业可能有部分指标不适用。②债务规模与收入的匹配性指标中，应剔除在建工程对应的债务。因为固定资产投资项目的银行借款债务总是体现在当期报表，而项目收益总是体现在后期。③债务规模与利润的匹配性指标中，应剔除虚假利润的“水分”。④债务规模与经营现金流的匹配性指标中，如果企业投资资产的比重较大，也应考虑投资活动产生的现金净流量。

（二）判断企业债务风险的指标

银行可通过《企业绩效评价标准值》一书中列举的判断各个行业大中小企业债务风险的六项

指标来判断。

（三）企业过度负债的风险信号

1. 从多家金融机构获取融资

企业与两三家金融机构打交道是正常现象，但是小企业与三家以上银行打交道，中型企业与十几家金融机构都有融资关系，就是过度融资的重要信号了。如果大型企业不仅与众多银行打交道，而且其中的中小银行、城商行、农信社甚至小贷公司的占比也很大，则是过度融资的重要信号。这些企业常利用不同金融机构之间的信息不对称，“拆东墙，补西墙”，掩盖经营困难。

2. 从众多影子银行机构获得融资

其主要表现形式是企业把资产或收益权包装成银行理财产品、信托计划、基金、证券、保险子公司的资产管理计划等进行融资。这些融资形式的环节多、成本高、融资条件通常比较苛刻。一般是企业难以从银行等渠道获得低成本融资时，才不得不使用的融资渠道。因此，如果企业与众多的信托公司、基金、证券、保险子公司打交道，且融资总量中信托计划或资产管理计划的占比很高，那么，此类情形通常是企业资金链紧张、过度融资的重要表现形式。

3. 以企业部分资产对外融资

企业的贸易融资、商品融资、租赁融资（售后回租）、资产证券化、财产收益权信托计划等产品，具有一个共同特点，就是从企业资产负债表中“挖”出一块资产特定化后进行融资。在实际中，企业资产负债表中的所有资产，都对应有债务。因此，当企业从资产负债表中“挖”出一块资产进行融资时，这块资产对应的原有债务相应就要由剩余的资产负责偿还，这实际上增加了全体债权人的风险。

企业发行私募债，门槛低、信息披露要求低、流动性差、发行成本高，一般是在企业难以增加公募债券发行额度时才会发行。因此，这往往也是一种过度融资的产品。

4. 资产负债表中的隐性付息负债

包括售后回租、带回购条款的股权融资、长期含权中期票据和可续期债券等。例如，售后回租，体现在资产负债表左侧是固定资产，右侧是长期应付款，但其本质上是长期付息负债。又如，带回购条款的股权融资，名义上是股，实质上是债。再如，长期含权中期票据和可续期债券虽然均计入权益，表面上降低了企业的资产负债率，但它们本质上仍为债务，最终仍需还本付息。

当前金融创新很快，社会上的融资模式和融资渠道越来越多，很多时候，债权与股权的边界十分模糊，加上有些企业账务处理不规范，故意将本质上属于长期债务的科目或规定不够明确的科目计入权益。很多时候银行要搞清楚企业究竟借了多少钱并不是一件容易的事情，对银行提出了很大的挑战。

5. 资产大部分已被抵押

一般的情况下，企业只有对外融资才需要抵押资产，所以当企业大部分资产都已抵押出去的时候，往往显性或隐性的负债就已经很重了，因此，这也是过度负债的重要信号。

6. 通过关联关系多头融资

企业为达到对外融资的目的，通过隐性或显性关联关系，在关联企业之间制造或虚构收入和利润，形成多头融资和过度融资。

7. 涉及民间借贷

民间借贷是非正规金融，既不进入人行征信系统，也不反映在企业资产负债表中，因此银行往往很难核实企业涉及民间融资的总量及融资价格。由于民间融资的成本往往远高于其他方式的融资，因此，经营正常的企业一般很少从民间渠道融资，当一家企业需要从民间渠道融资时，往往意味着资金链很紧，难以偿还存量债务，甚至经营已经很困难了。

8. 出现重大债务纠纷

企业对于到期债务无法偿还，是导致债务纠纷的重要原因，也是企业债务负担过重的表现。

9. 提出不良贷款重组

企业贷款从逾期降为不良，是资产质量逐步恶化的表现。银行对其不良贷款被动重组，也是说明企业的债务已经超过其偿还能力。

（四）如何限制借款人增加债务

借款人增加债务总量，将会削弱其偿债能力，直接影响银行的债权利益（特别是无抵押债权）。因此，银行在《借款合同》中，必须加入限制借款人增加债务的条款，主要包括以下几项。

（1）限制借款人的资产负债率，未清偿本行贷款本息前，借款人的资产负债在任一时点均不得高于 X%。

（2）限制借款人付息债务总额（含银行借款、应付债券、融资租赁、信托等非标融资）与上年（季度、半年、最近 12 个月）营业收入的比率，不得超过 X%。

（3）限制借款人付息债务总额与 EBITDA（息税折旧摊销前利润）的比率，不得高于 X%。

（4）限制最大财务杠杆比率（全部付息债务与净资产的比率），不得超过 X%。

（5）规定最低债务偿还比例（EBITDA 与未来一年内到期长期付息债务的比率），不得低于 X%。本条款主要针对长期债务。

（6）限制合并负债总额与合并净资产的比率，不得高于 X%。本条款的主要目的是提高净资产对负债的保障程度，防止企业集团过度扩张。

（7）直接限制借款人增加付息债务。未经本行书面同意，借款人不得增加任何付息债务。

（8）限制借款人重复融资。本贷款建设项目对外融资总额最高不超过某一数额，否则即视为借款人违约。本条款目的是防止借款人以同一项目作为融资平台，重复向多家银行融资。

（9）限制子公司借款。在借款期限内，非经本行书面同意，借款人的下属子公司不得对外借款，或下属子公司借款总额不得超过一定额度。本条款的目的是防止借款人通过子公司增加并表债务总额，从而影响借款人的偿债能力及再融资能力。

> 预防风险是防火，化解风险是救火。事前的预防，胜于事后的补救。
>
> ——一位行长的话

以下是企业债务负担沉重而陷入困境的案例。

案例

银行不可介入巨额债务且情况难以核实的企业

某集团有限公司连续多年位列中国汽车经销商集团百强，是江西省五大汽车销售集团之一。根据中国汽车经销商集团百强排行榜公布的数据，2010年至2013年，该集团收入从近24亿元增长至约47亿元。集团合作银行较多，省内多家银行对其均有授信支持。

有一家银行的业务部门与其合作的愿望较为迫切，但历次授信申报均被风险部门劝退或被信审会议否决。主要是信审过程中发现了以下重要问题核实不清。

（1）该集团实际控制人涉及多元化投资，而具体投资情况难调查清楚。

（2）根据调查及人行征信，该集团首次申报授信时，即有贷款近6亿元，银承金额超16亿元，对外担保总额近20亿元，而集团上年主营业务收入仅为24亿元，融资总额与经营情况明显不符，融资用途不明，且总融资额仍持续增长。

（3）该集团资金链出现过明显偏紧，首次申报时，审查即了解到该集团内企业曾向某小贷公司借款2000万元，集团是否还有其他民间融资情况无法核实。

2014年中，该集团因民间融资债务发酵，最终导致资金链出现断裂，欠下各家银行贷款超20亿元，最终要靠地方政府出面推动集团引入其他投资者进行重组，但无明显进展。

经验总结：民营企业多元化经营较为普遍，授信时不能仅限于审查融资主体，还应对关联企业进行把握了解。对于实际控制人及其旗下企业民间融资传闻，应高度重视，防止产生连锁反应而拖累集团内各经营主体。对于重要关键问题无法核实的，即使企业名气再大，对其授信也应持谨慎态度，做到“看不清的不做，把握不住的不做”。

油品贸易企业普遍采取高财务杠杆运营风险难控

广东某能源有限公司（借款人）成立于2002年，大股东是国资委所属的国家特大型企业。公司借助大股东的平台，形成了以进口油品为龙头，有色金属、煤炭、化工品等为主业的多元化经营体系，其中航空煤油进口代理量居全国前列，是华南区域重要的油品经营企业。一家全国股份制银行2009年、2010年均给予借款人3亿元授信额度。2013年借款人申请继续授信。

分行风险管理部在审查过程中，发现企业出现以下新的情况。

（1）企业财务风险。油品贸易企业普遍存在高财务杠杆运营的情况，净资产少，财务风险偏高。而这家企业情况更为突出。

（2）转口贸易风险。虽然银行可以对贸易融资设计严格的风控操作方案，试图封闭控制现金流。但由于环节太多，很多方面都是需要企业主动配合以及银行事后的跟踪，几乎是被动地依赖于企业的诚信。

①贸易背景不真实风险。目前国内银行开展这种业务，基本是以LOI（Letter of Intent，意向书）作为信用证项下单据，而不是正本提单、仓单。而LOI是由借款人关联企业开出的，基本不能起到佐证真实贸易背景的作用。

②回款监控难落实风险。虽然银行可在开证前要求借款人提供销售合同，并约定要通过贷款行账户回款。但由于借款人与下游企业是商业伙伴关系，不能杜绝借款人临时通知对方变更收款账号的风险，银行只能依赖于借款人的诚信。

（3）业务萎缩风险。油品转口贸易企业是靠价差和套利赚钱的，但大量转口贸易融资的异常增长，扭曲了贸易数据以及外汇收支规模，已引发了国家监管部门的严控。因此，若油品价差缩小和境内外融资利差缩小，或者国家监管力度加强，企业业务量及现金流必然萎缩。

（4）对企业控制人难以把握。企业控制人虽然提供了信用担保，但其资产多数在海外，且部分控制人已取得他国居留权，银行难以把握。

因此，风险管理部在报请行领导同意后，决定退出该客户，原有3亿元授信到期结清后不再续作。

2014年借款人因经营陷入困境，某国有银行作为债权牵头行对其100多亿元巨额债务进行重组。

> 不熟的不做，看不清的不做，控制不住的不做。
>
> ——一位行长的话

企业的隐性负债是指没有记录在资产负债表内，但是随着时间的推移或者某种因素的改变而显性化的债务。对中小企业而言，企业隐性负债形式主要是民间借贷、高利贷等。这种债务的显性化可能会造成长时间内企业盈利能力逐步下降，也可能在短期内带来企业资产的突然损失和倒闭。

隐性负债之所以被称为“隐性”，是因为在大多数情况下，该负债未在企业的征信报告和财务报表上体现。这些债务包括非银行金融机构借款（如担保、小贷、投资公司等），向亲戚朋友借款等，基本等同于民间借贷。这类债务不仅通过报表等各种表面信息渠道难以循迹，还常常通过实际控制人的个人账户进出公司运营体系，以致银行根本无法查验真实数据。

企业的隐性负债对银行而言是深不可测的暗流，它是企业违约和倒闭的最主要原因之一。在现实生活中，被其拖至绝境的明星企业不胜枚举。而一旦企业出现重大经营性问题难以偿债，突然冒出来的隐性负债，还会在银行清算执行过程中占用原本就已十分有限的可分割资产。

（五）如何防范企业隐性负债

常理而言，掌握企业全部真实负债情况并估算偿债能力，应是银行审批同意贷款的前提条件和决策依据。但在业绩考核的压力下，有些银行人员对即使能够掌握的隐性负债情况也不愿深查，在盲目乐观和侥幸的心理下，忽视了银行可能陷入企业债务陷阱的危险。

隐性负债包括隐性借款和隐性担保两部分。银行即使想通过各种方式抽丝剥茧地还原隐性负债的全部情况，也存在很大的技术和现实难度。但还是可以通过一些痕迹和信息，对客户的隐性负债做出大体的评判。银行在对企业调查阶段，应要求企业提交所有债务清单，包括所有隐性负债清单。

银行应在《借款合同》中列明“借款人的陈述与保证”条款，可表述为：“借款人在本合同签订之前，向贷款人提供的与本贷款有关的一切文件、报表及陈述，都是真实无误的。财务报表真实地反映出报表日借款人的财务状况，以及截止至报表日借款人的经营情况。借款人保证在财务报表中没有隐瞒重大负债而不做披露的行为。”

银行只要发现企业有未坦白报告的隐性负债，就可根据上述《借款合同》中条款认定企业违约，从而停止发放贷款和追回已发放的贷款。

（六）如何对企业民间借贷进行调查

1. 银行流水筛查法

银行流水筛查法是经典的调查隐性负债的方法之一，重点检查企业主要账号以及实际控制人的个人账号。

2. 权益合理性分析法

权益合理性分析法是用于检验企业是否存在隐性负债和资本抽离的方法。

3. 财务报表勘查法

企业在财务报表中藏匿民间借贷的会计科目主要是其他应付、预收等科目，如果这些科目数额较大，应重点调查其产生的原因。

4. 抵（质）押情况调查法

虽然一些民间借贷依靠的是熟人关系，但实际上，大多数民间借贷还是需要借款企业提供抵（质）押品。因此，可通过查看企业和实际控制人个人名下是否有财产被抵押或是质押给其他人，重点是企业的动产和不动产，以及个人的房产和汽车。可以要求借款企业提供名下的财产证明：房产证、车辆登记证等，并且务必要求提供原件以防造假，必要时可以到相关部门进行核实。如果借款企业极度不配合，拿不出证明，那么很有可能已将上述资产抵押给其他债权人了。

5. 财务部门现场观察法

在企业财务部门，如发现疑点应敏感对待、深入分析，包括企业财务人员变动频繁，财务人员尤其出纳超员配置，内账会计出纳工作台历与计划表可疑，对敏感的财务资料与账套不配合调查，等等。

6. 社交圈层、内部员工访谈法

对企业实际控制人经常参加活动的商会、行业协会、学习班，或者企业的上下游合作伙伴、竞争对手等，以及内部员工尤其是高管，如果能够进行有目的的访谈，也可能获取有用的信息。尤其是对离职高管的针对性访谈更有价值。如果实际控制人在近期与类金融机构的金融人士有密切往来的，也是可能参与民间借贷的迹象。

上述方法不一定全部有效，但银行人员应在实践中，结合具体情况多种方法并用，就能发现真实情况，得出可靠结论。

需要指出的是，很多企业的民间借贷风险损失并非产生于企业向银行借款之前，而是发生在企业借款之后。因此，银行人员必须在授信后管理工作中，坚持对企业民间借贷行为严密监控，才能够降低企业违约甚至倒闭的风险。

六、过度担保

有些借款人自身生产经营很好，但问题就出在过度担保上。对外担保是借款人（担保人）的或有负债，如果被担保人的债务到期无法偿还，借款人（担保人）被要求履行代偿责任，将造成借款人财务状况在短期内恶化，由此引起的连锁反应，就会影响对银行贷款的偿还能力。企业之间的联保、互保就像一副多米诺骨牌，一个企业倒下了，很可能带动一片企业受到重创。

案例

103家上市企业担保比例越过监管红线

（来源：21世纪经济报道，2017年4月13日）

据21世纪经济网报道，随着上市公司年报披露的逐渐收官，有关其对外担保的情况也陆续揭开面纱，一些企业存在的高担保额度或成为埋在其财务背后的一颗“暗雷”。

截至4月12日，Wind资讯数据显示，在披露年报的1663家上市公司中，存在对外担保情况的，达到974家，占比58.6%。其中，担保总额占净资产比例（下称“担保比例”）超过100%的为45家，超过50%的则有103家。

此前，证监会发布的有关文件，曾给上市公司担保比例划了50%的“红线”。这意味着，上述103家企业存有担保“过线”现象，且其中又以房地产、能源等行业涉及最多。

西南一家融资担保公司高管表示，担保比例这一指标，揭示了上市公司可能承担风险的上限，“担保总额如果超过净资产，若出现最坏情况，上市公司面临着另一种形式的‘资不抵债’风险而可能破产”。

21世纪经济报道记者了解到，证监会曾有规定，上市公司及其控股子公司的对外担保总额，超过上市公司最近一期经审计净资产50%以后提供的任何担保，除需董事会审议外，还需股东大会审议。

西南融资担保公司高管对记者表示，单纯以担保方式来分类，共有保证、抵押、质押、定金、留置五种，但基于担保对象的不同，涉及的担保类型又可分为对外担保、关联担保和互相担保。

“一般而言，上市公司为股东、实际控制人及其关联方提供的担保，是风险最高的，因为这类担保很容易成为被担保对象的‘提款’工具，在遇到情况时容易成为最后的赔付者。此外，为高负债企业提供担保，存在的风险也是很高的，”上述高管解释，“公司有时候出于业务开拓、客户维系等原因，也会为非关联公司提供担保。”

根据Wind资讯数据统计，在103家担保比例超过50%的上市公司中，房地产、能源以及机械设备成为涉及公司数最多的三个行业。其中，房地产行业共有23家上市公司担保比例超过50%，能源类、设备类的上市公司则分别达到16家和7家。

有一家房地产公司以477.7%的担保比例，成为行业中这一项数值最高的企业。该公司关联担保余额为68.3亿元，对控股子公司担保发生额合计则达到58.1亿元。至于担保对象，主要是与控股子公司进行了互保。该公司人士表示，公司出现担保比例较高的原因，与公司对融资需求较大有关，“这个现象在行业还是比较常见”。

有关专家表示，房地产企业作为投资周期长、先期投资金额大的行业，企业对外界融资的需求很大，因此无论是通过贷款还是发债等形式来“筹款”，对外提供担保均是必经途径。在目前有关部门收紧房企融资渠道后，对外担保的金额可能会进一步加大，这其中隐含的风险应该值得关注。

记者通过多日的梳理发现，担保的形式，不仅有两家企业之间的互保关系，还有几家企业之间构成复杂的联环保关系。

上市公司除了需要面对日常经营性风险，还得预防“黑天鹅”意外性质的非经营性风险，而在后一类风险中，因被担保企业违约、破产等产生的连带责任事件时常发生。

由担保引发的很多事件，往往都是上市公司缺乏严密的关联担保审核机制，包括对担保风险也没认识清楚。上市公司对外施行担保时，除了要厘清被担保企业的财务状况，更要理性提供担保，注意别踩 50% 的“红线”。

（一）如何防范企业过度担保

1. 判断过度担保的依据

《中华人民共和国公司法》第十六条规定：“公司向其他企业投资或者为他人提供担保，依照公司章程的规定，由董事会或者股东会、股东大会决议；公司章程对投资或者担保的总额及单项投资或者担保的数额有限额规定的，不得超过规定的限额。

“公司为公司股东或者实际控制人提供担保的，必须经股东会或者股东大会决议。

“前款规定的股东或者受前款规定的实际控制人支配的股东，不得参加前款规定事项的表决。该项表决由出席会议的其他股东所持表决权的过半数通过。”

最高人民法院曹士兵博士将《公司法》第十六条形象地总结为“一条原则，两个选择，两类担保，两层决策”。

（1）一条原则，是指公司对外担保是属于公司意思自治的范畴，由公司制定章程，自行决定对外担保。

（2）两个选择，是指公司章程只能选择董事会或者股东会（含股东大会）作为公司对外担保的决策机构。公司章程如果选择公司董事长或者总经理个人来决定公司的对外担保，其规定无效。

（3）两类担保，是指公司对外担保分为“一般”和“特殊”两类情形，为公司股东或者实际控制人提供的属于“特殊”担保，除此之外的为“一般”担保。

（4）两层决策，是指对一般担保可由公司股东会或董事会决策，对特殊担保则必须由公司股东会或者股东大会决策。

案例

证监会：严格控制上市公司对外担保风险

为了严堵上市公司违规担保源头，证监会银监会于2005年11月14日联合下发《关于规范上市公司对外担保行为的通知》（证监发〔2005〕120号）。目的是规范上市公司对外担保行为，严格控制上市公司对外担保风险。有关要求如下。

（1）上市公司对外担保必须经董事会或股东大会审议。

（2）上市公司的《公司章程》应当明确股东大会、董事会审批对外担保的权限及违反审批权限、审议程序的责任追究制度。

（3）应由股东大会审批的对外担保，必须经董事会审议通过后，方可提交股东大会审批。须经股东大会审批的对外担保，包括但不限于下列情形：

①上市公司及其控股子公司的对外担保总额，超过最近一期经审计净资产50%以后提供的任何担保。

②为资产负债率超过70%的担保对象提供的担保。

③单笔担保额超过最近一期经审计净资产10%的担保。

④对股东、实际控制人及其关联方提供的担保。

股东大会在审议为股东、实际控制人及其关联方提供的担保议案时，该股东或受该实际控制人支配的股东，不得参与该项表决，该项表决由出席股东大会的其他股东所持表决权的半数以上通过。

银监会：企业对外担保额不得超净资产

（来源：华商网，2014年8月13日）

银监会近日下文要求加强企业担保圈贷款风险的防范和化解工作。银监会警示，银行要重点监控银行贷款依存度高、民间融资依存度高、生产经营不正常的担保圈企业。

银监会要求在2014年8月10月底之前，各家银行完成对担保圈贷款的风险排查，并及时汇报排查结果和高风险客户的风险处置预案。对于发现属于担保圈贷款的客户，要及时纳入担保圈治理范围，重点做好对借款人、保证人偿债能力的分析和监控。

对于联保模式的贷款，银监会首次明确提出，要求企业对外担保的限额原则上不得超过其净资产，除农户担保贷款外，每家企业的担保户不得超过5户，并严格控制联保体内单户贷款额度。

接近监管层人士指出，在小微企业和县域企业中，采取互保、联保、循环担保等方式进行贷款的行为较为普遍。这容易造成多头授信和过度授信，在经济下行周期中，如果担保圈个别企业发生经营问题和财务危机时，往往会产生多米诺骨牌效应，风险很快传染，导致圈内企业整体陷入困境。

银监会：财务公司担保比例不得高于100%

银监会2006年12月29日印发《企业集团财务公司风险监管指标考核暂行办法》（银监发

〔2006〕96号），其中第十五条规定，担保比例为担保风险敞口与资本总额之比。要点：①担保风险敞口是指等同于贷款的授信业务扣除保证金及质押的银行存单、国债价值后的余额；②担保比例计算不包括与贸易及交易相关的或有项目，如投标保函、履约保函等；③财务公司担保比例不得高于100%。

2. 如何防范过度担保风险

银行为保护自身利益，可以在《借款合同》中列明以下限制借款人对外担保的条款。

（1）借款期限内，未经本行书面同意，借款人不得向任何第三方提供担保；或对第三方的担保金额限定在上年末净资产的$X\%$以内。

（2）借款期限内，未经本行书面同意，借款人不得以本借款合同项下借款形成的资产和权益对外设定抵（质）押担保。

银行在贷后检查中，如发现企业有上述擅自对外担保行为，可根据借款合同条款，宣布企业违约，并采取停止发放贷款、提前收回贷款等措施。

3. 如何发现隐性担保

企业究竟对外提供了多少债务担保，尤其是想要刻意隐瞒时，是银行人员最难调查的内容之一。这是因为很难从外部获取验证信息，通过对企业内部调查也较难发现痕迹。此时，银行调查人员必须具有较高的素质，通过多种方法调查企业是否存在债务担保。

如果是银行贷款方面的公开担保，在中国人民银行征信系统的企业信用报告中，可以查阅到企业融资担保方面的情况。还可要求企业提供对外担保明细表，列明所有对外担保（包括隐性担保）的详细情况。同时列明责任条款，如有隐瞒而导致银行的经济损失和法律责任，将全部由企业承担。

如果是民间借贷方面的隐性担保，企业一般不会主动提供，银行人员可以采用以下方法。

（1）区域推断法。如果企业所在地区盛行以联保、互保方式获得银行贷款，银行人员就应该对辖区内借款企业加倍仔细地调查。

（2）外部调研法。在一个区域内的商圈中，信息往往是互通的，尤其是互保、联保信息。可以从企业实际控制人的朋友、同行、老乡那里了解相关信息，也可以从辖区内商会、行业协会、上下游合作伙伴、竞争对手等处进行调查。

（3）旁敲侧击法。在与企业实际控制人以及其他高管访谈时，可以突然试探询问："我们初步了解到，你们为其他企业提供了担保，请问担保了几笔？"如果企业真的对外提供了担保，由于被访者不了解银行调查人员掌握的真实情况，在短时间内往往无法掩饰，即使掩饰也会有明显的语言、肢体的漏洞。

（4）直接访谈法。直接访谈企业有关主管人员：一是管理公章部门的负责人，看是否对外出具过担保函，要求提供企业留底的担保函副本；二是财务部门的负责人，看是否有对外出具保函的内部记录。

（二）过度担保的类型

过度担保的类型（4 种）
● 企业过度担保 ● 被担保人违约而代偿赔付 ● 关联方担保出问题 ● 擅自对外提供担保

1. 企业过度担保

企业可以对外担保，但是如果不注意控制担保总量而出现过度担保，将会因为替人赔付而拖垮企业。

案例

A 能源公司为 B 电厂 3.9 亿元债务提供过度担保

广州 A 能源有限公司与某分行业务合作已 3 年多时间，有授信额度 1 亿元，专项用于为电厂采购燃料油。

某年 5 月，分行发现 A 公司销售量大幅下滑、负债率升高，虽盈利能力尚可，但应收账款持续增加。尤其是对 B 电厂的销售量仅 1.4 亿元，但应收账款高达 3.6 亿元，存在资金大量外流的嫌疑。更重要的信息是，为 B 电厂提供了 3.9 亿元的债务担保。

经过进一步了解，B 电厂正在筹备资产重组，其财务状况较差，长期依靠各家银行借款以及占用 A 公司资金维持生产，偿债能力弱。且有关银行已要求 A 公司承诺不得向 B 电厂追讨应收账款。

考虑到 B 电厂经营及偿债能力弱，而 A 公司自身资产负债率已高达 82%，巨额应收账款以及对外担保存在较大风险隐患。一旦 B 电厂爆发财务危机，将直接影响到 A 公司自身的正常经营，从而影响分行贷款的安全。

为此，分行果断决定对该客户采取暂时退出的措施，成功收回最后一笔授信敞口业务。同时，分行密切跟进 B 电厂的重组进展，一旦相关风险信号解除，可重新考虑与该客户的授信业务合作。

打火机企业过度担保 3 亿元，已有代偿赔付风险隐患

WSF 企业是以生产打火机起家，年销售收入曾达 3 亿元左右，位居国内一次性打火机龙头地位。该企业因看好冰箱行业在国内三四线城市存在巨大的市场机会，进入冰箱行业。后来，受惠于国家扶持家电下乡的政策，企业冰箱销售收入呈爆发性增长（销售额超 6 亿元）。该企业最终形成日产 100 万支打火机、45 万台冰箱的生产能力，销售收入多年超过 10 亿元，成为当地龙头企业。

宁波某银行与该企业合作十余年来，一直是积极扶持。授信额度由最初的 500 万元到后来的 1 亿元，以工业房地产等集团核心资产抵押担保。

但在某年申请1.2亿元集团授信（新增2000万元）时，被分行信审会否决。其原因如下。

（1）分行从行业中了解到，国家取消扶持家电下乡的政策后，中小家电生产企业受制于品牌效应弱和产能低（年产30万台~40万台）等因素，在同业竞争中基本处于劣势。加上一些国内一线家电大品牌开始主动抢占三、四级市场，使众多品牌弱、规模小的冰箱生产企业雪上加霜，企业主营收入增长乏力。

（2）企业对外投资增加但效果不好，其中在秀山岛开发房产投资近1亿元，由于房产形势较差，合作股东实力较弱，后期无资金投入，开发面临停工。为此与其他企业成立投资公司，高息借贷。

（3）企业过度担保余额超过3亿元，已经有代偿赔付风险隐患。其中担保近1亿元的A火机公司负债过高，实力较弱；担保3000万元的金属制品公司资金紧张，经营困难。

之后，随着不良信息越来越多，分行同时了解到当地有金融机构有意对其增加授信的信息，于是分行采取内紧外松策略，通过压缩授信额度及控制提款措施，一年内全部退出。10个月后，该企业因主营收入严重缩水、涉房投资无法正常收回，投资公司失败及对担保圈风险出现资金链断裂，在当地10余家金融机构共5.7亿元贷款本息出现实质性风险。

2. 被担保人违约而代偿赔付

案例

被担保企业老板跑路使借款人产生代偿风险

温州A特种钢有限公司在杭州某分行有授信敞口金额3000万元，由浙江B人造革有限公司和实际控制人提供连带责任保证。

某年6月，温州C流体设备科技有限公司法定代表人跑路了。而A公司由于为C公司借款提供了3500万元担保，由此产生代偿风险。因此，分行将A公司纳入重点风险监控客户名单。

分行一方面，多次派人前往温州企业现场走访，了解C公司法定代表人出逃事件的具体情况，评估A公司为跑路企业保证可能形成不良后果。

另一方面，要求企业尽快更换担保条件，提供新的抵押物。但由于企业无法变更担保，分行与企业协商，通过多次分笔还款的方式，在半年内全部结清企业授信。由于分行早于他行了解到担保企业出逃情况，较早与授信企业沟通，最终全额收回本息，风险事件完全化解。

3. 关联方担保出问题

案例

借款人资产因关联企业担保而被法院冻结

扬州A宾馆投资管理有限公司在某分行有房产抵押贷款950万元，还本付息正常，无不良记录。

某日，公司大股东陈某控制的B置业公司为南京C公司贷款提供担保而被判承担连带责任，A公司名下资产被法院冻结（不包含抵押给分行的房产），现金缺失超过2000万元，导致企业资金周转困难。

在第一时间发现企业的预警信息后，分行立即将其纳入预警客户管理。考虑到企业本身的生产经营尚能正常进行，分行认为立即诉讼不利于清收，决定采取内紧外松、分期压缩的清收措施。

经若干轮的艰苦谈判，A公司找到合适的第三方投资人愿意提供3000万元的融资，前提是所有抵押权人（对应近3000万元债务）提前释放抵押权。

在这种情况下，分行一方面明确表示无法接受"先解押，后还贷"的模式；另一方面主动上门与融资、重组双方接触，表明积极支持的态度，争取对方"先还贷，后解押"。经多日反复拉锯，在借款人还清全部贷款本息后，分行予以了解押。

4. 擅自对外提供担保

案例

放款审核发现借款人擅自对外提供担保，暂停1000万元放款

HY集团是银行老客户，旗下A、B、C三家企业共获得授信额度9亿元，期限1年。三家企业贷款之前向银行出具承诺函，未经银行允许，不得从他行新增授信及对外提供担保，否则银行有权按照授信合同规定收贷。

其后，放款中心在审核A企业的一笔1000万元的人民币流动资金贷款时，对A、B、C三家企业的贷款卡分别进行了严格审查，发现C企业在本行启用授信额度后仍对外进行了担保。

放款员立即与贷后管理小组进行了沟通，得知该情况在定期贷后检查报告中未体现，属企业擅自新增担保，且未征得本行同意。对此，放款员立即向放款中心负责人进行了汇报，暂停了该笔业务的办理，要求业务经办部门立即对相关情况展开调查。

七、资金链断裂

资金链是保证企业能正常经营的血液。每个企业在发展初期，资金链多少也会存在一些问题，但与其他问题相比尚不突出，因此管理者往往不太重视。当企业规模发展到一定程度，问题就会暴露出来，企业会因为资金需求没被满足而出现资金缺口的情况，而资金缺口如果不能及时弥补就会出现资金链断裂。

如果打开互联网，输入"资金链断裂"关键词，企业由此而失败的案例比比皆是、触目惊心。

（一）企业资金链断裂的十大原因

资金是企业经营的血液，资金链断裂意味着企业的现金资源已近枯竭，经营难以为继，马上要进入"猝死"状态。

而导致资金链断裂的原因，大多数是企业负债过多，不能按期偿还债务。而企业负债过多，又是由大举进行投资、投资无法按时收、债务期限错配、经营亏损、管理不善等原因造成的。

企业资金链断裂往往是多种因素共同作用的结果。对于企业存在的问题，有些是相对容易捕捉，到企业现场走访就能发现；而有些则需要深入调查，仔细分析财务报表才能发现。

总之，应要求企业正确把握自身的负债规模和偿债能力，注意负债经营的临界点，合理安排筹资结构和债务偿还时间及额度，力求平稳偿还银行债务。下面我们重点论述导致企业资金链断裂风险的十大原因。

企业资金链断裂原因的类型（10 种）
● 库存和应收账款过大 ● 盲目决策，过度扩张 ● 多元化投资失利 ● 投资房地产失败 ● 资产价格泡沫破裂 ● 超高的财务杠杆 ● 大量民间借贷发生纠纷 ● 融资期限结构不合理 ● 过度担保造成被动 ● 经济下行前未提前收缩

1. 库存和应收账款过大

企业的库存和应收账款都属于销售问题，如果这两方面过度增加，都将大量占用营运资金，导致企业资金链紧张甚至断裂。

在应收账款方面，不少生产商为了促进销售，会给经销商一个不用付款就可以进货的信用额度，也即是生产商的应收账款（期账）。如果经销商因增开新店或者扩大经营规模而长期拖欠付款资金，就会使生产商资金链紧张周转不畅。如果经销商突然倒闭、老板卷款逃跑，对生产商则是致命的打击。

对于应收账款过大的风险，请参见第一章第十七节“财务风险”中有关“应收账款出问题”的论述。对于企业库存过大的风险，请参见第一章第十节“库存积压问题”。在此不再重复论述。

2. 盲目决策，过度扩张

不少企业在经济景气度较高时盲目扩张，期望通过不断扩张来增加经营规模、增加市场竞争地位。但没有考虑到过度扩张会占用企业大量资金，增量的投资往往与预期现金流相距甚远，如果失败就会带来非常严重的后果，使企业的正常经营陷入被动。

资金链断裂导致企业失败，其核心是企业缺乏管理财务风险和控制现金流的能力。如果公司治理制度不完善，决策过程缺乏制衡，企业决策错误的概率就会增加，从而导致企业失败。

对于盲目决策过度扩张的风险，请参见第一章第十一节“过度扩张风险”，在此不再重复论述。

3. 多元化投资失利

请参见第一章第十二节“多元化投资风险”，在此不再重复论述。

4. 投资房地产失败

请参见第一章第十二节“多元化投资风险”和第十三节“投资房地产风险”的相关内容，在此不再重复论述。

5. 资产价格泡沫破裂

如果企业持有大量的泡沫性资产，则当资产价格泡沫破裂时将使得资产负债表的资产价值严重缩水，企业财务状况迅速恶化。而资产变现能力下降和价格水平的暴跌，必然使得企业出现到期债务不能清偿的风险。

2010—2016 年部分商品价格下跌情况（见表 1–4）是资产价格泡沫破裂的典型案例。

表 1–4　2010—2016 年部分商品价格下跌情况

产品	2010 年后价格峰值	2016 年 1 月价格	跌幅（%）
煤炭（元/吨）	860	360	58
水泥（元/吨）	440	260	41
螺纹钢（元/吨）	5420	2160	60
铜（元/吨）	76200	35560	53
铝（元/吨）	18300	10860	41
铁矿石（美元/吨）	200	39	81
石油（美元/桶）	110	30	73
黄金（美元/盎司）	1900	1063	44
发光二极管（美元/千流明）	50	11	78
太阳能电池（美元/瓦）	1.8	0.65	64
32英寸平板电视机（元/台）	3500	1400	60

以前，我们只知道证券市场中股票价格波动会非常激烈，但没有想到实体经济中商品价格波动也可以是如此激烈。当股票价格“腰斩”时，股民往往难以承受亏损之痛；而当产品价格“腰斩”时，对财务杠杆普遍较重的企业而言，又会是怎样的一种煎熬？企业泡沫资产的价值顿时灰飞烟灭了。

6. 超高的财务杠杆

超高财务杠杆意味着大量的债务，它是企业资金链断裂的直接原因。请参见第一章第十七节“财务风险”中有关“债务负担沉重”的内容，在此不再重复论述。

7. 大量民间借贷发生纠纷

企业告贷无门而借入大量高利贷无异于饮鸩止渴。在财务危机时期，各方债权人不择手段的紧逼，无疑是压断骆驼背的最后一根稻草。请参见第一章第十七节“财务风险”中有关“高利贷风险”的内容，在此不再重复论述。

8. 融资期限结构不合理

短款长用、短贷长投是民营企业的通病，经常出现的情况是，企业要上一个项目，资金总量是能筹措到位，利息成本也能承担得起，但就是不注意期限的匹配。殊不知，严重的短款长用、短贷长投与盲目投资、多元化结合在一起，就会引起财务风险倍增效应，一旦外部环境发生突变，银根收缩，会给企业的资金带来沉重压力，极易引起资金链断裂。

9. 过度担保造成被动

对外担保造成公司资金链断裂的事经常发生。一旦被担保人无法履行其债务责任，担保人就会被迫承担支付责任。担保链就如同一个多米诺骨牌，一个正常经营的企业常会因为承担过多的担保责任导致资金链断裂。请参见第一章第十七节“财务风险”中有关“过度担保”的内容，在此不再重复论述。

10. 经济下行前未提前收缩

当社会经济出现严重的产能过剩、通货膨胀时，国家就会采取宏观的紧缩政策，包括暂停项目建设、收紧社会资金总量。这时对企业的生产经营影响就非常大：一方面货卖不出去，应收账款收不回来，资金来源困难；另一方面投资项目停工，银行收紧贷款，供货商催要货款。企业的资金链很容易就断掉了。有些企业家有战略眼光，能够判断经济大势和国家宏观政策走向，力排众议，提前采取收缩战略，保持足够的现金流，最终安全过冬，东山再起。而有的企业家一心想要做大做强，不懂得顺势而为、以退为进，不采取提前收缩战略，结果摊子铺得太大，最终轰然倒下。

案例

曹德旺谈：审时度势 战略收缩 安全过关 东山再起

中国企业家曹德旺2018年12月17日在中央电视台《开讲啦》节目中，讲了这么一个故事：

“2006年我早上上班的时候，听到广播里面讲贸易摩擦不断加强，人民币汇率可能会自由汇兑。那怎么处理呢？第一，在建项目抓紧扫尾；第二，停止一切扩张性的再投资；第三，着手清理应收账款；第四，减少库存，产品库存与材料库存都尽量压缩；第五，关闭那些会产生亏损的企业；第六，推动精益管理，请外国的专家进驻福耀，帮助提升。这些政策出台后，有四条孵化生产线关掉了，要损失20亿元。他们腿都吓软了，你为什么一定要关闭？我说一定要关，关可以把根保住，保住这个大厦，不关山都给它吞没了。结果2008年的危机很短暂，2008年9月到2009年6月就结束了，我们第二年就赚钱了。”

由此我们可以得知，企业家对于宏观经济变化的风险要有敏感性，要能判断大势，勇于决策，主动收缩，急流勇退，才能反败为胜。

（二）如何定性判断企业资金链断裂的风险

企业资金链之所以断裂，是因为企业资金需求和资金供给之间出现了难以解决的资金缺口。

企业的资金需求分可为三类，即长期资金需求（形成长期性资产所需要的资金）、经营性资金需求（形成经营活动资金占用所需的资金）、现金支付资金需求。

企业的资金供给也可分为三类，即长期性资金供给（包括所有者权益性资金和长期负债资金）、经营性资金供给（包括经营活动中可以占用他人的资金）、现金供给（主要是短期借款、应付票据融资等资金来源）。

以上三种类型的资金需求和资金供给之间，会形成三种类型的资金缺口，即长期资金缺口、经营性资金缺口和现金资金缺口。

企业要防止资金链断裂，就必须解决这些资金缺口。如果不能及时解决，随着时间的拖延，资金缺口就会逐渐扩大，长期资金缺口会演变为经营性资金缺口，经营性资金缺口会演变为日常现金支付资金缺口。资金的静态缺口向资金的动态缺口转化，最终不可收拾地导致企业全部资金链断裂。

资金静态缺口是指企业已到期而无法偿付的债务。资金动态缺口是指企业出现资金静态缺口后，随着社会上关于企业资金链断裂传言和负面消息的不断扩散，企业被各债权人要求提前偿还其他未到期的各项债务。动态缺口就是企业如果不想清算破产而需要偿还债务的资金缺口。

企业对于动态缺口通常难以通过再获得融资来解决，而是不得不依靠出售资产来填补。出售资产的结果固然是获得现金收入，但在偿还债务之后，也会使企业的资产减少，生产能力受损。

在现实中，还有一种加速企业资金链断裂的情况。就是当企业出现资金风险消息的时候，各家银行和债权人纷纷采取行动，有的查封账户，有的冻结资产，有的保全财产，墙倒众人推，破鼓乱人捶，大家一拥而上，迅速加快了企业的死亡。

（三）如何定量判断企业资金链断裂的缺口

当企业资金链断裂信号暴露之后，不但短期负债、经营性负债需要偿还，而且未到期的长期负债也可能会被要求立即偿还，企业资金的动态缺口就会滚动地不断扩大。在不同情况下，资金会出现大小不同的缺口。

1. 经营活动受到影响时的资金缺口

资金链断裂风险暴露后，企业经营活动受到影响，资产的变现能力下降，被外部追债的可能性加大，一些未到期的经营性负债也会被要求立即偿还。此时企业的资金缺口 = 现金缺口 + 需要立即偿还的经营性负债－可以立即变成现金的经营性资产。其中，现金缺口 = 货币性资产－货币性负债。

2. 经营活动停止情况下的资金缺口

如果资金链断裂风险持续恶化，导致企业的经营活动停止，这个时候企业的货币性负债和经营性负债均需要立即偿还。此时企业的资金缺口 = 现金缺口 + 营运负债 = 流动负债－货币性资产。

3. 长期负债需要立即偿还时的资金缺口

企业经营活动停止之后，企业的长期负债也会被要求立即偿还，此时企业的资金缺口 = 总负债－货币性资产。

4. 企业变卖各项资产之后的资金缺口

在企业全面爆发资金链断裂危机并且停产之后，偿还全部负债所需要的资金，只能靠变卖各项资产，还要取决于这些资产的变现能力。此时企业的资金缺口 = 总负债－货币性资产－可变现经营性资产－可变现非流动资产。

如果全部资产变卖之后仍然存在的资金缺口，就是债权人的净损失。

从企业资金链断裂动态演进过程可以看出，资金链断裂风险暴露之后的资金缺口是一个滚动发展和持续扩大的过程。由于上述指标均是绝对值指标，可以作为银行实践中识别资金链断裂风险大小的计量指标。

【参阅资料】

短期负债也叫流动负债，是指在1年内（含）或者超过1年的1个营业周期内需要偿还的债务，包括短期借款、应付票据、应付账款、预收账款、应付工资、应付福利费、应付股利、应交税金、其他暂收应付款项、预提费用和1年内到期的长期借款等。

长期负债，是指偿还期在1年或1个营业周期以上的债务，主要有长期借款、应付债券、长期应付款等。

经营性资产，是指企业用于生产经营的资产，包括货币资金、业务往来产生的应收款、存货、厂房、设备、生产用地等。

经营性负债，是指企业因经营活动而发生的负债，如应付票据、应付账款、预收账款和应付职工薪酬等。

融资性负债，是指企业因融通资金而发生的负债，如短期借款、长期借款、应付债券、长期应付款等。

货币性资产，是指持有的现金及将以固定或可确定金额的货币收取的资产，包括现金、应收账款和应收票据以及准备持有至到期的债券投资等。现金包括库存现金、银行存款和其他货币资金。

货币性负债，是指负债到期时要以现金作为偿还方式的未来债务。可分为流动货币性负债（包括短期性的应付票据、应付账款、应付股利、应付所得税、应付薪金等）和非流动货币性负债（包括长期应付票据、应付债券及应付抵押借款等）。

营运负债，是指用于公司日常经营的负债科目，具体包括应付账款、预收账款、应付工资、应付工资及福利费、应交税金等。

总负债，是指企业承担并需要偿还的全部债务，包括流动负债和长期负债、递延税项等。

（四）企业自身如何防范资金链断裂风险

苏州某纸业包装有限公司销售总经理，对于如何避免资金链断裂风险，从企业家经营管理的角度提出了以下几点经验之谈。

1. 谨慎扩张

为什么一些好企业会“猝死”？原因在于企业在扩张阶段，会占用大量的资金，这些资金在一段时间内不会很快回笼，如果一开始准备不够充分，就会很快陷入被动。这里面有两个问题十分重要：第一，一定要控制扩张的节奏，不要以为利润空间很大就放心扩张，因为那些账款不一定能收回来；第二，一定要做好融资计划，在每一个阶段的储备资金还没有到位的情况下，宁可牺牲发展速度。

2.“现金为王”

现金是企业的血液，在经济风险越来越大的今天，企业需要时刻保持健康的现金流。一般要做到以下四点：确保投资规模与企业的资金实力相匹配，确保债务与权益比例平衡，确保投资回报期间与债务偿付期间相匹配，确保充足的现金储备。

3. 赊账有度

赊账在包装印刷产业司空见惯，赊购原材料或设备等的同时也被客户拖欠货款，有些企业就是在这种经营状况下如履薄冰、勉强度日。一旦资金不能及时回笼，就会加大资金链断裂风险。因此，在允许赊账的情况下，一定要设定一个合理的额度值，客户一旦超过了风险额度值就要断然停止供货，否则很容易走到资不抵债的困境之中。

4. 谨慎担保

替人担保常有两种原因，一是因自我保护意识不强而签字替人担保，二是碍于人情面子。当然，还有人是因经济利益诱惑而提供担保的。避免担保风险的最好办法是婉拒，避免不必要的麻烦。实在推托不掉的，法律专家建议担保时一定要知道为谁担保，考察担保人的诚信度和真实度，核实对方经济状况。要知道担保什么，明确借款金额、期限、用途及担保范围。要掌握担保人享有的权利和义务，比如是一般责任还是连带责任。要考虑自己的代偿能力，不要因为一时碍于情面，而做出令自己将来后悔莫及的事。

（五）银行如何防范企业资金链断裂风险

企业资金链断裂，并不是无缘无故突然发生的，必然是一个由量变到质变的渐变过程。银行人员平时就必须注意企业的风险迹象，发现问题，及早采取措施。

如果等到企业老板已跑路，资产被查封，就为时已晚了。

新华资产管理股份有限公司信用评估部的《违约案例汇总分析报告》，对 2012—2017 年 50 家企业债券的违约原因进行了逐一分析。发现企业违约前会有如下迹象。

（1）盈利能力总体趋于恶化，但仍有 1/4 企业维持了较好的账面利润率。

（2）杠杆水平总体高位平稳。

（3）EBITDA（Earnings Before Interest, Taxes, Depreciation and Amortization 的缩写，即未计利息、税项、折旧及摊销前的利润）对有息债务的覆盖总体下滑，但仍有 1/4 企业维持了较好水平。

（4）50% 以上的企业货币资金对短期有息债务和利息支出的覆盖总体较充裕。

（5）大企业违约前，一般会经历一段杠杆率高企、偿债指标恶化的过程。

（6）小企业违约前没有任何先兆，第一年业绩大幅恶化，第二年旋即违约。

（7）大多数企业违约前的财务数据已经流露出衰败的蛛丝马迹。

（8）企业违约前往往存在严重的财务造假行为。

案例

部分中小企业存在“短贷长用”现象

一个半月时间里，长沙两家知名企业老板或跑路或玩起了消失，“有一点可以肯定，粗放式经营的传统模式已经走到了尽头，当年闭着眼都可以挣大钱的时代已经一去不复返”。资深中小企业研究人士杨勇判断，不夸张地讲，现在部分中小企业的经营承受能力正在逼近临界点。

在导致问题产生的原因中，企业过度负债、盲目扩张，导致现金流紧张，被指为其中最为严重的一条。湖南省股权投资协会副会长称，许多中小企业都普遍存在“短贷长用”现象，即把从银行获得的贷款改变用途，原本搞短期经营的钱用来搞厂房建设、买地等长线投资，造成企业现金流非常紧张，一旦宏观调控来临，银行收紧放款，实力不够雄厚的中小企业根本很难撑住。

杨勇认为，越是在经营困难时，中小企业越要特别注意资金周转速度和交货周期，“即使有融资渠道，也不要吃得太饱，要保持在一个可控范围内。还要注意收缩，避免盲目扩张”。

八、财务制度混乱

财务管理制度是企业实施经营管理活动，对财务管理体系建立、维护，对会计核算与监督的制度保障。加强财务管理，规范财务工作，对促进企业经营业务的发展，提高企业经济效益有着重要的意义。

（一）企业财务制度混乱的表现

企业财务管理中常见的问题是财务制度不健全或管理混乱。对银行人员而言，不能去干涉企业的财务制度，但要小心财务管理制度混乱的公司，如果发现以下几种现象时应该引起注意，因为这些表现的背后，可能隐藏着某些风险。

1. 拒绝或拖延提供财务报表等资料

企业在申请授信时，很少出现拒绝提供财务报表的情况，因为那样会使银行拒绝发放贷款。也有特殊的情况是，例如借款人属于军工企业或保密单位的，银行人员只能上门查阅，而不能把资料带回本行。也有的企业以材料丢失、发生火灾损毁等理由声称无法提供材料。银行对此类企业的授信申请应该审慎，一个连材料都保管不好的企业，怎么能让人放心贷款给它。

比较常见的情况是拖延提供财务报表，声称的理由或是报表还没做出来，或是还没经过审计，或是有关领导和主管人员出差休假，或是有关人员调动未完成交接。总之是能不给就不给，或者给了也是不齐全的材料，缺漏那些银行所需要的关键性材料。对此，银行人员必须坚持银行制度要求，做到不收齐材料，不上报审批。

2. 编制两套账

有些企业为了达到减少税负目的，大多数采取编制内账和外账，就是财务人员俗称的“两套账”。

两套账是指，对于同一会计主体、同一会计期间所发生的经济业务，使用不同的会计核算方法做不同取舍，从而使会计报表产生不同结果的内账和外账两套会计账。

内账又称管理账，其目的是反映企业实际经营和财务情况，供企业老板对企业进行管理。内账的核算重点是实质，不注重记账形式。例如业务员招待客户时没有发票，但写一张纸条说明经老板同意就可以入账，又如没开发票的收入，也可以入账。对内账而言，公司发生的每一笔业务、每一张原始凭证都要入账，也就是说，只要与公司的实际经济业务有关就要入账。内账要求票据完整，能反映真实情况，老板能看懂，不一定遵守会计准则和税法规定。

内账一般是通过老板个人的银行账户（如各种银行卡）经办各项收入和支出，记账摘要会写明往来款的事由，最能反映公司的实际运营情况。做内账的人可能月底还要向老板出一张资金状况表，让老板掌握支配。记内账人员的业务水平不一定要有多高，但必须是老板绝对信任的人员。内账一般由出纳做，会计只做外账。

外账又称税务账，为了达到少缴税的目的，往往采取少记经营收入、多记费用支出等方法造成企业盈少亏多的情况。外账一般是要往税务局报的账，重点要求是入账的原始凭证必须是正规合法的发票和费用单据，做账要严格遵守会计准则和税法规定。

外账＋未入账收入－未入账费用＝内账

在实际工作中，对于有两套账务的公司，有时做内账顾不了外账，做外账顾不了内账。一种简单的处理方法是：先做外账，但外账的记账凭证要打印两份，其中一份作为内账的附件，这样看内账时就很容易找到对应的原始凭证。

两套账的记账关系是，将原始凭证经过复印、增加、减少、变换后，内账和外账分别都有了各自的记账凭证可进行记账。

复印：将正常业务（如收入、成本、费用）的发票进行复印，发票原件作为外账的记账凭证，复印件作为内账的记账凭证。

增加：为了多记成本费用，对于多开发票而没有实际发生支出的业务，只在外账核算，不在内账核算（记外不记内）。

减少：对不符合税务要求的账务，如不开发票的收入，没有发票的成本费用，只在内账核算，不在外账核算（记内不记外）。

变换：如对一些费用支出没有发票，就以另一种名义开发票。例如，招待客户，内账凭一张纸条记到“业务招待费”科目，甚至记到明细科目“回佣”。然后以一张加油发票代替，外账记到“汽车费用”科目。依次类推。

两套账之间还是有着紧密的联系，而做多套账的难度更大，套账太多会使企业增加财务管理混乱的程度。但不管企业到底有多少套账，内账始终是根本，外账是参考。

值得注意的是，按使用目的不同，有些企业可能还会有多套外账，多套报表。除了应付税务机关的税务账之外，还有为向银行申请贷款的银行账，为通过海关检查的海关账，为申请高新科技企业资格的高新账，等等。

与向税务机关提供的“穷账”不同，企业一般向银行提供的外账都是“富账”。而这些外账通常是不准确的，和企业的实际差异很大，主要表现一方面是虚增资产、隐瞒负债，另一方面是虚增收入、隐瞒支出、虚增利润等。银行如果以不实外账数据对企业的财务状况进行审查，将会出现很大误判。

为此，银行人员应该提高对企业虚假报表的识别能力，还原企业真实财务情况作为贷款调查和审查的依据。也可以请专业的会计人员，要求企业以外账为起点、以内账为目标，进行“两账合一”的调整，银行再以调整后的数据进行判断。还可以加强与企业财务人员的交往，了解企业内部真实情况。总之，银行要通过有效的方法，找出最能反映企业真实经营状况的财务数据。

3. 提供的是虚假报表

企业处心积虑地粉饰会计报表都有哪些动机呢？有的是为了业绩考核以便获得好的社会评价、行业排行榜、企业班子业绩等；有的是为了表现优良业绩以便获得股票的首次发行和后续发行；有的是为了偷税、漏税、减少或推迟纳税等；还有的是为了逃避和推卸责任。

当然，最主要的目的，就是那些经营业绩和财务状况很差的企业，想从银行获取授信资金而对会计报表进行“修饰打扮”。

企业虚假报表的内容主要出现在这几方面：高估资产、低估负债、高估销售收入、低估销售成本、虚假利润、虚假银行对账单、虚假审计报告，等等。

详见第八章第八节“虚假财务报表”，在此不再重复论述。

4. 提交的是非标准意见的审计报告

审计报告是注册会计师根据独立审计准则的要求，在实施了必要的审计程序后出具的、用于对被审计单位年度会计报表发表审计意见的书面文件，是审计工作的最终成果，具有法定证明力。审计报告主要起到三个作用。

（1）鉴证作用。注册会计师在审计的时候，既不代表国家，也不代表企业，而是一个独立的中间人，站在客观公正的角度，对被审计单位做出评价。

（2）保护作用。投资者需要了解企业的真实信息，但又不确信企业财务报表的真实性，那么可以请注册会计师进行审计后，报告企业报表的可信度。所以，审计报告对于投资者利益具有十分重要的保护作用。

（3）证明作用。注册会计师如果审计发现企业存在问题，必须通过审计意见报告揭示出来，并展示审计过程中的程序和方法，以证明注册会计师履行职责的情况。

（二）如何从审计报告中发现问题

上市公司在年报中披露的财务报表，由上市公司自己编制，其真实性、准确性与完整性，除了需要上市公司董事、监事、高管担保外，还需要会计师事务所作为独立方进行审计。而会计师事务所出具的审计报告，相当于一份报告质量鉴定书，值得银行人员重视。

审计报告主要分为两种：一种是标准审计报告，即无保留意见的审计报告，会计师认为财务报表质量合格；另一种是非标准审计报告，会计师认为财务报表质量不合格。

按照存在问题的程度不同，非标准审计报告被分为四种。

（1）无保留意见审计报告，但带“强调事项段”或“其他事项段”，意味着报表存在瑕疵。

（2）保留意见审计报告，意味着报表存在错误。

（3）否定意见审计报告，说明报表存在相当严重的问题。

（4）无法表示意见审计报告，说明报表满纸荒唐言，会计师已无话可说了。

标准无保留意见的审计报告，说明上市公司财务报表的可信度有很大的保证。各个标准审计报告的内容几乎一致，银行人员可不必细看。但审计报告的质量保证也不是百分之百的。在现实中，也会出现被会计师事务所认为合格的财务报表，最终却被证实是伪劣产品的事例。

非标准审计报告则会因为各公司不同的情况，有很大区别，注册会计师会在其中明确阐述出具非标准审计报告的原因，银行人员在调查和审查时要慎之又慎。特别是上述四种非标准审计报告中，银行最好远离被出具后三种报告的上市公司。

【参阅资料】出具四种类型的审计报告的不同情况

注册会计师对被审计单位的会计报表，可根据不同情况出具四种意见类型的审计报告。

1.无保留意见审计报告

此种审计报告在以下情况时出具：①被审计单位采用的会计处理方法遵循了会计准则及有关规定；②会计报表反映的内容符合被审计单位的实际情况；③会计报表内容完整，表述清楚，无重要遗漏；④报表项目的分类和编制方法符合规定要求。注册会计师对被审计单位的会计报表无保留地表示满意，意味着会计报表的反映是合法、公允和一贯的，能满足非特定多数利害关系人的共同需要。

2.保留意见审计报告

此种审计报告中所提的会计报表反映的整体情况是恰当的，但还存在以下问题：①个别重要财务会计事项的处理或个别重要会计报表项目的编制不符合《企业会计准则》和国家其他有关财务会计法规的规定，而且被审计单位拒绝进行调整；②因审计范围受到局部限制，无法按照独立审计准则的要求取得应有的审计证据；③个别会计处理方法的选用不符合一贯性原则。

3.否定意见审计报告

此种审计报告中所提的会计报表存在严重问题：①会计处理方法的选用严重违反《企业会计准则》和国家其他有关财务会计法规的规定，被审计单位拒绝进行调整；②会计报表严重歪曲了被审计单位的财务状况、经营成果和现金流动情况，而且被审计单位拒绝进行调整。

4.无法表示意见审计报告

注册会计师在审计过程中，由于审计范围受到委托人、被审计单位或客观环境的严重限制，不能获取必要的审计证据，只得出具无法发表审计意见的审计报告。

以往的事实表明，非标准审计报告一般集中于资产质量差的公司、微利公司或亏损公司。对这些公司来说，它们面对业绩评价的巨大压力，具有粉饰报表和财务造假的动机。比如，按照规定，连续三年亏损的上市公司会被暂停上市，有些公司为避免暂停上市，就铤而走险，在财务报表上做手脚。这样的公司被出具非标准审计报告的概率就很大。对此，银行人员必须心中有数。

上市公司的年报如果被出具非标准审计报告，除了难以再从银行得到融资外，还会出现一系列不利的后果。

第一，上市公司再融资可能受阻。按照《上市公司证券发行管理办法》的规定，如果上市公司最近三年及最近一期的财务报表，被注册会计师出具保留意见、否定意见或无法表示意见的审计报告，则上市公司就失去了公开增发、配股、发行可转换债券的资格。

第二，上市公司股权激励可能无法实施。大多数上市公司实施股权激励时，都将会计师事务所出具标准意见的审计报告作为前提条件。

第三，成分股剔除。在沪深交易所推出的一系列指数里，其指数成分股的选择标准中，不少就将上市公司财务报表未被出具非标准审计报告作为前提条件，比较典型的如上证治理指数就是如此。由于一些投资基金将选股范围与指数成分股挂钩，因此，一旦上市公司被从成分股中剔除，必将导致机构投资人大规模抛售股票，从而造成股价大跌。

第四，股改追加对价。在上市公司股改时，一些公司的股改方案曾提出，如果上市公司财务报表被出具非标准审计报告的审计报告，原有的非流通股股东将向流通股股东送股票。相对前三种连带后果，这一后果对投资人可能较为有利。至于是否送股以及送多少股票，投资人可以查询上市公司当初的股改方案。

（三）如何防止接受虚假财务报表

有些公司的财务报表即使被会计师事务所出具了标准意见审计报告，也不能百分之百保证其真实性。那么，银行人员如何避免“踩雷”呢?

1. 只接受资信好的会计师事务所出具的审计报告

会计师事务所的生存发展，主要靠的是信誉，也就是说，只有其出具的审计报告没有问题或者出问题的概率很低，其审计的财务报表禁得起考验，事务所才可能为市场所接受，才能揽到更多的业务。从这个意义上讲，那些知名的规模大的会计师事务所，较之不知名的规模小的事务所，其审计的财务报表出问题的概率要小。

至于哪些会计师事务所规模大、能力强，中国注册会计师协会每年有发布“会计师事务所综合评价前百家信息”，银行人员可以登录中国注册会计师协会网站（www.cicpa.org.cn）查询。

2. 注意公司更换会计师事务所的原因

银行人员在阅读年报时，要注意上市公司是否更换了出具审计报告的会计师事务所。在年报“重大事项”部分，对此会有详细说明。

其原因在于，如果会计师事务所要出具非标准审计报告，而上市公司对此不同意接受，当双方矛盾极端激化时，上市公司就有可能采取更换会计师事务所的方式，以得到其希望得到的审计报告。

因此，上市公司更换会计师事务所，特别是更换理由不充分时，银行人员就要保持高度警惕。现实中的案例说明，在进行财务造假的上市公司中，很多公司就出现过多次更换会计师事务所的行为。

按照规定，上市公司解聘会计师事务所或者会计师事务所辞聘，上市公司与会计师事务所均应报告中国证监会和交易所并披露其原因，并对所披露信息的真实性负责。被解聘的会计师事务所对被解聘的理由如有异议，有权向上市公司股东大会申诉，同时可以要求公司披露，公司也有义务对此披露。

银行人员对公司更换会计师事务所的情况务必保持高度警觉。

【参阅资料】企业会计账簿管理混乱常见情况

企业会计账簿中常见管理混乱的情况主要发生在记账、算账、转账、结账、报账等过程中，尤其在以下10个方面较为常见。

1. 涂改、销毁、损坏账簿

同类似涂改凭证的方法来篡改有关账簿，有的则故意制造事故，造成账簿不慎被毁的假象，以达到掩盖不法行为的目的。

例如，某省的税务机关决定对某企业进行税务稽查时，该企业却发生了火灾，烧毁了部分财务资料，事后经查却发现，该企业想借意外事故来掩盖其财务舞弊行为。

2. 不按规定登账

在登记账簿的过程中，不按照记账凭证的内容和要求记账，而是随意改动业务内容，故意使用错误的账户，使借贷方科目弄错，混淆业务应有的对应关系，以掩饰其违法乱纪的意图。

例如，某企业下属的几个业务部门在经营上都实行了承包责任制，即年底完成公司所定的任务，即可以作为提拔、晋升、发奖金的前提条件。该企业一业务部门的经理在年底将近时，眼看无法完成公司合同所定的任务，就私下找主管该部门会计核算的会计人员，许以重金，要求其在登账过程中做一些改动，会计人员允诺后办理。年终，该部门经理如愿以偿地被提拔为该公司副总经理。

3. 不正当挂账

挂账作假就是利用往来科目和结算科目将经济业务不结清到位而是挂在账上，或者将有关资金款项挂在往来账上，待时机成熟再回到账中，以达到缓冲，不露声色和隐藏事实真相之目的。

例如，稽查人员在查阅某企业账目时，发现该企业12月商品销售收入和应收账款账户较以往各期发生额大，经查阅明细账，发现应收账款明细账中未做登记。稽查人员根据账簿记录调阅有关记账凭证，发现有5张凭证内容全部相同。

经审查，5张凭证均未附任何原始凭证，虚列收入200万元，5笔业务在库存商品明细账和应收账款明细账中均未做登记，准备于下年初将上述分录做销货退回处理。该企业承包人为了在承包期内拿到承包奖金，虚增当期利润，并采用挂往来账的手段掩盖其不法的目的。

4. 收入不入账

这类现象主要是指财会人员隐匿收入，不报账、不交公而私自占用。主要手段如下。

（1）对于罚没款、管理费和上级拨款等，不报账、不上交、私自扣留。

（2）对于销售货物或提供劳务收取的现金回扣和银行存款，按应收账款长期挂账、伺机挪用或侵吞。

（3）在销售货物、提供劳务，特别是出售账外废旧物资时，采取少计价款、不开发票、不入账等方式直接侵吞。

（4）在一些商业零售及服务企业，由于不是每笔业务都开发票，票面金额则可能小于实收金额，柜台人员按票面金额报交收入，侵吞差额款项。

5. 结账作假

这类手法主要是指单位在结账及编制报表的过程中，通过提前或推迟结账、结总增列或结总减列和结账空转等手法故意多加或减少数据，虚列账面金额，或为了人为地把账做平，而故意调节账面数据，以达到不法目的。

例如，某企业为了申请银行贷款，但有多项指标不符合贷款的有关规定，于是总经理与财务经理商量之后，由财务部负责对本企业的账面进行一些微调，以达到银行贷款的条件，于是财会人员便利用倒轧的方法，虚列利润，从报表入手至账簿、凭证，调整企业所需的一系列数据。

6. 账账不符

根据财务会计制度的规定，账簿与账簿之间存在一定的钩稽关系，如总账与明细账余额相等且余额方向一致；所有资产总账余额与负债和权益总额必须相等，一些单位由于会计核对不合规，往来债权、债务长期不清，加上会计人员对国家法律法规和制度的学习理解不准确，账账不符的现象十分严重。

例如，按会计制度规定，企业坏账准备等必须按企业期末应收账款余额的一定比例（如3‰）计提，审计人员在检查某企业坏账准备账簿时，其余额为20万元（全部为当月计提数），经查企业应收账款当月末余额为4000万元，按3‰计算应计提坏账准备为12万元，很明显坏账准备账簿余额与应收账款账簿余额对应关系不正确，多计提8万元，加大了成本，虚减了利润。

7. 账证不符

根据财会制度的规定，一切账簿记录都是根据会计凭证登记的，会计凭证与会计账簿二者之间应当完全相符。但现实生活中，会计账簿与会计凭证不符，多记、少记、重记、漏记、错记等造成会计信息虚假的情况时有发生。

如某企业的出纳人员和会计人员合谋，采用收入现金时账簿金额小于收款凭证金额，付出现金时账簿金额大于付款凭证金额，并同时少计或多计相对应会计科目，不破坏会计平衡的手法，来达到贪污现金的目的。

8. 账实不符

根据国家财会制度的规定，有关存货、货币、固定资产、债券等实物资产，其账簿记录必须与实物保持一致。但各单位存在账实不符的情况却十分突出，有的有账无物，有的有物无账，还有的账物不符，这种混乱的情势非常容易给一些不法分子有可乘之机。

如某企业仓库保管员早已将库中的一些物资私自盗卖，收入落入自己的口袋，而财会账簿上这些物资却依然存在账上，库管人员正是利用本企业这种较差的内控制度，来达到个人不法目的。又如审计人员在检查某粮食企业时，账面库存虽存有50万千克，但实际库中粮食大部分已被盗卖，收入已经挪用无法收回，为应付审计人员的审计，该企业竟借其他单位的粮食来顶库存。

9. 账表不符

根据国家财会制度的规定，单位的账簿金额应与报表对应的资产、负债、权益、收入、费用等项目金额相符，但在现实的经济生活中，许多单位的账簿与会计报表存在出入，有时大相径庭。

如有的企业为了应付国家关于国有资产的清查检查所委托的会计师事务所的审计，而虚列报表的一些项目，为自身粉饰一件非常华丽的外衣，造成账表不符，扰乱国家管理的恶劣后果。

10. 设置账外账

虽然国家三令五申严令禁止账外设账，但一些单位置国家规定于不顾，采用虚列费用等多种方式，套取资金，另行设账，以记录不法经济活动。关于账外账，主要有以下几种。

（1）账外现金账和银行存款账，即小金库账。

（2）账外资产账，即小仓库账。

（3）账外成本、权益、利润账等。

例如：有的公司设置两套财务账册，私设小金库，用于年末职工奖金和福利费支出；有的企业以各种名目将资金套取出来，经营活动另设账簿核算，未反映在法定账册内；有的企业以私人名义开了10多个储蓄存款账户，将大量资金转至私人账户，用来进行一些非法活动。

第二章　借款用途风险

第一节　虚假借款用途风险

一、虚假借款用途风险的严重性

不法分子要骗取银行的信任，必然要作假。根据大量案例研究表明，不法分子对银行的欺诈行为，主要发生在这几个方面：虚假借款人、虚假借款用途、虚假还款来源、虚假授信条件、虚假担保条件、虚假申请资料等。本节内容主要讲如何防范虚假借款用途风险。

银行资金如果被诈骗，无论金额大小，只要涉及刑事案件，对银行的不利影响都相当的大，不仅资金难以追回，有关人员也将受到行政处罚或刑事追究。因此，银行人员只要发现有欺诈的嫌疑，应立即停办该笔业务。

> 当我们不知道这个客户贷款想干什么的时候，最好离他远一点。
>
> ——一位行长的话

案例

虚设交易对手　企业主骗贷炒股

（来源：证券时报网，2010 年 11 月 8 日）

在流入股市的民间资金中，有一股资金值得警惕。由于自身经营环境不佳，部分企业主私挪银行信贷资金投资股市。证券时报记者获悉，日前部分投资者以挂靠在公司名义下申请个人经营贷款，虚设交易对手，大打政策擦边球，通过跨区域转账暗中腾挪资金炒股。

1. 假借公司名义借贷

近期，随着股市的回暖，部分小企业主炒股的热情也陡然升温，个别小企业主甚至挪用信贷资金炒股。陈先生是一名深圳小企业主，拥有数家店铺。由于生意不旺，他对于做大实业的前景并不看好，转而投资股市。

近期，陈先生将店铺资产挂靠在一家化工小公司名义下，向深圳某股份制银行申请了经营贷款，暗中将这部分贷款腾挪投入股市。按照监管要求，银行直接将信贷资金打入陈先生的交易对手即原料采购方。为了规避监管，陈先生将其交易对手设为其在中部地区某省份的“近亲”，该近亲以原料采购方接受该笔贷款，再通过跨省网上分批转账，将信贷资金纳入自家口袋。

类似骗贷事件在深圳地区并不少见。据深圳某大型股份制银行公司客户部负责人表示，年内通过类似手法腾挪资金的规模可能数以千万元计。事实上，这种手法主要利用政策的漏洞打擦边球，给银行的审批制度带来了很大挑战。

“目前尚且做不到每笔贷款能实地考察交易对手两方的真实客观性，其中成本太大。”某上市股份制银行深圳分行贷款审批负责人表示，“从材料看毫无问题，但背后很大程度上可能存在作假”。

2. 公司资本成炒股资金

搞实业暗淡，搞投资便成了这部分民间资金抗通胀自然而然选择的避险渠道。业内人士分析，上述骗贷案例起因确实多是实业家在生产经营惨淡的情况下，转而将资金投入股市。其中，有企业主以扩大再生产为由虚造文件向银行借贷，却挪用公司资本以个人名义炒股。

上述上市股份制银行深圳分行特殊资产管理部负责人表示，近期曾发现个别极端案例，即企业主虚造经营数据在内的若干文件材料，向银行申请贷款用于季度性扩大再生产，但实际据该行调查，该企业主已将公司资本、客户汇款等挪至股市用于投资，企业实际已变成空壳公司。

“类似情况主要是由于一些实业的发展环境不佳，尤其是一些生产性企业，回款经常拖延，一些小公司难以为继。在此情况下，企业经营者挪用公司资本或信贷资金全部投入炒股，维持企业运作则完全依赖于银行借贷。”一名深圳机械制造同业公会负责人表示。

二、如何识破虚假借款用途

银行人员可从以下几方面入手，识破和发现虚假用途。

（一）从实地调查中发现虚假用途

对于企业申请的贷款用途，银行人员在调查中要做到“一听、二查、三核、四析”。

“听”就是听取借款申请人对用途的介绍，包括经营目标、生产方式、销售市场、盈利计算、存在问题、解决办法，等等。

“查”就是查看借款申请人提交用途的有关资料，包括与生产经营相关的采购合同、销售合同、施工合同等，对借款用途的合法合规性进行调查。

“核”就是实地核实有关资料的真实性，包括企业生产经营情况、财务情况、合同情况等。核实需要找企业的上下游生意伙伴，如果发现问题，应要求申请人做出合理的解释。

“析”就是在做好前面几项工作的基础上分析贷款用途，业务背景是否真实性，资金去向是否可靠，经营是否能赚钱，还款来源能否落实，等等。

客户经理在调查过程中，要抱着怀疑和否定的态度，察言观色，发现破绽，揭穿谎言，谨防上当受骗。

案例

一位农信社信贷员很接地气的调查方法

（来源:《农村金融风控如何破》，2017 年 7 月 3 日）

信贷员凌峰将自己的工作内容，总结成数猪、量地、唠嗑三件事。

数猪，就是去养猪户家中看猪圈，数数有几头猪，是大猪还是小猪，是种猪还是母猪。

量地，就是去种地的农户测量下有多少亩土地，看种什么庄稼或经济作物，如何耕作，收成如何。主要目的，就是保证农户的贷款确实用于生产。

而第三项工作，就是唠嗑。农村是一个熟人社会，一个人的品行优劣，村里人几乎都知道。凌峰就去找村里人打听，这个人人品如何，是否涉及黄赌毒。凌峰说："如果村民回答'还行'，说明这个人就不怎么样；村民回答'特别好'，那就说明这个人不错。"他还会观察人物表情，"一皱眉，一犹豫，那估计（这个人）就不行了。"

（二）从虚假资料中发现虚假用途

不法分子为了从银行骗取资金，就会千方百计造假，只要银行需要什么资料，他就能编造出什么样的虚假资料。主要可以归纳为以下几个方面。

（1）身份造假类：假营业执照、假高管人员身份、假注册验资报告、假法人公章、假财务章、假委托书，等等。

（2）用途造假类：假借款申请书、假经济合同、假董事会决议、假个人签字、假立项批准文件、假项目意向书，等等。

（3）资信造假类：假财务报告、假审计报告、假评估报告、假社会荣誉证书，等等。

（4）还款能力造假类：假销售收入、假银行对账单，等等。

（5）担保能力造假类：假担保单位营业执照、假同意担保函、假公证函、重复抵押材料、假公司债券和股票等证券、假国库券、假银行存单、假产权证明，等等。

> 凡骗必假，凡假必骗。骗子凡是要骗人，必然要造假资料。银行凡是发现资料有假，应马上意识到后面必有骗局。
>
> ——一位行长的话

（三）从虚假合同中发现虚假用途

虚假合同属于虚假资料中最主要的一种，因为它是证明贷款用途的最直接材料。"打酱油的钱不能用去打醋"，这是银行信贷资金管理的规矩。为了防止客户挪用资金而发生风险，银行必须严把用途关。

案例

银行仔细审查识破虚假购销合同

北京某投资公司某年1月向银行申请流贷4000万元，6个月期，用途是购货后销售。银行人员仔细审查认为存在虚假问题：①该货的销售方是借款申请人的母公司，关联交易和融资性质明显。②《供销合同》《供货协议书》造假明显，表现为材料前后纸质和填写笔迹不同，无签约日期，未收到货物就要先付全款与一般的商业惯例不符，发票是服务业娱乐业的发票，等等。③申请人两年前销售总收入220万元，上年全年总收入7200万元，而当年1月就销售出4000万元，财务数字不可信。最后，银行否决了这笔虚假贸易背景的贷款申请。

发现贸易合同与银行批准用途不符　堵截2亿元挪用风险

市土地储备交易中心在西安某银行已获批2亿元流动资金贷款。放款中心在受理该笔业务时，发现该客户提供贸易合同中的用途与本行原审查批准的用途不一致。经银行人员持续追问，客户最终承认是因为该贸易合同项下急需资金，于是想先套用出银行已批额度中的资金，解决燃眉之急。

放款中心认为，客户授信申报的资金用途，是经由信审委审查通过的，资金用途合规且风险可控。但客户后提交合同的资金用途未经审查，存在银行不可控的风险，属于挪用。遂立即停止放款。

● 风险提示：对于如何识别合同真实性问题，详见本书第八章第一节“虚假合同”。

（四）从企业经营范围发现虚假用途

当企业提交的贷款申请用途与企业经营范围不符时，用途造假的可能性就很大。

案例

查询发现纸品公司经营范围内不含铅锭品种，暂停开票2000万元

深圳市A电源科技公司向银行申请额度内提取贷款2000万元。放款审核员在审核购销合同时注意到，交易货物为2380万元的铅锭（有色金属），而通过查询售货方深圳市B纸品有限公司在市场监督管理局上的登记信息，发现该公司经营范围中不含铅锭品种，该笔提款在贸易背景方面存在风险隐患，由此退回资料，要求重新调查。

● 风险提示：通过查询借款人交易对方企业的经营范围，可从源头发现虚假贸易背景隐患。

（五）从关联关系发现虚假用途

有些集团企业或民营企业的关联关系盘根错节，具有很强的隐蔽性，企业利用关联交易套取银行资金的情况时有发生。例如通过关联企业融资，为固定资产项目筹集资本金；再如企业申请用途表面上是用于置换股东贷款，但实际上是股东套现，甚至股东可能都是虚构出来的。还有的是优质企业以虚假用途获得贷款后，将资金转借给财务状况较差的关联企业使用。具体可见本书第一章第十四节“关联交易风险”。

因此，银行人员如果发现贸易合同的买卖双方是关联企业的话，务必深入调查，防止虚假用途。

（六）从异常金额发现虚假用途

如果客户申请的金额异常，包括突发性大额交易合同，或交易价格明显高于市场价格，或交易数量明显大于企业实际生产经营需要，都可能存在用途造假。

案例

发现4000万元开票金额与销售收入严重不匹配

某年3月初，河南FS电子科技有限公司向银行申请开立4000万元100%保证金银行承兑汇票，用于购买原材料。

放款中心审核员审核合同时发现，该公司为当年初新注册成立的公司，1月和2月销售收入累计才200多万元，而3月就要开出4000万元的票，与其销售收入不匹配，虽然有100%保证金，但其贸易背景和用途的真实性可疑。鉴于此，放款中心对该笔业务做了退卷处理，要求提供合理并经核实的说明材料。

● **风险提示**：年初新开张的电子科技公司，短短两个月时间业务金额惊人增长，值得怀疑。100%保证金的来源也需查明，很可能来自非法来源。不法分子从银行开到承兑汇票，再通过贴现拿到现金后，就销声匿迹了，留给银行的是涉入被骗案件的风险。

（七）从数据计算中发现虚假用途

有时客户申请贷款的用途，在逻辑上说得通的，难以判别真伪。但银行人员如果通过仔细计算数据，包括客户申请的用款数额、营业数额、还款来源的收入金额等，就能发现出破绽所在，从而证实申请人是在说假话。

案例

通过计算发现进货量太大，识破虚假贷款用途

某生意红火的海鲜酒楼（年营业收入4800万元），申请1年期流动资金贷款2200万元，称用途是为在营业淡季低价一次性采购燕鲍翅和高档烟酒，作为库存所需。

银行人员计算发现：该酒楼前三年最高的存货量价值不曾超过400万元；按酒楼正常客人日

均消费量计，如果用2200万元进货，增加的库存至少需要500天才能消耗完，这不符该行业的常规。再调查发现：借款的实际用途，是酒楼准备在地下一层和二层扩建与其餐饮相关的娱乐和洗浴中心，实际属于特许行业的固定资产投资贷款。对此，银行否决了这笔虚假材料的贷款申请。

通过计算发现还款资金不足，识破虚假贷款用途

某保龄球健身娱乐公司，总资产1767万元，申请1年期流动资金贷款1280万元，以某外资银行170万美元备证担保。

银行人员计算发现：其经营流水月收入仅为50万元，年收入600万元，如果再扣去经营成本和税费，1年后根本不足还款。再调查发现：该公司原来在其他银行借有固定资产贷款，建保龄球场，到期无法归还，本笔贷款的实际用途是去归还其他银行的贷款。如果银行发放该笔贷款，由于公司1年后肯定无法归还，必然造成贷款逾期。虽然可凭备用信用证向开证行追索，但也不一定容易。

因此，银行否决了这笔虚假材料的贷款申请。

（八）从资金去向发现虚假用途

有时从申请资料的表面上来看，贷款用途是明确的、合规的，但企业的实际用途可能完全不同。银行在放款时要严把资金去向关，在贷后检查时要严查资金用向。

案例

“采购施工设备”与“支付工程款”属不同用途

广东GYLQ有限公司从银行获批1000万元流动资金贷款，用于采购公路施工所需设备、原材料，贷款资金不得流向关联企业。

放款人员审查时发现问题：一是客户提供的材料中，有部分工程施工合同，即资金是用于支付工程款，与审查批准用途不符；二是根据客户提供的支付委托书、支付审核单，发现并核实了收款方是关联企业。随后放款员向上级汇报了情况，并停止了放款。

● **风险提示：**“采购施工设备”与“支付工程款”虽都为工程建设所需资金，但用途确实不同。

是买原材料还是买锅炉不明确，暂停开票6937万元

内蒙古FFSWKJ有限公司向银行申请开立6937万元承兑汇票。放款人员审核贸易背景合同后发现，审批部门批复要求授信资金是用于购买原材料，但此次申请银票则是用于购买锅炉等固定资产设备，资金用途明显与批复要求不符，暂未开票。

● **风险提示：**企业到底是要买原材料，还是要买锅炉，之前想清楚了吗？

核保发现短贷被长期用于投资建厂，及时堵截 1600 万元风险

银行授信批准给予安徽滁州市 CH 电机电器有限公司 1600 万元 1 年期流动资金贷款，以公司自有土地房产抵押。

信贷管理部核保人员前往落实抵押条件时，发现该公司近期有重大对外投资行为，在异地建立新工厂，抽出大部分资金用于新厂建设，造成滁州工厂流动资金周转困难，对主生产商供不上货，主生产商因此对其削减了大量订单，企业经营发生严重困难。

信贷管理部及时将发现的情况向行领导汇报，在与企业经营人员面对面沟通后，决定暂时停止发放该笔贷款以避免资金挪用风险。

● **风险提示**：贷款被“短贷长用”最容易出现的后果是，1 年贷款到期后，已经物化为固定资产的资金，无法抽回来用于还贷，必然造成贷款逾期。

（九）从法制教育发现虚假用途

银行要想不被骗，首先就不要和骗子打交道。为了防止企业用虚假用途欺诈贷款，银行不能光是被动防范，还应主动出击，打消企业欺诈银行的念头。

《刑法》里有许多罪名，就是为了严厉打击犯罪分子，包括：贷款诈骗罪，票据诈骗罪，合同诈骗罪，金融凭证诈骗罪，信用证诈骗罪，骗取贷款、票据承兑、金融票证罪，伪造、变造金融票证罪，伪造、变造国家有价证券罪，非法购买增值税专用发票、购买伪造的增值税专用发票罪，提供虚假证明文件罪，出具证明文件重大失实罪，挪用资金罪，高利转贷罪。

银行一方面要对借款申请人进行普法教育，另一方面也可以把这些刑法罪名及解释印在借款申请表、借款合同等有关资料上，用于警示借款人不要企图诈骗银行，触犯法律。

至于社会上不法分子如何欺诈银行，有哪些伎俩，银行人员应如何防范，读者可参阅本书作者的另一本书《怎样识破骗贷迷局》。

（十）从管理流程发现虚假用途

银行对于风险的管理，必须是全流程的管理。各个岗位的人员，包括调查岗、审查岗、审批岗、放款岗、贷后检查岗，都应尽心尽责，堵截贷款的虚假用途。有些虚假用途的贷款，层层蒙混过关，未被银行各个关口人员发现，直到出现逾期、不良甚至损失，不能不说是管理上的失败。

案例

从一起诈骗案例看授信全程风险管理的重要性

2016 年 12 月 4 日媒体报道，昆明市法院开庭审理一起骗贷案。被告人云南 XCZ 投资公司买通国有 NY 银行春城支行一名副经理做“内应”，在一年半时间里以假合同、假房产证等虚假材料，先后诈骗银行贷款 2.7 亿元、银行承兑汇票 9.9 亿元。

事后审理发现，该行在对授信风险全流程管理中，存在很多漏洞，风控机制几乎完全失效。

（1）在授信调查环节，大多是由该副经理一人办理，在28笔承兑汇票的调查报告中，有25份都没有调查经办人和负责人的签字。违反了“双人调查”制度。

（2）在授信审查环节，审查人员因为人手不够就把密码等信息交给了该名副经理，由其去完成审查。违反了“审贷分离”制度。

（3）在授信放款环节，支行曾派出几名员工去外省土地局领取抵押土地的他项权证。到当地已是下班时间，他们就直接从借款人公司拿走了他项权证，也没有再去土地局核实他项权证的真伪。违反了核保必须“当面核实”制度。

（4）在授信后管理环节，当借款人开票超授信额度时，该副经理利用信贷管理系统中“手工登记”功能的管理漏洞，把借款人只交30%保证金，直接改成100%，从而虚增出授信额度，用于签发新的银行承兑汇票。违反了“授权管理”制度。

（5）上级行在两次信贷检查中，虽发现借款人公司超授信额度2000多万元和2.2亿元，但未深究和整改，最后形成重大损失。违反了“有疑必究”制度。

在当地银监局的监管下，虽然该银行对34名高管和员工实施了责任追究和处罚。但巨额资金损失已经无可挽回。

【参阅资料】《刑法》中相关条款

第一百六十三条 【非国家工作人员受贿罪】公司、企业或者其他单位的工作人员，利用职务上的便利，索取他人财物或者非法收受他人财物，为他人谋取利益，数额较大的，处三年以下有期徒刑或者拘役，并处罚金；数额巨大或者有其他严重情节的，处三年以上十年以下有期徒刑，并处罚金；数额特别巨大或者有其他特别严重情节的，处十年以上有期徒刑或者无期徒刑，并处罚金。

公司、企业或者其他单位的工作人员在经济往来中，利用职务上的便利，违反国家规定，收受各种名义的回扣、手续费，归个人所有的，依照前款的规定处罚。

国有公司、企业或者其他国有单位中从事公务的人员和国有公司、企业或者其他国有单位委派到非国有公司、企业以及其他单位从事公务的人员有前两款行为的，依照本法第三百八十五条、第三百八十六条的规定定罪处罚。

第一百六十四条 【对非国家工作人员行贿罪】为谋取不正当利益，给予公司、企业或者其他单位的工作人员以财物，数额较大的，处三年以下有期徒刑或者拘役，并处罚金；数额巨大的，处三年以上十年以下有期徒刑，并处罚金。

【对外国公职人员、国际公共组织官员行贿罪】为谋取不正当商业利益，给予外国公职人员或者国际公共组织官员以财物的，依照前款的规定处罚。

单位犯前两款罪的，对单位判处罚金，并对其直接负责的主管人员和其他直接责任人员，依照第一款的规定处罚。

行贿人在被追诉前主动交代行贿行为的，可以减轻处罚或者免除处罚。

第一百六十七条 【签订、履行合同失职被骗罪】国有公司、企业、事业单位直接负责的主管人员，在签订、履行合同过程中，因严重不负责任被诈骗，致使国家利益遭受重大损失的，处三年以下有期徒刑或者拘役；致使国家利益遭受特别重大损失的，处三年以上七年以下有期徒刑。

第二节　应注意防范借款用途风险

在许多银行的《借款合同》中，贷款用途一栏往往是被简单地填写着一句话："流动资金或生产经营周转需要。"有些银行人员也认为，只要借款人资信良好、担保落实，可不必太看重贷款的用途。其实这种认识是十分错误的，银行没监控好贷款用途而导致最终损失的案例比比皆是。银行为什么必须要搞清楚贷款的真正用途呢？主要原因如下。

第一，用途决定资金安全。贷款资金如果被挪用于高风险用途，如非法经营、违规项目、股本投资、抽逃资金、非法关联交易、偿还他行不良贷款等，银行将对资金的安全性失去控制。

第二，用途决定还款来源。不同的用途决定了不同的还款来源，流动资金贷款要靠企业的销售收入来归还，而固定资产贷款则要靠利润、折旧、摊销来归还，两种贷款的还款来源是不一样的。

第三，用途决定金额大小。银行要根据用途来计算金额的大小，既不能超额授信，也不能留有缺口。

第四，用途决定期限长短。经营性周转资金的期限短，固定资产建设项目的期限长。

对于大型企业集团，银行虽可提供不指定具体用途的综合授信额度，但必须对借款人的整体规模、经营和财务状况、融资能力和履约记录等审查后加以确定。

银行人员如果没搞清楚贷款的真正用途，将出现两大风险，第一是贷款被诈骗，第二是贷款被挪用。这两方面都是银行贷款损失的重要原因。如果借款人不把真实的情况告诉银行，还款来源基本没有着落，客户经理对此种贷款申请不应受理。

一、借款用途风险的类型（11 种）

借款用途风险的类型（11 种）
● 用于违反国家法律法规的 ● 用于国家严格限制领域的 ● 关联方套取贷款的 ● 表外业务没有真实交易背景的 ● 短贷长用的 ● 挪用资金的 ● 用于高风险投机的 ● 用于发放高利贷的 ● 用于偿还其他银行不良贷款的 ● 将贷款资金输送给股东或实际控制人的 ● 用途不明且无法证实的

银行人员在调查和审查企业贷款申请时，必须严防下列风险用途。

（一）用于违反国家法律法规的

贷款用途违反国家法律法规的风险性和严重性，银行人员都应该是知道的，详见本书第一章第四节“违法违规风险”。

贷款用于违法的事银行是绝对不会审批同意的，但对于违规的事，银行如果不加注意，还是有可能会发生的，如向环评、用地、安评、核准或备案等审批手续不全的固定资产项目提供了贷款；对“四证”不全的房地产项目发放了开发贷款；对资本金比例未达到国家规定的固定资产投资项目提供贷款；等等。

【参阅资料】《刑法》中相关条款

第一百八十六条 【违法发放贷款罪】银行或者其他金融机构的工作人员违反国家规定发放贷款，数额巨大或者造成重大损失的，处五年以下有期徒刑或者拘役，并处一万元以上十万元以下罚金；数额特别巨大或者造成特别重大损失的，处五年以上有期徒刑，并处二万元以上二十万元以下罚金。

银行或者其他金融机构的工作人员违反国家规定，向关系人发放贷款的，依照前款的规定从重处罚。

单位犯前两款罪的，对单位判处罚金，并对其直接负责的主管人员和其他直接责任人员，依照前两款的规定处罚。

关系人的范围，依照《中华人民共和国商业银行法》和有关金融法规确定。

（二）用于国家严格限制领域的

对于国家政策已有明文限制的行业，银行不可再介入。比如对于“两高一剩”（高污染、高耗能、产能过剩）行业，在经济形势不好时就必须提前压缩和退出。对国家行业政策尤其是限制性行业政策，必须高度重视。

详见本书第一章第七节“行业风险”中“受国家政策性限制的行业”。

（三）关联方套取贷款的

关联企业不是不可以向银行借款，但是如果不符合银行贷款条件时，就有可能用虚假购销合同从银行套取贷款，使银行陷入风险境地。详见本书第一章第十四节“关联交易风险”相关内容。

（四）表外业务没有真实交易背景的

银行资产负债表的表外业务品种非常多，主要的几大类是：开立承兑汇票业务，开立国际或国内信用证业务、开立保函业务等。很容易发生没有真实交易背景、套取银行信用的情况，导致银行的资金遭受损失。

案例

识破无贸易背景银票贴现

河北某建筑装饰工程公司申请贴现两张银行承兑汇票合计4000万元，并提供建筑施工合同和发票等。银行审查认为存在以下问题。

（1）该汇票出票人是北京某承包商，拟在北京某区盖汽车交易大楼，总价1.8亿元。后续还将开出6000万元银行承兑汇票。贴现资金将用于项目建设，“短款长用”明显，且还款来源不确定。

（2）两张汇票承兑人为某行北京分行某支行某分理处，票面金额各2000万元，分别于10月28日和10月29日先后开出，分理处为避免越权而化整为零开票情况明显。该分理处有无那么大的开票权限，以及到期后有无付款能力不确定。本行派员到其上级行去核实，对方不愿在确认函和连带付款责任书上确认盖章。

（3）建设汽车交易大楼的协议书是当年7月所签，而企业提供的发票，日期都是在该月之前，有的甚至是一年以前的。贸易背景不真实。

最后，银行否决了这笔虚假贸易背景的贴现申请。

（五）短贷长用的

短期流动资金贷款主要用于满足企业由于存货、应收账款等增加而产生的流动资金需要。对于固定资产投资和项目建设等用途，不能用短期贷款资金来解决，企业由于短贷长用而出现资金链断裂、贷款逾期的案例非常多。

案例

短期的流动资金不可用于长期的固定资产项目

某印务公司经营范围为出版物、包装装潢印刷品、其他印刷品印刷，主营教材、辅导教材、报纸杂志印刷，日成书能力高达40万册，年印刷能力达到240万令。公司向淄博一家银行申请2000万元一年期流动资金贷款，由其他公司信用担保。银行信审人员发现以下情况。

（1）该公司自成立后，为扩大产能，固定资产投资较大，但无配套长期项目贷款支持，资金短款长用固化明显，负债水平上升较快。

（2）核实该公司销售收入匹配情况时，企业以多种托词推托，始终不予配合。但银行通过其纳税情况倒推，估算其销售收入不能满足偿还融资及各项费用支出。

（3）对外担保数额偏大，担保客户集中，或有负债风险大。

鉴于存在上述较多风险点，该行未接受其申请。后来该公司整体资金出现周转困难，当地政府协调处置其自有部分土地以缓解流动性问题。随着市场需求持续萎缩，该公司多笔银行贷款出现关注、逾期及垫款。

● **风险提示**：银行人员要关注客户申请贷款期限的长短问题。短期的流动资金贷款，不可以用于长期的固定资产项目和技术改造项目建设。如果出现短贷长用，很容易出现贷款逾期问题。

（六）挪用资金的

企业挪用资金的危害在于，银行不知资金去向，不知还款来源，无法判断风险高低，失去风险管理控制，最终事态不可收拾。这是贷款产生逾期和不良的最主要原因之一。

案例

发现复合肥公司挪用风险后提前从资金链断裂事件中全身而退

YE复合肥有限公司是南阳市最大的一家复合肥生产企业，也是当地重点招商引资企业。公司年销售收入超过15亿元，净利润也超过1亿元，是各家银行竞争的焦点。公司实际控制人为鲍某某，在无锡市还经营酒店、旅游、房地产、商超等众多行业。

郑州一家商业银行自2010年7月起与该公司进行合作，综合授信达到1.3亿元，由公司自有存货质押担保，加上商业房产抵押担保。

2012年公司授信续作项目上报郑州分行风险管理部后，信审员从材料中发现如下问题。

（1）该公司银行借款短期内大幅增加，由1.1亿元猛增到5.7亿元（包括7000万元信托资金），但是其固定资产和在建工程却增加很少。

（2）公司在本应是全年化肥销售旺季的二季度的销售收入增长缓慢。这对于一家近两年连续增加产能且正准备上市的企业来说，情况比较反常。

对于以上疑问，银行立即要求南阳分行风险管理部对该公司进行飞行检查，在检查中发现公司二期项目进展缓慢，厂房建设基本处于停滞状态。初步判断其贷款资金有挪用嫌疑。

2012年6月，网传鲍某某“跑路”，其所经营的购物广场也出现购物卡挤兑事件。银行领导非常重视，立即安排人员到无锡暗访，也面见了鲍某某本人了解情况。掌握到的情况是，鲍某某在无锡经营的多个地产项目和酒店项目，大部分工地都处于停工状态，现金流入较少，资金链较紧张。复合肥公司的大规模融资存在重大挪用嫌疑。

但由于当时复合肥公司经营情况仍属正常，且该行贷款2012年8月才到期，所以该行并没有立即采取强收措施。而是对该公司进行重点监控，并开始有步骤地采取退出措施，直到2012年8月授信全部收回。

● **风险提示**：信审工作要重视第一还款来源，对于发现的问题要坚持“疑点从严”原则，深入调查清楚。

不要被借款人本地经营良好的现象所迷惑，还要跟踪了解其在外地关联企业是否有风险隐患，防止被拖累进去。

发现问题时，要组织人员对企业进行飞行检查和暗中访问，全面了解了实际控制人所控制企业的经营情况，印证企业资金挪用以及资金链断裂风险，为后续决策提供重要依据。

在经济下行周期中，对已察觉到风险的企业，要有勇于退出和敢于退出的决心。

（七）用于高风险投机的

银行的资金来源主要是存款，必须对储户存款的安全性负责。在现实中，高收益就意味着高风险。银行不能为了追求高收益而去发放高风险用途的贷款，如炒股票、期货、金融衍生产品、炒房等。

案例

两个多月涨了33%！有人眼红贷款炒股，让这些银行被罚了

（来源：每日经济新闻　2019年3月8日）

2019年初以来A股可谓是领涨全球，截至3月7日收盘，深证成指和上证指数分别上涨了33%和24%。A股上涨带来的赚钱效应也吸引了许多资金的参与，数据显示，进入3月以来，近5个交易日中已经有3个交易日成交金额突破万亿元人民币。在各类资金加速进场的同时，也有银行信贷资金违规流入股市。3月7日，两家银行因"信贷资金违规流入股市"被监管部门公布了处罚决定，而这并不是今年以来首次因信贷资金入市受罚的银行。

本轮行情，还有多少银行信贷资金在推波助澜？两家银行信贷资金入市被罚。台州银保监局公布罚单，对2家银行贷款用途管控不严的违规行为给予处罚。处罚显示，路桥农商银行和宁波银行台州分行对贷款用途管控不严，导致信贷资金违规流入股市。对路桥农商银行罚款人民币30万元，对宁波银行台州分行罚款人民币25万元。此前，深圳福田银座村镇银行，也因信贷资金违规流入股市被罚。

对于银行信贷资金禁入股市而言，监管早有明文规定。2015年1月6日，为了抑制股市过热，证监会发出通知，严查银行信贷资金和理财资金进股市。早在2006年，银监会也曾发文，严格禁止任何企业和个人挪用银行信贷资金直接或间接进入股市，除严控银行贷款流向股市外，通知还强调，银行业金融机构要不断加强对证券公司融资的风险管理，提高风险预警能力，加大资产保全力度，有效建立银行与证券市场之间的"防火墙"。

对于可能被挪用于房地产的风险贷款不做

青岛A商贸有限公司（以下简称"A公司"）成立于2008年6月，注册资金500万元，批发经营金属材料、橡胶制品、五金交电、建筑材料、装饰装潢材料等。

2014年2月，A公司向某商业银行申请5000万元综合授信额度，担保条件为8处商业房产抵押（面积1400平方米，评估价5200万元），加上青岛B矿业公司提供最高额担保，A公司夫妇连带责任担保。

单从担保条件情况看还不错，但银行审查意见认为，A公司实际控制人同时还控制青岛C房地产有限公司，属于青岛地区中小房地产开发商。申请的信贷资金相对于A公司而言，金额过大，用途可疑，间接流入房地产投资的可能性大。而该房地产公司前期投资大，部分在建项目销售较差。于是分行否决了该笔用途不可控的授信申请。

2014 年 5 月，当地媒体报道了“C 房地产公司老板跑路”的消息，多家银行 10 多亿元贷款形成不良。而这家银行成功规避了风险。

（八）用于发放高利贷的

企业挪用银行信贷资金发放高利贷，其存在的风险，一是触犯国家《刑法》第一百七十五条“高利转贷罪”。二是高利贷属于“高收益、高风险”行为，银行将失去对贷款用途和还款来源的控制，形成不良的风险很高。因此，银行在放款时，必须加强对资金去向的监控，防止企业挪用。

（九）用于偿还其他银行不良贷款的

通常而言，客户用本行贷款归还其他银行贷款，可分为两种情况。第一种，该贷款人是“好”客户，银行可通过发放贷款，将他行的好客户转变为自己的客户；第二种，该贷款人是“坏”客户，本行的贷款资金会被用于偿还他行的不良贷款。银行应争取第一种情况，避免第二种情况。

那么，如何识别本行贷款可能是用于归还其他银行不良贷款呢？可以从人行征信系统中的数据判断：一是从日期上看，了解借款人在其他银行是否有近期必须归还的贷款；二是从金额上看，借款人将要归还其他银行贷款的金额，若与其在本行申请的金额相同或相近，则基本可判定要用本行贷款偿还其他银行贷款。

案例

从造船钢板出库量 发现报表中虚假销售数据

某钢材商贸有限公司向 A 银行申请流贷 8000 万元，提供钢材存货质押。客户经理现场发现，近年来造船行业不景气，该公司的存货造船钢板在长达 9 个月的时间内仅有 2 次少量的出库。而该公司提供的财务报表显示，该期间销售收入达 6 亿元左右，存在明显造假行为。客户经理报告行领导后，停止调查工作。

过后不久，公司资金链出现问题，部分存货被外地法院查封，B 银行一笔 8000 万元贷款形成不良。在这个案例中，A 银行很悬，如果不警惕，本行的 8000 万元贷款很可能就被用于去偿还其他银行的 8000 万元不良贷款了。

查明真相 避免本行贷款被用于偿还他行逾期贷款

YF 制衣有限公司是无锡的一家民营企业，主营针织成衣的生产。总资产规模约 1.4 亿元，负债率 55%；年销售规模稳定在 3 亿元以上。近年来产品以出口美国为主，且增幅良好。企业历年仅与当地一家国有银行有融资合作业务，产品为中国出口信用保险公司担保（简称“信保”）项下贸易融资，金额约 9000 万元人民币。

某年 6 月，该企业向另一家股份制银行申报信保项下专项授信额度 8000 万元，由公司法人代表王某某提供个人保证担保。申请理由为原合作银行的授信政策有所变化，对信保项下贸易融资业务提高了担保条件要求，所以想重找一家银行建立合作关系。

这家银行的信审会经认真分析，觉得存在下疑点。

1. 企业方面问题

（1）公司现有生产车间和仓库均为租赁，厂区内生产规模较小，与其报表显示的销售收入3亿多元不相匹配。企业解释是大部分工序通过外包。

（2）实际控制人王某某表态没有价值高的个人房产可供抵押，也不愿意提供任何个人资产信息。显示其配合意愿差和躲避责任的心态。

（3）该公司除王某某参与实际经营外，其两个女儿分别主管国内和国外业务，其中一女儿持商务签证长驻美国负责出口，并处在绿卡办理前期阶段。

2. 银行方面问题

在向原贷款行国际部了解该客户退出的原因时，有关人员未提及潜在风险，其解释退出理由正常，和客户所说口径一致。通过人行征信系统查询，该客户授信五级分类均为正常类。

但逐笔浏览未结清授信时，发现其中1笔约500万美元业务已到期2个多月未结清。客户对此解释是对应的出口收汇未按期到账。但是按照贸易融资业务操作惯例，是可以在原授信行正常办理展期的，待收到进口商货款即可归还。为什么该行不对其办展期呢？客户解释的理由明显站不住脚。

信审会由此判断，本行授信资金被用于归还他行逾期授信的可能性较大，用途存在问题，风险度较高。因此否决了该笔申请。

第二年初，无锡公安局经侦支队在一次法制讲座时通报，YF公司存在虚开发增值税发票、伪造单据、骗取国家退税和银行贷款的违法行为，其出口业务大部分为虚假贸易，真实出口量仅是报表的10%左右。在案发前一段时间内王某某通过地下钱庄陆续向境外转移了巨额资金，部分钱款又从境外作为贷款转回国内，伪装成正常贸易现金流的假象。

案发后，该公司在原银行950万美元出口信保项下融资全部变成不良。企业法定代表人王某某已被批捕移送检察院起诉。

● **风险提示**：该公司为所在区的出口创汇大户，实际控制人王某某的人脉关系也较广，在银行授信审查阶段及项目被否决之后，多次通过当地政府部门联系分行行长和风险总监，施加一定压力要求给予授信。但分行领导顶住压力，坚守风险底线，最终成功规避了一起大额不良授信的发生。

风险评价不能简单地建立在表面数据以及客户反映的基础上，不能因产品是信保融资而降低对客户准入的评判，要通过实地走访等方式多渠道获取真实信息，避免本行贷款被用于偿还他行的风险贷款。

此外，以新的银行贷款归还到期银行贷款，即“借新还旧”是企业安排资金周转的方式之一。但作为新贷款行要注意分清，本行的贷款是“主动性”借新还旧，还是“被动性”借新还旧。如果借款人是“好”客户，应争取前者。如果是风险客户，则要避免后者，以防本行资金成为银行不良贷款击鼓传花的最后一棒。

案例

堵截500万元担保合同中未写明“借新还旧”用途的风险

银行批复同意了苏州CSXC公司“借新还旧”贷款500万元，当日，客户经理向分行放款中心提交了相关放款材料。

经审核发现，虽然借款人在《借款合同》用途栏目中填写了“借新还旧”，但是保证人在《担保合同》却按流动资金用途填写。放款中心立即退回材料并要求整改。一是要求借款人、担保人在股东会决议中，必须明确是“借新还旧”的用途；二是担保人在保证合同中必须明确“知悉并同意该笔借款的用途为借新还旧”。

● **风险提示：** 曾有一门银企官司，保证人在法庭上拒绝向银行履行赔付责任，声称其《保证合同》所担保贷款的用途是流动资金，而《借款合同》中所写的贷款用途则是他不知晓的“借新还旧”，所以他不应承担赔付责任。最后，法院判保证人胜诉。

（十）将贷款资金输送给股东或实际控制人的

以前有的银行在成立时，股东按规定注入了资本金，但随后不久股东就以贷款方式将资本金抽走。如果银行赚钱，这些股东可以得到分红；而如果银行亏损甚至倒闭时，这些股东的资本金早已提前抽逃而走，全身而退。

案例

海南发展银行关闭的教训[①]

1998年6月21日，中国人民银行发表公告，关闭刚刚诞生2年零10个月的海南发展银行。这是新中国金融史上第一次由于流动性危机而关闭的银行，深刻的经验教训值得记取。为什么一家银行开业不到3年，就被迫关闭了呢？其中的一个重要原因，就是股东借款抽逃资金。

合并后成立的海南发展银行，并没有按照规范的商业银行机制进行运作，而是大量进行违法违规的经营。其中最为严重的就是向股东发放大量无合法担保的贷款。股东贷款实际上成为股东抽逃资本金的重要手段。有关数据显示，海南发展银行成立时的16.77亿股本在建行之初，甚至在筹建阶段，就已经以股东贷款的名义流回股东手里。海南发展银行是在1994年12月8日经中国人民银行批准筹建，并于1995年8月18日正式开业的。但仅在1995年5月至9月，就已发放贷款10.60亿元，其中股东贷款9.20亿元，占贷款总额的86.71%。绝大部分股东贷款都属于无合法担保的贷款；许多贷款的用途根本不明确，实际上是用于归还用来入股的临时拆借资金；许多股东的贷款发生在其资本金到账后1个月内，入股单位实际上是“刚拿来，又带走；拿来多少，

① 摘自：刘明康．中国银行业改革开放30年：1978—2008［M］.北京：中国金融出版社，2009.

带走多少”。这种大量抽逃资金行为显然无法使海南发展银行走上健康发展的道路。

为防止银行股东通过贷款方式抽逃资本金，《中华人民共和国商业银行法》特别规定：商业银行不得向关系人发放信用贷款；向关系人发放担保贷款的条件不得优于其他借款人同类贷款的条件。关系人是指：商业银行的董事、监事、管理人员、信贷业务人员及其近亲属；前项所列人员投资或者担任高级管理职务的公司、企业和其他经济组织。

（十一）用途不明且无法证实的

有时，企业递交的申请资料中虽然有借款用途，但没有证明资料，银行如果难以核实，应拒绝贷款。

案例

用途不明的资金可能挪用给集团使用

江西某公司向银行申请贷款9000万元，抵押物为第三方位于省外的商业物业。该公司实际控制人名下有家粮油集团，是江西省内某地市的龙头粮油企业，具有一定的实力。

而经信审员认真审查后，决定否决该笔授信申请，理由如下。

（1）存在过度授信风险，企业财务报表显示，该公司年营业收入约1.6亿元，在他行已有授信5000万元，而作为一家贸易型企业，再申请贷款9000万元，资金需求量明显大于实际经营所需资金量。

（2）实际控制人名下集团涉足的产业多，包括农业、冶金、矿产、房地产投资、酒店及文化传媒等，且人行征信系统显示，整个集团的融资规模较大。

（3）实际控制人资金链紧张，经向当地银行同业了解，实际控制人在当地开发了一个房地产项目，但销售情况不理想，导致在其他银行的开发贷款差点进入不良，后来该笔开发贷款被某资产管理公司收购。由此可知实际控制人资金链较为紧张。

在劝退该笔授信材料之后不久，新浪网报道××公司实际控制人失联，其涉及债务达数亿元，债权人包括银行、小贷公司、民间融资等。当地政府正在牵头进行重组。

● **风险提示：**银行对民企集团实际控制人的真实情况一般难以掌握。银行人员在审查时，如果计算发现借款人申请的金额远大于企业实际需求时，就有资金可能被集团挪用的风险。

银行贷款的原则，安全性第一，收益性第二，顺序不能颠倒。

——一位行长的话

二、借款用途风险的识别与防范

企业申请贷款的用途主要分为两大类。第一类是短期流动资金需求，包括季节性销售增长、长期性销售增长、资产使用效率下降、应付账款的减少、债务替代、股利支出、盈利能力不足、一次性或意外支出等。第二类是长期投资资金需求，包括固定资产更新、对外长期投资等。银行必须加以识别，注意防范风险。下面分别加以论述。

（一）季节性销售增长

很多企业的销售具有季节性增长的特点，不仅库存和应收账款两类资产在增长，也会引起应付账款与应计费用两类负债的增长。在销售高峰期，应收账款和库存增长的速度往往要大于应付账款和应计费用增长的速度。超出的部分企业一般会尽可能先用内部资金来解决，内部资金无法满足时，就会向银行申请流动资金贷款。

用途识别的方法：首先通过访谈企业的经营模式、主营产品、市场情况，并结合行业特征，判断企业是否存在季节性销售模式。其次通过企业的经营数据，对企业月度销售情况进行评估，判断企业是否需要获得季节性贷款支持。如企业连续两个月的销售累计金额至少占了全年销售额的 25%，或者连续三个月的累计销售额至少占了全年销售额的 35%，则可以确认企业存在显著的季节性销售，并可以估计企业的季节性借款需求。

风险防控的方法：企业的季节性融资期限通常在一年以内，还款期安排在季节性销售低谷之前或之中，因为此时企业能够收回大量资金。如果企业为季节性销售增长从银行取得了多笔融资，而且是可以展期的，那么一定要防止季节性融资被用于长期投资。

（二）长期性销售增长

企业要实现销售收入的长期稳定增长，如果不增加流动资产，光靠提高资产效率是很难实现的。通常情况下，即使企业已经实现了较高的利润，并把留存收益用于资产的增加，但只靠这些内部资金是不够的，因此有可能向银行申请贷款款。

用途识别的方法：首先通过访谈，了解企业的年销售增长率、市场预期，结合目前企业所属行业在市场中的整体状况，判断企业是否存在销售持续增长的可能性。一般来说，年销售增长率连续超过 10%，企业是很难靠内部资金来支持的，使得向银行借款成为必要。

风险防控的方法：企业流动资产的融资需求，有时表面上看是一种短期融资需求，实际上是一种长期资金占用，是企业的铺底资金，如果银行抽回，企业生产经营可能就要受很大影响。另外，银行人员在计算企业年销售增长率时，应剔除非正常销售的数据，如低价处理掉的积压存货、无法收回款项的销售、现金折扣较大的销售等。

（三）资产使用效率下降

企业在生产经营过程中，出现应收账款回款期的延长、存货持有期的延长、应付账款付款期的缩短等，都属于资产使用效率的下降（暂时性的或永久性的），必然会要求企业增加额外的现金以维持企业的正常运营，就可能向银行申请贷款。

用途识别的方法：首先，通过访谈了解企业是否存在用应收账款回收期延长、存货持有期延长、应付账款付款期缩短等资产效率下降的情况，同时分析资产效率下降的原因。其次，通过企业经营数据，判断企业赊购期的变化是否足以抵销赊销账期和存货持有期的变化，判断是否需要贷款支持，如不能抵销，则可能需要贷款支持。

风险防控的方法：企业资产使用效率的下降，即可能导致长期融资需求，也可能导致短期融资需求，分析时必须有效识别借款需求的本质，从而保证贷款期限与企业借款需求期限相匹配。

（四）应付账款的减少

应付账款一般被视为一项无成本的商业信用，因为企业在应付账款到期之前可以充分利用这部分资金进行周转，如购买商品和服务等。当企业如果经常无法按时支付应付账款，供应商就可能会停止赊销，要求改按现金方式付款，这就可能造成企业的现金短缺，从而形成向银行借款的需求。

用途识别的方法：通过访谈了解企业是否存在贸易信用（赊购期）减少的情况，原因是什么，对企业经营现金流的影响如何。如果企业有大量应付账款需要支付，而经营现金流大幅减少甚至资金短缺，则可能需要银行贷款的支持。

风险防控的方法：对于无法按时支付应付账款的企业，供货商会削减甚至停止供货，企业的经营风险加大，应审慎贷款。

（五）债务替代

在某些情况下，企业可能会想用一家新的贷款银行替代原有的贷款银行，原因可能是：对原有银行不满；想要降低融资利率；想与更多的银行建立合作关系，增加融资渠道；还清原有债务后，解除抵质押担保条件；等等。由此产生了借新还旧的贷款需求。

用途识别的方法：要向企业管理层了解“借新还旧”的原因是什么，是否真实，进一步判断银行是否适合发放贷款。

风险防控的方法：应评估企业的资信状况，以及债务替代的真实性。要防止企业骗取本行的贷款，去归还其他银行的不良贷款。分析企业债务替代后的还款能力，最大限度地规避贷后风险。

（六）股利支出

股利和利息均为企业的融资成本。很多上市企业必须支付股利来保证其在证券市场的位置，因为股利发放的数量会影响投资者的态度。首先，投资者会将削减红利与企业的财务困难联系在一起。其次，企业在制定红利发放政策时，必须确定并达到所有者的期望目标，否则投资者可能出售其股份，使股价下跌。最后，股利的发放可能会占用企业本可以用于其他目的的现金，如资本支出、扩大生产等，因此在某些年份现金短缺时，可能会借入银行贷款去支付股利。

用途识别的方法：首先，通过访谈了解企业是否必须持续支付股利，支付股利的条件是什么，支付金额是多少。其次，从经营现金流分析中，判断经营现金是否为正，且数量能否满足预期股利的支付；如不能满足，则可能从银行获取贷款。

风险防控的方法：银行应当永远不为企业支付股利而提供融资。要防止企业以其他虚假用途，套取贷款资金后，去向股东发放股利。

（七）盈利能力不足

企业如果连续几年利润较低或几乎没有利润，不但会损失大量的现金，还会导致无法积累足够的资金用于生产经营，由此可能需要借款。

用途识别的方法：首先，通过访谈了解企业是否存在盈利性不足的情况，通过分析找出深层次原因，如销货成本和营业费用在销售收入中的占比过大，前期需要大量资本性投入等。其次，判断企业盈利性不足是否需要贷款支持。

风险防控的方法：如果企业长期微利甚至亏损的原因，是企业管理层经营能力不足，无法应对不断变化的市场形势，不能够充分利用现有资源创造价值，在这种情况下，应要求企业有改革措施，否则不应予以贷款。

（八）一次性或意外支出

企业在经营过程中，不可避免地会出现一次性或未预见的突发性支出，如保险之外的损失、诉讼赔偿等。一旦这些费用超出了企业现有的支付能力，就会导致企业的借款需求。

用途识别的方法：首先，要了解企业是否发生了偶然的、一次性费用，发生的原因是什么，需要的资金是多少；其次，要判断这些费用是否超出了企业的现金储备，若是，则可能需要贷款支持。

风险防控的方法：突发性支出导致的借款需求可能是长期的，也可能是短期的，要分析企业为什么会没有足够的现金储备来满足这部分支出。应当根据企业未来的盈利能力和偿债能力决定贷款的条件。

（九）固定资产更新

企业固定资产本身的损耗、过时或技术更新，会导致企业丧失经济效率。企业管理层如有对固定资产更新的计划，就会产生融资需求。企业固定资产的增长模式通常是呈阶梯形，每隔几年才需要一次较大的资本支出来进行固定资产的扩张。而一次性且集中的固定资产扩张，一般对资金的需求量较大，企业很可能寻求银行贷款的支持。

用途识别的方法：首先，通过访谈了解企业更换或扩张厂房和设备的计划，分析企业的经营数据，判断企业设备的实际年龄和状况。如果企业需要大量的固定资产，同时其资产负债表却显示固定资产总体上已经接近于完全折旧，或固定资产使用率大于60%或70%，则存在更换固定资产的需求（注：固定资产使用率 = 累计折旧 ÷ 总折旧固定资产 × 100%）。其次，判断企业固定资产的更换或扩张是否需要贷款支持。

风险防控的方法：对于厂房和设备等固定资产重置的支出，其资金使用期限是长期的。银行在作出贷款决策时，应当根据企业的借款用途和未来的还款能力，按银行项目贷款管理办法来开展业务。

（十）对外长期投资

企业在经营发展过程中，可能会出于降低成本、业务扩展、战略发展等目的，兼并上下游企业、收购子公司或者对其他公司投资。这些对外长期投资一般需要较大体量的资金，企业可能会从多渠道进行内外部融资。

用途识别的方法：首先，通过访谈了解企业打算进行长期对外投资的原因，投资的资金来源是什么，是否存在以其他名义借款实际却用于投资的意图；其次，判断企业长期投资是否需要贷款支持。

风险防控的方法：用于长期投资的金额大、回收期长，不可预见的因素很多，风险很大，银行要认真调查，多方论证，确实防止企业过度扩张和多元化失败的风险。

核实贸易背景的真实性，不仅要在贷前调查时审核买卖合同，关键还要在贷后检查时看企业是否做到了“三动”，即是否动钱、动账、动货，即银行的资金是否有划拨，企业的账目是否有记载，仓库的货物是否有发送。

——一位行长的话

三、分析小额贷款的借款用途

宁夏九通乡村小额贷款有限公司主要是向农户、个体工商户和小企业提供小额贷款。他们在信贷实战中，对于如何准确分析贷款用途的经验是，必须要搞清楚四方面问题：借款准备干什么，是否与生产经营或主业相关？总需求资金是多少及细分测算，是否与经营规模匹配？准备从本机构借多少钱，是否超过本机构的信贷政策上限或与担保措施匹配？不足资金从哪里来，客户自有资金和融资能力如何？

对小微企业信贷用途的分析要做到“表里如一”。“表”就是客户申请贷款的用途，“里”就是银行对实际情况加以核实。

（一）表

何为“表”？就是要先对本地区的市场进行调研，将需要借款的小微客户分为五类，将每类客户借款的常规用途明确如表 2–1 所示。

表 2–1 五类小微客户借款的常规用途

客户类型	常规用途
农业类	购买生产工具，承包/建设经营场所，购买生产资料等
商贸类	季节性备货，厂家政策备货，代理新品牌，大型中标合同备货等
服务类	装修，开新店等
生产类	购置机器设备，建设厂房，购买原材料，日常大项开支周转等
工程类	工程材料垫资，投标保证金，日常大项开支垫资等

（二）里

何为“里”？就是要对借款用途的真实性、合理性、可控性，通过各种方式进行判断。

1. 判断用途的真实性（见表 2–2）

表 2–2　对五类小微客户借款用途真实性的验证方式

客户类型	验证方式
农业类	通过关联人员、被承包方或现场查看、逻辑分析等方式验证
商贸类	通过行业季节性规律、代理合同返点政策查看、代理规划和中标合同验证
服务类	通过经营时间、现场查看和装修时间点、开新店选址或规划验证
生产类	通过动机分析、现场查看土地储备和日常资金周转周期验证
工程类	通过工程合同、现场查看、投标书和网站查询和日常资金周转周期验证

比如：

某客户需要向村里承包 50 亩地种植水稻，可以向村里打听是否有承包计划。

某空调经销商需要大量备货，可以关注是否在夏季来临之前。

某宾馆需要装修，可以现场查看是否存在破损或者陈旧的地方。

某小微加工企业需要增加原材料，可以考察是否有相应订单凭证做支撑。

某从事工程的客户需要周转资金，可以查看工程合同及前期资金结算情况来验证需求是否真实。

2. 判断用途的合理性

（1）来本机构借款原因的合理性。比如某客户有抵押物，他完全可以到银行去获得额度大、利率低的贷款。但假如客户说自己信用记录不好或者房子太小等原因，未能通过银行审批，这就是合理的。

（2）借款需求与历史积累匹配度的合理性。比如某个经营 5 年的餐饮店老板申请 50 万元贷款用于装修，经核算饭店 5 年的积累资金已足够装修了，这样的借款需求是值得疑问的。

（3）借款额度的合理性。比如某老板申请 50 万元贷款用于购买一台二手机器，经网络查询或同行业了解，该型号二手机器价格也就 20 万元左右，那么剩余 30 万元他想干什么呢?

（4）借款后获利性的合理性。比如某老板申请 20 万元用于购买一辆总价约 30 万元的轿车，此时需要关注客户为什么不办理车贷（一般情况下车贷利率比小微贷款的利率要低）。假如客户说一次性付清车款有优惠，那么此时需要测算优惠的幅度是否能够覆盖贷款利息，如果能够覆盖就合理，反之不合理。

3. 判断风险的可控性

正常经营小微企业的借款用途主要有三个：维持现状、扩张规模和多元化发展。

（1）维持现状借款用途的可控性分析（见表 2–3）。对于企业维持现状的借款申请，需要对企业的日常经营生产和资金需求情况进行深入了解，从而对风险做出判断。

表 2–3 维持现状借款用途的可控性分析

客户类型	分析重点
农业类	农业类客户借款用于维持现状，与用途相关的风险基本可控
商贸类	需要考虑季节性备货量与销售的匹配度； 需要大量备货的存储和销售规划； 需要考虑客户对于中标合同的承接力度，是否需要部分外包
服务类	需要考虑装修时间长短及效果对未来经营提升的影响
生产类	购买机器用于提升效率或产品质量，用途相关，风险性不大； 建设厂房，主要考虑自有资金实力是否充足及工程款结算周期，防止过度负债或者短贷长用引起流动资金紧张； 购买原材料时若有价格波动，需要考虑价格波动预期是否准确； 日常开支周转，需要考虑流动资金紧张原因、程度、趋势及持续时间
工程类	需要考虑发包方实力以及承包方资质、工程施工进度、安全保障、工程款的结算周期等因素； 需要考虑流动资金紧张原因、程度、趋势及持续时间

举个商贸类例子，某白酒商户在春节前申请借款 150 万元用于备货，现有库存 50 万元，预计春节前后 3 个月旺季的销售 150 万元。考虑白酒进货综合成本为 70%，销售旺季前只需准备货款 105 万元，可发现 150 万元借款金额偏高；如果考虑已有库存的保底量，借款金额只需 80 万~100 万元；再考虑商贸类客户的资金周转效率，假设这 3 个月转 2 次，则实际借款金额可进一步压降为 55 万~65 万元。

（2）扩张规模借款用途的可控性分析（见表 2–4）。对于企业扩张规模的借款申请，需要考虑其扩张的速度快慢；需要的多少资金支持；扩张后盈利周期及资金回笼周期。一般情况下，如果扩张速度需要的资金量大幅超过盈利水平和资金回笼水平，很可能会面临过度负债和资金链断裂的风险。

表 2–4 扩张规模借款用途的可控性分析

客户类型	分析重点
农业类	购买生产工具如果向外出租使用，需要考虑业务来源是否充分； 承包土地扩大经营需要考虑农业的天然风险性，是否已购买保险，如果出现重大损失，负债是否有其他还款来源逐步消化； 购买生产资料如果用于扩大经营，需要考虑人力、管理和资金是否跟得上
商贸类	代理新品牌，需要考虑市场营销、资金投入及回笼是否跟得上
服务类	开新店，需要考虑市场需求和资金投入是否跟得上
生产类	购买机器设备用于扩大产能或生产新产品，需要考虑订单来源是否持续、新产品技术是否成熟； 建设厂房用于扩大规模需要考虑产能的持续性、资金是否充沛
工程类	新投标工程，需要考虑投标期限及客户资金自有资金实力是否充沛

比如某品牌奶茶店，在本地经营1家门店1年时间，鉴于市场需求比较旺盛，为了快速占领区域内市场，计划每3个月新增1家门店，总计开6家，每家门店投资约15万元，每家门店回本需要1年时间。假如客户没有较强的自有资金实力，完全靠融资来满足，风险是非常大的。此时可以暂时支持客户开1~2家门店，同时建议客户根据资金情况，合理的规划扩张计划，切不可盲目快速扩张。

（3）多元化发展借款用途的可控性分析（见表2–5）。对于企业多元化投资的可控性分析，可以从基本条件、行业分析、投资规划及可行性分析四个角度阐述。归结起来就是评估客户多元化发展已经具备什么条件，还需要什么条件，成功的概率有多大，假如失败是否会影响主业以及主业能否消化由此而产生的负债。

表2–5　多元化发展借款用途的可控性分析

分析框架	分析重点
基本条件	公司注册及股权关系，公司组织架构搭建，筹备经营场所等
行业分析	目前投资行业的整体情况如何？处于什么阶段？区域内有多少家同行？同行发展得如何？投资项目有什么差异之处？
投资规划	项目总预算多少？全体股东自有资金多少？剩余如何筹措？目前进展如何？项目需要哪些关键资源支持？
可行性分析	股东具备什么背景或行业经验？投资项目与主业的关联度？在人才、资金和管理方面具备什么优势和劣势？商业模式是什么？销售、盈利周期及水平测算如何？资金回笼周期及水平如何？是否会影响主业发展？

举个例子，某从事汽车装饰配件批发与零售客户，每年盈利大概20万~30万元，用房产抵押申请50万元贷款，计划与朋友合伙盘个汽车4S店，总投资约400万元，计划有4个合伙人，每人出资100万元。在实地考察中，客户对于新项目的股权关系、资金是否到位、自己是否参与管理以及盈利模式几乎都不清楚，很显然客户对投资项目并没有充分了解，没有成熟的投资计划，投资规模超过其承受能力，新的投资面临很多不确定性和风险。

当然，对上述小贷公司核实借款用途的做法，各家银行由于各自情况不同，不一定照搬照抄，但其工作方法可以借鉴：一是要摸清本地客户分类和正常借款用途的情况；二是要根据不同客户的借款需求进行深入调查；三是在调查过程中要保持合理怀疑的态度，多问几个为什么。

第三章 还款来源风险

有句著名的商训叫“未购先想售”，意思是买卖人在货物还没买入之前就要先想好怎么把它卖出去，这样做生意才能成功。同样道理，银行人应该是“未贷先想收”，就是在贷款还没发放出去之前，就要先想好怎样能收回来。银行授信业务的理想状态就是“放得出去，收得回来”，只有放出去才能有利息收入，只有收回来才能做到本金安全。所有工作目标都要围绕着确保资金安全，把全部本息按期足额地收回来。

对企业还款能力的分析，是所有授信风险分析中最重要的工作。还款能力分析包括定量分析和定性分析。定量分析主要通过围绕企业的资产效率、盈利能力、发展能力、偿债能力和现金流等传统财务指标进行分析；定性分析是对企业运营风险、组织架构和管理、企业战略发展等进行分析，最后综合判断借款企业的还款能力。

我们相信，除了少数诈骗分子之外，大部分企业借款人在申请贷款时还是想着今后要还款的。但是为什么有些企业在贷款到期后都拖延或无力偿还呢？对此，银行人员在开始调查时，就应充分注意以下问题。

第一节 企业都有哪些资金可作为还款来源

有的客户经理在对企业做调查时，往往只重视企业资信的好坏和担保条件的强弱，对还款来源却重视不够，最多在调查表中简单写上一句话：“以经营收入来源还款。”客户经理没注意到的是，许多生产企业尤其是国有企业，规模是很大，但贷款到期时却没有资金可用于还款，资金都被厂房设备、原材料、半成品、库存产品或应收账款占压着，没有现金流。因此，客户经理在调查时就必须问清楚企业的还款来源。如果企业财务人员搪塞说等贷款到期时再说吧，那么还款来源可能就是水中月、镜中花。

借款人的还款来源可分为第一还款来源和第二还款来源。第一还款来源是指借款人通过生产经营活动产生的现金流。第二还款来源是银行通过处置抵押物、质押物，或对担保人进行追索所得到的资金。从二者的关系看，第一还款来源是银行回收贷款的主要来源，第二还款来源是银行回收贷款的重要保障。

一、第一还款来源

第一还款来源可分为项目收入还款来源和综合收入还款来源两种。

（一）项目收入还款来源

项目收入还款来源是指企业用本笔贷款项目创造的销售收入作为还款来源。银行人员应该明白的是，流动资金贷款和固定资产项目贷款，两种贷款的还款来源是不同的。

流动资金贷款是指银行为支持企业生产经营活动所需流动资金而发放的贷款。生产型企业将银行的流动资金贷款通过“现金→原材料→在产品→产成品→应收款→现金”这一系列的转化过程，最终以收回的销售收入作为还款来源。

需要注意的是，如果银行未将企业的销售收入用于贷款的回收，而是允许其不断用于企业的资金周转，一旦企业进入衰退期，出现销售下降、资金周转变慢，或是将流动资金挪用于固定资产建设时，银行想要收回贷款就困难了。因此流动资金贷款的期限虽短，但把握合适的退出时机很重要，如果一味地舍不得退出，就有可能被长期套住。如果发现企业销售收入从高增长变为平缓增长，且资金周转变慢时要开始警惕，应适当压缩贷款规模，迫使企业用利润累计或其他融资来源弥补资金缺口，为本行贷款完全退出做好准备。

固定资产贷款是指银行为解决企业固定资产投资活动的资金需求而发放的贷款。银行固定资产贷款参与企业生产经营周转的过程是：固定资产贷款与企业资本金一起投入固定资产项目建设，变为企业的土地、厂房和机器设备。在投资项目建成后，土地、厂房和机器设备等固定资产通过折旧和摊销等方式分期回收。因此，固定资产贷款的还款资金来源是企业数年的折旧、摊销和净利润。如果企业亏损的额度超过折旧、摊销额度，则理论上讲固定资产贷款就丧失了还款来源。

从上述分析可见，销售收入是企业偿债的基础，没有收入就没有偿债来源，企业收入的下降比利润的下降更加可怕。在信贷工作中，要特别关注企业收入的来源构成、稳定性以及有无现金支持等，收入是企业第一还款来源的核心。

因此，企业的流动资金贷款和固定资产贷款的用款项目能否成功、能否赚钱，是企业能否还款的关键所在。银行人员要在贷前仔细论证贷款项目成功的可能性，并在贷后对企业使用贷款和生产经营的全过程进行监控。

（二）综合收入还款来源

综合收入还款来源是指企业靠综合收入偿还贷款的能力，包括以下几项。

1. 资产变现

企业任何资产变现都可作为偿债来源，所有流动性较强的资产对银行而言都是好资产，都是企业偿债能力的“正能量”。比如，企业的应收票据、交易性金融资产、可供出售的金融资产、对大型优质企业的应收账款、持有上市公司的股权等，这些资产的流动性较强，比较容易转化为货币资金和还款来源。再如，企业持有的投资性房地产，既是比较好的抵押品，也是相对比较容易变现的资产。总之，企业所有变现能力较强的资产，都是还款来源的“后备军”。

2. “借新还旧”

企业借新债还旧债，也是现实中企业偿还到期贷款的重要途径。企业“借新还旧”的主要渠道包括银行借款、发行债券、股东借款和民间借贷。企业能否实现“借新还旧”主要取决于当时的融资环境、企业的融资渠道、再融资能力和股东支持力度等，因此信贷调查和审查时要考虑上述因素。

3. 权益性投资资金

企业如果收到股东注资或新战略投资者投入的资金，也都可用于偿还贷款。

二、第二还款来源

第一还款来源非常重要，但绝不是说可以忽视客户的第二还款来源。第二还款来源分为保证担保、质押担保、抵押担保。

对于保证担保，主要是看保证担保人主体资格、信用状况、资产负债情况、对外担保情况、收入情况、经营情况、盈利能力等，关键是看担保人是否具有足够的代偿能力。

对于质押担保，主要是看质押担保人主体资格、信用状况、质押物类型、质押物保管和保值难易程度、质押物价值及价值波动程度、法律保障程度、处置变现难易程度等，关键是分析质押物对贷款的保障代偿能力是否充分。

对于抵押担保，主要是看抵押担保人主体资格、信用状况、抵押物类型、抵押物坐落位置及周边地理环境、抵押物价值及价值波动程度、法律保障程度、处置变现难易程度等，关键是分析抵押物对贷款的保障代偿能力是否充分。

银行必须重视企业的第一还款来源即企业的自身还款能力，而不能单纯依赖第二还款来源。因为在对第二还款来源进行追索时，对质押物、抵押物进行处置时，涉及诉讼、执行、拍卖等许多复杂程序，时间漫长而且存在不确定性。

> 在贷前调查时，没有什么能替代下面三个最主要的问题：你要这笔贷款干什么用？你准备用什么还？当你说的还款方法不行时，还准备怎么办？
>
> ——一位行长的话

第二节　应注意防范还款来源风险

还款来源主要会带来以下四种风险。

还款来源风险的类型（4 种）
● 还款意识不可信
● 还款来源不可靠
● 还款资金不可控
● 授后管理不到位

一、还款意识不可信

银行要注意判断借款人的还款意识是否良好。因为借款人想不想还款，能不能还款，他的意愿和诚信很重要。每个客户在向银行申请贷款时，都会拍胸脯说保证能还款。但银行不能光是听其言，还要观其行。首先便是要查看其历史上有否不良记录，是不是一个老赖。银行人员可以通过人行的企业征信系统，查看企业对各家银行的到期贷款是否都能按时偿还。如果有逾期，要查明是什么原因。对于还款记录很差的企业，应该拒绝贷款。

有的借款人明明有资金可以还款，但就是拖着不还，分析其心理原因主要有：经营和融资困难，资金周转难，害怕还给银行后再也借不出来了；别人拖欠我的钱，我就拖欠银行的钱；银行的钱能欠就欠，大不了打官司；等等。总之，只要企业老板和财务主管的还款意识差，就会有种种理由拖欠。

当前国家主管部门正在不断加强征信体系建设，并加大对老赖们的处罚力度，这些对于建立诚信社会和提高企业还款意识，具有很重要的社会意义和现实意义。

（一）不同企业还款意识的差异

我国的企业按照资产规模大小，可分为大型企业、中型企业、小型企业、微型企业四种。大中型企业与小微型企业的还款意识是不同的，银行人员在调查时应注意看不同点。

1. 大中型企业看规章制度，小微型企业看老板品德

大中型企业的经营管理必须依照章程运作，章程就是公司的宪法。公司经营规模越大，越没有高管个人任性的空间，越要严格依照各类法律法规。银行人员在调查大中企业还款意识时，应首先查看大中企业的公司章程和规章制度，查看企业的文化理念，以及通常在何种情况下出现违约行为，并分析违约的具体原因。

小微型企业的经营管理，大多靠实际控制人的个人指挥。很多企业虽也是公司组织，但具有浓厚的独资或合伙性质，多为一人或数人的家族企业。因此，调查小微型企业的还款意识，不光要看企业本身和管理层的情况，更重要要看企业老板（实际控制人）的个人品德。

2. 大中型企业看合同约定，小微型企业看人脉关系

大中型企业注重契约精神，与银行开展信贷合作，一般以借款合同条款为执行依据。合同条款中的对违约责任的严格规定，例如需要付出多大代价的赔偿，往往是制约大中型企业还款意识的重要因素。

小微型企业注重礼法传统，受中国传统文化的影响，老板更注重人际关系。很多小微型企业

本身就是家族企业，或者主要管理者都是企业老板的亲戚朋友。调查小微型企业的还款意识，更应考量老板个人的礼法传统和人脉关系。

3. 大中型企业看单位信用，小微型企业看老板信用

对于大中型企业还款意识的调查，重点考察企业本身的诚信记录，查看以前是否存在违约行为，整体信用记录如何（如央行的企业征信报告），在行业和合作伙伴当中的信誉如何，有无违法或被处罚记录等。

而对于小微型企业还款意识的调查，除了调查企业的信用记录，更关键的是调查实际控制人的个人品行和以往的个人诚信记录。

（二）不同企业还款意识的调查重点不同

对大中型企业与小微型企业的还款能力进行调查时，重点应有所不同，才能发现问题。

1. 大中型企业看管理层能力，小微型企业看老板个人能力

大中型企业多处于关系国计民生的重要行业，国家法律法规监管比较严格，其自身管理也比较规范，决策基本需要管理层集体决议通过。因此，调查管理层整体的素质和能力，就能判断整个企业的经营水平和还款能力。

小微型企业大多从事一些门槛比较低的行业，核心竞争力并不强，要想在竞争中脱颖而出，企业实际控制人的经营能力、管理能力就必须很强。因此，在还款能力调查过程中，应着重访谈企业实际控制人，判断其经营管理能力。

2. 大中型企业重点看财务数据，小微型企业重点看生产数据

大中型企业财务制度比较严格，管理比较规范，账户资金往来能反映出企业的市场销售、原材料供应、营业收入、人工成本、纳税状况等真实情况。为此，银行人员重点查验企业的财务数据和账户流水情况，就可以大体了解企业的还款能力。

小微型企业财务管理不规范，有时企业与个人的资金管理不分，企业运营和交易的资金很多打到了企业老板个人账户上，不签合同不开发票。企业的财务数据和资金流水情况往往不能说明问题，只能作为部分的参考。因此，除调查核实和推导其财务数据真实性外，还要关注企业的水、电、气用量的数据，纳税数据等，因为这些数据较难作假。例如，一个生产型企业的用电、用水、用气量远低于同行业同规模企业的平均水平，即便财务报告反映企业的经营业绩再高，也非常值得怀疑。

3. 大中型企业重点调查社会评价，小微型企业重点现场勘查

大中型企业多为社会公众企业，需要接受各方面的监督和考评，企业资料和数据也容易获得，调查时应从多渠道、多方面获得资料，对企业的还款能力综合加以判断。

对小微型企业现场勘查的重要性远远高于大中型企业。小微型企业的生产规模有限，实地勘查花费的时间较少，却往往能够起到事半功倍的效果。一个小微企业型的财务报表可以造假，但是其生产设备、存货、办公条件以及员工人数都较难作假，实地勘查能够验证企业的真实还款能力。

银行督促企业建立良好还款意识，是需要努力的。一是要帮助和促进企业搞好生产经营，这

是还款的根本保证；二是要督促企业加强内部财务管理，保证还款资金衔接无误；三是要告知不按期还款后果的严重性；四是要有一套经济和法律的催收手段。

二、还款来源不可靠

对于借款人提出的还款来源，银行人员必须认真核实。对于还款来源不靠谱的借款申请，应该拒绝贷款。

（一）不同企业还款的可靠性不同

应注意到不同行业和企业的还款来源，是有着不同的特征。

有些还款资金来源比较可靠，在贷款之前就可以确定，例如，工程公司中标后修建的公路项目，还款来源是公路收费权；造船厂按订单建造的船舶，还款来源是船东的购船款；建筑安装企业按合同施工的楼盘，还款来源是房地产开发商的工程款；贸易公司根据售货合同的进货，还款来源是下游买家的货款，等等。银行向这些借款人发放贷款，心里比较踏实，因为看得见还款的资金在哪里，主要论证好买家的付款资信即可。

而另一种还款来源是不可靠的，例如，企业没有市场订单就生产，经销商在手机进货后不知能卖出去多少，开发商住宅盖出后不知买家在哪里。对这些借款人风险就较大，银行贷款必须慎重。

（二）要论证贷款项目能否经营成功

企业借用银行贷款如果能经营成功，就能按时收回资金并归还贷款。如果出现问题，则还款就会出现问题。所以银行需要格外关注企业的经营和资金使用情况，原因也在于此。

巨人投资集团公司董事长史玉柱说过："我现在宁愿错过 100 个项目，也不错投 1 个项目。现在投资机会很多，但好的企业家应该能经受住诱惑。"有些企业申请借款，准备生产产品的创意是很好的，论证时的市场前景也是很诱人的，但是实际效果并不理想，甚至收不回投资成本，更别说偿还银行贷款了。这类失败的事例有很多，小的如许多有专利证书的日常生活用品的生产，大的如铱星电话、小灵通、机顶盒的生产等。因此，银行人员在调查企业贷款用途时，不能被老板天花乱坠的描述所迷惑，而要仔细论证企业的产品是否真正有较大市场需求。

（三）要关注借款人是否有较强的再融资能力

企业能用于偿还银行贷款的资金来源无非是三种：第一种是经营利润，第二种是投资收益，第三种是再融资。

再融资又分为直接融资和间接融资两种渠道。直接融资，就是企业到资金市场去发行一年期以下的短期债券，或到资本市场去发一年期以上的长期债券，从市场直接获得资金。间接融资，就是企业向银行借款，通过银行这个金融中介间接从市场获得资金。

如果用于偿还银行贷款的第一种和第二种资金来源出现问题，有融资能力的企业可以用第三种资金来源偿还贷款。银行虽然希望企业能用第一种或第二种资金来源还款，但在不得已的情况下，也只能靠企业的第三种资金来源还款。

考察企业是否有从各家银行借款的能力，最简便和直观标志，就是看这家企业从各家银行分别能拿到多少授信额度。大企业规模大实力雄厚，经营的领域广，是各家银行追捧的对象，能拿到的额度多；而小企业做生意的回旋余地小，常常是一锤子买卖，做好了就成功，做砸了就无法还款，很难拿到额度。目前小微企业借款难的最根本原因就是还款难。

三、还款资金不可控

虽然借款人提出的还款来源确实存在，但银行人员如果调查发现资金无法控制，也应该拒绝贷款。为了控制好还款资金，银行在贷款调查和审查阶段，就应该根据控制风险的要求，采用不同的还款方式，要求借款人执行。

（一）以六种不同的还款方法控制风险

银行可采用不同的还款方式，既满足企业的用款需要，又有利于控制风险。

1. 到期一次还款法

这是最通常的做法，就是借款人每月只付利息，在贷款到期时一次性偿还本金，这样做对于借贷双方都简便易行。例如，搞批发生意的商业企业，其经营特征是借一笔款→进一批货→一批卖出→收回货款→一次还款，这时银行确定的还款方式，就可采取一次发放贷款，到期时一次收回。

2. 循环使用还款法

银行给客户一个可循环使用的授信额度，在授信协议期限和该额度内，客户对于贷款资金可以随时提款、随时使用、随时还款。这种方式方便客户用款，节省客户利息，适用于贸易型、零售型等资金频繁进出使用的企业。但银行为了便于管理，对于额度内每笔资金的使用，会要求客户有最低用款金额和最短使用期限。

3. 分期等额还款法

这种还款方式的主要特点是定期、等额，避免了客户到期一次性大额还款的压力。银行制订还款计划时，采取一笔贷出、分笔收回的方式。比如，给予手机销售商 12 个月期 1000 万元的流动资金贷款，约定第 1 个月和第 2 个月不还本（宽限期），要求从第 3 个月起每月还 100 万元，10 个月还清 1000 万元。又如，给开发商三年期 6 亿元开发贷，要求每年年底还 2 亿元。

4. 只进不出还款法

简单地说就是有钱就还。银行要求客户在银行设立专门的还款账户，在贷款到期之前，只要客户有钱，不论什么时间，不论金额多少，有一笔是一笔，全部进账户，且只能进不能出。这种客户"随时有钱、随时还款"封闭账户，能有效控制客户把赚到手的钱再花出去的风险。可用于物业公司写字楼租金的回收、交通公司过路费的回收、市政公司水电煤气暖气费的回收，等等。

这种方式也适用于对问题贷款的清收。有些欠款人，要他一次拿出大笔钱偿还银行贷款确有困难，但如果每次拿一点，慢慢偿还，则有可能最后还清全部贷款。

5. 先小后大还款法

有些贷款在发放时只有八九成的回收把握。为稳妥起见，制订还款计划时可采用先小后大的方式。比如一笔 5000 万元 1 年期的贷款，在制订还本计划时，不是要求客户在 12 个月到期时一次还本5000万元，而是要求在9个月时先还本1000万元，12个月时再还其余的4000万元。

这种还款方式的好处是：在9个月时就引起客户重视，开始筹措全部的还款资金；如果发生逾期也只有前面先到期的1000万元，后面的4000万元因还未到期而不计入逾期贷款；银行还有3个月时间采取措施去处置可能要发生的4000万元逾期贷款。

6. 先进先出还款法，又称为搭桥贷款

有些项目的建设，资金是需要持续投入的。项目从审批、建设、投产、销售、回款，要经过很长的时期，银行看不准最终结果和风险所在。这时可采用提供搭桥贷款的办法，银行给予前期贷款资金，待企业的项目后期资金到时，银行即收回资金全身而退。做到资金先进先出，避免夜长梦多可能的损失。

（二）通过增加违约成本增强企业还款意识

通过增加企业违约成本，施加较强的压力，有利于增强企业还款意识，督促企业按时还款。可以采取以下几项措施。

1. 增加抵质押物

如果要求借款人增加抵质押财产，设置债权银行有优先受偿权，信贷的风险就会大大降低。

2. 增加保证人

对于保证人的选择，除了看保证人有无代偿的能力外，还要看保证人对借款人的督促、压迫能力强不强。在调查实践中，企业负责人的家人、企业高管、财务负责人、朋友、生意合伙人、上下游企业提供的连带责任担保，都能够有效增强借款企业的还款意识。

3. 获得企业老板朋友圈中联系人的联系方式

这些联系人通常是借款企业的亲朋好友、单位同事、领导，应将他们的联络信息记录在案。一旦企业违约时，可以联络其朋友圈联系人，一方面可以比较容易地找到老板，另一方面可以对其个人声誉造成负面影响，对借款企业造成一定的社会舆论压力和个人心理压力。

4. 在借款合同中约定违约责任

要在借款合同中规定，如果债务人违约，除需要偿还银行贷款本金、利息、罚息之外，还需要承担有关费用，包括债权人为实现债权所花费的律师费、差旅费、诉讼费等费用。违约责任条款可以有效提高借款企业的违约成本，起到一定的威慑作用。

5. 在借款合同中列明刑法责任

可在借款合同中规定，借款人要保证其向银行提供的资料和所作陈述没有虚假内容，否则将构成贷款诈骗罪或骗取贷款罪。银行可向司法机构报案，追究借款人的刑事责任。

6. 用信息公开增大违约成本

借款合同中可以增加规定，如果债务人未按照合同履行相应偿付义务，债权人有权在不通知债务人的情况下，将债务人的违约情况在公开的媒体、网络平台、政府主管部门进行曝光，从而起到一定的威慑作用。

案例

无法控制企业还款现金流账户的授信不做为好

ZH 电子商旅服务有限公司（以下简称“ZH 公司”）成立于 2004 年，是华南地区一家大型机票代理商。上游采购机票主要面向国际航协及各航空公司，下游销售机票客户主要为二级机票代理商和机构客户。主要利润来源是机票销售的佣金返点，主要融资需求是用于上游采购机票预付款和下游客户购买机票回笼款的时间差发生的垫款。

与 ZH 公司合作的授信银行多达 9 家，担保条件包括关联企业担保和应收账款转让。经贷款卡查询，ZH 公司及其关联企业可查实的总融资敞口约 8.8 亿元。2014 年 4 月，企业向广州某银行申请 2 亿元流贷，期限 1 年，以 3 家关联企业提供保证担保，以及实际控制人个人保证担保。

这家银行风管部在审查过程中，主要发现以下资金方面的问题。

（1）该企业经营性净现金流波动很大，净现金流较弱。同时约有 2 亿元的其他应收款无法提供具体说明，很有可能已将资金挪作他用。

（2）企业对银行授信来者不拒，授信总量超出企业自身实际营运资金需求，已呈现明显过度融资现象。

（3）企业实际控制人控制的关联企业很多，涉及行业广、摊子大，银行无法有效控制其挪用资金。

（4）企业 2008 年时曾谋求境外上市，以可转债方式引入风投。后因上市失败，风投于 2013 年全部退出。

（5）保证人均为申请人关联轻资产企业，实际偿债能力弱，担保作用不足。

（6）最重要的是，企业最核心业务的现金流被一家股份银行完全控制，其余主要大客户现金流被另一家股份银行控制，剩余结算通过一家国有银行进行。新的贷款行已很难有实质性手段控制申请人的还款现金流。

后经银行信审委讨论，认为授信方案的风险缓释作用严重不足，需要追加抵押物或本行认可的应收账款作为质押担保。银行经办机构与企业多次商谈无果，最终撤回项目申请卷。

ZH 公司 2014 年 9 月对外宣布，企业实际控制人病故。随后，企业财务危机彻底爆发，资金链断裂。经债权人大会粗略统计，ZH 公司及关联企业的总债务达到几十亿元，涉及 11 家银行、多家小贷公司、国内 100 多家机票加盟商和经销商。

● **风险提示：**有些企业的规模很大，但内部资金运作复杂，银行难以看清。即使现金流很强的，但是银行如果控制不住还款来源账户，也不要介入为好。

无法控制企业销售回款就应提高其他风控条件

A 煤炭开发有限公司主要从事煤炭批发业务，据调查报告称其有储煤场 8 个，储煤能力 70 万吨，年公司收入3.7亿元，实现净利润2633万元。向重庆一家银行申请1亿元综合授信额度，授信模式为全流程使用，即向上游客户四川B煤炭供销总公司采用“先票后货”方式开票，煤到仓库后进行存货质押，销售后以下游客户湖北C煤炭投资公司应收款质押，最后以销售回款归还票款。

由于该公司经营规模不大，已有较多合作银行，有的银行是针对下游客户授信，有的银行是针对上游客户授信，有的银行是存货授信，也就是说下、中、上各环节资金流已被各家银行分别把控住了。

新的这家银行的授信，无法直接控制企业销售收入回款以偿还银行承兑汇票敞口，只能是间接等其他银行转账来还款。此外，还款模式过于复杂，实际操作风险较大。

银行信审会经过慎重考虑，只同意采用存货质押模式给予3000万元额度，并限制两点：一是银票收票人只限于贵州省一大型煤矿企业；二是第一轮先签票半年（一个循环），结清后看效果才能重新签票。

由于两个限制条件使企业感到使用不便，且银行对存货监管较严，于是在第一轮银票结清后就不再在这家银行签发银票了。

第二年4月该公司因资金链断裂，在另一家银行用虚假发票进行应收款质押骗贷6亿元爆发大量不良，其他参与授信的银行亦未能幸免。

● **风险提示**：“控制不住的不做”是银行管控授信风险的经验之谈。这家银行对还款来源的账户控制不住，选择放弃是对的。“提高条件使其知难而退。”对于一些有风险又较难拒绝的客户，银行可采取提高授信条件的方式，使客户知难而退，主动离去。

四、授后管理不到位

对于企业的还款来源，银行在贷前调查和审查阶段都认为没有问题，授后管理要求和《借款合同》中的条款都很严谨，但最终还款还是出了问题，原因就在于授后管理不到位。因此，银行人员务必加强授后管理，发现问题及时解决。

案例

商务大楼的智能化系统未完工验收工程款没回笼

成都JS投资管理有限公司在某分行获得流动资金贷款2400万元整，期限1年，由其关联公司的写字楼提供抵押担保，抵押物足值。

贷款发放后，分行人员通过实地贷后检查发现以下预警信号。

（1）公司继续承包了“城市之心”高级商务大楼的智能化系统工程，但因为尚未最终完工验收，工程款没有回笼，造成企业资金紧张，还款压力较大。

（2）公司在资金方面对其股东依赖性较大，但关联公司实际投资主要集中于资本市场，以及商业地产的开发，自身现金也较为紧。

针对企业出现的预警信号，分行按照“早发现、早行动、早化解”的原则，快速做出反应。在了解到四川有家公司有意购买部分抵押物后，立即派专人跟踪出售进展情况。在收到买楼预付款项900万元后，同意释放抵押物并跟踪产权过户事宜。最终分700万元和800万元两次收回了全部贷款。

工程队承接市政项目较上年增多而资金紧张

某分行向重庆市JG路桥工程公司发放贷款500万元，期限1年，由HH担保公司提供担保，并追加全体股东及法定代表人连带责任担保。

贷款到期前一周，客户经理落实还款事宜时，发现该公司所承接市政工程类项目较上年增加较多，可能出现周转资金紧张而不能还款问题。分行分析，该公司为市政工程施工小型企业，工程回款被拖欠是行业特点，现金流保障程度不高。虽然有担保，但落实还款资金来源不能有丝毫放松，因此要求提前准备还贷资金。客户承诺将有笔600万元资金回笼，可按时归还。

贷款到期前一天，该公司项目回款果然出现困难。分行及时向客户发出《逾期贷款通知函》，向担保公司发放《逾期贷款协助催收函》，要求借款人在6个工作日内偿还全部贷款本息，否则将要求担保公司履行代偿责任。最终该公司在逾期几天的情况下，将所欠的贷款本息全部结清。

第三节 授后管理应如何控制好还款来源

一、在借款合同中要有严谨的监管条款

银行对于借款人的账户行为及资金监管是否到位，对贷款偿还有重大影响，特别是对于担保条件较弱，或者还款来源是客户特定的销售收入或应收款项（如保理、发票融资等）。因此，银行应在《借款合同》中增加如下资金监管条款。

（1）借款人在本行开立资金监管账户，销售收入按不低于本行贷款占比归集本行监管账户，并授权本行对账户资金进行监管，优先用于按约定偿还本行贷款本息。

（2）如果借款人特定收入（本笔业务的还款来源）提前实现，本行有权根据借款人资金回笼情况提前收回贷款（主要针对贸易融资）。

（3）借款人应将在本行开立的账户作为××企业（购货方）回款或拨款单位拨款的唯一合法账户。

（4）如果借款人连续×月（季度）在本行回笼的资金低于一定额度或一定比例，对本行贷款安全产生不利影响，本行有权宣布贷款提前到期。

案例

盯紧还款来源

某农村有位个体放款户，专门向那些临时需要用款的人发放小额贷款，如盖房子、娶媳妇、老人祝寿、小孩满月、生日、丧葬等。但这些借款用途都是消费性的，借款人又不会有什么积蓄，如何保证贷款回收呢？

他有办法，就是坚持三招。第一招是在办事那天，坐在收礼的地方，把亲朋好友给的红包，作为资金一一回收。第二招是如果所收的礼钱不够还款，就雇人把借款人家中的部分家具、电器等贵重物品暂时收走。等借款人在限期内把余款还清后，东西就退回。第三招是如果到期不还，就把东西作价处理，结清贷款。这样十几年下来，很少失手。

这则事例对于我们客户经理如何回收贷款的启示是，盯紧还款来源和及时收账最重要。“牵牛要牵牛鼻子”，解决问题要抓住关键点。

二、要监管好还款账户中的资金情况

授后管理的一项重要工作，是要提前检查落实客户还本付息的资金来源，实行还款资金“提前到账制”，不能等到还款日当天，再去向客户追讨还款资金。“提前到账制”是指银行在《借款合同》中规定：“借款人应于每期还本付息前N个工作日，将应还本息金额汇入借款人在贷款银行开立的账号，并授权贷款银行于到期日自动扣收。”银行通过这个制度，可避免贷款到期日借款人账上无款可扣的风险。

银行要加强对企业资金结算及资金流向的监管，因为企业的资金结算及销售归集本行账户情况，是反映企业经营情况和贷款风险状况的重要指标。很多贷款在出现风险之前，往往都存在借款人资金结算异常、“销售归行额”或“销售归行率”持续下降的情形，“销售归行额”是指银行在《借款合同》中规定了企业每月或每季的销售收入应归集到本行账户中的最低金额。“销售归行率”是指销售收入实际归集金额与应该归集金额的比例。银行通过这两个指标，监控企业的生产经营状况和还款资金来源，确保回收贷款本息的安全性。

只是这些信号有时并未引起银行的足够重视并及时采取有效措施。贷后检查如果发现企业账户出现异常，就是还款来源要出问题的信号，特别是以下几种情形。

一是客户在本行存款沉淀少，存贷比小于5%，这是典型的“裸贷”特征。

二是客户在本行的结算量小，或结算次数少，近几个月销售回笼本行的资金数量持续下降。这种情况通常表明客户销售不畅、库存滞销、主营萎缩，也可能是客户逐步将销售归集或资金结算转移至他行所致。

三是客户资金在同名账户或关联账户之间划转频繁。这种情况通常是客户虚构销售收入或拆东墙补西墙的重要信号。

四是客户资金在公私账户划转频繁。这种情况可能是因为客户涉及民间借贷、套取银行资金、类金融化操作或规避监管等情形。

五是企业代发工资总量大幅下降或日期推迟。这种情况可能表明客户经营形势恶化、资金链紧张等。

六是客户通过银行代缴的水、电、气各项费用大幅下降等。这种情况可能表明企业开工率下降，生产出了问题。

总之，银行人员应该重视客户上述账户中资金结算异常的信息，通常都是贷款将要出现风险的信号。

案例

销售归行监管缺失，引发逾期违约事件

某银行年初在核定某商贸公司的年度授信时，客户经理提供的该公司上年销售收入为3800万元，利润200万元，销售归行额为2100万元，因此授信审批部门核定维持该公司存量授信额度950万元。但就在此后不足1个月，客户发生了逾期违约。

事后排查客户近1年来的资金交易流水时发现，在客户回笼本行的资金中，来源于经常性销售收入的金额持续下降。客户经理反映的借款人2100万元的销售归行额中，有1200万元来源于3户关联企业，这3户企业主要股东分别为该商贸公司法人代表的妻子、岳母和堂弟。剔除关联往来外，实际销售归行额仅900万元。由于贷后管理忽视了早期风险信号，错过了及时采取措施的时间窗口，最终导致风险事件的发生。

发现结算资金异常，堵截套取贷款风险

某银行在对B公司5000万元流动资金贷款办理还后再贷的过程中，通过对B公司资金结算及资金流向情况进行排查发现：B公司贷款到期后，均由A公司划入资金帮助其偿还贷款，平时B公司无销售回笼，无存款沉淀，是典型的“裸贷”；B、C、D、E等公司之间互相为对方融资提供担保；上述几家公司的银行借款，最终均提供给A公司使用；A公司通过与B公司等10多家企业之间的资金对倒，虚构销售收入，并据此向银行提供虚假报表。

由此银行认为，B公司没有真实的生产经营业务，只是通过关联交易套取银行资金，因此收回旧贷款后，不再发放新的贷款。

第四章　授信条件风险

对于客户的授信申请，银行的答复无非是两种，一种是拒绝，另一种是同意（包括有条件的同意）。如果是同意授信，那么在与客户商定授信条件时，需要避免以下“四不当”风险，因为这些都是授信后可能出现问题的潜在因素。

授信条件不当风险的类型（4 种）
● 金额不当风险 ● 期限不当风险 ● 利率不当风险 ● 担保不当风险

> 银行人员在确定每笔授信条件时，要像裁缝师傅“量身定做”一样，认真确定好金额、期限、利率、担保条件等，这个原则无论是从前还是现在都是适用的。
>
> ——一位行长的话

第一节　金额不当风险

授信金额不能给多了，也不能给少了。

银行对于授信金额，不能客户要多少就给多少，必须经过调查核实后确定金额。不能给多了，也不能给少了。给得多的风险在于，客户实际需求是 3000 万元却申请 5000 万元，银行如果贷给 5000 万元，客户就会用多出的 2000 万元资金去干银行不知道的事情，最终造成损失。给得少的风险在于，客户实际需求是 3000 万元，银行只贷给 2000 万元，客户对 1000 万元的资金缺口，可能会通过借高风险的高利贷来解决，如果高利贷出事了，必将影响银行 2000 万元资金的安全。

客户要多套取贷款资金的方法，通常都是用虚高价格的经济合同，银行人员必须认真加以核实。

案例

审核发现购销合同价格奇高，堵截背景不真实风险 955 万元

东莞市 HF 实业投资有限公司向银行申请开立 955 万元银行承兑汇票，收款人为东莞市 LY 纺织贸易有限公司，双方签订的购销合同约定购买羊绒纱，单价定为 32 万元 / 吨。

银行放款员根据平时积累信息，感觉以当时的市场价格，交易标的单价似乎偏高。经查询中国纺织品网，发现各类纱线中最高的定价不超过 10 万元 / 吨，申请人与收款人合同单价竟高于市场行情 3 倍之多。由此认定客户意图通过高报价格和虚假合同多套取银行信贷资金，随即将该开票申请退回。

● **风险提示：**银行业务人员，平时要注意收集行业信息，作为开展业务和识别风险的基本依据。做到干一行、爱一行、钻一行，成为某方面的行家里手。

一、对流动资金贷款额度的确定

贷款金额由借款人在申请时提出，银行不可给少，也不可给多。给少了企业办不成事，给多了会出问题。客户经理应根据以下因素加以确定。

（一）根据国家监管政策和银行授信政策确定

例如，贷款上限不得超过银行资本金的一定比例，地区行业客户单笔金额控制等。小银行要防止小马拉大车，切不可强行做大项目。主要风险在于：一是把许多鸡蛋都放进一个篮子里，风险性太集中；二是银行整体资金的流动性会出问题。资金盘子出问题，容易导致全盘皆输。对此，银行监管部门有规定，对单一客户的最大授信余额，不能超过银行资本净额的 10%，对集团客户的最大授信余额，不能超过银行资本净额的 15%。

（二）根据贷款用途确定

如果是单笔贷款，则应核算具体用途所需的资金量。如果是项目建设公司，一般是按项目投资总额的比例确定贷款金额，项目自有资金不得低于 35%，贷款金额不超过 65%。如果是贸易公司，一般是以客户全年的经营总量除以周转次数，得出经营所需资金数，再减去企业自有资金和他行贷款后，就是所需的本银行贷款数。

（三）根据综合条件确定

如果是综合贷款额度，要考察借款人的资信情况，包括借款人财力、资金安全程度、以往放款最高金额、担保条件如何等，还要与客户在本行的存款量或结算量相匹配。

核实客户借款需求量的步骤是：估算借款人营运资金需求量；估算营运资金周转次数；估算借款人可用自有资金；估算借款人其他融资来源；确认本行可贷金额。

> 判断客户借款金额是否合理，有一个简单办法，就是和他前三年的贷款余额相比，在生产经营正常的情况下，这次借款金额如果没有大幅增加，基本可认为是合理的。
>
> ——一位行长的话

2010 年 2 月 12 日公布的《流动资金贷款管理暂行办法》，是希望银行通过对流动资金贷款的合理测算，做到既满足企业正常经营对流动资金贷款的需求，同时又防止因超过实际需求发放贷款而导致贷款被挪用。

提供新增流动资金贷款额度测算公式如下：

第一步，估算借款人营运资金量。

营运资金量 = 上年度销售收入 ×（1–上年度销售利润率）×（1+ 预计销售收入年增长率）÷ 营运资金周转次数

例如：1000 万元 ×（1–10%）×（1+20%）÷ 4=270 万元

第二步，估算新增流动资金贷款需求额度。

新增流动资金贷款需求额度 = 营运资金量 – 借款人自有资金 – 现有流动资金贷款 – 其他渠道获得的营运资金

例如：270 万元 –70 万元 –100 万元 –20 万元 =80 万元

说明：

营运资金周转次数 =360 ÷（库存周转天数 + 应收账款周转天数 – 应付账款周转天数 + 预付账款周转天数 – 预收账款周转天数）

周转天数 =360 ÷ 周转次数

此处提供的只是一个粗略的测算公式，客户经理在测算时，还需要请财务专业人员根据企业实际情况帮助计算。

二、对固定资产贷款额度的确定

固定资产投资项目的贷款额度通常是项目总投资与资本金之间的差额，银行可根据项目风险收益匹配情况，选择是全额参与还是部分参与。注意要点如下。

（1）对于小项目不一定要削减参贷额度，但应注意本行对借款人及其所在集团的融资占比及其合理性。

（2）对于重大项目和大额融资，银行要考虑同业占比并尽可能采取银团贷款方式，参考项目还款能力、担保情况和同业竞争状况。

（3）对于风险偏大的项目，还可要求借款人适当提高资本金比例，以降低贷款份额。银行还要防止借款人通过做大项目总投资，套取银行贷款，用于关联企业或其他项目出资。对于与同类项目相比总投资畸高的项目，要把企业套取银行贷款的水分挤出去。

第二节　期限不当风险

期限不能太长了，也不能太短了。

对于客户经理而言，在调查阶段与客户确定适当的贷款期限十分重要。如果贷款期限太长，不仅增加客户不必要的利息负担，而且由于未到还款期，客户有可能将已收回的资金，又擅自用到未经银行同意的用途上，从而造成贷款风险。如果贷款期限定得太短，贷款到期时客户运用出去的资金还未周转回来，则无法按时还款而造成贷款逾期。

对于流动资金贷款，我们不应受“流动资金贷款期限就是 1 年”的规定和定式思维的影响。应根据企业借款用途，确定 3 个月、6 个月、9 个月，该更短期就应该更短期，该回收就回收。

从银行角度来讲，在安全性好、利息率高的前提下，贷款期限当然越长越好，因为这样不仅可以免去对同样一笔信贷资金不断地回收又贷放出去的麻烦，还可以按长期贷款利率收取利息。但也不能无限制地做长期贷款，还必须考虑到银行资金的流动性问题。

对于原有贷款的回收与新贷款的发放，在时间上要衔接好，使信贷资金的进量和出量做到均等流动，保持全年稳定的日均贷款余额。要避免信贷资金在发放或回收中过度集中于某个时期，造成贷款余额的大起大落和资金安排调度上的困难。尤其要避免在年底 12 月发生大量贷款到期和偿还，导致年末贷款余额大幅波动，从而对年末控制不良指标、计提拨备、核算利润、控制风险资产余额等项工作造成被动和压力。

第三节　利率不当风险

利率不能过高，也不能过低。

当国家宏观政策是促进经济增长时，中央银行就会放松银根，市场资金充裕，贷款利率下降。这时会诱发社会上潜在的借款人申请贷款，将信贷资金运用到生产和消费领域，出现社会经济的繁荣。而当经济过热，通货膨胀严重时，中央银行就会收紧银根，提高市场利率，造成社会资金紧张，使借款人打消借款的念头。

利率是信贷资金产品的价格，银行人员掌握好对客户报价的基本原则十分重要。贷款利率如果定得过低，会减少了银行利息收入，进而影响利润和股东权益的增长。贷款利率如果定得过高，虽可增加银行利息收入，但也容易将好客户拒之门外，而那些愿意承担高利率的客户，风险性也高。

银行人员要根据客户风险程度，结合综合效益和市场竞争情况，进行有差别的贷款定价。以贷款市场报价利率（Loan Prime Rate，LPR）为基础，采取基础利率、提高利率、降低利率三种情况。

（1）在一般情况下，以贷款市场报价利率（LPR）为基础向客户报价。

（2）在下列情况下，应对客户提高利率（LPR 加百分点）。

①国家收紧银根，市场资金比较紧张，银行业整体利率提高。

②对于小微企业借款人，谈判地位较强。

③贷款产品在结构、条件、服务等方面令客户满意。

④该笔贷款风险度较高，通过提高利率弥补可能发生的损失。

⑤不想发放该笔贷款，大幅提高利率令客户知难而退。

⑥提高利率以弥补客户在本行存款等综合收益少的不足。

⑦用提高利率、计算复利、加收罚息等手段，迫使借款人尽快还款。

（3）在下列情况下，应对客户予以下降利率的优惠（LPR 减百分点）。

①借款人是优质客户，双方有长期良好的合作关系。

②从综合效益考虑，虽利率下降，但可从客户的其他业务得到弥补。

③该笔贷款安全性好、风险低、抵质押品担保条件好。

④市场信贷资金供大于求，银行业整体利率低。

⑤银行同业竞争，为争取好客户或好的贷款项目，而给予优惠。

贷款市场报价利率是由中国人民银行授权全国银行间同业拆借中心计算得出并发布的利率。

LPR 由 18 家报价银行按照公开市场操作利率加点后，于每月 20 日（遇节假日顺延）上午 9 时前，向全国银行间同业拆借中心提交报价，后者去掉最高和最低报价后算术平均得出 LPR，于当日 9 时 30 分公布。LPR 包括 1 年期和 5 年期以上两个利率品种。

各家银行的实际贷款利率，可根据借款人的信用风险情况，考虑期限长短、担保条件等要素，在 LPR 基础上加点或减点确定。

另外，银行对客户贷款应采取固定利率还是浮动利率？原则是：当市场利率处于上升趋势时，应该采用浮动利率，以保证能按照不断升高的新利率计算和收取利息；当市场利率处于下降趋势时，则应采用固定利率，以保证能按照原有的高利率计算和收取利息。作为一名银行工作人员，应该明白其中道理。

第四节　担保不当风险

担保方式主要包括信用担保、质押担保、抵押担保。

押品的三个要素是：权属要清晰，价值要稳定，变现性要强。

押品的管理原则是：选得好，估得准，押得住。

押品的选择排序是：金融押品好于实物押品，土地房产好于机器设备，商业用地好于工业用地，通用设备好于专用设备，实物押品好于知识押品（如商标权、专利权、著作权等）。

担保不当的风险是指担保方式和条件不恰当，导致银行贷款最终损失。银行如何防范担保风险的内容很多，本书在后面有关章节将有专门论述。

要真正把握好客户的需求，帮客户设计好方案，避免金额、期限、利率、担保等贷款条件不断改变的情况发生。

——一位行长的话

此外，如果借款人要求借用的是外币，还应注意以下几个问题。

（1）借款人应具备偿还贷款的外汇来源，必要时应事先取得国家外汇管理部门的认可。

（2）为避免汇率变动风险，应提示借款人尽量保持“借、用、还”币种的一致性，即借用币种、使用币种，以及今后还款来源币种的一致性。如果不能做到三者的一致性，则应采取远期外汇买卖、套期、掉期、期权等金融创新技术，减少和消除汇率风险。

（3）借用外币贷款，在提款、用款和还款时，开户银行和汇款线路有时需通过境外或国外银行进行，客户经理应和借款人事先确定好切实可行的线路和方式，避免在具体操作时出现问题。

第五章 担保人风险

银行如果对借款人的还款能力不放心，必然会要求借款人提供担保，这是确保授信安全的重要措施。银行要求担保的目的：第一是增加对借款人还款意识的压力；第二是当借款人确实不能还款时，可通过执行担保条件，处置抵质押物收回贷款。当贷款发生逾期时，银行人员马上就能感受到有担保在手的分量。

银行在授信业务中，主要接受的担保方式有三种：信用、抵押、质押。在具体业务中，可采取其中一种方式，也可多种方式并用。

担保人，在信用担保方式中称为保证人，在抵押担保方式中称为抵押人，在质押担保方式中称为出质人。

从这些年银行由于担保人出风险而发生贷款损失的案例看，主要发生在四个方面：担保人资信风险、担保人违规风险、担保资料无效风险、担保公司风险。以下分别叙述。

第一节 担保人资信风险

多年来，许多银行都发生过不法分子利用银行人员审核不严，过于轻信或审核等漏洞，采用虚假担保的方式骗取贷款的案例。为此，对于贷款的担保，银行人员要像调查借款人一样，调查担保人所有的方面，对于各种担保方式的作用和风险点必须充分了解和掌握。要防止担保条件不落实而成为竹篮打水，甚至发生虚假担保的诈骗案件。对于担保人的资信风险，主要应防范三个方面，即虚假担保人、高风险担保方式、担保人资信不足风险。

担保人资信风险的类型（3 种）
● 虚假担保人 ● 高风险担保方式 ● 担保人资信不足风险

一、虚假担保人

银行要求借款人提供强担保的意义在于，如果借款人不能按期还款，银行可以向担保人追索。

而不法企业如果以虚假担保人等欺诈手段向银行提供虚假担保，必将使《担保合同》变为无效，使银行资金的安全性失去保障。

【参阅资料】

《民法典》第一百五十四条规定，行为人与相对人恶意串通，损害他人合法权益的民事法律行为无效。

◎ 注:《民法典》自 2021 年 1 月 1 日起施行。《婚姻法》《继承法》《民法通则》《收养法》《担保法》《合同法》《物权法》《侵权责任法》《民法总则》同时废止。

担保欺诈就是不法分子假冒不知情企业的名义向银行提供假担保。主要的作案手段是，混入该企业办公场所，假冒企业负责人员出面接待银行人员，并在担保合同等法律文件上仿冒签字和盖假公章，从而骗取银行的信任。

下面这个案例，可以说是一起作案手段比较狡猾的骗局。不法分子进入担保银行的办公大楼内，假冒担保银行人员先后两次接待了贷款银行的 8 名核保人员，最终以虚假担保文件骗到贷款。

案例

贷款银行两次前往异地担保行核保仍上当受骗

某年 11 月，广州 A 银行某支行受理西安 B 文苑酒店股份有限公司（以下简称“B 公司”）提出的 1.2 亿元贷款申请，期限 4 年 9 个月，由西安 C 家国有大银行出具担保函对贷款本息承担连带责任担保。贷款的用途为西安太阳宫项目的完工及装修。

B 公司申贷时称：C 行原有一笔 1.47 亿元房地产呆滞贷款（太阳宫项目），后该项目由 B 公司承接，并由其承担原 C 行债务，为完成上述房地产项目需继续投入 1.2 亿元，由于贷款权限及内部原因，C 行无法再直接向该项目贷款，但愿意以贷款担保这种表外业务的方式支持 B 公司完成项目，盘活不良资产。

A 支行行长、支行信管部经理前往西安做了贷前调查，经初步审查后认为该贷款理由充分，有强担保，故将该贷款正式上报分行。

由于银行担保的贷款属于低风险业务，A 分行按照低风险业务流程进行了审查和审批。虽然分行信审部门出具了有附带条件的审查意见，分行信审委最后仍认为该项业务值得一试，关键是能否核实 C 行担保的真实性。因此，分行在核保方面做了认真安排，甚至连核保方式都采取了自认为最可靠的实地直接核保的方式。

次年 1 月 21 日，A 分行信管部、信审部及支行派员共四人前往西安，就该项目进行实地核保。实地查看了用款工程项目，在 C 行办公大楼查阅了有关文件，并与 C 行“人员”进行了会谈。但由于 C 行“行长”不同意核保人员当面见证其在担保书上签字盖章，也出示不了有关担保签字的授权文件，核保人员决定终止核保返回分行。核保人员在返回分行后，书面报告了本次核保情况，虽然提出了疑问和怀疑，但对业务和C行担保的真实性仍予以认可。

3月初，B公司通知支行称：C行对A行提出的担保条件都能够满足。3月5日，分行信管部、信审部和支行再次派员共四人前往西安核保。核保人员在C行办公楼当面见证了其“副行长”在担保函上签字，及其“工作人员”在担保书上加盖公章和行长私章。

至此，分行认为核保已经成功，支行遂于3月10日向B公司发放了人民币1.2亿元贷款。B公司从3月10日至28日期间分5次划走资金人民币56 1 0万元，期间划回700万元用于支付贷款利息。

7月31日，分行通过另外渠道约到了C行行长，遂组贷后检查组共四人前往西安进行贷后检查。检查小组不顾B公司方面的阻挠，于下午3：30如约见到了C行行长。C行行长明确表示，C行从未签发过这份保函，而且保函上的签字系假冒，公章及行长私章均为伪造。至此，分行意识到该笔贷款是一起贷款诈骗案，并立即向当地公安机关报案。

经过公安机关的积极追赃，追回和查封了部分现金、扣押了部分车辆房产和土地，退还银行赃款1572.80万元，用于偿还贷款本金。以后仍有余额3354.47万元未追回。

为严肃纪律，惩戒违规，根据所犯错误事实，总行给予A分行行长行政警告，给予支行行长行政留用察看，党内留用察看，某支行信审部经理行政撤职，某支行客户经理通报批评，信管部副总经理行政警告并调离管理岗位，给予信管部高级业务经理行政警告，调离管理岗位。

经公安机关查实，本案是一起蓄意的、精心策划的贷款诈骗案。综观整个诈骗过程，确实存在一些令银行人员迷惑的因素，如编造的贷款理由基本合理，C行有人员参与，行骗地点是C行大楼内部，等等。贷款银行未能识破骗局，轻信对方的身份及各种说辞，最后上当受骗。

A分行两次共8人次的核保均落空，反映出分行在核保环节存在严重问题。教训如下。

一是核保工作完全依赖借款企业的安排，未直接独立地去开展核保工作，核保工作完全在客户的诱导下进行。

二是核保人员只注重核保的形式，不注重内容，对以下一些重要问题未核实清楚或根本未进行核实。

（1）对太阳宫项目的权属关系没有核查清楚，对太阳宫项目与支行申报材料中文苑酒店综合楼的关系没有核查清楚。后经核实，文苑酒店综合楼的地址与调查和核保人员查看的太阳宫项目地址相差2千米。

（2）对于企业在很短的时间内大幅增资的真实性没有进行核实。

（3）相信了由诈骗分子提供的各种非正式的C行文件。

（4）盖章的地点不是在签字地点，而是在所谓“机要室”，监督盖章不是当面见证，而是站在门口。

（5）对《担保通知书》上C行印章的一致性未进行验核。

（6）对出示的存在明显漏洞的担保授权文件没有认真核对。

三是核保人员对已经发现的一些疑点没有深入追究，如王某身为C行人员，同时又是B公司的股东，在B公司投资600万元，对这样明显违反银行有关规定的问题没有进行核实；对C行行长签字地点尽管提出疑问，但轻信了对方的解释，没有进行查询。

四是第一次核保报告虽然指出了一些发现的问题，但没有如实完整反映核保发现的所有问题，而且核保所做的结论过于武断，倾向性明显。

五是第一次核保虽然提出了要到C行总行去查询C分行的担保权限，但最终未落实，失去发现诈骗风险的机会。

● **风险提示：**贷款银行不能因为提供贷款担保的是大型国有商业银行而放松警惕，必须按制度要求进行核保；去实地核保时，最好采取突击方式，不要听由借款企业的安排，以免陷入对方精心设计的陷阱；如果是异地核保，由于人生地不熟，应联系当地的兄弟分行，请求提供情况和协助核保。

二、高风险担保方式

高风险担保是指借款人在向银行申请贷款时，提供了形式上符合要求但实质上难以兑现的担保。银行在贷款到期无法收回贷款时，却会突然发现无法通过担保人得到清偿。在实践中高风险担保有以下主要方式。

（一）互相担保

互相担保简称互保，是指A企业为B企业提供担保，使其从一家银行获得贷款；同时B企业又为A企业提供担保，使其从另外一家银行获得贷款。

企业之间存在互保行为，法律并无禁止，但许多担保的效力和能力并不扎实，或者不是担保企业法定代表人的真实意愿，或者担保人不真正了解担保的后果，或者担保人并不具有担保能力，等等。这种“你借钱我担保，我借钱你担保”的互保模式，等到银行真的要向担保人追索时，清收的效果往往很差。

案例

企业贷款相互担保严重　贷款担保名存实亡

（来源：中国经济时报，2000年11月15日）

担保作为贷款偿还的第二还款来源，是银行防范和降低资金损失风险的重要手段，旨在为银行债权的如约实现提供支持和保障。但是，中国人民银行浙江省某市中心支行在对辖区内商业银行信贷资产质量的真实性检查中发现，由于相当一部分银行贷款存在相互担保情况，尤其是贷款大户之间相互担保较多，一些贷款担保已经“名存实亡”。

1. 贷款大户之间相互担保，风险度集中

在现实的信贷管理运作中，一些商业银行往往对借款人控制从紧，而对保证人要求放松，贷款大户之间相互担保而银行缺乏配套的管理控制措施，贷款对象集中，金额集中，风险集中，而贷款的保障程度低。如浙江省海盐县某银行发放给两家企业贷款1.8亿元，两家企业采取相互担保形式，虽然企业经营尚属正常，但资产负债率高，自有资金匮乏，一旦其中一家经营困难，无法偿还到期债务，必然导致另一家债务危机。

2. 系统内企业贷款相互担保，形成债务锁链

由于历史原因，商业银行贷款同系统企业相互担保情况较为普遍。近年来，随着国家产业政策和经济结构调整力度的加大，特别是粮食系统和供销系统改制的全面推开，经济运行中长期积累的深层次矛盾逐步显露，也使商业银行隐性的不良贷款逐步暴露。如某国有商业银行发放给粮食和供销系统贷款8亿元，占该行贷款总额的13%。这些贷款大部分采取相互担保形式，企业债务相互牵连，形成锁链。

3. 企业相互担保在同一区域内集中过度

如某地乡镇企业大部分从事化纤行业，由于化纤行业的市场变化，加上乡镇企业自身技术、管理跟不上市场要求，抵御风险能力弱，大部分经营亏损。因当地某集团公司法人出走事件使该厂资不抵债境况暴露，同时由于企业相互担保，大部分企业由此引发债务危机。

4. 担保企业实力不足，贷款保证徒有虚名

检查中发现一些相互担保贷款保证人资产负债率高，经营亏损严重，甚至面临关停，担保实际无效。如市属两家国有物资公司在市某行分别贷款1500万元和600万元，并相互担保。前者效益滑坡，已连续3年亏损，现金流量为负，一直靠银行铺底资金维持。后者经营也很不正常，亏损严重，但后来该公司主要业务骨干另起炉灶，带走大批销售渠道，使本已经营艰难的公司陷入瘫痪，贷款到期无力偿还，尽管该行法律胜诉，但由于两家公司相互担保执行困难，前一家公司已经形成不良贷款800万元，贷款偿还实际已无保障。

（二）“担保圈”

企业因互保、联保形成“担保圈”，初衷是互相支持、抱团取暖。但在经济形势不好，整个行业衰退时，就会一荣俱荣、一损俱损，谁都自顾不暇，难于幸免，更别说为他人付款还债了。银行要审慎接受“担保圈”式的担保，防止火烧连营，出现多米诺骨牌式的连锁违约风险。

案例

民企“担保圈”风险难题待解

（来源：经济参考报，2019年1月22日）

山东滨州一家民营企业——LMZK有限公司向《经济参考报》记者反映，由于银行抽贷断贷，导致企业陷入困境。该银行滨州分行一位负责人则在接受记者采访时坦言，主要原因是这家企业在东营的担保公司出现风险，受牵连所致。由此道出了当前民企信贷领域一个值得高度关注的话题——“担保圈”风险，即一家企业出现风险，与之互保的企业连带牵出，金融风险不断扩大。

《经济参考报》记者在调查中发现，由“担保圈”曝出金融风险并引发民企倒闭的案例不少。

2018 年 11 月 26 日，东营市中级人民法院根据债务人申请，依法裁定受理两家民营企业破产重整申请。两家知名民企，竟在同一天倒下。特别是 DH 集团，作为一家以纺织、新能源、新材料、国际贸易等为主导的跨行业、跨地区、国际化综合性大型企业集团，甚至在 2018 年中国民营企业 500 强榜单上还排名第 63 位，为什么突然间就宣告破产重整？

据了解，这其中有经济下行压力加大、市场竞争加剧、劳动力成本上升等诸多因素，但一个重要原因是互相担保。来自一家信用评级公司对 DH 集团出具的评级报告显示，截至 2017 年 5 月末，DH 集团对外担保企业为 9 家，对外担保余额达 14.21 亿元。其中对山东 TX 集团的连带担保责任 1.03 亿元。

山东 TX 集团也曾入列中国民营企业 500 强，但在 2017 年 1 月已被东营市中级人民法院裁定受理破产重整，其负债总额达 34.46 亿元，负债率为 104.46%。同年 2 月，东营市中级人民法院再发公告称，在 TX 集团及其关联公司中，有 7 家已进入破产重整程序。其中负债最多的山东 TY 铜业有限公司负债总额高达 104.52 亿元，负债率高达 180.77%。

从法院发布的公告中不难看出资金担保链条，TY 铜业等关联公司“拖垮”了 TX 集团，而 TX 集团等关联公司又“拖垮”DH 集团。同时，企业的垮掉，也给银行带来重大损失。这就是乱担保带来的恶果，也就是“担保圈”的风险。

中国人民银行淄博市中心支行课题组发现，互相担保现象在化工、建材、纺织和机械制造等产能过剩的行业占比较高。主要原因是银行受授信政策方面的限制，不得不在风险控制和信贷操作中对该类行业企业提高担保条件，如要求追加担保企业等，由此造成企业担保范围不断扩大。同时，在具体的担保企业审查中，为争夺有限的客户资源，银行又放松了对企业超额担保的审查，从而造成担保关系复杂化。

“担保圈”的现实危害和潜在隐患已经触目惊心，笔者认为应该从以下几个方面着手解决。

1. 解包还原，分类管理

由于“担保圈”的内部非常复杂，这时候可以借鉴国家 2010 年处理地方政府融资平台的“解包还原”思路，由政府、银保监会、金融机构等相关单位和部门组成工作小组，对现有“担保圈”进行逐户、逐笔打开，从第一条“担保链”一直追踪至最后一条“担保链”。

具体做法可以分两步。

（1）由工作小组提出风险客户名单，各家金融机构核实填列该客户在该行的“担保圈”（包含授信情况和担保情况），工作小组集合各金融机构的信息制作详细的担保树。

（2）根据“担保树”对每个“担保圈”解开审视，一户一户排查其融资规模、对外担保是否超出偿债能力。

对于融资规模和对外担保合计未超出偿债能力的“担保圈”，列为“一般关注类”，银行可以在担保总额不增加的基础上继续给予信贷支持，但要督促“担保圈”压缩担保余额，减小担保范围。

对于融资规模和对外担保均未超出偿债能力，但两者合计超出偿债能力的“担保圈”，列为

"重点关注类"，银行应当找到"担保圈"中金额最大、影响最大的核心企业，要求核心企业减少银行借款、对外担保，增加风险担保方式和缓释措施，切断或减少核心企业对周围企业的链条辐射。

对于融资规模或对外担保超出偿债能力的"担保圈"，列为"破解预警类"，银行应当对所有关键链条进行切割，实现"大圈化小"，同时对难以切割的节点进行预警，建立起如冻结、压缩授信额度的"防火墙"，防止风险的传导和扩散；对于"担保圈"中相关企业已经违约或形成不良的，列为"清收核销类"，银行应当尽一切办法对相关企业进行清收、核销。

2. 统一债权人思想，发挥典型效应

工作小组应当统一思想，多举并下。

（1）将多数债权人纳入统一行动范围，尤其是民间借贷和小贷公司，规范民间借贷行为，约束小贷公司催贷方式和方法，避免企业主被迫的过激行为。

（2）合理运用司法手段限制和保护债务人和担保人行动，防止逃废债，并确保其在处置过程中积极配合行动。严厉打击"主动跑路"逃废债务、千方百计转移资产，将经济包袱与社会责任推给政府与银行的债务人和担保人。

（3）集中力量处置典型事件，如通过各方努力使出逃的企业主回来谈判，最终以资产重组、并购形式等市场方式解决问题。这样的正面事例将在很大程度上树立政府威信，为后续事件处置建立范本，发挥正向激励和示范效应，打消企业疑虑，建立债权人信心，争取群众基础，从而控制"担保圈"风险。

3. 改进金融系统，共享风险信息

"担保圈"问题在前期之所以难以处理，是因为各家金融机构系统并不联通。因此，笔者建议：由中国人民银行协调查询企业征信系统需要被查询企业授权的规定，允许金融机构的特定部门在必要的情形下可以直接查询企业信息；或者由银保监会牵头，要求各金融机构在必要条件下进行授信系统和担保系统的数据互通，加强对各自系统中"担保圈"、风险事件的信息共享，加强对担保链、"担保圈"企业的监测分析与风险预警提示，让恶意担保、过度担保行为无处藏身。

（三）无资格担保

如果提供担保的一方，不具备担保的主体资格，其担保效力在法律上是无效的，在借款人逾期不归还贷款时，银行不仅不能从担保人一方得到清偿，甚至无法向法院起诉以要求其履行义务，从而导致贷款被骗。

这类情况多出现在以党政机关、事业单位、社会团体、企业主管部门的名义提供的担保上。在以往发生的贷款纠纷包括贷款诈骗案例中，经常有以当地财政部门、政府部门为担保人从而担保无效的案例，金融单位尤应引以为戒。

（四）名义担保

名义担保是指名义上有担保人，但担保人与借款人之间负有连带责任，担保本身流于形式，不具有实质性内容的担保形式。例如，企业法人为其在某一区域设立的行使法人部分职能的分支机构作为担保人，或为其派驻外地的无独立法人资格的办事处作为担保人，或为其主管、主办的无独立法人资格的“三产”作为担保人的，等等。由于它们之间在民事法律关系上属于同一主体，不是第三人，从而形成了自己为自己担保的局面，一旦贷款无法收回，银行无从转嫁风险。

（五）多头担保

多头担保是指一个经济主体同时为数个借款人充任担保人，且贷款数额加总和大大高于担保人的资产偿付能力的担保形式。在借助该手法的贷款诈骗中，借款人往往向银行隐瞒了其担保人已多头为多家借款人提供担保的事实。

三、担保人资信不足风险

银行之所以向借款人提供贷款，是因为有了担保人做担保。而在现实中，担保人自身出问题的情况也不少，银行应重点防范担保人的下述风险。

（一）担保人资信不可接受

一般来说，贷款担保人的资信应强于借款人，银行才可接受。因此，对于担保人资信风险的调查和审查，应完全比照借款人风险进行。对于有重大风险的客户，银行不可接受其作为担保人。

案例

发现担保人有不良垫款记录，堵截风险2000万元

河北XL钢铁轧制有限公司向银行申请提款2000万元，由乐亭县CX建材有限公司名下土地使用权抵押担保。

银行放款审核员在核保前审查抵押登记资料的过程中，发现该抵押人的实际控制人与之前在本行发生商业承兑汇票垫款的授信客户为同一人。这一情况引起了放款员对担保人担保能力的怀疑，当即汇报领导，暂停了此次核保。后经分行风险总监审批退出了该客户。

发现担保单位有5000万元不良贷款

浙江YY海运集团有限公司到银行放款中心申请提款2000万元，由舟山CF置业有限公司提供保证担保。

银行放款审核员在审查企业贷款卡信息时，发现担保人存在5000万元的未结清不良贷款。于是放款中心对该笔业务做了退卷处理，要求了解大额不良贷款产生的原因后再做处理。

（二）超赔付能力过度担保

如果一家公司已经对外提供了大量担保，银行如果再接受其作为担保人，今后该公司赔付能力必然大打折扣。对于这样的担保人，银行不接受为好。

如何发现担保人过度担保，可参见本书第一章第十七节“财务风险”中有关过度担保的内容。

（三）担保人经营财务恶化失去担保能力

如果担保人的财务恶化，必然使银行的第二还款资金来源悬空。银行为了防止担保人经营财务恶化失去担保能力，可在《借款合同》中约定："借款期限内，本行有权对保证人的保证能力进行重评。如果发现保证人的保证能力发生重大不利变化（可约定重大不利变化的标准，如资产负债率上升 15% 或净利润下降 50% 等），借款人应追加本行认可的担保措施或提前归还部分贷款本金。"

案例

发现保证人也出现不良贷款，停止 2000 万元放款

审核员在办理山西 XS 焦化集团公司 2000 万元银行承兑汇票业务时，从客户贷款卡信用报告中发现，该笔授信业务的其一个保证人山西 SL 技术产业集团有限公司出现了多笔欠息及不良贷款。

对此，客户经理认为该保证人属于信审会追加的"辅助"保证人，且借款人自身具备还款能力，风险可控。但审核员认为在当前焦化行业普遍较为困难的时期，任何一点风险都不容忽视。因此立即请示领导，中止了该笔放款，待更换保证人后再予审查。

（四）担保人在社会上出现负面消息

俗话说，无风不起浪。银行人员如果听到有关担保人的负面消息时，不能掉以轻心，不当回事。应立即报告银行部门和领导，跟踪调查直至搞清情况，排除隐患。

案例

发现担保人的关联企业存在负面信息

某年 12 月，南京 A 排水工程公司申请提取 1500 万元流动资金贷款，由南京 B 工程有限公司提供担保。

放款审核人员在审核资料时发现，分行审查部门同意由 B 公司担保的批复于 8 月下发，但是 10 月市场上出现江苏 C 有限公司担保链断裂的负面报道，而 B 公司是 C 公司的关联企业，也属担保链中的一部分。由此，B 公司已经不适合作为担保单位，放款中心立即暂停此笔放款，待支行更换新的担保人后再予审查。

（五）担保人在人行征信系统出现不良记录

银行人员在对担保人进行授信调查、授信审查、授信发放和授信后管理的各个环节，应经常查询人行征信系统，如果发现问题要立即采取防范和化解风险的措施。

案例

发现担保企业不良信息，停止1亿元放款

广州市YRS实业有限公司申请1亿元综合授信额度，由湛江市YG贸易有限公司以土地使用权担保，追加企业法人代表的连带责任担保。

放款中心在查询人行征信系统贷款卡记录时发现，担保企业存在总额为人民币3.3亿元的不良负债。放款中心立即暂停放款。为进一步核实担保人及申请人经营状况，放款中心指派核保员与业务部门经办人员共同前往湛江进行实地调查，调查发现申请人经营状况亦存在较大问题，放款中心最终决定停止放款。

（六）担保人内部矛盾严重

担保公司的高管层如果对担保问题存在严重的意见分歧甚至对立，必然对今后履行担保责任造成不利的影响。银行人员在授前调查和核保过程中，如果发现有这一情况，应向行里报告，研究是否继续接受该公司的担保。

案例

发现担保企业内部重大意见分歧

银行批复给予重庆A工程有限公司（以下简称“A公司”）综合授信额度6000万元，期限1年，由B交通建设公司（以下简称“B公司”）提供连带责任保证。

当银行核保人员到B公司现场核保时，公司办公人员称由于企业营业执照、组织机构代码证、税务登记证等原件正在进行变更中，故不能提供原件。根据该公司章程规定，董事会成员为3人，2/3通过担保决议即生效。公司董事长和其中一名董事均在董事会决议上签字同意。至此，除证照原件未提供外，其余手续全已合规。虽然以往核保过程中，企业证照原件正在办理变更而无法看到，类似情况也常遇到，且担保单位国有企业的背景也让人放松警惕。

但放款员并没将审查停留在表面材料上，她注意到本次核保过程全部是在企业董事长办公室完成。核保人员提出到印章管理部用印，也遭到公司办公人员的婉言拒绝。联系到企业不提供证照原件等情况，放款员对公司担保意愿的真实性心存疑虑。

经过旁敲侧击地深入调查，得知到该公司的实际运营及对外签署一切合同文书均是由总经理负责，公司法定代表人不参与公司实际的运营。为进一步确认公司的担保意愿的真实可靠性，放款员提出董事会决议中必须要有公司总经理签字，遭到企业拒绝。

经过多方核实，实际上该公司总经理不同意为A公司提供担保，故不在董事会决议上签字，并控制了公司的企业营业执照、组织机构代码证、税务登记证等重要原件。放款员立即向放款中心主任做了汇报，经分行批准立即停止对该企业相关放款操作。

● **风险提示**：案例中的放款员不是仅仅停留在对上报材料的齐备性、一致性和合规性的审核上，而是以高度的责任心和职业敏感性，从核保中的细节问题发现担保人企业内部决策的重大分歧，排除了今后可能拒不履行担保职责的隐患。

【参阅资料】银行不得接受的保证担保形式

银行不得接受下列单位的保证担保：

（1）国家机关，但经国务院批准为使用外国政府或者国际经济组织贷款进行转贷的除外。

（2）学校、幼儿园、医院等以公益为目的的事业单位、社会团体。从事经营活动的事业单位、社会团体除外。

（3）企业法人的分支机构，但有企业法人的书面授权，且不超出该书面授权范围的除外。

（4）企业法人的职能部门。

（5）本行的分支机构、所属公司，但本行境外分支机构、附属机构及总行另有规定的除外。

（6）没有获得经营外汇担保业务许可的金融机构，不得为外汇借款人提供外汇担保。

银行不得接受下列自然人的保证担保：

（1）近3年内在担任法定代表人、董事或高级管理人员期间有过破产、逃废银行债务等行为的。

（2）近3年内有过拖欠银行贷款本息等不良信用记录的。

（3）有赌博、吸毒等不良行为或犯罪记录的，但过失行为除外。

（4）本行认为不适宜提供保证担保的其他人员。

第二节　担保人违规风险

银行不得接受违反国家法律法规和违反银行授信政策的担保人，要注意防范以下违规风险。

担保人违规风险的类型（3 种）
● 违反关联方担保规定
● 违反担保人公司章程
● 超核定额度担保

一、违反关联方担保规定

关联企业之间相互担保，削弱了贷款担保的风险缓释能力。因此，在担保审查中，要对担保人履约的经济动机以及与申请人之间的关系进行认真审查。如果担保人是借款人的关联公司，或者担保人与借款人之间存在较多经济利益关系，应侧重分析有无可靠的代偿性现金来源，防止其通过互保、循环担保方式削弱担保的有效性，使得担保徒有虚名。

案例

发现借款人与担保人的关联关系，堵截风险2000万元

昆明黄龙山A饲料公司向银行申请发放2000万元流动资金贷款，由昆明B融资担保有限责任公司提供保证担保。

在审核资料时银行放款员发现担保公司B的股东之一为借款公司A。而在本行对担保公司另一笔授信批复中，明确指出担保公司不得为股东或关联企业提供担保。

放款中心立即将此情况反映给信审部门及经办支行并对该笔业务进行了停办处理。后经信审部门人员反馈，在审批A公司额度过程中，未注意对申请人和担保公司之间的关联关系进行审核。

● **风险提示**：从资料表面审查来看，借款人A公司的放款资料均已齐全，但放款员并没有因此而遗漏风险点，而是不放过任何蛛丝马迹，以敏感性发现了两个公司之间的问题，消除了风险隐患。其责任心值得表扬。

二、违反担保人公司章程

银行人员在收到担保人公司提交的担保函后，不能认为签字盖章是真实的就万事大吉，还必须把担保人公司的公司章程和内部管理制度拿来对照检查，看看担保函的内容和权限是否存在违反该公司的章程规定，从而可能导致担保无效。如果发现有越权担保等问题，应退回担保函。

案例

核保发现无股东大会担保决议，停止2000万元放款

银行批准给予CH武汉汽车物流有限公司2000万元贷款，同时要求其母公司深圳CH滚装物流股份有限公司提供连责任保证。

核保人员在放款之前前往深圳核保，发现担保人章程有明确规定："公司在对关联方提供担保时必须报股东大会审议通过。"而深圳公司只愿意出具董事会的担保决议，没有股东大会决议，这明显与公司章程规定不符，为无效担保。在报经领导同意后，中止了借款人的提款申请。

三、超核定额度担保

银行会认可一些担保人，同时为了方便合作，也会签订担保协议后核给担保人一定的担保额度。担保人只要在协议有效期和额度内提供的担保，银行都会接受。但银行人员应该注意的是，如果担保人累计的担保金额已经超过银行给予的担保额度，就应立即停止业务。

案例

发现担保人超额担保，减少1000万元放款

天津GGXCY开发有限公司向银行申请发放流动资金贷款2000万元，由天津GGGF有限公司提供连带责任保证。

放款员审核发现，银行给予保证人对借款人的担保上限为1.23亿元，而当日贷款卡查询结果显示借款人的贷款余额已达1.13亿元，且均由担保人提供了保证担保，即担保人有效担保额度仅剩余1000万元。经与支行充分沟通后，放款中心只为借款人发放了1000万元贷款。

第三节　担保资料无效风险

如果有关担保的决议、签章等资料无效或存在瑕疵，今后银行将难以向担保人追索。因此，银行人员在收取有关担保资料时，应注意防范以下风险。

担保资料无效风险的类型（3种）
● 无效担保决议 ● 无效担保签章 ● 担保合同未随借款合同一起变更

一、无效担保决议

案例

发现担保决议表述不明确问题

福建JW集团有限公司向银行申请签署5000万元综合授信协议，由福建省长乐区JXFZ有限公司提供保证担保。审批部门批复中明确授信品种为流动资金贷款和开立银行承兑汇票。

经审查发现，担保人JXFZ有限公司出具决议中的笼统表述是"为福建JW集团有限公司借款提供还款担保"。未能明确银行授信批复中的授信品种，而相关的担保合同中亦未明确。为避免担保决议描述不全面导致担保合同无效而引发脱保风险，放款员暂停了该笔协议的签署。待重新提交了明确的授信品种的担保决议后，才发放了该笔贷款。

二、无效担保签章

案例

发现担保决议上签名有仿冒嫌疑，暂缓1.1亿元放款

湖北TY卫星技术发展公司以其持有的湖北JX投资咨询有限公司股权，在办妥质押手续后向银行提出1.1亿元贷款申请。

银行放款中心在审查资料时发现，该公司提供的董事会担保决议从表面上看虽都是符合公司章程的，且每位董事签名的字体、大小均不一样，但仔细观察每个签名的笔法都非常相似，特别是笔锋像是出自一个人之手，于是将该决议与其他同事看，正好另一位放款审核员曾经给其中一位董事办理过个贷业务，一眼认出该签名与个贷业务上的签名明显不同。

放款中心于是询问客户经理是否亲眼看见每位董事亲笔签名，客户经理承认董事会决议为该公司自己提供。鉴于虚假签字将导致无效担保，于是放款中心停止了对该客户的放款业务。

核保时发现担保人法定代表人已变更

银行批复给青岛XHJ国际贸易公司综合授信额度1000万元，期限1年，由青岛JFX珠宝有限公司提供连带责任担保，法人代表是周某。

某年7月，银行派两人到担保人公司进行核保，被告知周某在某商场的珠宝专柜，核保人员赶去后未见到，经多次联系在附近一咖啡店见面。核保人员查验其身份证后，周某在核保书和最高额保证合同上签字。下午，核保人员到达该公司办公场所对相关合同加盖公章时，认真查看营业执照正本，却发现公司法人代表是李某。核保人员电话向部门领导汇报疑点后，立即终止核保。经了解，在前不久银行审批该笔贷款期间，担保企业刚刚更换的法定代表人。原法人代表周某的签字已属于无效。

三、担保合同未随借款合同一起变更

《民法典》第六百九十五条规定：“债权人和债务人未经保证人书面同意，协商变更主债权债务合同内容，减轻债务的，保证人仍对变更后的债务承担保证责任；加重债务的，保证人对加重的部分不承担保证责任。”

因此，当《借款合同》内容变更时，银行应与担保人签订新的《担保合同》，防止担保人免除担保责任。在实践中，因为担保合同未随借款合同一起变更，银行败诉的案例有不少。

第四节　担保公司风险

担保公司风险的类型（5 种）
● 虚假担保公司欺诈
● 快速扩张集聚风险
● 违规经营遭受处罚
● 套取资金和挪用银行资金
● 发生多次赔付，资金链紧张

在银行接受的保证人当中，有一类特殊的保证人就是担保公司。担保公司为别人担保，但它自己也可能发生风险，轻者丧失赔付能力，重者清盘倒闭。因此，不能认为有了担保公司的担保就可高枕无忧了，必须定期了解和检查担保公司的经营状况，重点应防范担保公司以下五种类型的风险。

一、虚假担保公司欺诈

银行如果接受虚假担保公司、空壳担保公司的担保，并由此遭受资金损失，必然涉及贷款诈骗的刑事案件。因此，在贷款调查阶段，务必对担保公司的真实性严加核实。

案例

组建空壳担保公司向银行巨额骗贷

（来源：扬州日报，2012 年 9 月 3 日）

为了骗取银行贷款，陈某伙同妻子吴某等人，不但通过“虚报注册资本”的方式，组建一家注册资本达到 1.5 亿元的担保公司，还鼓动其老乡相继注册空壳公司，向银行申请一笔又一笔的贷款。陈某还让雇用的员工，利用 POS 机非法套现，先后从信用卡账户里多次套现 4000 余万元，这一起惊天大案，到底来龙去脉如何呢？

1. 为赚钱，虚报注册资本 1.5 亿元，组建大型空壳担保公司

出生于福建省连江县的陈某，尽管只有大专文化，但精通投资领域的他，却有极其强烈的创业梦。2009 年 8 月，为了实现创业梦，陈某与妻子吴某以及宋某等三人，来到了扬州，在文昌中路成立了一家担保公司。

据悉，陈某等人为了借钱注册担保公司（案发时注册资本为 1.5 亿元），陈某以 2% 的月息，

多次借来巨款先后分五次汇入公司账户里，当担保公司营业执照等相关手续办完以后，陈某又以往来款的名义，立刻将汇入公司账户里的注册资金全部抽走。目前，陈某等人注册的担保公司账户上，已经没有一分钱。

2. 为行骗，用小利诱惑众老乡，又注册近 200 家空壳公司

根据警方侦查显示，陈某等人组建没有资金的空壳担保公司以后，陈某又让多位亲戚朋友来到扬州注册成立空壳公司，还向亲戚朋友们承诺——今后每年可给他们分红几千元，来到扬州的吃住费用，也全由陈某负责。就这样，陈某先后采用许以小利的方式，用他人名义注册成立了近 200 家空壳公司。之后，陈某再次为这些空壳公司增资，从 100 万元增至 300 万元或 500 万元，然后在空壳担保公司的担保下，以这些空壳公司的名义，向扬州部分银行申请一笔又一笔的贷款。

3. 案发了，上百公司同一注册地址，警方顺藤摸瓜牵出案中案

上百个公司，注册地址为何只有一个呢？扬州警方在查处相关案件时，偶然发现其中近 200 家公司的注册地址，均为一个地址，这一异常情况，引起了警方的高度重视。随着侦查进一步深入，陈某为近 200 家公司虚报注册资本的犯罪行为浮出了水面，还爆出大型担保公司虚报注册资本的特大犯罪活动。

与此同时，陈某的名下还成立了另一家公司，专门负责 POS 机套现业务。相关侦查人员告诉记者，根据相关数据，陈某公司共有三台 POS 机。其中，光一台 POS 机，就已套现 4000 余万元。陈某从中获得了一笔不菲的套现手续费。

虚报 1.5 亿元，注册一个大型空壳担保公司，其行为不仅严重违反了法律规定，还严重扰乱了担保市场的金融秩序。就陈某等人的犯罪事实，扬州相关律师认为陈某等人至少犯下三宗罪；其一，注册担保公司后，陈某等人将汇入公司账户内的资金，全部抽走后，反复四次增加，然后再抽走的行为，已构成虚报注册资本罪，其数额还特别巨大；其二，利用申报的 POS 机，非法套现，也构成了犯罪；其三，给空壳公司虚增注册资本，然后以其名义向银行申请贷款的行为，也构成了犯罪。

二、快速扩张集聚风险

担保公司的主要收入来源是担保费。为此，有些担保公司采取快速扩张担保规模的经营策略，以达到增加担保费收入的目的，但与此同时也大大增加了赔付风险。须知，担保费收入再多，也抵不上几笔赔付出去的金额。

2017 年 8 月 21 日，国务院公布的《融资担保公司监督管理条例》规定：

融资担保公司的担保责任余额不得超过其净资产的 10 倍。对主要为小微企业和农业、农村、农民服务的融资担保公司，倍数上限可以提高至 15 倍。

融资担保公司对同一被担保人的担保责任余额与融资担保公司净资产的比例不得超过 10%，对同一被担保人及其关联方的担保责任余额与融资担保公司净资产的比例不得超过 15%。

案例

担保人经营快速扩张致使风险集聚现金流紧张

长沙某分行向A小额贷款有限公司发放流动资金贷款2000万元，期限1年，由大股东株洲市B置业有限公司和法人代表提供连带责任担保，追加A公司股权作质押，质押率不超过50%。

分行贷后检查得知，担保人B公司有转移资产迹象。分行立即对担保人进行专项检查得知，B公司经营扩张速度太快，对外担保相对集中，风险集聚，现金流非常紧张，但未发现转移资产情况。

分行领导高度重视该笔贷款回收工作，在贷款到期前一个月，讨论制订了有效的化解方案。要求客户在还款600万元的前提下，剩余1400万元展期半年，但利率上调10%，同时在原担保条件基础上，追加足值房产抵押，并签订每月还款200万元的协议。这样既成功收回部分贷款，又使展期贷款风险可控，同时给客户一定缓冲期，避免了诉讼清收的方式。

由于催收工作做得扎实，公司从未出现贷款本息违约的情况，分行最终成功收回2000万元风险贷款。

银行成功压减90%，互联担保和担保公司授信风险金额

东莞某分行的小企业联保授信业务在经历了迅猛发展时期之后，处于联保授信业务规模与效益的最好时期；担保公司担保的授信余额达9149万元，处于分行历史较高位。也正在此时，国家货币政策缩紧，中小企业资金链日益紧张，大型担保公司挤兑事件频发，风险苗头隐现。

分行立即开展了充分的市场调研，发现以下问题：①在分行的客户中，成熟产业集群、专业市场客户占比较低；②大量的联保授信集中于制造业及其他贸易为主的中小企业。这些企业的资金链趋紧，经营成本上升，订单下滑；③联保企业成员的行业和跨区分布复杂，贷后管理难度大；④企业成员良莠不齐，银行往往看好联保成员中那些实力强、经营好的，而忽略那些差的，在经济下滑时很容易导致大面积不良；⑤担保公司基本为民营，政府管理欠规范，抽逃资本现象时有发生，资金链危险浮现。

在掌握充分的市场调研依据后，分行做出科学准确的判断，精心部署，制订并实施了详细的分期逐步退出或转化联保业务的方案。

（1）完善退出机制，采取有计划的压缩授信、到期逐步退出的策略。由于分行预判时间早，为化解风险赢得了宝贵时间，因此并未采取整体压缩授信的方式来化解风险，而是采取有保有压、有计划地逐步压缩与退出技巧。分行与市场部门充分协调沟通，通过风险程度排序制定出需要压缩转化客户名单，制订了三年按40%、30%、30%分步骤压缩的计划。

（2）在风险敞口不增加的前提下适当增强担保条件，鼓励联保客户接受种子基金担保方式，通过由种子基金担保与其他辅助担保措施实现了多方的风险分担，并积极推广存货质押等供应链金融与种子基金的结合模式，有效地缓释了授信风险。

（3）明确联保授信市场定位，提高联保授信门槛。分行对联保授信采取只减不增的政策，提

高联保授信准入门槛，有选择性地支持专业市场客户，保留客户多为木材市场、皮革市场、塑胶市场、毛织市场等成熟产业集群市场的优质客户。

通过一系列的压缩退出及转化措施的实施，三年后，该分行仅剩下较为优质的联保授信客户，敞口余额约1.6亿元，退出比率达67.8%，联保授信风险得到有效控制。同时，分行已全面退出存量担保公司担保授信，有效避免了担保业"地震"对本行资金安全的影响，担保公司担保贷款不良余额为零。

● **风险提示：**民营担保公司容易出现虚假注资、抽逃资金的行为，以空手套白狼的方式经营业务。当许多贷款出现逾期时，担保公司根本无力赔付。

有些民营担保公司信息透明度低、经营管理不规范，很容易就演变成了高息融资，并投放于高风险高收益的项目。银行在不能完全把控风险，缺乏有效控制手段情况下，应选择放弃合作。

银行对于民营担保公司的客户结构、客户背景、资金用途等应做详细了解，防止其联手以虚假贸易背景变相套取资金。

另外，银行对于担保公司担保的贷款绝不应视为强担保，仍必须重视借款人的第一还款来源。

三、违规经营遭受处罚

借款人身上发生的违法违规行为，在担保人身上也可能发生。银行人员必须了解国家有关担保行业的法律法规，对照检查担保公司的行为。如果发现有踩红线的风险性苗头，应要求其立即纠正，否则终止担保合作协议的执行。

案例

北京市知名担保公司涉嫌违规经营丧失担保能力

ZD投资信用担保有限公司（以下简称"ZD公司"）是北京市知名担保公司，受到各合作银行的重视和认可。有了ZD公司提供担保，贷款很快就能办妥。担保费率一般为2.5%左右。

北京某分行分别向北京A现代家具公司、B商贸公司、C阳光医院管理公司、D管业公司发放流动资金贷款1500万元、850万元、600万元、400万元，合计3350万元，期限1年，均由ZD公司提供担保，保证金比例为10%。

某年春节前夕，ZD公司出现媒体负面报道，涉嫌违规经营导致资金链断裂，丧失担保能力。卷入ZD公司的债权企业数量有近300家，债权金额约为13亿元。

分行在第一时间闻讯后，立即采取措施化解风险：①对ZD公司项下小企业客户进行实地风险排查，了解小企业购买ZD公司理财产品金额，对中担事件影响进行风险评估。②统一下调ZD公司担保项下小企业客户在本行贷款级次。③追加小企业实际控制人的个人连带责任担保，测试客户的还款诚信度和增加其违约成本。④提高贷后检查频率，每月实地检查一次。⑤要求客户提前落实还款资金来源，对个别小企业客户实行上门催收。⑥对于优质小企业客户，在提供足值抵押物及有效担保的前提下，继续给予信贷支持，化解ZD公司担保风险。

通过上述措施，上述四个ZD公司担保项下小企业客户均按期归还了分行贷款。

发现融资担保公司已被监管部门列入黑名单

湖南省某融资担保有限公司向银行申请融资性担保额度10亿元。银行派出客户经理进行调查，经多方打听了解，发现该公司虽系国有企业背景，但法定代表人存在大额个人民间借款行为，且信誉度较差，公司内部管理较为混乱。

银行监管部门通报称该担保公司，存在违规吸收民间资金、违规发放高利息贷款、利用融资性担保身份与客户联合套取银行信用后违规放贷、侵占借款人保证金等行为。监管当局点名通报并列入全省银行业授信客户黑名单。其所担保的企业贷款多数成为不良。

客户经理贷前调查掌握情况准确，先后两次拒绝了该公司的授信申请，直接将授信风险堵截于门外。

● **风险提示：**在调查过程中，凡是被司法、工商、税务、环保、海关等政府主管部门列入黑名单的企业，都必须加以注意。

四、套取资金和挪用银行资金

有些担保公司已不满足于担保费收入，而是想方设法套取银行资金，再挪用于高收益的项目，这将使银行的资金出现风险。对此，银行在审查客户的借款金额时务必严格计算，不可因为有担保公司担保而放松警惕，防止借款人多套取贷款资金后挪用给担保公司去使用。

【参阅资料】担保公司套取银行贷款资金的手段

担保公司会以借款人抵押物不足为由，同时许以高息为诱饵，对小企业从银行借出来的贷款资金，以“借款”或“理财”名义进行“截留”。对不同企业截留的比例不一，一般在贷款总额的30%~50%之间。同时会承诺给企业一个固定的收益率，通常是12%～18%。至于担保公司拿这些贷款资金去做了什么，债权企业并不知情。

担保公司“截留贷款”的基本操作手法有以下两种：第一种，以壳公司名义和企业客户签订一份贸易合同，在银行看来，该壳公司是借款企业的交易对象，根据受托支付原则，银行将贷款打入这个壳公司的账户，担保公司从而完成“截留”。同时，借款企业还要和壳公司签订一份《借款协议》，这份协议属于担保公司和企业之间的“秘密”协议。第二种，同样根据受托支付原则，银行将贷款打入借款企业的交易对象（比如供应商等）的账户，然后再通过一些运作，贷款资金回到借款企业账户，借款企业再将资金打到担保公司指定的账户（通常为壳公司账户）。也有借款企业的交易对象直接将获得的贷款资金打入担保公司指定的账户。在这种情况下，借款企业也要和壳公司签订一份秘密的《借款协议》。

五、发生多次赔付，资金链紧张

借款人只要发生债务违约，担保公司就有代其赔偿的责任。即便担保公司前几年收入的担保费再多，也抵补不了多次本金的赔付，资金链很快就会断裂。对此，银行如果发现担保公司已发生或将发生多次赔付，应该拒绝或退出与该担保公司的业务合作。在现实中，这样的案例有不少。

案例

银行应控制好担保公司的反担保物

某分行向一家实业公司提供500万元一年期贷款，由一家投资担保公司及借款人公司法人代表提供连带责任保证。作为反担保措施，法人代表将其名下的一套价值600多万元的别墅抵押给担保公司作为反担保。贷款到期后，经过审批后续作半年，贷款金额和担保方式保持不变。

贷款快到期前，客户经理发现借款人经营发生困难，无法按期还息，遂开始联系担保公司准备代偿事宜。然而，担保公司由于对外担保金额过大，发生了数笔大额代偿导致资金链断裂，已无法履行分行该笔债务的担保义务。当分行要求担保公司处置借款人的反担保物时，担保公司却表示已将反担保物释放给借款人，用于向其他小贷公司申请抵押融资。

由于借款人和担保公司都失去还款能力，且反担保物也已被担保公司释放，导致分行的该笔债权失去了有效的还款来源。虽然分行向法院提起诉讼，但因无可供执行的有效财产，贷款最终产生损失。

● **风险提示**：针对这类案例，银行应该采取以下防范措施。

（1）授前调查时，要把好合作准入关，只与有实力的担保公司合作。

（2）授中审查时，如果借款人和担保公司实力都较弱，应要求借款人以反担保物向银行提供第二顺位抵押，同时要求担保公司将反担保物的权利凭证交银行代保管，防范担保公司和借款人串通释放抵押物的风险。

（3）授信后检查时，一旦发生预警，应第一时间申请查封反担保物，并督促担保公司尽快代偿债务后处置反担保物。如担保公司失去代偿能力，则设法通过重组贷款将原有贷款结清，要求担保公司释放抵押物并将抵押物登记至银行名下。

当然，如果银行直接办理房产抵押贷款，不需要担保公司的介入，就不会出现抵押物失控的风险了。

第六章　抵押风险

抵押是指借款人或担保人（抵押人）将其财产提供给银行（抵押权人）作为偿还授信资金的担保行为。当借款人不能按期履行还款责任时，银行有权依法处分抵押物以收回授信资金。

第一节　防范抵押欺诈风险

房地产是社会中最常见的不动产，也是商业银行抵押贷款中最重要的抵押物。按理说，房地产是看得见摸得着的实物财产，银行人员只要认真负责、按规操作，不应该发生被欺诈的情况。但在现实中，有些银行对房地产的抵押和解押存在制度不健全、操作不规范等问题，导致虚假房地产抵押骗贷的案例还真不少。虚假抵押物使得担保作用成了镜中花水中月，而且基本都会涉及刑事案件。

一、抵押物欺诈的类型（7种）

抵押物欺诈的类型（7种）
● 抵押物根本不存在
● 非法房产抵押
● 重复抵押
● 高估抵押物价值
● 虚假抵押资料
● 蒙骗银行核保人员
● 抵押登记造假

（一）抵押物根本不存在

对于根本不存在的抵押物，不法分子必然要靠伪造土地和房屋他项权证，骗取银行贷款。银行人员必须到政府负责房屋和土地的管理部门，核实产权证的真实性，到房管局核查房产的真实业主。

案例

男子伪造土地和房屋证明书骗贷228万元获刑

（来源：正义网，郭显明，2010年7月20日）

向某利用公司和个人的名义伪造土地他项权利证明书和虚假的房屋他项权利证明书骗取贷款228万元，经湖南省新晃县检察院提起公诉后，被该县人民法院一审以骗取贷款罪判处：被告单位新晃某粮油有限公司犯骗取贷款罪判处罚金人民币40万元，罚金限判决生效后10日内缴清；被告人犯（单位）骗取贷款罪，判处有期徒刑2年，并处罚金人民币20万元；犯骗取贷款罪，判处有期徒刑6个月，并处罚金3万元；决定执行有期徒刑2年，并处罚金人民币23万元。

向某，男，大专文化，新晃县某粮油公司法人代表，住新晃县某粮油有限公司宿舍。2009年3月，向某来到怀化火车站附近找到一制假人，要求帮助其伪造新晃某粮油公司某工业园厂区的《新他项（2009）第101号》土地他项权利证明书和虚假的房屋他项权利证明书。

2009年4月10日，向某以伪造的上述土地他项权利证明书和房屋他项权利证明书，向中国农业发展银行某支行某业务组申请抵押贷款200万元，给该行造成直接经济损失190万元。向某骗得贷款后，并非用于生产，而是将其中的150万元用于归还其公司的借款给新晃县某公司，30万元归还芷江县某公司某人的借款，10万元偿还了其他个人的借款。

2009年4月2日，向某还以自己的名义用伪造的房屋他项权利证明书向新晃某银行申请抵押贷款28万元。总共骗得贷款228万元。

（二）非法房产抵押

不法分子以非法手段获取他人的房产后到银行办理抵押贷款，如果银行没有发现抵押物来路不明，今后将难以处置该抵押物，最后落得钱房两空。这类案件，在个人房产抵押贷款中常常发生。

在许多令人不可思议案件中，不法分子不再是使用伪造的房产证骗贷，而是手持真实的房产证原件到银行办理抵押贷款，这种“假人真证”的骗贷手段使银行防不胜防。不法分子们为了到银行抵押骗贷，事前获取真房产证的手段有以下几种。

1. 直接盗取他人真房产证

不法分子一般都是盗取自己家人或亲朋好友房产证，如父母的房产证、兄弟姐妹的房产证。不法分子通常是采用“连环两骗”的手段：第一骗是先把房子骗到自己的名下，第二骗是以该房产到银行办理抵押贷款。

2. 盗卖他人房产取得真房产证

现实中，这样的案例不在少数。笔者将这种手段称为“先盗卖他人房产，后抵押给银行骗贷”。主要也是采用“连环两骗”的手段：第一步是通过欺诈手法进行房屋买卖，将该房产落户到不法分子或其控制人的名下；第二步是以房主的名义持房产证到银行办理抵押，骗取贷款。

例如一家房屋中介的作案手段就是，先骗取卖房人的全权卖房委托书。然后指使员工伪装成买主，通过房地产交易所买卖将房产过户到员工名下。最后由员工出面该房产抵押给银行骗取贷款。值得注意的是，房产中介公司这种骗术，在不同年份、不同地区、不同的房屋中介公司都有发生。因此，各地银行对于中介公司这种惯用的骗术伎俩，务必高度注意。

在这种“先盗卖他人房产，后抵押给银行骗贷”的案件中，最后出现的局面是“一房两主”，即该房产应该属于原房主，还是属于有抵押权的银行。有些案例表明，最终法院会把房产判给原房主，使得银行抵押权无效，债权落空，资金损失。

案例

假房主骗贷成功　真房主状告银行

（来源：现代快报，2009 年 9 月 3 日）

“好好的一套房子，莫名其妙被人到银行办理了抵押贷款。”常州市民武渊（化名）遇到这样一件蹊跷事，随后他将银行告上了法庭。而银行更觉冤枉，5 年前假房主去银行骗到贷款后玩失踪，5 年后真房主打官司要求银行纠错。因“银行既没有证据证明真房主委托了他人与银行签订了合同，也无法证明事后是真房主向银行还的款”，常州天宁法院依法判决银行败诉。

1. 房子竟被人拿去骗贷款

某年 3 月，常州市民武渊（化名）遇到一件蹊跷事，他准备将某小区 202 室卖掉后购买新房，但他到房地产市场准备办理过户手续时却被告知“你的房子已经办理了房屋抵押手续”。

“怎么可能有这种事情？”武渊随后开始多方了解。不久，他知道了事情真相，原来在 5 年前，“武渊”与常州一家银行（以下简称银行）签订了个人借款合同一份，合同约定“武渊”向银行借款 85000 元用于装修房屋，借款期限为 5 年，合同签订后，银行按约向“武渊”发放了贷款，该贷款直接发放到“武渊”的往来户账号上。这一切都是有人冒充他本人，并持伪造的身份证等相关证件通过中介公司帮忙完成的。

为了证明自己没有用老房子办过相关贷款、抵押手续，武渊带着自己的身份证到银行进行交涉。尽管借款合同与抵押合同上“武渊”的身份证号码与武渊本人提供的身份证上号码明显不一致，但银行就是不愿意纠正错误。

其实银行也有苦衷。据介绍，银行发放给“武渊”的那笔贷款是通过中介公司联系的，贷款发放后，因借款人“武渊”在按约还款两期之后不能正常还款，银行派人上门催收过程中发现可能有人冒用原告武渊的名字骗取贷款的事实，银行在当年年底向钟楼公安分局经侦大队报案，公安局侦查的结果是借款合同、抵押合同上武渊的签字都是虚假的。

2. 银行被判败诉

在协调无果之后，武渊只好通过打官司来维权。他将银行告上常州天宁法院，请求确认双方 5 年前签订的贷款合同无效，确认主合同项下签订的关于某小区 202 室房屋抵押合同无效。

“我从未与银行签订过借款合同和抵押合同，该两份合同上‘武渊’的签字不是我写的。”武渊在法庭上确认两份合同上“武渊”的签字是他人伪造的。

“我们已经在5年前向常州钟楼公安分局经侦大队报案，立案已有4年，根据先刑后民的原则，本案应当中止审理。”银行在法庭上再找理由。但法院并不支持银行的观点：“公安局是否立案对处理本案没有实质性影响，公安局要查明的是谁冒用了武渊的名字进行骗贷的问题，而本案处理的是合同效力的问题，合同效力的处理并非要以查明谁是骗贷者为依据。”

“由于借款合同和抵押合同的一方主体‘武渊’是虚构的，该两份合同上的签名并非武渊本人所签，合同上留存的身份证号码与武渊本人的身份证号码不一致，银行也在事后确认借款合同和抵押合同上武渊的签名都是虚假的，该合同并非武渊本人真实意思的反映，武渊事后也未对该合同予以追认，银行既没有证据证明武渊委托了他人与银行签订合同，也无法证明事后是武渊向银行还的款。因此，该两份合同不能对武渊本人产生法律效力，属于无效合同。”

（三）重复抵押

在贷款诈骗中，隐瞒真相并以超出抵押物的价值重复进行抵押担保，是不法分子惯用的手法，表现为“一物多抵”或“一物多押”，即一项财产为多笔贷款提供抵押或质押担保，其债务额远远高于抵押或质押财产的价值。用这种手法实施的贷款诈骗如果能得逞，与贷款审核部门的审核不严有很大关系。

在人行征信系统中，只显示借款人在各家银行已借贷款的情况，而没显示借款人正在各家银行申请贷款的情况。有的不法分子正是利用这短暂的时间差以及各家银行背靠背互不知情的漏洞作案。为防范此类“多头授信、过度授信”的案件，建议人行征信系统应该增加一项功能，能及时显示借款申请人正在各家银行申请办理贷款的信息。

各家银行在受理借款人申请时，也应询问其是否同时在其他银行申贷了。防止不法分子同时向多家银行骗贷的情况发生。

案例

一房多贷骗贷：百万元房产撬动六倍按揭款

（来源：中国房地产报，张媛媛，2009年6月23日）

凭借一张简简单单的契税票，一套价值130万的房产能发挥出令人惊叹的六七倍的杠杆效应，一个功败垂成的骗贷游戏背后，暴露出的是一条膨胀的信贷资金曲线流向股市投机的路线图。

2009年4月，邹雨（化名）在北京朝阳区SOHO现代城购置了一套价值130万元左右的二手房产，然后到地税部门办理了契税，领取契税票。

此后，邹雨带着领取到的契税票到深圳发展银行、中国银行在内的四五家银行办理按揭贷款。

按照惯例，商业银行见房产契税票即可放款。商业贷款的交易流程较为快捷，大约前后只耗费了5个工作日的时间，他就拿到了深圳发展银行数额约100万元的贷款。

在用这100万元资金投入股市后，他同时萌发了骗贷的念头。利用这5个工作日的时间差，他先后又到中国银行以及其他中小商业银行中骗贷。如此一来，累积到手六七百万元按揭款。

邹雨手里并没有足够的资本，所以也缺乏豪赌的筹码。但是多年的房地产金融从业经历，他显然更懂得如何利用一切可乘的时机。

只是这个游戏并没有玩到最后就戛然而止了。“他其实是想拿这笔钱周转，但担保公司在去取契税票时发现状况不对后就马上报警，所以当这笔钱还没有最后全部投入股市时，就已经追了回来。”知情人士透露，好几家商业银行做贷款很扎眼，当时在他领房本通知单时就立即被扣了。

乍看上去，似乎过程并不复杂。但如果不是担保公司及时发现了问题，后果不堪设想。其中也暴露了银行的风险监管漏洞。

（四）高估抵押物价值

不法分子往往采取高估抵押物价值的方法，骗取银行更多的信贷资金。由于银行对不动产价值的认定，一般是以购买时的价格或以专业机构评估为准，不法分子就会试图从中钻空子进行犯罪行为。

在产权价值证明上做文章最常见的伎俩就是高估价格，例如对甲地的房产，通过私下交易让评估公司作出高于市值几倍的价格评估，再以该评估报告到乙地银行申请抵押贷款。还有的是，在房地产热时高价购得的房产，在泡沫破灭后已极大地“缩水”，而房屋所有权人却仍以原先购买价格申请贷款，以图获取高额贷款。

银行必须采取有效措施，按照“购买价与市场价孰低原则”确认抵押时的房价，挤出抵押房产价格中的水分。抵押物必须经银行认可的房地产评估机构进行评估才有效，银行参考市值对评估结果进行必要修正，以抵押物净值作为计算抵押率的基数。其中，抵押物净值是指抵押物的评估现值扣除抵押物变现所发生税费后的净值。税费包括营业税、城建维护费、土地增值税、所得税、印花税、拍卖费、折旧等。

案例

发现商业综合体抵押物明显高估而拒贷

某实业有限公司主营稻米加工业务，拥有日处理稻谷400吨的生产线，主要销售对象为广东、福建等地流通市场。某年9月，该客户由相关政府部门领导引荐，向一家股份制银行申请综合授信额度6000万元，以位于鹰潭市的某商业综合体抵押，抵押物面积2.6万平方米，评估价值1.69亿元，抵押率为35.3%。

最终，该客户授信申报被该行信审会否决，主要是信审过程中发现了以下重要问题。

（1）贷款实际用途不明。从该公司经营情况分析，申请金额超过实际需求。

（2）抵押物权属存在问题。抵押物房屋所有权人为廊坊市某公司，而土地使用权人则为鹰潭市某公司，两项权利人不一致，权属不清，存在明显问题。

（3）抵押物明显高估。经查询抵押物周边房价，大致在4500元/平方米，而该抵押物评估单价 6500 元 / 平方米，评估总价 1.69 亿元。经了解，其真实成本应在 6000 万元以下，且考虑到该建筑刚竣工不久，工程款还未付清，总价值立即由 6000 万元一下上升到 1.69 亿元，翻了近 3 倍，估价明显高估。

（4）实际控制人目前存在较大金额的民间融资行为。

此后，该公司因民间融资债务发酵，最终导致资金链出现断裂，生产经营已全部停止，实际控制人失联。而这家银行因之前对风险的研判准确，未予授信，从而避免了风险。

“贷前银行说了算，贷后企业说了算。”说的是资金的主动权在放款之后，已经从银行手上转到了企业手上。而银行想要在贷后仍能掌握主动权，必须在贷前落实好抵押物。因此，对存在问题很大，今后难以处置的抵押物，不应接受。

（五）虚假抵押资料

抵押资料真实性的重要性毋庸置疑，虚假的抵押资料在授信中将会引起的风险很难估量。

银行应该深入研究如何识别虚假借款人、虚假地块、虚假证书、高估的价格、重复抵押，如何防范内鬼作案、出现虚假抵押手续等。

案例

420 亿元骗贷案一审宣判

（来源：野马财经，2018 年 11 月 7 日）

2018 年 11 月 2 日，420 亿中美天元集团骗贷案终于迎来了一审宣判。广西壮族自治区柳州市中级人民法院对被告单位广西 A 融资性担保集团有限公司（以下简称“A 公司”）和被告人吴某等人都进行了不同程度的处罚。

柳州中院经审理查明，A 公司自 2004 年 8 月 3 日成立后，以其为母公司成立广西 A 集团。该集团及吴某等主要当事人在申请贷款过程中存在大量伪造行为，以此共向银行等金融机构获取 393 笔 420 亿余元的资金。

柳州中院认为，被告单位及 13 名被告人的行为情节特别严重。故对被告单位 A 公司以骗取贷款、票据承兑、金融票证罪判处罚金 10 亿元，以单位行贿罪判处罚金 400 万元，数罪并罚决定执行 10.04 亿元。在人员处罚上，对主要被告人吴某因骗取贷款、票据承兑、金融票证罪、单位行贿罪数罪并罚，被判处有期徒刑 10 年 6 个月，并处罚金 2 亿元；对其余被告人也都判处了相应的有期徒刑并处罚金。

众所周知，从银行获取高额贷款，需要有大额的抵押物。而对于没有足够多抵押物的吴家公司来说，怎么能够从银行贷出几百亿元的资金呢？

首先，吴家企业伪造了大量的假土地证和土地他项权证用于抵押。A 集团曾计划以每亩 38 万元的价格从辽宁省某县政府手中受让 3500 亩土地，但后来，只批下来 1000 亩，购买价款仅 4.6 亿元。由于柳州银行并不知道这个情况，于是吴家便开始施展他们的“瞒天过海术”。吴家三儿子吴某先是购买大量的空白土地证、他项权证，然后通过加盖私刻的假章等手段，伪造了60本辽宁某县的土地证和土地他项权证。

接着，吴某伙同和自己熟识的该县国土局抵押科科长周某飞，让后者同意将伪造的假土地他项权证交给银行的人用于抵押，待真土地证下来后再把假的换出来。用这一方法，吴某和周某飞欺骗了多家银行。

通过周某飞，假证发挥了真证的作用，不过吴家依旧不满足，因为该县土地价格并不高，能贷出的款有限。这时，吴某的长子找到广西某房产评估公司的陈某，“利诱”之下，这家公司的评估员，在没有到过辽宁某县，仅看了几张照片后，便将此处土地价格评估至320万元/亩。

此后，通过一系列操作，吴家将包括国土局、第三方评估机构、银行，这些本该相互制约的“防火墙”全部“击穿”，最终成功骗取了至少62亿元的贷款。

复盘这场骗贷案，为何吴家企业能够突破层层审核，最终从银行套取420亿元之巨的贷款?

首先，是银行本身的管理体系存在不足。银行没有有效发挥集体决策的作用；银行的贷前、贷中审查存在漏洞，对于贷款的去向没有有效、及时的跟踪及反馈机制；电脑评估系统被人为击穿，没有发挥作用。

其次，则在于社会信用体系存在漏洞。从假证、假章的制作，到第三方评估机构出具的虚假报告，再到周某飞等人员，本该相互制约的各方全部“陷落”。

对此，充分体现出了我国金融体系深化改革的必要性和紧迫性。

（六）蒙骗银行核保人员

银行为了核实抵押物的真实性，必然要派人员到实地查看实物。不法分子为了假戏真做，会冒充抵押人接待银行人员的调查。对此，银行人员应该从侧面和第三方，核实抵押人身份的真实性，以及抵押物所有人的真实性。

案例

疑犯利用银行漏洞以假房产抵押骗贷1000多万元

（来源：安徽市场报，2009年10月13日）

在安徽省的一起银行骗贷案中，第一被告人的王某山坦言自己之所以可以大肆骗贷，是银行的漏洞给了他机会。

据王某山供述，他在合肥实际控制4家公司。为达到非法占有银行贷款的目的，他以公司经营业务需要资金为由，向银行提出房产抵押贷款的需求。其中，不少贷款所用的虚假房产证竟然是同一张。两年间，为了掩人耳目，王某山让其哥哥、姐夫、朋友甚至公司员工以自己名义和其事先准备好的假房产证，向银行贷款，共骗取两家银行1002万元。

对于银行贷款中，银行人员通常要实地查看房产，王某山等人到底怎样骗取银行信任的问题。据其供述，在做好假房产证后，他们会将该房屋先租住起来，冒充房主，以此骗过银行的核实。

（七）抵押登记造假

以不动产设定抵押的，只有依法办理抵押登记后，抵押权才能设立。未办理抵押登记的，抵押权不成立，抵押权人不享有优先受偿权。不动产设定抵押时，应当到政府不动产管理部门办理。以房产抵押的，应当到房屋所在地房地产管理局办理；以土地使用权抵押的，应当到土地所在地国土资源局办理。如果当地政府对房产和土地已经成立统一不动产登记局的，可直接到不动产登记局进行办理。

不法分子以虚假登记蒙骗银行的手段有以下两种。

（1）将虚假的登记资料提交给银行，并找种种理由不让银行人员去政府登记部门核实登记情况。

（2）买通政府内部办理登记有关人员，内外勾结，通过窗口为银行办理假登记。

案例

他项权证未从产权交易大厅正规窗口取得而上当受骗

某年9月，Y公司获得某行综合授信金额2亿元，期限1年，授信品种为订单融资。银行要求以第三方在A地和B地持有的房产抵押，抵押率不超过评估价值的60%。

9月24日，银行客户经理与放款中心人员前往A地领取抵押物的他项权证。在借款人的陪同下，到A地房管局时已停止营业，于是在办事大厅门前从一位据称是房管局主任的人员手中领到他项权证。次日，B地房产交易所尚未到上班时间，借款人法人代表称已托关系办妥权证，由自称是房产交易所的办事人员在房产交易大厅交予银行业务人员。

后检查发现，办理抵押的两份他项权证均为人为伪造，而银行2.5亿元信用证已于9月26日分三笔开出，资产面临极大风险。

此事的严重教训是，银行办理人员缺乏警惕性，轻信企业人员的介绍，在取得他项权证过程中存在以下漏洞而导致欺诈的发生：①从时间上看，一次在下班后，一次在上班前，均为房管局非正式对外营业时间；②从地点上看，一次在大门前，一次在大厅里，均不是从产权交易大厅的正规窗口取得；③从人员上看，对所谓登记机构人员的身份未加以核实；④从复查上看，对于特殊情况下取得的存疑权证，未通过实地、电话或网上查询等其他手段再次查询核实其真实性。

二、如何防范虚假土地抵押

第一，要防范虚假借款人。要看企业注册时间，对于刚成立不久就来申请授信的企业要小心，特别是那些没有几笔业务量，但申请金额却很大的企业更应该小心。

第二，防范虚假证书。应持土地证和他项权证到土地管理局去核实真伪，并要求加盖公章确认。

第三，防范高估价格。一是只接受银行指定评估公司出具的评估报告；二是银行自行暗中做调查，与附近相邻的土地价格作横向比较，与历史土地价格走向作比较。

第四，防范虚假地块。实地调查时必须明察暗访、双线进行。银行人员除了一拨人跟随企业人员实地查看土地之外，应该另外一拨人自行暗地到土地附近的单位调查，确认该土地的所有人是谁。

第五，防止重复抵押。及时在土地管理局和人民银行系统内做好抵押登记。另外，应在已抵押给本行的土地四周竖立大牌子，上面醒目标明“此地块已抵押给 ×× 银行”，同时写明银行电话号码和联系人。

第六，防范政府主管部门人员内外勾结办理虚假抵押手续。采取双线核实法，即要找政府部门中不同的人员交叉核实抵押手续的真实性。

第二节　抵押物不可接受风险

对于哪些抵押物不可接受，各家银行都有自己的文件规定。但在实际中，还必须靠客户经理按规操作，防止接受起不到担保作用的抵押物。除了法律法规明确不可接受的抵押物之外，银行原则上也不接受以下财产抵押。

一、不可接受的抵押物的类型（4 种）

不可接受的抵押物的类型（4 种）
● 抵押物已出售 ● 有问题的出租房 ● 重复抵押 ● 抵押物难以处置变现

> 银行对抵押物管理的标准是：选得好、评得准、押得住。
>
> ——一位行长的话

（一）抵押物已出售

抵押物如果已经出售，该抵押担保对银行而言就是画饼充饥，毫无意义了。

案例

发现第一期土地已开发并出售部分房产

银行批复同意给予广西CH贸易有限公司综合授信额度人民币1.4亿元，采用土地及在建工程抵押。

风险管理部人员在核保的过程中发现，拟抵押的土地分三期建设，其中已开发一期，其在建工程已办理了预售证，并且已经出售了部分房产。为避免由此产生的法律纠纷，经请示主管领导后，决定暂停办理抵押手续，要求企业分割土地，采用尚未开发的二、三期土地抵押，按原批复的抵押率，压减授信金额后重新办理抵押手续。

● **风险提示：** 如果部分在建工程已经销售，房产及相应土地权属归业主所有，将导致银行抵押落空和无效。

案例

发现部分抵押物已被抵押人出售，暂停9000万元核保

某分行审查同意给予福州YP贸易有限公司综合授信额度9000万元，其中银票及法人账户透支额度4000万元，由自然人及莆田HS房地产开发有限公司提供房产抵押担保。

核保员实地核保中发现，抵押人无法按要求出具全部抵押物权属凭证。据了解，抵押物已有部分被抵押人擅自出售，而抵押人认为在抵押物评估价值不减少的情况下，可随意替换原有抵押物。鉴于已无法按信审批复的要求落实授信担保条件，核保员暂停了该笔业务的核保和放款工作。

（二）有问题的出租房

抵押的房产如果已经出租，按照"买卖不破租赁"的规则，以后银行如果想要处置该房产时，光是动员租户搬出去都会遇到很多麻烦，特别是对于已经签署了长期租约的房产，更是难办。如果确实需要接受该抵押物，抵押前应书面告知住户该房产将抵押，并由住户签字同意今后配合银行的处置工作。

银行在操作中应注意以下风险。

第一，银行作为抵押权人，所追求的是抵押物的变现价值。因此抵押财产能否成交，将直接影响作为抵押权人的银行的债权能否实现。然而，现实中存在"买卖不破租赁"的规定，即法院在对抵押房产进行拍卖、变卖时，并不能除去抵押之前已存在的租赁关系，这将增加买受人购买的顾虑，降低购买意愿，导致意向购买人范围相对缩小，成交价格相对较低。

并且，无论承租人是否出于恶意，如果其已将租赁期间的租金一次性付给银行债务人，那么买受人即便购得抵押房产，一方面由于房屋已出租而丧失使用权，另一方面由于租金已提前付清

而丧失收益权，这更在很大程度上妨碍了银行抵押权的实现。

第二，如果抵押人恶意隐瞒租赁情况，银行作为抵押权人也难以核查：一是由于租赁并不一定登记，在登记部门进行查询并不一定准确；二是现场核查也不一定准确。

第三，抵押人也可能与承租人恶意串通，在“抵押在前、租赁在后”的情况下，采用倒签租赁合同日期的方式，使租赁合同早于抵押合同；或是在“租赁在前、抵押在后”的情况下，偷偷变更租赁合同中的有关条款，危害银行债权。银行对此应该咨询专业律师加以防范。

案例

核保发现抵押物被租赁、高估等问题

重庆HMD集团公司用第三方提供的位于渝中区的270套住房抵押申请1500万元综合授信。银行信审委批准后，交由放款中心组织放款核保。

分行放款中心核保员到产权登记部门了解抵押物权属，并深入抵押物现场摸清抵押物现状时，发现了以下三点问题。

（1）抵押物已被长期租赁。抵押物是在三年前旧城改造时安置拆迁户的房屋，政府给予了部分税费优惠，以廉租价格和长期租赁方式供拆迁户使用。

（2）抵押物被限制销售。由于种种原因房屋登记部门不久前才将产权证办给开发商（抵押人）并限制销售。

（3）评估价值严重高估。因抵押物受上述条件限制，其价格远远低于评估公司出具的3880元/平方米的评估均价。按政府拟收购的价格及市场转让价估计，该抵押物合理价值为1200万元，抵押严重不足值。

放款中心及时将上述情况向行长做了汇报，领导高度重视并要求立即停止放款。放款中心要求企业补充足值抵押物后再提交信审会讨论决定，同时保留对该抵押物评估公司责任追究的权利，取消其在本行的抵质押评估资格。

（三）重复抵押

对于已向其他债务人设定足值抵押的财产，或者部分产权已抵押给其他债权人，剩余部分产权不能分割的财产，不可接受作为抵押物。

案例

发现企业设备重复抵押，暂缓放款4100万元

放款中心核保人员在办理英德市LS水泥有限责任公司4100万元贷款项下矿山机器设备抵押登记手续时，通过与市工商局工作人员攀谈，了解到该企业曾在另外一家银行办理过类似的设备抵押贷款业务。

得知这一信息后，核保人员立即向放款中心领导汇报，并提出了该企业的机器设备可能存在重复抵押的状况。得到领导指示后，核保人员要求企业提供其在他行的抵押物清单，并发现其中有两台机器设备属重复抵押，于是暂缓放款。

（四）抵押物难以处置变现

难以处置变现的抵押物包括：国有企业、行政事业单位的办公楼、职工住房、食堂等公益用房；陈旧的机器设备，非通用机器设备；地处偏远地区或土地性质非商业用地的房地产；等等。以这些缺乏变现能力的资产作为担保，对银行而言只是心理上的安慰，起不到收回贷款的实质性作用。

案例

发现抵押房产是企业职工宿舍

银行批复给予重庆JZT医药有限公司3500万元综合授信额度，要求以其自有的评估价值为1985万元的土地及评估价值为3811万元的建筑作抵押。

分行核保人员到现场查看抵押物情况，发现部分房产抵押房屋是企业职工宿舍，涉及面积6845平方米，对应评估价值965万元，按银行相关规定，这部分房产今后难以处置，不宜设置抵押。于是要求企业提供其他抵押物。

关于慎重受理难处置非通用专业设备为抵押物的风险提示

某节能水煤浆公司获得一家银行2500万元银行承兑汇票额度，用于向上游采购煤炭、添加剂等。授信条件为：由借款人提供水煤浆机器设备（35万吨 ×2）作为抵押；同时由企业实际控制人、关联企业提供连带责任保证；并承诺将一宗位于某工业区内面积为1.6万平方米的工业用地及地上建筑物在完善相关手续后抵押给分行。

后借款人因所在行业产能过剩，经营状况下滑、项目投资过大、民间融资较多等引起企业资金链断裂，对到期银行承兑汇票无力支付，导致银行垫款2500万元。借款人关联企业也已停止生产经营，无担保还款来源。出现垫款后，银行及时办理了查封手续，并在法院立案。法院出具判决后，银行迅速推动案件进入执行程序。

此时银行发现新的清收难题，即借款人抵押的机器设备不属于通用设备，较难变现。银行多方寻找购买人，包括联系出卖人进行回收，均未能成功。根据现场查看情况，整个抵押机器设备与整个厂区相连，抵押物单独变现的可能性不大。另外，借款人承诺抵押给银行的厂房为租地建房，需要当地政府的配合才能处理，亦同时承诺抵押给予多家债权人。

鉴于上述情形，法院认为单独处置机器设备的可能性不大，最终出具了执行终结裁定书，银行只能核销这笔不良资产。

● **风险提示：**本案中的水煤浆生产线机器设备，虽然评估价值较高，但并非通用设备，企业大多为自身量身定做，专业性强、使用面窄。银行接受专业设备抵押多数是出于一种心理安慰，真正在变现时往往面临有价无市的境地。特别是一些冷门产业，受国家宏观调控政策影响较大，其配套设备的市场价值随之波动下跌的风险也很大。因此，银行应审慎选择机器设备抵押物，最好选择通用性强、易于变现的设备，并提前确定可接受处置该设备的买家。

关于慎重受理不具最优先受偿权船舶为抵押物的风险提示

HENRI 海运公司已成立 12 年，注册资本 1 亿元，主要从事国内沿海、长江中下游的集装箱、散货运输业务。某年上半年，南京一家银行在接受“海运 1”轮、“海运 2”轮抵押，并追加法定代表人林某个人连带责任保证的担保条件下，向该海运公司发放了两笔金额分别为 1000 万元和 1500 万元的 1 年期流动资金贷款。

8 月初的一天下午，在得知因海运公司涉及近亿元的民间借贷，公司无法偿还高额本息，法人代表林某长期承受逼债压力携全家跑路，致使公司财务陷入瘫痪后，银行研究决定立即开展诉讼清收工作。随后，银行申请首轮查封抵押船舶，并及时通过海事法院扣押船舶至法院指定码头。

船舶抵押贷款纠纷与普通财产的抵押贷款纠纷不同，表现为船舶优先权、留置权均优先于银行抵押权。在借款公司人去楼空的情况下，各相关权利人都寄希望于通过抵押船舶变现受偿。

若船员不及时下船，案件不能迅速进入拍卖程序，这些优先权的费用就会越来越多，银行获偿的金额就会越来越少。本项目中，船员工资、船员生活费、船舶补给费、靠泊费等每天都在发生，仅靠泊费一项每天每艘船就是 3000 元。为了最大限度地维护银行权益，推进诉讼进程，这家银行先期垫付了船员工资、港口费用以及其他各项费用共计 300 多万元。

案件进入执行程序后，抵押物的处置又遇到困难。两抵押船舶当初的评估价格分别为“海运 1”2000 万元，“海运 2”4000 万元，并均以低于 50% 抵押率抵押给银行。但最终拍卖成交价与当初的评估价格相差甚远（“海运 1”以 640 万元成交，“海运 2”以 1400 万元成交）。

造成船舶价值缩水的原因，除了船舶本身折旧以及船舶市场的不景气外，还说明当初的评估价格大大高于船舶真实价值。而“海运 1”在验船过程中，又被检验出存在多处设计瑕疵，因此价格又被大打折扣。

同时，在处理抵押船舶的过程中，相比一般贷款诉讼纠纷的执行程序，增加了债权登记和受偿程序。银行虽然享有船舶抵押权，但即使在所有船舶优先权均得以满足的前提下，也须在法院审理并确认申报债权，并经债权人会议协商或法院裁定分配方案，才能真正获偿抵押船舶变现余款。而这些都将大大拖延银行获得拍卖受偿款项的时间，使得不良处置遥遥无期。

● **风险提示：**（1）不具优先权。船舶抵押具有较强的特殊性，该抵押权并不具最优先受偿的权利。根据《中华人民共和国海商法》相关规定，在船舶抵押权之前还有船舶优先权、留置权，即船员工资、海难救助费用、船舶维修费用等。有时还会出现抵押物只够偿付这些费用，而银行的抵押权却得不到清偿的情况。

（2）跌价风险大。船舶作为抵押物处置时通常会遭遇变现难。除了自然折旧外，船舶价值还受航运业的影响。当经济下行，航运市场不景气时，运价低、成本高，市场对船的需求小，这种情况下船舶就会大幅跌价，变现所得价款有限。

（3）拖延时间长。处理抵押船舶时间成本高。在处理抵押船舶的过程中，相比一般贷款诉讼纠纷的执行程序，增加了债权登记和受偿程序，非常烦琐。

针对船舶抵押的特殊性，银行应谨慎选择船舶作为抵押物，在造船业整体不景气的背景下不得接受。如果在万不得已的情况下选择船舶作为抵押物，应将其评估价压到最低，并进行严格的贷后检查，及时关注船舶的相关情况，一旦出现风险苗头，要及时果断采取保全措施化解风险。

越是好企业，能提供的押品越好；越是差企业，能提供的押品越差。

——一位行长的话

二、银行不得接受以下财产抵押

（1）土地所有权，无合法有效房屋产权证、房屋权属存在纠纷、瑕疵、产权不清或不具备上市交易条件的房屋，及其他依法禁止流通或者转让的自然资源或财产。

（2）耕地、宅基地、自留地、自留山等集体所有的建设用地使用权。

（3）国家机关的财产。

（4）学校、幼儿园、医院等以公益为目的的事业单位，社会团体的教育设施，医疗卫生设施和其他社会公益设施。

（5）所有权、使用权不明或有争议的财产。

（6）以法定程序确认为违法、违章的建筑物。

（7）依法被查封、扣押、监管或采取其他强制性措施的财产。

（8）租用或者代管、代销的财产。

（9）已存在预告登记的不动产。

（10）已出租的公有住宅房屋，已依法公告在国家建设征用拆迁范围内的房地产，列为文物保护的建筑物，有重要纪念意义的建筑物。

（11）已出租的采矿权。

（12）已经折旧完或者在贷款期内将折旧完毕的固定资产，淘汰、老化、破损的机器、设备，伪劣、变质、残损或储存、保管期限短的资产。

（13）本行及银行集团并表机构的财产。

（14）闲置已接近或超过规定年限以上的土地的建设用地使用权，近期将被征用的土地使用权，开发商未对外销售且空置已接近或超过规定年限以上的商品房。

（15）依法不得抵押，或依法行使抵押权受到限制的其他财产。

三、银行对于抵押物应注意的事项

（1）抵押物的价值应覆盖抵押物所担保的贷款债权。

（2）银行不得接受已经设置抵押的抵押物重复抵押，但可以接受以该抵押物的担保额度大于已担保债权的余额部分再次抵押。

（3）对于个人房产抵押贷款，在其担保的贷款全部归还前，不得将抵押房产再评估后的升值部分追加或发放新的贷款。

（4）对于已经向人民法院提交破产申请书或者已经进入破产程序的法人、其他组织，银行不得接受其提供的抵押担保。

（5）对于有多个普通债权人的借款人，银行不得在清偿债务时与借款人恶意串通以其全部财产设定事后抵押。

【参阅资料】事后抵押

事后抵押一般是指债务人有多个普通债权人，在清偿债务时，债务人与其中一个债权人恶意串通，将其全部或者部分财产抵押给该债权人，因此丧失了履行其他债务的能力，损害了其他债权人的合法权益。

如果该抵押行为被确认无效，法律后果是抵押权人就行使抵押权获得的价款没有优先受偿权。已经取得该价款的，应当依法予以返还。

第三节 法律风险

银行的经营不得违反国家法律规定，对于存在下述涉及法律的抵押物，务必慎重对待。银行法律部门要在咨询专业律师事务所，走访政府主管部门基础上，向经营部门和审查部门给出法律建议。

一、法律风险的类型（3种）

法律风险的类型（3种）
● 抵押物不符合法律法规
● 抵押物被查封
● 抵押物存在权属纠纷

（一）抵押物不符合法律法规

《民法典》第三百九十九条对不得抵押的财产进行了规定。

在实际办理抵押或质押过程中，押品的性质对抵质押能否顺利办成具有重大的影响。甚至不同地方的抵质押办理机关的不同做法，也会左右办理的结果。只有充分了解相关法律条文，熟悉登记机关的办理流程，才能够在登记过程中顺利办理，保障银行债权权益。

案例

发现抵押土地性质为农业用地

武汉JH农业发展有限公司在银行授信金额为1.3亿元整，以借款人及其关联公司的土地及房产作抵押。

客户前来办理抵押手续时，放款人员发现有两块抵押用地的土地性质为农业用地。而根据《民法典》的相关法律条文，农业用地并不能作为抵押物用于银行抵押融资，因而也就无法办理抵押登记手续。有鉴于此，放款人员遂要求客户经理先行去土地局核查，结果农业用地确实无法办理抵押。于是要求客户提供新的足值抵押物。

堵截未成年人共有房产抵押风险　暂缓235万元放款

放款中心经办人员在对杭州OH医药化工有限公司235万元贷款进行抵押合同用印审核时，发现有处抵押房产为一家三口共有，其中一人为未成年人。银行审批报告在确认抵押价值时，对该房产按照家庭人口比例剔除了未成年人所占份额，将抵押物价值从298万元调减为198万元。

放款中心经办人员意识到接受此种未成年人共有的抵押物，可能会对担保效力产生重要影响。在向银行法律人员咨询后，确认存在两点法律风险。第一，以未成年人财产设置抵押的目的，应该是为了未成年人利益，比如未成年人出国教育、住院医疗等。而此次为授信而抵押，目的显然不是为了该未成年人利益，合规性存在疑问。第二，与未成年人共有的房产，通常是因为家庭关系而确立的共同共有。而共同共有的特征是财产权利不分份额，因此简单地以共有人的数量来推断未成年人其中所占的份额也是不正确的。

于是放款中心与审批部门进行了沟通，说明了潜在的风险隐患，并请经办支行提出新的解决方案。

（二）抵押物被查封

土地房产设备等抵押物，是银行授信资金安全的重要保证，也是银行确保资金收回的主动权所在。如果抵押物被司法机构查封，对银行债务的担保效力就已悬空。如果银行贷款尚未发放，应立即停止放款。

因此在放款前，落实好抵押手续，是一项十分重要的工作。如果出现差错，都将导致银行今后难以处置抵押物，造成资金损失。以下都是近年来，银行在办理抵押过程中发现问题的案例，请银行经办人员在工作中认真对照检查，举一反三，排查隐患，防止出现同样的问题。

案例

发现餐饮公司拟抵押房产已被查封

长沙LYG餐饮公司有8家门店，某年3月向当地一家银行申请2000万元贷款，授信期限3年，以公司法人代表自购的房产抵押担保1500万元，以关联百货有限公司保证担保500万元，贷款资金专项用于经营场地装修改造。

客户经理现场调查，发现拟抵押的房产涉及官司，门前有查封条。考虑到涉及房产纠纷，抵押物存在法律风险，担保企业实力较弱，客户经理报行领导后予以婉拒。

两个月后客户再次提出申请。鉴于企业所提供财务报表中，“投资活动现金流净流量”和“筹资活动现金流”均为负数，且这两项指标相对企业规模占比较大。由此可判断企业扩充速度较快，投入过大，经营活动现金流无法正常覆盖企业扩充速度，故银行再次予以否决。

此后，湖南银监部门下发了对长沙LYG及关联人、关联企业授信担保情况进行排查的通知。通知称根据舆情监测发现，网易财经报道长沙8家LYG门店已全部停业，公司老板母子跑路，留下3亿元债务，且在银行有大笔贷款，请各行立即进行排查。

餐饮公司负责楼面管理的王先生表示，老板丢下餐厅不管，应该是资金链断裂了，老板高息贷款，据他所知总共贷了3亿元左右，从地下钱庄和私人那里贷的。最近陆续有债主上门要账，主要是供货商、银行和物业。而这家银行在调查时严把授信准入关，发现问题及时停贷，避免了风险的发生。

● **风险提示**：一个只有8家门店的餐饮公司，从社会高息借款高达几个亿，这是很重要的风险信息。对于有类似情况的借款申请人，客户经理在调查时务必高度重视，很容易出现资金链断裂、老板跑路的情况。

案例

发现抵押房产已被查封 堵截风险300万元

宁波HS医疗设备有限公司向银行办理300万元还后再贷，期限1年，由借款企业法人代表名下商用房产抵押（建筑面积182.7平方米，土地面积30.5平方米）。

放款员在审查放款业务时发现，拟抵押的房产已于上年被法院查封，立即暂停该笔贷款的放款，同时向领导及法律保全部汇报。

● **风险提示**：抵押物是银行实现债权的第二还款来源，客户经理对抵押物状况的关注不能停留在表面形式上，要进行实质上的确认，确保抵押物足值、有效，不存在任何瑕疵。

（三）抵押物存在权属纠纷

抵押物如果存在权属纠纷，必将是银行今后难以处置的隐患。银行人员必须按“有疑必究、有疑不贷”的原则，发现疑问就要追查到底，不留隐患。

案例

核保发现抵押土地权属有争议，减少400万元放款

湖北ZF长江水资源开发有限公司向银行申请2000万元的流动资金放款，以第三方洛阳ZQ建设开发有限公司的房地产抵押。

在办理抵押之前，核保人员核查抵押资料时发现，准备抵押的土地中有一块将要和政府用地进行置换。但在要办理抵押时，置换土地部分的土地使用权证还没有办理好，权属还存在着争议。

发现这个问题后，核保人员认真查看了该块土地的设计规划图，确定了置换土地的位置、面积。经研究决定，在扣除存在争议抵押土地对应的400万元后，放款1600万元。

发现汽车销售公司存在权属纠纷的抵押物而拒贷

某年6月，长春A汽车销售服务有限公司向一家银行申请5100万元综合授信额度。该行风险管理部在审查该过程中发现抵押物隐患，客户存在蓄意骗取银行贷款意图，由此否决贷款，直接拒风险于门外。具体情况如下。

A公司成立于2003年，注册资本500万元，实际控制人为自然人张某，主营业务为一汽大众、奥迪品牌汽车销售。A公司向长春分行申请5100万元综合授信，期限1年，用于购车。担保方式为房地产抵押，房产证及土地证齐全。

分行信审员觉得抵押物曾似相识，回忆起不久前信审会审查过B集团汽车授信项目，该集团的经营场地为长春市×××路×××号，与本次A公司抵押物相同。信审员不敢大意，立即依据此疑点进行追查。结果发现A公司拟抵押房产已于4年前转让给B集团，但未办理过户手续。对于抵押物存在权属纠纷的情况，A公司刻意向银行隐瞒。

核实上述信息后，分行风险部拒绝了此笔业务。

【参阅资料】经营性物业抵押贷款风险要点

经营性物业是指已竣工验收并投放商业运营，经营管理规范、现金流量充裕、合法租赁且综合收益较好的商业营业用房和办公用房，包括商场、商品交易市场、写字楼、星级宾馆酒店、综合商业设施等物业形式。

经营性物业抵押贷款是指银行向具有合法承贷主体资格的经营性物业所有权人发放的，以其所拥有的物业作为贷款抵押物，并以该物业的经营收入进行还本付息的贷款。

银行优先接受的经营性物业包括：①商业营业用房：要求地理位置优越，原则上应位于城市中央商务区、主要中心商业区或城市中心繁华地段等，交通便捷，人流、物流、车流充裕，商业、商务氛围浓厚。位列世界五百强企业的商业企业入驻经营的大型超市，区位要求可适当放宽。商业物业应主要选择大型超市、百货店、购物中心等业态。②酒店：酒店为四星级（含）以上，由国际知名品牌管理公司管理，经营状况优良，现金流稳定，上一年度平均入住率高于60%。③办公用房：写字楼为甲级（含）以上写字楼，且年均出租率高于80%。

二、银行在审查时应重点关注的风险

（一）借款人风险

要从借款人的股权结构、股东背景、整体实力、行业经验、管理团队以及公司治理等方面，分析借款人的经营规范性和持续经营能力，避免市场风险、行业风险、经营风险、财务风险等。

（二）贷款用途风险

贷款资金用途可用于物业公司经营范围内合法合规的资金需求，包括置换负债性资金和超过项目资本金规定比例以上的资金。贷款用途为归还股东借款的，应查明股东借款金额与其他应付款项、长期应付款的金额大小。贷款用途为置换他行贷款的，应查询人民银行征信系统，核实金额是否一致，查阅连续年度的财务报表中长短期借款的形成时间，是否与申请人经营情况相适应。

（三）还款来源风险

（1）应确保经营性净现金流可以覆盖贷款本息。经营性物业在银行贷款期间内会有许多支出，包括改造、大修、日常修理维护、招租代理费、管理费用、财务费用、税金等。物业公司的经营现金收入在扣除各项支出以后的经营性净现金流，须能覆盖银行贷款本息。

（2）应审查租金支付方式。防止物业在抵押给银行之前，承租人已经一次性向借款人支付了长期租金，或者是将租金与出租人对于承租人的其他债务进行了抵销，导致银行届时无法从租金中获得还款来源。

（3）应确保租金收入账户监管的落实。借款人须在银行开立资金监管专户，对专户实行收支两条线管理，建立收支明细台账，物业的经营性收入直接进入专户。银行要认真执行贷后检查指导，如果发现借款人出现逃避资金监管的行为，应及时采取风险化解措施。

（四）抵押物法律风险

应关注抵押物是否存在其他抵押权人，银行应是第一抵押权人；抵押人是否对抵押物业有独立的处置权；抵押物土地使用权出让合同及房产转让合同中有无限制转让的条款；抵押物有无被查封的情况。

（五）抵押物评估风险

（1）要确保评估价值真实有效。评估方法必须包括成本法，要体现抵押物业原始的购置成本。

如果采用市场法，要与周边可比实际成交案例对比。估价条件不能随意假设，须有文件依据，对于用地性质及规划用途要有准确的依据，不能将划拨用地按照出让用地进行评估，也不能将工业用地按照商业住宅用地评估。评估重要条件容积率，要提供合理合法依据。

（2）抵押物业估值要充分考虑房地产市场周期变动，评估价值客观合理。在房地产市场整体下行阶段，要严格按照银行相关管理办法，结合建造成本、同类物业的周边市场成交价、租售等情况审慎确定抵押物价值。

（3）要防范抵押物价值高估以及房地产市场周期变动导致抵押物贬值带来的风险，防止实际控制人大额套现变相将物业高溢价卖给银行。

（4）应分析借款人应付账款科目中是否有应付未付的工程款项。通过请税务机关提供抵押人是否欠税的书面说明，了解其欠税情况，以防范因抵押人欠税给抵押权带来的风险。如果发现存在欠缴工程款及税金情况，在计算抵押物价值时要扣除欠缴款项。

（六）抵押物处置风险

（1）防止抵押物难以变现。要分析判断抵押物的价值稳定性如何（良好、一般或存在明显问题），变现能力如何（较强、一般或存在明显问题）。防范抵押物不完整或结构特殊无法独立处置或处置难的风险。针对建造年限较久，评估的物业价值超过建造成本的，要充分考虑在抵押物变现时应缴税费（尤其是土地增值税）对抵押物最终价值的影响。

（2）防止租户拒绝配合。在审查时应注意物业出租情况，包括真正租户、出租条件、租期长短、租金给付等。提前采取措施，确保今后银行要处置房产时，租户能够配合银行实现债权。

第四节 评估风险

商业银行抵押物价值被高估的情况比较普遍。如果抵押物价值无法全额覆盖银行债权，从贷款发放时就不足值，必然给贷款的安全带来了极大的风险。而抵押物价值高估的原因主要来自借款人、评估机构以及银行自身。

首先是借款人。借款人想要降低违约成本和增加贷款数额，有虚增抵押物价值的强烈动机。

其次是评估机构。银行贷款抵押物的价值评估是目前国内评估机构的主要业务之一，甚至是部分评估机构的主要收入来源。评估费按评估价的一定比例收取，因此估价越高，收入越多。

最后是银行自身。银行经营机构开拓市场的压力普遍较重，由于绩效的显性与风险的隐性，基层行为了扩大信贷规模增加利息收入，往往会忽略抵押物价值高估所隐含的风险，甚至在有些情况下对重要因素隐瞒不报，以便通过上级行对贷款的审查审批。

对此，银行必须建立有效的抵押物评估管理制度，不能被动地接受评估机构出具的评估结论，防止留下风险隐患。

由于抵押物的评估价值，决定了银行按照抵押率可以给借款人多少授信金额，也决定了银行今后处置抵押物时能收回多少资金用于偿还贷款。因此，银行必须重视对抵押物的评估风险。

评估风险类型主要有以下 4 种。

评估风险的类型（4 种）
● 虚假评估报告
● 抵押物价值明显被高估
● 评估公司不符合要求
● 评估报告过期

一、虚假评估报告

虚假报告是银行经营授信业务的大敌，是导致银行授信决策错误的诱因。虚假报告就是在抵押物根本不存在的情况下，胡编乱造的文件资料。如果提交给银行作为贷款的申请材料，就属于触犯刑法的欺诈行为。

【参阅资料】

《刑法》第二百二十九条　提供虚假证明文件罪；出具证明文件重大失实罪

承担资产评估、验资、验证、会计、审计、法律服务等职责的中介组织的人员故意提供虚假证明文件，情节严重的，处五年以下有期徒刑或者拘役，并处罚金。

有前款行为，同时索取他人财物或者非法收受他人财物构成前款罪的，依照处罚较重的规定定罪处罚。

第一款规定的人员，严重不负责任，出具的证明文件有重大失实，造成严重后果的，处三年以下有期徒刑或者拘役，并处或者单处罚金。

二、抵押物价值明显被高估

高估抵押物价值，是评估报告最常见、最主要的造假情况，其目的是多从银行套取贷款资金。银行的防范措施，就是要选好抵押物价值评估事务所。

为了防止抵押物高估风险，银行可在《借款合同》中规定："借款期限内，本行有权对抵押物进行重评。如果未偿还贷款本金与评估价值之比超过 X%（参考值为 70%），借款人应追加本行认可的担保措施或提前归还部分贷款本金。"

案例

重新评估后发现土地价值被高估

上海 ZD 国际贸易有限公司向银行申请办理抵押用印审核。根据审批要求，3500 万元贷款由客户提供的土地及9幢房产抵押担保，且抵押率不得高于50%。

放款审核员审核后发现，抵押土地为杭州市外贸仓储集聚区，属仓储用地。支行对该土地做了协议评估，评估价值为7002万元，对应主债权为3500万元。而根据总行《授信业务押品价值评估管理办法》要求，仓储用地初估必须由本行认定的外部评估机构进行评估。故审核员对该笔用印做了退回处理，待外部评估机构评估后再提交审核。

后经外部评估机构评估，押品价值认定为6403万元，按50%的抵押率无法覆盖借款合同3500万元的主债权。经与客户协商，借款金额降低为3200万元，审核无误后办理了抵押用印手续。

判断房产抵押物的价值，可有三个参考价：一是房产的购买价，二是二手房的成交价，三是法院的拍卖价。

——一位行长的话

三、评估公司不符合要求

评估公司资质不齐、良莠不分，出具的评估报告必然也会存在差异。银行必须每年招标评选出一些评估质量好、工作效率高、收费价格合理的评估公司，作为本行年度评估合作伙伴，只接受这些公司出具的评估报告。

案例

发现评估机构无房产评估资质

石家庄BDC有限公司向银行申请办理合同审核，授信金额8000万元，担保方式为土地、房产和机器设备抵押。

放款员审核过程中发现其《房产评估报告》出具单位为河北HD资产评估有限公司，经核查该评估机构的资质证书，发现其并无房产评估资质，抵押资产评估存在违规操作问题，银行立即停止审核。

● **风险提示**：评估报告作为银行的重要授信材料，必须保证其出具的合法合规性。应加强对评估机构准入、评估资质、评估报告等方面的把关工作，切实防范抵押担保过程中的操作风险和法律风险。

四、评估报告过期

所有的商品都有保质期，评估报告也有有效期，过期的评估数据没有参考价值。银行对于评估报告的期限必须加以规定，比如三个月以内出具的报告才有效。

案例

发现抵押房产的评估报告已过期

浙江GM幕墙装潢有限公司申请开立银行承兑汇票1000万元，担保方式为500万元保证金及第三方房产抵押。放款人员在审查资料时发现，该抵押物项下的评估报告有效期已在上个月到期。放款人员立即要求客户经理对该抵押物重新办理价值评估。

抵押物评估时间与放贷时间相距太久

总行检查小组在对某分行检查中发现，分行给予当地一家酒业有限公司2000万元贷款，要求该公司以位于经济开发区10号房地产作抵押，抵押物估值为2722.62万元。

信贷资料显示，该酒业有限公司提供估价报告的时间，是在银行发放贷款的1年之前。在该期间，房地产市场价格已发生重大变动，因此该估价报价已不具备参考价值。

第五节　抵押条件风险

银行对于抵押贷款的抵押条件，都应制定明确的管理办法。在实际业务操作的过程中，抵押条件的风险类型主要有以下6种。

抵押条件风险的类型（6种）
● 抵押率不符合本行规定
● 抵押期限未覆盖授信期限
● 抵押条款对本行不利
● 抵押顺位对本行不利
● 房产和土地未同时办理抵押
● 抵押物保险单过期

一、抵押率不符合本行规定

银行为了防止抵押物贬值的风险，对于不同的抵押物，通常都要规定贷款金额不得超过抵押物评估价值的一定比例，比如：住宅抵押率不超过70%，商用房（商铺、写字楼、商住两用房）抵押率不超过60%，标准厂房、仓库、土地使用权标准抵押率不超过50%，机器设备抵押率不超过40%。各级机构在办理业务时必须严格遵守，不得违反。

银行面对许多贷款项目都是处于“可做可不做”的选择。对于把握不准的，可采取降低抵押率等方法，使客户知难而退，从而规避贷款风险。

案例

抵押率超出总行规定比率

某银行总行在对某分行检查中发现，分行部分贷款抵押率超过总行规定，例如：①A造纸厂借款1000万元，以自有的两宗国有工业用地及十栋地上房产抵押，抵押率达100%；②向B造纸有限公司分别发放3笔贷款共计4500万元，以借款人价值约6835万元的机器设备抵押，抵押率超过65%；③C工业区股份有限公司贷款8000万元，以国有土地使用权抵押，抵押率75.5%。都属于违反总行规定的抵押率操作。

以降低贸易公司抵押率方式化解风险

据报道，福建ZSD贸易公司、CD矿业公司同一实际控制人由于涉嫌造假票据案被内蒙古警方拘捕，有关银行得知后纷纷收贷，企业资金链断裂，银行授信敞口1亿多元变为不良，而有家银行因坚持审慎审批，成功规避风险。

ZSD贸易公司在该行A支行原有综合授信1600万元，到期申请续作，而CD矿业公司则通过B支行申请新授信5000万元。由于两家公司为同一人实际控制，该行风险管理部门将其纳入集团客户授信管理进行审查，并启动“民营企业实际控制人面谈程序”和“主办客户经理面谈程序”。

在A支行约ZSD公司面谈时，审查人员发现其实际控制人谈吐浮夸，企业经营庞杂，贷款资金用途难以监控。作为轻资产贸易型企业，提供的抵押物无法覆盖授信敞口，提供补充担保的融资性担保公司实力一般，难以起到风险缓释作用，因此对该公司的授信不再续作。

审查人员在与B支行主办客户经理面谈时，发现其对CD公司情况了解不清晰，仅根据抵押物就认为授信风险可控。而实际上抵押物价值虽能覆盖授信敞口，但达不到该行的抵押率条件。银行最后审批将授信额度压减为3200万元。

由于该家银行将抵押率控制较低，该客户觉得要求太严，未提用该行额度，而是转向他行申请并获得授信额度5000万元。不久即传出该企业实际控制人涉案事发。

二、抵押期限未覆盖授信期限

抵押物的抵押期限如果短于授信期限，则可能发生的情况是，授信尚未到期，贷款尚未结清，但抵押期限已经期满而自动解押了，从而失去抵押物的担保作用。

案例

发现原授信抵押期限未覆盖新授信期限

四川YD实业有限公司原有国际贸易授信额度5000万元，后新增的2000万元，期限1年

（2018-8-5 至 2019-8-5），仍以位于宣汉县的房产提供最高额抵押担保。放款员发现，原抵押物他权上设定的日期 2018-3-7 至 2019-3-6，日期不能涵盖新的授信期限，存在脱保风险。经与县房管局沟通，该局同意出函证明抵押登记时间为 2018-3-7 至 2019-8-5，避免了抵押期限无覆盖风险。

● **风险提示：**各地方县市登记机关对登记理解、操作存在地方性差异，可能造成登记结果表述存在歧义或不完整。放款审核时应要求出具相关材料，以佐证银行权益得到充分保障。

三、抵押条款对本行不利

银行经办人员对于《借款合同》和《担保合同》等协议内容必须认真审核，如发现有对本行不利的条款，应及时加以纠正，以防今后产生纠纷和打官司时，银行难以处置抵押物。

案例

发现委托贷款协议中存在不利银行条款

在一笔 1 亿元的委托贷款中，委托人为江苏省 GBDS 集团有限公司，借款人为南京市 PKGZ 投资经营有限公司。委托人与借款人办理了房产抵押手续，且双方与银行签订一份《三方补充协议》。但在放款审核中，放款员审核该《三方补充协议》时发现，其中有要求“银行负责审查押品状况”的约定。而根据《总行委托贷款业务管理办法》中规定，“本行不负责审查押品状况，且不发表意见”。放款中心立即暂缓办理此笔放款，要求修改《三方补充协议》该条款。

审核发现《房地产估价报告》备注有不利信息

成都 FQBY 有限公司向银行申请提款人民币 1500 万元，以其自有的办公用房及厂房抵押担保。放款员审核《房地产估价报告》时发现备注为：“1. 据估价人员现场查看，估价对象所有房屋均无栋号，且 10 栋房产证登记总层数为 1 层，实际查看为 2 层。本次评估以委托方带领估价人员现场查看的房屋为准，若《房屋所有权证》登记的房屋非估价人员现场查看的房屋，本评估结果无效。2. 估价对象所在厂区共有 13 栋房屋，而本次估价对象为所在厂区所有已办证的 11 栋房屋及厂区整宗土地。”

放款中心认为有以下几点问题：①押品现场房产未见栋号，估价师评估的建筑物可能与抵押给本行的建筑物不一致；②房屋状况（层数、面积）已有较大变动而产权证未更新的，评估价值可能会受影响；③整宗土地及地上部分建筑物抵押时，因水、电、气、道路、通信等设施为公用，执行价值必然会受影响。有鉴于此，放款中心随即暂停受理该笔放款，责成核保人员与评估公司再次前往现场进行核实。

核保人员再次核实后进行了书面（核保报告）反馈：①现场查看的建筑物与评估报告中照片

一致、与产权证（房产、国土两证）上地址一致、厂区（土地）界址与国土证记载一致，该路段号即为该公司厂区；②因厂区新建扩修，原有栋牌号被摘除尚未及时新挂，同时因生产需要，部分原为 1 层的厂房改建为 2 层，但主体结构未做改动，评估师估价时，未考虑新增面积，按产权证记载的面积和原结构进行评估；③新建的 2 栋厂房仅为自用，暂不会办理产权证，但客户承诺一旦办证即刻抵给本行。本行将跟进了解厂房办证情况，避免今后抵给他行影响本行权益。

放款中心在搞清情况和消除疑问后，办理了放款手续。

四、抵押顺位对本行不利

抵押权也是有顺序讲究的，银行从事房地产登记工作的人员都知道，在登记实务中经常遇到在同一宗房地产上设立有两个以上抵押权的情形。

因此，银行必须争取对抵押权的第一顺位。如果顺位太靠后，预计今后清偿价款所得无几，应要求借款人增加其他担保条件。

案例

发现本行为第二权利顺序人，暂缓发放贷款 1.15 亿元

四川 EMS 电力有限公司向银行申请发放并购贷款 1.15 亿元，担保方式为第三方土地抵押。放款员审核发现，他权证上本行权利顺序为 2。土地所在县的国土局说明是，贵行是第二个来办理此块土地抵押登记的申请人，故登记为 2。

放款中心认为，本行必须登记为第一顺序人，于是暂停放款。要求客户经理核实他行已办理注销登记手续，并按要求更换（改）他权证书。

发现散货船有多位抵押权人但未标注抵押顺位信息

银行给予舟山市 A 有限公司 1 亿元综合授信额度，以浙江 B 船舶经营有限公司自有的一艘 2.7 万吨级散货船提供第二顺位抵押担保。

放款员在审查中发现该散货船的《船舶所有权登记证书》中，已有三条抵押登记信息（含本行），但未标注相关抵押顺位信息。又对《船舶抵押权登记证书》进行审查，发现也未标注抵押顺位信息。如未标注抵押顺位信息，根据抵押登记时间先后，本行属于第三顺位抵押，与批复要求不符，今后会影响本行债权的保障。

发现问题的严重性后，放款员及时向放款中心主任及法律保全部汇报情况，研究协商解决方案。最终与担保企业、抵押登记机关、其他两个抵押权人协商一致后，签订了一份四方协议。在协议里明确了本行在金额 1 亿元的范围内始终享有第二顺位的优先受偿权，各抵押权人在抵押登记部门所设立抵押先后顺序，不作为抵押权顺位确定的依据。在办妥该协议在抵押登记部门的备案事宜后，放款中心才办理了放款业务。

五、房产和土地未同时办理抵押

我国《民法典》第三百九十七条规定："以建筑物抵押的，该建筑物占用范围内的建设用地使用权一并抵押。以建设用地使用权抵押的，该土地上的建筑物一并抵押。抵押人未依据前款规定一并抵押的，未抵押的财产视为一并抵押。"

这项"房随地走，地随房走"的基本原则，旨在强调"房地一体"，即强调权利转移时一定要保证权利最终归属同一个权利主体。银行在接受抵押物时，一定要争取将房产和土地同时抵押到本行的名下。并于房地产抵押合同签订之日起 30 日内，到当地政府主管的不动产登记中心办理抵押登记。

当然，法律也是允许房产和土地分别办理抵押的。如果借款人的房产押给 A 银行，土地押给 B 银行，当借款人无力还贷时，A 和 B 两银行皆可诉请人民法院实行其抵押权。法院会就土地使用权和房产所有权分别估价，一并处分，将拍卖所得总价款按两家银行的债权比例分别清偿相应的抵押权。

案例

发现抵押土地上出现新建筑物

银行放款中心核保人员受理为宁波 FQ 公司办理土地续抵押登记手续（企业授信 6000 万元，期限 1 年，由借款人名下土地抵押担保，土地使用权面积 60144 平方米）。

经核保人员实地核实，发现该土地上已有建筑物，且在土地登记部门办理抵押登记手续时，证实该地上建筑物已经取得了房屋所有权证。核保人员在办妥土地他项权证回到行里，立即向放款中心主任汇报了核保中发现的新情况。

我国《民法典》规定，放款中心认为应办理地上房屋抵押登记，并提示经办机构对该房屋办理登记手续，在未办妥房屋抵押登记前不应提款。但企业认为土地抵押已足值，不愿意再办理房屋抵押登记。

考虑到房屋所有权证在企业那边，土地权证虽由银行保管，但企业可以调阅，存在将地上建筑物抵押给其他债权人的可能性。随后，放款中心与法律保全部、风险管理部沟通协商，一致认为必须办理房屋抵押登记。经过与企业耐心协调，企业最终同意办理房屋抵押登记手续，消除了今后处置抵押物时可能产生的不利因素。

发现只办理房屋抵押而未办理土地抵押

某年，银行放款中心在对四川 ZS 实业集团有限公司 2000 万元贷款和四川 ZS 飞虹轴瓦有限公司 800 万元贷款进行放款审核时，发现其所提供的遂宁市房地产管理局所出具的房屋他项权证中并未涉及其所占用土地。

放款员立即致电遂宁市国土资源局了解情况，被告知遂宁市实行的仍然是房、地分抵的登记制度，即在进行房屋产权抵押后，还应同时办理相应的土地抵押。放款员立即将此情况报告部门领导，并责成经办客户经理重新补办理土地抵押登记。

发现土地和建筑物抵押登记不一致

福建省SY集团有限责任公司向银行申请签署授信协议7900万元，以其自有房产抵押担保，对应的抵押物权证为一本土地证和一本房产证。

核保人员现场核实抵押物发现，宗地上除了拟抵押给本行的建筑物外，还有另一栋建筑物。而按照房地产抵押的相关规定，以建筑物抵押的，该建筑物占用范围内的土地使用权应一并抵押并办理登记；以土地使用权抵押的，该土地上的建筑物应一并抵押并办理登记。

为进一步了解情况，经向登记机关核实发现，该栋建筑物产权为第三人所有，故该抵押物产权上存在瑕疵，于是放款中心中止了该笔授信的抵押登记手续。

● **风险提示：**银行核保制度要求核保人员应现场了解抵押物的状况，如发现抵押物存在异常状况的，应及时进行核实以确保抵押的真实有效性。

六、抵押物保险单过期

银行人员对于抵押物保险单，要注意保险单的有效期应该超过贷款的结清日，防止贷款尚未到期保单已经失效，或者抵押物出现损毁而无法获得保险公司的赔偿。

第六节　抵押手续存在问题

足值有效的土地、房产、设备等抵押物，是银行资金安全的重要保证，也是银行确保资金收回的主动权所在。银行人员要对押品价值的充足性、手续的完整有效性、权证信息的一致性等方面进行核实，确保抵押担保的有效性。

银行在放款前，落实好抵押手续，是一项十分重要的工作。如果出现差错，都将导致银行今后难以处置抵押物，造成资金损失。以下都是近年来，银行在实际办理抵押过程中发现的问题，请银行经办人员在工作中认真对照检查，举一反三，排查隐患，防止出现同样的问题。

一、抵押手续存在问题的类型（7 种）

抵押手续存在问题的类型（7 种）
● 未获得审批文件 ● 抵押物名称不符 ● 抵押物面积有误 ● 土地未缴纳出让金 ● 抵押登记内容有误 ● 抵押手续未落实 ● 抵押程序不符合银行规定

> 核保人员是银行派出去的眼睛和耳朵，必须严格按照规章制度操作，确保借款人和担保人签字盖章的真实性，严防诈骗案件的发生。
>
> ——一位行长的话

（一）未获得审批文件

借款人向银行提供抵押物，凡需要其上级主管部门或政府管理部门审批同意的，银行应提前获得那些批准文件，否则今后处置时存在政策性风险。

案例

未见海关同意 30 台设备抵押的证明文件

某分行向 TJ 光电通信技术有限公司发放贷款 3800 万元，期限 3 个月，以该公司 56 台（套）设备作抵押，抵押价值 4253 万元。

总行在年度信贷大检查中发现，抵押设备中有价值 3372 万元 30 台设备，进口时间不足 5 年，尚处于海关监管期内。总行制度规定，以海关监管期内的动产作抵押的，要取得海关出具的同意抵押的证明文件。而截至检查日未见海关出具的同意抵押的证明文件，抵押的有效性存在政策性风险。

贷款没有市财政和土地储备中心同意的批文

某分行给予 PJQ（国有）资产经营公司 6000 万元过桥贷款，由某城市建设开发投资有限公司担保，并由某新城管理委员会出具相关还款资金安排计划。

总行在年度信贷大检查中发现，该市政府有文件要求，新城区区域内规划批准的基础设施和公益事业建设融资，须征得市财政、土地储备中心同意。而此笔贷款没有市财政和土地储备中心同意融资和担保的批文，只有新城管委会的一个担保函，故存在政策性风险。

（二）抵押物名称不符

如果抵押物的名称张冠李戴，哪怕有一字之差的错误，今后在打官司和处置时，都会出现麻烦。因此银行具体经办人员，对于抵押物的名称等信息资料，必须认真仔细逐字核对，至少看两遍，不能有一点差错。

案例

发现抵押物名称与批复不一致，暂缓2000万元放款

银行放款中心在审核深圳市YCCH纸品有限公司2000万元贷款额度时，发现客户提供抵押的机器设备名称为“高宝利必达四色对开及全开胶印机”，与信审部门批复抵押的机器设备名称“高保利比达对开及全开四色胶印机”不一致。而且企业提供的设备评估报告为9个月之前的，高于现在的估价。

发现这一情况后，放款中心立即停止放款操作，并将材料退回信审部门重新审批。

（三）抵押物面积有误

抵押物的范围、面积可能受到国家政策、登记条例制约，涉及公共利益的部分是不能抵押的，所以在接受抵押物时需注意扣除不能抵押的那部分。

案例

发现可抵押土地面积应扣除公用道路部分

福建省QGJXSB有限公司向银行申请一般固定资产贷款6000万元，由自有土地及房产抵押。核保人员办理抵押登记时，抵押登记机关提出抵押面积应扣除土地证记载的规划公共道路用地面积14000平方米，实际可抵押面积为47920平方米（而不是61920平方米）。因抵押面积减少，涉及评估报告需要重新出具并报信审部门审批，放款中心暂缓本笔放款。

（四）土地未缴纳出让金

土地出让金是指各级政府土地管理部门将土地使用权出让给土地使用者，按规定向受让人收取的土地出让的全部价款（指土地出让的交易总额）。它是土地使用权的交易价格，也可简单地理解为地价，其价格高低取决于土地市场的供求关系。银行对于未缴纳出让金的土地，不应接受为抵押物。

案例

发现抵押房屋未缴纳土地出让金

新疆SQ经贸有限公司向银行贷款300万元，抵押房产评估价600万元，抵押率50%。复核

员在审核放款资料时，发现抵押房屋未缴纳土地出让金，且土地价格重复计算。在剔除土地出让金和重复的土地评估值后，重新计算的抵押率超过本行规定比例。放款中心严格按照制度规定，在压减金额后予以放款。

（五）抵押登记内容有误

银行负责办理抵押登记的人员，必须要有高度的责任心和认真仔细的工作态度，按制度规定和操作流程做好登记工作。去办理登记之前，应备齐有关资料。在办理登记之中，应详细说明要办理的事项。在办理登记之后，经仔细认真核对每一项登记内容，不得出现遗漏和错误。

案例

发现房屋他项权证附记登记的债务人名称错误

浙江JDSY有限公司向银行申请短期贷款3000万元，由东阳TSSY有限公司房地产作抵押。放款人员在审查该笔业务资料时发现，房屋他项权证附记登记的债务人名称为"东阳TSSY有限公司"，与在本行的借款单位"浙江JDSY有限公司"名称不符。放款中心将该笔业务做了退卷处理。经查证，他项权证附记登记的债务人名称错误，为房管部门录入错误所致。

发现抵押材料有涂改且未加盖更正章

营口经济技术开发区HY煤炭经销有限公司向银行申请提款4500万元，期限1年，由辽宁YF实业集团公司的土地提供抵押，抵押率不超过50%。

放款操作员发现登记备案的《抵押合同》中在建工程的房屋登记编号涂改，且双方未加盖更正章。经了解，是核保人员在登记部门填写合同时笔误，且未加盖更正章就将《抵押合同》送交登记部门备案。

放款中心认为《抵押合同》是银行取得担保的最终法律文件，合同填写错误必须在更正处加盖更正章，否则合同存在瑕疵可能导致内容无效。因此，放款中心在核保人员与企业重新到相关部门办理更换《抵押合同》事宜，并重新审核合格后予以放款。

● **风险提示：**银行作为债权人，如果签订的抵押合同文本填写不规范，那么在抵押物执行过程中会直接影响银行应有的权益。因此合同文本填写时不得有误，严格防控操作风险。

发现《他项权利证书》上所载地块号不符

武汉ZB房地产开发有限公司获得5亿元贷款，由公司在建工程作抵押。所有抵押办理及分割工作均由牵头行办理后交予参加行。

但参加行审核人员发现，虽然三块土地前期已由牵头行审核并办理相关抵押手续，但有一笔土地《他项权利证书》上所载地块号，与相对应的《土地证》和《评估报告》上不相符。经过多方取证，最终证实土地《他项权利证书》上所载地块号错误，系由当地土地局疏忽打印错误所致，而牵头行在审核过程中并未将其查出。经与多方协商，参加行待牵头行将该错误整改后，方才发放该笔银团贷款。

发现抵押给本行的土地使用权未分割登记

西安某新区土地储备中心向银行申请提取流动资金贷款 2 亿元。

放款中心在审查该笔业务时，发现抵押本行的土地他项权证上登记的面积为 171 亩，而土地使用权证上登记的面积为 440 亩，即抵押给本行的土地为土地使用证上的一部分土地。

放款中心认为在土地使用权未分割条件下办理部分土地使用权登记，存在重大风险隐患，抵押登记效力存在瑕疵，今后抵押物变现处分存在较大障碍。对此，放款中心立即中止该笔放款操作。经反复沟通下，在客户办理了合法有效的土地使用权分割以及土地使用权登记的条件下，受理了该笔放款业务。

发现抵押登记中对应的债务人不是用款人

东莞市 A 有限公司、广东 B 有限公司取得银行 1.5 亿元集团授信额度，授信担保条件之一为房产抵押。放款员发现，抵押登记中对应的债务人仅为广东 B 公司，但 B 公司在本行贷款余额为零，而全部贷款均由东莞市 A 公司使用。今后如果 A 公司违约，银行难以行使抵押权，存在抵押担保悬空风险。

基于上述情况，放款员暂停该客户授信额度使用。放款中心与风险管理部沟通后，要求客户重新签署抵押合同，对应的债务人增加东莞市 A 有限公司，才重新启用授信额度。

发现抵押登记材料中登记事项有误

银行给予南京 A（集团）有限公司、江苏 B 技术公司、南京 C 有限公司综合授信额度分别为 4000 万元、8000 万元和 3000 万元。南京 C 有限公司以其名下房产与银行签订了三份房产抵押担保合同，并按规定去房产局办理了登记手续。

之后三家公司分别申请提款，银行放款初审员在审核放款资料时发现，抵押房产的《房屋所有权证》“设定他项权利摘要”中，抵押合同号登记错误，即“摘要”中三个抵押事项均登记为同一个抵押合同项编号，与实际有三份抵押合同的情况不符。分行立即停止放款，督促相关经营机构整改，待房产局对此项登记内容更正后方予以提款。

发现登记簿记载信息与他项权证不一致

A 银行批复同意给予广州 WJ 公司 3200 万元流动资金贷款，以借款人名下的商铺提供抵押担保。因该商铺原抵押在 B 银行，故 A 行要求在 B 行的注销登记与本行的抵押登记同步进行。在借款人取得《房地产他项权证书》后才能提款。

A 行放款员在审核业务时发现，申请人提供的《房地产登记簿查册表》显示权利人仍为 B 银行。对此客户经理解释原因是，为快速办理业务，托熟人提前领取了他项权证书，而国土房管局登记资料尚未归档，因此《房地产登记簿查册表》权利人未修改。

放款中心认为，虽然《房地产他项权证书》上记录的他项权利人已为本行，且放款中心也派人全程参与抵押核保，但鉴于《房屋登记办法》规定登记簿是房屋权利归属和内容的根据，当登记簿与房屋权属证书不一致时，应以房屋权属证书的记载为准。为维护本行利益，放款员暂缓了该笔贷款。一周后，《房地产登记簿查册表》显示权利人为 A 行后才给予放款。

（六）抵押手续未落实

抵押手续如果未落实，担保的作用就成了空中楼阁。银行经办人员应该按照银行规章制度，以及表格化的抵押内容对照执行，不可有错误或遗漏。

案例

第三方土地抵押的办理手续过程中存在问题

某分行某年 3 月向邯郸市 A 物资有限公司发放贷款 1000 万元，以 B 服装公司名下土地抵押，同时追加自然人股东连带责任保证担保。

贷后分行从有关方面获得信息，该土地抵押的办理手续过程中存在问题，分行立即组织开展实地检查，发现企业法人代表已变更，且进一步对贷款抵押物实地核保时，当地国土资源局不配合。为此，分行立即将该户纳入贷后管理重点监控对象，并积极采取多项措施。

一是领导高度重视。立即成立了专项小组，安排实地检查，停止企业新增授信，制订风险化解方案。

二是及时完善法律手续。7 月分行历时两天对企业法定代表人、借款合同签订等情况现场核实，并到市工商局核实企业提供资料与工商局备案的一致性。要求企业重新签订借款合同、保证合同，并出具承诺书等法律文件，确保法律文本真实有效。

三是再核实抵押担保手续。7 月和 8 月，分行多次向县国土资源局核查企业土地抵押手续，对此国土局相关部门之间相互推诿。但在银行人员锲而不舍精神的坚持下，最终出具了抵押权证真实的保证声明。随后，分行多次到现场查看抵押土地与土地证记载位置的一致性，并留存了土地证原件的复印件。同时针对借款人法人代表变更问题，核实 B 公司担保意愿，出具核保书。

四是追加多人连带责任保证。分行在实地走访中及时追加了 B 公司实际控制人、新股东的个人连带责任保证。

五是择机提前退出。业务经办人员按月实地检查，了解到企业近几个月回款资金较多，同时又新获取两家银行授信，日常周转资金较为宽裕，经与企业反复沟通，借款人提前归还了全部贷款。

分行继续坚持紧抓贷后风险监控不放松，确保时刻掌控客户风险状况，最终该户贷款于次年 3 月 11 日全部结清，授信风险得到及时有效化解。

抵押土地因受政府地块规划影响迟迟不能办理抵押手续

某分行3月向青岛A投资有限公司发放4000万元流动资金贷款，期限18个月，利率上浮10%，由山东B置业有限公司提供担保。

根据银行审批时要求，借款人必须在放款后6个月内将竞买的全部土地房产办理权属证明并追加贷款抵押。但因受当地政府对该地块整体规划影响，借款人迟迟未能从土地房产部门取得土地证及房产证原件，不能办理抵押手续。因此分行要求借款人出具书面承诺，签订相关协议，明确办理好房地产权属证明后即抵押给本行。考虑受政策影响项目迟迟未启动，该公司又无其他经营，分行判断该笔贷款到期时，企业正常还款会有问题。

贷款到期前5个月，分行多次到借款人公司及担保人公司商谈还款事宜，企业均表示还款没问题，请银行放心。但借款人公司在分行开立的账户一直没有资金进入，分行8月向借款人发出律师函。但两家公司负责人在贷款到期前一天还表示还款没问题，直至9月29日产生逾期。

贷款逾期后，分行行长高度重视亲自督办。在给借款人发律师函后，其负责人以各种理由躲避不见，直至最后拒接电话。经分析认为担保人在当地房地产业品牌较好，资产较大，直接与其商谈还款更有把握。B公司负责人表示愿意代为偿还本息，但由于其账面资金为开发贷及按揭资金，支付有一定的难度，再加上9月30日为季度末，各银行基本都不准“走款”，提出在10月10日前一定将本息一次还清。考虑到B担保公司所说困难确实存在，分行领导同意该公司的要求。

10月10日，担保公司将500万元打入借款人的还款账户，但又提出因没有董事会决议暂时不能支付该笔借款，提出再给予其一周的宽限期，保证本息一定偿还。针对担保人提出的各种拖延还款理由，分行领导考虑到该项目的特殊性，及该阶段房地产市场的不景气，若通过法律手段解决，可能拖延的时间会更长，于是决定再给一周的宽限期。

10月11日，分行在给担保人发律师函后，银行贷款回收小组人员几乎天天电话或到B公司督促还款事宜。10月17日又一次约见了B公司的法人代表和财务负责人催促还款事宜。10月18日上午，担保公司将所欠本息4021万元一并偿还，至此全部逾期贷款问题终于圆满解决。

核查发现抵押土地及房产他项权利证书均未在国土部门登记

石家庄某分行向河北XP物流公司发放流动资金贷款1000万元，期限1年，用于购买企业经营所需要的备件、机械设备等，以企业物流大酒店的房产及相应土地抵押。

贷后首次检查期间，分行领导询问主办客户经理办理抵押登记情况时，发现办理过程存在一定漏洞，立即要求经营单位进行核查。经办机构立即指派专人前往登记机关核查。核查发现，公司抵押土地及房产他项权利证书均未在国土部门登记。

对于贷款出现的风险状况，分行各部门和经营单位迅速行动，在提款15天后，要求企业增加1000万元银行承兑汇票质押，有效缓释了授信风险。5月，随着追加质押本行银票的到期，分行把握时机，将托收到账资金作为还款资金提前回收，授信风险得到有效化解。

此例风险事件发生后，分行不是就事论事地解决了事，而是举一反三、亡羊补牢，按照对风险“早发现、早行动、早化解”原则，立即组织开展全行实地检查和再次核保，特别是对抵押登记的关键环节进行再次实地查询。12 月，分行领导决定专门设立核保管理部，从源头上堵截了类似风险的再次发生。

（七）抵押程序不符合银行规定

银行为了防止虚假抵押和诈骗案件的发生，对于抵押的办理程序都有严格的规定，包括时间顺序要求、人员要求、地点要求、经办要求等。比如：不得违反调查原则和制度办事，不得独自私下会见对方人员，不得将调查工作委托对方或关系人完成，不得脱离视线非现场取得需对方签章的材料，等等。许多规章制度都是由惨痛的教训中得来，经办人员必须严格执行，千万不可大意而追悔莫及。

案例

发现他项权证件是由客户自行领取，暂缓 2850 万元放款

石家庄 XT 钢铁有限责任公司向银行申请提款 2850 万元，以其自有土地房产抵押。在办理抵押登记时，银行专职核保员与客户经理一同将有关材料递交到了抵押登记部门。但在领取他项权证时，客户在未通知银行的情况下自行前往领取了他项权证，然后交给客户经理。

放款员在放款审核时，发现核保操作过程违反银行制度，无法确定客户带回的他项权证的真实性，遂暂缓了放款。并要求核保人员立即与业务人员执他项权证一同前往登记部门进行复核无误后，才办理放款手续。

自然资源部、中国银保监会：不动产抵押登记可一站式办理

（来源：人民日报，朱隽，2019 年 4 月 15 日）

为解决不动产登记信息和金融信息封闭隔离问题，自然资源部、中国银保监会近日联合印发通知提出，全国不动产登记机构与银行等金融机构将通过互设不动产抵押登记和抵押贷款便民服务点等方式，方便企业和群众同步签订合同、办理贷款审批、办理不动产抵押登记，享受“一站式”服务。

据介绍，两部门将对接系统，实现网上信息查询和抵押登记申请，健全“互联网 + 不动产抵押登记”办事规则。截至 2018 年底，31 个省份的自然资源确权登记部门与银行监管部门联合发文或与银行业金融机构签署协议，在各类银行开放抵押登记端口或办理点 4257 个。

二、银行核保原则

银行核保的原则主要有以下几项。

（1）双人核保。

（2）实地核保。

（3）当面核保。

（4）复查核保。

（5）合规核保。

（6）合理怀疑。

（7）非关系人核保。

第七节　抵押物损毁风险

银行人员办完了抵押，放完了贷款，不能就认为万事大吉，就可以高枕无忧了。在授信后管理中，仍必须加强检查，防止出现意想不到的风险损失。以下 5 种便是常见的抵押物损毁风险的类型。

抵押物损毁风险的类型（5 种）
● 抵押物被司法查封 ● 抵押物状态发生变化 ● 抵押物出现损毁 ● 抵押物被抵押人擅自处置 ● 抵押物价值大幅下降（超过10%）

一、抵押物被司法查封

如果法院查封或扣押了贷款银行的抵押物，是否会影响到银行作为抵押权人的利益呢？ 结论是：虽然不会影响银行的优先受偿权，但会影响银行抵押权的顺利实现。请看下例。

2015 年，甲公司为了扩大生产经营，为引进国外先进的生产设备，从乙银行贷款 1500 万元，期限两年，以甲公司厂房为抵押担保并办理了抵押登记。

由于市场发生较大变动，甲公司亏损严重直至申请破产，甲公司的债权人纷纷向法院申请破产债权，法院查封了甲公司所有的财产。此时乙银行的贷款也已经到期了，乙银行要求行使抵押权，而甲公司的其他债权人则认为，法院已经查封了甲公司所有的财产，因此乙银行不能就甲公司的房产优先受偿，而必须与甲公司的其他债权人均等地受偿。乙银行遂诉至法院。

2018 年，法院经审理认为，根据我国相关法律条款规定，尽管法院已经查封了甲公司所有的财产，但如果法院要拍卖已经为乙银行设定抵押的厂房，乙银行对于所得的价款有优先受偿的权利。

（一）先行查封会影响抵押权的实现

值得银行人员注意的是，虽然抵押物被其他债权人先行查封不会影响银行的优先受偿权，但由于存在下述各种可能，最终将影响银行抵押权的顺利实现。

（1）银行将不能与抵押人采取协议方式处置抵押物，抵押物的执行分配将由首先查封法院主持进行，银行只能通过该法院的处置途径才能实现抵押权，无形中增加了处置成本和难度。

（2）银行实现优先受偿权或因被查封抵押物不被拍卖而陷入僵局。因为被查封抵押物的拍卖保留价在清偿贷款银行优先债权和法院强制执行费用后可能所剩无几，采取先行查封的其他债权人可能无法从查封财产的处置变现中受益，所以其一般不会积极申请对查封的抵押物进行拍卖，最终将影响银行债权实现的效率和效果。

（3）银行实现优先受偿权的时间进程，受制于首先查封法院对其他债权人的诉讼程序。《关于人民法院执行工作若干问题的规定》明确指出，抵押物的具体分配由首先查封法院主持进行，并在首先查封法院案件审理终结后进行。如果先行查封法院案件审理时间长，或其他债权人怠于案件审理和执行，将严重影响银行对抵押物的处置时机和效率，造成不良资产长期挂账，难以处置等问题。

（4）银行实现优先受偿权的经济成本，因首先申请查封的其他债权人而增加。当申请先行查封的债权人预计抵押物变现后自己难以受偿或受偿份额极少，便会在与银行协商查封财产处分权转移的谈判过程中增加要价砝码，否则就恶意影响轮候查封生效时间、抵押权实现期限、抵押权受偿份额等。通常情况下，为了尽快实现债权，银行不得不做出让步，对申请先行查封的债权人给予一定的补偿，导致实现优先处置权的经济成本大大增加。

（5）抵押人有可能通过与关联企业的虚假债权纠纷有意让抵押物被先行查封，使银行优先处置权受到阻滞。清收处置实践中常见抵押人为了逃废债务，与关联企业虚构债务，恶意诉讼。关联企业以此为由申请将抵押人核心资产（包括银行抵押物）进行先行查封，然后关联企业采取怠于行使债权，故意将债权诉讼过程复杂化，拖延案件审理、判决和执行进度等各种方式来对抗银行行使抵押权，使银行的优先处置权无法顺利有效实现。

（二）如何防范抵押物被先行查封的风险

（1）授前深入调查抵押人和抵押物是否涉诉。银行要转变观念，摒弃“抵押物崇拜”思想，不要盲目认为办理了抵押担保，就能保障债权顺利实现，从而忽视抵押物可能存在的风险隐患。一是认真查询全国被执行人查询系统、法院裁判文书网等公共平台的信息，以及依托政府房产、土地管理部门等行政机关，严格加强对借款人和抵押人对外融资（银行、民间借贷）、对外担保、涉案涉诉涉纠纷等或有负债事项的贷前调查，及时发现拟设定抵押的资产是否被其他债权人先行查封的情况，将抵押物查封风险扼杀在授信准入阶段。二是尽量避免采用异地抵押物抵押担保。因为异地抵押物被查封冻结的信息难以及时获取，容易造成信息严重不对称，不利于银行及时、有效地防范抵押物风险。

（2）授后密切监控抵押物有否风险苗头。银行在授后管理中要对押品查封风险进行监控，一旦出现风险，要及时保障和主张抵押权。一是要防止因没接到法院关于抵押物被查封的通知而导致自身遭受损失，应在《借款合同》及《抵押合同》中明确规定抵押人有义务将抵押物被查封、冻结等信息及时告知抵押权人，否则因此产生的损失由抵押人承担。二是要定期从房产及土地登记机构等相关部门获取被查封、注销抵押登记的押品变更信息，核查比对是否为存量贷款的抵押物。三是要防范抵押物因民间借贷等纠纷被先行查封，银行应及时全面掌握抵押人民间借贷、对外担保等隐性负债情况，对风险客户实行名单制管理，加大对抵押物信息的检查频率，及时发现和化解风险。

（3）处置时要积极采取措施确保债权顺利实现。银行要及时对享有抵押权的资产采取查封等保全措施，确保享有优先受偿权和优先处置权。

一是积极主动，确保首先查封，保证抵押物优先处置权。在贷款出现风险后，银行要及早、全面了解借款人或抵押人的所有资产情况，迅速采取查封等资产保全措施，对债务人的抵押资产采取首轮查封。不能因为费用、精力等各种原因贻误先机，而最终在抵押物处置权上处于被动地位。

二是抵押物被其他债权人先行查封后，要及时主张权利。首先，要核实其他债权人的查封行为是否合法合规，如发现先行查封不符合有关规定，银行应及时向执行查封的法院提出异议，维护自身合法权益。其次，若未能首封而仅为轮候查封，则银行应及时与首封债权人协调并关注抵押物的查封顺位，尤其是不同法院对于启动评估拍卖程序的标准把握不一，如能做出充分协调，则有可能及时推动执行程序。最后，银行要通过多方沟通与协商，尽快请求法院协调，尽早解除对抵押物的查封；或者积极与承办法官沟通，争取由承办法官发函予在先查封案件的法院，尽力争取推进案件执行程序。

案例

抵押给银行的两处房产因他行不良贷款被法院查封

A 贸易有限公司是一家以经营煤矿石灰水泥建材等为主的民营企业，与东莞某分行开展授信业务，贷款余额 1.6 亿元。由企业实际控制人及 B 实业投资集团公司、C 电脑科技公司保证担保，并由 D 镇房地产开发公司、E 海外企业集团公司、F 海外房地产开发公司及 G 大型商业广场开发公司提供各项土地及房产抵押，合计评估价值 3.31 亿元。

贷款发放两个月后，客户经理定期检查时发现，该笔业务抵押人之一 E 海外企业集团公司抵押给本行的两处房产被法院查封，原因是该抵押人在他行贷款形成不良。为避免抵押人被清收导致借款人资金链断裂，分行立即采取了以下应对措施。

一是成立问题贷款化解小组，与借款人、抵押人沟通了解事情进度，并与本行律师及法院等部门协调解决方案。二是要求借款人追加 G 大型商业广场开发公司价值 3800 多万元房产抵押。三是要求借款人和抵押人增加现金流，包括提高在其他银行资产的抵押率以获得更多的贷款现金。加快商场装修以吸引招商的方式获得现金流。四是要求借款人提前结清 8000 万元贷款，同时释放相应的问题抵押物，消除了他行诉讼、查封抵押物等风险事件对本行授信的影响。

当年12月，G大型商业广场在引入国美及沃尔玛后顺利开张，出租率超过9成，部分解决了现金流问题。抵押人E海外企业集团公司也顺利归还了他行不良贷款，释放大量物业，为借款人下一步解决问题提供了良好基础。之后，借款人经营正常，现金流比较充足，剩余8000万元贷款对应抵押物实际价值超过1.2亿元。

分行在整个风险化解的过程中，领导重视、部门得力、情况清楚、措施到位，积极保持与各方面的有效沟通，通过增加担保物，逐步压缩等一系列措施，在银行风控要求与客户资金需求之间取得了平衡，最终化解了部分抵押物被查封的风险。

抵押商铺因租金纠纷被法院查封

YX印刷包装有限公司在厦门某分行有2600万元综合授信额度，期限1年，用于流动资金贷款（利率上浮15%）和开立银行承兑汇票（50%保证金）。以评估价值4015.4万元的第三方WS公司商业房地产抵押，并由股东提供连带责任保证。

在授信即将到期之际，分行对抵押物状况再次进行实地检查。结果发现，抵押物中若干店铺大门紧闭，并粘贴了法院封条。经了解，被查封原因是抵押物权属人WS公司与租户因租金发生纠纷而向法院提出诉讼，法院责令租户停止经营并对其店铺查封。由于借款人资质一般，贷款马上就要到期，而法院的正式判决书尚未下发，抵押物仍处于查封状态，如果贷款出问题，银行将很难处置抵押物。

为避免潜在法律风险，分行决定逐步压缩该公司授信。但如果在短时间内退出该公司全部授信，公司资金压力巨大，甚至可能触发风险。为此，分行一方面要求借款人在偿还300万元后，予以2300万元展期3个月。另一方面，向借款人提出建议向他行申报授信。经过分支行及客户的共同努力，借款人在其他银行授信申请顺利获批，分行提前收回了贷款也规避了潜在法律风险。

抵押船舶因股东资金纠纷和拖欠油款被海事部门扣押

宁波JH海运有限公司主营国内沿海及长江中下游普通货船运输，某分行给予短期综合授信2500万元，以公司名下散货船抵押，抵押率37.75%，并由东莞市YL电脑科技公司提供保证担保，追加全体股东个人连带责任保证。

分行贷后走访发现，企业实际经营情况与报表反映数字出入较大，引起警惕。经对中国船讯网实时查询，抵押船舶因股东资金纠纷，拖欠油款被海事部门扣押，船舶已停运。同时申请新授信时，原担保公司以拟上市为由，要求退出担保。

针对上述预警信息，结合航运市场现状，分行判断该企业未来现金流严重不足，当即做出退出方案并采取了以下措施：对该企业续授信时减少授信额度800万元；在落实担保企业变更手续时，抓住原担保企业拟上市契机，主动沟通。最终由新担保企业代偿，提前收回全部贷款本息。

二、抵押物状态发生变化

企业将房产抵押给银行后，有可能擅自改扩建，使得抵押物状态发生变化。可能导致的后果，一是抵押价值发生不利于银行的变化，二是造成抵押物数据与抵押登记内容不符。银行的防范措施是，在授信前在借款合同中约定，抵押人不得擅自变更抵押物状态，在授信后加强检查，发现苗头立刻制止。

案例

抵押的厂房被擅自改扩建后经营餐饮和洗浴

天津市YD棉麻有限公司是一家以收购、加工、销售棉花为主的小企业。某分行给予其200万元流动资金贷款，专项用于棉花收购，期限1年，利率上浮20%，以公司实际控制人唐某名下的土地及地上建筑物（工业厂房）作为抵押，并追加了个人连带责任担保。

放款6个月后，分行进行抵质押物专项检查时，意外发现借款人已将厂房改扩建，经营餐饮和洗浴，并开始试营业，但土地及建筑规划性质等审批手续尚未办理完毕。经了解，由于抵押物周边区域增建了商品房小区，一些政府部门也搬迁到附近，唐某遂将闲置厂房和办公楼进行扩建，以盘活固定资产，增加个人收入。

分行分析认为抵押人在未征得本行同意的情况下擅自变更抵押物用途，并进行了改扩建，且审批手续不全，已经构成违约。责成支行加大定期检查频率，跟踪抵押物变性进度，确保按期回收。通过努力，借款人提前结清了分行贷款。

发现抵押物现状发生变化

福建PTHM鞋材有限公司从某行获得300万元流动资金贷款，以该公司面积4682平方米、价值为1107.2万元的厂房作为抵押。

放款员在审核他项权证时发现，登记机关特别注明，该抵押范围中应扣除1幢、3幢已拆除部分（合计最多不超过195.36平方米）。放款员把问题告知业务部门，重新调查后得知，客户未经相关部门批准，近期私自将厂房中的门房、杂间拆除，准备重建。因为抵押物现状发生变化，涉及评估价值需要重新认定以及银行审批条件变更等问题，放款中心将有关材料按退件处理。

三、抵押物出现损毁

抵押物损毁必然导致抵押物价值的下降，难以对银行授信安全再起到担保作用。银行人员除了要求抵押人对抵押物投保财产险之外，在售后检查中如果发现损毁，应立即采取化解措施。

案例

抵押船只运输途中与外轮剐蹭造成较大损坏

SX航运有限公司在宁波某分行有流动资金贷款750万元，由企业自有的“远丰11号”多用途船舶抵押担保，并追加法人代表夫妇担保。

借款人主营国内沿海及长江中下游普通货船运输，受总体航运行业行情低迷影响，企业业务量和营业额已有减少趋势，经办支行加大了对该企业检查频度。

不久，企业主要的运营船只"远丰 11 号"（即分行抵押物）在运输过程中与外轮发生剐蹭并造成较大损坏，影响船只的正常运营。分行得知此事后，立即召开专题风险会研究分析。考虑到船只停用和修理期间，企业无经营收入，而船只的大修及重新运营又需要支付一笔较大费用（修理费、船舶待工期间工资、重新运营所需的燃油费用等），企业已无实际支付能力。

分行核实后立即将该企业列入退出客户名单，并立刻组织法律保全部展开资产保全工作。经银企双方多次商讨决定，最终通过申诉程序对抵押船只进行拍卖，提前全额收回贷款本息，成功化解了风险。

四、抵押物被抵押人擅自处置

如果抵押人擅自处置抵押物，将使银行的抵押权落空。银行人员在授信后检查中，如果发现有这种现象，应立刻加以制止，并采取补救措施。

案例

发现抵押土地被租给学校作为操场及办公用地

福建仙游县 SH 贸易有限公司获批综合授信 3300 万元，期限 1 年，由公司自有一宗面积为 18092.1 平方米的土地使用权提供抵押，抵押物预评估税后净值 9619 万元。

银行人员在贷后检查过程中发现，SH 贸易有限公司已将上述土地租给县私立一中作为该学校操场及部分办公用地，并与承租人签有《租赁合同》。核保人员立即将以上情况汇报给行里。经法律部审核认为，该抵押物产权虽为企业所有，但已用于学校教育设施场地，属公益性质。如果本行抵押权受损时，不利于本行处置该抵押物。

之后，经办支行与银行律师多次研究，要求租赁双方与本行签订《补充协议》作为该《租赁合同》的组成部分，由承租人承诺若银行日后出现需要实现抵押权的情况，在银行寄出《实现抵押权通知书》时，该《租赁合同》在规定时间内即无条件解除。

五、抵押物价值大幅下降（超过 10%）

在贷款存续期间，抵押物本身会随着使用时间的变化产生实体性损耗、功能性损耗及经济性损耗，使抵押物价值随着抵押时间延续而自然衰减，并最终导致抵押物价值无法覆盖银行债权。一般来说，贬值的程度与时间呈正相关关系。这也是当银行需要处置抵押物时，抵押时间越长受偿率越低的原因之一。

房地产抵押物受政府规划调整、城市中心区的转移等因素影响，价值往往会发生大幅波动，进而影响到贷款的安全性。机器设备抵押物的价值，因为市场供求关系变化、产品技术更新、功能更先进的机器设备的出现，原材料价格的降低或替代产品问世等，会受到直接影响，如果贬值将降低银行债权的保障程度。

银行在贷后检查中，如果发现抵押物价值下降幅度较大，应要求借款人和担保人，根据《借款合同》《担保合同》中有关条款的规定，或者归还一部分贷款本金，或者增加新的抵押物，确保抵押率在银行规定的范围之内。

第八节　保单风险

银行应要求抵押人对抵押物购买财产保险，以备抵押物发生损毁时，能够得到保险公司的赔偿。银行人员应认真审查保单，对保单内容如保险的受益人、保险金额、保单起止日、生效日、保费缴纳情况等予以特别关注，如果发现错误要立即纠正。保单相关的风险主要有以下 6 种类型。

保单风险的类型（6 种）
● 保险单金额未覆盖贷款本息
● 保险单期限未覆盖贷款期限
● 保险单内容与借款合同内容不匹配
● 赔付条款苛刻
● 保费未按时缴纳或全额缴纳
● 保险单尚未生效

一、保险单金额未覆盖贷款本息

银行授信金额一般是按抵押物评估价值的一定比例确定，保险单金额应该与评估价值一致。如果保险单金额未能覆盖贷款本息，抵押物如果发生损毁，保险赔付不足，则银行贷款本金的安全性将受到影响。

案例

发现按比例赔偿条款不利于银行债权，堵截风险 3000 万元

银行给予哈尔滨 BZM 公司 3000 万元流动资金贷款，以该公司房产及土地作为抵押，财产保险金额为 5000 余万元，虽未达到评估价 1 亿元，但仍可足额覆盖贷款本息。

但放款中心在审查中发现其保险单上注明：BZM 公司为部分承保，如发生意外，保险公司只按照评估价承保的一定比例进行赔付。对此，放款中心认为保险条款存在问题，一旦抵押物出现意外需要保险公司赔偿时，该条款将对银行债权形成不利影响，无法覆盖贷款金额。于是，放款中心暂停放款，要求支行经办人员与客户及保险公司沟通，要么足额承保，要么请保险公司删除该条款。几天后，在已删除不利条款的保险单重新提交后，放款中心才予以放款。

二、保险单期限未覆盖贷款期限

如果贷款本金尚未到期，而保险单已经过期失效，银行将失去防范抵押物损毁的赔偿保障。

案例

发现抵押物保险期限未覆盖贷款期

YMJM 电子（苏州）有限公司向银行申请一笔 600 万元的贷款，期限 18 个月，以公司自有土地房产抵押担保。分行放款审核员在审查他项权证及保单正本时发现，该客户的保单有效期为 12 个月，保险期限未能覆盖整个贷款期限。于是要求支行通知企业延长保单期后，才予以放款。

三、保险单内容与借款合同内容不匹配

抵押物及其保险单必须以银行借款合同相对应，避免今后发生难以索赔的风险。

案例

发现分次出具的保单与授信主合同无对应关系

南京 SSTZ 发展集团公司在银行有授信额度 7500 万元，以某处房产抵押，申请提款 2000 万元。

放款中心在审查时发现，该客户已分两次提款 4000 万元、1500 万元。本次提款也提供了保险公司的保单，保单受益人为本行，但保单承保金额为 2000 万元。经调档审核发现，该客户每笔提款时均单独出具保单。

与法律部门沟通后认为：分次保险的保单与授信主合同无一一对应关系，一旦抵押物发生理赔时，容易引起歧义，给授信带来风险。最后，客户按银行要求出具了一份汇总保单，完善了相关保险手续后得以提款。

四、赔付条款苛刻

有些保险公司，常常存在"购买保险易，实际赔付难"的情况。银行人员不能因为抵押物已购买财产保险而麻痹大意，应该认真审查保险单中的赔付条款，防止今后索赔难的情况发生。

案例

发现与实际情况不符的免责条款，避免风险 302 万元

咸阳 HTQI 汽车销售有限公司向银行申请办理一笔汽车金融开票业务，金额 302 万元，保证金比例 20%，并提交了第一受益人为贷款行的融资车辆财产综合保险。

放款审核时发现保单在特别约定处约定："仅对存放于一类建筑（屋顶和墙面全部由砖、石、混凝土建造）、二类建筑（屋顶和墙面部分由砖、石、混凝土建造，部分由铁或木材建造）内的保险财产承担保险责任。而对于存放于其他类型建筑内、露天放置或不属于前述约定情况放置的财产不承担保险责任。"

而库存车辆在实际保管过程中，大多数都是在露天场地存放的。该保单条款的约定，与实际情况不符，实际上免除了保险责任，不利于保护银行权益。故放款中心要求经办机构请客户重新办理保险手续后，才予以放款。

五、保费未按时缴纳或全额缴纳

投保人如果未按时缴纳或全额缴足保费，必然导致保险单无效或失效。因此，银行人员应该认真查阅投保人的缴费记录。

案例

未按期缴纳保费引发保险公司拒赔风险

某年 1 月 21 日，某造纸厂与保险公司签订了一份企业财产保险合同，约定保险造纸厂的全部固定资产，期限为 1 年，从当年 1 月 22 日零时起至次年 1 月 21 日 24 时止。造纸厂足额投保，保险金额为 1462 万元，保险费为 3.66 万元，分两次支付，当年 1 月 21 日应付 1.83 万元，7 月 21 日应付剩余的 1.83 万元。双方签约以后，造纸厂当日支付了首期保险费。但是对于第二期保险费，虽经保险公司多次催讨，造纸厂一直借故拖延支付。

当年 9 月 10 日，造纸厂因设备老化漏电而引发火灾，固定资产损失 875.4 万元，施救费用 53.31 万元。9 月 12 日，造纸厂派人到保险公司缴纳第二笔保险费 1.83 万元，并要求保险公司赔偿损失。保险公司以解除合同为由，拒收保险费并拒绝承担保险赔付责任。

造纸厂遂向法院提起诉讼称：其与保险公司订有企业财产保险合同，发生的火灾属于保险责任范围，且在保险期间内，故要求保险公司支付保险赔偿金。保险公司辩称：其与造纸厂虽订有保险合同，但造纸厂迟迟不缴纳第二笔保险费，直到保险事故发生以后才来缴纳保险费。故保险公司解除合同，并拒收保险费。合同既然已经解除，保险公司对造纸厂的火灾损失当然不必承担保险责任。法院对此开庭审理，择日宣判。

六、保险单尚未生效

如果保险单没有生效，自然没有保险作用。银行人员应该认真审核保险合同，弄清楚保险单生效的条件，以及保险单是否已经生效。在保单生效之前，不得让借款人提取贷款。

案例

发现尚未缴保费而使 1.9 亿元保单尚未生效风险

某年 9 月 20 日，经办机构前来放款中心办理杭州 DQ 集团股份有限公司 1 亿元固定资产贷款放款手续。该笔贷款期限 5 年，由公司所购价值 1.9 亿元的船舶抵押担保。

放款中心认真审核了授信资料，在审查“船舶保险单”时，发现了问题：由于保险金额较大，约定保费为分期付款，其中第一期缴纳时间为 10 月 10 日。保单“特别约定”注明：投保人未按约定时间缴纳保险费的，保险合同不生效。

放款中心分析认为，缴费日（10 月 10 日）是在放款日（9 月 20 日）20 天之后，这段时间内保险合同未生效，担保存在法律风险。

放款中心及时将上述情况向经办机构作了反馈，要求尽快联系企业提前缴纳第一期保费，确保保险合同生效。第二天，在企业提前缴纳了第一期保费后，放款中心给予了放款。

第七章　质押风险

质押担保的质物是由银行占有控制，管理方便，因此在各种担保方式中，银行最愿意接受的就是这种担保方式。质押的特征是，出质人保留财产的所有权，但质权人必须占有质押物。质权人的权利是，扣留质押物直至贷款结清，如果贷款到期未能得到偿还，则可按质押合同中的规定将质押物出售或转移。

对质押物的占有分为：实际占有，即出质人将财产实际交到质权人处；推定占有，即将存管财产的房间钥匙或货栈提单交给质权人，或将财产存放第三人处并由其代质权人持有。

质押方式分为动产质押（如大宗商品物资）和权利质押（如本外币存款、保证金、银行承兑汇票、国债、优质上市公司股票、应收账款、收费权等）。

银行不接受具有下列情形之一的动产或权利质押。

（1）依法禁止流通、转让，或依法不能强制执行和处理的。

（2）所有权有争议的。

（3）已挂失、失效或被依法止付的。

（4）被依法查封、冻结、扣押或采取其他强制性措施的。

（5）在质押期间易腐烂、易虫蛀、易变质的。

（6）难以判断实际价值或难以变现、保值和保管的。

（7）票据或其他权利凭证上已记载“不得转让”“委托收款”“质押”字样，或票据处于公示催告期间的。

（8）已经质押的存款单、仓单和提单转质的。

（9）不在本行托管的银行柜台交易系统购买的记账式债券。

（10）非本行代理发行或售出的凭证式国债或储蓄国债（电子式）。

（11）总行规定不得接受的股票、股权。

（12）法律、行政法规及总行未明确规定可以出质的权利。

（13）其他不宜质押的动产或权利。

本章对银行常见的存单质押、存货质押、应收账款质押、股票质押四种方式的风险加以论述。

> 质押贷款说是低风险业务，实际却有高操作风险，一不注意就容易出案件。
>
> ——一位行长的话

第一节　存单质押风险

借款人以存单质押，是银行最愿意接受的质押物。但银行人员在办理质押过程中，务必要防范两个风险，一是诈骗风险，二是操作风险。

一、存单质押诈骗风险的类型（4 种）

存单质押诈骗风险的类型（4 种）
● 拉存款质押骗贷
● 伪造假存单质押
● 与存款人串通欺诈
● 与存款银行内鬼勾结作案

存单质押诈骗往往是金额巨大、案情简单，之所以容易得逞，原因就是许多银行人员只看到存单质押是“低信用风险”的一面，却没看到它同时也是“高操作风险”的另一面。通常银行人员对于能帮助拉来大额存款的社会“能人”已经心存感激、言听计从，因而容易放松警惕，最终上当受骗。

从收集到的案例来看，不法分子以假存单质押诈骗银行的主要手段如下。

（一）拉存款质押骗贷

许多案件表明，有种诈骗手法特别容易使银行人员上当——“拉存骗贷”，即拉入存款后质押骗取贷款。由于银行对于存单质押贷款的资料要求比较简单，有存单原件和出质人同意质押担保的文件即可。由此不法分子的造假手段只要能骗过银行既能得逞。经查自从 2000 年媒体有了第一例假存单质押骗贷的刑事案件报道，20 多年过去了，此类案件至今还经常发生，真是值得各家银行人员高度重视。

通过案例分析，不法分子“拉存骗贷”一般是有三个步骤。

第一步，高息拉来存款。不法分子先要取得存款人信任，以便将资金拉来存入目标银行，其主要手段：一是通过上级领导、社会关系等向存款单位负责人或财务主管打招呼，要求将款存到指定银行；二是向存款单位承诺支付远高于银行存款利率的收益；三是向存款单位负责人、财务主管等有关人员行贿。

第二步，伪造虚假凭证。不法分子提交给银行用于质押的存单，一种是通过克隆复制方式伪造的假存单，另一种是通过调包方式从存款单位人员手中骗到的真存单。不法分子还会伪造出质人同意质押的文件，以及委托书、公证书等。

第三步，质押骗取贷款。不法分子常以代理人身份出现，让银行相信他就是被存款单位的授权代表。不法分子还会冒充存款单位的负责人，在存款单位的办公室里接待上门核保的银行人员，在担保书上签字盖章，最终骗取质押贷款。

在“拉存骗贷”这类案件中，一个重要的细节是，在银行（质权人）与存款人（出质人）之间往往没直接联系，而是由不法分子（中间人）从中穿针引线，一手托两家地联系双方办理业务，获得了骗贷的可乘之机。

银行防范假存单质押诈骗，必须要做到核实“两个真实性”，即必须核实质押物的真实性，必须核实出质人同意质押的真实性。主要措施如下。

1. 核实质押物的真实性

银行只接受本行存单办理质押，但由于不法分子“克隆”技术实在太高，本行存单也有可能被伪造或变造，因此银行必须很仔细审核，防止收入假存单。对于难辨真假的存单，银行可采取干脆办法：当场换开新存单，将老存单回收剪角作废存档。将新存单复印件交客户保管，新存单原件由银行直接收押（新存单不出银行大门）。

2. 核实出质人同意质押的真实性

按“双人、现场、当面、复核”的核保原则，到存款单位核实各项文件和印鉴。要坚持见到负责人当面签字，坚持到公章保管部门当面盖章。注意，事前不得只在中间人安排好的时间、地点去核保，以免落入中间人设好的假接待骗局中。事中应通过多种方式核实对方接待人员的真实身份，防止冒牌货。事后通过电话、微信等方式，与存款单位的其他人员再次复核。

案例

伪造存款单位同意质押文件骗取贷款

某年 4 月，杨某某、黄某、胡某及其他 2 名同伙通过资金中介人找到 B 制衣有限公司（以下简称“B 公司”），以高息为诱，将该公司 300 万元人民币资金引存至 A 分行某支行。B 公司在 A 分行某支行开户后，胡某通过在某支行工作的其兄拿出 B 公司开户资料复印件，按照复印件刻制了 B 公司印章和法人代表名章，以此伪造了 B 公司存款质押合同，骗取分行质押贷款 300 万元。

支行未要求出质人以存单或保证金账户形式办理质押，而是将 B 公司结算账户中的 300 万元资金以银行特种转账传票转入看管账户，未要求公司提供转账支票。

当年 6 月、2000 年 11 月，犯罪分子用同样手法伪造了 C 城市建设开发公司和 D 建设技术发展有限公司的存款质押合同，骗取银行贷款 1100 万元。

第二年 4 月，B 公司前往 A 分行某支行支取 1 年前存入的存款，被告知该笔款项被用于借款质押不能支取，B 公司提出异议，声明从未向第三人借款提供质押，至此案发。

本案造成资金损失 1127 万元人民币。经过公安机关全力侦破，涉案人员被全部抓获，分别被判处无期和有期徒刑。A 分行原公司业务部总经理助理因不到质押单位认真核保，严重不负责任，构成国有企业失职罪，被判处有期徒刑 6 年。

● 风险提示：

（1）为拉存款放松贷款审查。A分行成立于前一年4月，开业之初全行偏重于经营计划指标的完成，片面强调对客户经理对外扩展业务提供方便，在一些基础管理上比较薄弱。

（2）未进行有效核保。诈骗分子通过伪造质押合同进行贷款诈骗，银行只需进行核保，甚至与第三方出质人联系一下即能发现漏洞。连续三起同样手法的骗局发生，从表面上看是支行有关人员疏忽，未严格遵守银行规章制度，但实际上这样的行为已构成严重的渎职，或者说是有内外勾结的嫌疑。

（3）未核对预留印鉴。经办客户经理轻信存款质押的低风险性，又基于完成指标任务，在主观上对一些异常情况未予警惕。如在出质人为非借款人情况下，出质的缘由和动机为何？是否合理？而最重要的一点，没有按照规定进行必要的核查，未将质押合同上的签章与预留印鉴进行核对。

（4）档案管理严重漏洞。客户的有关资料和印鉴属于绝对的商业机密，作为银行应该对客户负有保密责任。有关银行工作人员将客户资料随便泄露给他人，严重违反了制度规定。

（二）伪造假存单质押

不法分子伪造假存单到银行质押骗取贷款，早年间有不少案件发生。随着银行加强对存单真实性的审核，此类案件已逐渐减少。但银行人员仍不可掉以轻心。

案例

借款人伪造存单骗取200万元贷款后不知去向

某市银龙物资公司（以下简称“银龙公司”）于某年3月在某支行开户，4月初即提出贷款申请。经信贷调查和贷款评审后，因其规模小、经营状况不佳、财务情况不清等，贷款被否决。

同年12月，该公司再次提出贷款申请，并以某医药公司业务三部（以下简称“业务三部”）在该行的200万元定期存款作担保。支行派信贷员对银龙公司进行了调查，于12月16日，与银龙公司签订《借款合同》，业务三部出具了不提前支取存款的承诺函。当日该行贷款70万元人民币，期限5个半月，以业务三部的定期存款200万元作为担保。

但贷款发放两天后的12月18日，业务三部来人要求提前支取200万元定期存款，并称从未给银龙公司提供过担保，且告知银龙公司的法定代表人张某已去向不明。

闻知这一情况后，当日该行即派人去银龙公司、医药公司和某市工商局调查。经了解，银龙公司在外欠有大量债务，财产已被债主抢光，无法采取资产保全措施。业务三部原属某医药公司内部机构，已于两年前撤销，且从没有独立法人营业执照和公章；市工商局也没有业务三部的工商登记，可确认担保所用营业执照和印章全系伪造。至此，该笔贷款属诈骗无疑。

案发后，该行立即向公安部门报案，追回资金10万元，其余60万元已成事实损失。作为负责人，经办信贷员被开除，核保信贷员被警告处分。

（三）与存款人串通欺诈

这种作案手段比较恶劣，对银行资金的危害极大。其作案手段是，借款人与存款人恶意串通，存款人到银行先存入一笔资金获得存单，然后由借款人持克隆后的假存单到银行办理质押贷款。当银行人员未能识破假存单而发放质押贷款一段时间后，存款人便持真存单前来银行支取存款资金。

此时，银行已处于两头落空的风险境地，一方面借款人拒不偿还贷款甚至失联，另一方面存款人又持真存单要求提款。除非银行能够举证并由司法机构认定存款人参与了诈骗行为，否则银行很难拒付该张真实的银行存单。

银行防范这种欺诈风险的措施是，放款前务必核实存款人（出质人）担保意愿的真实性，当面见证存款人在存单质押担保协议上签字盖章，并录好视频保存。

（四）与存款银行内鬼勾结作案

许多案例说明，社会上不法分子常用的手段是，买通银行内鬼，内外勾结，容易得手。早期不法分子骗贷手段是：第一步，勾结存款银行内鬼，将2000元的小金额的真存单，变造为2000万元的大金额的假存单；第二步，找到急需资金的企业，骗其出面持该2000万元假存单到贷款银行申请质押贷款；第三步，与存款银行内鬼演双簧戏，蒙骗贷款银行前来核保的人员；第四步，骗取贷款后转移资金挥霍。

贷款银行防骗方法：一是不接受其他银行的存单在本行办理质押贷款；二是如果是特殊情况只有他行的存单质押，上门核保人员必须坚持做到“双人、实地、当面、复核”，当面见到对方银行的行长，并当面见证签字和盖章，确保存单的真实性；三是明察暗访，不与对方打招呼，放款前突然再去核实一遍。

二、存款质押操作风险的类型（4种）

存款质押操作风险的类型（4种）
● 出质人意愿不真实
● 质押资金来源不合规
● 质押金额未覆盖贷款本息
● 质押期限与授信期限不匹配

银行人员对于存单质押授信业务，思想上不能有“存款在手不担心，授信条件可放松”的麻痹观念。

（一）出质人意愿不真实

银行人员必须找到存款资金的所有权人，当面核实其愿意出质担保的真实性，不得只与中间人、第三方、中介打交道，防止上当受骗。

案例

核保堵截存单质押担保意愿不真实风险 7600 万元

贵州 A 贸易有限公司与贵州 B 贸易有限公司分别在一家银行申请银行承兑汇票 3800 万元授信获批。两笔授信均采取第三方贵州 C 投资担保有限公司所有的存单提供全额质押担保。

在与客户联系签订担保合同时，银行核保人员发现上述两家贸易公司同意在合同上加盖公章及个人章。对于银行提出要见担保公司有权签字人面签合同的要求，均以法定代表人在外省出差的理由搪塞。而且在交流中，发现其神情不自然，说话闪烁其词，不能自圆其说。

对此异常情况，核保人员及时向领导进行汇报，综合判断存在虚假存单质押和出质人意愿不真实，为此对上述两企业停止放款。

1000 万元全额存单质押条件诱人但出质人不露面

某支行向放款中心申请为江苏 YHKC 资源开发有限公司发放 1000 万元人民币流动资金贷款，以本银行另一家分行客户胡某的个人定期存单作质押，并承诺贷款后再开立全额保证金银票业务。

放款中心认为该企业提供的业务条件十分诱人，但在要求客户将存款转存入本分行遭拒绝后，怀疑该业务可能涉及民间高利贷甚至融资诈骗，决定暂缓受理。

几天后，从同业和辖内分支机构不断传来有人以该同名存单（胡某）申请质押授信的信息。辖内一经营机构到存单出具机构核保，但存单所有人自始至终不愿意露面。放款中心经请示领导后，停止放款。

在实际放款业务中会遇到各种不同的问题，这需要放款审核人员和核保人员熟悉业务、严谨细致，才能从蛛丝马迹中堵截风险。

（二）质押资金来源不合规

如果用于质押的资金来源不合规、不可靠、不真实，轻则被银行监管机构检查处罚，重则可能被司法机构冻结和扣划。尤其是借款人如果是用第三方的资金质押给银行，获得贷款或开票，今后资金方如果起诉借款人，则法院完全可能到银行冻结该笔质押的存款资金，使银行陷入进退两难的困境。

案例

银行承兑汇票风波：8000 万元蹊跷交易起底，谁是受益人

（来源：21 世纪经济报道，2017 年 10 月 20 日）

某年 12 月，河北霸州市 A 商贸有限公司（以下简称“A 公司”）将募集来的 8000 万元借给抚顺 B 建材有限公司（以下简称“B 公司”），由其母公司沈阳 C 开发集团公司（以下简称“C

公司”）提供还款担保。B公司将8000万元用作向大连D银行沈阳支行申请银行承兑汇票的保证金。

由于B公司未按时还A公司的借款，A公司将B公司及担保人C公司告上法庭。为了财产保全，河北廊坊中院于第二年5月和8月先后冻结了B公司存在大连D银行的汇票保证金8000万元。由于官司多年来一直未结清，保证金被冻结，银行被迫长期垫付巨额票款。

发现个人存单资金来源为“公款私存”

河南某汽车零部件有限公司向银行申请办理银行承兑汇票1000万元，以其股东张某持有的在本行未到期的1000万元储蓄定期存单作为质押。

放款中心在审核时发现，股东张某1000万元储蓄存单资金系由申请人河南某汽车零部件有限公司账户直接转入张某个人储蓄账户，明显违反了人民币单位存款管理办法，存在质押无效风险。鉴于此种情况，放款中心对该笔银票做了退回处理，并要求经营单位提供明确及充分证据证明个人存单资金来源合法后重新提交审核。

● 风险提示：在以个人存单质押办理对公授信业务中，资金来源如涉及“公款私存”问题，在《人民银行结算账户管理办法》《个人定期存单质押贷款管理办法》等法律法规中，均有可适用或推定适用的禁止条款，如被举证，银行易丧失质权。

发现个人存单质押的资金来源系本行发放的贷款

浙江HX工贸有限公司向银行申请办理1900万元流动资金贷款，以公司法定代表人张CL的2000万元个人存单质押。

放款员记得前一天刚向该公司发放过一笔4000万元的公司贷款。于是查询了新近开发的资金流向监控系统，发现HX工贸有限公司前一天15：40分将全部贷款资金划至了工行KY支行的同名账户。放款员进一步向营业部门调阅了张CL的2000万元个人储蓄存款的入账传票，发现为前一天16：30分从工行KY支行划转而来。存在本行贷款转个人储蓄存款再用于质押的嫌疑。

放款中心当即要求支行对4000万元贷款去向进行调查。支行经过调查后反馈，张CL的2000万元个人储蓄存款确系本行贷款资金转入。对于这笔贷转存并质押的不合规业务，做了退卷处理。

（三）质押金额未覆盖贷款本息

全额质押的存款金额不仅应覆盖贷款本金，还应覆盖贷款利息。

案例

发现银票质押金额未覆盖利息410万元

江苏ZJ机械制造有限公司向银行申请开立1亿元假远期信用证，偿付利率8.2%，期限180

天，以企业自有的1亿元银票进行质押，占用该企业低风险授信额度。

放款审核员在审核中发现，该企业所提供的质押物金额仅能覆盖授信本金，未考虑该笔业务到期应偿付的利息410万元。放款中心立即退回该笔业务，整改后才重新放款。

全额质押开立买方付息国内信用证时，不仅需考虑开证的金额，还需将到期需偿付的利息考虑在内，质押金额须全部覆盖本息金额。

（四）质押期限与授信期限不匹配

对用于质押的存款，如果是采用定期存单形式，则存单的到期日，应晚于授信的到期日。避免存单到期被客户支取，而银行授信尚未结清，失去了担保的保障。当然银行也有措施防范此类风险，如在《质押合同》中约定：存单正本交由银行保管。在银行授信未全部结清之前，借款人不得要回存单正本和支取所质押的资金。

案例

5000万元质押存单到期日早于贷款到期日

安徽WF纺织股份有限公司，申请以单位持有本行的5000万元一年定期存单作为全额质押贷款业务。放款员发现，贷款的到期日为下一年9月23日，而质押存单到期日为下一年6月13日，因存单到期日早于贷款到期日，放款中心暂停办理。待延长存单到期日后，才予放款。

第二节　存货质押风险

存货质押贷款是指借款人以银行能够接受的存货，办理质押担保后的短期流动资金贷款。银行与借款人以及银行认可的仓储单位签订三方合作协议，仓储单位接受银行委托对货物实行有效看管，从而实现银行对质押存货的转移占有。

借款人应具备的条件：占有较大市场份额，有稳定的购销渠道；在银行保持一定的存款规模和结算量；无任何悬而未决的争议和债权债务纠纷；有良好的信誉和履约记录，银行贷款无逾期和欠息；无欠缴税款；银行认为必要的其他条件。

银行可接受质押的大宗物资，应是在质押有效期内能够保质保量且易于变现的货物，主要是生产资料和生活资料两大类。

生产资料类：特别是市场价格透明度高、需求广泛的大宗货物，如能源物资（煤炭、原油和成品油、液化气等），建筑物资（钢材、水泥、建材等），化工原料（塑料、橡胶、酒精、化肥等），木材产品及其制品（原木、木片、板材、纸张等），纺织品（棉纱、布匹、毛料、丝绸等），农副产品（烟草、棉花、粮食、饲料、食糖等），矿产品（铁矿砂、铜矿、铝锭、有色金属等）。

生活资料类：主要是大宗库存批发零售商品，特别是价高质优、畅销紧缺、不易贬值、容易归类的耐用消费品，如中高级轿车、高档名牌电器、高档数码产品等。

一、如何加强对质押物的监管

（一）要选择可靠的监管方

要明确监管方的责任并充分判断监管方的代偿能力。第三方监管公司在监管过程中应当承担何种责任，应当在合同中明确约定。对于第三方监管公司的偿还能力，也应是着重考虑的因素。可以从第三方监管公司人员流动的频繁程度，判断出第三方监管公司队伍的稳定性和监管能力。

（二）要选择好的监管地点

一般来说，质押存货须交付银行指定的或租用的符合国家仓储标准规范的持牌公共仓库，或大型的第三方、第四方物流公司的仓库，由仓库或第三方物流公司开具正式仓单或提单交银行质押持有。

监管地点不能是出质人自有的或临时租用的简易仓库，更不能是出质人厂区内的成品仓或原料仓。如果是以出质人自有仓库内的存货或动产作质押，极有可能因为质押物未能交付质权银行占有，而被法院判定质押行为无效。

（三）要加强现场监管

银行不能过于依赖和相信第三方监管公司，应该在每次货物进出仓库时，至少派两名业务员到现场亲自清点货物数量、检查货物质量，防止第三方监管公司人员因接受企业的好处而徇私舞弊。要严格遵守“钱进货出、钱货两清”的操作原则，加强对客户存货出入库情况的跟踪检查。

应在日常的贷后检查中，指派专职客户经理定期清点货物数量，防止质押存货短缺、残损、变质，甚至发生调包、盗用、挪用的风险情况。

（四）要加强内部管理

银行应设立专门的物流融资动产质押监管中心，在内部建立客户质押存货风险监管台账。

银行应密切监视存货市场价格变化和质押存货市值浮动盈亏情况，展开市场价格、网络价格、厂家价格定期调查，评估价格风险，计算质押物存货价值，防范市场价格急剧下跌导致质押存货不足值的风险。

银行应与第三方资产监管公司建立信息沟通机制，要求资产监管公司以旬报方式向银行通报监管信息，并及时发送预警信息。银行则及时将上级信贷政策和信贷要求向资产监管公司通报，以确保信息渠道通畅。

银行在办理存货质押授信业务时，一是要防范欺诈风险，二是要防范操作风险。下面分别论述。

二、存货质押欺诈风险的类型（4 种）

银行在接受大宗物资质押时，应注意防范以下欺诈风险。

存货质押欺诈风险的类型（4 种）
● 以假充真 ● 以次充好 ● 价格高估 ● 重复质押

（一）以假充真

银行接受大宗物资作为质押物的，在贷前调查时必须对真实性加强检查，对不同的质押物，应该有专业有效的识假手段加以辨别，防止不法企业以掺假、调包、转移等偷梁换柱方式，以虚假质押物骗取贷款。

案例

男子用 50 箱假茅台作质押 骗贷 2 亿元

（来源：钱江晚报，叶鹏，2013 年 12 月 26 日）

2013 年 5 月，杭州上城经侦大队民警顾警官的一个非常偶然的质疑，牵出了一起公安部督办的近年来全国案值最大的假茅台案件。这起案件，命名为“5·21”特大系列销售假酒案，涉案价值高达 2 亿元之巨。

据悉，这批假茅台在犯罪嫌疑人手里几经翻云覆雨，不是进入市场倒卖，而是通过质押等手段向银行套现。在案情基本厘清的时刻，上城经侦大队通报案情，以为警示。

1. 每瓶 28500 元的 50 箱假茅台，被层层质押套现或抵债

据查，2010 年，浙江 HJ 贸易有限公司的实际控制人卢某将 195 箱 50 年 53 度“飞天”贵州茅台酒（每瓶折价 28500 元，每箱 6 瓶）作为质押，向杭州某银行申请贷款 3000 万元，并由杭州某货运代理有限公司提供担保。

最终，这笔贷款逾期未还，担保方代偿了这笔贷款，这家银行就将这批茅台酒平移给了担保方。

然后，担保方实际掌控人徐某某，将其中的 50 箱酒提交给顾警官去的这家银行，用以冲抵浙江某物流公司逾期未还的部分贷款。

2. 打工司机造出 1400 箱假茅台，一夜暴富

2010 年，正是茅台酒处于高价位的时刻。做酒生意多年的尤某觉得，这个时候弄批仿真度较高的假货去质押贷款，一定有利可图。于是，他找到了生意伙伴张某。

张某又找到了卢某某。当时，44 岁的卢某某还在河南郑州给老板开货车。

卢某某赶回了老家，凭着人脉，迅速就假造了1400余箱50年53度“飞天”贵州茅台酒。按照市场价，这种酒要2万元左右一瓶，而卢某某假造一瓶，也就300元左右的成本。

卢某某夫妻俩以9000元～11000元每箱（6瓶）的价格，将这1400余箱假茅台分多次卖给张某，销售额达1400余万元。

张某以18000元每箱的价格，分多次尽数转卖给了尤某，销售额就翻到了2500余万元。

尤某就更过分了。他以142800元～200000元每箱的价格，将这批酒以质押物形式，向杭州多家银行、单位和个人申请贷款、借款或冲抵债务，涉案金额竟然高达2亿元之巨。

3. 白酒质押，银行怎么就轻易办出贷款

这么多数量50年陈的茅台酒，银行难道就没有怀疑过真假？专案组表示，这家存有50箱假酒的银行目前已经开展自查，同时警方也将继续追查相关责任。挖源头和追流向，这两方面的侦查并没有随着4名犯罪嫌疑人移诉而结束。

有银行业内人士表示，问题的根本在于银行业竞争非常激烈，对于尤某这种级别人士名下的贷款业务，都想拿下。在如此背景之下，拿到这笔业务的信贷员，对于企业贷款之后资金用途的审核和质押物的真假辨别就放松了，甚至会放纵。

百亿假黄金骗贷案：金砖中掺钨，案发前已造假多年

（来源：《财经》杂志，2017年2月20日）

2016年5月初，陕西省潼关县农村信用合作联社（下称潼关信合）一笔约2000万元的黄金质押贷款逾期，在处置质押黄金过程中发现黄金掺假，遂将此事层层上报。5月19日，潼关县公安局正式立案，一起横跨豫陕两省的假黄金骗贷案浮出水面。

位于河南省灵宝市的BY矿业于2007年4月19日注册成立，注册资本9000万元，股东为张某民、王某文、徐某波、夏某友、赵某平和张某运。公司成立之初，35岁的张某民当选为董事长。据故县镇政府官网介绍，BY矿业占地面积200亩，总投资10.8亿元，其中固定资产投资2.3亿元。2010年第二套日处理150吨金精粉生产线建成后，成为灵宝市民营黄金冶炼业龙头企业。凭借良好的发展，BY矿业还成为上海黄金交易所的指定供货单位。

知情人透露，早在2005年，张某民和王某文经长时间摸索，研究出了黄金掺假配方：将钨块放置黄金中间，就能骗过普通的仪器检测，加之BY矿业是炼金企业，透支信誉获取银行信任，以此套取大量现金用于投资。

在灵宝市，用实物黄金抵押贷款的资本运作模式并不少见。假如每克黄金250元，250万元即可购买1万克黄金，将1万克黄金抵押给银行，以质押率下浮20%计算，可获得200万元的贷款。再用200万元收购8000克黄金，再将8000克黄金抵押给银行，又可获得160万元贷款。以此循环，250万元可撬动价值1200多万元的黄金，形成近五倍的杠杆，这就是灵宝传统的“炒金模式”。

比如2007年，黄金价格大涨逾30%，创下1979年来最大年度升幅纪录。如果在银行质押1200万元的黄金，一年净增值360万元，即便按照6%的利率计算，全年利息为86.4万元，则还

有 273.6 万元的盈余。若用掺假的黄金去银行循环质押贷款，短时间内套现可成倍放大。

黄金市场价格一路攀升，质押在银行的黄金随之增值，不仅可以抵消利息，还能带来丰厚利润。利益驱动之下，博源矿业的一些股东扩大造假规模，从银行套取巨额资金。

该制假团伙组织严密，分工明确，从材料选购、加工、运输，以及办理质押贷款业务，都有专人负责。

陕西潼关假黄金质押骗贷案案发后，引起系列震动。陕西、河南银监局依法查处了辖内银行业金融机构假黄金质押贷款案件，对两地涉及该案的 19 家银行业金融机构共计罚款 5250 万元，并处罚 104 名责任人。

【参阅资料】质物存放场地的异常情况

银行人员在现场核查大宗散货类质押物时，应注意是否存在以下疑点。

（1）企业是否长期使用苫布覆盖质物？

（2）企业原料存量是否过大，与其产能不符？

（3）企业产成品是否大量积压，与其销售不成比例？

（4）监管厂区是否与生产厂区距离较远？

（5）质物监管库区是否依靠土坡、围墙，故意不方便他人检查？

（6）质物周边地面是否存在作业痕迹？

（7）煤炭质物是否不易摔碎且灰暗无光泽？

（8）监管现场是否存在多家监管机构？

（二）以次充好

不法分子以次充好的行为包括：以低等级质量产品冒充高等级质量产品，以不合格品冒充合格品，在产品中掺杂、掺假，以旧产品冒充新产品等，这些都属于违法欺诈行为。以次充好行为将导致银行质押物价值名不副实，无法覆盖授信风险，最终造成银行资金损失。

银行人员在做贷前调查时，务必确认质押物质量的真实性。如果自己缺乏这方面的专业知识，应该请第三方专业人员一起到现场取样，另做鉴定，防止上当受骗。

案例

叫来铲车深挖质押煤堆，发现大量煤矸石等杂物

郑州某分行向鹤壁某煤业公司发放流动资金贷款 3000 万元，期限 1 年，以自有煤炭存货质押并追加股东担保，第三方监管模式，质押率不高于 70%。

某年 10 月 20 日，分行启动为期一个月的“排雷行动”信贷风险专项排查。通过翻阅监管台账，发现该企业质押本行存货始终是处于静态模式。为核实质押物质量，现场检查人员不顾雨天湿滑，爬上煤堆查看，并叫来铲车深挖，发现该客户质押的存货中，有大量的煤矸石等杂质，发热量达不到本行质押要求，且质押物存在与其他公司煤炭交叉存放问题。

查实企业情况后，现场检查人员立即向分行领导汇报，分行领导高度重视，召开紧急会议研究决定，采取了以下措施。

一是做实证据，争取主动。会同当地公证处、企业负责人以及监管公司人员共同现场取证、化验，就地公证，当天拿到公证处的公证函，保证了诉讼权。

二是优化担保，规避风险。该客户场地内存货数量较多，分行要求客户将所有煤炭质押分行，并将整个货场标注质押标识。同时，追加公司实际控制人关联企业、实际控制人儿子以及会计连带责任保证，要求企业书面承认质押物存在瑕疵事实。

三是提前还款，有序退出。分行同时要求企业出具承诺函，承诺全部资产质押给分行，并将所有销售回款打入分行账户并进行分笔提前还款。

四是督促监管，确保质权。要求监管公司出具情况说明，承认监管货物中存在不达标事实，书面画出监管示意图，标注货物监管范围以及特别标注出存在瑕疵的质押范围。要求监管公司将存在瑕疵的质物圈住直到贷款结清为止。

在采取措施的同时，分行现场检查人员一直坚守企业现场，并积极与企业负责人沟通，说明问题严重性，督促企业采取补救措施保证银行债权安全。

由于分行快速反应，行动及时，措施得当，在公证事实面前，企业认识到事态的严重性，先行还款510万元，在一个月内又偿还了1650万元，剩余贷款资金也全部归还，分行最终化解了全部风险。

定期挖开煤堆取样鉴定品质，逼退不法企业犯罪企图

GP洗煤厂是唐山某分行合作3年的客户，5000万元综合授信一直以客户自有焦煤存货质押。分行逐年加强对存货质押业务的贷后管理，尤其是对于质押物隐蔽瑕疵不容易被发现的煤炭质押业务，要求在贷后检查时要挖开煤堆，取样进行品质鉴定。

鉴于该分行贷后管理检查措施较严格，客户担心其掺假作弊行为被发现，主动还清该分行的贷款后不再合作。在此之后，有多家银行向其提供授信。

3年后，该企业老板跑路，资产去向不明，其融资业务被发现重复质押、质押物实际是煤矸石等问题，最终被认定为贷款诈骗，有6家银行3.2亿元的信贷资产形成损失。

● **风险提示：**严格贷后检查手段，能在事前起到逼退不法企业骗贷企图的作用。

（三）价格高估

借款人质押给银行的质押物，有时质量是真实的，但价格往往高估，以便多套取银行的资金。因为大宗质押物品种和价格繁多，银行仅凭出质人提供的进货合同和购销发票，往往难以判断其真实市场价值，加之出质人与某些不良评估公司串通，涂改增值税发票、故意高估质物总值，经常造成银行质物账面价值明显高于市场价值的情况。如果银行经办人员对行业不熟、对质物市场价格不做深入了解，则可能被人牵着鼻子走，吃亏上当。

质押商品还存在价格波动、大幅下跌的风险。如果银行人员对价格走势缺乏跟踪监督，在价格大幅下跌的行情中，对质物的市价浮动盈亏监督无法到位，无法执行补仓斩仓风险控制条款，导致质物贬值、难以变现，出现损失。

因此，在当前经济环境变化较大的情况下，有些大宗物资如钢材、煤炭等价值变动较大，银行人员应予以密切关注，在贷款前质押时要重点防范价格虚高风险，在贷款后要重点防范价格下跌风险。

案例

查询钢铁网发现客户以高报价的钢材质押给银行

陕西QT商贸有限公司向银行申请办理1年期流动资金贷款1500万元。放款中心审查人员在审查该笔业务时，查询了当天钢铁网的报价，发现钢材价为4200元/吨，但客户却按5100元/吨的价格质押给本行，严重存在估价过高，质押物不足的现象。对此，放款中心立即停止该笔放款操作，要求客户必须补足质押物，并在监管公司重新出具质押物清单后，才可继续办理该笔放款业务。

● **风险提示**：钢铁行业受国际金融危机及国内宏观调控政策的影响较为明显，当钢材销量急剧萎缩，钢材价格持续下跌时，银行人员要严格审查质押钢材价格，防范质押物价值不足的风险。

严格把关，扣除铁矿石质押水分因素

江苏HJ国际贸易有限公司向银行申请贷款700万元，担保方式为存货（铁矿石）质押，质押率不超过60%。

放款中心主任在参与核保时发现质押物堆放凌乱，无法测算体积及数量，且堆放的铁矿石包含了各种不同品位，价格差异大且无法区分各品种的数量，因此暂停了该笔提款。

客户按银行要求整改后，放款中心主任再次前往靖江港核保。经查看，发现质押的铁矿石是刚从印尼进口的品位为61%的铁矿石，现场堆放规整。

HJ公司将上述9400吨铁矿石作为质押物，提供了进口商向其开具的增值税发票，单价约为1300元/吨，并有第三方中远运输公司对相关数据的认证和签章。由此，质押物价值为1222万元，质押率为57%。

放款人员进一步审查发现，该铁矿石当前网上市场价格在910元/吨左右，应按照“发票价格与市场价格孰低”原则计价。且发票上显示湿重为9400吨，按干重计量还应扣除10%水分，即干吨为8460吨。

银行要求监管吨数是以湿吨为基数，但计算价值必须以干吨为基数，所以最终核定给予其462万元（9400 × 0.9 × 910 × 0.6=462万元）贷款金额。

● **风险提示：** 核保作为放款的重要一环，其重要性是不可替代的，尽职的核保工作不但能防范内外部的道德风险，对信用风险的控制作用同样不可低估。本笔业务中，如果没有核保过程中严格执行制度，用于质押的存货不但不符合银行要求，而且存货价值也会明显高估，这也必将加大银行的信用风险。

（四）重复质押

一货多押、多头质押、重复质押，往往是不法企业利用各家银行之间信息不沟通的空子，将同样一批货物分别质押给不同银行的手段，从而达到多头骗取各家银行贷款的目的。

1. 如何防范重复质押风险

（1）认真查询人行征信中心“动产融资统一登记公示系统”中“存货和仓单质押”中的内容。

（2）通过场地租赁协议确定监管公司的监管场地以及监管质物。

（3）在场地仓库门口明显处悬挂监管公司和质权银行名称和联系人的标牌。

（4）将仓库里面存储的货物单独码放，贴上质权银行的标签，拉警戒线。

（5）平常要多加强巡查、盘库力度，对陌生来访人员做好登记。

（6）在仓库内安装有线或无线连接银行的视频探头，24 小时监控质押物。

还可用“总量计算”的方法发现问题，就是将企业在各家银行总的质押授信金额除以总质押物金额，再实地核查质押物数量，就可发现企业是否有重复质押了。

例如：企业提供的资料表明，企业场地存有钢材价值 5000 万元，按 60% 质押率，从 3 家银行合计获得钢材质押授信额度 3000 万元。但如果银行人员到企业场地实地盘库，发现钢材价值实际是大大少于 5000 万元，则可认定企业存在重复质押欺诈的嫌疑。

案例

发现 1.4 亿元钢材存货存在重复质押的重大嫌疑

福建周宁籍某钢贸商托盘交易亏损 1 亿多元，加上重复质押过度举债导致资金链断裂，各行 3.6 亿元授信列为不良，而泉州一家银行因提早发现风险未介入得以幸免。

周宁籍某钢贸企业向该家银行申请授信额度 1.5 亿元，其中 1.2 亿元采用“厂商银”标准物流融资模式，另外 3000 万元为保证担保的综合授信。

银行审查发现，该公司在各行的融资金额已超过其年销售额的一半，债务负担重。而且 3.6 亿元授信都是采用存货质押模式，但企业财务报表体现其近期存货价值仅有 1.4 亿元，根本无法匹配 3.6 亿元的质押金额，存在重复质押的重大嫌疑。

信审部门经过沟通，业务机构自觉做了撤卷处理。不久，该企业因做托盘交易亏损 1 亿多元，过度负债雪上加霜导致资金链断裂，各行 3.6 亿元形成不良。

2. 存货质押的注意事项

（1）质押存货应具备的条件：货物的产权必须明确；货物的物理、化学性质稳定，在银行债权结清之前质押物不会发生物理、化学变化；货物具有活跃的交易市场，价格稳定，易于折价变现；货物规格明确，便于计量，符合国家有关标准；货物必须有明确依据确定其实际价值，包括增值税发票、进口报关单、商检证明等；货物价值必须由银行认可的权威机构对其进行评估，所需费用由出质人承担。

（2）质押的存货在质押期间必须落实保险手续，保险受益人为银行，相关费用由借款人承担，或由仓储方投保险。

（3）存货的质押率不得超过规定比例。对质押货物价值的确定，应遵循发票价值和当前市场价格孰低原则。

（4）存货质押贷款余额，不得超过借款人上一年销售收入的一定比例。

（5）银行应对存货质押商品的行情进行日常跟踪，建立信息库，发现异常情况，及时要求客户补充保证金或增加质押货物等，防止由于价格的大幅波动可能给银行带来的损失。

（6）贷款展期及质物处理：存货质押贷款到期后，如客户不能按时还清本息，原则上银行不予展期；应立即对质押货物进行处理，质物的处理应以银行认可的公开拍卖的方式进行，不得与出质人协议以物抵债。

（7）如贷款到期后确需展期，业务人员须提出明确理由以及切实可行的货物销售计划和还款计划。

三、存货质押操作风险的类型（9种）

银行人员在办理存货质押贷款业务中，应注意以下操作风险。

存货质押操作风险的类型（9种）
● 存货的品种、规格、数量等不符合银行要求
● 存货的权属不明确
● 质押价格未按“购买价和市场价孰低”的原则确定
● 监管方资质不符合本行要求
● 存货保险单存在问题
● 押品未进入指定仓库存放
● 仓库管理混乱，账账不符，账实不符
● 货物未分堆码放，标识不明
● 违规出库，随意放货

（一）存货的品种、规格、数量等不符合银行要求

质押给银行的存货的品种、规格、数量等必须符合银行的要求，因为这些都是确认存货价值的基本要素。银行在《质押合同》中，对质物名称不能过于简单笼统地注明为轮胎、钢材、饲料、

原材料等通用名称，而应该附有详细、具体的清单。

在实际中，质物常会存在品名不清、规格多样、型号不一、种类多、清点不易等问题，如果不认真对照，将会出现质物与银行质押要求不一致、账实不符的混乱情况，出现质物不足值、缺重、少量、残次、报废、变质等现象。

对此，银行人员一方面自身要加强学习，掌握基本知识；另一方面也可以请行业专家帮助鉴定。

案例

发现质押物品种与批复不符，停止4000万元放款

廊坊SL木业有限公司向银行申请提款4000万元，审批部门要求以企业原材料作质押。

放款中心审核发现以下问题：①企业提供清单中的质押物是企业的成品而非原材料，不符合批复要求；②通过权威网站查询质押物价格时，发现企业提供的货物单价高于权威网站的报价。

发现上述问题后，放款员随即要求支行业务人员解释。因业务人员未能合理解释，遂停止对企业放款。

多点采样红土镍铁矿交专业机构化验后发现品位下降50%

云南XHL冶金有限公司为经营金属矿批发的私人控股企业，昆明某分行向公司发放2600万元流动资金贷款，期限1年，以总量控制模式下存货质押担保。质押物为红土镍铁矿，质押率不超过50%，同时明确要求，质押红土镍铁矿中含镍量为1.6%~2.0%。并由自然人股东承担个人连带责任保证担保。

放款10个月后，分行实施授信押品专项检查。检查小组对该户质押本行的货物进行多点采样，并交第三方专业机构化验，结果发现样品检测结果与贷款前相比有较大差异。贷款前抽检质押物红土镍铁矿的含镍量为2.01%，而本次抽检含镍量仅为0.98%，质押物品位下降达50%，质押物价值面临大幅缩水。

风险预警发生后，分行迅速做出反应，分支联动制订风险化解方案。一是与监管方取得联系，对质押物价值重新评估；二是调查质押物品位下降的原因；三是要求企业落实整改措施。

经调查，公司对红土镍铁矿混入其他原料搅拌冶炼，是导致质押物品位下降的主要原因。虽然经重新测算的质押物价值按质押率50%计算，仍能覆盖本行风险敞口，但质押物品位已与银行原先批复条件不符，使银行处于质押物价值缩水、贷款风险上升的不利境地。因此分行要求企业，一是确保贷款到期前两周还款资金要到位；二是对品位不合格的货品及时清理置换；三是要求监管方加强货物监管并和银及时沟通情况。在分行有力措施的保障下，该户贷款成功按期结清。

（二）存货的权属不明确

办理存货质押业务时，出质人需提供购销合同、增值税发票等权属证明材料，以证明其对质

押货物具有所有权。如果存货的所有权属不明确，就会留下今后纠纷的隐患，导致银行钱货两空。

案例

库存质押物权属不属实，暂停 2000 万元放款

东莞市 SX 塑胶有限公司是某分行的老客户，分行给予其 2000 万元综合授信额度，担保条件为该客户及其两位个人股东提供库存的塑胶原料作质押。

放款中心前往该客户仓库进行权属有效性核实，通过现场调阅仓库近 3 个月的出入库单、合同和发票时发现，单据上记载的权属人为林某和另一公司，并非与分行签订相关质押协议的出质人。鉴于质押物权属不属实，授信资金存在担保落空的风险，放款中心立即暂停启用该额度。

后经了解，上述货物确实属于出质人，只是出质人将其写在林某和另一公司名下。经整改完毕并经分行信贷管理部检查同意后，放款中心才予以启用额度。

发现质押货物权属证明重复使用，暂停 1800 万元放款

CFR 公司向厦门分行申请开立以现货全棉纱作为质押的银行承兑汇票业务 1800 万元，保证金比例 50%，期限 6 个月。

放款人员审核后发现，该笔业务企业所提供的质押货物权属证明与前一笔所提供的有部分产生重复，存在新质押存货权属证明不足问题。放款中心暂停了对该笔业务的放款审查。在该客户重新补足质押的存货权属证明，符合放款要求后，方给予放款。

未取得质押存货权属证明资料

ZB 分行向 XT 煤业有限公司发放贷款 1000 万元（期限 1 年），以借款人自有 40641.2 吨煤存货办理质押（由 ZY 物流仓储配送有限公司监管），质物价格确定为 600 元 / 吨，质物总价 2438.47 万元，质押率 41%，并由某石油有限公司提供连带责任保证。

总行在对该分行审计时发现，质物出质价格无增值税发票或市场价格作为依据。档案中无说明质物权属的资料，如增值税发票、购销合同等。

【参阅资料】要防止总量控制模式下质权主张不被法院认可的风险

存货质押授信业务属于供应链金融中的物流融资类产品，借款人向银行提供存货（包括原材料、半成品和产成品）质押以获得各种短期融资。银行与借款人以及物流监管企业签订三方合作协议，物流监管企业接受银行委托对货物进行有效看管，从而实现银行对质押存货的转移占有。

存货质押授信业务对银行贷后管理能力尤其是对存货的监管要求较高，在总量控制模式下的存货质押，要防止质权主张不被法院认可的风险。在实际业务操作中，必须要有实际控制凭证，证明质押物完全处于质押权人的控制中。

有些银行采用的《动产质押监管协议（总量控制模式）》约定，质押人（借款人）就超出监管总量的提货或者换货，无须追加或补充保证金，可直接向监管方申请办理提货或换货。此约定实际上是总量控制模式的优势所在，但在司法实践中，法院常常据此认定质物并没有完全处于银行控制之下，从而导致质押无效。

因此，银行如果采取动产质押总量控制模式，应规定质押人向监管公司申请办理提货或换货时，应使用固定格式的文本并留存作为证据，并要求当事方严格操作。

另外在这类业务模式下，由于质押并不必须办理登记而缺乏公示，且质物也一般存放于第三方监管的仓库中，并未形成实际的交付占有。这导致押品被重复质押，该现象极为普遍。一旦借款人风险暴露，会出现多个质权人同时主张权利，银行实现债权面临较大威胁，必须加以注意。

（三）质押价格未按“购买价和市场价孰低”的原则确定

质押物的价格必须有明确依据，如增值税发票、进口报关单、商检证明、公开市场报价等。或者由银行认可的权威机构对其进行评估，所需费用由出质人承担。

质押物的价格是银行计算质押率的重要依据（质押率 = 授信金额 ÷ 质押物价格 ×100%）。选取不同的价格作为分母，就会得出不同的质押率。由于市场价格波动很大，银行应按“购买价和市场价孰低”的保守原则认定质押物的价格，防止跌价风险。

案例

对质押物应按“购买价和市场价孰低”的原则，以避免跌价风险

NS 贸易公司原在福州一家商业银行有综合授信额度 2500 万元，用于开立进口信用证及进口押汇，采用“先证后货”模式，以进口木材作质押，由 ZWY 福建有限公司监管。2014 年额度到期后，该公司申请额度增至 4900 万元，仍然采用“先证后货”模式。

银行审查人员到现场走访了解到，该公司在监管场地存放的木材已在他行办理质押授信，而且质物木材康巴斯（产地东南亚，适合做枕木、地板、构造用材）及非洲紫檀木（产地非洲加蓬，适合做家具）价格较高、市场价格波动较大。

这家银行为防范质物价格下跌风险，虽同意给予 4900 万元额度，但要求对质物的估价，要以海关进口报关单标明的价格，而不是当时很高的市场价格。还要求企业将海关单据（货权凭证）随木材一起交 ZWY 公司监管，同时追加借款人部分房产抵押。

由于当时另有些银行对该公司授信条件宽松，质押物价值是按市场较高价格确认，高出这家银行确认的报关单价格数倍，因此该公司未提用这家银行的 4900 万元额度。

不久即传出该公司因过度依赖银行融资、木材价格下跌导致资金链断裂的消息。实际控制人跑路，他行授信不良接近 5000 万元。

● **风险提示**：银行如是接受大宗物资作为质押的，除了要防范虚假仓单、监管失控等风险外，还必须注意价格大幅下跌的风险。要调查价格的历史数据，事先采取好防范跌价风险的措施。

发现未按“发票价格与市场价格孰低”原则办理

大连 TDGT 公司向银行申请提款 4000 万元，以其自有 1500 吨不锈钢板提供质押担保。

放款人员在审核放款材料时发现，申请人提供的钢材认定价格为 45000 元 / 吨，认定方式为同期市场价格。而申请人提供的货物发票表明，钢材采购价格为 43000 元 / 吨。根据“发票价格与市场价格孰低”原则，放款人员认为按每吨 43000 元计算，质押物总价值为 6450 万元，质押率为 62%，不符合授信批复关于“质押率不超过 60%”的规定。

为了保证质押物能够有效覆盖授信风险，放款中心要求客户追加足值质押物后再受理该笔业务。

（四）监管方资质不符合本行要求

银行质押的大宗物资一般都交由第三方物流监管企业监管。物流监管企业除了应具备一定的条件外，银行也应做好当地物流监管企业的市场调研，选择好的企业作为合作对象。

【参阅资料】物流监管企业应符合的标准

（1）具备独立的法人资格（分公司须取得总公司的明确授权）和较强的资本实力，财务指标须达到如下基本要求：注册资本不得低于500万元（特殊类型的监管企业可适当放宽要求）；净资产不得低于2000万元（特殊类型的监管企业可适当放宽要求）；具备一定违约赔偿能力。

（2）具有仓储、物流或监管业务经营资格。

（3）无不良信用记录。

（4）能保证银行对质押货物享有实际出入库控制权和处置权。

（5）软硬件设施齐备，仓储地点能够满足货物保管、防火、防盗、防潮等各项基本要求，具备一定的质量检测技术及设备。

（6）完善的出入库管理制度、内部控制制度和业务操作流程规范。

（7）应拥有电子化系统，能快速准确地对质押物情况进行统计分析。

（8）要有完整的针对银行质押物的应急预案。

（9）交通条件便利，银行有能力对其进行监控。

（10）仓储场所原则上应与银行在同一行政辖区内。

（五）存货保险单存在问题

银行人员对存货保险单中的内容必须仔细核对，包括投保人、受益人、投保金额、有效期、赔付条款等，防止出现差错，日后难以索赔。

案例

发现保单上质物存放地址与监管协议中不一致

山西A矿业开发有限公司向银行申请办理2000万元开立银行承兑汇票业务，以第三方山西交城B公司提供存货作为质押担保。

放款人员在审核资料时发现，保险单中货物存放场地为“山西交城B公司储煤场”，与企业提供的《租赁协议》及《质押监管协议》中的存放地点“山西C离心铸管有限公司材料库”不符。

客户经理解释，如果保险单中写“山西C离心铸管有限公司材料库”，则保险公司需要投保人提供C公司的营业执照等资料，而该公司已倒闭无法提供，故存货地改为B公司地点。

放款人员向客户经理解释“场地险”中存货地址的重要性，如果不一致必将影响今后保险的赔付，因此暂缓办理该笔业务。

（六）押品未进入指定仓库存放

对于质押货物的管理最主要在于三个环节，第一个环节是押品进入指定仓库的管理，第二个环节是存放期间的管理，第三个环节是押品出货的管理。银行人员首先要把好第一道关口，防止押品未进入指定仓库存放的“空城计”风险。

案例

发现厂家发来的钢材大部分未进入银行指定的仓库监管

银行批复给予武汉SL钢材有限公司5000万元授信，专项用于向湖南HLL钢薄板有限公司订货，并签署厂商银三方协议。放款员在审核客户第二笔提款申请时发现，距上一笔业务发生已有4个月，但库存货物明显不能覆盖客户在本行的授信敞口。于是，放款员将发现的问题反馈给客户经理，经调查得知，由于客户觉得监管费用太高，厂家发来的钢材大部分并未进入本行指定的仓库进行监管。且客户经理也疏忽了贷后定期查库的职责，造成质押的货物不能覆盖本行授信敞口。

对此，银行立即采取风险化解措施，在客户还掉部分贷款，将敞口控制在货物质押率以内，并承诺今后货物按时进库；客户经理承诺认真履行定期查库的职责后，才予以放款。

● **风险提示：**银行对于厂商银业务后续的货物监管非常重要。厂家和经销商擅自改变所发货物的接收地点，是导致银行还款来源失控的漏洞所在。许多诈骗的案例就由此发生。

飞行检查发现仓库里没有钢材

某分行给予上海A实业公司（以下简称“A公司”）、上海B金属材料有限公司（以下简称

“B公司”）等4户钢贸企业开票额度合计2.09亿元，敞口1.39亿元，其中2户钢贸企业质押钢材已部分入库。某日分行对上海江扬钢材现货市场进行“飞行检查”，重点检查该库内质押钢材的保存情况和监管公司尽责情况。结果发现以下问题。

（1）仓库账户系统中没有分行代A公司、B公司等的库存账户。

（2）通过监管方ZY物流公司提供库存清单与仓库系统对账，发现A公司质押物被记在上海C实业有限公司库存账名下。对此仓库管理人员解释为两企业为同一控制人，所以将A公司质押物记在C公司名下。分行检查人员指出，本行的质押物为静态控制，C公司与A公司为两个各自独立的法人，质押物绝不可换货混淆。

（3）仓库账户系统中既没有分行代B公司账户，也没有B公司自己名下账户。对此仓库管理人员解释为B公司名下质押的钢材和账户均在另一处仓库监管。而银行人员赶到该仓库检查，该仓库管理人员却说此地无B公司钢材账户。

通过实地检查，质押物监管中存在“账账不符”“账实不符”的严重问题得以暴露。鉴于江扬钢铁市场和监管方ZY物流公司在仓储管理和监管中存在较大风险隐患，分行马上停止涉及江扬钢铁市场的6家钢贸企业的新开票业务。同时对支行下发《风险管理督导函》，指出支行在日常查库工作中存在失职问题，要求马上整改，同时要求钢贸经销商马上进行移库操作或打入保证金封闭授信敞口。最终将上述风险授信业务全部结清。

（七）仓库管理混乱，账账不符，账实不符

监管公司常见的问题是：监管能力不足，内部管理混乱，账务不清，账账不符，账实不符。对此，银行应该加大实地查库力度，对存在较多问题且整改不到位的监管企业应坚决解除监管合同。

案例

发现监管人日常监管存在严重问题

某分行为A农业发展有限公司签发存货质押项下银行承兑汇票2200万元，保证金50%，期限6个月，用以购买磷酸二铵，以借款人关联企业B化肥有限公司存放于C县的化肥作质押，由ZY物流仓储配送有限公司作为监管人负责监管。

银行在贷后检查中，发现监管人日常监管存在以下严重问题。

（1）监管人未对货物实施有效监管。监管人员仅有两人，而质押物化肥种类繁多，存放情况复杂。货物存放于3个地方，物理距离较远。其中一个异地仓库监管人未派人驻地监管，另外一个仓库在主要仓库外约1千米处。

（2）监管人对货物的核库工作不规范，未对货物存量进行严格、准确、彻底的盘点，只是通过目测等方法进行估算。

（3）监管人未对质物进行实质控制，质押物的提取不需监管人批准，监管人也无法对货物的

进出进行实时监管，难以确保监管下的质物价值始终不低于质物最低价值。

煤炭监管公司记账混乱且未按银行要求进行动态监管。

郑州某分行向鹤壁市TT物资有限公司发放6个月期流贷1500万元。该客户主营业务为煤炭运销，故贷款以煤炭存货质押，质押率不高于60%，监管方为中外运JL储运有限公司。

分行贷后检查发现，该客户存货除有小部分经常出入库外，存放在库中大部分煤炭不流通，经营模式很不正常。经检查了解到，由于下游客户当地电厂及焦炭厂经营困难，占压供煤户货款较大，造成很多煤炭经销商因煤款难回收而破产。再查看第三方监管公司的情况，发现质押监管记账混乱，且未按银行要求进行监管，对库存煤炭的变化没有随时记录。

为避免打草惊蛇，分行检查人员并未当场指明质押存货存在的管理问题，而是迅速向分行领导汇报情况并采取措施。由信贷管理部总经理带队驻点借款人公司。对该公司存货进行实地检查，会同当地公证处、企业负责人、监管公司人员共同现场取证、化验，就地公证，当天拿到公证函，有力地保证了银行对该客户追索的主动权。

由于分行快速反应，措施得当，在公证事实面前，企业认识到事态的严重性，最终积极配合分行提出的各项要求。之后一个月内，经办客户经理每天驻点企业跟踪客户资金流向，并陪同客户到电厂、焦炭厂要账。最终，客户提前一周归还贷款本息，授信风险成功化解。

（八）货物未分堆码放，标识不明

对于质押给银行的货物，仓储公司和监管单位应该划出专门的场所单独存放，并放置明显的标志，以便银行随时检查。有些借款人与仓储公司勾结，有意通过混堆码放、不注明标识等手段使银行不易清点，以便将同一批货质押给多家银行以套取贷款资金。

案例

质押给银行的粮食没有单独的粮仓存放，且标识不清楚

JD粮油有限公司在大连某分行有两笔流动资金贷款，金额分别为2350万元和3150万元，用途为收购玉米。担保方式是粮食质押，由银行指定的仓储公司监管，质押率不超过60%。

根据总行存货质押贷款的操作流程、合同约定及监管要求，分行人员坚持每月走访借款企业，现场核实质押物，做好质押物三方确认工作，并实时关注玉米的价格，确保抵押物足值。

某年初，分行在贷后检查中发现，借款企业经营发生变化，现金流紧张。特别是质押物仓储监管公司的内部管理较为混乱，异地监管措施不到位，没有全面履行监管合同中约定的职责。质押给银行的粮食没有单独的粮仓存放，且标识不清楚。

分行风险管理部根据以上情况取消了该监管单位的监管资格。同时认为该笔贷款已经暴露了风险隐患，要求支行到期回收贷款后不再续作。

虽然该客户与支行合作多年，对银行承兑汇票、对公存款等联动业务贡献较大，但支行在接

到上级行文件通知后，高度重视，决定放弃眼前利益，坚决执行分行决策。支行一方面积极与客户沟通、维护关系，稳住借款人；另一方面控制账户资金、调查客户的财务情况，落实还贷资金，同时派专人现场监控质押物，确保质押物不出现问题。通过分支行的共同努力，顺利回收5500万元贷款本金及相应利息，化解了风险。

（九）违规出库，随意放货

有的监管仓库内部管理混乱，或者无章可循、有章不循，违规出库、随意放货等情况频发，最终导致银行损失。某家银行总行在对各分行的存货质押业务专项审计中，发现在押品出库环节存在以下多种违规行为和押品管理失控的风险。

1. 出库审批违规

案例

经查，XA分行保兑仓业务的《提货通知单》，由支行客户经理签发并登记，经营机构负责人审查签批后，分行会计部门加盖业务专用章，客户即可提货。未按照《银行保兑仓业务管理办法》文件规定，报经分行授信主管副行长审批，存在违规行为。

2. 出库用章违规

案例

JN分行为YZ水泥股份有限公司签发存货质押项下银行承兑汇票合计3000万元，以焦煤、焦炭存货质押，由ZY物流有限公司实施第三方监管。经审计发现，出库时监管人向分行出具的动产质押出库单上盖的章，与预留印鉴不符。

XLY经贸有限公司在CD分行保兑仓业务银票余额2850万元，敞口1991万元。分行在办理保兑仓业务时，未经分行风险管理部门开立、审批《保兑仓提货通知书》并加盖会计部门业务专用章，而是由支行业务经办人员和业务经理审批签字后加盖支行公章。

3. 出库方式违规

案例

DG分行与XT贸易有限公司在《质押仓储监管合作协议》补充协议中约定，“如果监管方（HX实业有限公司）经验收置换的货物价值总额低于分行设定的最低价值下限的，监管方须凭经销商出具经分行确认并加盖有效印鉴的《出库通知单》办理质物出库”。现场检查发现，监管方仅凭分行人员电话通知就办理了质物出库。

【参阅资料】动产质押监管公司的三大风险[①]

银行作为经营“信用”的高风险企业，存在着金融企业的固有风险，通常要采用担保方式来规避风险，动产质押是银行最常采取的担保方式之一。而银行由于没有监管经营资质和缺乏对动产管理的经验，于是委托监管公司对动产进行监管，将风险予以分散。

那么对于监管公司而言，动产质押监管业务的风险究竟是什么呢？大体上是三类。

一是操作风险，即监管公司监管过失和操作不当需承担赔偿责任的风险，主要表现形式如下。

（1）工作人员的道德风险，如监管员在现场私自放货，造成质物不足。

（2）工作人员的违规操作，如在接到银行工作人员电话，但未收到银行书面解押指令的情况下办理解押放货。

（3）业务不熟练，对于量大、货杂、品种多的质物盘点不到位，造成质物不符合银行的要求。

（4）监管流程设计上不合理，中间环节失控，如监管地点不适合监管、交接环节不明确、盘点周期过长等，均会造成监管公司不能有效地控制质物。

（5）执行不到位，如监管员配备不足、出质人不及时在相关表单签章确认等。

（6）质物选择、监管上不符合要求，如专用设备不适合作为质物，处于加工过程中的金银首饰等。

（7）在第三方仓库监管，监管公司缺少控制手段，出质人与第三方仓库恶意串通，如出具假货物权属证明等。

二是法律风险，也可称为协议风险，是指监管公司按协议约定承担过多责任或约定责任不清的风险，其主要表现形式如下。

（1）监管公司承担不应承担的责任，如质物权属认定、质物内在品质认定、仓单回购等责任。

（2）监管责任不清，由于相关法律对监管公司监管责任的界定不清晰，协议文本也没有明确的规定，存在不确定性，如在出质人作业库发生自然灾害使质物灭失，监管公司是否承担赔偿责任。

（3）银行要求监管公司签订补充协议与条款，承担总协议规定以外的责任。

三是银行风险，主要是指银行为了自身利益转嫁给监管公司的风险，其主要表现形式如下。

（1）银行工作人员的疏漏，如银行工作人员没有自己检验质物的质量，而由出质人自己去检验，出质人也没有在质物中抽样而是非法用其他货物作为质物样品去化验，造成样品与质物不符，实际质物的单价远低于样品的单价。

（2）银行工作人员不作为，如在出质人出现强行提货时，监管公司采取了相应措施予以制止并通知银行后，银行工作人员不予理会，也不签收监管公司的任何函件，一旦形成实际损失，则将监管公司告上法庭。

（3）银行工作人员违规操作，如不按协议要求使用规定单证操作业务，私下要求监管公司放货等，属于银行工作人员的职业道德风险。

---

① 改编自：动产质押监管公司的三大风险［EB/OL］.（2017-07-03）［2021-11-20］.http://jxhl.hljcourt.gov.cn/public/detail.php?id=7734.

第三节　应收账款质押风险

根据中国人民银行《应收账款质押登记办法》的规定，应收账款是指权利人因提供一定的货物、服务或设施而获得的要求义务人付款的权利以及依法享有的其他付款请求权，包括现有的和未来的金钱债权，但不包括因票据或其他有价证券而产生的付款请求权，以及法律、行政法规禁止转让的付款请求权。

应收账款包括下列权利。

（1）销售、出租产生的债权，包括销售货物，供应水、电、气、暖，知识产权的许可使用，出租动产或不动产等。

（2）提供医疗、教育、旅游等服务或劳务产生的债权。

（3）能源、交通运输、水利、环境保护、市政工程等基础设施和公用事业项目收益权。

（4）提供贷款或其他信用活动产生的债权。

（5）其他以合同为基础的具有金钱给付内容的债权。

应收账款根据相应的债权是否已产生为标准，分为已实现的应收账款和待实现的应收账款两种。

已实现的应收账款，是指应收账款的债权人已经履行完毕其取得应收账款债权应履行的义务，已确定的取得应收账款的债权，应收账款的数额、债务人、账款收取时间已确定。比如说，销售商已将相应的货物交付买方，并且质量、规格等符合双方的约定。

待实现的应收账款，是指应收账款债权尚未产生，相应的数额、账款收取时间也尚未确定，其原因可能是债权人尚未履行其应履行的义务等。但是，基于其与相关方已签署的销售合同等法律文件，或者是其已经取得的路桥收费权等权利，其未来取得相应的债权是可预期的。

应收账款作为一项债权，《民法典》规定其可以作为出质权利，由此开辟了一般债权和未来债权质押的合法途径，为企业特别是小微企业融资提供了有效的担保模式。我国企业应收账款资源十分丰富，中小企业总资产中60%以上是应收账款和存货，应收账款质押融资具有广阔的市场前景。

银行对于应收账款质押业务，只要是应收账款真实、债务人资信和付款能力可靠，都愿意办理。在办理业务过程中，一是要防范欺诈风险，二是要防范操作风险。

一、应收账款质押欺诈风险的类型（4种）

应收账款质押欺诈风险的类型（4种）
● 违法交易合同 ● 虚假应收账款 ● 销售价格虚高 ● 抽逃贷款资金

在银行应收账款质押授信业务中，发生过很多欺诈的刑事案件。当经济环境变差，贸易背景复杂，特别是关联企业交易的真实性难以判断时，往往存在较大的欺诈风险。

（一）违法交易合同

如果交易背景违法违规和违背社会公德，比如博彩、走私、销售国家专卖产品等，其交易合同就是无效的，对该应收账款设立的质押也必然是空中楼阁。

（二）虚假应收账款

如果应收账款合同和应收账款确认回执本身就是虚假的，那么在该合同项下质押的应收账款，也就根本无法成为银行授信资金的还款来源。

由于应收账款本身就是虚假的，债务人确认债务的公章和签字必然也要通过造假来骗取银行的信任。这类案件一般都是借款人（虚假销售方）单方所为。当银行人员在不法分子安排的时间内前往债务人处核保时，不法分子就早已提前设好了局、布好了套，坐等银行人员上当。

不法分子通常采用两种欺诈手段。第一种是假签章，就是银行人员到了债务人经营场所后，被安排在会议室等待，不法分子自己将资料拿到后面去签字盖章，最终出来交还给银行人员的，已经是虚假签字盖章的资料。第二种是假人员，如果银行人员坚持要求“面谈、面签”，不法分子就会假冒对方单位的负责人出面接待，并当着银行人员的面签字盖章，这些签字盖章当然都是假的。

银行人员要防范应收账款虚假的风险，增强风险意识、责任意识，认真履职，放款核保时务必执行“双人、实地、当面、复核”制度。在前往债务人处核保时要确保“三真实”。

（1）真实地点。必须到债务人生产经营的办公地点，不得到无关场所。

（2）真实人员。必须见到企业的法定代表人，或其授权人员，确认其身份的真实性，要防范假冒人员或企业内鬼出来接待。

（3）真实签章。必须当面见证对方有权人员签字盖章，并录影拍照存档。

为了防止上当受骗，银行还应采取“复核”措施，就是银行人员在签字盖章之后第二天，不通知借款人，而是自行再去债务人处，找有关人员再次核实。如果发现被骗，应迅速控制住不法分子的有效资产，再以民事诉讼或刑事报案等方式处理。

案例

应收账款造假，一家银行中招

（来源：中国贸易金融网，2016 年 6 月 19 日）

武汉高院公布的一份关于某股份制银行与债务企业的应收账款质押贷款官司的二审判决书引起了记者的注意。

2014 年 3 月 25 日，某股份制银行向武汉 BT 工贸有限公司（以下简称 BT 公司）授信 1 亿元，并通过其对 WG 集团矿业有限责任公司原料分公司（以下简称 WG 原料分公司）2014 年 3 月 25

日至2016年3月24日发生的全部应收账款债权作为授信中的质押担保。同日，BT公司和银行分别出具了《应收账款质押通知书》，而WG原料分公司也在《应收账款质押通知确认书》上予以了确认。

银行方面称，WG原料分公司以付款方名义在该确认书上同时预留公章及财务确认，而银行方面也就该宗应收账款质押办理了质押登记，登记文件中所质押的应收账款债券包括BT公司对WG原料分公司享有的金额2508万元的应收账款。

2014年6月2日，BT公司和WG原料分公司再次以相同模式质押了1254万元的应收账款债权，并办理了相应的质押登记。经过两次的质押，该股份制银行登记的应收账款债权质押规模达到了3762万元。

2014年6月4日，在3762万元应收账款质押的担保下，该股份制银行向BT公司发放贷款1000万元。然而，仅仅四个月之后，BT公司对该笔贷款的利息偿还就出现了问题。当年10月21日，BT公司由于拖欠银行利息9万多元被银行要求提前偿还贷款本金及利息。为了对贷款追偿，该银行也将WG原料分公司和其母公司——WG资源公司告上了法庭。

蹊跷的是，尽管BT公司的贷款事实被认可，但是WG原料分公司和WG资源公司却称，两家公司并没有和BT公司签订过原材料供销合同，也未在《应收账款质押通知书》、《应收账款质押通知确认书》及《询证函》上签字盖章，银行所主张的应收账款根本不存在。

由此，对于WG原料分公司和WG资源公司在BT公司涉及银行贷款上的账款质押责任成了三方争议点。

更重要的是，BT公司对银行提供的应收账款质押材料也不予认可。WG原料分公司及WG资源公司认为公司印章及个人签名涉嫌伪造，并提交了证明公司撤销、印章实际使用情况及合同签订情况的相关证据。证据显示，银行提供的《应收账款质押通知确认书》《询证函》及两份基础合同上所加盖的公章此前已经作废。

然而，该股份制银行为了证明应收账款质押的有效性，甚至让经办员工出庭做证，以证明应收账款的真实性。但是，经办的银行员工对于经办现场是不是WG原料分公司工作场地，印章是否真实并不能确认。

"交易不真实，没有应收账款债权，WG资源公司也就没有还款义务。然而，连利息都无法偿还的BT公司对于银行债务肯定也是有心无力。"一位知情人士称，该股份制银行在该笔贷款中吃了闷亏，债务的追偿可能难度相当大。

据记者了解，在民事一审中，法院判定BT公司偿还贷款，但是却并没有支持应收账款的增信措施，也就撇开了WG原料分公司和WG资源公司的偿债责任。双方官司的纠纷一直延续至今，而该案件的二审直到2016年2月才在武汉高院开庭，但是却以维持原判终结。

未严格执行面签制度　授信业务开展了4年未发现客户诈骗

2010年上半年，济南某分行同意给予A塑料公司5000万元综合授信额度，专项开票用于向某国有M企业采购产品。由A塑料公司法定代表人任某提供连带责任担保，由M公司承担保兑责任。

业务开展后，某支行又分别于 2011 年、2012 年相继开发了 B 化工公司、C 塑料公司两户企业，法定代表人和实际控制人均为任某。业务模式均与 A 塑料公司相同。基于上述模式借款人多年来较好的配合度，2013 年 6 月，该分行给予三户关联企业合计 3.5 亿元集团授信额度。

该支行按照银行核保规定，最早于 2010 年 9 月由任某陪同前往 M 公司签订保兑仓协议。但每次任某都声称，M 公司内部管理严格，不允许外部人员进入内部办公区域。最终由保兑单位接待人员将协议拿走，离开银行人员视线，拿到后面办公室签字和加盖公章，出来再交给银行人员。

随着 A 塑料公司授信额度增加，及 B 化工公司、C 塑料公司授信业务的相继办理，支行又先后多次前往 M 公司签署保兑仓业务协议，过程均与首次核保情况大体一致，到最后签章环节时，被以相同理由不允许银行人员当面见证签字和加盖公章。

2014 年 7 月 10 日，按照分行均衡备付要求，A 塑料公司应备付保证金 200 万元，虽经客户经理及支行分管行长多次催促，但始终未到账，这在双方多年合作过程中极其少见。

7 月 14 日早上 8 点左右，A 塑料公司财务人员给某支行分管行长发来短信，告知任某将公司日常事务移交其妹夫管理，任某则一直处于失联状态。该分行立即派人前往企业，调查得知任某因资金链断裂而“跑路”。

随后，分行立即派人前往保兑单位 M 公司，并面见了公司党委书记和法律部主任，要求该公司按照协议约定承担保兑责任，但对方称从未与该分行签订过保兑仓协议。分行断定任某涉嫌诈骗。

2014 年 7 月 16 日，该分行就任某涉嫌票据诈骗向公安局经济犯罪侦查支队报案。后经公安机关查证，保兑仓协议文本上签署保兑方的公章全部为伪造。2014 年 12 月，公安局将犯罪嫌疑人任某等人抓获归案。2015 年 10 月，人民检察院将犯罪嫌疑人移送中级人民法院提起刑事诉讼。

而自 2014 年 9 月，任某实际控制企业在该分行授信敞口 2.6 亿元陆续形成逾期垫款。

总行对核保的制度要求是“双人、实地、当面”。支行自 2010 年发生第一笔业务以来，每次核保均是由授信企业法定代表人任某陪同前往保兑方（核心厂商）办公场所进行。而在每次核保过程中，任某均以保兑方内部管理严格，不允许外人进入内部办公区域为由，阻止核保人员面签，而由保兑单位接待人员将协议传签后，拿入其办公室加盖公章，未做到真正面签。

在几年来的授信业务过程中，先后有多名客户经理、支行分管行长、分行核保人员参与核保，但始终没有将未能面签的问题予以揭示，始终未向分行信贷管理部门报告，且在没有面签的情况下均在核保书上记录为面签。

由于客户经理及核保人员因轻信了任某的各种说辞，未坚持面签的业务底线，且没有及时揭示未面签的风险，导致分行丧失了发现风险、识破骗贷的机会。

（三）销售价格虚高

销售价格虚高主要是由两种情况引起：一是出质人或出质人与借款人合谋虚报应收账款价格，使其超过合同或实际应付的价格；二是货物折扣销售，且出库价与返还折扣双条线记账，使账务上的应收账款与最终实际应付价不一致。在这些情形下，银行贷款今后的还款来源资金将出现缺口。

（四）抽逃贷款资金

这种情况，一是应收账款在设立质押之前已清偿，只是出质人未入账；二是设立质押之后出质人收取了应收账款债务人清偿的款项，但未提存或保管，而是挪作其他用途。不论何种情形，其实质都是没有了第二还款来源，贷款银行将面临风险损失。

二、应收账款质押操作风险的类型（16 种）

应收账款质押属于权利担保，银行人员授前调查内容广泛、调查任务繁重：不仅要调查借款企业的生产经营和资信状况，还要核查应收账款债务人的资信与实力；不仅要核实应收账款是否存在，审核应收账款能否转让和质押，还要审视合同价款是否正常与合理，以确保应收账款出质价格未被虚高；不仅要了解出质人、应收账款债务人的资产负债状况，还要关注出质人对销售、资金回笼的管理措施，以及应收账款债务人的债权管理水平；等等。

在办理应收账款质押授信业务中，应注意防范以下操作风险。

应收账款质押操作风险的类型（16 种）
● 不适合质押的应收账款 ● 应收账款权属不明 ● 应收账款被重复质押 ● 质押率不当风险 ● 质押条款不具有排他性 ● 质押顺位上本行处于不利地位 ● 未制定专门管理办法 ● 未设立专用回款账户 ● 质押资料手续不全 ● 授信后资金未按时足额入账 ● 资金被擅自挪用 ● 债务人抗辩权风险 ● 放弃权利风险 ● 诉讼时效风险 ● 抵销权风险 ● 被司法机构查冻扣风险

（一）不适合质押的应收账款

银行接受质押的应收账款必须满足一定的条件。

（1）应收账款项下的产品已发出，并由购买方验收合格。

（2）购买方资金实力较强，无不良信用记录。

（3）购买方确认应收账款的具体金额。

（4）购买方承诺只向销售商在贷款银行开立的专用账户付款。

（5）应收账款的到期日早于贷款合同规定的还款日等。

银行必须注意下列应收账款不适合用于质押。

（1）法律法规明确规定不得（或限制）设立质押的应收账款，比如医院、学校、公园等基于公益而产生的收费权，政府土地储备中心的土地收益金。

（2）出质人尚无特定的交易对象，或虽有特定对象，但双方并未签署合法有效的交易合同。

（3）交易合同且货物或服务尚未提供，尚未实际产生的应收账款。

（4）涉及特许经营、专利、商标、知识产权等市场不易定价的产权交易形成的应收账款。

（5）贸易基础合同中有约定应收账款不得转让、不得质押、债务抵销等限制性条款。

（6）关联交易中涉嫌虚假交易产生的应收账款。

（7）信用质量较差的应收账款债务人的全部应收账款。

（8）对冲账款，即借款人同时也欠应收账款债务人的钱，双方债务可被对冲。

（9）账龄超过 90 天的应收账款。

（10）应收账款已被做过排他性质押登记。

（11）有瑕疵的应收账款。

银行在办理应收账款质押时，必须准确无误地核查交易背景的“三性”，即合法性、真实性和有效性，采取了解合同履约情况、查看发票记载内容、与合同交易对手沟通等多种方法和途径，确保应收账款权利质押担保的效力及权利实现，避免应收账款不真实、不合法导致应收账款质押无效的情形发生。

案例

发现购销合同中对应收账款有限制转让条款

苏州 A 模塑有限公司（以下简称“A 公司”）向银行申请办理应收账款质押贷款 2000 万元。

放款员审核发现，该公司与苏州 B 电子家电有限公司（以下简称“B 公司”）的《购销合同》中约定：“在未取得 B 公司认可的情况下，A 模塑有限公司不得将本合同下的债权转让给第三方或为其提供担保。”鉴于 B 公司未提供悉知应收账款质押的确认函，存在较大法律风险隐患，放款中心停止办理放款，并将此信息及时反馈至审批部门。

在这个案例中，如果 B 公司知道《购销合同》中双方约定有不得转让条款，也知道 A 公司将应收账款债权质押给银行的事实，但只要在银行发来的《确认函》上签字确认，则以该行为表明认可 A 公司对《购销合同》禁止转让条款的变更。

发现应收账款已被做过排他性质押登记　暂停 750 万元放款

2012 年 10 月 16 日，河南 XYSY 有限公司向银行转让了其基于钢材销售合同享有的对中铁十五局集团第二工程公司的应收账款人民币 937.5 万元，申请保理放款 750 万元。

根据银行规定流程，保理业务应当按“先查询，再登记”的原则，在中国人民银行应收账款质押登记公示系统中进行登记公示。放款员发现，另一债权人郑州某企业投资担保有限公司登记的应收账款描述为“河南 XYSY 有限公司自 2012 年 9 月 27 日到 2014 年 9 月 26 日两年内所有的销售货款及现金债权收益”。

放款中心认为，该笔登记是一个排他性登记，即借款人不得向该担保公司以外其他人以应收账款质押融资。根据上述情况，放款中心经请示领导，对该笔业务做了退卷处理。

后来，在郑州某企业投资担保有限公司对上述登记信息注销后，并确认贷款行接受的借款人应收账款不存在其他优先权的情况下，方为借款人办理了放款手续。

（二）应收账款权属不明

银行不得接受权属不明的应收账款。

对于应收账款的确权步骤为以下两步。

第一步，取得并核查每笔应收账款对应的销售合同、出库单、运输单、验收单、回款单以及相关审批记录，以明确应收账款金额。

第二步，根据确定的应收账款金额，对应收账款进行发函确权，并取得绝大部分比例的无差异回函。对于回函应关注公章及签字人是否齐全，函证发出地址是否与发函地址一致等信息，对存疑的回函要通过电话、走访等进一步核实。

案例

发现借款人名称与政府批复的燃气收费权公司不符

长沙某分行批复给予 A 公司固定资产贷款 4500 万元，用于靖州县城市管道燃气三期项目工程开发建设，期限 4 年，以 A 公司在靖州的全部燃气收费权作为质押担保。

核保员和支行客户经理前往怀化市靖州县进行实地核保。在审核 A 公司燃气收费权权属时，发现以下两个问题：第一，省住房和城乡建设厅颁发的《城市燃气企业资质证书》（单位名称一栏为手写）企业名称不是 A 公司而是 B 公司；第二，靖州县城市管理局在授予企业燃气供气特许经营权的批复中，批复的企业名称也不是 A 公司而是 C 公司。针对这两个问题，核保员当即提出了疑问，即 A 公司的企业燃气特许经营权在法律上权属不清楚。

经多方核实，第一个问题是由省住房和城乡建设厅将单位名称写错所致，后出具说明并进行了更正；第二个问题，据客户经理和客户反馈，A 公司实际控制人最初是通过政府招商引资的形式，是以 C 公司的名义进入靖州燃气市场，因此城市管理局当初下发的特许经营权批复是给予 C 公司的。半年后 A 公司成立，并经营靖州的全部城市管道燃气。同时在工商局网站查询到 C 公司已被吊销。

针对此情况，经咨询分行法律部后，核保员要求客户提供了由靖州县城市管理局出具的特许经营权由C公司变更为A公司的批复资料，从而有效防范了因权属不清楚可能带来的风险。

（三）应收账款被重复质押

银行要关注应收账款之前有无进行过质押登记。中国人民银行《应收账款质押登记办法》第五条的规定："同一应收账款上设立多个质权的，质权人按照登记的先后顺序行使质权。"因此银行在发放贷款前，为了防止企业将应收账款重复质押或先质押后转让，或者第三方恶意登记而产生的风险，一定要先在人民银行应收账款质押登记公示系统进行查询，确保无误后方可办理质押并进行登记。

案例

发现全部收费权已质押给了另一家银行

东莞HMDC公司向银行申请贷款4000万元，提供对东莞GDJ公司10%比例的收费权作为质押担保。

放款中心人员在放款前进行人行应收账款质押登记时，发现借款人已于3个月前将上述收费权项下全部应收账款质押给了东莞另一家银行，并且在人行系统中进行了3年期的质押担保登记，担保金额共计人民币7亿元。

鉴于该笔应收账款有可能被重复质押，本行质权有可能沦为第二顺位，届时债权将失去优先受偿的权利，于是放款中心停止办理了该笔业务。

发现质押给担保公司的应收账款合同编号相同

长春JDL铁塔集团有限公司向银行申请发放5000万元保理业务。放款中心审核人员通过查询应收账款登记系统，发现客户转让给本行的应收账款与登记系统中质押给担保公司的应收账款范围在合同编号上是完全相同的，因此暂停放款，要求客户经理进行调查。

后经客户经理调查，在担保公司质押的应收账款已经结清，但原登记机构未及时办理注销手续，导致重复登记现象。分行放款中心在与原登记机构确认注销后给予放款。

● **风险提示：**应收账款登记系统对登记范围的描述存在模糊性，有时只写发票号码、有时仅写合同编号，有时按照付款人登记，甚至存在将收款人全部应收账款登记的现象。为此，放款中线人员在应收账款登记审核时，应对应收账款的全部登记要素进行比对，缺一不可。

发现增值税发票及贸易合同已质押给其他银行

辽宁清原满族自治县JYL矿业有限公司向银行申请开票4000万元，以企业应收账款质押担保。

放款员在审查应收账款质押登记系统后发现存在重复质押情况。企业为证实应收账款已实际发生而提供的增值税发票以及相关贸易合同，已于6个月前全部质押给JL银行股份有限公司长春东盛支行。通过和对方银行核实，确认此笔应收账款重复质押，因此将此笔业务做退回处理。

● **风险提示**：交易合同和增值税发票（或特殊行业专用发票）是证实应收账款贸易背景真实性的重要依据，也是近年来总分行以及相关监管部门各类检查的重点。只有在确认权属清楚，没有瑕疵的前提下，才能办理授信业务。

（四）质押率不当风险

应收账款的质押率一般为60%~80%，主要取决于应收账款的质量，即取决于应收账款债务人的信用等级。越是财务稳健、应收账款回收率高、无不良信用记录的企业，应收账款的质量越高。同时还要关注应收账款的集中度，对单一客户的集中度越高风险越大，质押率应进一步压低。

（五）质押条款不具有排他性

借款人质押给本行的应收账款必须具有唯一性和排他性。银行人员在办理应收账款质押登记前，必须查询出质人的应收账款质押状态，防止被他行先行质押登记而影响本行登记效力。

案例

发现应收账款未达本行"唯一性、排他性"的质押要求

A银行同意给予DS机械（苏州）有限公司贷款1000万元，以其对甲、乙、丙三家公司的应收账款作为质押担保，同时要求出质人将"一年内已经发生或将要发生的全部应收账款"质押给本行，并承诺"质押为唯一性、排他性质押，不再将上述应收账款质押给任何第三方"。

放款审核人员在办理应收账款登记前，对该客户在人行系统中应收账款质押的状态进行查询时发现，出质人已在B银行苏州分行办理了甲公司应收账款质押登记600万元，与本行要求的"质押唯一性，排他性"明显不符，放款中心立即暂停了该笔放款。

（六）质押顺位上本行处于不利地位

同样根据中国人民银行《应收账款质押登记办法》第五条规定："在同一应收账款上设立多个质权的，质权人按照登记的先后顺序行使质权。"银行应避免接受顺位在后的应收账款作为质押品。

案例

发现并解决本行质押权利顺序排在他行后面的问题

长沙市SW通信设备公司向A银行申请5000万元银行承兑汇票额度，以该公司与联通公司湖南省分公司之间的应收账款提供质押担保。

A银行放款员按照应收账款质押业务管理办法审核时，发现客户于3个月前从B银行获得了 1000 万元流动资金贷款。B 银行已在人行征信系统中进行了应收账款质押登记，且对质押财产的描述为："……以长沙市 SW 通信设备公司所产生的全部应收账款，为债务提供质押担保……"显然此时无论 A 银行如何对质押财产进行描述，权利顺序都只能排在 B 银行之后，不利于保障本行的债权。

A 银行放款员考虑到客户与 B 银行之间只发生了一笔债务关系，且金额不大，对应需要的应收账款金额也不多。于是建议客户与 B 银行沟通，要求 B 银行进行变更登记，在质押财产的描述中，明确客户与联通公司之间的具体业务合同编号，以及质押担保实际所需的应收账款金额。确保不会与 A 银行进行登记的质押财产相重叠。最终在 B 银行做出了变更登记后，A 银行方才放款。

（七）未制定专门管理办法

根据中国人民银行《应收账款质押登记办法》规定，可用于质押的应收账款形式多样：销售、出租产生的债权，包括销售货物，供应水、电、气、暖，知识产权的许可使用，出租动产或不动产等；提供医疗、教育、旅游等服务或劳务产生的债权；能源、交通运输、水利、环境保护、市政工程等基础设施和公用事业项目收益权；提供贷款或其他信用活动产生的债权；其他以合同为基础的具有金钱给付内容的债权。

银行应该根据不同应收账款的特征，制定专门的管理办法和操作细则，确保贷款从发放开始到最终全部收回，做到每道环节都有章可循，不会出现失误。

（八）未设立专用回款账户

应收账款质押的担保效力是依赖于应收账款的质量和债务人的配合，银行必须设立专用回款账户，要求应收账款的债务人按合同规定将相关款项按时足额归集于回款账户，专项用于归还银行贷款。银行人员对该账户要定期检查，如果发现资金未按时汇入，或汇入金额不足的问题，要立即查明原因，要求债务人采取措施加以纠正。

（九）质押资料手续不全

1. 要防止质押资料不全

银行需要收取的资料较多，包括：出质人同意提供质押担保的书面文件，出质人对质物享有所有权和依法处分权的权属证明文件，质物的清单及其基本资料，出质人与付款方之间对应本笔应收账款的交易合同，能证明应收账款真实性的资料如货运单据、发票、经业主确认的工程进度表等，能确定应收账款实有金额的材料原件，等等。银行经办人员应该认真负责，采用清单式管理，防止资料缺漏的风险。

2. 要防止质押手续不全

人民银行《应收账款质押登记办法》对于登记要求有详细规定，银行经办人员要认真执行，不可有疏忽。

与一般物权抵押登记所采用的实质审查不同，有关法规明确规定，登记机关对应收账款的质押登记采用"形式审查"方式，质权人在办理质押登记时需要提交的资料仅是当事人双方签订的协议，而登记内容则由出质人自行填写，登记机关只审查要素是否完备，既不要求登记人提交质押合同，也不对双方主体的合法性、真实性进行审查，更不对权利范围的真实性、准确性进行审查，因此是典型的形式审查。

这样一来，对应收账款的“实质审查”责任责无旁贷地由贷款银行来承担，并由此产生以下两个问题：一是登记机关对质押登记错误不承担赔偿等法律责任；二是质押登记不具有公信力，当所登记的权利与真实权利不一致时，以真实权利为准。一旦所登记的应收账款出现不真实的问题，质押登记便失去了实际意义，贷款银行也就没有优先受偿权，就会面临潜在的风险损失。

（十）授信后资金未按时足额入账

银行虽然对应收账款制定了专门管理办法，也开设了回款账户，但在授信后管理过程中，如果应收账款的资金未能按时足额入账，将使银行贷款的回收成为无源之水。因此，银行人员必须认真负责，授信后定期查看回款账户的流水情况，做好如下工作。

（1）对产生应收账款的基础合同的履行情况继续跟踪，及时全面收集出质人已经完全履行基础合同项下义务的有关证据。

（2）督促出质人及时请求债务人付款，注意防止诉讼时效超期。

（3）加强对应收账款专用结算账户的监督管理，确保资金都回笼到该账户。

（4）防止回笼资金流失和挪作他用。

（5）如果主债务到期未获清偿，应尽快与出质人、应收账款债务人协商，采取行动实现质权。

案例

察觉客户应收账款金额大回收慢风险，抓住先机成功退出

A 客户为主营电解铜、煤炭、石油沥青等大宗商品贸易的民营企业，年贸易规模在 10 亿元以上。该客户与东莞当地一家银行开展合作，授信金额 5000 万元，担保方式除评估价值 1200 万元抵押物外，主要为应收账款质押。

经过两年时间合作，该银行在进行续作审查，核实该公司应收账款操作记录时，了解到客户应收账款金额较大，多达 1.3 亿元，且应收账款回笼速度较慢，未能严格按照业务周期回笼资金。其主要下游客户为江苏 ZJ 再生资源有限公司，但查看银行流水对账单，并无该家公司的资金流入，而是江苏另一家公司，存在作假嫌疑。

基于上述应收账款回收操作信用记录差，且申请人整体融资规模较大、偿债压力大等情况，银行审查人员认为企业虽暂时还能逐步还本，但资金流将会日趋紧张，后续风险将会持续扩大，宜采取逐步压缩退出策略。因此在该年度压缩该客户 1000 万元额度，在下一年度又逐步偿还了 2000 万元，当年度仅剩全额质押低风险业务，并在到期后结清。

此后，该客户在一家国有银行因抵押物被法院查封而未得到新授信，且随着国内外大宗商品市场价格波动巨大，下游客户回款周期加长等风险因素叠加，企业的资金链出现断裂，随之在他行的贷款也转为不良。而这家银行因提前从企业应收账款中察觉问题，判断风险，抓住先机，逐步退出风险客户，有效保障了自身资金安全。

贷后检查发现客户销售款和租金未归集本行结算账户

深圳某分行审批同意给予FT投资管理有限公司流贷额度1900万元，限1年，专项用于向粮食集团公司油脂分公司采购多喜油茶籽油。以经营性物业大楼作为抵押担保。

为控制还款资金风险，贷款条件是：①要求销售款按授信份额回款至本行结算账户；②抵押物的出租收入回款至本行账户且比例不低于30%；③放款后两个月内补充交易对应的增值税务发票。

放款3个月后分行检查发现，借款人的销售回款和抵押物租金收入尚未归集本行结算账户，交易所对应的增值税发票也未补充提供。企业负责人解释，企业尚未进入销售回款大规模流入的阶段。分行实地走访油品仓库，盘库结果为库存价值1320万元。

在分行的重视和督促下，借款人最终从其他银行借款提前归还了分行贷款。

发现半年多时间出口退税账户金额为零

西安SZQ进出口有限公司申请办理银行承兑汇票4200万元，保证金比例30%，敞口部分以该公司出口退税账户中的应收退税款为质押。

放款中心通过审查该客户出口退税账户明细清单发现，该账户从上一笔开票至今半年来，出口退税金额为零，与以往出口退税回款情况明显不同，可能存在风险隐患。为此，放款中心暂缓审查，要求经办人员查明原因。后经办人员到企业及国税局调查了解，发现由于国税局工作人员更替，误将退税款项1.45亿元退回至该公司的一般结算账户。在此情况下，放款中心认为该客户出口退税账户质押金额严重不足，存在风险隐患，停止受理开票业务。

（十一）资金被擅自挪用

在实际操作中，银行对回款账户的监管需要多人、多岗位、多部门的通力合作才能进行，只要任何一个环节出现疏漏均有可能使账户监管流于形式。如果账户内的资金被企业擅自挪用，将使还款来源落空。因此，如果没有风险管理部门向账户管理部门发出的书面授权指令，任何人不得支取账户内的资金。

（十二）债务人抗辩权风险

如果出质人没有履行发送货物或提供服务，应收账款债务人依据《民法典》具有抗辩权。债务人还可以在合理的期限内就出质人交付货物瑕疵或者不适当履行合同义务提出抗辩。因此，银行必须确认出质人已经充分履行合同义务后方可接受该应收账款。

（十三）放弃权利风险

如果出质人在出质后放弃合同债权，贷款银行可依据《民法典》规定的“撤销权”，申请法院撤销出质人的权利放弃行为。但若应收账款债务人主观善意，法院可能出于保护应收账款债务人或第三人权益，认定质押合同全部或部分无效。因而应收账款存在无法清偿的可能，由此可能影响质权的完全实现。

（十四）诉讼时效风险

如果质押的应收合同债权超过诉讼时效，贷款银行将难以从债务人那里获得清偿。如果出质人不行使或怠于行使时效权利，中断、中止合同债权诉讼时效，将可能使合同债权发生超过诉讼时效的事实，成为自然债权，从而得不到法律保护。

（十五）抵销权风险

当应收账款债务人与出质人存在互负到期同种债务的情况下，债务人可能随时主张将两方债权予以抵销，即应收账款的债务人行使了抵销权，从而使出质人在银行设定质押的应收账款债权归于消灭。而且抵销权的行使是一种单方法律行为，它不需要征得对方当事人（银行）的同意。这对贷款银行而言，是一个不确定的潜在的风险因素。

（十六）被司法机构查冻扣风险

如果应收账款回款账户被司法机构冻结，必然影响银行贷款的按期安全回收。一旦发生这种情况，必须立即查明原因，采取措施加以解决。

案例

法院冻结高速公路经营收费权账户里的资金

某分行3年内向西安A高速公路发展有限责任公司（以下简称“A公司”）累计投放5亿元长期专项贷款，用于西蓝高速公路建设，以通车后的高速公路经营收费权作为质押担保。

分行把该客户作为重点客户进行管理和维护，按月组织不定期检查和贷后走访，及时了解企业项目建设情况及收费情况等。监控客户全部收费资金，实行开源节流收支两条线，严格执行按年分期还款计划，贷款余额压缩至2.8亿元。

项目执行10年后，借款人股东B集团公司涉及民事纠纷，被法院强制执行。执行中某县法院违反正常手续，先行将分行A公司质押收费账户中的70%资金冻结，拟用于清偿B集团公司债务。

获此消息后，分行领导高度重视，信贷管理部联合法律部快速行动，向县法院提出异议，要求撤销错误执行行为。经过分行不懈努力和多次参加听证会，阐述银行正当权益，并敦促借款人与有关各方联系协调，最终质押账户里的收费资金得到解冻，分行陆续回收贷款。

三、以合同条款防控质押风险

对于上述种种质押中可能出现的风险，银行应在《借款合同》和《质押合同》条款中约定银行享有的权利和出质人应承担的义务，主要条款包括以下几项。

（1）全部贸易合同原件应移交银行占有。

（2）出质人不得有转让、放弃权利等行为，否则银行有权予以撤销或可提前清偿债务及行使质权。

（3）出质人要书面通知应收账款债务人，并取得债务人向银行的书面承诺函，表明：应收账款真实，债务人在出质期间不会有损害质权的恶意行为，不得向出质人清偿，但可向银行直接清偿，或予以提存，否则要承担赔偿责任。

（4）出质人怠于行使权利，致使质权受到或可能受到损害的，银行有权代出质人行使，或银行有权提前要求清偿债务或行使质权。

（5）银行要求提前清偿债务或行使质权的其他情形。

一旦银行质权受到或可能受到损害时，银行可依合同约定维护自身的合法权益。

第四节　股票质押风险

上市公司股票质押担保是指以借款人或第三方合法持有的上市公司股票设定质押，为借款人在银行获得授信提供担保，以保障银行债权实现的行为。银行在办理此业务中，主要应注意以下风险。

股票质押风险的类型（3 种）
● 不可接受质押的股票 ● 股票价格不断下跌 ● 股票质押登记手续存在问题

一、不可接受质押的股票

银行不得接受下列情况的股票作为质物设定质押。

（1）处于停牌、特别处理状态或被证券交易所除牌的股票。

（2）本银行自身或本银行并表机构的股票。

（3）在可预见的期间内，拟实施资产重组、合并、分立等重大事项的上市公司股票。

（4）经证券交易所确认后的预受现金选择权股票。

（5）已设立质押，被司法冻结，或已作回购质押的股票。

（6）国家法律、法规等明确禁止不得质押的其他情形。

二、股票价格不断下跌

股权的价值极易受公司状况和市场变化的影响，甚至会发生在短时间内由波峰跌至波谷甚至负价值的极端情况。质权实现有赖于股权拍卖、变卖或者折价时的价位。如果债务人不具有偿还能力，而股权价值在质押期间明显下跌，那么质权人的债权实现将直接受到威胁。

案例

发现股票价格大幅下跌，压缩500万元放款额度

辽宁SG集团有限责任公司向银行申请7000万元流动资金提款，以借款人持有的上市公司辽宁SG汽车集团股份有限公司的1502股限售股质押。

大连分行放款中心审核时发现，授信审批时每股价为6.8元，质押物总市值为10213.6万元。但是由于整体经济形势不好和大盘跳水，该股股价已大幅缩水，每股价值在放款审核日已跌至4.2元，整体质押物价值减少为6308.4万元。

发现上述问题后，放款中心与营销支行进行了数次沟通，在征得客户理解的前提下压缩了放款额度。第一次放款3000万元。之后在质押股票价值趋于平稳的情况下，又放款3500万元，最后500万元授信额度取消使用。

发现质押股权价值无法覆盖授信敞口，停止1000万元放款

WH大学资产经营投资管理有限责任公司在银行获得授信，以该公司持有的武汉KD电力股份有限公司910万股股权质押。

该公司申请提取剩余的1000万元贷款。放款中心在审核时，考虑到近几月股市暴跌的因素，马上查阅该股当时的市值，发现该股的股价已从当初质押的十几块钱跌至四块多钱，如继续放款，质押物将无法覆盖授信敞口，因此拒绝了放款要求。

发现转增股净资产下降风险

某年4月23日，经分行信审会审议，批复给予某集团有限公司授信1.2亿元，由该公司持有的浙江SJ光电科技股份有限公司2100万股限售流通股质押。

6月9日，支行陪同客户前来放款中心咨询股票质押登记的资料要求和办理程序。分行放款员上网查询了上市公司SJ光电的有关情况时发现，SJ光电于5月13日发布公告实施上年度权益分派，分配方案为每10股派3元现金加以资本公积金转增3股，并于5月18日完成了股权登记和分配。

放款员认为，若企业以资本公积金实施股本转增，则股东所持的股票数量将相应增加，但对应的每股净资产将同比例下降，考虑企业还有派发现金红利的行为，当前该集团有限公司持有的2100万股股票的实际价值与4月授信批复要求的2100万股比较，已大大缩水。

分行放款中心与客户经理共同向客户详细解释了股票转增、分红后对价值的影响以及存在的风险漏洞，最终某集团同意以其持有的全部2730万股SJ光电股票办理质押担保。

三、股票质押登记手续存在问题

银行人员在办理股票质押登记时，应按照中国人民银行《证券公司股票质押贷款管理办法》

和上海证券交易所《股票质押登记实施细则》以及本行规章制度认真执行，不可出现差错。

案例

《股权质押登记证明书》份数过多 存在解押隐患

武汉某分行给予异地客户广西CJ汽车投资有限公司授信额度2亿元，由CJ实业集团持有的该公司88%的非上市公司股权作质押担保。

在前往广西办理股权质押的核保过程中，放款中心核保人员发现当地工商局应客户要求出具了三份《股权质押登记证明书》原件并均加盖了公章。

由于《股权质押登记证明书》属于要件，在正常情况下仅需出具一份文件正本且必须交由银行保管。而核保人员在仔细阅读了证明书内容后，发现三份原件完全一致，且其上无“此份由出质人/质权人持有”的字样。今后任何人都可凭其中一份原件，到工商局办理解押手续，而使银行的担保悬空。

在对客户耐心解释后，将三份原件悉数封存带回分行入库保存，只给客户留存一份复印件备查。

● **风险提示：**股权质押登记证明书原件是解除质押的重要凭证，各地工商局出具的格式内容稍有差异，如果其上无“此份由出质人/质权人持有”的字样，那么原则上只应有一份原件供质权人持有。这样才能避免在质权人不知情的情况下，债权未解除而质权被违规提前释放的风险。

此外，银行人员应加强业务学习和培训，熟知《民法典》等相关法律法规，以及当地抵质押登记行政管理机关的相关规定，充分依靠法规部门的专业知识，确保抵质押登记手续符合法律规定，避免因操作不当引起法律风险。

【参阅资料】民营上市公司股票质押情况

上市公司股票质押业务旨在服务持实体经济，解决上市公司融资问题。从2013年以来上市公司股票质押业务发展迅速，到2017年规模达到6.15万亿元，业务风险逐渐积累。受到金融去杠杆、监管趋严等因素影响，2018年股票质押规模有所下降，为4.4万亿元。在金融去杠杆的背景下，非标业务萎靡，实体经济整体融资难度增加，其中民营企业承压相对更大。从数量上看，民营上市公司约占三分之二的数量，也是股票质押业务的最大主体。2018年A股持续低迷，虽然整体业务规模有所下降，但潜在的金融风险仍不可忽视。

近年来，我国民营企业对GDP的贡献比重逐年上升，民营企业提供的就业岗位数量也在不断增加。根据最新数据,A股3582家上市公司中，民营上市公司有2192家，占据上市公司62%的比例。通过股票质押式回购业务融资的上市公司中，民营企业占据约79%的比例。

在市场上有“无股不押”之说。根据Wind数据，2018年底，股票质押总市值为4.3万亿元。截至2019年1月18日，沪深两市共有2269家上市公司存在股票质押未解压，占全部A股的63.5%，质押总数为4740亿股，A股质押总规模约为4.4万亿元。

在大量股票质押业务中，控股股东或实际控制人存在高比例质押的情况。控股股东质押股票比例超过80%的公司有595家，其中523 家市值低于100亿元。控股股东大比例质押的公司中，制造行业占比较高，约占三分之二的数量。在民营上市公司股票融资业务中，控股股东的情况尤为值得关注。控股股东质押比例高的上市公司中，民营企业占比约90%。控股股东股票质押比例超过50% 的上市公司中，民营企业占88%，控股股东质押比例超过90%的上市公司中，民营企业占比84%。

第八章　虚假资料风险

银行在受理授信申请时，会要求借款人和担保人提供许多材料，而不法分子为了骗取贷款，又没有什么真实材料，必然要伪造虚假材料。由于不法分子造假危害如此之恶劣、造假伎俩如此之多样，本书在此专门用一章内容来总结经验，请银行各级人员务必高度重视，在授信调查、授信审查、授信审批时要严格把关。切不可等贷款放出去后才发现有假，为时已晚，追悔莫及。

为了达到以假乱真、蒙混过关的目的，不法分子会仔细研究银行审批贷款所需要的材料，采用各种传统手段和现代高科技技术，想尽各种方法有针对性地造假。比如：

（1）对借款人、担保人身份造假的材料。包括：假营业执照、假高管人员身份、假注册验资报告、假法人公章、假财务章、假委托书，等等。

（2）对借款用途造假的材料。包括：假借款申请书、假经济合同、假董事会决议、假个人签字、假立项批准文件、假项目意向书，等等。

（3）对借款人资信造假的材料。包括：假财务报告、假审计报告、假评估报告、假社会荣誉证书，等等。

（4）对借款人还款能力造假的材料。包括：假销售收入、假银行对账单，等等。

（5）对担保能力造假的材料。包括：假担保单位营业执照、假同意担保函、假公证函、重复抵押材料、假公司债券和股票等证券、假国库券、假银行存单、假产权证明，等等。

（6）其他造假的材料。

不法分子只要向银行提交了虚假材料就是欺诈行为，无论手段多么复杂多样，其本质都是虚构事实、隐瞒真相。银行人员防范欺诈的第一步，就是要具有识破虚假材料的火眼金睛。

从不法分子造假方法上看，一种是直接伪造，另一种是利用别人的真材料加以变造。当银行人员发现借款人的说话有假、材料有假、公章有假时，就应立刻意识到自己正被引向陷阱的边缘。要高度警惕，要更加小心说话，小心观察，以便察明借款人背后的真正用意，防止上当受骗。

银行人员发现和堵截虚假资料，应该是在贷款发放出去之前的调查阶段、审查阶段、审批阶段、放款阶段。如果贷款都已经放出去了，才发现资料是虚假的，悔之晚矣。因此，银行每个岗位人员，都必须提高识假防假能力，堵截风险于银行门外。

下面就如何识别与防范银行常见的七种虚假资料风险进行论述，包括：虚假合同、虚假借款决议、虚假担保决议、虚假签字、虚假印鉴、虚假授权委托书、虚假发票、虚假财务报表等。

第一节　虚假合同

经济合同是证明授信用途最直接的材料，银行人员在办理业务时，一是要防范虚假经济合同，二是要防范问题合同，因为这两种都属于无效合同。

一、虚假经济合同的类型（4 种）

贷款诈骗犯罪是一种直接故意犯罪，不法分子会采用种种方式制造虚假经济合同，包括形式上合法而内容上非法的经济合同，以图在银行的调查和审查过程中蒙混过关。而不少银行人员在调查和审查借款申请人提交的经济合同时，往往只注重于合同中数量、价格、金额、利润等方面内容，却忽视了对合同本身的真实性的审查，致使不法分子有可乘之机，成为导致银行重大资金损失的重要原因。

根据案例研究，笔者总结的一句话是："凡骗必假、凡假必骗。"就是说不法企业想要从银行骗贷，必然要对材料造假；而银行人员如果发现资料有假，应立即意识到该企业有骗贷的企图。

（一）虚假经济合同的特征

不法分子以虚假经济合同骗贷，往往有以下特征：一是申请的授信业务品种大多是当事方少、操作简单的，如短期流动资金贷款、开承兑汇票或贴现、信用证业务等。二是申请贷款的项目一般是时间短、见效快，能保证偿还，能给银行带来存款、结算和中间收入等，对银行人员具有诱惑性。三是骗贷金额一般不会超过目标行的审批权限。四是申请人往往强调时间紧，按正常审核程序来不及，要求银行变通办理或资料后补等。五是承诺给银行高回报，给承办人好处费等。银行人员对这些（尤其是第四条和第五条）应该保持警惕性。

（二）虚假经济合同的主要类型

不法分子为骗取贷款提交给银行的虚假经济合同，一般有以下几种。

虚假经济合同的类型（4 种）
● 伪造的经济合同
● 变造的经济合同
● 恶意串通订立的经济合同
● 修改后的经济合同

1. 伪造的经济合同

该经济合同根本不存在，不法分子伪造某单位（该单位可能有，也可能已破产或注销，或根本不存在）的公章、合同章、法定代表人印鉴，制作虚假合同。

2. 变造的经济合同

利用有些经济合同未加盖骑缝章的漏洞，将最后有双方公章及法人代表签字的一页保留不动，而对前面其他几页的内容采取涂改、粘贴、修剪等方法进行篡改，形成假的合同文本后去申请贷款。

3. 恶意串通订立的经济合同

由于作为经济合同的一方借款人是否归还贷款，订立经济合同的另一方是不承担责任的。因此合同双方有可能恶意串通，订立根本不准备履行的虚假经济合同。

4. 修改后的经济合同

先与某信誉良好的企业订立合同，而后找种种借口订立补充合同，对先立的合同中的权利义务予以否定或重大修改。不法分子使用原先的合同向银行申请贷款，但隐瞒了另有补充合同的情况。

（三）如何防范虚假经济合同

银行人员在调查和审查经济合同的真实性时，确有一定难度，但注意做到以下几方面，还是能查清真相的。

（1）根据《民法典》第三编“合同”有关规定，仔细查看合同的内容是否规范，包括各当事人、合同金额、交货期限、结算方式、合同日期、签字盖章等有否漏洞。

（2）注意合同当事方之间是否有关联关系。不法分子要炮制假合同，为了怕穿帮，一般不会也不敢去找不认识的人，只有找熟悉的人帮忙。因此，如果客户提供的是关联公司之间签订的经济合同，要特别防止串通造假问题。

（3）到合同各当事人单位实地调查。不能光听借款申请人（通常为购销合同的买方）的一面之词，还必须到合同卖方去调查。

（4）如果该合同双方是多年的买卖关系，还应查验以往的商业往来记录。

（5）可向实施该经济合同有关的单位了解情况，包括仓储公司、运输公司、保险公司等，从第三方证实该合同的真实性。

（6）按照银保监会“三个办法一个指引”的要求，严控贷款资金去向，防止被借款人挪用。

银行人员必须对合同进行认真细致的审查，从细小疑点中找出虚假的大问题，防止上当受骗。

案例

从完全一致的盖章位置发现虚假购销合同1370万元

福建ZTTY发展有限公司向厦门一家银行申请开立1370万元银行承兑汇票，保证金50%，期限6个月。

放款员审核发现，该客户所提供的购销合同（复印件）中供货方、销货方所盖公章的位置，与前一笔开票业务购销合同的供货方、销货方所盖公章的位置，十分相似。经认真仔细对比后，发现印章位置完全一致。由此判断客户是以复印前一笔合同的方法，伪造了第二份合同。经请示领导后，放款中心停止了该笔承兑汇票业务。

● **风险提示：**客户伪造合同需要盖公章，而去刻假公章比较麻烦，且有风险。因此，直接找份合同加以复印，方法上就比较简便。银行人员识别的方法是，把两份合同有盖章的那页重叠在一起，迎着灯光或阳光照看一下，如果盖章位置完全一致。说明两份合同中，必有一份是复制伪造的。

识别变造的虚假贸易合同，规避1430万元风险

陕西KDL五金塑胶有限公司向银行申请办理1430万元银行承兑汇票贴现业务。放款人员在审核时，发现客户提供的贸易合同的下半部分，即盖印鉴的那部分明显是粘贴后再复印的。由此认为该合同极有可能是变造，要求企业出具贸易合同原件。

该客户解释是，由于其与卖方属于长期交易客户，一般是先交易后再签订合同。这次业务也未签订贸易合同，但为贴现融资提交材料，所以将以前使用过的贸易合同进行变造处理。

对此，放款中心立即停止放款操作，并督促经办支行重新调查客户解释的真实性。如果是假，已涉嫌骗取银行贷款，将负刑事责任；如果是真，则该客户可与上游卖方客户商议签订年度贸易合同，避免类似事件再次发生。

● **风险提示：**凡骗必假，凡假必骗。银行人员首先要能识破假合同，再判断其背后的风险程度。

通过查询工商局信息发现贸易公司合同造假

重庆市CHANYI贸易发展有限公司向银行申请900万元授信。

客户经理发现资料中的贸易合同存在造假嫌疑。于是查询工商局企业信息系统，发现多数合同中的交易对手无注册信息，存在虚构交易对手、伪造贸易背景的可能性极大。

客户经理要求客户给出合理解释，客户承认大部分合同系伪造。因客户存在欺诈行为，经报银行领导后，果断否决该笔授信申请。

● **风险提示：**现在政府许多主管部门都开设有信息查询网站，银行风险管理部门应该把这些网址链接到本银行的网页中，以方便客户经理随时查询。

专程赴外地调查贸易公司合同方，发现部分虚假合同

YZ贸易投资有限公司注册资金5000万元，由两个自然人股东出资成立，经营范围是实业投资、钢材及矿产品的销售，实际经营萤石湿粉、电解铜和高铁锰泥等商品贸易。向长沙一家银行申请1000万元综合授信额度，以外地商业地产抵押。

银行初步了解认为，该公司在上海地区从事电解铜的贸易，行业风险较大，且内部关联交易繁多，经营的真实性存在诸多疑点。

为此银行安排专人赴外地，找到借款人的两家生意伙伴公司，核实购销合同以及价格确认书，结果发现借款人提供的部分购销合同为虚假合同。

另外，银行还委托抵押物所在的外地兄弟分行协助调查。通过咨询抵押物周边中介，并考察抵押物实际情况，抵押物地段有大量待租待售的物业，合理价位在 3 万 ~4 万元 / 平方米，但是评估公司提供的预估价为 6 万 ~7 万元 / 平方米，抵押物价格明显被高估。

通过以上调查取证，银行认为企业提供的申请材料有许多虚假成分，存在欺诈道德风险，最后予以否决。

● **风险提示**：现在有些借款人蒙骗银行的办法，就是在真合同中混入假合同，以达到虚增贸易金额和借款金额的目的。银行在调查时，或者对全部合同进行检查，或者按合同份数比例对大金额的合同进行抽查，避免上当受骗。

【参阅资料】合同诈骗罪（《刑法》第二百二十四条）

以非法占有为目的，在签订、履行合同过程中，骗取对方当事人财物，数额较大的，处三年以下有期徒刑或者拘役，并处或者单处罚金；数额特别巨大或者有其他严重情节的，处十年以上有期徒刑或者无期徒刑，并处罚金或者没收财产。

二、问题合同的类型（7 种）

还有一类合同，虽然不是虚假的，但合同中的内容和条款存在许多问题，从而导致合同将无法执行。因此，银行人员对于客户提交的经济合同，必须认真审查，确保其真实有效性。不得接受存在以下问题的合同。

问题合同的类型（7 种）
● 重复使用的合同
● 尚未生效的合同
● 过期失效的合同
● 有对银行不利条款的合同
● 合同当事人名称等有问题的合同
● 合同价格金额有问题的合同
● 合同结算方式有问题的合同

（一）重复使用的合同

重复使用贸易合同是企业虚构贸易背景、套取信贷资金的主要手段。将一份合同正本复印多份后，分别多次提交给银行申请授信。银行人员只有认真审核，才能避免上当受骗。

案例

堵截重复使用贸易合同 2000 万元

福州长乐 KDL 化纤有限公司分两笔向银行申请开立银承，每笔金额 1000 万元。

放款中心复核员发现，两笔银承的收款人均为同一家公司——福建 JL 高纤股份有限公司，由此引起注意，认真审查。结果发现两份放款材料中所提供的贸易合同明显为同一份合同，不仅内容条款完全相同（包括合同编号），而且金额同为 1600 万元，虽大于单笔开票金额，但小于两笔开票业务金额之和，贸易背景的真实性值得怀疑。

放款中心因此予以暂缓开票，要求经办人员提交符合规定的合同后才同意放款。

（二）尚未生效的合同

经济合同如果没有生效，就不能执行。不能执行，就不会形成还款来源。银行人员在审核合同的过程中，必须注意合同的生效条款。

案例

堵截工程合同条款未落实风险 3000 万元

银行批复给予深圳市 XBCJ 工程有限公司综合授信额度 1 亿元，期限 3 年，由实际控制人提供连带责任担保。公司申请提款 3000 万元，用于工程项目项下采购原材料。

放款审核员在审核贸易背景时，发现工程合同中要求"本合同经双方法定代表人签字并加盖公章后，报送深圳市住房和建设局备案后生效"，而在该本工程合同中，并未加盖深圳市住房和建设局的备案专用章。经查证该合同确实未报送备案，放款员做了退卷处理。直到企业重新上报符合条件的合同，才予放款。

● **风险提示**：看似未盖一枚备案专用章是件小事，实际是出现了一份未生效合同。而银行又向其提供了资金，重大风险隐患可想而知。

（三）过期失效的合同

不法分子要凭空伪造出一份假合同并不容易，但他很可能利用已经过期失效的合同、已经履行完毕的合同或已经被撤销（解除、变更）的合同，采取更改合同有效日期等方式，变造成有效合同提交给银行，以图蒙混过关。

案例

审核发现过期失效的第三方监管合同，停止放款 1391 万元

陕西榆林 JNB 汽车销售公司向银行申请开立银行承兑汇票 1391 万元，以汽车存货作质押，由银行认可的第三方监管企业监管。

放款中心审查人员在审核该笔业务时发现，该客户虽与本行签订了新的《最高额动产质押合同》，且出具了加盖监管企业与销售公司公章的《质物清单》，但未提供最新三方《监管协议》。

于是放款中心通过调阅以前放款资料，发现上年销售公司、监管企业与本行签订的 1 年期《监管协议》已经过期。放款中心认为，监管协议的过期失效，就意味着监管企业与销售公司向本行出具的《质物清单》不具备有效法律效力，质押物存在严重法律瑕疵。

对此，放款中心立即中止该笔放款业务，要求重新完善每个合同的法律效力。

● **风险提示**：每笔授信业务都会产生一份主合同和（可能）若干份从合同。银行业务人员不能只见其一，不见其二。各合同之间的条款要注意衔接性，不可出现抵触和矛盾的条款。必须保证每份合同在时效和法律上的效力。

（四）有对银行不利条款的合同

银行人员不仅要审核合同签章的真实性，还必须对合同内容进行仔细审查，如果发现有不利于银行的条款，必须要求纠正，不留隐患，否则不得办理授信业务。

以下是发现合同中有对银行不利条款的案例。

案例

发现合同有限制性条款，停止发放 3000 万元贷款

唐山 HK 工贸有限公司向银行申请流动资金 3000 万元人民币，以企业自有存货角钢提供质押担保。经审查，该公司为非生产型企业，质押存货为购入取得。企业提供了钢材贸易合同，以及相关增值税发票以证明其存货所有权。

但是，放款中心审查人员发现，在该企业提供的钢材贸易合同中，对货物所有权转移有如下约定："标的物所有权自货款付清时转移，买受人未履行支付价款义务的，标的物属于出卖人所有。"就是说，即使钢材买受人已收妥货物并已取得出卖人开具的相关发票，但只要货款未付清，仍不拥有货物的所有权。

合同中的这一约定引起放款中心的高度重视：质押存货的权属状况不清或存在瑕疵，均可能严重影响银行授信安全。于是，放款中心立即停止对本笔业务的放款，要求经办人员立即调查核实该批质押钢材的货款是否已全部支付完毕，提供货款支付证明或出卖人收款证明。

● 风险提示：质押的货物虽然已存放到了银行指定的监管仓库里，但货物的所有权是否已经转移到了出质人的手上，必须搞清楚。如果贷款前不核实清楚，今后银行也无法处置这批货物。

发现保理合同中的有条件转让条款，堵截风险1700万元

广州FSS有限公司向银行申请办理1700万元保理融资项下应收账款转让业务。

放款员在审核客户提交的商务合同时，发现其中约定"供货方因本合同产生的权利、义务等，在未取得购货方书面确认时，不得以任何形式转让给第三人"。

根据总行《保理业务管理办法》的要求，上述条款属于限制或禁止应收账款债权转让的条款，此条款项下应收账款的转让，将影响银行债权的实现。

鉴于此，放款中心立即暂停该笔放款业务，要求经营机构采取解决措施。直至购货方（债务人）出具了同意广州FSS有限公司转让该笔应收账款的书面材料后，放款中心才受理了该笔保理融资。

● 风险提示：保理业务品种较多，限制性条款也多，经营机构应做好尽职调查工作，确保客户所转让的应收账款符合本行保理业务管理办法规定。

发现协议中"到货责任"条款被擅改为"发货责任"

上海WR金属材料有限公司向银行申请办理钢铁金融模式项下首笔7000万元开票业务。

放款中心审核发现，借款人签署的银、企、商三方合作协议中有的条款内容被修改，与总行标准文本有重大差别。如标准文本规定："在银行（甲方）开出承兑汇票50日内，钢贸商（丙方）在指定地点未能收到钢铁企业（乙方）所发货物，乙方应在7日内将款项直接退还丙方账户。"

被修改为："在银行（甲方）开出承兑汇票50日内，乙方未能发货的，乙方应在7日内将款项直接退还丙方账户。"

经向业务部门了解后得知，是钢铁企业（乙方）单方面将原协议中的"到货责任"擅自变更为"发货责任"，以减少自身在货物交接中的责任。但这将导致对银行流程管理的重大不利影响，因此分行放款中心暂停了该笔放款。要求按照总行对网络协议文本修改规定，上报总行审批。

● 风险提示：送交客户签字盖章的协议文本，在退回来之后，银行人员还需再检查一遍，看有关条款、文字、数字等，有没有被擅自更改。避免今后打官司时，出现对银行不利的局面。

总行制定的业务标准文本，各分支机构应遵照执行。客户如有不同意见，或发现条款有漏洞或问题时，应立即上报总行修改完善。

（五）合同当事人名称等有问题的合同

填写在合同中的每个当事人名称，一个字都不应该有错误，否则都是今后发生经济纠纷的隐

患。有这样错误的合同，不能用于证明授信用途，银行人员应该拒绝接受。现实中有不少这样的案例。

案例

发现借款人错填为保证人，堵截风险4000万元

霸州市SF制管有限公司向银行申请4000万元流动资金贷款，由霸州市XL钢铁有限公司提供连带责任保证。

放款中心审查人员在审查时发现，在《最高额保证合同》中，应该填写借款人公司名称的位置错填为担保人公司名称，属于无效担保。放款中心立即退回要求重填。

● **风险提示：**银行首先要判断这是无意识填错还是有意识填错。如果是无意识的，则属于银行员工工作马虎的低级错误，要批评教育；如果是有意识的，则有可能是担保人为今后逃避担保责任埋下伏笔（因为提供担保的不是借款人，而是自己）。

发现购销合同中的供需双方相反，停止开票100万元

石家庄A企业向银行申请办理100万元银行承兑汇票开票业务，收款人为B企业。放款员审核时发现，在企业提供的购销合同中，A企业（付款方）成了供货方，而B企业（收款方）则成了购货方，完全违背基本常理。贸易背景和购销合同明显造假。于是立即退回有关材料，要求经办人员查明贸易背景的真实性。

● **风险提示：**银行人员要注意单位名称的正确性。如不注意，虚假问题很容易被忽视过去。

发现收款人与合同中规定的不符，堵截风险1亿元

大连A房地产开发公司（以下简称"A公司"）向银行借款1亿元，由某房地产（集团）公司担保。

放款员在审查资金支付时发现，本行批准贸易合同中规定的收款人为广州B建筑安装工程有限公司（以下简称"B公司"），但企业所填汇款单中的收款人则为广州C建安企业（以下简称"C公司"）在大连的分公司。两者不符。

经客户经理与A公司沟通核实后，取得了广州B公司对C公司大连分公司的收款授权书。放款中心在审核授权书无误后才予放款。

● **风险提示：**放款中心在审查授信业务时，不仅要关注放款条件是否落实，还要关注企业资金流向，防止资金被挪用。对于收款人与银行批复不相符的，均不得予以操作。

（六）合同价格金额有问题的合同

银行人员对数字要敏感，如果发现合同中有大小写数字不符等低级错误，那明显就是制作粗劣的假合同，有可能是以骗贷为目的。

案例

发现经济合同中金额数字明显错误，停止开票

新疆 HUAYE 科技有限公司向银行申请开立银行承兑汇票。放款初审员在审核时发现，该公司与某冶金厂签订的《工矿产品采购合同》大小写金额不相符，小写金额为 42000 元，而大写金额为叁万元。与某絮凝剂生产公司签订《产品采购合同》中，小写金额为 209000 元，大写金额为肆拾贰万元。与某电器开关有限公司签订的两笔合计 11.9 万元的《工矿产品采购合同》，单位名称却写为另一家电气开关公司。放款初审人员及时指出合同存在的问题，停止开票。

从金额名称日期多疑点发现虚假购销合同

广州 SWR 公司向银行申请流动资金贷款 500 万元。

客户经理在调查贸易背景材料时，发现三个问题：一是购销合同金额及发票金额，均小于企业向银行申报材料中的实际支付金额；二是实际交易方名称与购销合同中名称不一致；三是其中一份购销合同日期已经超出了有效期。发现上述问题后，客户经理认为购销合同有重大虚假嫌疑，于是停止受理该笔贷款申请。

（七）合同结算方式有问题的合同

在贸易合同中都有结算条款，经买卖双方商定后应对结算方式作出约定，如同城结算用支票，异地结算用电汇或者汇票。银行人员对于各种结算方式的基础知识应该有所了解，要能从结算方式中发现问题。

案例

发现结算方式与合同中规定的不一致，堵截 1200 万元

新疆石河子 TZ（集团）有限责任公司到银行开立银行承兑汇票 1200 万元。放款员在审核放款资料时，发现购销合同中约定的结算方式为转账支票，而不是银行承兑汇票。在向支行客户经理说明情况后，停止办理该笔业务。

● **风险提示：**转账支票是即期付款的结算方式，而银行承兑汇票是远期付款的结算方式，两者有很大的不同之处，银行客户经理必须掌握这些基本知识。如果确实要变更，也要重新报审。

发现和避免受理虚假应收账款 2000 万元

放款中心收到广州 GDG 公司向银行申请转让一笔 2000 万元保理项下应收账款。

放款员在审核对应购销合同时，发现其中约定“需方须于提货前将货款以电汇方式付给供方，供方在收到全部货款后，开具发票给需方”，即该供销合同的结算方式为“先款后货”，据此供货方不应该有应收账款，也不符合总行《保理业务管理办法》的要求，于是放款员立即暂停了放款。

● **风险提示：**购销合同是企业交易的依据，银行人员应该认真审查挖掘疑点，堵截风险。

第二节　虚假借款决议

银行要求借款人提供企业借款决议的依据在于，《商业银行授信工作尽职指引》的附录第二条第九项规定：“若为有限责任客户、股份有限客户、合资合作客户或承包经营客户，要求提供董事会或发包人同意申请授信业务的决议、文件或具有同等法律效力的文件或证明。”

从银行自身内控要求来看，为符合审慎经营要求，确保授信业务合法合规，银行的授信调查审查、放款出账等操作规程中，一般都规定了借款人应提供借款决议原件。银行通过审查借款决议，可以了解和掌握借款人的股东、实际控制人、董事、公司治理结构情况，以及借款意愿的真实性。

一、虚假借款决议的类型（3 种）

银行人员在调查和审查借款决议书原件时，应注意防范以下风险。

虚假借款决议的类型（3 种）
● 疑似伪造、变造的借款决议 ● 签字人员不符合企业规定 ● 签字人数不符合企业规定

（一）疑似伪造、变造的借款决议

伪造是指子无虚有、凭空捏造出来的决议，变造是指变动改造其他决议的内容，两者都属于虚假无效的决议，都属于企业的欺诈行为。银行人员只要仔细查看决议，是可以发现问题的。

案例

发现董事会借款决议为复印变造

云南DY煤电股份有限公司向银行申请6000万元贷款，期限1年，由云南DY煤业集团公司提供连带责任担保。

放款中心审查发现，在董事会借款决议复印件中，各董事的签字不论是从字体大小还是每个字的间距等，均与企业上一年度出具过的董事会决议非常相似。于是将两年的两份决议重叠后在灯光下仔细辨认对照，发现完全一致，因此初步判断此决议是以上一年度决议为母本变造而来的。

经询问该项目客户经理，其承认是由于公司董事到异地出差，暂不能提供相关决议，但客户资金需求的时限紧，故用上一年度决议进行了复印变造。

在得知此情况后，放款中心负责人和银行领导高度重视，指示暂停放款，并督促经办行迅速核实此事，严肃处理知情不报的客户经理。

● **风险提示：**虚假签字的借款决议属无效文件，今后可成为企业拒绝还款的证据，属于银行重大风险隐患。而该客户经理只为业绩而不顾风险，不仅不制止，还知情不报，属于严重违规操作，必须严肃处理。

（二）签字人员不符合企业规定

对于企业哪些人有权在借款决议上签字，银行人员应该对照借款人的公司章程进行审核，退回无权签字人签字的无效决议。

案例

发现借款决议上签字人不是董事等多项问题

苏州工业园区××高新技术开发集团有限公司向银行申请1.1亿元流动资金贷款。放款中心审核后发现：①该公司提供的董事会借款决议不符合公司章程规定，实为无效决议（即决议上的两位签字人不是公司董事）；②借款人贷款卡未通过最新年度年审；③担保方提供的保单保险金额未覆盖贷款本息，贷款期限超出保险到期日，担保方未出具续保承诺书。

鉴于该笔放款存在多项问题，分行即将其退回支行，要求重新落实手续。

（三）签字人数不符合企业规定

签字人数不符合公司规定的决议将是无效协议，银行人员应该根据借款人的公司章程和董事会人数进行核对。

案例

发现签字人数与工商备案人数不符

厦门AOT光电公司在银行有900万元综合授信额度，申请办理房产抵押手续。放款中心核保员到区工商管理局调阅企业基本信息时，发现企业备案的信息中显示，企业董事会共有7名董事，而由业务部门提供的董事会决议中只有5名董事，两种情况不符。

业务部门解释，该企业原有两个出资方，其中一方为香港企业，董事会成员2名。企业成立之时主要是借港资企业名义，以取得税收优惠条件。后来港企撤资，但企业一直未修改章程。

对此，放款中心要求企业重新修改章程并到工商局备案，并在备案后重新出具一份董事会决议。

二、审查借款决议的要点

银行人员首先应审查谁是公司中有权出具借款决议的机构，是董事会、股东会还是股东大会，这可通过查阅公司章程来确定。如果公司章程中没有明确规定由哪一机构出具决议，为稳妥起见，建议要求公司的最高权力机构即股东会、股东大会出具决议。

其次应审查借款决议书的内容，主要包括以下几点。

（1）决议是否对会议召集召开和表决程序的合法合规性进行了表述，是否确认了决议合法有效。

（2）决议上签章同意股东所代表的表决权或签字同意的董事人数，是否达到了公司章程规定通过决议的最低要求。如果公司章程没有规定，从严格角度来要求，股东会、股东大会决议应经公司全体股东所持表决权的三分之二以上通过，董事会决议应经全体董事人数三分之二以上通过。

（3）决议载明的向银行申请授信的内容是否明确，比如申请授信的金额、期限、授信业务品种，同意以何种形式（财产）提供担保等。

（4）决议上有权签章人的名称是否与公司章程规定的股东、备案董事一致，实务中常出现公司股东早已更名，但公司章程中未及时修改股东名称情况。如果发现，应当要求公司提供股东更名的批文。

（5）应核实决议上有权人签章的真实性，大多银行采取指派专人监督见证客户签字盖章。见证签章确有困难的，可通过公证、电话核实等方式确定签章的真实性。

第三节　虚假担保决议

由于担保人与银行之间没有直接的债权债务关系，担保义务的确立完全依靠法律文书，因而担保法律文书有效与否，基本上是决定担保能否成立的唯一要件。因此，银行人员如果对担保文件的审核稍有疏忽，都可能给授信资金造成无法挽回的损失。

《公司章程》是企业经营活动的准则，银行人员必须对照借款企业的《公司章程》，认真审查《股东（大）会决议》和《董事会决议》原件的真实性、有效性，主要包括：担保决议的表决事项、参会人员、同意人数是否符合公司章程的规定；到会人员签字是否与董事、股东签字样本一致；决议事项是否符合授信申报要求等。尤其注意以下风险点。

虚假担保决议的类型（10 种）
● 疑似伪造、变造的担保决议
● 决议未经董事会有效同意
● 决议未经股东（大）会同意
● 董事会、股东（大）会的表决人无效
● 表决同意的票数不足
● 对表决事项的授权书不明确
● 决议上的签字人未获授权
● 表决决议过期失效
● 签字人签错位置
● 决议公证书表述不明确

一、疑似伪造、变造的担保决议

银行如果接受了伪造、变造、虚假无效的董事会或股东（大）会担保决议，今后将难以向担保人追偿，属于重大风险隐患。许多材料容易被剪贴复印后造假，因此对于重要的文件，应要求企业提供原件。银行核保人员当面核实决议的签字盖章，并在复印件上签署“与原件核对一致”的字样，承担真实性责任。

案例

发现担保决议是从上年的复印变造而来

2009 年 1 月，福建 HY 铝业有限公司向银行申请一年期 3000 万元流贷，其担保单位福建省 HY 铝业集团公司出具的股东会担保决议非贷款行的标准格式文本。提交的复印材料中，项目主、协办客户经理均签注了“与原件核对一致”。担保决议中显示的担保有效期一年，至 2010 年 1 月 10 日。

放款员在审查材料时发现，“担保有效期至 2010 年 1 月 10 日”这一行文字的大小和清晰程度与决议中其他部分的文字明显不同，似剪贴复印而成。且决议的落款日期又是 2008 年 1 月。

高度的责任心促使放款员调阅上一年度授信档案，发现该公司 2009 年出具的担保决议文号、内容和落款日期均与 2008 年的相同。

于是放款员要求查看2009年担保决议的原件，但经办客户经理表示企业无法提供。放款员怀疑该复印件经企业变造过，上报领导后停止放款，对该项目经办客户经理进行通报批评。

发现子虚乌有凭空捏造的董事会担保决议

南京CD建设工程有限公司向银行申请贷款2000万元，由另一公司提供连带责任担保。放款中心在审查担保单位章程时发现，该单位未设立董事会，而客户经理竟提供了一份担保公司同意担保的董事会决议。放款中心立即停止了该笔贷款，报领导后进行情况调查和责任追查。

● 风险提示：这份凭空捏造的董事会决议是哪里来的，真该追查一下。

二、决议未经董事会有效同意

企业虽然提供了董事会担保决议，但是如果签字人数不足，也将是一个无效的决议。银行人员不能放过任何一个法律文件漏洞，应严格依据借款公司章程审查决议的合法性、有效性。

案例

担保行为属于企业重大权益问题

四川MG化肥有限公司向银行申请贷款1000万元。担保方广东MG化工有限公司为外商独资企业，出具了由4名董事签字同意的《董事会决议》。

放款员在审查时发现，担保方《公司章程》规定董事会由7人组成，且规定："董事会在讨论有关重大权益问题时，必须充分协商一致通过，做出决定方能生效。"但章程中并未对何种事项属于"重大权益问题"做出相应规定。

放款员认为，如果对银行贷款提供担保属于"重大权益问题"，则需经全体董事会成员协商一致通过后，《董事会决议》方为有效。

鉴于该担保决议存在无效的风险，放款中心要求由担保企业的出资方（即股东）向本行出具书面说明，阐明《公司章程》中"重大权益问题"的具体情形，明确借款担保是否属于其中，明确董事会担保决议是否有效。

担保决议书上签字人数不足

青岛某分行向A毛巾有限公司提供1亿元授信业务，由B活塞集团公司提供担保。总行在对分行信贷大检查时调阅授信档案发现，B担保单位公司章程明确规定：担保决议需董事会7名成员一半以上通过才有效，但分行取得的保证人董事会担保决议书上仅有两位董事签字同意，且其中一位董事"董英来"的签字与另外一份董事会决议的签字"董应来"不一致。

三、决议未经股东（大）会同意

许多企业为了防止内部人员擅自对外担保风险，在《公司章程》中对董事会设置了对外担保的权限。要求超过董事会金额权限的担保决议，必须报股东（大）会审批才有效。对此银行人员应加以注意，防止接收了未经股东（大）会同意的担保决议。

案例

董事会决议之外还须有股东大会决议

济南DY汽车销售服务有限公司获银行3000万元授信额度，由PD汽贸集团公司提供连带责任保证，并追加车辆浮动抵押。公司申请首笔700万元的开票业务，并提供了担保公司的董事会决议。

放款审查员为核实担保公司决议的有效性，查阅了该《公司章程》，发现第三十三条规定："公司下列担保行为，须经股东大会审议通过：（一）公司及其控股子公司的对外担保总额达到或超过最近一期经审计净资产50%以后提供的任何担保；（二）单笔担保额超过净资产10%的担保；（三）为资产负债率超过70%的担保对象提供的担保；（四）对股东、实际控制人及其关联方提供的担保。"

放款审查员判断仅有董事会决议还不够，可能还需要出具股东大会同意担保的决议。由此进一步调阅了担保公司的贷款卡及其近期报表时，发现担保公司的对外担保总额，已经超过最近一期经审计净资产50%。因此，退回了开票材料，要求补报股东大会的担保决议。

堵截无股东大会同意担保的决议

某银行拟与北京XLBR集团签署4亿元综合授信和最高额保证合同，全部授权集团内下属公司使用。

审核员在审核时发现，XLBR集团公司章程中对股东权利有明确约定，即公司对外担保需由股东大会决定。而客户经理上报的授信材料中未见股东大会决议。因此退回了该笔业务。

发现担保决议未经股东大会审议

南京ZZKJ股份有限公司向银行申请提款1200万元，已办理抵押登记。担保公司也出具了董事会担保决议。

放款员审核时发现，担保公司章程第十七条规定："本公司担保总额达到或超过最近一期经审计净资产30%时，之后提供的任何担保行为，须经股东大会审议通过。"而本次担保行为已超过30%的比例，需经股东大会审议。

放款中心及时中止该业务审核，督促申请人提供经股东大会审议通过的担保决议。

● **风险提示**：银行人员要先认真查阅借款人、担保人的公司章程，再对照检查提交的资料是否符合公司章程规定，防止接受无效决议，留下风险隐患。

【参阅资料】股东会与股东大会的区别

股东会和股东大会分别是有限责任公司和股份有限公司行使职权的组织机构，都是公司的最高权力机构。因有限责任公司股东人数较少，其召开的股东会议一般被称为股东会，而股份有限公司的股东人数较多，其召开的股东会议一般被称为股东大会。

如果是上市公司，其股东大会的职权包括审议批准下列对外担保行为。

（1）上市公司及其控股子公司的对外担保总额，达到或者超过最近一期经审计“净资产”50%以后提供的任何担保。

（2）上市公司的对外担保总额，达到或者超过最近一期经审计“总资产”的30%以后提供的任何担保。

（3）为（借款后）资产负债率超过70%的担保对象提供的担保。

（4）单笔担保额超过最近一期经审计净资产10%的担保。

（5）上市公司对股东、实际控制人及其关联方提供的担保。

四、董事会、股东（大）会的表决人无效

案例

大股东未回避的担保表决决议无效

银行批准给予湖南省 HGF 有限公司 8000 万元贷款额度，以湖南 DZN 有限公司名下 6 宗土地使用权作为抵押。在办理好土地抵押他项后，支行申请放款。

放款人员在审查资料时发现，借款人是抵押人的大股东，但抵押人在出具同意抵押的股东会决议时，大股东并没有回避，不符合《公司法》中的有关规定。因此该担保决议存在违法风险。于是银行暂停放款。

五、表决同意的票数不足

案例

发现抵押方股东有效表决权比例不足

四川 DFS 有限公司向银行申请流贷 3000 万元，以自有房产及土地作为抵押担保。放款员在

审核抵押担保股东会决议时，发现由于自然人股东代签无效，有效表决权比例未超过50%，导致股东会决议无效，抵押担保文件存在瑕疵。于是暂缓放款。

六、对表决事项的授权书不明确

如果授权书对授权事项表述不清，今后可能会存在争议而导致决议无效，银行人员应要求对方重新出具一份新的。

案例

发现担保决议中股东授权不明确

福建JW科技实业有限公司向银行申请使用1亿元授信额度，由福建JW集团有限公司提供连带责任保证。

放款员在审核中发现，担保人公司共13名股东，其中12名股东同时授权2人（非股东）代为行使股东职责。在担保人出具的同意担保的股东会决议中，仅有该2名被授权人签字，但决议上未明确一一对应的授权代理关系。银行无法判断哪一股东已参与表决，也无法准确计算表决权票数。而依据担保人公司章程，公司的对外担保事项，须获得代表三分之二以上有表决权股东同意的票数。

于是放款中心果断暂缓企业提用该笔授信额度，在得到法律部门认可后将担保决议退回，要求担保人重新出具股东会决议，并明确对应的授权代理关系。

七、决议上的签字人未获授权

企业向银行提供的借款决议、担保决议，上面的签字人是否为有权签字人，银行人员应要求企业提供授权书，并审核清楚。

案例

发现签字的董事不符公司章程规定

山东TX能源煤化有限公司向银行申请提取1.2亿元流动资金贷款，由东营FY有色金属有限公司提供最高额保证。

放款员在审核担保单位出具的董事会决议时发现，虽然签字人数符合该公司章程规定，但签字人员均是甲方董事，没有乙方董事，违背了公司章程的规定，因此该担保决议无效。放款员向领导汇报后，拒绝了该笔业务放款。

时隔一个月，企业再次申请办理贷款，重新出具了担保人董事会决议，还提供了一份乙方董事姚某某给王某某的签字授权委托书，并由王某某在董事会决议上签字。

放款员审核时发现，该个人授权委托书为一年前出具的，没有加盖企业公章，没有授权人签字，也没有办理公证，无法证实是委托人本人签署。为此放款中心向主办机构出具了提示函，要求相关手续完善后再办理提款。

此案例中，甲方董事为什么要代替乙方董事签字，本身就是个疑问。

八、表决决议过期失效

有效期已经过期的决议，就是失效决议，银行不可接受。

案例

母公司同意担保的决议已过期失效

湖南BL房地产开发公司因开盘预售需要，向银行申请解除部分土地使用权抵押，改由其母公司广州BL（集团）公司提供连带责任担保。

银行核保员与支行客户经理飞往广州进行核保。发现母公司虽有同意对子公司提供总额度担保的股东大会决议，但其有效期已截止到上一年年底。换言之，本次担保还未经母公司股东大会审议通过，是不具备法律效力的。

BL子公司提出能否将抵押改为保证协议的签订日期提前至上一年内，这样就不会超过母公司担保生效的有效期了。这种做法不仅违规，而且核保员通过查阅母公司的年报，发现年报中已经对上一年全公司担保情况有了详细的披露，并已经上网公告。所以否决了子公司的要求。最终，银行在子公司提供全额保证金质押的情况下，方才解除部分土地抵押。

● **风险提示：**对于客户提出的一些变相甚至违规的要求，银行不能随意附和，必须坚持原则合规经营。

九、签字人签错位置

在企业提交给银行的法律文本中，只要存在瑕疵，今后都可能成为债务人狡辩而拒不履行还款或担保责任的借口。比如债务人故意签错位置或故意签错名字（如把刘伟签成刘炜），明显就是在借款时就为以后逃脱责任埋下伏笔。因此，银行人员应该认真审核法律文本中的签字的准确性，不可出现低级错误。

案例

发现董事会决议全体签字人都签错

苏州SYL有限公司向银行申请借款6000万元，同时提供了借款方董事会决议和担保方董事会决议。但借款方的董事会成员签署在了担保方董事会决议上，而担保方的董事会成员签署在了借款方的董事会决议上。两份明显错误的董事会决议必然无效，放款中心发现后立即停止放款。

● **风险提示：**这样低级错误的重要文件，前面的客户经理是怎样调查的？审查人员是怎样审查的？幸好放款人员在最后环节把住了关口。

十、决议公证书表述不明确

公证书是指公证处根据当事人申请，依照事实和法律，按照法定程序制作的具有特殊法律效力的司法证明文书，是司法文书的一种。公证具有三个基本法律效力，即证据效力、强制执行效力和法律行为成立要件效力。其中，证据效力是公证书的最基本的效力，任何公证书都具有证据效力。公证书的证词内容包括：公证证明的对象、公证证明的范围和内容、证明所依据的法律法规等。

银行人员对于公证内容必须认真审核，避免出现表述不明确、不准确的情况。

案例

发现签字授权公证书表述不明确，暂停1亿元授信

福州A有限公司向银行申请签署总金额为1亿元的综合授信协议，由B有限公司提供连带责任保证，并提供评估价值为2888万元的房产抵押担保。

放款员在审查中发现，在担保方出具的董事会决议中，董事长及一名董事未在决议上签字，而是分别授权他人履行其相关的职责，并分别出具了委托授权公证书。但该公证书中关于对外担保是否也授权了表述不明确，留下了日后纠纷的隐患。于是退回了公证书，要求重新加以明确。

第四节　虚假签字

银行人员必须认识到合同文本中客户签字真实性的重要性。签字意味着签字人承认合同中条款的约定，表示自愿接受和遵守合同的权利和义务，是签字本人平等自愿，有完全民事行为能力，未被欺诈和胁迫，不存在重大误解的法律行为。签字代表着同意，在法律效力上赋予了文件的真实性。

可以说，签字是最传统、最普遍也是最有效的表达当事人意思的方式。首先，《民法典》第四百九十条明确规定："当事人采用合同书形式订立合同的，自当事人均签名、盖章或者按指印时合同成立。"这就赋予了签字行为的法律效力。其次，因为每个签字人的书写风格、用笔力度、手法不同，别人想要惟妙惟肖地模仿很不容易。最后，如果采用签字方式，银行核签工作变得较为简单，仅需验明签字人身份及其权限即可。这也是国际上商务活动签订合同时，各方签约人很少用印章，绝大多数只使用亲笔签字方式的原因。

一、亲眼见证法定代表人在合同上签字的重要性

签字对企业产生法律约束力。法定代表人在其权限范围内签字的合同，该合同对企业产生法律约束力。法定代表人超越其权限签字的，根据《民法典》第五百零四条规定："法人的法定代表人或者非法人组织的负责人超越权限订立的合同，除相对人知道或者应当知道其超越权限外，该代表行为有效，订立的合同对法人或者非法人组织发生效力。"至于应如何核实"相对人知道或应当知道"，看公司章程是否对法定代表人权限有规定即可。

签字具有政府信用背书，易辨真假。按照我国公司法及登记相关法律规定，法定代表人是必须经过国家行政机关批准、备案并公示的，具有国家信用的背书。这种公开的属性正是与印章最大的区别所在，我们可能不知道对方的印章长什么样，也不知道在谁的手里保管，不知道在哪里盖章，更不知道印章的真假，但我们通过工商查询一定能知道对方的法定代表人是谁。

核验相对简单。验证章的真假要顾及授权、人物、场所等多种因素，但验证签字仅需验明签字人的身份，由其当面签字即可。

银行调查人员和核保人员要有高度责任心，按银行操作规程办事，一是要核实签字人身份的真实性；二是要当面看着签字人签字；三是要用手机对签字过程拍照或录像，以细致的工作态度堵截虚假签字风险。

目前很多银行对于借款合同的签署，都采取派员工双人上门到企业找负责人签字的方法。由此经常发生不法分子假冒企业负责人出面骗签的刑事案件，造成银行资金的损失和人员无端涉案。为杜绝骗签案件的发生，对于大金额的授信合同，银行应该采用"签字仪式"的方法，要求对方法定代表人、高管层人员、财务总监等人，均出席签字仪式并摄影拍照。

二、虚假签字的类型（4 种）

银行审查人员和放款中心人员，对该签字的地方都应审核，做到差异之间见端倪，细微之处防风险。注意防范签字工作中以下常见风险。

虚假签字的类型（4 种）
● 文件中缺漏签字人签字
● 他人假冒签字人签字
● 他人代替签字人签字
● 无权签字人签字

（一）文件中缺漏签字人签字

缺漏签字人签字的文件，必然是无效文件。出现签字缺漏的原因，一是银行经办人工作不认

真，该签的地方没让签字人签；二是需要签署的文件份数较多，忙中出错，发生漏签；三是签字人当时不在现场，银行同意先办理业务，事后补签，结果事后一忙忘了办理补签。

案例

不见高管签字不放款，避免 6000 万元风险

银行信审会批给廊坊 ST 电器公司国内明保理专项授信额度 6000 万元，应收账款债务人为北京 GM 电器有限公司。同时要求，在保理业务操作中，北京 GM 电器有限公司同意债权转让的通知书回执，必须由本行核保人员当面签收，并要由公司副总以上级别的高管人员对债权转让事宜进行签字确认。

授信额度批复后，支行履行核保手续，但因北京 GM 电器有限公司高管人员一直未能签字，分行风险总监坚持不同意放款。

3 个月后，廊坊 ST 电器公司在另一家银行廊坊分行的保理业务出现逾期。据了解，该行受让的是虚假的北京 GM 公司应收账款，分行长由此被免职。

而这家银行因坚持了不见高管签字不放款的原则，成功避免了虚假应收账款骗贷风险。

● **风险提示**：对于债权转让或第三方担保等业务，除了加盖公司公章之外，还应要求公司有关人员签字确认，才能起到防欺诈作用。

发现董事会决议缺少董事长签字，暂缓 7000 万元放款

河北 XY 焦化有限公司向银行申请贷款 7000 万元，以其自有土地及房产作抵押。

放款中心审核发现，该公司章程明确规定："公司董事会共有董事 5 名，董事会决议要求 2/3 以上董事同意方为有效，董事长享有对决议的一票否决权。"该公司提供的董事会决议中有 4 名董事签字认可，虽然人数符合要求，但缺少董事长本人的签字，故不符合公司章程规定的议事程序，可能导致董事会决议无效。为此，放款中心要求企业在重新提供有效的董事会决议后才放款。

发现董事会决议缺少一方签字人，暂缓 6000 万元放款

山东 BH 农业有限公司（合资企业），向银行申请开立 6000 万元银行承兑汇票（30% 保证金）。

放款员在审核时发现，该公司章程规定："董事会决议必须由甲、乙两方（每一方至少一名代表）共同签署才能生效。"但在企业提供的申请授信决议中，只有甲方董事签字，而无乙方董事签字，存在无效的风险。放款中心立即暂缓放款，要求支行在重新提供合规有效的董事会决议后才放款。

堵截不合法合规签字的决议

浙江GS机械实业有限公司向银行申请提取500万元流动资金贷款，由县XF摇臂厂提供担保。

放款审核员在审查过程中发现，县XF摇臂厂为普通合伙企业，其中林某出资315万元，占比90%，徐某出资35万元，占比10%，但在该股东会担保决议中签名的只有林某一个人。

我国《合伙企业法》规定，合伙企业应当经全体合伙人一致同意的条款中包括以合伙企业名义为他人提供担保。在县XF摇臂厂合伙协议书中也规定："本企业下列事务必须经全体合伙人同意：……（五）以本企业名义为他人提供担保。"

基于上述依据，放款中心暂缓发放该笔贷款，要求客户经理在落实全体合伙人签字同意的担保决议后给予了放款。

● **风险提示：**由本案例可以看出，银行人员加强对担保类法律知识的学习是非常必要的。

发现担保决议上没有独立董事的签字

武汉某进出口贸易有限公司向银行申请办理国内信用证业务。

放款审核人员在审核担保资料时发现，担保单位成都市某股份有限公司为上市公司，章程明确规定："公司如对项下子公司进行担保，必须经由公司三位独立董事一致签字同意才能够生效。"但客户经理提供的董事会决议上，并没有三位独立董事的签字，属于无效决议。放款中心审核人员将担保资料退回经办机构，要求提交合规决议后再办理放款。

（二）他人假冒签字人签字

在有权签字人不知情的情况下，如果被他人假冒在有关文件上签字，而银行没有发现就接受该文件，日后经刑侦笔迹鉴定有假，即使银行发现是上当受骗，也难以追讨已经损失的资金。

由于签字是轻而易举的事，因此假冒签字的案例不少。

案例

从不流畅的笔迹中堵截假冒签名

广西HL交通工程有限公司向银行申请1000万元贷款，由其股东交通建设总公司提供担保。

放款审核员在审查资料时发现，担保公司董事会决议的其中一名董事签名不流畅，于是调出企业之前提供的董事会签字样本并对比，发现虽然笔画大致相同，但笔迹不像自然地一气呵成，怀疑为仿冒。同时，法人代表在《借据》与《借款合同》上的签字也不一致，怀疑借据上法人签名为假冒。

经询问经办客户经理是否面签，客户经理承认资料为该公司提供。最后证实担保决议中的董事签字、《借据》中的法人代表签名均为假冒。于是放款中心停止该笔业务放款。

识破冒名顶替签字的假配偶，堵截风险 2500 万元

福建长乐 YHMY 等 5 家企业向银行申请总金额 2500 万元的流动资金贷款，每家企业 500 万元，采用联保方式（包括联合互保和个人存单质押），再追加每家企业法定代表人（和实际控制人）连带责任保证。

核保员在核保时发现，某法定代表人的“配偶”在签署担保合同时，其面容与身份证原件、结婚证原件中的照片有较大差异。面对核保员的询问，该企业法定代表人仍强烈坚持签字人确为自己的配偶。

核保员及主办客户经理仍存怀疑，回到银行后立即调阅上年度授信档案核对笔迹，发现两次的笔迹明显不同。经报领导批准后，认定本次核保结果无效。

后经侧面调查，上述所谓“配偶”确为假冒。因核保时该法定代表人的配偶在外地，故找人冒名顶替。在信贷管理部领导对该客户进行严厉的批评教育并重经原配偶签字后，才予以同意办理放款手续。

● **风险提示：**根据银行信贷管理办法，凡是自然人连带责任保证担保、个人财产抵质押担保的，担保人配偶也必须在相应的担保合同上签字确认，并出示本人有效身份证件和结婚证书等证明文件。而冒名替签的行为将导致担保合同失去效力，严重威胁银行的信贷资金安全，经办人员在办理相关业务时须谨慎对待。

通过对比发现授权书中的假冒签字，停止 1000 万元放款

银行批准上海 PD 公司 1000 万元流动资金贷款，追加公司实际控制人及其配偶连带责任担保。并要求支行监督办理自然人签署合同公证手续和夫妻双方身份公证手续。

由于配偶在外地，无法在上海公证处办理相关公证手续，故其签署了《委托书》，授权在上海的实际控制人办理相应公证手续。

但放款中心人员在审核时仔细对比发现，公证《委托书》中配偶的签字字样，与支行落实面签时取得的《核保表》上的签字字样，以及与公司股东会决议中签字字样，均不相同。

鉴于企业有作假嫌疑，且得知企业资金链非常紧张，放款中心立即对支行提出风险警示，要求再次调查。最后证实是仿冒签字，对该笔贷款业务做退卷处理。

● **风险提示：**授权书是授信重要法律文件，如果是仿冒签字，则是无效的授权书。

发现多名董事签名由一人假冒，暂缓 1 亿元放款

深圳市 GSY 药业有限公司向银行申请 1 亿元贷款。

放款中心审核员在审查资料时发现，董事会决议中每位董事签名的字体大小都不一样，但仔

细观察每个签名的笔画都非常相似，像是出自一人之手。于是询问该项目的经办客户经理是否面见各位董事签字。客户经理承认没有面签，该决议为该公司自己提供。于是放款中心停止了对该客户的放款业务。

● **风险提示：** 每人笔迹不同，别人难以模仿。一人替所有人签字，仔细看应该是可以看出来的。

（三）他人代替签字人签字

有时会出现另一种情况，就是当事人在知情的情况下，同意或默许其他人仿冒当事人的笔迹在文件上签字，这也属于无效签字。这样的案例也不少。

案例

识破担保公司仿冒法定代表人签字

河南ZGJ供销股份有限公司获批3000万元流动资金贷款，由关联企业河南省ZG酒业有限公司担保，以公司存货及产成品浮动作抵押。

放款中心兼职核保员与客户经理共同到担保公司实地核保。公司法定代表人李某在《保证合同》中签字时，两人发现其面貌特征与其身份证复印件有差异，怀疑"李某"不是本人，于是要求查看身份证原件，而"李某"则称未带而不予提供，两人遂更加怀疑其身份。

为不影响与客户的合作关系，两人先行带回核保材料，向放款中心领导进行了汇报。并由银行领导出面与担保公司进行沟通说明，晓以假签字属违法行为的利害关系。该公司领导终于认识到了事情的严重性，道歉并承认该"李某"确实不是其法定代表人李某。真正的李某身在广西，为尽早提取贷款才出此下策。最后，担保公司法定代表人李某携带身份证件到银行再次道歉，才签署了担保合同。

● **风险提示：** 核保人员核保时要有警觉意识，防止仿冒人员的签字。

经对比发现签字样式异常，暂缓2900万元放款

福州放款中心放款员在审核FH汽车工业有限公司所签2900万元额度协议时，发现企业法定代表人签字样式与公司章程中的签字样式存在较大差异。

由此放款员调阅了上年度授信档案，发现上年法定代表人签字样式与公司章程中的签字样式是一致的。

于是通知经办客户经理，要求重新核实法定代表人签字的真伪。经办客户经理答复该签字人在台湾无法核实，企业因急需用款，申请先行办理放款手续。

放款员经咨询法律人员后，认为法定代表人签字是否真实，直接涉及法律文书的有效性，因而放款中心暂缓该笔放款。

发现决议和章程上的签字不一致，停止使用 1000 万元额度

上海 YYFT 汽车销售服务有限公司向银行申请开立 258 万元银行承兑汇票。

银行放款中心在审查担保人董事会决议时，对比发现一名自然人股东的签字和他在公司章程上签署页的字样不一样，怀疑决议是别人替签的。于是请该自然人股东前来银行办理面签手续，以确保签字的真实性。

然而该自然人股东迟迟不来，也未就签字为何不一致问题向银行做出任何说明。鉴于董事会决议为重要法律文件，银行领导高度重视，对于该经销商汽车金融业务的 1000 万元授信额度一直未予以启用。

● **风险提示：**审查人员不去企业现场，也能发现虚假签字。方法就是取得企业年报、公司章程、审计报告、预留印鉴卡等资料上的签字，将两次签字进行对比。

对比笔迹发现保证合同的假签，堵截 8000 万元风险

东莞 CLZZC 有限公司向银行申请续作 8000 万元综合授信额度，由公司实际控制人提供连带责任担保。

放款员在审查保证合同时发现，担保人的签字笔迹与预留在银行电子验印系统中的签字样本存在较大出入。经进一步鉴定发现，该签字的运笔特征、笔画的形态及流畅程度，与之前留存银行档案里的签字有较大差别。由此认定该合同假冒签字的可能性较大，于是停办了该笔业务。

● **风险提示：**公司借款由实际控制人提供担保，但其个人签名却是假的。令人怀疑该企业实际控制人在开始就为今后逃避责任埋下伏笔。对于此类情况，银行不可不防。

（四）无权签字人签字

有些人没有签字权，也在文件上签字，但这样的签字是无效的。对此，银行人员在其签字之前，应查看签字人的授权书，核对其是否持有足够授权。

这里所说的授权一般来自两方面：第一，来自企业内部授权，被授权人应持有企业的授权书，此时银行人员不应只看重授权书上是否盖有单位公章（无法验真），而更应关注是否有法定代表人（授权人）的签字；第二，来自企业公开授权，即根据企业对外公开的文件中对某些人员的授权，也可判断该等人员是否具有企业授权。为确保公开文件的权威性，建议应以工商档案或其他政府机关存档为准，比如在工商局备案的公司章程、在商务局备案的合作协议等。

案例

发现前法人代表的签字仍在使用，堵截 8210 万元风险漏洞

某银行放款员某年 12 月在处理东莞市 ZT 物资供销公司一笔 300 万元的开票业务时，发现该

客户购销合同上签字的法人代表，与开票申请书上法人代表名章上的人非同一人。

放款员立即询问经办客户经理，得到的答复是该公司当年 7 月就更换了法人代表，但为方便办理开票业务，公司由原法人代表事先签妥了一些开票申请书存放在银行客户经理处备用。

放款中心意识到签字失效问题的严重性，立即派出核保人对该公司的现任法人代表进行面签核保，并要求现任法人代表出具向前追溯签字效力的授权书，确认原法人代表的签字属受托而为，仍然有效。从而弥补了签字有效性的法律漏洞。

后经检查统计，该客户 7 月以来在银行累计开票 8210 万元（50% 保证金），而提供的开票申请资料上均是原法人代表的签字，若不是放款员后来发现该漏洞，将造成放款材料失实甚至无效的风险。

● **风险提示：**在企业文件上签字的必须是有权签字人，否则将是无效文件。业务部门必须关注企业高管的人事变动情况，防止无效签字的情况发生。

发现签字委托公证书系伪造

客户王某向银行申请办理一笔个人住房贷款，金额为 39 万元。共同借款人由于无法亲自到场签署合同及办理抵押手续，采用委托公证的形式委托他人办理相关手续，客户提供了由西安市公证处出具的委托授权公证书。经放款审查人员电话核实，该委托公证书系伪造。放款中心立即终止办理该笔业务，并对客户经理进行严肃批评和通报处罚。

● **风险提示：**授信合同、担保合同、股东会决议、董事会决议、授权书、公证书等均是授信业务中的重要法律性文件，上述文件的无效或瑕疵将会直接影响到银行授信资产的安全。因此客户经理及放款审核人员均应认真审核上述法律性文件，确保文件的真实性、有效性，从而保障授信安全。

【参阅资料】

签字，你想好了吗？——法定代表人签字的法律风险提示

（来源：中国律师网，马玉涛，2015 年 7 月 5 日）

法定代表人的签字在民商事活动中十分常见，但是，其与单位的盖章有何联系与区别？在不同场合下其效力是否有所不同？法定代表人的权限是否对相对人有影响？由于对此问题的认识不一，导致实务中产生了众多问题和争议，为此，厘清该问题对民商事活动风险防范有重要的实践意义。

1. 先厘清几个概念：法人、法人代表、法定代表人

“法人”即法律上拟制的人，是与自然人相对的一个概念，是具有民事权利能力和民事行为能力，依法独立享有民事权利和承担民事义务的组织。法人是个组织，而不是有血有肉的自然人。最常见的法人如“有限责任公司”“股份有限公司”等。因此，大家常听到“这个单位的法人是某某”的说法是错误的，更不应该出现在书面文件中。

“法人代表”也可称为法人的授权代表，这个代表可以是A，也可以是B，总之，他不是固定的，而是取决于法人的授权，这个授权可以一事一授权，也可以是一揽子事项的授权。这与法定代表人是完全不同的两个概念。

“法定代表人”是依照法律或者法人组织章程规定，代表法人行使职权的负责人。他是法定的、唯一的，其以法人名义对外实施行为的法律后果由法人承担。

2. 合同仅有法人单位盖章，没有法定代表人签字是否有效

这首先取决于合同当事人的约定，若当事人约定“合同自双方盖章并经法定代表人签字之日生效”，则两条件必须同时具备方为有效；若当事人约定“合同经双方盖章或法定代表人签字之日起生效”，则仅加盖印章即具法律效力；若当事人对此没有约定，同样仅加盖印章即为有效，此即“法无禁止即可为”，因为盖章与法定代表人签字均是法人意志的体现。

3. 仅有法定代表人签字的合同等文件是否有效

法定代表人以法人的名义在合同等文件上签字，但未加盖法人印章情况下，除非当事人对此另有约定，否则应认定为有效，理由如下。

首先，根据我国相关法律规定，法定代表人是代表法人行使职权的负责人，其以法人名义从事的经营活动，给他人造成经济损失的，企业法人应当承担民事责任。

其次，法定代表人是由法人的设立机关或股东（大）会、董事会确定的。例如，有限公司的法定代表人由董事长、执行董事或经理担任，而这些人选实际上是由持有表决权优势的股东决定的。也就是说，法定代表人行为是法人单位实际控制人意志的体现，相应地，其行为后果也应由法人承担。

最后，法定代表人的签字与法人单位的盖章无实质区别。因为，单位印章本身没有“手”“脚”，也没有“意识”。盖章必须通过人来完成，那么，哪个“人”有权盖章呢？显然非法定代表人莫属。从这个意义上讲，法定代表人拿起笔签字，和拿起印章加盖是一样的。由于法定代表人本身即代表公司，在没有特别约定时，法定代表人以公司名义所作出的意思表示（如签名），即可视为公司的意思表示。

4. 法定代表人超越公司章程或股东会决议对其权利限制，以法人的名义与相对人签订合同，或在对外出具的文件上签字是否有效

该情况需具体问题具体分析。首先需明确法定代表人的权利限制，相对人是否知道或应当知道。若相对人知情，则对法定代表人所在的法人单位（以下称为该法人单位）不产生效力，相应后果由法定代表人和相对人承担；若相对人不知情，则对该法人单位产生效力，相应后果由该法人单位承担。

法律的规定是清晰的，但该问题的关键在于，如何证明相对人“知道或应当知道”，尤其是在有诉讼纠纷的情况下。笔者认为，如果在合同磋商或尽职调查过程中，相对人签收过该法人单位的公司章程或股东会决议，而章程和股东会决议对法定代表人的权限做了明确的限制规定，则应当认定相对人“知道或应当知道”。需要指出的是，相对人“知道或应当知道”的证据应由该法人单位来举证，若该法人单位未能举证证明，则应推定相对人不知道，其公司章程或股东会决议对其公司内部治理所做的权利限制和约定不得对抗善意第三人。

5. 如何防范法定代表人签字瑕疵带来的法律风险

首先，在法人盖章的情况下，也争取要求法定代表人签字或法定代表人授权他人进行签字。因为在没有条件核实法人印章真伪情况下，若没有法定代表人签字，待日后发现所盖印章系伪造时，无法证明是谁所加盖印章，进而无法明确该法人单位是否有责任。在此过程中，“人”比“章”更靠谱。

其次，在法定代表人签署文件时，相对人应当面核实法定代表人的身份信息，确保签署文件的人为工商登记的法定代表人。

再次，如果法定代表人需授权他人签署，则应对法定代表人的授权过程进行面签或公证，确保授权过程真实有效。

最后，法定代表人签字应用笔来书写，而不是用加盖法定代表人“名章”来替代，更不能委托他人加盖“名章”代替法定代表人签名。因为，目前对法定代表人的“名章”在公安机关备案并没有强制性规定，实践中名章进行备案的情况也不普遍，不容易进行识别。

【参阅资料】

如何确保客户签章的真实性？

（来源：《信贷风险管理》，项赟，2017 年 8 月 6 日）

根据我国法律规定，合同自当事人签名、盖章或按指印时成立。那么，银行应如何确认企业签字盖章的真实性，确保在今后的诉讼中不因虚假签章而追债困难？在签订合同时，可采取以下方式。

1. 面谈面签

银行人员面对面看着合同当事人签字和盖章，这是银行规范的业务操作流程，也是保障签章真实性的最直接有效的措施。但这并不意味着面签就不存在风险。风险是无处不在，无时不有的，例如别有用心的客户用自带的褪色笔签字、故意字迹潦草、指印纹路模糊、使用伪造的印章等。

为防范合同面签相关风险，银行经办人员要坚持“三亲见”原则，即亲见本人、亲见原件、亲见签字。“亲见本人”就是要见到签字人并核实其身份的真实性，防止冒名顶替的不法分子。“亲见原件”就是要签字的资料必须是原件，而且资料内容应该是完整、有效、规范的。“亲见签字”就是签章过程要在视线内进行，防止有人用障眼法出现假签字。

2. 通过公证

《中华人民共和国公证法》第二条规定：“公证是公证机构根据自然人、法人或者其他组织的申请，依照法定程序对民事法律行为、有法律意义的事实和文书的真实性、合法性予以证明的活动。”公证书中载明的事实在法律上具有最强的证明效力。因此公证也成了银行经常应用的风控措施。

在此需要提醒的是：公证可以保证当事人签章的真实性，但并不能保证公证内容和效果是银行所预期的。例如银行要求《授权委托书》公证时，不法分子就故意在《公证书》内容中打起“马虎眼”，设下陷阱，例如只授权代理人代为办理相关事宜的手续，而关于是否办理业务、办理何种业务的意思表示只字未提，也未对代理人签署相关文本的法律责任做出明确承诺，致使该《授权委托书》被法院认定为无权代理。因此，对于要公证的内容，应事先经过银行法律部门审核。

3. 现场录像

录像是“视听资料”中的“影像资料”，可以作为证据。但根据《最高人民法院关于民事诉讼证据的若干规定》第七十条规定，认定视听资料的证明力需符合3个条件：有其他证据佐证、以合法手段取得、无疑点。存在疑点的视听资料不能单独作为认定案件事实的依据。对客户签章过程进行录像保存，并结合案件其他物证、书证、证言等证据，一般就能证明签章的真实性。

规范的录像应遵循如下步骤。

第一步：由客户表明身份，并出具有效身份证件进行证明。应录下客户面部特征或其他有效认定身份的特征。

第二步：由客户对签约文本的内容进行说明并签章（或按指印）。如果条件允许，应由客户通读全文，包括落款期限。若条件不允许，应至少明确签约文本的主要内容、重点要素以及文本唯一性特征（例如合同号、特殊标记等）。

第三步：客户展示签章状况。影像应能清晰地反映出客户笔迹、指印纹路、印章状况等。

第四步：录像存在疑点的，应重新录像或者通过其他有效方式证明。

4. 平台公示

一是通过电视、广播、报纸等媒体以及官方网站对相关信息进行公告。

二是利用客户的或者符合交易习惯的平台传递文本，例如邮箱、短信、聊天工具、自媒体。

根据《最高人民法院关于适用〈中华人民共和国民事诉讼法〉的解释》第一百一十六规定，通过电子邮件、电子数据交换、网上聊天记录、博客、微博客、手机短信、电子签名、域名等形成或者存储在电子介质中的信息应认定为电子数据，可作为证据。但是，此类电子数据容易被篡改，其真实性很难得到法院认可。况且银行对此类电子数据的取证和保存都十分困难。此种方法只能尽力而为。

5. 电话核实

“视听资料”包含录音资料和影像资料。录音也可作为证据。但与录像相比，录音只有声音，无图像，故而在识别身份方面，银行可能负担更多的举证责任，甚至需要采用声纹鉴定来确定接听者的身份。录音应当未被剪接或伪造，内容未被改变，无疑点。

用手机录音应保证良好的录音条件，降低噪声、杂音干扰，确保声音识别度高。同时建议拨打客户本人手机进行核实，比打固定电话更令客户难以矢口否认。

在电话核实过程中必须有以下内容：核实身份、核实文本内容、询问是否本人签章、核实送达方式。核实文本内容应当越详细越好，至少要对文本主要内容、重点要素以及文本唯一性特征（例如合同号、特殊标记等）进行核实。

第五节　虚假印鉴

企事业单位和社会团体等法人的印章统称为公章，它是法人进行内部管理和对外开展民事活动的重要凭证。盖公章代表着法人行使权利、承诺、信用或证明，也是民事活动是否成立和生效的重要标准。银行在受理客户的贷款申请和落实担保时，审查公章的真实性，是重要的内容。

企业和法定代表人印鉴的真实性，是授信合同生效的必要条件，也是银行行使合同权利的重要保障。印鉴要求真实、准确、清晰，否则会影响合同的效力。正是基于此，银行应该做到对外有专人核保、对内有集中验印，确保借款人（担保人）签署合同时印鉴使用的正确、规范，只有确认企业的印鉴真实有效后才能办理授信业务。

一、如何判断客户印鉴的真实性

目前，我国印章管理制度仍不健全，社会上还存在私刻印章、伪造印章、多套印章等现象，而且印章种类繁多，部分单位用章不规范，导致银行在对单位客户印章进行真实性、合法性审查时比较困难。那么，到底该如何判断客户印章是否真实呢？可以从以下几个方面着手。

（一）向公安局和工商局查询

目前我国各地方公安局均建立了或正在建立印章治安管理信息系统，经过公安局审批刻制的印章均刻有唯一的数字编码。因此，银行人员可到当地公安部门查询企业的刻章许可和预留印鉴，或到工商管理部门查询企业注册登记时的备案印鉴。

（二）与企业在本行预留印鉴对比

办理授信业务时，可要求企业在银行设立印鉴卡或在银行系统中预留印鉴。在建模过程中，应注意对企业经办人员身份资格的审查。企业在授信资料上用印时，银行应与预留印鉴对比。

（三）与企业其他文件中的印鉴对比

可要求客户提供已有文件，并与上面的盖章加以比对。最好是客户与政府部门或司法机构等公权力机关发生法律关系的文件，如政府项目投标书、行政处罚确认书、行政许可申请书、与政府签订的合同、税务证明、章程等。在此种情形下，即使企业印章与公安局登记不一致，法院相关判例也认定单位存在多套印章，承认该印章效力。

（四）与银行档案材料中的印鉴对比

企业往年在银行办理授信业务时，会提交一些资料如公司章程、公司年报、董事会或股东会决议等。这些存在档案里的印鉴，可用于对比。

（五）由法定代表人签字

企业法定代表人执行对外业务，无须另行授权，其行为代表企业。相应地，企业自然应承担相关法律后果。如果企业欲剥夺法定代表人的代表权，必须要在公司章程等文件上做出特别规定。根据我国《民法典》的相关规定，由法定代表人在文件上的真实签字，在一定程度上能弥补银行对印章审查的不足。

最后，银行应拒绝自然人以加盖“私章”的行为代替“签字”。虽然私章使用范围广泛，但其弊端也十分明显，诸如字体不规范、重名多、与有效证件姓名不一致、一人有多个私章、易遗失、易变更等，所以其在确定客户身份方面的效力远不如签字或按指印。

为防范企业虚假公章的风险，要做到“两个一致”，即企业在银行的预留印鉴要与在工商部门（或公安部门）备案的印鉴保持一致；企业加盖在银行材料上的印鉴，要与企业在银行的预留印鉴保持一致。

二、虚假印鉴的类型（10 种）

在办理业务的过程中，要注意防范以下风险。

虚假印鉴的类型（10 种）
● 使用假印鉴
● 印鉴未在公安部门和工商管理部门备案
● 印鉴与在公安部门和工商管理部门备案的不符
● 用印与本行预留印鉴不符
● 使用多套公章
● 使用已注销的公章
● 更名后仍使用旧公章
● 使用已失效的人名章
● 公章老化变形无法验证
● 盖章模糊难以识别

（一）使用假印鉴

早年间的不法分子通常会在街头地摊上刻制假公章，俗称“萝卜章”。由于其工艺粗糙、规格不对，较容易被识破。然而，随着科学技术的发展以及智力型犯罪者文化素质的提高，公章造假的水平也在不断提高。通过照相制版、电子刻印、复印伪造等方法制作的假公章，通过规格性特征甚至细节性特征也很难核对检验出来。

当银行人员要到借款人和担保人所在单位核实公章，并要求当面见证盖章时，不法分子们害怕露馅，往往会采用障眼法的伎俩，蒙骗银行人员。总体而言主要有两种方式。

第一，分隔法。银行人员到达企业后，其实企业有关领导并不知道银行人员前来盖章之事。不法分子为了达到分隔两边人员使之相互不见面的目的，往往会假称企业领导恰巧不在（如出差、外出开会、临时有事离开等），不能当面签字盖章了，请银行核保人员将材料留下后先回去，等企业在上面盖完章后再送去银行。之后是盖了假公章送回来。

第二，假冒法。当银行人员到达企业后，企业有关“领导”出面接待，交换名片后当面给银行人员签字盖章。其实这个领导是假冒的，或是由外部不法分子假冒，或是由企业内鬼假冒，当然所盖公章必然也是假的。

银行在受理授信申请时，对于客户公章真实性的核实，最重要的就是两条：一是该公章是不是真的，二是盖章是不是经过审批同意。为防止公章造假风险，银行可采取以下措施。

1. 核实公章真实性的措施

（1）仔细观察印鉴外观，运用现代化的先进检验技术手段，如分析仪、色彩检验（荧光检验）仪等进行核对。在有条件的城市，可采取印鉴电脑复核和指纹留档复核等科技含量高的审核技术。

（2）如果对企业公章有怀疑，可到当地公安局核查企业的《刻章许可证》和备案的印模，或者到刻制该企业公章的厂店核对。

2. 核实企业盖章行为真实性的措施

到企业去核保时，必须坚持“双人、实地、当面、复核”原则。“双人”就是必须两人同行，防止一人作弊的可能；“实地”就是必须到企业办公场所的实地去；“当面”就是必须在企业管理印鉴的部门，当面见证盖章，不可让盖章过程脱离银行人员视线；“复核”就是事后几天内突然再去企业核实。

3. 通过电话核实是直接有效的方法

通过现代通信手段，直接与有关单位、个人进行核对，也是行之有效的方法。最简单和有效的方法，就是直接打电话给企业的负责人，核实盖公章的有关信息。如果打电话不方便，也可发微信、短信请对方确认。可保留好双方所发往来信息内容，以备日后发生纠纷时对质之用。

案例

堵截企业人员变造印鉴风险

NBCY 公司有两枚大小一样的公章。其区别在于，一枚是“公司章”（数字是 1），预留在银行的印鉴卡上，专用于转账；另一枚是公司“合同专用章”（数字是 2），专用于签合同。

一次该公司申请提款 5000 万元，分行放款员在审查时发现，公司在提款单上所盖公章的数字居然是 2。难道公司章除了 1 号章之外，还有一枚 2 号章？

事后经调查了解到，原来该公司当天急于用款，而用于转账的“公司章”（1）刚好被带到外地。虽然“合同专用章”（2）不是预留印鉴，不可用于转账，但公司财务人员自作聪明地把“合同专用章”（2）上的“合同专用章”五个字覆盖掉后，加盖在提款单上，以此代替“公司章”来使用。

放款中心在查明情况后及时向行领导做了汇报。行领导对没发现变造印章风险的经营部门进行了严厉批评，并在全辖区季度风险管理会上进行了通报。该公司也开除了当事的财务人员。

【参阅资料】伪造、变造、买卖国家机关公文、证件、印章罪（《刑法》第二百八十条）

伪造、变造、买卖或者盗窃、抢夺、毁灭国家机关的公文、证件、印章的，处三年以下有期徒刑、拘役、管制或者剥夺政治权利，并处罚金；情节严重的，处三年以上十年以下有期徒刑，并处罚金。

伪造公司、企业、事业单位、人民团体的印章的，处三年以下有期徒刑、拘役、管制或者剥夺政治权利，并处罚金。

案例

公安部严厉打击“假印章假公文假证件”违法犯罪活动

（来源：公安部网站，2019 年 3 月 29 日）

公安部在京召开新闻发布会，通报公安部部署开展全国印章刻制业治安管理改革和依法严厉打击“假印章、假公文、假证件”违法犯罪活动工作情况。公安部新闻发言人郭林主持发布会，公安部治安管理局相关领导出席发布会，并回答了媒体记者的提问。

郭林介绍，印章在我国具有非常悠久的历史，在现代社会，印章是法人、自然人的重要信用凭证，广泛用于人们社会活动的各个领域和方方面面。印章虽小，事关重大。2018 年 3 月，公安部部署开展了全国印章刻制业治安管理改革工作。主要包括 7 项任务：深化涉章领域“放管服”改革措施、建设印章业信息系统实现全国联网、深化便民利企服务举措、健全印章业治安管理法律体系、完善印章业治安管理标准体系、强化事中事后监管和稳妥推广应用公章专用安全芯片等。

在简政放权方面，公章刻制业特种行业许可证核发由工商登记前置审批事项调整为后置审批，审批权限全部下放至县（区）级公安机关。取消了公章刻制审批，实行备案管理，用章单位刻制完印章后由印章刻制企业向公安机关备案，并且允许在本省、自治区、直辖市范围内跨县（区）刻制印章。

公章刻制备案纳入“多证合一”，由市场监管部门统一采集企业登记信息并与公安机关信息共享，用章企业不用再重复向公安机关提交相关材料。

全面停止印章信息系统承建运维企业向印章刻制企业收取入网费、服务费，严禁强制换章、垄断经营，严禁公安机关指定印章刻制单位刻章。

在管理打击方面，公安机关不断健全完善事中事后监管机制，严厉打击“假印章、假公文、假证件”违法犯罪活动。各地公安机关按照部署，针对当前制贩“三假”违法犯罪活动网络化、家族化、团伙化、跨区域化等特点，以案件侦办为牵引，深入开展打击整治工作，取得了显著战果。截至目前，共破获制贩“三假”刑事案件 7502 起，抓获犯罪嫌疑人 8054 人，成功侦破一批跨区域广、涉案人员多、团伙专业性强、影响危害大的大要案件，有力震慑了此类违法犯罪活动，有效地净化了社会治安环境。

（二）印鉴未在公安部门和工商管理部门备案

《中华人民共和国印章管理办法》第十条规定："需要刻制印章的单位应当到公安机关批准的刻制单位刻制；刻制单位将刻制的印章向公安机关办理印鉴备案后，方准启用。"因此，凡是发现未在公安部门备案的公章，就有私刻嫌疑，银行不得接受。

案例

异地核保，发现公章没在公安和工商部门备案

苏州 TLGD 科技有限公司获批综合授信额度 3200 万元，以常州 TLZC 建设开发有限公司名下房产作为抵押担保。

由于是异地企业担保，放款中心派员参加了核保工作。在担保公司办完合同用印手续后，核保人员先后到常州公安行政服务窗口以及刻章社查询公章备案情况，却发现担保公司所盖印章没在公安局备案，且在工商信息系统中也未曾备案。核保人员觉得公司印章使用不规范，当即要求涉及本行法律文本的合同均使用公安备案印章，以避免可能的法律纠纷。

发现企业公章没在公安部门备案，有私刻嫌疑

江苏 YJ 科技有限公司获得银行 600 万元开票额度，担保方式为 440 万元抵押，160 万元由第三方公司保证。

分行放款中心人员与经办客户经理一起赴镇江核保时，发现该公司在保证合同中所盖的公章与企业预留在工商局的印鉴不符。经询问，该公司称原公章遗失，重新换用了新的公章。核保人员随后至当地公安部门进行查询，发现该企业变更公章并未在公安部门备案记录，加盖在保证合同上印章的真实有效性可疑。核保人员及时将核保情况向行里做了电话汇报，停止了该笔授信的发放。

● **风险提示：**本案中，担保人加盖在保证合同上的公章，既与工商局预留印鉴不符，又没在公安部门备案，私刻嫌疑很大。担保人之所以盖假章，有可能是为今后逃避担保责任提前埋下伏笔，银行不得不防。

（三）印鉴与在公安部门和工商管理部门备案的不符

以下是银行人员认真负责，发现企业印鉴与备案印鉴不符的案例。

案例

发现企业公章与工商局备案的不符，及时规避 490 万美元授信风险

上海 JHQ 国际贸易公司在上海一家银行申请 490 万美元开证，由吴江区某通信电缆厂等单位提供担保。

放款审核员发现，担保人在《担保合同》和《核保表》上分别加盖的公章，名称相同但形状不同。企业解释，为便于分地区管理，刻制有两枚公章，一枚在吴江区当地使用，另一枚在上海地区使用（在开证行的预留印鉴）。鉴于公章使用的唯一性，放款审核员暂停了开证业务。

在放款中心的指导下，支行及时安排双人前往90千米外的吴江了解担保企业在当地银行的预留印鉴情况，并前往当地工商管理局查阅企业备案印鉴。最终查实该企业对外有效公章，不是在本行预留的公章。

在客户在本行办妥变更预留印鉴手续，并重新签署了有效的担保合同后，放款中心才予以放款。

● **风险提示**：企业因在多地区开展业务等情况，会有几套合同专用章，但银行只应接受在工商局预留备案的公章。

（四）用印与本行预留印鉴不符

如果发现企业在资料上的用印与其在本行预留印鉴不符，应立即停止办理贷款。常见的情况有：企业用印的公章与预留印鉴不一致，企业用印公章的编号与预留公章编号不一致，企业法定代表人名章与预留印鉴不一致。

案例

发现在协议上加盖公章有差异，堵截风险5000万元

吉林SR汽车贸易有限公司向银行申请签署一汽大众汽车经销商5000万元国内信用证开证额度协议。

放款审核员发现客户在协议上加盖的单位公章与在本行预留印鉴差别较大，无法认定为同一印章，于是要求主办客户经理进行调查，同时主动向有关部门查询了解到该客户尚有银行承兑业务在执行，立即通知该部门停办该客户业务。

后经核实的情况为，借款人变更了公章，但尚未到银行变更预留印鉴。放款中心根据以往经验，指导客户经理从客户处取得了工商局变更公章的确认函，在办理完成变更预留印鉴手续后，予以继续办理放款业务。

● **风险提示**：该放款审核员主动精神强，发现客户问题，马上通知有关部门检查该客户所有的授信业务，及时堵截风险漏洞，值得表扬。银行内部也应该建立“烽火台”应急响应制度，一个部门发现问题，应立即通报到各有关部门采取措施，防止风险扩大化。

发现人名章与预留印鉴不符，堵截6800万元授信风险

天津滨海TD物流公司向银行申请开立6800万元银行承兑汇票。

放款人员验印时发现，借款合同及核保书上所加盖的人名章，与本行验印系统的预留人名章，虽然名字相同，但章的大小、字体均不一致。

经了解，客户有两枚人名章，一枚是用于内部财务管理，另一枚是用于外部盖合同协议。之前误将内部章交给银行预留。

为防范风险，放款中心在客户修改预留印鉴后实施了放款。

● **风险提示**：不论客户自己有几枚印鉴，凡加盖在银行合同文件上的章，都必须与预留印鉴完全一致。

堵截印鉴不一致风险 280 万元

唐山某民营 ZYSY 有限公司向银行申请开立 280 万元国内信用证业务。

在验印过程中，验印员发现企业合同上加盖的法人章与本行预留印鉴不一致，果断暂停该笔业务，提示支行向客户核实，并要求企业法定代表人亲自前来签署合同。

● **风险提示**：对于印鉴管理水平较差的个别企业，应尽量要求法定代表人当面签字，直接杜绝假章风险。

发现授信材料中加盖的公章与预留印鉴不符

银行批准哈尔滨 HFQC 股份有限公司 1 亿元低风险授信额度。

风险部审查人员在审查中发现，企业提供授信资料中加盖的公章，有部分与本行预留印章不符。经了解得知，该企业已于三个月前更换了新公章，正陆续在各家银行办理变更预留印鉴事宜。发现此问题后，银行暂停企业提款事项。

在行领导的指示下，由主办客户经理、支行行长、放款人员联合组成公章核保小组到企业现场核查。只见该公司公章和法人名章均在办公室保管，用印前先填写用印单，由主管领导签字同意后，在印章专管员处加盖。管理规范，操作有序。现场观察了新旧公章无误后，回来办理了放款手续。

● **风险提示**：对于企业更换公章的解释，该行派人专程核实，工作确实做得扎实。

发现用印与预留印鉴、工商备案的均不符

苏州 WHJ 有限公司向银行申请办理 300 万美元出口贸易融资。

放款审核员发现该企业在申请书及融资合同中所盖印鉴，与本行预留印鉴不一致，与工商局预留印鉴也不符。

放款中心要求支行立即调查原因，经核实，企业常用公章有两套，均经过公安局备案。银行

要求企业提供了在公安局进行印章备案的文件，并由企业出具了两套公章具有同等法律效力的说明，在手续齐备后放款。

● **风险提示**：放款员应重视对企业印章真实性有效性的核查，须至工商部门进行查对。对印章真实性存在疑问的，应到公安部门核实。

（五）使用多套公章

公安部门《印章治安管理办法》规定，公章分为两种，一种是企业法定名称章，另一种是冠以企业法定名称的合同、财务、税务、发票等业务专用章。每家企业只能有一枚法定名称公章，但是用于业务的专用章可以有多枚，分别用1、2、3序列号标示。

银行人员应搞清楚该企业有几枚公章，及其授权使用规定，可要求企业提供其内部《公司印章管理制度》。在银行材料上加盖的，必须是具有法律效力的公章。

案例

发现企业有相似的两套印章

唐山JN电力物资有限公司向银行申请流贷4000万元，用自有存货精煤作质押担保。

放款中心验印人员按规定通过验印系统对借款合同、动产质押监管协议、动产质押合同等法律文件上的用印进行了核对，均为通过状态。

但在进行业务审查时，审查人员发现几份协议中企业印鉴在印章边框、字体粗细上存在细微差别，经反复折角比对，确认不是同一印章。放款中心立即停止业务审查，经查知，该企业共有两套印章，协议上用印确系混用。

● **风险提示**：印鉴审核是放款中心的基本工作之一，对于存在多枚相似公章的情况，应要求企业提供当地公安部门刊刻公章的批文，以确认企业的有效公章。

（六）使用已注销的公章

根据公安部门《印章治安管理办法》规定，企业如果印章遗失、被盗的，应当向备案或批准刻制的公安机关报告，并采取公告形式声明作废后，重新办理备案或准刻手续。因此，如果企业声称公章遗失的，应要求其提供公章遗失作废的公告。

案例

企业丢失旧公章，找回后继续用

杭州一家银行业务部门提交了义乌市SS针织内衣有限公司商票保贴600万元的放款资料。放款员在审核中发现，该公司在这次《贸易合同》上加盖的公章（没有数字），与之前银企双方所签《商票保贴合作协议》所盖的公章（带有数字）不一样。根据以往的审核经验，并与公安机关沟通确认，企业更换新章应该都是从无数字公章更换到有数字公章。鉴于这枚无数字公章可疑，放款人员立即暂停了放款。

后经调查得知，企业原有一枚无数字公章遗失后，向公安局重新申请刻制了新的一枚带数字印章，投入使用。后原公章找回但未上交公安部门，企业认为原公章仍然有效，也没向银行申请更换新印鉴，在这次授信合同又使用了老印章。

放款中心派人到企业与公安机关调查后，确认在公安机关备案的为有数字的公章，因此让企业更换了新的印鉴卡，并重新收齐了加盖新印章的放款资料，在审核无误后才办理了放款。

（七）更名后仍使用旧公章

当企业经营管理中出现重大变化（如公司名称更换、股权变化、高管人员变动等）时，银行正在办理的授信业务应该暂缓。等到一切落实到位，看清楚后再办不迟。

案例

堵截股东名称与股东会决议公章不一致风险

北京BRXH汽车销售中心向银行申请签署1200万元银行承兑汇票敞口协议，并开票金额600万元。

放款审核员在审核时发现，该中心章程中股东名称是北京市汽车修理公司，但在股东会决议上加盖的公章名称却是北京XLBR汽车服务（集团）有限公司，且无法确认两家为同一公司。

放款审核员指出了风险，鉴于公章使用的一致性与唯一性，暂停了此笔业务。第二天汽车销售中心来人说明股东确实已经更名，并出示了北京市工商行政管理局的公司名称变更通知。银行继续受理了业务。

● **风险提示：**企业更名属于经营中重大事项，客户经理应该掌握情况并在调查报告中有所反映。不能等到二线的审核人员来发现问题。

发现公司更名后印鉴卡没更换，堵截风险2000万元

绍兴BL印染有限公司向银行申请贷款2000万元，由杭州DK网络科技有限公司担保。

放款审核员发现“杭州DK网络科技有限公司”是由“浙江WY实业股份有限公司”更名而来。客户经理虽然提供了完整的DK公司担保资料，但专用印签卡中仍是WY公司的，并未更新。因此要求更新印签卡后再予以放款。

● **风险提示**：印鉴核对是放款审核的重要环节。银行人员应重视印签卡的核对工作，特别要及时掌握企业变更印鉴的信息并更新企业印鉴卡，确保合同盖章的有效性。如果放款审核员没有审查出变造的虚假印鉴，在企业提款之后，该提款单可能被认定是无效的，后果会非常严重。如果是不法分子有意使用伪造的假公章，则是有诈骗贷款的意图。

发现企业在材料上仍使用无防伪编码的旧公章

客户经理来放款中心为北京 YZB 汽车销售服务有限公司签署银承额度授信协议，金额 7200 万元。

审核员在审核材料时发现，客户提供签章样本上所盖的新公章有防伪编码，但所有授信和担保材料上使用的旧公章，均无防伪编码。随即退回了该笔业务，并提醒客户经理该公司可能近期更换了公章，要求调查清楚后再行办理。

三天后客户经理核实，客户确实更换了公章，并向银行提供了公安局的刻章审批单及印鉴卡。在重新提供了加盖新公章的授信材料后，办理了签约手续。

● **风险提示**：如果企业递交的材料上有不同的两枚公章，一般来讲，无防伪编码的是原有的旧公章，有防伪编码的是新刻的公章。

（八）使用已失效的人名章

企业新任领导是否认“旧账”，即对前任在合同上的签章是否认可，值得注意。银行为保险起见，在协议中应该使用新任法定代表人的签章，或出具原签章仍然有效的确认书。

案例

发现法人代表变更后未及时变更印鉴

银行给予山东 JH 汽车销售服务有限公司 2600 万元汽车金融网络业务授信额度。

放款员在审核 200 万元开票申请时发现，公司法定代表人已由高 H 变更为赵 L，但本次企业提交的开票申请书中，仍加盖原法定代表人高 H 的名章，并由其原授权的代理人曹 J 签字，由此银承申请书的法律效力存在瑕疵。因此放款中心拒绝了该笔放款。

● **风险提示**：企业变更前的法人代表，在变更后的签章是否还有效力，银行需要得到书面核实确认，不可留下隐患。

（九）公章老化变形无法验证

如果企业印章变形，是没办法补救的，无法通过银行的印鉴审核，只能刻制新公章并到公安局和工商局重新办理印章备案手续。因此应提醒企业人员要注意对印章的保养，避免老化变形出现不必要的麻烦。

（十）盖章模糊难以识别

可能造成各种印鉴盖章模糊的原因如下。

（1）光敏印章。此种印章印迹不清只有一种原因，就是补充的印油非同一类型品牌印油，使得印章的物理性能被改变，出现闭孔或是溶胀变形，失去渗透能力或堵塞。为了避免这种情况的发生，补充印油时必须使用同一品牌的印油。

（2）回墨印章。此种印章印迹不清晰的原因有：印台在不使用的情况下长期受压而变形，使得印章有些地方蘸不到印台；印台添加过油性印油或溶剂型印油，使回墨印章面的橡胶溶胀变形。

（3）牛角印章、黄杨木印章、红胶印章。这些印章材料都与各类印油有很好的亲和力，如果出现印迹不清晰有两种可能，一种是印章保管不当变形，造成印面不平；另一种可能就是印章材料非天然材料。

除了以上原因，还有一种重要的可能，就是不法企业为了今后逃避责任，故意将印鉴盖得模糊不清。但无论是哪种可能，银行人员只要发现印章模糊，都应将文件退回企业要求重盖，做到“不清晰、不受理”。

【参阅资料】

企业印章怎么管，知道这23个问题才能把控风险！

公众号：企业法律顾问

企业印章管理对于企业来说，至关重要，一旦在法律文件盖有企业印章即代表企业对该文件的认可，本文详细介绍企业印章的种类、用途以及企业印章该如何管理。

一、公司印章分哪几种，分别有什么用途？

答：公司印章主要分为五种：公章，用于公司对外事务处理、工商、税务、银行等外部事务处理时需要加盖；财务专用章，用于出具公司票据、支票等时加盖，通常称为银行大印鉴；合同专用章，顾名思义，通常在公司签订合同时需要加盖；法定代表人章，用于特定的用途，公司出具票据时也要加盖此印章，通常称为银行小印鉴；发票专用章，在公司开具发票时需要加盖。

二、刻制公司印章需要什么程序和手续？

答：通常来说，企业需要拿着税务登记证副本、营业执照副本、法人身份证，先到公安局登记备案，公安局开出证明后，到规定的地点刻章，一般需提供以上材料的原件及复印件。

三、刻制公司印章有什么特别的要求？

答：《国务院关于国家行政机关和企业事业单位社会团体印章管理的规定》对企业事业单位、社会团体印章的管理提出了具体的要求。

（一）圆形；（二）直径不得大于4.5厘米，中央刊五角星，五角星外刊单位名称，自左而右环行；（三）所刊名称，应为法定名称。如名称字数过多不易刻制，可以采用规范化简称；（四）印章所刊汉字，应当使用国务院公布的简化字，字体为宋体；（五）其他专用印章（包括经济合同章、财务专用章等），在名称、式样上应与单位正式印章有所区别，经本单位领导批准后可以刻制；（六）应到当地公安机关指定的刻章单位刻制。

四、印章被盗、抢或丢失了怎么办？

答：如果确属印章被盗（抢），且已完成以下步骤，则因该印章的使用而发生的纠纷，企业不承担责任。

首先因为公章在公安机关有备案，所以丢失后的第一个步骤，就是应该由法人代表带身份证原件及复印件、工商营业执照副本原件及复印件到丢失地点所辖的派出所报案，领取报案证明。

接着要让公众知晓你丢失的公章已经作废，所以公章丢失后的第二个步骤，就是应该持报案证明原件及复印件、工商营业执照副本原件及复印件在市级以上每日公开发行的报纸上做登报声明，声明公章作废。报纸会在第二天刊登。在哪个报纸登报声明可询问当地工商局，每个地方规定不同。而在这里需要提醒大家注意的是，大部分报社都会要求公司全体股东到场签署同意登报声明才许可予以登报，这也为许多公司的公章遗失补办设置了一定障碍。

第三个步骤，就是应该持以下文件到公安局治安科办理新刻印章备案：《营业执照》副本复印件、法定代表人身份证复印件两份、企业出具的刻章证明、法人委托授权书、所有股东身份证复印件各一份、股东证或者工商局打印的股东名册、派出所报案回执及登报声明的复印件。

第四个步骤，即在办理好新刻印章登记后在公安局治安科的指导下新刻印章了，新刻的印章需要与之前丢失的印章有不同，些许不同也可以。

最后一个步骤，就是应该持以上办理的材料到印章店刻一个新的印章了。

五、大股东把持公章使公司的运营进入僵局，其他股东能否重刻公章？

答：公司股东与股东之间，或董事长与总经理之间因内部管理纠纷引发的印章争夺战，公安机关一般不会给予办理印章的丢失备案，即比较难以获得印章的重新刻制，而且即使重新刻制，公司还是会面临两枚印章具有同等法律效力的局面。

六、能否只用公章不用其他印章？

答：不能。法律对某些情况下该用何种印章有强制性规定。如《中华人民共和国发票管理办法》明确发票只能加盖发票专用章。

七、不同的印章是否有法律效力大小的区别？

答：没有严格意义上法律效力大小高低的区别，只要是符合法律规定的盖章要求并且意思表示真实，印章均为有效。但是，由于印章的使用范围大小不同，导致人们以为印章有效力大小之分。

公章在所有印章中具有最广的使用范围，是法人权利的象征，在现行的立法和司法实践中，审查是否盖有法人公章成为判断民事活动是否成立和生效的重要标准。除法律有特殊规定外（如发票的盖章），均可以公章代表法人意志，对外签订合同及其他法律文件，具有极高的法律效力，凡是以公司名义发出的信函、公文、合同、介绍信、证明或其他公司材料均可使用公章。

八、公章可以代替合同专用章吗？

答：可以。

在合同、协议的签订中，公章和合同专用章具有同等法律效力。《最高人民法院关于在审理经济纠纷案件中涉及经济犯罪嫌疑若干问题的规定》第四条将公章与合同专用章并列使用，也足以说明公章与合同专用章在合同签订方面的效力是一样的。

九、公章可以代替法定代表人章吗？

答：视具体情况而定，如委托授权书上应有法定代表人签字或盖章，此时仅有公章是不行的。

十、什么是电子印章？

答：自《电子签名法》实施后，电子印章（签名）就具有了合法地位。

所谓电子印章（签名）并不是实体印章的图像化，而是数据电文中以电子形式所含、所附用于识别签名人身份并表明签名人认可其中内容的数据。通俗点说，电子印章（签名）就是一个能够识别出具体盖章人（签名人）的电子数据密钥。

十一、什么情况下可以使用电子印章，什么情况下不行？

答：除了法律法规规定不适用电子文书的情况，都可以约定使用电子印章。

电子印章不适用于以下几项。

（1）涉及婚姻、收养、继承等人身关系的。

（2）涉及土地、房屋等不动产权益转让的。

（3）涉及停止供水、供热、供气、供电等公用事业服务的。

（4）法律、行政法规规定的不适用电子文书的其他情形。

十二、合同上没有加盖合法有效的公章但有法定代表人签字，合同是否有效？

答：有效，除非约定合同生效需签字并盖章。

因为法定代表人以公司名义从事民事活动时代表公司，因此仅有法定代表人签字也能使合同成立生效。

同理，虽然没有加盖公章，但如果在合同上签字的人得到了公司相应的授权，那么合同一样是有效的。

十三、合同所盖印章并非合同专用章，而是采购专用章、项目部专用章等，合同是否有效？

答：除非有证据证明相反事实，否则一般认定为有效。

合同上加盖的印章虽然并非合同专用章，不符合签订合同的一般原则和规定，但一方面，这是该公司自身管理方面存在的漏洞，如该公司不能提交相应的证据，证明合同所涉印章与公司无关或为他人私盖，即应认定公司承认合同的效力。

另一方面，根据相关法律规定，如果对方已按合同履行主要义务而该公司接受的，则合同无须签字、盖章也已经成立生效。

十四、公章外借他人使用，他人私下签订的担保合同是否有效？

答：有效。公司作为独立的企业法人，公司印章是其对外进行活动的有形代表和法律凭证，公司负责人或其他管理人员，经过公司授权后，只是印章暂时的持有者和保管者，其行使公司印章所产生的权利义务，应由该公司来承担责任，而不应由持有者或保管者承担责任。公司自愿将公司印章外借他人使用，应视为公司授权他人使用公司印章，该印章所产生的权利义务关系应由该公司承担。因此，公章外借他人使用并私下签订的担保合同有效，公司需要承担担保责任。

十五、公司章程可以约定印章的使用规则吗，违反章程使用印章签订的合同是否有效？

答：公司章程可以约定印章的使用规则，但由于章程仅对内有约束力，如果相对人是善意的，即使印章的使用违反章程，合同也有效。但是，违反章程使用公章损害公司利益的人需要对公司承担赔偿责任。

十六、合同上加盖分公司的印章是否有效？

答：分公司虽然没有独立法人地位，但分公司也领取营业执照，能够成为民事诉讼的被告，因此在合同上加盖分公司的印章，一般也认定合同有效，相关的民事责任由总公司承担。

十七、公司经营过程中在印章方面会遇到哪些风险？

答：公司在印章方面常见的风险主要有以下几种。

（1）他人使用假冒的印章。

（2）他人使用扫描打印出来的印章。

（3）对方使用的是没有备案、没有资质的内设部门章。

（4）使用有数码符号的印章。

由于上述风险的高发，公司企业应该提高警惕，在交易时做好审查工作。例如，可以通过要求对方提供公安局的刻章许可或者委托律师调查对方的印章备案情况来检查印章的真伪性，仔细审查是否有油印等公章正常使用时所具有的印迹，拒绝对方不符合规范地使用印章等。

十八、公司更改名称后已使用新印章，盖有原印章的合同对公司是否仍有效力？

答：有效。企业名称的变更并不影响变更后的公司承担原公司的债务，盖有原企业名称印章的文件对变更后的公司依然具有法律效力，因此对原企业名称印章应当妥善保管，可以明确保管人，必要时可以对该印章进行销毁并登记备案，以降低法律风险。

十九、如何识别印章的真假？

答：（1）看字体。根据前述规定，印章必须要用宋体字，如果对方加盖的印章并非宋体字，应该就是假冒的印章了。

（2）看颜色。由于材质和力度的不同，真正加盖的公章的颜色往往不均匀，而电脑制作的印章则颜色一致，而且也更加鲜明。

（3）看形状，包括字的形状和周围圆圈的形状。首先，无论是圆形还是椭圆形的印章，虽然字都不是横平竖直的，但是每个字单独看都是规规矩矩的长方形，不可能扭曲，或者上面胖下面瘦看起来呈梯形。其次，看印章周围圆圈的形状，这个圆圈是有一定宽度的，并且仔细看边缘（包括印章上字的边缘），不可能非常平滑，经常有一些小缺口、小棱角或者小空白，这也是由于蘸油墨和盖印的过程中油墨的密度和盖印的力度不一致造成的。电脑直接制作的印章就没有这些问题，完美得只能用假来形容了。

（4）看角度。虽然绝大多数人盖章的时候都希望把章盖得很正，但是总会出现一点点偏差，特别是圆形的印章更不好把握。但是电脑制作印章时默认情况下肯定100%是正的。

（5）看位置。看看公章是盖在协议的空白处，还是盖在文字上。一般而言，真印章都盖在公司名称上，而制作粗劣的假印章都喜欢盖在空白处，因为假印章是电脑做的，如果盖在文字上就会挡住后面的文字。但是制作水平高一些的假印章为了看起来更真，也会盖在文字上，这个时候你需要仔细看一下，印章上的字和纸上印刷的字重合的地方，如果是真印章即使重合了，后面的文字还是可以透过油墨显示出来；而电脑制作的假印章，就会完全挡住下面的文字。

二十、企业在印章管理方面主要存在的问题有哪些？

答：（1）印章刻制的业务流程不清晰，没有审批程序，只要业务需要，领导或部门就可随便刻制印章，刻制后没有下发正式启用文件，没有明确印章使用范围和使用时间。

（2）印章刻制不在公安部门指定的单位进行，不在公安机关备案，随便找一家单位刻制公章，刻完就用，为以后发生印章使用风险埋下了隐患。

（3）个别企业没有印章管理方面的规章制度，使用印章未经过严格审批。印章管理人员对使用印章材料不严格审查，更有甚者在空白介绍信或空白纸张上用印。印章保管者让印章离开自己的视线或因自己没时间让他人代为盖章，在没有监管人的情况下允许他人携带印章外出。

（4）个别企业没有统一的印章使用台账，采用一页纸请示的方式，请示完成后，领导审批用印的签批单由经理办公室保存，时间长了很容易丢失，无法追溯。个别单位虽有统一的用印台账，但对领导在材料上签字直接上报的文件则没有登记用印事项和用印人，以后涉及此类文件的问题同样无法追溯，形成法律风险。

（5）个别企业印章保管制度不健全，未设专人保管，印章丢失或被盗后不及时报告，不及时报案，也不主动在报纸上发布公告声明作废，从而留下了潜在的用印风险。

（6）个别企业为追求收益，允许不具备资质的企业挂靠施工，个别情况下甚至允许挂靠单位使用公司印章，一旦挂靠单位出现问题，企业就要承担相应责任。

（7）个别企业不重视管理项目部印章，意识不到项目部印章对企业的重要性，项目部印章管理不规范，没有限定项目部印章的使用范围和使用审批程序，没有设立项目部印章使用台账，形成了项目部印章管理的空白，给企业带来较大的法律风险。

（8）个别企业印章被仿冒后，未采取正确的应对措施，放任风险发生，给企业带来了不可挽回的损失。

（9）个别企业在下属单位、部门、项目部被撤销和关闭后，没有及时收回和销毁这些单位的印章，造成印章的流失，形成了潜在的法律风险。

二十一、公司印章的保管方面需要采取什么样的措施？

答：首先是建立日常保管制度。

（1）公司印章采取分级保管的制度，各类印章由各岗位专人依职权需要领取并保管。

（2）印章必须由专门保管人妥善保管，不得擅自委托他人保管并在其岗位职责中予以明确。

（3）公章应妥善保管，注意安全，防止损毁、遗失和被盗。

其次是明确保管人责任。

（1）印章保管人必须妥善保管印章，不得遗失。如遗失，必须及时向公司办公室报告。

（2）必须严格依照公司对印章的使用规定使用印章，未经规定的程序，不得擅自使用。

（3）在使用中，保管人对文件和印章使用单签署情况予以审核，同意的则用印，否决的则退回。

（4）检查印章使用是否与所盖章的文件内容相符，如不符则不予盖章。

（5）在印章使用中违反规定，给公司造成损失的，由公司对违纪者予以处分，造成严重损失或情节严重的，移送有关机关处理。

二十二、专人管理公章方面有什么需要注意的吗？

答：专人管理即由公司安排专属的部门或者专职人员管理公章的使用、加印以及登记，该类事项可以制定相应的公司内部制度加以完善。

目前小型企业的公章一般由法定代表人掌控，如果法定代表人本身是公司股东，则一般较为稳妥，虽然法定代表人身为股东本身不等同于公司，但是从风险防控上由于公司利益与股东利益原则上的一致性，所以公章对外加印法定代表人会比较慎重。公章由专人管理便于公章使用不当时公司内部责任的追查，同时专管公章的人建议仅限于行政职能部门或者行政人员，避免公章管理人员与具有对外负责销售或者采购的人员身份同一，因为后者对外从事商务活动容易使得权利的行使不透明，难以监控其用章的正当性或合理性。

二十三、公司印章的使用管理方面需要采取什么措施？

答：（1）企业要建立岗位法律风险防控体系，印章管理岗位人员要签订法律风险岗位承诺书，明确印章管理岗位的法律风险防控职责；同时，要加强对印章管理岗位人员法律风险防范的教育，使其认识到印章对企业管理的重要意义，不断提高印章管理的技能和法律风险防范意识。

（2）企业要制定印章管理规定，指定印章归口管理部门，明确企业各部门印章管理职责，明晰印章刻制、使用的业务流程，做到有规可依、有章可循。

（3）企业新注册设立的单位在领取营业执照后，应直接到行政服务中心公安机关刻制印章并备案。企业临时刻制印章，包括项目部印章，必须由印章管理部门统一提出，经过法律部门、专业部门审查，报公司主要领导审批。经批准后，由印章管理部门统一在公安机关指定的单位刻制并备案。印章管理部门在印章交付使用前，应下发印章启用文件，未经启用的印章不能使用。

（4）企业应当建立统一的印章使用台账，制定印章使用申请表。申请使用印章的单位必须按印章管理规定履行审批程序，经过有权部门和企业领导批准。经企业领导批准后，印章使用单位应填写统一的用印登记表，企业文书人员对用印文件要认真审查，审核与申请用印内容、用印次数是否一致，然后才能在相关文件上用印。用印时必须由印章保管人员亲自用印，不能让他人代为用印，同时不能让印章离开印章保管人员的视线。

（5）印章保管人员必须加强对印章的保管，未经企业主要领导批准，不允许将印章携带外出，特殊情况下需携带外出时，必须指定监印人随同。印章遗失必须在第一时间向公安机关报案，并取得报案证明，同时在当地或项目所在地报纸上刊登遗失声明。

（6）禁止在空白介绍信、空白纸张、空白单据等空白文件上盖公章。如遇特殊情况时，必须经总经理同意，而且公章使用人应在《公章使用登记表》上写明文件份数，在文件内容实施后，应再次进行核准登记。公章使用人因故不再使用预先盖章的空白文件、资料时，应将文件、资料退回行政部（或办公室），办理登记手续。在使用预先盖章的空白文件、资料过程中，公章使用人应承担相应的工作责任。

（7）企业必须定期检查印章使用情况。企业印章管理部门应按照印章管理规定组织法律、监察等部门对所属单位印章使用情况进行检查，发现问题及时采取相应措施。

（8）企业应加强对项目部印章、部门印章的使用管理，限定其用途和使用审批程序，严格按公司行政公章的使用程序要求各级印章保管和使用单位。项目部印章和部门印章要严格限定使用范围，不能用于对外签订合同，不能在对外承诺、证明等材料上使用，必要时要将使用权限通知业主、原材料供应商等利益相关方。项目部和企业的部门要指定印章用印和保管人，建立使用台账，绝不允许分包方使用项目部印章。

（9）企业所属部门发生变更或被撤销后，印章统一管理部门必须收缴部门印章及用印记录；所属分公司注销后，在工商注销手续完成后，必须收缴分公司包括行政印章、合同专用章、财务专用章、负责人名章等在内的全部印章及用印记录；项目部关闭后，项目部印章及用印记录必须全部上缴企业印章管理部门。企业印章管理部门会同法律部门将收缴的印章统一销毁，用印记录由印章管理部门按档案管理规定存档。

（10）企业在遇到仿冒本单位或项目部印章的情况时，企业印章管理部门要及时将有关情况通报法律管理部门，由法律管理部门按法律规定解决。基本做法如下：首先，及时向公安机关报案，追究仿冒人的法律责任；其次，在相关报纸上发布澄清声明，及时知会潜在客户；再次，及时通知仿冒合同的相对人，陈述相关事实，解除相关合同，如果相对人不予配合，要及时向当地法院申请，通过法律途径认定合同无效，解除相关合同。

银行的公章管理工作，也可以参照以上有关规定实行。

第六节 虚假授权委托书

授权委托书又称代理证书，是指由被代理人出具的证明代理人具有代理权并指明其权限的书面法律文件，是代理资格的证明。

按照我国《民法典》第一百六十五条规定，委托代理授权采用书面形式的，授权委托书应当载明代理人的姓名或者名称、代理事项、权限和有效期限，并由被代理人签名或者盖章。代理事项和代理的权限范围应明确、具体，不易发生歧义。依照法律或者惯例应予特别授权的代理行为，代理证书未特别指明的，视为未予授权。

一份完整的公司授权委托书应该由以下文件组成：授权委托书、法定代表人身份证明、公司营业执照与组织机构代码证复印件、法定代表人身份证复印件，并且全部要加盖公章。

银行人员应该注意堵截以下无效授权委托书的风险。

虚假授权委托书的类型（5种）
● 未获授权的授权委托书
● 超出权限的授权委托书
● 授权事项不明确的授权委托书
● 过期失效的授权委托书
● 难以核实真假的授权委托书

一、未获授权的授权委托书

银行对于代理人提交的授权委托书，应该加以核实，或者银行派出人员到企业去，当面看着授权人面签授权委托书，或者委托律师事务所或公证处去确认授权委托书的真实性。防止未获授权或虚假授权情况的发生。

案例

发现签署个人担保合同的人未获授权，暂停3000万元贷款

天目湖度假村有限公司向常州一家银行申请贷款3000万元，由公司法定代表人提供个人连带责任担保。

放款员在审核时发现，因公司法定代表人在国外，其授权的代理人凭授权委托书签署了一份公司借款合同，同时也签署了一份个人担保合同。放款员认为，虽然法定代表人授权了代理人可决策公司业务，但并未授权其代理法定代表人的自然人行为，更未公证。这样的个人担保行为是不受法律保护的。因此，放款中心暂停了该笔贷款的办理。

发现两份授权委托书之一无效，暂停6000万元授信

厦门SST电子工业有限公司向银行申请授信额度6000万元。

放款员审核发现，该公司占出资比例55%的股东为一家香港企业，该股东企业在公司章程上所盖公章为椭圆形公章，而在股东会决议上所盖为圆形公章。经调查，该企业圆形公章未在公章管理机构公安局备案。由此要求客户重新提交椭圆形公章的材料。

之后电子公司反映，香港股东的受托人A现身在国外，暂无法签署股东会决议，并提供了该香港股东的另一份受托人B的证明书，要求改由B签署股东会决议。虽然企业表示两份委托书均有效，但放款员审核发现，A的委托书上明确表示“委托A为本公司唯一法定管理人”。这具有排他性的表述语句，使得对B委托书明显存在矛盾。

经向领导请示，放款中心暂停该笔额度的审核，要求提交合规材料后方予以额度启用。

二、超出权限的授权委托书

凡是超越授权委托书所授权限的，被授权人的行为都是无效的。

案例

核保发现担保单位越权签订担保合同，堵截1亿元授信风险

银行核保人员与客户经理前往上海JZT医药有限公司办理保证核保手续，该公司为借款单位提供了1亿元流动资金贷款担保。

在公司有关人员签署董事会决议时，核保人员询问公司董事会的担保权限，答复是“董事会应该有1亿元的担保权限”。核保人员要求出具最新公司章程并进行了查阅，却发现章程中规定董事会的担保权限是6000万元，超过该金额的担保要通过股东会批准才行。

于是核保人员要求担保单位另再提供1亿元的股东会决议。

三、授权事项不明确的授权委托书

授权委托书中的内容如果含混不清、似是而非，今后发生纠纷而打官司时，必然对银行的胜诉带来不利影响。由于银行业务的有些专业术语，客户也不一定很清楚，因此在必要时，银行可先拟写好授权委托书内容，再交由客户签字盖章。

案例

发现授权委托书规定不明确，暂停9100万元放款

江西有机硅厂是LX股份有限公司下属的一家非独立法人，向银行申请在已批额度内开立银行承兑汇票9100万元。

放款中心审核时发现：LX母公司对有机硅厂虽有《授权委托书》，但授权范围为“经过LX股份有限公司批准同意的贷款经办行和贷款额度，方可办理贷款”。就是说，母公司同意办理贷款，但没同意办理开票。这样的委托书为今后留下了纠纷隐患。故放款中心将资料退还，经客户重新提交了“同意开票”的授权委托书后，方同意办理该笔业务。

四、过期失效的授权委托书

被授权人的签字权如果已经过期，其所签署的文件必然是无效的。因此银行人员在审查授权委托书时，要注意授权有效期这个问题。

案例

发现授权委托书过期，暂停 1000 万元放款

国电 JJ 发电有限公司向银行申请开立 1000 万元银行承兑汇票。

放款中心在调阅企业基础档案资料时发现，企业虽已出具了《法定代表人授权委托书》，但对代理人签字授权期限是 1 年，至上年 10 月 5 日已到期。故本次业务已超过期限，如予以办理，则企业所签协议存在被认定为无效的可能。

因此放款中心要求业务部门去重新取得有效的《法定代表人授权委托书》。

五、难以核实真假的授权委托书

银行对于收到的授权委托书的真实性必须加以核实。对于一时难辨真假的，应该以“不留隐患”为原则，暂缓办理业务。

案例

无法核实委托书效力，暂缓 3000 万元放款

天津 NMD 橡胶有限公司首次获得授信 3000 万元，由其关联企业提供担保。

由于借保双方的法定代表人长期居住在外地，无法在《借款合同》及《保证合同》上签字，于是出具了两名法定代表人的签字样本，及事先签署的《授权委托书》。

由于银行不宜派核保员去外地核实授权委托书签字的真伪，不能保证合同的效力，因此暂缓放款。最终在借款公司和担保公司的两名法定代表人，从外地亲自前来天津签订合同的前提下，银行为该客户放了款。

第七节　虚假发票

银行在授信业务中，必须小心不法企业以虚假发票骗取银行资金的企图。

银行人员调查和审查发票的目的，是确认贸易背景的真实性，确保业务操作合法合规，防止企业套取银行资金的风险。需要时，可根据国家税务总局《关于启用全国增值税发票查验平台的公告》（2016 年第 87 号），登录全国增值税发票查验平台（https://inv-veri.chinatax.gov.cn），对增值税专用发票、增值税普通发票、机动车销售统一发票和增值税电子普通发票等四种发票信息进行查验。

银行人员应注意存在以下问题的发票。

虚假发票的类型（7种）
● 伪造、变造的虚假发票 ● 客户提供不出银行要求的发票 ● 重复使用的发票 ● 已经作废的发票 ● 向税务机关查询不到的发票 ● 与常理不符的大金额发票 ● 复印件模糊不清的发票

一、伪造、变造的虚假发票

虚假发票主要分两类。一类是伪造票，即凭空捏造的发票，其纸质、字体、防伪图案、版面印色等均不同于真发票，在其印制的联次、字轨号码或装订顺序上，经常出现混乱和错位现象；另一类是变造票，即对真发票采用刮、擦、挖补等手段，更改或增添真发票上的有关内容。

银行人员可通过查验票面是否“八相符”，判断发票的真实性。

（1）发票代码应与密码区的代码号相符。

（2）发票流水号应与密码区流水号相符。

（3）开票日期应与银行承兑汇票日期跨度相符。

（4）发票货物数量与单价的乘积应与发票金额相符。

（5）货物金额与税额合计应与价税合计大小写相符。

（6）购销货双方单位名称应与合同供需方及汇票最后关系相符。

（7）发票专用章上的号码应与销货单位纳税人识别号相符。

（8）发票货物名称应与购销合同相符。

案例

不法企业以复印和涂改方式变造增值税发票

王某是在北京经营着4家商务公司的老板，从事钢材贸易等业务。在两年多的时间里，王某让公司会计马某把真实发票复印后，用涂改票号的手段进行翻印，最后再由马某将财务报表进行修改，夸大公司业绩。于是，一家运营困难的贸易公司摇身一变就成了有上亿贸易额的优质公司。

王某从一家商业银行开具承兑汇票1.8亿元，办理流动资金贷款4800万元。巨额资金到位后，王某并没有真正用来扩大公司贸易，而是将贷款资金通过填补公司亏空、以贷还贷、向其他公司放贷等方式挪作他用，造成该银行损失承兑汇票款7000余万元、贷款4000余万元及银行利息1000余万元，累计高达1.2亿元。

发现发票流水号与密码区的流水号明显不符

厦门市BDL实业发展有限公司向银行申请开立200万元银行承兑汇票，以100%保证金质押，期限6个月。

放款中心审查发现，该客户提供的购销合同中要求“凭供方完整的增值税发票需方付款”，但客户提供的增值税发票流水号与密码区的流水号明显不符，属虚假增值税发票。发现这一问题后，放款中心请示分行领导后停止办理该笔业务，并做退卷处理。

发现税票存在多处疑点 停止1600万元开票

云南LFJM车辆有限公司向银行申请开立1600万元银行承兑汇票，用于向其上游企业购买轮胎。根据贸易合同约定，凭销货方出具的增值税票进行结算。

放款中心在验证增值税票真实性时发现，其中有6张合计约700万元的税票有以下疑点。

（1）发票8位流水号与密码区流水号不相符。

（2）6张税票密码区流水号均相同。

（3）6张税票的防伪电子密码均相同。

（4）6张税票下方加盖发票专用章的位置均为同一位置（按常理，章为手工加盖，不可能每一张位置均一模一样分毫不差）。

根据以上几点，判定该6张增值税票属变造发票。为控制风险，立即中止了本笔开票业务，做退卷处理。

发现43张560万元开票的购销合同及发票存在多处疑点

广东省工业设备安装公司向银行申请开立总额为560万元的43张银行承兑汇票。因收款人众多，放款员在仔细审核客户提交贸易背景材料后发现购销合同及发票存在以下问题。

（1）部分发票的发票号码与密码区发票号码不一致，存在发票作假的嫌疑。

（2）部分发票为手写发票，发票购销双方名称填写不规范。

（3）部分购销合同采购商品与发票明细不一致。

（4）部分购销合同金额大小写不一致。

因客户发票涉嫌作假，放款员对该笔业务做退卷处理，并向经办行强调问题的严重性，要求客户经理严格调查审核开票业务的贸易背景。

● **风险提示：**该案例启示我们，在审批环节有疑虑的客户往往是贷后需要重点关注的客户，贷后管理应与审查审批人员定期沟通，提高贷后管理的针对性。同时，贷后管理人员需提高自身业务能力，善于从细节追根溯源，早发现，早化解。

在税务局网页上查不到企业提供的发票信息

深圳某分行给予广东ADW公司综合授信额度4000万元，以其股东名下写字楼作抵押，追加申请人大股东个人连带责任保证担保。

分行信贷管理部在配合深圳银保监局对授信业务开展全面检查中发现，ADW公司所提供的"深圳增值税普通发票"，在广东省国家税务局网上办税大厅和深圳市国家税务局网站上查询结果显示为："税务登记号有误！""该发票为非法领购发票。""对不起，您所查的纳税人没有领购过以下发票。"

发现该问题后，根据银保监局的检查意见，分行信贷管理部及时下达了整改通知书，要求企业限期出具税务部门对其增值税发票验证为真的证明或提前归还贷款。在分行的重视和督促下，经办支行经多次与公司协商，借款人最终同意提前归还贷款资金。

税务材料异常的企业作假可能性大

上海某银行风险管理部收到支行同时上报两笔小企业流贷申请，A企业申请500万元，B企业申请800万元。均以上海JQ烟草糖酒集团配销中心的应收账款作质押。风险管理部信审员仔细审查时发现如下问题。

（1）上报的材料有假，疑似伪造了企业纳税申报表和税收电子缴款凭证，提供的发票没附相应的送货单等必要材料。

（2）两个企业借款人的注册地点虽在不同的乡镇，并由完全不相关的股东出资；但是通过网上查询，却发现这两家公司在同一地址办公。

（3）企业材料显示，上海JQ烟草糖酒集团配销中心的上游采购客户非常分散，且一般客户的年采购量不超过1000万元。而支行的调查材料称，两家小企业借款人对JQ烟草的年销售额均在5000万元以上。两份材料难以自圆其说。

信审员要求支行补充授信资料，并对相关问题做出合理解释，但支行迟迟未能补充，只是多次强调，该业务非常急，资料可以后补，且客户可以帮助支行完成多项业务指标等。风险管理部不为所动，最终对该授信项目做了退卷处理，并向主线部门（分行小企业金融部）反映了业务处理信息。事后通过贷款卡跟踪调查，没有一家金融机构对上述两家客户进行授信业务。

● **风险提示**：该项目警示我们，经营机构和审批部门都应增强风险意识，除实地调查外，还须从与税务部门联网的税控机上查询税务材料的真实性，并从多渠道揭示借款人的造假情况。

【参阅资料】《刑法》中涉及发票的有关条款

第二百零五条 【虚开增值税专用发票、用于骗取出口退税、抵扣税款发票罪】虚开增值税专用发票或者虚开用于骗取出口退税、抵扣税款的其他发票的，处三年以下有期徒刑或者拘役，并处二万元以上二十万元以下罚金；虚开的税款数额较大或者有其他严重情节的，处三年以上十年以下有期徒刑，并处五万元以上五十万元以下罚金；虚开的税款数额巨大或者有其他特别严重情节的，处十年以上有期徒刑或者无期徒刑，并处五万元以上五十万元以下罚金或者没收财产。

单位犯本条规定之罪的，对单位判处罚金，并对其直接负责的主管人员和其他直接责任人员，处三年以下有期徒刑或者拘役；虚开的税款数额较大或者有其他严重情节的，处三年以上十年以下有期徒刑；虚开的税款数额巨大或者有其他特别严重情节的，处十年以上有期徒刑或者无期徒刑。

虚开增值税专用发票或者虚开用于骗取出口退税、抵扣税款的其他发票，是指有为他人虚开、为自己虚开、让他人为自己虚开、介绍他人虚开行为之一的。

第二百零五条之一 【虚开发票罪】虚开本法第二百零五条规定以外的其他发票，情节严重的，处二年以下有期徒刑、拘役或者管制，并处罚金；情节特别严重的，处二年以上七年以下有期徒刑，并处罚金。

单位犯前款罪的，对单位判处罚金，并对其直接负责的主管人员和其他直接责任人员，依照前款的规定处罚。

第二百零六条 【伪造、出售伪造的增值税专用发票罪】伪造或者出售伪造的增值税专用发票的，处三年以下有期徒刑、拘役或者管制，并处二万元以上二十万元以下罚金；数量较大或者有其他严重情节的，处三年以上十年以下有期徒刑，并处五万元以上五十万元以下罚金；数量巨大或者有其他特别严重情节的，处十年以上有期徒刑或者无期徒刑，并处五万元以上五十万元以下罚金或者没收财产。

单位犯本条规定之罪的，对单位判处罚金，并对其直接负责的主管人员和其他直接责任人员，处三年以下有期徒刑、拘役或者管制；数量较大或者有其他严重情节的，处三年以上十年以下有期徒刑；数量巨大或者有其他特别严重情节的，处十年以上有期徒刑或者无期徒刑。

第二百零七条 【非法出售增值税专用发票罪】非法出售增值税专用发票的，处三年以下有期徒刑、拘役或者管制，并处二万元以上二十万元以下罚金；数量较大的，处三年以上十年以下有期徒刑，并处五万元以上五十万元以下罚金；数量巨大的，处十年以上有期徒刑或者无期徒刑，并处五万元以上五十万元以下罚金或者没收财产。

第二百零八条 【非法购买增值税专用发票、购买伪造的增值税专用发票罪】非法购买增值税专用发票或者购买伪造的增值税专用发票的，处五年以下有期徒刑或者拘役，并处或者单处二万元以上二十万元以下罚金。

【虚开增值税专用发票罪，出售伪造的增值税专用发票罪，非法出售增值税专用发票罪】非法购买增值税专用发票或者购买伪造的增值税专用发票又虚开或者出售的，分别依照本法第二百零五条、第二百零六条、第二百零七条的规定定罪处罚。

第二百零九条 【非法制造、出售非法制造的用于骗取出口退税、抵扣税款发票罪】伪造、擅自制造或者出售伪造、擅自制造的可以用于骗取出口退税、抵扣税款的其他发票的，处三年以下有期徒刑、拘役或者管制，并处二万元以上二十万元以下罚金；数量巨大的，处三年以上七年以下有期徒刑，并处五万元以上五十万元以下罚金；数量特别巨大的，处七年以上有期徒刑，并处五万元以上五十万元以下罚金或者没收财产。

【非法制造、出售非法制造的发票罪】伪造、擅自制造或者出售伪造、擅自制造的前款规定以外的其他发票的，处二年以下有期徒刑、拘役或者管制，并处或者单处一万元以上五万元以下罚金；情节严重的，处二年以上七年以下有期徒刑，并处五万元以上五十万元以下罚金。

【非法出售用于骗取出口退税、抵扣税款发票罪】非法出售可以用于骗取出口退税、抵扣税款的其他发票的，依照第一款的规定处罚。

【非法出售发票罪】非法出售第三款规定以外的其他发票的，依照第二款的规定处罚。

第二百一十条 【盗窃罪】盗窃增值税专用发票或者可以用于骗取出口退税、抵扣税款的其他发票的，依照本法第二百六十四条的规定定罪处罚。

【诈骗罪】使用欺骗手段骗取增值税专用发票或者可以用于骗取出口退税、抵扣税款的其他发票的，依照本法第二百六十六条的规定定罪处罚。

二、客户提供不出银行要求的发票

银行票据业务的前提是要有真实的贸易背景，在发放贷款和开出银行承兑汇票后，必须要求企业提供增值税发票，以证明贸易背景的真实性，这是银行授信后管理工作的一个重点。如果企业不能提供，应立即查明原因，采取暂停业务、追回资金等措施。

案例

公司始终无法提供相应增值税发票

福州某分行给予泉州市A服饰有限公司综合授信额度1400万元，期限1年，用于办理银行承兑汇票，50%保证金，其中：400万元额度由晋江市B制衣厂提供工业房地产作为抵押，1000万元额度由C担保有限公司提供连带责任保证，并追加申请人实际控制人个人连带责任保证。

贷后支行要求该公司提供增值税发票。公司回复收款方发票尚未开出，暂时无法提供。经屡次催促，该公司始终无法提供相应增值税发票，支行及时向上级分行领导报告。

分行领导高度重视，多次组织人员走访企业，并通过侧面了解企业经营情况，证实该公司贸易背景不真实。分行立即将该公司列入黑名单，停止其开票业务，同时将该公司列入授信客户退出计划，要求业务经营机构整改退出该客户。通过分支行客户经理的积极配合，密切跟踪企业，督促企业提前落实资金。在该公司按时归还最后一笔银行承兑汇票敞口后，顺利结清授信业务。

● **风险提示**：在该案例中，领导重视、组织到位、退出决心坚决是银行成功回收风险贷款的关键。因此，业务机构应切实加强对票据承兑、贴现业务的准入审查，规范业务操作，在票据承兑或贴现前，应对贸易背景真实性和企业生产经营、财务状况进行深入调查，确保票据业务贸易背景真实。业务机构还应严格按照监管要求，在银行承兑汇票开出后两个月内，及时向企业收集相应的增值税发票等税务发票；对于未能在规定时间内提供发票的客户，应督促其尽快补齐；对于超过规定时间未能提供发票的客户，应严禁继续开票，果断退出。

保兑仓模式中的税票归集严重滞后

天津某分行给予A贸易有限公司8000万元银票敞口额度，参照保兑仓模式操作，保兑方为天津市B制钢有限公司。

半年后，分行贷后管理人员发现该公司半年来在本行累计出票1.62亿元，但仅归集了4100余万元增值税票，其余部分迟迟未见进展。彼时A公司在分行银票余额为10240万元。

此前，分行贷后管理人员已发现A公司税票归集严重滞后，并多次要求经办客户经理调查情况，但均解释厂商发票尚未开齐。鉴于此，支行行长亲自约见了A公司实际控制人，了解到由于市场价格的波动，下半年A公司已很少从B公司购货，反而主要是为其提供原材料，双方真实的贸易背景与银行银票支付方向相反。除已归集增值税票的部分，银行保兑仓项下的银票无真实贸易背景支撑。

对此，分行分析认为，A公司自身情况尚好，但双方的商品交易行为不能支撑保兑仓业务模式，于是确定了“暂停出票、分期归集保证金、稳步退出”的方案。同时，分行审批部门对保兑仓模式操作的贸易背景从严审核，退回了部分经销商类似的授信申请，从源头防范利用保兑仓业务套取信用的风险。随着A公司最后一笔银票2570万元按时结清，分行平稳退出该客户。

● **风险提示**：该案例启示我们，贷后管理人员需要持续不间断地跟踪，通过细节发掘实际情况，了解客户，洞察风险。

三、重复使用的发票

有的企业在发票不够时，有可能将发票复印后，重复提供给银行。面对厚厚一沓的发票，银行人员如果不仔细核对，很有可能被企业蒙混过关。

案例

发现企业重复提供变造金额的发票，停止655万元放款

福建ZYPT移动通信设备有限公司向银行申请655万元流动资金放款（该业务参照国际业务

保理中商业发票贴现流程进行操作，相关应收款须经商品买方书面确认为真实、有效后方可申请放款）。

放款员在审核时发现，该公司提交的放款材料中存在虚假增值税发票：本次放款材料中有两份增值税发票复印件曾经作为授信材料已向本行提供过（票号为02142165、02142166），但前后两次提供的发票上记载的金额不同。

针对这种提供变造授信材料的情况，放款中心深感事态严重，即刻中止了放款操作，并组织放款人员对该企业以往提供的发票进行逐一排查，同时立即通知业务部门进行整改。

发现发票已在他行办理质押业务，堵截7170万元贴现风险

泉州一家银行放款中心人员在审查一笔金额为7170万元票据贴现业务过程中，通过查询"中国人民银行应收账款质押登记公示系统"，发现客户所提供的增值税发票已在他行办理转让或质押等，涉及金额3910万元人民币。于是放款中心审查人员按规定终止放款，成功堵截风险。

四、已经作废的发票

发票作废的正常原因有：开具错误、销货退回、销售折让、服务中止等。发票作废的非正常原因有：恶意隐瞒收入、恶意串通（销售方违规作废，接票方虚列成本）、涉嫌虚开发票等。银行不可接受作废的发票作为业务凭据。

案例

发现贴现所提供发票已作废，停止3000万元放款

重庆JG集团向银行申请办理银行承兑汇票贴现3000万元。放款中心审查时发现，该企业提供的建筑安装发票原件系自开票，通过重庆市地税局发票查询系统对建筑安装发票进行查询，其发票均已作废。于是放款中心立即停止该笔放款操作，并督促经办支行重新调查。

五、向税务机关查询不到的发票

银行人员对于收到的发票，应登录国税局网站进行查询以便真伪。如果发票太多，可采取随机抽查或重点抽查大金额的方式进行。对于查询不到信息的发票不得接受。必要时应向税务部门举报，打击不法分子造假行为。

案例

发现未从国税局领用的发票，堵截6000万元风险

合肥HA金属材料公司向银行申请办理6000万元银票贴现业务。放款中心在审查时发现，客户提供的增值税发票代码及流水号与密码区皆相符，然而多张税票的“货物与商品名称”一栏有相似的手写字样，有伪造税票嫌疑。经登录国税局网站查询税票代码，结果显示“增值税发票未被该单位领用”，证实了6000余万元税票全部系伪造，立即停止放款退回交易。

六、与常理不符的大金额发票

增值税专用发票实行最高开票限额管理。最高限额分为1亿元、1000万元、100万元、10万元、1万元、1000元六种不同版本。最高开票限额为10万元及以下的，由区县级税务机关审批；最高开票限额为100万元的，由地市级税务机关审批；最高开票限额为1000万元及以上的，由省级税务机关审批。税务机关审批最高开票限额时需进行实地核查。

银行在接到不寻常的大额发票时，应审核与企业的销售量是否相符，并向税务机关查询，防止接受虚假发票。

案例

发现百万元版大额可疑发票

云南RJY商贸有限公司向银行申请在额度内开立银行承兑汇票1700万元，收款人为昆明GQ商贸有限公司。

放款中心在审核贸易合同的真实性时发现，数张增值税发票复印件均为万元版发票，还有1张为百万元版。根据放款中心工作人员往常积累的经验来看，一般贸易企业出具的增值税发票大多为万元版，规模大的一般为十万元版发票，百万元版的很少，且同一个企业在同一个时间段不可能同时出现万元版和百万元版的发票，疑为变造发票。放款中心要求客户提供原件进行比对，一直没有结果。为了有效防范风险，放款中心进行退卷处理。

七、复印件模糊不清的发票

有时企业提交的发票复印件经常是模糊不清、难以辨认的。究其原因，或者是企业人员工作马虎，复印质量差；或者是别有用心，故意复印得模糊不清，让银行难以辨认。对于这种情况，银行应该要求企业重新提供清晰的复印件，否则不予办理授信业务。

案例

发票复印件模糊难辨，企业拒不提供原件供核对

甘肃JZ商贸有限公司向银行申请银行承兑汇票贴现业务，金额为1400万元。分行放款中心放款复核员发现该企业增值税发票复印件模糊，于是要求企业提供增值税发票原件进行核实。但企业一直未提供，于是银行停止放款。

发现税票多处疑点，企业拒不提供原件

陕西JY工程有限公司向银行申请办理银行承兑汇票贴现3000万元。放款中心在审查时发现，该企业提供的增值税票复印件存在以下疑点：一是在税票价税合计处，符号“㊉”分别位于大小写的首位数字（壹与1）上面；二是税票密码区字迹模糊，字体大小不一致。

在此情况下，放款中心认为该税票极有可能是企业变造所得，要求企业必须出具税票原件方可办理，但企业最终未能提供税票原件。于是放款中心立即停止该笔放款操作，并督促经办支行重新调查，认真落实授信调查责任，坚决杜绝此类事件再次发生。

【参阅资料】发票种类与防伪识别

发票是单位和个人在购销商品、提供或者接受服务以及其他经营活动中，开具、取得的收付款凭证。

一、目前增值税发票主要包括以下五个票种

（一）增值税专用发票

这是增值税一般纳税人销售货物或者提供应税劳务开具的发票，是购买方支付增值税额并可按照增值税有关规定据以抵扣增值税进项税额的凭证。

（二）增值税普通发票（含电子普通发票、卷式发票、通行费发票）

这是增值税纳税人销售货物或者提供应税劳务、服务时，通过增值税税控系统开具的普通发票。

（三）机动车销售统一发票

凡从事机动车零售业务的单位和个人，从2006年8月1日起，在销售机动车（不包括销售旧机动车）收取款项时开具的发票。

（四）二手车销售统一发票

二手车经销企业、经纪机构和拍卖企业，在销售、中介和拍卖二手车收取款项时，通过开票软件开具的发票。

（五）货物运输业增值税专用发票

这是增值税一般纳税人提供货物运输服务（暂不包括铁路运输服务）开具的专用发票，其法律效力、基本用途、基本使用规定及安全管理要求等与现有增值税专用发票一致。

二、增值税专用发票与普通发票的主要区别

（一）使用的主体不同

增值税专用发票一般只能由增值税一般纳税人领购使用，小规模纳税人需要使用的，只能经税务机关批准后由当地的税务机关代开；普通发票则可以由从事经营活动并办理了税务登记的各种纳税人领购使用。

（二）税款是否允许抵扣

增值税专用发票不仅是购销双方收付款的凭证，而且还可以用作购买方（增值税一般纳税人）扣除增值税的凭证，因此不仅具有商事凭证的作用，而且具备完税凭证的作用。而增值税普通发票除税法规定的经营项目外都不能抵扣进项税。

增值税专用发票有三联：发票联、抵扣联和记账联。发票联，作为购买方核算采购成本和增值税进项税额的记账凭证；抵扣联，作为购买方报送主管税务机关认证和留存备查的凭证；记账联，作为销售方核算销售收入和增值税销项税额的记账凭证。

普通发票只有两联，发票联和记账联，比增值税专用发票少了抵扣联。

三、发票真伪识别方法

（一）增值税专用发票真伪识别方法

国家税务总局2019年2月3日发布《关于调整增值税专用发票防伪措施有关事项的公告》（国家税务总局公告2019年第9号），自2019年第一季度起，增值税专用发票取消原先的光角变色圆环纤维、造纸防伪线等防伪措施，继续保留防伪油墨颜色擦可变、专用异型号码、复合信息防伪等防伪措施，具体如下。

1.防伪油墨颜色擦可变

防伪效果：发票各联次左上方的发票代码使用防伪油墨印制，油墨印记在外力摩擦作用下可以发生颜色变化，产生红色擦痕。

鉴别方法：使用白纸摩擦票面的发票代码区域，在白纸表面以及发票代码的摩擦区域均会产生红色擦痕。

2.专用异型号码

防伪效果：发票各联次右上方的发票号码为专用异型号码，字体为专用异型变化字体。

鉴别方法：直观目视识别。

3.复合信息防伪

防伪效果：发票的记账联、抵扣联和发票联票面具有复合信息防伪特征。

鉴别方法：使用复合信息防伪特征检验仪检测，对通过检测的发票，检验仪自动发出复合信息防伪特征验证通过的语音提示。

（二）普通发票真伪识别方法

1.专用防伪无碳复写纸

（1）“弯曲状—荧光正反纸面变色防伪纤维（黄、蓝双面荧光）”。

防伪效果：发票纸张在自然光下观察与普通纸张基本相同。当使用365 nm紫外光在发票正面、反面分别照射时，可见防伪荧光纤维，纤维呈弯曲状，同一根荧光纤维显现黄色、蓝色荧光交替变换颜色的特征。

鉴别方法：将发票放置在验钞机或其他365 nm紫外光光源下观察，可见发票纸张中多根弯曲状防伪荧光纤维。当使用紫外光光源交替照射发票正面、反面时，即可观察到同一根纤维显现出黄色、蓝色两种荧光颜色交替变化的效果。

（2）纸张温变防伪。

防伪特征：发票记账联、发票联纸张在正常情况下为白色，在130 ℃左右温度下，纸张背面加热部位呈现粉红色，颜色不可逆。

鉴别方法：使用日常生活中的简易加热器（如吹风筒、直发器、点烟器、电熨斗等）靠近发票记账联、发票联纸张，纸张背面加热部位由白色变为粉红色，颜色不可逆。

（3）纸张划线防伪。

防伪特征：发票记账联、发票联纸张在正常情况下为白色，使用硬物在发票纸张的背面划线，纸张显现淡蓝色的线条。

鉴别方法：将发票记账联、发票联纸张放于硬的平面上，用手指甲、竹扦或其他光滑硬物在纸张的背面用力快速划过，纸面显现淡蓝色的线条防伪特征。

2.监制章专用红外激发荧光防伪

（1）规格：椭圆形，长30.0 mm，高20.0 mm，字体为楷体。

（2）位置：位于产品记账联、发票联票面表格上方居中，椭圆下半弧顶点距表格上边框线2.5 mm。

（3）印刷油墨：专用红外激发荧光防伪油墨。

（4）防伪效果及鉴别方法：监制章图案在960 nm专用红外激光笔照射下发射出红色亮点。

3.定制专用号码防伪

（1）规格：8位专用号码，长约22.0 mm，高约5.0 mm。

（2）位置：位于票面右上角字符（№）后，号码首位数字距字符“№”右端4.0 mm，底边距表格上边框线14.0 mm。

（3）发票号码颜色：发票号码颜色为深蓝色。

（4）防伪效果及鉴别方法：专业定制异形字体，为增值税普通发票专用号码。采用样品对比方法，使用刻度尺测量鉴别。

4.压划变色红外非吸收油墨防伪

（1）规格：发票代码为10位2号宋体阿拉伯数字，字高4.5 mm，长35.0 mm。字符“№”为字高5.0 mm，宽5.5 mm。

（2）位置：发票代码位于票面左上角，数字最右端距双杠线左端10.0 mm，底边距表格上边框线14.0 mm。字符“№”位于票面右上角，字符“№”左端距双杠线右端10.0 mm，底边距表格上边框线14.0 mm。

（3）内容：发票代码及字符“№”。

（4）印刷油墨：压划变色红外非吸收防伪油墨。

（5）防伪效果及鉴别方法：在外力作用下发票代码及字符“№”图案周围图案变红色；发票代码和字符“№”在自然光下呈现灰黑色，在红外专用识别仪下发票代码字符和字符“№”不可见。

红外非吸收防伪需要工具鉴别，鉴别工具为红外专用识别仪，在>700 nm的近红外区无吸收。压划防伪无须检验工具，用白纸或硬币等压划代码及字符“№”即可。

5.微缩文字防伪

（1）规格：双杠线两端各长出票头3.0 mm，线粗0.28 mm。监制章内圈线粗0.26 mm。

（2）位置：位于监制章内圈及票面表格上方居中，双杠线下一行线距表格上边框线11.5 mm。

（3）内容：双杠线缩微内容由地区加“增值税普通发票”和“国家税务总局监制”的汉语拼音（首位字母按特定规律组合）的微缩文字构成。例如：山东增值税普通发票，上条线缩微内容为“山东增值税普通发票”的汉语拼音首位字母循环组成，即“SDZZHSHPTFP”循环组成；下条线缩微内容为“国家税务总局监制”的汉语拼音首位字母循环组成。

监制章内圈缩微内容：“国家税务总局监制”的汉语拼音首位字母循环组成。

（4）颜色：双杠线颜色与发票表格文字颜色相同，监制章内圈线颜色与监制章颜色相同。

（5）防伪效果及鉴别方法：使用放10倍以上放大镜下观察，缩微线内容清晰可见。

第八节　虚假财务报表

企业资产负债表、损益表等财务文件是一个企业生产、经营、利润情况的量化反映，也是银行判断企业经营财务好坏和还款能力强弱，并决策是否提供向其授信的主要依据。然而，不少财务状况差的企业为了能通过银行的审批，常常编制虚假财务报表。

一般来讲，国外企业粉饰财务报表的手法包括虚增收入、虚增赊销债权、通过其他应收款或流动资产转移债权、虚减成本、虚减赊购债务、通过其他应付款或流动负债转移债务、虚计存货、虚计利润等 8 种形式。而我国企业的财务报表粉饰手法，除了上述这 8 种形式之外，还出现了虚计货币资金、虚计固定资产、虚计在建工程、虚计无形资产、虚计长期和短期投资、虚计递延资产、虚计资本公积、借款不入账等多种形式。

企业的财务报表造假，背后隐含着什么呢？有一家资管公司在研究了 2012—2017 年 50 家发生债务违约的上市公司后，发现了一个共同特征，就是这些企业在要违约之前，财务数据会流露出衰败的蛛丝马迹，尤其是财务报表造假情况十分严重。因此，银行人员如果发现企业的财务数据有造假时一定要十分小心，那是企业资金链将要断裂的风险前兆，银行不得发放贷款，已发放的要采取措施回收。

企业处心积虑地粉饰会计报表都有哪些动机呢？有的是为了通过业绩考核以便获得好的社会评价、行业排行榜、企业班子业绩等；有的是为了表现优良业绩以便获得股票的首次发行和后续发行；有的是为了偷税、漏税、减少或推迟纳税等；还有的是为了逃避和推卸责任。当然，其最主要的，就是那些经营业绩和财务状况很差的企业，为了从银行获取授信资金而对会计报表修饰打扮。

不法企业以虚假财务报表骗取银行授信资金的案例多不胜数。

一、虚假财务报表的类型（7 种）

银行人员对于企业提交的财务报表，要注意防范以下虚假问题。

虚假财务报表的类型（7种）
● 高估资产 ● 低估负债 ● 高估销售收入 ● 低估销售成本 ● 虚假利润 ● 虚假银行对账单 ● 虚假审计报告

（一）高估资产

1. 银行人员在分析中应注意以下高估资产的预警信号

（1）缺乏正当理由就对固定资产进行重估，并将增减值调整入账。

（2）频繁进行非货币性资产置换。

（3）期后事项分析表明，注销的资产价值大大超过以前年度计提的减值准备。

（4）固定资产、在建工程和无形资产中，包含了研究开发费用或广告营销等费用。

（5）固定资产、在建工程的当期增加额，与经过批准的资本支出预算存在重大差异，且未能进行合理解释。

（6）企业的主要客户遭受严重经济压力，收回欠账有困难。

（7）存货大量增加，超过销售所需，尤其是高科技产业的产品可能已过时。

（8）将亏损子公司排除在合并报表之外且缺乏正当理由。

（9）采用成本法反映亏损的被投资单位。

（10）经常将长期投资转让给关联方或与关联方置换。

（11）频繁与关联方发生经常性资产的买卖行为。

（12）固定资产和无形资产的折旧或摊销政策显失稳健。

（13）未能提供重要固定资产和土地、矿产资源的产权凭证。

（14）重大资产购置或处置未经恰当的授权批准程序。

（15）未建立科学有效的固定资产盘点制度。

2. 银行人员对企业资产真实性的调查方法

（1）查阅企业房产、土地使用权以及主要生产经营设备等固定资产的权属凭证、相关合同等资料，确认企业是否具备完整、合法的财产权属凭证。

（2）分析固定资产折旧政策的稳健性以及在建工程和固定资产减值准备计提是否充分，折旧是否按照设定的折旧提取方法和折旧率计算，并已入账。

（3）调查是否有应报废或需要提取减值准备的机器设备。

（4）查阅企业商标、专利、版权、特许经营权等无形资产的权属凭证和相关合同等资料，察看到期情况、年审情况，确认其真实性。

（5）在固定资产占总资产较大、机器设备较多的企业，应考虑进行实地盘点。

银行人员对企业财务数据真实性调查时，应采用“账账相符、账证相符、账实相符”的“账→证→实”交叉检验方法，就可有效防范企业财务报表造假。

账账相符是指企业提供的账本或简易记账簿中，总账与各分账以及关联科目核算是否一致，不同时间的数据是否一致或基本相似。

账实相符是指企业账簿显示的财务状况、资产情况与企业的实际经营状况、现场实物状况对比是否一致或基本相似。

账证相符是指企业所述的情况是否有凭证予以支持，即口头提供的信息是否与书面证明一致或相似。

（二）低估负债

银行人员在分析时，应注意以下低估负债的预警信号。

（1）期后事项分析表明，在下一会计期间支付的金额属于资产负债表日业已存在的负债，但未加以记录。

（2）存货盘点数超过存货会计记录数。

（3）供货商发票上载明的金额未体现在会计记录中。

（4）有利息支出，但未发现贷款记录。

（5）有租金支出，但没有租赁负债。

（6）产品担保支出大大超过担保负债。

（7）企业与客户签订有回购协议。

（8）征信系统查询结果有贷款，但在会计记录中未反映。

（9）董事会会议记录讨论的或有负债没有反映在会计记录中。

（10）对外聘律师支付了大额费用，但未确认任何或有负债，表明公司可能卷入重大欠债诉讼。

（11）监管部门的公函或媒体报道公司可能存在重大违法违规行为，但公司既未确认或有负债，也未有附注披露。

（12）公司设立了众多的特殊目的实体，且资金往来频繁。

（13）公司与关联方的资金往来频繁，委托付款或委托收款现象突出。

（14）在收购兼并过程中未预提重组负债。

（三）高估销售收入

1. 银行人员在分析中应注意以下高估销售收入的预警信号

（1）对外报告的收入太高、销售退回和销售折扣过低、坏账准备的计提明显不足。

（2）在对外报告的收入中，已收回现金的比例明显偏低。

（3）应收账款的增幅明显高于收入的增幅。

（4）在经营规模不断扩大的情况下，存货呈急剧下降趋势。

（5）当期确认的应收账款坏账准备占过去几年销售收入的比重明显偏高。

（6）本期发生的退货占前期销售收入的比重明显偏高。

（7）销售收入与经营活动产生的现金流入呈背离趋势。

（8）最后时刻的收入调整极大地改善了当期的经营业绩。

以下案例说明，企业财务报表造假现象还是存在的，切不可掉以轻心。

案例

从管件公司无法提供出口结算单据发现虚假销售收入

HL 管件有限公司向唐山一家银行申请 4000 万元授信额度。客户经理在实地调查时，发现企业的主营产品管件出口大幅下降，但其提供的财务报表依然显示主营业务收入呈增长趋势。客户经理感觉有问题，要求企业提供出口业务结算流水单据，但企业多次找理由推托不予提供。银行立即作出决策，停止受理贷款申请。

后来，HL 管件因经营陷入困境，公司实际控制人黄某跑路，唐山一家银行的 4000 万元贷款形成不良。

● **风险提示：**有些企业为了向银行借到钱，不惜造假夸大销售收入数据。客户经理发现苗头时，应坚持要求企业提供原始凭证，核实数据的真实性，谨防上当受骗。

突然猛增的外贸业务量没有海关数据佐证不可信

厦门 RX 贸易有限公司向一家银行申请授信额度 7000 万元，用于进口开证、出口押汇、远期结售汇及福费廷，由某房地产公司提供商业用地使用权抵押。

银行在审查中发现存在诸多疑点：第一，该公司成立以来业务量很少，而 5 年后国际结算量突然猛增到 2.5 亿元，6 年后更是突飞猛进，但均不能提供海关数据佐证。第二，该客户经营地在厦门，但当地各银行给予的额度均较小，而企业给予本行的担保条件和效益过于优惠，缺乏合理性。第三，该公司资产总额少，净资产仅 2300 余万元，申请额度偏大。第四，抵押物为第三方提供的商业地块，评估价 10078 万元，无偿提供抵押的合理性存疑。

基于以上疑点，分行最终否决了该笔授信申请。半年后，该公司终因虚构贸易背景套取银行信用东窗事发，各家银行涉案款总额达数亿元。

● **风险提示：**对于经营收入短期内大幅度增长的企业要小心，可能是财务报表造假的结果，必须加以核实。

在关联公司之间不停转账炮制虚假收入上亿元

温某是四川 8 家公司的实际控制人。公诉机关指控称，2006 年 3 月至 2007 年 6 月，温某伙同其妹编造了虚假经济合同，伪造天府 WD 公司和 WT 公司的审计报告等，利用一系列凭证，骗取某银行的信任后累计贷款 9000 万元。到案发时，温某还有 1500 万元贷款没有归还。此外，温某还两次利用相同诈骗手段，在另一银行先后骗贷共计700万元，至案发时未归还。

温某在法庭上的态度十分平静，他说公司开销相当大，光是银行利息一年就要交500万元，还有其他各项费用。当初为了让银行相信他的经济实力，他把到账的贷款不停地在他旗下的几家关联公司转账，制造虚假经营收入和账户流水。以让人感觉他的公司有大量现金交易。也正因如此，在长达一年多的时间内，没人发现他开的其实是“皮包公司”。

● **风险提示**：针对此类型案例的银行防骗方法，银行人员可将所有关联公司（每月、季、年）期末银行存款科目的余额相加，即可揭穿虚假流水的情况。还可以去税务部门调查公司营业税的纳税情况。

2. 企业的财务报表中还可能存在如下虚假的应收账款

（1）利用与未披露关联方之间的资金循环虚构交易，或以明显高于其他客户的价格，向关联方销售商品。

（2）通过虚开发票虚增应收账款。

（3）为了虚构销售收入，将商品从某一地点移送至另一地点，凭出库单和运输单据为依据确认应收账款。

（4）在采用代理商的销售模式时，在代理商仅向购销双方提供帮助接洽、磋商等中介代理服务的情况下，按照相关购销交易的总额而非净额（扣除佣金和代理费等）确认应收账款。

（5）采用完工百分比法确认劳务收入时，故意低估预计总成本或多计实际发生的成本，以通过高估完工百分比的方法实现当期确认应收账款等。

（6）虚报应收账款余额，该余额超过合同或实际债务人应付金额。

（7）货物折扣销售，且出库价与返还折扣双条线记账。

（8）交易真实存在，但该业务下形成的应收账款债务人已经清偿完毕。

3. 调查过程中应关注应收账款舞弊迹象

（1）在实际发货之前开具销售发票，或实际未发货而开具销售发票。

（2）主要客户自身规模与其交易规模不匹配。

（3）交易标的对交易对手而言不具有合理用途。

（4）剔除周期性因素外，在接近封包日（基准日）发生了大量或大额的交易。

（5）销售合同或发运单上的日期被更改，或者销售合同上加盖的公章并不属于合同所指定的客户。

（6）已经销售的商品，在期后有大量退回等。

如在调查过程中发现存在以上舞弊风险迹象，需要重点核查。

（四）低估销售成本

银行人员在分析中，应注意以下低估销售成本的预警信号。

（1）对外报告的销售成本太低、降幅太大。

（2）与存货和销售成本相关的交易没有及时、完整的记录，或者在交易金额、会计期间和分类方面记录明显不当，记录缺乏凭证支持，销售未获恰当授权等。

（3）期末的存货和销售成本调整对当期的经营成果产生重大影响。

（4）存货和销售成本的会计记录与佐证证据（如银行对供应链上下游企业了解到的采购与销售价格）存在异常差异。

（5）相关报告（如审计报告等）显示，存货盘点数与存货记录数存在系统性差异，或存货盘盈数量巨大。

（6）新出现了以前未了解到的存货供应商，或供应商的身份难以通过正常渠道予以证实。

（五）虚假利润

随着我国证券市场快速发展，一些不规范行为也随之产生。有些上市公司的管理层为了达到获取非法利益的目的，操控公司利润，故意隐瞒企业真实业绩，掩盖企业在经营管理中存在的问题，严重侵害投资者利益。

1. 企业虚增利润的方法

以上市公司为例，虚增利润主要有以下几种方法。

一是伪造合同，虚开增值税发票，虚增销售收入。上市公司为避免在当年财务报告中反映亏损状况，保住上市资格，会伪造多份销售合同，虚开增值税发票，有时还将已销售给某公司的同一批产品，再虚拟销售给其他公司。

二是与在法律上无关联关系但实际有关联的公司大量交易，虚增销售收入。上市公司将法律上无关联关系但实际受集团公司控制的几家公司列为购货方，在利润不足时将大量产品“销售”给这些公司，实际上商品仍在上市公司，只是向这些公司开出发票和提货单便完成了大额销售。

三是变相调整应收账款账龄，少提坏账准备。为了避免计提大额坏账准备影响当期利润，有些上市公司与购货方联合舞弊，通过借款、转款等方式虚列当期应收账款，减少长账龄应收账款。

四是随意调整会计政策，实行利润操作。按照相关要求，企业一经选择会计政策后，应在各期保持一致，不能随意变更。但有的上市公司从其他公司购入已使用多年的机器设备，以净值入账后却没有按照机器设备尚可使用的年限对其计提累计折旧，而是按照该部分资产的使用年限重新计提折旧。这样就延长了固定资产的使用年限，降低了折旧率，相应减少了当期的成本费用，从而增加了当期利润。

五是利用计提资产减值准备操作利润。采用哪种方法计提资产减值准备，一般由上市公司预计各项资产可能发生的损失，通过职业判断来确定。如果上市公司不恰当地运用谨慎性原则，就会增加人为操作利润的机会。

六是资产不及时入账，少计摊销费用。对于上市公司来说，待摊费用和递延资产实质上是已经发生的一项费用，应在规定期限内摊入有关科目，计入当期损益。但一些上市公司为了某种目的少摊甚至不摊。

2. 发现虚增利润的方法

针对企业粉饰会计报表的惯用手段，银行人员采用下列四种方法将有助于发现虚增利润问题。

（1）不良资产剔除法。这里所说的不良资产，除包括待摊费用、待处理流动资产净损失、待处理固定资产净损失、开办费、长期待摊费用等虚拟资产项目外，还包括可能产生潜亏的资产项目，如高龄应收账款、存货跌价和积压损失、投资损失、固定资产损失等。

不良资产剔除法的运用如下：一是将不良资产总额与净资产比较，如果不良资产总额接近或超过净资产，既说明企业的持续经营能力可能有问题，也可能表明企业在过去几年因人为夸大利润而形成“资产泡沫”；二是将当期不良资产的增加额和增加幅度与当期的利润总额和利润增加幅度比较，如果前两者超过后两者，则说明企业当期的利润表有“水分”。

（2）关联交易剔除法。关联交易剔除法是指将来自关联企业的营业收入和利润总额予以剔除，以分析某一特定企业的盈利能力在多大程度上依赖于关联企业。如果企业的营业收入和利润主要来源于关联企业，会计信息使用者就应当特别关注关联交易的定价政策，分析企业是否以不等价交换的方式与关联交易发生交易进行会计报表粉饰。

关联交易剔除法的延伸运用是将上市公司的会计报表与其母公司编制的合并会计报表进行对比分析。如果母公司合并会计报表的利润总额（应剔除上市公司的利润总额）大大低于上市公司的利润总额，就可能意味着母公司通过关联交易将利润“包装注入”上市公司。

（3）异常利润剔除法。异常利润剔除法是指将其他业务利润、投资收益、补贴收入、营业外收入从企业的利润总额中剔除，以分析和评价企业利润来源的稳定性。当企业利用资产重组调节利润时，所产生的利润主要通过这些科目体现，此时，运用异常利润剔除法识别会计报表粉饰将特别有效。

（4）现金流量分析法。现金流量分析法是指将经营活动产生的现金净流量、投资活动产生的现金净流量、现金净流量三者分别与主营业务利润、投资收益和净利润三者进行比较分析，以判断企业的主营业务利润、投资收益和净利润的质量。

一般而言，没有相应现金净流量的利润，其质量是不可靠的。如果企业的现金净流量长期低于净利润，将意味着与已经确认为利润相对应的资产，可能属于不能转化为现金流量的虚拟资产，表明企业可能存在着粉饰会计报表的现象。

（六）虚假银行对账单

银行人员对于企业所提供的经营状况和销售收入等财务数字，不能光听对方所说或看财务报表，最直接有效的方式是看它的银行对账单，把流水数字加总看是否真实，很多谎言会不攻自破。

当然，现在有些不法分子也知道银行要看对账单，已开始在这方面造假。对其以下两种造假手段，银行识别的措施如下。

（1）不法分子伪造或变造假的对账单（包括复印件）。对此，银行人员应坚持要求客户提供对账单原件，并到出单银行核实，要求对方银行盖章确认。

（2）不法分子在其掌控的几家关联公司之间不停转账，从而营造出各个公司都有巨额经营收入的假象。对此，银行人员首先应先弄清楚有几家关联公司，再将这几家公司的月末存款余额加总，就能弄清楚到底有多少资金了。

（七）虚假审计报告

银行对于企业提交的审计报告，如对其真实性有怀疑，可以到会计师事务所调取该审计报告的原件进行对比，从中发现不一致的地方。

案例

企业伪造会计师事务所公章用以出具虚假审计报告

某分行给予厦门 SDS 实业有限公司流贷 1500 万元，期限 1 年，利率上浮 10%。由公司法人代表和一家包装公司、一家旅游用品公司提供连带责任保证。

某日，分行接到某会计师事务所向公安局举报借款人伪造事务所公章及注册会计师签字以出具虚假审计报告的举报信（抄送件）。分行高度重视并召集紧急会议研究对策。

当天，业务部门立即开展实地调查。尽管当时借款人生产经营仍正常进行，且公司负责人还专门到分行说明公司资金状况和经营前景是好的，还提供了财务报表事件的说明及重新审计的财务报告。但鉴于借款人有关风险因素以及暴露出的诚信问题，分行坚决按照原先确定的退出决策，最终收回了全部贷款。

事后获悉，借款人因涉及民间借贷，供应商上门逼债导致资金链紧张，企业实际控制人声称在外地治病不归，多家银行授信余额合计 1.8 亿元出现不良风险。

二、企业虚假财务报表的迹象

（一）管理混乱

（1）企业组织结构十分复杂，难以识别企业的真实实际控制人。

（2）高管人员频繁更换，比如董秘、独立董事、监事等。

（3）财务总监、财会人员不断辞职或被调离。

（4）高管人员有违法违规不良记录，或在资本市场有不良传闻。

（5）企业经常卷入诉讼官司。

（6）企业会计报表被注册会计师出具“不干净”的审计意见。

（7）频繁变更负责审计的会计师事务所。

（8）大股东或高管不断减持公司股票。

（9）资产重组和剥离频繁。

（二）拒绝配合

（1）企业对银行限期提供财务资料的要求推诿和拖延。

（2）企业阻碍银行人员接触了解有关设施、人员、记录、客户等。

（3）企业财务关键凭证“丢失”，未能提供原始凭证，常以复印件代替。

（4）企业的财务数据与银行了解到的情况存在较大差异。

（5）企业高管对财务异常数据的解释前后矛盾、含混不清或让人难以置信。

（6）企业高管对银行人员质询财务数据行为失常，如动怒、威胁、利诱等。

（7）企业高管未经内部正常审批程序，自行指定异常客户或大客户。

（8）银行接到知情者对企业财务资料失实的暗示或举报。

（三）销售困难

（1）企业的订单显著减少，预示未来销售收入下降。

（2）期末发生的异常销售（尤其是对新客户的大额销售）。

（3）前期“销售”在本期大量退货。

（4）过度依赖少数产品和客户的交易。

（四）虚假利润

（1）盈利数量与资产质量背离（利润和不良资产同时增加）。

（2）净利润与经营现金流量持续背离（连续盈利但现金流却入不敷出）。

（3）企业毛利润率水平比上年或比同业企业大幅度提高。

（4）以成本利润率衡量的企业获利水平有较大提高。

（5）经济不景气、行业产能过剩，但企业资产质量没有受到影响（如计提或很少计提减值准备），或在某个会计期间出现原先计提的资产减值又大量转回。

（五）财务制度

（1）企业合并报表的合并范围发生不合理变动。

（2）主营业务不突出，或非经常性收益所占比重较大。

（3）会计政策或会计估计发生变化，例如折旧由年数总和法改为直线法，但欠正当理由。

（六）财务困难

（1）经营亏损甚至财务困境（如面临退市、大量债务到期）。

（2）企业一直在谋求增发、配股、发行债券等对外筹资事项。

（3）不合乎商业逻辑的资产置换。

（4）发生套换交易（如售后回租等）。

（七）关联行为

（1）企业经营模式缺乏独立性，主要是关联方的购销业务。

（2）经常发生数额巨大的关联交易，是收入或利润的主要来源。

（3）对关联方的应收款或应付款居高不下。

【参阅资料】《刑法》中相关条款

第一百六十二条之一【隐匿、故意销毁会计凭证、会计账簿、财务会计报告罪】隐匿或者故意销毁依法应当保存的会计凭证、会计账簿、财务会计报告，情节严重的，处五年以下有期徒刑或者拘役，并处或者单处二万元以上二十万元以下罚金。

单位犯前款罪的，对单位判处罚金，并对其直接负责的主管人员和其他直接责任人员，依照前款的规定处罚。

> 第二百二十九条【提供虚假证明文件罪】承担资产评估、验资、验证、会计、审计、法律服务、保荐、安全评价、环境影响评价、环境监测等职责的中介组织的人员故意提供虚假证明文件，情节严重的，处五年以下有期徒刑或者拘役，并处罚金；有下列情形之一的，处五年以上十年以下有期徒刑，并处罚金：
>
> （一）提供与证券发行相关的虚假的资产评估、会计、审计、法律服务、保荐等证明文件，情节特别严重的；
>
> （二）提供与重大资产交易相关的虚假的资产评估、会计、审计等证明文件，情节特别严重的；
>
> （三）在涉及公共安全的重大工程、项目中提供虚假的安全评价、环境影响评价等证明文件，致使公共财产、国家和人民利益遭受特别重大损失的。
>
> 有前款行为，同时索取他人财物或者非法收受他人财物构成犯罪的，依照处罚较重的规定定罪处罚。
>
> 第一款规定的人员，严重不负责任，出具的证明文件有重大失实，造成严重后果的，处三年以下有期徒刑或者拘役，并处或者单处罚金。

随着我国AI智能技术的不断发展，通过计算机系统对财务报表进行自动分析的软件不断被一些专业公司研发出来，功能包括：自动识别财务报表造假程度，企业资金需求计算，资金缺口计算，还债能力准确计算，资金结构合理性评价，提前半年至一年预警企业破产，企业资金链断裂的缺口，计算机自动生成对企业财务的分析报告，等等。

银行可以根据自身情况主动寻求与这些专业公司合作，大力引进财务报表分析软件，不断提高银行风险管理水平。

第九章 银行授信风险苗头

银行对借款人风险的监控，除了关注其经营和财务各方面风险之外，还应关注借款人与银行往来中的风险苗头。其中主要是两方面，一是借款人在其他银行授信业务出现的风险苗头，二是借款人在本行授信业务出现的风险苗头。

第一节 他行授信风险苗头

贷款银行应该注意借款人被其他银行“抽贷”导致资金链断裂的风险。抽贷是指银行认为企业已经或者将要出现风险，根据《借款合同》规定收回贷款并不再向企业继续发放的行为。在现实中，抽贷是导致中小企业资金链断裂的主要原因之一。无论是经营较好还是较差的中小企业，抽贷往往会为企业带来巨大的财务困难甚至灭顶之灾，也会立刻对其他银行和债权人带来偿债风险。实际上，大多数抽贷都是在企业满以为可以续贷的情况下发生的，因此，对企业的打击更为突然。

因此，贷款行必须认真判断企业是否存在被他行抽贷的风险。要重点调查企业在本行贷款的期间是否有他行到期应偿还的债务，并判断该笔贷款如果无法续贷，会对企业现金流和资金链风险带来多大的影响，是否会危及本行贷款的到期回收。

一、他行授信风险苗头的类型（9 种）

他行授信风险苗头主要有以下类型，当银行人员发现这些情况时，必须引起警惕，因为可能是该企业将被其他银行停贷或抽贷的风险苗头。

他行授信风险苗头的类型（9 种）
● 在他行授信拖欠本息
● 在他行授信分类被降级
● 在他行授信申请被拒绝
● 在他行授信余额大幅增加
● 在他行授信发生被动重组
● 频繁更换开户银行和结算账户
● 同时在过多家银行办理授信
● 贷款将被用于归还他行问题贷款
● 异地企业跨区来本行借款

（一）在他行授信拖欠本息

企业在其他银行如出现拖欠本息情况，将是一个重要的风险信号，本银行人员通过人行征信系统可以查到。

银行在授前调查时，如果发现客户历史上有银行逾期记录的，应认真查明原因，企业如无合理解释且经营未明显好转的，则有可能再次发生违约风险，银行应谨慎介入。如果贷前发现借款人在其他银行的授信仍有逾期未结清的，说明企业资金链已经很紧张，银行不应对其授信。

银行在授信后检查时，如果发现客户在他行的授信新出现逾期，应立即向企业查明原因，判断风险程度，采取防范措施。

案例

对申请人有银行逾期违约记录的应查明原因

南昌抚州某门业有限公司是支行向分行上报的授信客户，申请授信2600万元，以当地自有7.2万平方米工业土地及地上2.9万多平方米建筑物作抵押。

该公司主要生产经营防盗门及工程非标门两大类产品，实际控制人20世纪90年代中期即开始门业生产经营，行业经验较为丰富。上年末公司总资产1.6亿元，刚性负债1700万元，营业收入1.3亿元，净利润约1200万元。

分行经过审查，最终劝退支行的授信申报，主要是发现了以下问题。

（1）该公司上一年3月有40笔银行承兑汇票发生垫款（后均结清），客户解释主要是原法人代表经营不善导致资金紧张。但信审员发现更换法人代表后，公司当年报表较上年仍未发生明显变化，以此判断经营未明显好转。

（2）该公司在他行1800万元银承到期未再续作，疑为他行对其不再续贷。

（3）通过人行征信查询及同业了解，抵押物已在他行抵押贷款900万元。

不久，该门业公司资金链断裂，老板外逃，一直下落不明，给当地银行业造成上千万元的贷款损失。

发现借款人存在不良记录，停止办理7231万元放款业务

某银行放款中心人员工作认真负责，果断停止办理多笔放款手续，堵截了多笔风险，值得表扬。

（1）上海SHJHQ国际贸易有限公司向银行提交2460万元国内信用证业务，放款人员发现该客户贷款卡信用报告存在涉讼信息。

（2）SHXG有色金属有限公司向银行提交605万美元进口代付业务，放款人员发现该客户贷款卡信用报告存在100万美元的未结清不良信息。

（3）ZJBJ有限公司向银行提交387万元保函业务，放款人员发现该客户在本行的结算户被司法机关冻结。

（4）ZJBJZS 有限责任公司向银行提交 270 万元保函业务，放款人员发现该客户贷款卡处于注销状态。

（二）在他行授信分类被降级

企业在其他银行的贷款出现降级，也是重要的风险信号，银行人员务必关注并查明原因。

案例

要查明客户在其他银行贷款降级的真正原因

某国际物流有限公司向银行申请 4000 万元综合授信。信审员在征信报告中发现，该公司在另一家银行已结清的 3000 万元贷款分类为关注类，同时在该行另一笔将到期的 2000 万元贷款也分类为关注类。客户解释说前一笔 3000 万元降级是因为恰逢周末延迟几天还款所致；后一笔 2000 万元关注类，是因为贷款银行将煤炭贸易企业均分类为关注类所致。

信审员不轻易采信，而是通过多方渠道进行查证，了解到该公司表面经营正常，关联关系无异常，但公司幕后实际控制人非常擅长资本运作并熟悉银行信贷审批流程。

该国际物流有限公司实为融资平台，银行贷款均流入其典当行，3000 万元贷款系从典当行抽回归还。经分行信审会审议，否决了该企业授信项目。其后不久，该公司在贷款银行的 2000 万元贷款列入不良贷款，降为次级类。

（三）在他行授信申请被拒绝

借款人向其他银行申请授信被拒绝，说明它的资信和融资能力下降。银行人员如果打听到这种情况，应该多加小心，防止被别的银行拒之门外的劣质客户，到本银行把资金借走了。

当然由于各家银行的信贷政策和对风险的认识把控程度不同，一家银行认为有风险而拒绝的客户，另外一家银行也可能认为风险可控而放款。这是由于不同银行对风险的偏好不同所致。但无论如何，对于被其他银行拒绝授信的客户，要查明原因，慎重决策。

（四）在他行授信余额大幅增加

企业过度负债是导致企业财务状况和偿还能力下降的重要因素。许多上市公司在其债务违约之前，一般会经历一段杠杆率高企、偿债指标恶化的过程。因此，如果发现借款人在其他银行的授信余额突然大幅度增加，超过 50%，就必须加以小心。这些风险信息应该是比较容易发现捕捉到的。

2018 年 5 月 22 日，为抑制企业多头融资、过度融资行为，有效防控企业杠杆率上升引发的信用风险，银保监会印发了《银行业金融机构联合授信管理办法（试行）》。各家银行人员可以通过这个机制，发现和防范企业授信余额大幅度上升的风险。

案例

油品贸易企业普遍采取高财务杠杆运营，风险难控

广东某能源有限公司（借款人）成立于2002年，大股东是国资委所属的国家特大型企业。公司借助大股东的平台，形成了以进口油品为龙头，有色金属、煤炭、化工品等为主业的多元化经营体系，其中航空煤油进口代理量居全国前列，是华南区域重要的油品经营企业。一家全国股份制银行2009年、2010年均给予借款人3亿元授信额度。2013年借款人申请继续授信。

分行风险管理部在审查过程中，发现企业出现以下新的情况。

（1）企业财务风险。油品贸易企业普遍存在高财务杠杆运营的情况，净资产少，财务风险偏高。而这家企业情况更为突出。

（2）转口贸易风险。虽然银行可以对贸易融资设计严格的风控操作方案，试图封闭控制现金流。但由于环节太多，很多方面都是需要企业主动配合以及银行事后的跟踪，几乎是被动地依赖于企业的诚信。

①贸易背景不真实风险。目前国内银行开展这种业务，基本是以LOI（Letter of Intent，意向书）作为信用证项下单据，而不是正本提单、仓单。而LOI是由借款人关联企业开出的，基本不能起到佐证真实贸易背景的作用。

②回款监控难落实风险。虽然银行可在开证前要求借款人提供销售合同，并约定要通过贷款行账户回款。但由于借款人与下游企业是商业伙伴关系，不能杜绝借款人临时通知对方变更收款账号的风险，银行只能依赖于借款人的诚信。

（3）业务萎缩风险。油品转口贸易企业是靠价差和套利赚钱的，但大量转口贸易融资的异常增长，扭曲了贸易数据以及外汇收支规模，已引发了国家监管部门的严控。因此，若油品价差缩小和境内外融资利差缩小，或者国家监管力度加强，企业业务量及现金流必然萎缩。

（4）对企业控制人难以把握。企业控制人虽然提供了信用担保，但其资产多数在海外，且部分控制人已取得他国居留权，银行难以把握。

因此风险管理部在报请行领导同意后，决定退出该客户，原有3亿元授信到期结清后不再续作。2014年，借款人因经营陷入困境，某国有银行作为债权牵头行对其100多亿元巨额债务进行重组。

（五）在他行授信发生被动重组

企业在银行的授信到期后，常常会发生需要继续授信的情况（简称续授），方式包括展期、借新还旧、还旧借新等。对于银行而言，续授有两种情况。一种是对优质客户的主动续授，通过续授方式保持对客户的业务合作关系；另一种是对劣质客户的被动续授，也称为被动重组，即客户授信到期，没有任何资金来源可以偿还银行授信，银行不得不被动地在一定条件下对授信展期或借新还旧。

因此，贷款银行对于客户在其他银行发生被动重组的情况必须加以了解，因为那是一个重要

的风险信号。

（六）频繁更换开户银行和结算账户

借款人如果频繁更换开户银行跟结算账户，只会给企业的经营管理带来更多不便。那它为什么还要这么做呢？只能说是遇到了麻烦。会遇到哪些麻烦呢？其原因，或者是原来银行的结算账户被司法机构查封冻结，或者是从原来银行得不到授信支持了。贷款银行如果发现这种情况，也必须查明原因，防止其背后隐含的风险。

（七）同时在过多家银行办理授信

一般而言，1家企业与3家银行打交道是正常现象，但是小企业与3家以上银行打交道，中型企业与6家以上银行都有融资关系，就是企业过度融资的重要信号了。如果大型企业不仅打交道的银行众多，而且不少是中小银行、城商行、农信社甚至小贷公司，也是过度融资的重要信号。许多企业是利用不同银行之间的信息不透明的漏洞，在贷款上用“拆东墙、补西墙”的方法掩盖资金困境。因此，银行人员平时应注意了解企业授信银行的数量。

另外一种值得注意的情况是，企业是从众多影子银行渠道去获得融资。主要表现形式是，企业把资产或收益权包装成银行理财产品、信托计划、基金、证券、保险子公司的资产管理计划等进行融资。该类融资环节多、成本高、融资条件通常比较苛刻，一般是在企业难以从银行等渠道获得低成本融资时，才会使用的融资渠道。因此，如果企业与众多的信托公司、基金、证券、保险子公司打交道，且融资总量中信托计划或资产管理计划的占比很高，那么，此类情形通常是企业资金链条紧张、过度融资的重要表现形式，必须引起银行人员的警惕。

（八）贷款将被用于归还他行问题贷款

恐怕没有哪一家银行愿意客户借用本行的贷款去偿还其他银行的问题贷款（即已经形成不良或者将要成为不良的贷款），因为这样一来，别的银行脱离了苦海，而自家银行则陷入了泥潭。

案例

本行停止贷款后，他行8000万元贷款形成不良

KMS商贸有限公司专营各类钢材销售，到A银行申请开票额度8000万元，提供钢材存货作质押。客户经理现场调查时发现，由于近年来造船行业的不景气，该公司的存货造船钢板在长达9个月的时间内仅有2次少量的出库。而该公司提供的财务报表却显示，该期间造船钢板销售收入达6亿元左右，大大高于银行监管到的货物出库数字情况，销售收入存在明显造假行为。

客户经理报告行领导后，停止调查工作。过后不久，公司资金链出现问题，部分存货被外地法院查封，公司所欠另一家B银行的8000万元到期贷款形成不良。

（九）异地企业跨区来本行借款

有时，银行人员需要思考：异地企业为什么不在当地银行办理授信业务，而是舍近求远、千

里迢迢跨地区跑到本行来申请授信呢？这本身就是一个疑问。这只能说明一个问题，该企业的资信已经不被当地银行所认可。因此，对于这种异地来本地借款的企业，银行务必要小心，要把企业异地来借款的背后风险搞清楚。

案例

发现借款人在异地的关注类贷款，停止4500万元放款

Z公司向银行申请发放4500万元流动资金贷款。审核员在查询该客户人行征信报告时发现，该客户存在两笔共计3900万元“关注类”贷款信息。客户辩解称是贷款银行考虑到行业风险，将贷款调整为关注，现正在办理调回“正常类”过程中。

审核员未予轻信，而是深入调查发现：①自有该两笔关注类贷款后，该客户除从其集团财务公司获得新融资外，没有一家银行对其发放新增贷款；②客户称该笔贷款用途为支付电费，但未提供任何受托支付材料；③Z为一家异地公司，关注类贷款银行也在该地，资金去向难以监控，存在用本行贷款偿还外地他行关注类贷款的风险。综上所述，放款中心退回了该笔业务资料。

从严审查异地企业发现疑点，重新调查坚持拒贷避免风险

在一起抵押贷款中，经办支行忽视对借款人第一还款来源的深度分析，过于依赖抵押物，而分行信审人员坚持对民营企业审慎审批原则，严格对实际控制人和贷款合理性审查，发现了可疑之处，坚持否决意见，最终成功规避授信风险。

近日，福州某支行陈行长专程来到分行风险管理部，见到余总就紧紧地握住他的手说：“感谢风险部，感谢余总，为我们支行把住风险关，避免了损失，也保住了我这当支行长几年来从未出现不良贷款的名声啊！”

1. 案例背景

该支行曾上报申请材料，建议给予外地某特艺环保科技有限公司综合授信额度2700万元，品种为银行承兑汇票、国内信用证、流动资金贷款、出口押汇、信保融资和法人账户透支。以借款人位于开发区的自有厂房和土地作抵押担保，抵押物评估净值4514万元人民币，同时追加借款人实际控制人及股东个人的连带保证责任。

特艺环保科技有限公司16年前成立，注册资本3000万元，原本生产工艺简单的竹炭制品和竹制品，主要用于空气净化和室内装饰。上年公司投入资金3000多万元引进两条生产线，改行生产纳米改性竹炭纤维、纳米改性竹炭制品和竹制品等。原料为竹炭、涤纶短纤维和纳米改性纤维添加剂。产品主要销往全国各地的小商品市场及汽车内饰品市场或超市，下游销售客户较为分散。生产线已投入试运行，正式开工后缺少流动资金，因此向银行申请贷款。

支行认为贷款风险可控的理由有三：一是借款人生产经营已长达16年，已完成原始投入和积累，有稳定的上、下游客户群体，具备第一还款来源；二是两条新生产线已完成投资，可以开工生产，且投资完全依靠企业自身投入，并无银行贷款，抵押物产权清晰，抵押率约60%，第二

还款来源有保障；三是借款人实际控制人为外省人，早年只身来本地创业，多年奋斗才有如今的规模和业绩。经调查，其个人在当地口碑良好，无不良信用记录。重要的一点是，本笔授信是来自某政府部门官员的介绍，如果批准还可吸收到与贷款同等金额的财政存款，且已在支行开立了账户，就等贷款批准后即可转来存款。

2. 审查过程

由于贷款条件和相关效益均不错，分行风险部立即安排进入了审查程序。但很快，审查人员在审查中发现了几处疑点，并在风险部内部分析会上提出疑问。

首先，借款申请人所在县级市，人口50多万，有五大国有银行和农信社及村镇银行，金融机构众多，为何要舍近求远跑到220多千米外的省城来申请贷款呢？而且本行在当地还没设立网点，管理半径较大，不利于贷后管理。

其次，审查人员发现，借款人原来生产的竹炭和竹制品工艺简单，原料为当地丰富的毛竹资源，具备竞争优势。而新生产线的产品为纳米改性竹炭纤维，系纺织品，其生产所需的原料涤纶短纤维和添加剂，距离借款人公司有好几百千米路程。因此，在新产品根本不能发挥当地的毛竹资源优势，反而因地处山区生产成本和运输成本都大大增加了。

再次，改变生产品种之后，借款人多年建立的上下游客户群已不复存在，只能重新建立客户群，这对资金短缺的借款人无疑雪上加霜，因此第一还款来源存在严重的不确定性。

最后，抵押品虽评估足值，但偌大的工业厂房和土地一旦需要进行拍卖偿还债务，当地是否有足够的市场或购买力，即抵押物的变现能力如何尚不清晰，第二还款来源也存在不确定性。

鉴于授信审查存在疑义，风险部领导为慎重起见，决定派信审员进行实地调查，并通过当地人脉关系对同业进行走访，了解实际情况。信审员对企业进行详细的实地调查，并走访了当地银监局、有关银行及人保财险公司，摸清了基本情况和发现了新问题。

其一，企业生产所在地的市政府为开发当地丰富的毛竹资源而设立了省级开发区，为尽快吸引工业企业入驻，给予优惠的土地政策和税收政策，土地价格相当低廉，且承诺投资达到一定规模后，前几年税收可以返还抵土地购买价格直至零地价，因此抵押物的评估值明显偏高，实际价值只有2000万元左右。况且开发区的企业入驻率尚不足50%，土地还很多，今后要处置抵押物的难度较大，不容易变现。

其二，企业生产线建成后由于缺少资金，无法正常运转，只有一条生产线在断断续续生产，生产的产品质量并不稳定，也无固定下游销售公司，只是在网上商城开立了网上销售，陆续销售了部分产品，但始终不成规模，加上无成本优势，因此处于亏损状态，入不敷出，经营风险较大。

其三，因为上述原因，当地银行均不敢介入，甚至当地某大行已审批同意给予4000万元贷款，在放款前，分管信贷的副行长去企业现场走了一圈，回头就停止了放款。

至此，分行风险部将调查情况如实通报给支行，否决了该笔贷款申请。基于大额存款的吸引力和对介绍人信任，支行陈行长还多次向风险部陈述理由以争取该项目，认为只要给予授信，应该可以很快将企业带上正轨，且抵押物确实具备一定的风险缓释作用。但风险部坚持不同意该笔授信。后企业转向另一家银行获得了贷款，为此支行陈行长非常不理解，有一阵子甚至不搭理余总了。

后来，该企业果然因经营不善，在他行的贷款出现逾期并欠息，降为不良。

3. 案例启示

天上不会掉馅饼。在当前银行授信业务竞争如此激烈的情况下，企业跑到几百千米以外的异地银行申请授信，本身就是疑点。从看似好的贷款条件中，用逻辑推理的方式，往往可以发现不合理的疑问。同时，分行审批人员在实地审查过程中，充分了解企业生产过程和原材料采购渠道，得出其产品不具竞争优势，存在经营风险的结论。在风险不可控的情况下，不为存款所动，坚持否决业务申请，从而避免了贷款出现不良甚至损失的风险。

二、要严格发放异地贷款

上面讲到，银行对于异地客户来本行借款要十分小心。同样，银行发放异地贷款也要十分小心。异地贷款，是指借款人或用款项目两者之一在贷款行之外的地区。异地贷款的主要风险表现在以下几个方面。

受时间与地域限制，银行对异地公司贷款项目的真实性及进展情况不易掌握，贷前调查和贷后跟踪检查有一定难度，风险预警信号不易发现。防范措施是，定期或不定期到实地检查，或委托当地本系统的银行进行检查。

难以将贷款业务同其他业务相结合办理，业务品种较为单一，综合效益有限，难以介入客户结算流程，对还款资金不易掌控。防范措施是，要求借款人在本系统的当地银行开户，或通过其他银行的监管协议和资金账户监控还款来源。

贷款出现问题后容易受到地方保护主义影响，给资产处理带来难度等。防范措施是，通过政府、司法、舆论等部门力量，最大可能地保护好银行权益。

银行发放异地贷款，要坚持“授信安全条件必须高于本地贷款”的原则，做到“四要”。

（一）要坚持从严审批

（1）在区域选择方面，应为经济发达和金融生态环境较好的地区。

（2）在行业投向方面，应为银行授信政策鼓励进入类或适度进入类的行业。

（3）在客户规模方面，应为世界500强、中国500强或国资委所辖企业，业务起点在千万元以上。

（4）在收益比较方面，应做到银行收益高于项目管理成本和承担的风险成本。

（5）在项目来源方面，应为本行系统内推荐、优秀同业推荐或优质客户推荐。

（二）要坚持双人经办

由上级部门指派人员和主办客户经理共同负责异地公司贷款项目的贷前调查、落实放款条件等工作，不允许所有工作或部分关键操作环节仅由一人包办。必要时应组成联合小组进行调查，并与客户高管人员见面。银行人员尚无把握的重点项目，应请行业专家进行调查。要使用摄影器材实地拍摄，包括施工现场、会谈情况等。

（三）要坚持贷后实地检查

贷款发放后每季度进行一次实地检查，并认真做好五级分类工作，每次检查和分类后都应向银行风险管理部门提交详细的检查报告。当出现预警信号时，应尽快了解情况，研究和及时采取措施，化解风险。

（四）要坚持第一责任人制度

支行或经营部门的一把手作为该项目的牵头负责人，要与作为第一责任人的主办客户经理共同对该项目实施严格管理，并承担风险责任。

三、如何用好“交叉违约”条款防风险

当借款人发生对其他银行违约行为，可能对贷款银行授信安全产生不利影响时，贷款银行可以根据借款合同中约定的“交叉违约”条款，对借款人采取有关措施，防止本行资金发生风险。

可采取的措施包括：暂停已签订借款合同项下的提款；宣布贷款提前到期，要求借款人提前偿还本行已发放的部分或全部贷款；要求借款人追加银行认可的合法、有效、可靠的担保措施；对借款人提高贷款利率等。

交叉违约条款包括以下几项。

借款人对其他银行或其他债权人违约，导致其可能无法全额偿还本行债务的，视同借款人对本行违约。

借款人所在集团中任一成员企业对任何债权人的违约，导致其可能无法全额偿还本行债务的，均应视为借款人对本行的违约。

借款人在贷款期内涉及诉讼金额超过净资产的 X%（参考值为 10%）以上时，需及时将诉讼情况、进展、风险及解决方案通知本行。

保证人涉及重大诉讼或银行融资出现违约，借款人应及时将保证人更换为本行认可的其他保证人，或提供本行认可的其他担保方式，否则视为借款人对本行的违约。

第二节　本行授信风险苗头

银行人员在对客户经过认真调查、仔细审查、严格审批和从严放款几道环节之后，切不可就认为万事大吉，可以高枕无忧了。在客户用信的很长时间里，不可预见的风险因素仍然很多，无论是哪件突发事件，都可能导致授信资金出现损失。在授信后管理工作中，如果发现客户出现以下情况时，都是授信将要出现风险的苗头，必须认真对待。

一、本行授信风险苗头的类型（4 种）

本行授信风险苗头的类型（4 种）
● 资金归行率不足
● 提前到账制不落实
● 五级分类下降
● 配合态度变差

（一）资金归行率不足

银行加强对企业销售回款的监管具有重要意义，销售回款是反映企业经营情况及贷款风险状况的重要指标。很多贷款在出现风险之前，往往都存在借款人资金结算异常、销售归行额或销售归行率持续下降的情形，只是这些信号有时并未引起银行人员的足够重视并及时采取有效措施。

资金归行率是指企业归集贷款行资金实际金额与双方约定归集资金总额的比例。归行率的高低对于保障贷款的偿还有重大影响，特别是还款来源主要是依赖应收款项等特定销售收入的，如打包贷款、保理、发票融资等。

银行为了保护自身利益，可在《借款合同》中对借款人销售资金的监管条款约定如下。

（1）借款人在本行开立或指定资金监管账户，包括基本存款账户、一般存款账户、专用存款账户。

（2）借款人应按“存贷同比”原则，将每月销售收入按不低于本行贷款占比归集本行监管账户。

（3）借款人授权本行对账户资金进行监管，优先用于偿还本行贷款本息。

（4）如果借款人特定收入（即本笔业务的还款来源）提前实现，本行有权根据借款人资金回笼情况提前收回贷款（主要针对贸易融资）。

（5）借款人应将在本行开立的账户作为 ×× 企业（购货方）回款或拨款单位拨款的唯一合法账户。

（6）如果借款人连续 X 月（季度）在本行回笼的资金低于一定额度或一定比例，对本行贷款安全产生不利影响，本行有权宣布贷款提前到期。

从防范贷款回收风险的角度，银行人员需要特别关注资金结算异常的信息，主要是以下几种情形。

一是客户在本行存款沉淀少，存贷比小于 5%，出现典型的“裸贷”特征。

二是客户在本行的结算量金额小、笔数少。这时要结合客户的财务数据进行分析，是客户经营销售出问题了，还是结算业务转到其他银行去了。

三是客户近几个月销售回笼本行的资金数量持续下降。这种情况通常表明客户销售不畅、主营萎缩，也可能是客户逐步将销售归集或资金结算转移至他行所致。

四是客户资金在同名账户或关联账户之间划转频繁。这种情况通常是客户虚构销售收入或拆东墙补西墙的重要信号。

五是客户资金在公私账户划转频繁。这种情况可能是因为客户涉及民间借贷、套取银行资金、类金融化操作或规避监管等情形。

六是企业代发工资总量大幅下降或日期推迟。这种情况可能表明客户经营形势恶化、资金链条紧张等。

七是客户通过银行代缴的水、电、气各项费用大幅下降等。这种情况可能表明企业开工率下降，生产出了问题。

总之，银行应该重视客户上述资金结算异常的信息，通常都是银行贷款回收将出现风险的信号。

下面是借款人结算账户异常的实际案例。

案例

贷后监管缺失，未发现归行资金是关联企业的虚假销售

某银行年初在核定某商贸公司的年度授信额度时，客户经理提供的资料显示，该公司上年销售收入为3800万元，利润200万元，销售归行额为2100万元。据此，授信审批部门核定维持该公司存量授信额度950万元。但就在贷款后不足1个月，客户发生了违约。

经事后排查客户回笼本行的资金发现，客户近一年来经常性销售收入的金额持续下降。在客户经理反映的借款人2100万元的销售归行额中，有1200万元来源于3户关联企业，主要股东分别为该商贸公司老板的妻子、岳母和堂弟。剔除关联往来外，实际销售归行额仅900万元。由于贷后管理忽视了早期风险信号，未发现虚假销售，错过了及时采取措施的时间窗口，最终导致贷款违约事件的发生，形成不良。

发现结算资金异常，堵截潜在风险

某银行在对B公司5000万元流动资金贷款办理再融资的过程中，通过对B公司资金结算及资金流向情况进行排查发现：①B公司贷款到期后，均由A公司划入资金帮助其偿还贷款，平时B公司无销售回笼，无存款沉淀，是典型的“裸贷”；②B、C、D、E等公司之间互相为对方融资提供担保；③这几家公司的银行借款，最终都是提供给A公司使用；④A公司通过与B公司等10多家企业之间的资金对倒，虚构销售收入，并据此向银行提供虚假报表。由此银行拒贷。

（二）提前到账制不落实

有些银行发放贷款、开立信用证或出具银行承兑汇票，往往只是简单规定企业在到期之日应偿还银行的本息。而在实际中，经常发生临到该日企业无法按时还款，造成银行措手不及而出现贷款逾期或被动垫款。

为此，采取提前到账制显得很有必要，即要求借款人将还款资金提前汇入银行账户，这是一项加强授信到期前管理工作的预警制度。其做法是，银行在《借款合同》中规定：“借款人应于

贷款本息到期日前 N 个工作日（如 10 个工作日），将足额资金汇入借款人在贷款银行开立的存款账户中，并授权贷款银行于还款日自动扣收本息。”银行人员在授信后管理工作中，检查执行。

1. 实行还款资金提前到账制的目的

（1）银行可以提前掌握授信客户的还贷能力，如果届时资金未到账，银行至少有几天时间可以采取措施解决问题，从而避免贷款逾期和被动垫款。

（2）可以适量增加银行存款资金，如果每笔贷款本金都提前几天到账，全行将有可观的资金沉淀量。

（3）是了解客户与银行合作态度的“试金石”，如果在签订授信合同前，客户不愿意或不同意此种还款资金提前到账的方式，则客户经理应关注客户的还贷意愿和能力有问题。

2. 实行还款资金提前到账制应注意的问题

（1）对于提前到账的天数，在授信合同中应加以明确。

（2）对于提前到账的具体时间，是更提前些或可晚些，根据银企间信任度确定。

（3）每期还本付息日之前，应检查资金是否提前到账，否则应及时追查和落实，切实防范发生逾期和垫款。

这项防控逾期的预警制度，不仅对公授信业务可采用，还可以在私人购房按揭等各项私人信贷业务中采用。

如果银行几次发现客户提前到账制的资金无法落实，说明客户资金紧张，必须采取预防和化解措施了。

（三）五级分类下降

人民银行将贷款分为正常贷款（正常类、关注类）和不良贷款（次级类、可疑类、损失类）。商业银行通过贷后检查，发现借款人和贷款存在的问题，将五级分类结果下降，就是风险信号。

【参阅资料】五级分类标准

（1）正常类贷款。借款人能够履行合同，一直能正常还本付息，不存在任何影响贷款本息及时全额偿还的消极因素，银行对借款人按时足额偿还贷款本息有充分把握。贷款损失的概率为0。

（2）关注类贷款。尽管借款人有能力偿还贷款本息，但存在一些可能对偿还产生不利影响的因素，如这些因素继续下去，借款人的偿还能力受到影响，贷款损失的概率不会超过5%。

（3）次级类贷款。借款人的还款能力出现明显问题，完全依靠其正常营业收入无法足额偿还贷款本息，需要通过处分资产或对外融资乃至执行抵押担保来还款付息。贷款损失的概率是30%~50%。

（4）可疑类贷款。借款人无法足额偿还贷款本息，即使执行抵押或担保，也肯定要造成一部分损失，只是因为存在借款人重组、兼并、合并、抵押物处理和未决诉讼等待定因素，损失金额的多少还不能确定，贷款损失的概率是50%~75%。

（5）损失类贷款。这是指借款人已无偿还本息的可能，无论采取什么措施和履行什么程序，贷款都注定要损失了，或者虽然能收回极少部分，但其价值也是微乎其微，从银行的角度看，也没有意义和必要再将其作为银行资产在账目上保留下来，对于这类贷款在履行了必要的法律程序之后应立即予以注销，其贷款损失的概率是75%~100%。

（四）配合态度变差

银行与客户的关系，贷款前是客户求银行，千方百计想尽早拿到贷款；贷款后是银行求客户，想方设法要安全收回贷款。放款前和放款后，常常是双方态度发生变化的分水岭。

银行在贷后检查过程中，如果发现企业对本行的态度发生变化，缺乏合作诚意，配合态度变差，不配合银行贷后检查工作，应该意识到贷款将要出现问题。

（1）有意疏远与银行的关系，约见企业领导人困难，不接电话，或总说经办人或负责人不在。当银行人员上门求见时，能明显感到企业人员是在回避和推诿。

（2）采取拖延、推诿、欺骗等手段阻止银行人员了解企业真实经营财务情况。

（3）不按时报送财务报表和资料，这是企业不愿暴露不良财务的征兆。

（4）阻碍银行人员与会计师事务所相关人员联系、接触。

（5）隐瞒企业内部的重大风险事项。

（6）首次在还款时间上无故拖延，或者少付金额。

（7）多次要求贷款展期，或意外地申请新贷款，说明企业资金周转困难。

当上述情况出现时，客户经理不能掉以轻心，应立即查明原因，并采取措施预防风险。

二、如何通过企业流水分析发现问题

银行要求贷款企业在本行开立结算账户，日常资金结算（俗称流水）都通过该账户进行。客户经理要学会看企业的银行流水，通过一系列分析，从中挖掘一些信息，提炼出重点关注事项。

（1）分析是否有隐性负债。通过对流水中交易金额和交易对象的核查，可能会发现企业存在一些未反映在财务报表中的负债，例如消费金融、小贷公司或民间机构等借款，这样可以更进一步了解企业的诚信度、真实负债水平和还款压力。

（2）分析流水与销售额是否匹配。通过对企业销售流水的筛选分析，与销售额匹配度在50%~100%为正常。如果低于50%，企业或者可能还有现金或票据等其他结算方式，或者可能销售款回笼周期过长，或者可能销售回款已汇到其他银行账户去了。如果过高，例如达到200%，或者可能低估了销售额，或者可能存在其他生意，或者可能虚增交易流水。无论过高过低，都需要和企业进一步沟通，弄清真实原因，揭示其隐藏的风险因素。

（3）分析账户日均余额与月还款额是否匹配。一般而言该比例大于1较好，如果低于1则表明企业还款压力大。例如，某企业账户日均余额10万元，每月需还款30万元，无其他款项来源补充的情况下，还款压力较大。

（4）分析企业交易对手情况。有些流水会注明交易对手及账号，可查看企业上游和下游生意伙伴的规模、质量，如哪些客户每月固定回款等，这些数据对分析客户的经营情况很有帮助。

（5）分析企业员工的稳定性。如果流水里有每月固定对员工的工资支出、奖金发放，则可了解到每月的工资奖金总量有没有增减，员工数量有否大幅波动，进而推断员工队伍和企业经营的稳定性。

（6）分析企业经营的稳定性。如果流水里有水电等固定费用支出，可查看近半年来水电费的支付是否都正常，与去年同期变化情况，有没有大的波动或下降，从而推断企业经营的稳定性。

第十章　专项授信业务风险

银行的授信客户和授信品种有多种多样。本书的前九章主要是对各类共性风险加以论述，而本章主要是对专项授信业务的风险加以论述。

当然，银行的授信业务品种实在是太多，这里也只能讲其中几个主要的业务。各家银行人员对于本行专项授信业务的风险，需要自行专门研究，找出风险点所在，采取有效措施加以堵截和化解。

第一节　票据风险

银行承兑汇票业务中的风险，主要发生在两个环节，一个是票据开票环节，另一个是票据贴现环节。

一、票据开票环节风险

开票是指开出银行承兑汇票，主要应防范三种风险：开票欺诈风险、无效合同风险、业务办理风险。

（一）开票欺诈风险

在票据风险中，无真实贸易背景的开票情况，在实际中最容易发生。不法分子为了获得从银行开出的银行承兑汇票，不惜采取各种欺诈手段获得开票，再转手贴现后套取资金。在这种情况下，银行对资金去向失去控制，最终导致损失的案例不在少数，主要可分为两种情况。

一是不法分子诈骗资金，即不法分子骗取票据资金后逃之夭夭。这种情况在开票业务总量中的占比很小，但危害性最大。哪家银行的网点机构要是碰上并被诈骗，不仅资金血本无归，还会卷入刑事案件之中，银行上上下下不得安宁。对此，银行各级人员必须高度警惕，严加防范。

二是企业挪用资金，即企业编造虚假用途把银行承兑汇票骗开出来，然后挪用票据资金去经营牟利。如果企业经营成功，有钱还银行；如果经营失败，则使银行资金遭受损失。

【参阅资料】《刑法》中相关条款

第一百九十四条 【票据诈骗罪】有下列情形之一，进行金融票据诈骗活动，数额较大的，处五年以下有期徒刑或者拘役，并处二万元以上二十万元以下罚金；数额巨大或者有其他严重情节的，处五年以上十年以下有期徒刑，并处五万元以上五十万元以下罚金；数额特别巨大或者有其他特别严重情节的，处十年以上有期徒刑或者无期徒刑，并处五万元以上五十万元以下罚金或者没收财产：

（一）明知是伪造、变造的汇票、本票、支票而使用的；

（二）明知是作废的汇票、本票、支票而使用的；

（三）冒用他人的汇票、本票、支票的；

（四）签发空头支票或者与其预留印鉴不符的支票，骗取财物的；

（五）汇票、本票的出票人签发无资金保证的汇票、本票或者在出票时作虚假记载，骗取财物的。

【金融凭证诈骗罪】使用伪造、变造的委托收款凭证、汇款凭证、银行存单等其他银行结算凭证的，依照前款的规定处罚。

1. 开票欺诈风险的类型（5种）

开票欺诈风险的类型（5种）
● 虚假合同骗开票 ● 关联企业骗开票 ● 相互串通骗开票 ● 内外勾结骗开票 ● 伪造变造假票

（1）虚假合同骗开票。票据业务的贸易背景真实性是风险防范的重要内容，为此，在审核票据业务时，除须认真审核合同、发票、企业经营范围、销售规模之间的逻辑关系外，还必须认真核查该票据项下的合同原件。而对于连续的开票行为，为严谨起见，还应结合企业一段时间内的贸易背景资料跟踪审查。

不法分子以虚假合同和材料骗取银行开出银行承兑汇票，再将该票贴现后所得资金挪作他用，这是票据诈骗最常发生的案例。不法企业可通过伪造或变造购销合同、增值税发票等虚假材料，在缴纳一定比例的保证金之后，从银行骗开承兑汇票。

案例

发现两份变造的购油贸易合同

12月13日，江宁TS客运有限公司向银行申请开票5000万元，用于向某加油站购油，提供的是全年的购销合同。从表面上看，开票与公司经营范围吻合，与其全年的主营收入也基本匹配。

但放款中心经仔细核查，追溯到上笔开票业务的放款资料后发现，客户上一次提供的也是一份购油的贸易合同。经对照，两份合同除加油站名称不一致外，其余要素完全一致，包括精确到分的销售金额，而且，贸易合同中竟有排他性的购油协议，由此放款中心断定客户提供的是一份变造的购销合同，贸易背景不真实，于是停止了该笔开票业务。

从两份合同的公章位置完全一致发现虚假购销合同

厦门 HX 电子科技有限公司向银行申请开立银行承兑汇票 700.4 万元，保证金比例 30%，期限 3 个月。放款员审核发现，该企业提供的购销合同中两份合同的买卖双方签章位置完全一致，有复印一份合同变造出另一份合同的嫌疑。于是立即暂停了该笔承兑业务。

假合同骗开承兑汇票　票据诈骗犯被逮捕

（来源：金融一网，2014 年 2 月 18 日）

以急需资金周转、进货、转贷等为由，非法吸收公众存款达 1.4 亿余元，并骗取银行承兑汇票，给银行造成 630 余万元的损失。近日，犯罪嫌疑人宋某被江苏省常州市天宁区检察院以涉嫌非法吸收公众存款罪、骗取票据承兑罪依法批准逮捕。

犯罪嫌疑人宋某，系常州市 GY 糖烟酒有限公司、常州市 GY 投资咨询有限公司、常州 LY 酒业有限公司、常州 SG 国际贸易有限公司负责人。2011 年至 2013 年，犯罪嫌疑人宋某以其经营的公司急需资金周转、进货、转贷等为由，以明显高出银行同期贷款利率（月息 2%~6%）为诱饵，单独或授意他人大肆进行非法吸收公众存款的活动，共向数十名不特定社会人员非法吸收存款金额达 1.4 亿余元。截至案发前，尚有 9000 余万元无法归还。

2012 年 12 月，犯罪嫌疑人宋某在以常州市 GY 糖烟酒有限公司的名义向江苏银行常州 BDJ 支行申请 50% 敞口的银行承兑汇票（总金额 1600 万元，需缴纳 800 万元保证金和 160 万元担保保证金）过程中，指使公司财务人员伪造虚增的财务报表和“江苏某酒业有限公司”与常州市 GY 糖烟酒有限公司签订的销售协议，从江苏银行常州某支行骗开银行承兑汇票 73 张共计 1600 万元。骗开上述承兑汇票后，犯罪嫌疑人宋某将上述 1600 万元承兑汇票用于偿还个人债务。在上述承兑汇票到期后，宋某及常州市 GY 糖烟酒公司无力偿还，为其担保的常州某投资担保有限公司也于 2013 年 2 月停止营业，无能力代偿，现已造成银行实际损失 630 万余元。

天宁检察院认为，犯罪嫌疑人宋某以资金周转、进货等为名，变相吸收公众存款，数额巨大，扰乱了国家金融秩序，伪造相关资料，骗取银行承兑汇票，给银行造成了重大损失，涉嫌非法吸收公众存款罪、骗取票据承兑罪。

假合同假公章　男子用承兑汇票骗银行 1000 万元

40 岁的陈某是安徽某食品公司的股东、公司实际经营人。2013 年初，他指使公司会计袁某伪造公司与云南某物流交易市场签订了 6500 万元的白糖购销合同等其他销售合同，与合肥商业银行签订了银行承兑汇票承兑协议，两次开立承兑汇票共 2000 万元，其中给予银行 1000 万元保证金。

陈某在取得承兑汇票后，指使袁某在承兑汇票上加盖私自雕刻的云南某物流交易市场财务专用章和印章。为获取利益，他将取得的承兑汇票转借给安徽某防水节能建材集团有限公司的法人舒某使用。直到舒某拿着该承兑汇票到另外一家银行办业务时，才被银行发现。目前，公安机关已追回经济损失 300 万元。

（2）关联企业骗开票。有些集团企业的内部组织关系复杂，关联方交易频繁，资金往来较多，其交易的真实性难以认定。一些别有用心的关联企业会利用虚假关联交易之便，申请开出大量银行承兑汇票后贴现套取银行资金，满足其自身资金的需求。

案例

假合同申请真汇票　关联方皮包公司诈骗银行 1.5 亿元

（来源：江南都市报，2013 年 11 月 19 日）

一般情况，企业去银行申请银行承兑汇票需要诸多条件，比如营业执照、组织机构代码证、税务登记证，然后还需要商品交易合同、增值税发票等要求，银行承兑汇票是为了给企业解决近期资金困难的问题，然而有这么一些人，却想用假合同、假发票去银行申请真汇票，然后贴现供自己消费。

萍乡男子陈某和郑某为了获得银行贷款，几人先后注册了 5 家皮包公司，并伪造合同、篡改发票，采取拆东墙、补西墙的方式，骗取萍乡某民营银行的承兑汇款，涉案金额达 1.5 亿元。2013 年 11 月 18 日，记者获悉，萍乡市安源警方宣布成功破获了这起诈骗案。

办案民警介绍，2011 年初，萍乡男子陈某和郑某等人成立了江西 YX 担保有限公司，并邀请老乡兰某、张某等人一起来萍乡做生意。做生意，需要资金。于是，几人打起了向银行贷款的主意。

为了达到银行的要求，陈某和郑某等人在 2011 年初至年底，相继成立了萍乡市 ZT 等 5 家公司，并伪造了 600 万元和 800 万元的工矿购销合同，再由财务肖某伪造增值专用发票复印件，提供给银行。

带着这些资料，他们来到某国有银行萍乡分行申请贷款，遭到拒绝后，又转向萍乡某民营银行。与该某民营银行顺利签订《银行承兑汇票承兑合同》，并于 2011 年 4 月，顺利拿到第一笔承兑汇款 800 万元。

另据介绍，根据银行规定，一次承兑汇款 800 万元，需先缴纳 400 万元承兑敞口。2011 年 4 月，陈某等人承兑了第一笔 800 万元，在此后的一年多时间内，每半年承兑一次。

为了按期缴纳承兑敞口，他们拆东墙、补西墙，由 5 个公司轮流承兑，用这个公司承兑的钱去支付另一个公司需要支付的敞口。直到 2012 年 9 月，5 个公司到期均未还银行承兑敞口，未还敞口金额达 1930 万元。

而从2011年4月至2012年9月，该5个公司先后3次骗取银行的票据承兑，每次承兑汇票的金额为600万元和800万元不等，涉案金额达1.5亿元。

警方通过调查发现，萍乡市ZT等5家公司办理承兑汇款时，提供给银行的增值税专用发票复印件均为伪造件，和税务机关备案的完全不一致。

闻讯后，担保公司和ZT公司等法人代表均逃往各地。警方分赴上海、福建、山东等地，历时百余天，2013年10月17日，该市安源公安分局经侦大队将涉案的江西YX担保公司法人代表陈某、股东郑某、公司财务肖某，ZT公司法人代表张某、JC公司法人代表兰某抓获。

上述案件也说明有些银行在进行资格审查的时候并不仔细，银行亟须吸取教训，避免类似事件的发生。

（3）相互串通骗开票。按照银行承兑汇票有关规定，申请人向银行申请承兑的依据是签订了贸易合同，而此时商品买卖行为尚未发生。有些相识的企业便会借此空子相互串通，先签订假购销合同，到银行骗开银行承兑汇票，贴现后套取资金。

（4）内外勾结骗开票。在银行发生的承兑汇票诈骗案件中，还有不少是银行内鬼参与其中，内外勾结、联手作案的。因为随着各家银行不断加强内部管理，不法分子想从外部骗取银行资金，已经越来越困难了。于是他们就会寻找和收买银行内部人员。而有的银行人员没有职业道德底线，禁不起金钱诱惑，就会发生此类案件。他们有的是帮助社会上的犯罪分子出具假汇票，更有甚者是当贴现行派人来核实时，以银行负责人身份出面接待，使对方信以为真，造成贴现资金的损失。对此，银行必须做到“外防诈骗、内防案件”，在思想上要加强对员工的职业道德教育，在制度上要加强内控管理，堵塞一切漏洞，严防刑事案件的发生。

案例

汇票在手变假票，银行经理做内鬼

（来源：金融一网，2013年12月2日）

2013年4月8日，位于湖北省中部的京山县某银行在受理一张商业承兑汇票业务时，发现该汇票是伪造的。京山县经侦大队调查发现，这张汇票面值500万元，由湖北某公司开出，警方通过排查，掌握了假汇票的来龙去脉。

2013年2月，京山县某公司资金周转困难，急需一笔资金融资，主管人员张某和周某合计，想先找人开出商业承兑汇票，再找有钱的企业或个人质押借款。在周某的联络下，上海的朱某和陈某答应在张某支付30万元开票费的条件下，为其开具出票人为湖北某公司、票额为500万元的商业承兑汇票。双方约定，张某先支付5万元定金，承兑汇票到手后再支付10万元，余下15万元待有银行开出保兑保函后支付。

随后，朱某和陈某找到了武汉的王某，王某暗中安排彭某、邹某联系武汉某银行客户经理李某，示意他配合开票。

3月14日，张某支付了5万元定金，朱、陈两人向其出示了两张共500万元的一年期商业承兑汇票，张某支付了10万元。次日下午，彭某带张某等一行10人到武汉市某银行。银行客户经理李某按照事先谋划，为这张汇票办理了银行保兑保函手续，伪造行长签名并加盖了伪造的银行公章。

保兑保函成功，张某如约支付了剩下的15万元。然而事后他拿着这张汇票多次兑票均未成功，直到被银行发现是伪造的，这才知道被坑了。

此外，警方通过进一步侦查查明，3月苏州某农业科技有限公司也曾找到王某等人开具商业承兑汇票。4月2日，王某等人联手武汉某银行客户经理李某，用相同手段，骗取对方86万元手续费，开具了一份金额为1000万元的假承兑汇票。目前，王某等7人均被依法刑事拘留，案件在进一步深挖中。

承兑行人员内外勾结出假票，贴现行人员实地查询被蒙骗

某年7月23日，A分行某支行的客户B永达工贸公司（以下简称"B公司"）申请办理银行承兑汇票贴现业务。该银票金额是490万元，期限6个月，出票人为C电子材料有限公司（以下简称"C公司"），收款人为B公司，承兑人为D行营业部。

7月24日下午，某支行的两名业务员携带银票第二联与B公司的经办人一同乘机前往武汉承兑银行进行实地查询。次日在D行营业部，一名自称是营业部主任赵某的人在查询答复上签署意见："分行签发银承一份，票号00350844，金额490万元整，属分行签发，真实，有效。"并盖了D行的联行章。

经办业务员回到深圳后，按照特别处理业务办理了该笔贴现业务。

9月1日，某支行再次接受B公司的贴现申请，往湖北实地查询银行承兑汇票，得知出票人C公司因涉嫌票据诈骗，公司法定代表人已被湖北省武汉市公安局经济侦查处拘捕，同时证实7月26日在分行办理贴现的银行承兑汇票，是C公司与D行营业部工作人员内外勾结出具的假票。

经过A分行与武汉市公安局的共同努力，于12月23日追回全部贴现款，挽回了可能发生的损失。

● 风险提示：

1.严格审核贸易背景的真实性

客户向银行申请办理贴现业务时，需提供"与直接前手签订的交易合同和增值税发票"。本案中，客户未提供交易合同及增值税发票，银行在贴现初审阶段没有认真审核贸易背景的真实性，对出票人的企业性质、主营业务、出票人与收款人的关系，也没有进行严格审查。

2.实地查询银票违规操作

人民银行《商业汇票贴现管理办法规定》："实地查询时，应注意查询时间行程路线的保密，不得与贴现申请人同行，不得提前通知承兑行任何人。查询时应直接找承兑行会计负责人或柜面人员，由其安排人员接待查询（要特别留意经办人员是否离开会计部门另行盖章）。"

本案中，分行的业务人员与贴现申请人共同前往承兑行，查询时间和行程路线不仅无保密可言，实际上已经进入犯罪分子设下的圈套。到达承兑行以后，分行的业务人员没有对该行营业部负责人的真实身份进行认真审核，仓促完成了实地查询工作。

3.复查复审环节悬空

《商业汇票贴现管理办法规定》："实地查询后，应另行安排人员电话复查。电话复查人员在审批书上记录并签字确认。"

分行业务人员实地查询以后，没有经过复查复审就办理了该笔贴现业务，复查环节形同虚设。

20亿元电票诈骗案细节曝光：借用银行办公室，雇人冒充银行董事长

（来源：21世纪经济报道（广州），2018年11月13日）

历时两年，在司法机关的介入下，曾经轰动一时的20亿元"电票"大案诸多细节逐步浮出水面。

2016年8月，21世纪经济报道曾独家报道了这起电票诈骗案件（见《21世纪经济报道》2016年8月12日头版《电票首现十亿级风险事件：真假同业账户疑云》），有不法分子利用虚假材料和公章，在工商银行廊坊分行开设了河南一家城商行"焦作中旅银行"的同业账户，以工商银行电票系统代理接入的方式开出了20亿元电票。这些电票开出时，采用了多家企业作为出票人，代理行是工商银行，承兑行是焦作中旅银行，最后这些电票辗转流入恒丰银行等机构贴现，最终资金流进了几家民企。

案件争议的几个焦点：一是焦作中旅银行声称电票并非该行开出，系不法分子冒用该行名义在工行开设的同业账户；二是同业户的开立是否合规，工行是否按照规定对中旅银行的真实性进行核查；三是恒丰银行等机构最后贴现，实际承担了约20亿元的损失，该如何索赔？

2016年6月、7月，崔某、逯某、张某等人伪造了焦作中旅银行证明文件等材料，假冒焦作中旅银行名义与工行票据营业部郑州分部签订代理接入协议。随后，向工行廊坊开发区支行提交了伪造的焦作中旅银行营业执照、金融许可证等文件。不法分子借用了焦作中旅银行保卫部总经理赵某的办公室，找人扮演了中旅银行的董事长，以此来骗过了工行的核查人员，成功在工行廊坊支行开设同业账户并开通电子票据代理接口。

2016年7月25日至28日，崔某、张某、胡某等人在河北省廊坊市的一家酒店内，在明知无真实交易关系的情况下，通过企业主黄某、胡某名下或控制的关联企业之间，签发无资金保证的电子汇票，再假冒焦作中旅银行名义进行虚假承兑、贴现，开具了40份共计20亿元的电子汇票。之后，崔某、张某等人通过票据中介到恒丰银行上海分行、邢台银行等进行转贴现，扣除相关手续费后，骗得转贴现资金19亿余元。

上述知情人士向21世纪经济报道记者表示，所谓"焦作中旅银行"的贴现是假的，真正拿出真金白银的是转贴现的恒丰银行。

获取上述转贴现资金后，在崔某等人的安排下，将4亿余元转至胡某实际控制的银行账户，将14亿余元转至黄某实际控制的企业银行账户。黄某在收款后，在崔某的要求下，又分款5亿余元供河南三家企业使用，后崔某再从三家河南企业处分款使用1.4亿余元。

消息人士透露，根据检方指控，在这期间，融资方胡某、黄某、三家河南企业等共计转款1.87亿余元的佣金至崔某实际控制的银行账户。其中，逯某分得5000万元，张某分得4400万元。

（5）伪造、变造假票。伪造、变造金融凭证，已属于刑事犯罪行为，但在巨大金额的诱惑下，不法分子还会不惜以身试法、铤而走险。值得注意的动向是，在传统的变造汇票容易被银行识破的情况下，不法分子变造汇票的手段又有了“升级”，就是“以大带小”。

做法有三步：第一步，先到银行以全额保证金开出面额“一大两小”三张真实汇票，大票面额500万元，两张小票面额各5万元。第二步，找人通过高科技手段将两张小票变造成大票，由此出现三张票号完全相同、出票金额均为500万元的“一真两假”的“克隆三胞胎”。第三步，将两张假票去贴现。这时变造出来的银行承兑汇票，除了金额是假的外，其他方面如纸张质地、票面内容、防伪特征等与真汇票完全一致，具有很强的欺骗性。尤其值得注意的是，这样的诈骗手段在江苏、浙江等不同省份都已发生，说明它不是个案，各地银行人员均必须加以警惕。

作为承兑银行来讲，如果发现客户来开具的是“以大带小”的银行承兑汇票，即使是全额保证金，也必须问清楚原因和用途。如果发现有欺诈嫌疑，应拒绝开票。当贴现行前来查询时，应在查复函上注明：此票为以大带小开票，提醒对方银行加以注意，防范诈骗风险。

案例

原银行信贷经理变造银行承兑汇票　半年诈骗2000余万元

（来源：每日经济新闻，2010年6月23日）

《每日经济新闻》近日从知情人士处获悉，G银行支行的一名前信贷经理，运用其熟练的银行业务知识，在不到半年的时间之内，成功从多家商业银行累计骗取资金高达2000余万元。

沈浩（化名）曾经是G行浙江某支行的客户经理，平时接触的客户很多，因此，有时他也为客户之间牵线搭桥。当时，沈浩一位客户手头有一笔闲置资金，沈浩于是给他介绍了另一位有资金需求的客户，借款资金达到数千万元。但不久之后，因为涉嫌非法集资，那位融入资金的客户被有关部门抓捕归案，而这笔数千万元的借款，也成了一笔坏账。融出资金的客户自然不甘心，于是沈浩成为追债目标。迫于压力，沈浩向G行递交了辞职报告。尽管已离职，但为了还清这笔欠款，沈浩不得不考虑如何筹措资金。

为此，沈浩向民间投资公司借款300万元，并借“壳公司”从一小规模城商行开出银票300万元。值得注意的是，该银票并非一张300万元的银票，而是一分为三，是一张298万元和两张1万元的银票。这三张票据除金额和编号不同外，其他信息都完全相同，而且编号均相邻（如001、002、003号）。

随后，沈浩将这张面值为298万元的银票（编号为001）申请贴现，得到297万元资金，并凑上部分资金，将该部分资金归还给投资公司。与此同时，沈浩将面值分别为 1 万元的编号为 002、003 的银票，以及 001 号票据的复印件，一同送到外省进行“克隆”，分别将两张面值为 1 万元的银票，做成了面值为 298 万元，编号为 001 的大额假票。如此一来，两张 1 万元的银票，转身成了两张 298 万元的银票。

沈浩遂将其中一张假票向某大型银行质押后签发出一张面额为两百多万的新银票，随即便被沈浩卖给第三方公司贴现。由于票据仿真程度非常高，该大行柜面人员未察觉有异。知情人士介绍，另一张假票也已经流入了在外地的贴现公司手中。通过这种方式，沈浩分别从该大行以及贴现公司处获得将近 600 万元资金。

首次“出师告捷”，令沈浩惊喜万分。不到半年时间，也使用同样的方法从多家银行骗得贷款，累计达到 2000 多万元。至此，沈浩已经深陷泥潭。自知无力偿还银行贷款的沈浩深知犯罪行为即将暴露，准备最后一搏。为此，沈浩以高额利率为诱饵，虚构替他人转贷而要求借款，以签订借款协议的方式向杨某、钱某借款 1050 万元，并将到账的借款全部提取现金再用于还债（给客户，而非银行），随后逃亡至国外。

不久，当地公安局经侦大队接到报案后，指派专案民警迅速立案调查。最终在公安机关及其家人的劝说下，犯罪嫌疑人沈浩回国自首。目前，犯罪嫌疑人沈浩已被依法移送至检察院审查起诉。

据记者了解，在当地公安机关协助下，目前除上述大行 600 余万元损失之外，其他银行的损失均已被追回。截至案发，沈浩涉嫌向银行诈骗累计达 2000 多万元，向个人诈骗 1050 万元。

回顾整个案件，制造假票的专业制假分子，成为沈浩案的一个关键因素。《每日经济新闻》从知情人士处获悉，在案件审理过程中，沈浩曾经交代，由外省专人制造的假票据、假存单几乎可以乱真。一位从事经济犯罪侦查工作的业内专家对记者表示，制假分子通过高技术手段，套用真实银票以及贸易合同，可以制作出几乎一模一样的假票，仅依靠临柜人员对票面的审查和一般的书面查询很难辨别真伪。

● **风险提示：**银行和企业要杜绝伪造票、变造票、克隆票的诈骗风险，最直接有效的办法，就是所有票据业务都通过中国人民银行的电子商业汇票系统办理。由于票据不再是纸质的了，而是银行间的电子票据，企业和社会人员无法直接接触到，因此可从源头上杜绝假票风险。

【参阅资料】电子商业汇票系统

2009年10月28日，由中国人民银行建立并管理的电子商业汇票系统ECDS（Electronic Commercial Draft System）正式运行，我国票据市场由此迈入电子化时代。

电子商业汇票系统为电子票据业务提供安全高效、互联互通、标准统一、方便快捷的多功能、综合性业务处理平台。与现行纸质商业汇票相比，其最大的特性就是签发和流转都采取电子化方式，以数据电文来完成，从根本上解决纸质商业汇票交易方式效率低下、信息不对称、风险较大等问题。

对企业来说，电子商业汇票系统不仅提供了纸质票据的所有功能，更重要的是在使用过程中不受时间和空间的限制，交易资金在途时间大大缩短，资金周转效率明显提高。电子商业汇票以数据电文代替纸质票据，采用电子签名代替实体签章，确保了电子商业汇票使用的安全性，大大降低了票据业务的欺诈风险。而且电子商业汇票的付款期最长为一年，更是增强了企业的短期融资能力，有助于进一步降低企业短期融资成本。

对商业银行来说，电子票据不仅能够实时、跨地区流通使用，加快了结算速度，而且节省了纸质票据业务的人工成本、印制成本和保管成本，规避票据遗失风险，杜绝克隆票欺诈等刑事案件的发生。

对中央银行来说，中央银行成为电子商业汇票市场的一个经常性交易主体，能够全面监测商业汇票各种票据行为，准确了解资金流量流向，为宏观经济决策提供重要参考依据。

2. 如何防范开票诈骗

（1）认真审核交易合同的真实性。申请开立银行承兑汇票，应建立在真实合法的商品、劳务交易关系基础上。银行审核交易合同要点如下。

①交易合同所载明的经济事项应在营业执照规定的经营范围内。

②开立银行承兑汇票金额累计不得超过交易合同总金额。

③汇票的出票日期原则应在合同的有效期内，否则应提供合同失效后续付款的理由。

④开票的期限应与交易合同约定的汇票期限相匹配。

⑤交易合同中未禁止使用银行承兑汇票作为结算方式。

⑥交易合同中双方已签字盖章且合法有效。

（2）认真审核开票用途的真实性。

①申请承兑的银行汇票真正用于货款或劳务支付，不存在套取银行资金的行为。

②密切监控关联企业之间相互开票、划转资金等行为，杜绝不正当或不合理交易行为。

③必要时应走访客户生产经营、材料储备现场，证实交易确属正常生产经营需要。

（3）认真审核发票的真实性。对交易发票的审核要点包括以下各项。

①发票、单据字迹清晰，要素齐全，印章清晰有效。

②发票上载明的标的物名称、数量、价格、金额、收付款人名称等要素与合同相匹配。

③发票的开具日期应等于或晚于合同生效日期。

④发票不得重复使用。若一张发票对应多笔承兑业务，发票金额应大于或等于累计办理的承兑金额。

⑤发票应真实有效。应按照《增值税发票（复印件）真实性核对要点》对发票的真实性进行审查。具备条件的银行应通过当地国税机关开通的“增值税发票查询系统”，进行发票真伪的辅助查询。

（二）无效合同风险

购销合同是银行认定开票贸易背景真实性、合理性的重要依据。银行人员在审核购销合同的过程中，应注意防范以下合同风险。

无效合同风险的类型（9种）
● 未提供购销合同
● 购销合同疑为伪造、变造
● 购销合同制作粗糙，可信度低
● 购销合同重复使用
● 购销合同已失效
● 购销合同买卖双方与票据业务双方不匹配
● 购销合同产品与企业经营范围不符
● 合同约定的结算方式与实际不符
● 合同复印件缺核对章和经办人签字

1. 未提供购销合同

开票之前，承兑申请人应提供以真实合法的商品、劳务交易或债权债务关系为基础的交易合同。银行人员如果不收取交易合同就开票，属于严重违规的低级错误。有些采取特定采购销售模式的特定行业（如军工），承兑申请人确实无法提供商品、劳务交易合同的，应提供能够说明贸易背景的其他替代资料。

案例

总行审计发现无购销合同的案例

CS分行为ZG物资贸易有限公司签发银行承兑汇票3笔，用于办理钢铁金融业务，金额合计1000万元，期限6个月，50%保证金。审计发现，信贷档案中无买卖双方的购销合同。

SY分行授予SY经济技术开发区贸易中心签发银票额度4400万元，期限6个月，其中向收款人某化工贸易有限公司签发一张2400万元银票，档案中未见提供产品供销合同。

2. 购销合同疑为伪造、变造

银行人员应认真审核交易合同的真实性：合同有无挖补、复印变造痕迹；交易产品定价是否合理；有无不同业务使用同一编号的购销合同，但合同条款不一致的情况等。

案例

总行审计发现虚假合同的案例

NJ分行曾为X车灯股份有限公司签发多笔银行承兑汇票。上级行审计发现，出票人与Z贸易有限公司、W橡塑有限公司、M车灯厂、R铸造有限公司、X汽车车小灯总厂、Y照明器材有限公司等企业签订的工业品购买合同中，单位签章处有明显的复印变造痕迹。

CQ 分行为 Y 建设开发有限公司签发 100% 保证金银票 1000 万元，收款人为某建筑装饰工程有限责任公司。总行审计发现，客户提供的是某大厦 21~22 层办公楼装修合同，建筑面积 2200 平方米，装修合同总价为 2000 万元，每平方米装修单价近万元，大大超过正常办公楼装修均价，明显为虚假的装修合同。

3. 购销合同制作粗糙，可信度低

银行人员对合同要素填写、签章审核需关注以下内容：合同要素应填写完整，无空白项；合同金额大小写相符，单价、总价匹配；合同签订双方已在合同上签章，且签章合法有效。

案例

总行在票据及信贷业务审计中发现问题的案例

ZZ 分行为 ZZ 市第三人民医院签发银行承兑汇票共计 4000 万元。所提供的购销合同中缺失内容较多，包括无签订地点、签订时间，无产品名称、规格型号、数量、单价，无质量要求、产品标准，无交货地点、交货方式，无运输方式及到达地点和费用承担模式。

QD 分行为 LDY 化工有限公司签发银行承兑汇票 1200 万元，订货合同原件未加盖供货方合同专用章。

DL 分行为 LA 工程机械有限公司开票 2000 万元，商品购销合同条款中明确规定，合同须供需双方签字盖章后才生效，但供方仅签字无盖章。

GZ 分行为 GD 纺织品进出口原材辅料贸易有限公司签发了 1 笔金额为 199.8 万元的银行承兑汇票。该客户提供的购销合同中的大小写金额不符，如果以小写金额来计算，则购销合同金额小于承兑汇票金额。

NJ 分行为 WX 电器有限公司开立 2726 万元银行承兑汇票，收款人为某科技贸易有限公司，所附购销合同中没有签订日期和有效期。

HZ 分行为 ZJ 省人民医院签发银行承兑汇票 5 笔、376.3 万元，提供的交易合同中无交易商品名称、单价、数量及总金额等，且未提供“合同期内实际发生的详细采购订单”，交易缺乏必要的支付依据。

4. 购销合同重复使用

为防止重复使用合同，银行应做到：对贸易背景审核后，在交易合同原件和发票原件上加盖有“已办理承兑 ×× 金额，× 年 × 月 × 日”字样的印章，复印存档，原件退还客户；按户做好台账登记工作，内容包括交易合同编号、金额及发票号码、余额等，有效防范交易合同和发票的重复使用风险。

案例

总行审计发现重复使用合同的案例

总行在票据业务专项检查中发现，GZ 分行某年 1 月和 3 月为 NY 物流股份有限公司各签发出一张 5000 万元银票，收款人为 TSSH 轧钢一厂。但两次开票的依据都是同一份《工业品买卖合同》，合同总金额为 5000 万元，分行实际签发出银票 1 亿元。

总行在票据及信贷业务审计发现，某年 3 月 4 日和 3 月 19 日，HF 分行为 LH 钢结构（集团）股份有限公司先后签发两张银行承兑汇票，面额均为 80 万元，两笔业务重复使用了同一编号、金额为 82.5 万元的工业品买卖合同，贸易背景存疑。

5. 购销合同已失效

银行承兑汇票的出票日期应在交易合同的有效期内，若不在有效期内，银行应要求客户提供合同失效后续付款的书面说明。交易合同若为分期执行合同，申请承兑汇票的期限也应在合同规定的分期执行阶段内。

案例

总行审计发现购销合同已失效的案例

总行信贷大检查发现，某年 3 月 29 日，SZ 分行为 SL 电力燃料有限公司办理银行承兑汇票开票 6720 万元，而所附的购销合同有效期为去年 7 月 1 日至 12 月 31 日，购销合同已过有效期。

总行在票据及信贷业务审计中发现，CD 集团钢铁有限公司银行在 CD 分行办理承兑汇票余额 1.2 亿元。而在出票人所提供的购销合同中，部分合同已过有效期。例如，出票人与某商贸有限公司签订的《工矿产品购销合同》，有效期为上年 1 月 1 日至 3 月 31 日，而银票签发日为本年 1 月 20 日，已不在合同有效期内。

总行在地方政府融资平台贷款与票据业务检查中发现，某年 12 月 10 日，NJ 分行为 XR 电动车股份有限公司开立一张 4000 万元全额保证金银票，收款人为某电子科技有限公司，但工矿产品购销合同的签订日期为 12 月 12 日。即开票在前，签订合同在后，贸易背景可疑。

6. 购销合同买卖双方与票据业务双方不匹配

银行人员应认真核对银行承兑汇票出票人、收款人与购销合同买卖双方是否匹配，确保交易关系一致性，防范虚假贸易背景风险。

案例

总行检查发现当事人不匹配的案例

总行在信贷大检查中发现，SZ 分行为 S 磁记录股份有限公司签发过一张银行承兑汇票 6000 万元，收款人为 CC 开发铝基片有限公司，但所附购销合同上注明收款人却为 KM 开发磁香港有限公司。

总行在票据业务专项检查中发现，H 分行曾为 H 电缆集团有限公司签发一张银票 2000 万元，提供购销合同中的买受方为 J 电缆有限公司，卖出方为 H 电缆集团有限公司。但蹊跷的是，所开具汇票出票人却为 H 电缆集团有限公司，收款人为 J 电缆有限公司，与购销合同买卖关系完全相反。

总行在票据及信贷业务审计中发现，W 分行曾为 H 煤炭投资开发有限公司签发银行承兑汇票 5 笔，金额合计 1986 万元，期限 6 个月，收款人为 T 煤业股份有限公司，但档案中仅有 3 张银行承兑汇票复印件，每张面额 100 万元。更为奇怪的是，银票收款人为 J 贸易有限公司，与承兑协议完全不符。

7. 购销合同产品与企业经营范围不符

银行人员在对购销合同审核时，应核对交易合同所载明的经济事项，是否在双方营业执照规定的经营范围内。如果发现交易标的不在双方营业范围之内的，应要求客户提供相应说明材料。

案例

总行检查发现经营范围不符的案例

总行在信贷大检查中发现，C 分行曾为 M 实业有限公司签发一张 500 万元银行承兑汇票，客户所提供的螺纹钢购销合同中，销售方为 SL 广告有限公司。问题是，广告公司的经营范围包括螺纹钢购销吗？

JN 分行某年 2 月 20 日为 R 汽车销售服务有限公司签发银票 4 笔，合计 3000 万元，期限 6 个月，收款人为 A 公司；3 月 11 日开票 5 笔，合计 7000 万元，收款人 B 公司，均为全额保证金开票。

总行在票据及信贷业务审计中发现，上述三户企业为关联企业。出票人与 A 公司之间的购销合同约定，购买三菱品牌汽车 160 台，但 A 公司的主营品牌为长安福特。出票人与 B 公司之间的购销合同约定，购买菲亚特汽车 850 辆，合同金额 7123 万元，但经实地查看发现，出票人销售现场并无菲亚特品牌汽车，且菲亚特汽车并非出票人主营品牌，其主营品牌为三菱及东南汽车。开票所购产品与销售方经营产品明显不符。

8. 合同约定的结算方式与实际不符

对合同结算条款进行审核时应关注以下几点：合同中是否禁止使用银行承兑汇票作为结算方式；合同中约定了使用银行承兑汇票作为付款方式并记载具体金额的，开立的银行承兑汇票金额应与其相同；合同约定付款期限的，银行承兑汇票开票日期应在付款期限内。

案例

总行检查发现结算方式不符的案例

总行在票据及信贷业务审计中发现，DG 分行为 ZX 快捷电梯公司签发银行承兑汇票 1715 万元，收款人为某电梯有限公司。但在所附的购销合同“付款方式”中，约定的是汇款，而不是开票。

总行在票据及信贷业务审计中发现，CQ 分行某年 8 月 20 日为 FZ 贸易有限公司签发银行承兑汇票 1000 万元，而购销合同中约定的是 7 月 31 日前要预付全部货款。分行开票时间与合同约定时间不符。

9. 合同复印件缺核对章和经办人签字

客户经理完成合同原件审核后，应在复印件上加盖“与原件核对一致”的专用印章，并签字以示负责。

（三）业务办理风险

历年来，银保监会和各家银行都是将票据业务风险作为排查重点。银行对于开票业务都有严格的管理办法和操作细则，经办人员应该严格按照规定办理业务。根据许多案例来看，应注重防范以下风险。

业务办理风险的类型（10 种）
● 申请人出问题 ● 担保人出问题 ● 用途不符合规定 ● 开票金额有问题 ● 开票期限有问题 ● 开票日期有问题 ● 保证金来源有问题 ● 挪用票款 ● 应付票款未提前到位 ● 办理不规范

1. 申请人出问题

银行不得为经营财务状况不好，没有付款能力的申请人开票。

案例

发现企业财务状况恶化，暂停开票 7140 万元

广州 ZJGT 有限责任公司向银行申请开立 7140 万元银行承兑汇票。放款中心在审核该笔业务时，考虑到我国钢铁行业自近年来受经济危机冲击较大，要求经办部门提供客户最新财务报表及调查报告。经审查分析发现，申请人经营收入大幅缩减，财务费用较上年激增，盈利能力下降。鉴于申请人财务状况急剧恶化，故放款中心暂停本笔业务，并提请分行信审委重新审核该笔业务。

发现开票申请人卷入借款合同纠纷，暂停开立银承 1000 万元

浙江 ZM 有限公司向银行申请开立银行承兑汇票 1000 万元。放款审核过程中未发现任何问题，当放款人员准备将系统出账信息传递至营业部并提交资料至柜台时，从会计主管处得知，当天营业部收到杭州市西湖区人民法院民事裁定书一份，要求冻结该客户及其法人代表在本行的存款共计 250 万元并其他资产。该裁定书载明，因浙江 ZM 有限公司与其关联企业杭州 ZM 进出口有限公司涉嫌卷入一起金融借款合同纠纷，作为担保人被 ZS 银行向法院申请财产保全。

放款人员迅速向行领导汇报，决定立即暂停对浙江 ZM 有限公司的一切业务受理，同时也经客户经理与客户沟通解释。一个月后，开票行收到法院的民事裁定书，告知原告 ZS 银行已向法院提出解除保全申请，法院作出解除冻结相应价值财产查封的决定。考虑到客户的正常经营需求，开票行恢复受理该企业的开票业务。

2. 担保人出问题

银行不得接受经营财务状况不好，没有担保能力的企业提供的担保；也不得在担保条件不落实的情况下开票。担保条件不落实的主要表现为，保证金比例偏低，没有第三方担保人，质押物或抵押物不足。其后果是一旦出现问题，银行没有足以抵偿损失的担保物可供处理。因此，对于不熟悉的客户，或把握性不大的开票，应要求申请人提供强担保条件，否则业务宁可不做。

案例

发现担保人出现重大不良信息，暂缓 8000 万元放款

山西 ZYNY 有限公司 8000 万元银承业务到期，在额度有效期内申请循环续作。分行放款中心在审查时发现，该企业担保人代县 YM 铁精矿粉运销有限公司出现大量欠息和不良，经过进一步了解，该企业已近破产，实际控制人早已“逃”往国外。放款员立即将此事报告领导，暂缓了该笔放款，待重新变更新的担保人后方才发放。

发现担保企业更名后及时签订新保证合同

山东 SD 科技集团有限公司申请开立 1 亿元银行承兑汇票，由山东 SD 胜华化工股份有限公

司提供担保。

分行放款人员审核发现，担保企业刚于一个月前将名称变更为山东SD胜华化工集团股份有限公司。支行客户经理虽落实了新集团公司所有制性质、注册资金、股东情况等均无变化，但未要求该集团公司签署新的保证合同。放款人员请示信贷管理部领导后，要求客户经理到新集团公司重新签署了新的保证合同，以确保担保的法律效力。

3. 用途不符合规定

开票的用途必须符合国家法律法规和银行的授信政策。如果资金被挪用，有可能导致损失。

案例

发现开票用途与审批要求不符

郑州HTQC销售有限公司向银行申请办理银行承兑汇票300万元，20%保证金，为汽车金融业务项下续作业务。

放款中心在审核时发现该笔银票的收款人为“湖北ZJ车辆销售有限公司”，提供贸易背景资料为出票人和收款人签订的加工订单，产品名称为“三桥半挂”。而本行审批部门授信批复明确开票是“专项用于购买一汽解放品牌系列车型”。

放款中心认为此笔业务不符合授信批复要求：第一，经放款审核人员核查，收款人“湖北ZJ车辆销售有限公司”非一汽解放品牌汽车的生产厂商，仅对一汽提供大型配件；第二，拟购买产品“三桥半挂”属大型卡车的部件，不属于具体车型。

放款中心认为授信资金用途与批复要求不一致，暂缓了该笔放款，要求经办单位重新落实贸易背景。

4. 开票金额有问题

银行人员应通过审核分析承兑申请人的财务状况、经营状况，审核申请人申请开票金额的合理性，应与承兑申请人的经营规模相匹配，尤其要防范开票金额超大超多的风险。企业申请开立银行承兑汇票的金额，不得超过交易合同金额。如果是多次使用同一交易合同申请承兑的，则交易合同标的总金额应大于或等于累计办理承兑汇票的金额。

案例

总行检查发现开票金额大于合同金额的案例

总行在票据及信贷业务审计中发现，某年3月18日、3月25日，SZ分行分别为GH石油化工股份有限公司签发两张银行承兑汇票，面额分别为2942万元和1600万元，合计4542万元。问题在于，档案中存放的两份购销合同，金额合计4530万元，小于开票金额12万元。

总行在地方政府融资平台贷款检查中发现，GZ 分行于某年 11 月 27 日、12 月 29 日分别为 GY 物资贸易有限公司签发银行承兑汇票 650 万元、400 万元，合计 1050 万元，收款人均为 WH 钢铁贸易有限公司。问题在于上述两笔银票都是使用同一份购销合同开立，合同金额仅为 828.2 万元，开票金额大于合同金额 221.8 万元。

总行在信贷大检查中发现，NJ 分行为 ZN 实业有限责任公司签发 2000 万元银行承兑汇票，所附购销合同金额是 1300 万元，小于开票金额 700 万元。对 JC 物资贸易有限公司、YD 机械经营部、SM 贸易有限责任公司、HY 金属材料有限公司的开票业务也存在同样问题。

开票金额与企业实际经营状况不匹配

某年 3 月 25 日、26 日、27 日和 30 日，CD 分行为 SH 实业有限责任公司签发多张全额保证金银票共计 2 亿元，收款人均为 HZ 投资有限公司驻某地的办事处。

存在的问题，一是办事处非企业法人，不具备对外签订合同资格。二是人行征信系统数据显示，开票企业上年主营业务收入仅 29.7 万元，票据业务量与企业实际经营情况严重不符。

某年 1 月 20 日，SJZ 分行为 Q 贸易有限公司（以下简称“Q 公司”）签发银行承兑汇票 1.2 亿元，收款人为其关联企业 A 国际贸易有限公司（以下简称“A 公司”）。问题在于，Q 公司 1 月的会计报表反映，该月销售额仅为 3400 万元。而 Q 公司与 A 公司签订的购货合同约定，当年 1 月至 6 月共要购进焦炭 31 万吨，其中 1 月购 10 万吨，开立银行承兑汇票 1.2 亿元。Q 公司的购货量远大于其销售量。如果是囤积，将面临价格下跌风险。

发现 5000 万元开票金额不合理

放款中心放款员在审核深圳市 JLBY 经贸有限公司全额保证金开立 5000 万元银行承兑汇票业务时，虽未发现资料表面上的瑕疵，但一个成立期限不长、注册资本仅为 50 万元人民币的企业一次性开票金额竟高达人民币 5000 万元，这引起了放款员的警惕。

而放款员还记得，不久前曾经审核过的一笔大额银票贴现业务，该企业的名字也在银行承兑汇票出票人和前几手的背书人中频繁出现。

针对这一反常情况，放款员立即向领导汇报，引起了领导的高度重视，尽管是全额保证金，但最终认定该企业在贸易背景上存在重大风险隐患，否决了该笔业务。

发现 1.05 亿元累计开票总额与销售总额不匹配

厦门市 XSD 工贸有限公司向放款中心提交金额为 1500 万元开立银行承兑汇票申请，以 50% 保证金作质押，并以自有房产及土地、在建工程作抵押。

放款中心在审查过程中发现，这家客户连续 3 天开票，金额达 4500 万元。经核实，半年来在分行累计开票 1.05 亿元，与企业财务报表销售总额不匹配，贸易背景可疑。对此，放款中心立即中止放款，并及时向有关领导汇报。最终决定停止放款，做了退卷处理。

发现汽车合格证总价高于实际价格 30%

镇江 BD 汽车服务有限公司申请办理 500 万元银票业务，专项用于向宝马（中国）汽车贸易有限公司购买汽车。根据银行批复要求，由南京某国际货运分公司驻店监管进口宝马《货物进口证明书》和《进口机动车随车检验单》，看管率 75%。

南京分行放款中心审核员在审核业务过程中，根据平时积累的汽车市场价格数据，对客户提供的看管车辆价格进行了逐一审核，发现总价格存在高估的嫌疑。审核员没有轻易放过疑点，进一步通过互联网对相关汽车网站进行查询，并电话咨询多家 4S 店，最终证实监管的宝马汽车合格证总价格高于实际价格 30%。放款中心因此果断地否决了此笔业务申请。

发现银票查复金额与票面金额不一致，暂缓 209 万元放款

YHFL 工程技术（北京）有限公司申请办理银票换开业务，即以一张金额为 209 万元银行承兑汇票作质押，开立 4 张金额总计 209 万元银行承兑汇票。

放款中心在审查时发现，查询书查询票面金额为 200 万元，承兑行查复书回复确认无误，而银票复印件显示金额为 209 万元。

发现上述问题后，放款中心当日未办理此笔业务，及时通知会计管理部对该笔银票重新进行查询。在最终确认此笔银票金额确为 209 万元后，于第二天办理了放款手续。

5. 开票期限有问题

开票是企业占用银行信用，以低成本获取资金用于经营的一种方式。有些企业就利用开票方式占用银行资金，短款长用，甚至挪用资金。其做法是，虽然每笔货物的销售回款可能只需 2 个月时间，但企业仍申请从银行开出 6 个月期的银行承兑汇票。

这样企业在两个月后收到销售回款后，由于还不到向银行支付票款的期限，因此就能继续占用 4 个月时间差的资金。更有甚者，用滚动开票的方式，用后票贴现款支付前票到期款的方式，长期低息占用了银行资金。如果企业利用这种方式占用的资金不能按时回款，甚至使用失败，则银行风险很大。

银行防范的措施是，开票要与企业销售回款的日期相匹配，尽量缩短汇票期限，天数可细分为 30 天、60 天、90 天、120 天和 180 天。货款回来后，要马上把票款结清。或者要求将资金存入银行存款账户中，看管起来，只进不出，不允许再周转出去使用，直到票款到期的付款。

6. 开票日期有问题

通过将企业申请的开票日期，与购销合同中规定的付款日期相比较，也许能发现虚假贸易背景的开票。

案例

发现开票日期与购货合同日期不符

某年1月26日，河北BF有限公司申请开立一笔430万元足额保证金银承，为企业的购货提供预付款。放款员在审核中发现，企业提供的购销合同中载明的货款结算方式为：预付银行承兑汇票430万元，余款在交货后1个月内付清。该购销合同上约定的交货日期为1月16日，此次的开票日期已超过交货日期10天，无法构成预付款，存在使用过期合同办理业务问题，故未予办理，要求客户经理去查明情况。

● **风险提示**：100%保证金的开票业务就没有风险了吗？不尽然，也必须查明真实的贸易背景，做到有疑必究。

7. 保证金来源有问题

银行人员对于开票保证金的来源也必须加以认真审核，防止出现违规风险。尤其当开票申请人是用借来或骗来的款项作为开票保证金，则已经埋下了经济纠纷和刑事案件的重大风险隐患。

案例

发现客户利用贴现资金循环开票

申请人广州A有限公司（以下简称“A公司”）在银行有8000万元授信额度，专项用于开立全额保证金的银行承兑汇票。某年9月28日，申请人申请开立一笔1000万元的银行承兑汇票，收款人为广州B工程有限公司（以下简称“B公司”），并提供了100%保证金。

放款员因申请人短期内多次开票，要求客户经理提供企业结算账户的流水记录及其来往账回单。结果审核发现，A公司9月26日曾在本行开立一张1000万元银行承兑汇票，收款人为B公司。而B公司于9月27日向A公司结算账户划入970万元。

虽然经办客户经理解释A公司与B公司有业务往来，该970万元款项为A公司正常往来款。但放款员认为，不能排除企业利用贴现资金回流作保证金的可能，申请人存在循环开票的可能，为防止企业虚增营销收入等违规行为而给银行利益造成损害，故拒绝办理该笔放款。

8. 挪用票款

客户挪用票款，分为事前挪用和事后挪用两种情况。事前挪用是指客户拿到汇票后直接用于支付银行不知晓的其他用途，如申请开票的用途是买钢材，实际用于支付买土地款；事后挪用是指企业用汇票进货并完成销售，两个月内货款回到银行账户内后，由于还不到6个月向银行支付票款的期限，于是企业又把资金转用于其他方面去了。对于这些资金去向，银行失去控制，很容易出问题。

9. 应付票款未提前到位

由于银行人员疏于授信后管理，在汇票到期前未督促企业将足额票据款汇入银行账户，结果导致银行在到期付款日不得不对外垫付银行自己的资金，而且不及时采取措施向客户追索，可能造成最终损失。为防止这种情况的发生，必须有付款资金提前到账制度，客户经理在汇票到期前，必须检查票款是否已提前到账。

10. 办理不规范

银行对于票据业务都有严格的管理办法和操作规定，银行人员在工作中必须认真遵照执行，防止操作失误风险。

例如在开票阶段，当各项审批手续办完之后，未及时向客户出具汇票，由于拖拉而影响客户资金的结算；或者填写票面不认真，任意用简化字或数字大小写不规范，造成汇票被受益人退回的。

例如在兑付阶段，在短期内同时接到多家银行的查询不引起警惕的，或对票据审核不严，导致兑付出克隆票的。

若在这些细节方面不加注意，轻则影响银行与企业的关系，重则银行要赔偿企业的经济损失。对此，客户经理必须加强工作责任心。

案例

发现“先票后货”，未签订购销订单且未投运输险

某银行给予经销商无锡市 BDR 电器有限公司“先票后货”存货质押额度 1500 万元，合作生产厂商为 SMS（中国）热水器有限公司，质押物存放于南京 ZC 发展股份有限公司仓库监管。

放款员在审核时发现 BDR 公司与 SMS 公司虽签订了年度购销框架协议，但未签订业务购销订单。因 SMS 公司与本行签订工商银三方协议，须承担供货和回购责任，因此明确货物品种、型号、数量、价格就显得尤为重要。针对此情况，放款中心及时督促购销双方补充签订相关购销订单。

另外，放款员在审核质押物保险事项时，还发现质押货物由监管单位负责运输，在 SMS 公司内完成交付，而申请人仅办理了“库存险”，放款中心及时要求申请人补办“货物运输险”后方予放款。

【参阅资料】先票后货

先票后货意为“先有票、后有货”，即银行在收取一定比例保证金后（如30%），先为经销商开出银行承兑汇票。经销商持票向生产厂商购买货物，货物发到银行指定仓库监管。经销商向银行缴纳剩余保证金（70%），可提取货物去销售。

案例

避免收款人在票据到期日前向法院申请挂失止付的风险

天津市SL汽车贸易有限公司向银行申请将两张金额均为500万元的银行承兑汇票做换票处理。该两张银票系银行于一周前承兑，因原期限较长（6个月），票据收款人要求申请人将其更换为3个月的票。

经放款人员审核，申请人退回的银行承兑汇票为真实正本，并将票据右上角剪去，以示退票；经查询人行及总行关于票据退票的处理手续，也未见瑕疵。但经查询《中华人民共和国票据法》及最高院关于审理票据纠纷的司法解释，放款人员注意到银行承兑汇票正本并非主张票据权利的唯一证据，即便银行收回了票据正本并予以注销，票据收款人仍可以票据丢失为由，在票据到期日前向法院申请挂失止付。因此，银行若同意将原票（6个月期）注销并为其重新开立期限较短（3个月期）的银票，仍存在需继续承担原票付款责任的风险。

鉴于申请人系新客户，为防范风险，银行指定专人前往票据收款人处（上海）核实，实地见证原银票收款人确认银票退回事宜，从根本上避免了收款人未来申请挂失止付给银行带来的潜在风险。

发现银票交付手续不规范后加以完善

某银行给予南京A贸易有限公司订单融资额度4500万元，专项用于与B国际贸易有限公司签订的订单项下，向C铝业有限公司开具银行承兑汇票购买铝锭。

放款员按银行的《订单融资业务管理办法》审核该笔放款业务时发现：该笔银票将由客户经理直接交付申请人A公司。虽《管理办法》中并未细化银票交接流程，但为强化授信资金的专款专用管理要求，于是要求客户经理进一步完善与C公司的交付银票手续，即跟随银票向C公司发出“银票收妥确认函”，并收取C公司的回执。

【参阅资料】《刑法》中相关条款

第一百七十七条　【伪造、变造金融票证罪】有下列情形之一，伪造、变造金融票证的，处五年以下有期徒刑或者拘役，并处或者单处二万元以上二十万元以下罚金；情节严重的，处五年以上十年以下有期徒刑，并处五万元以上五十万元以下罚金；情节特别严重的，处十年以上有期徒刑或者无期徒刑，并处五万元以上五十万元以下罚金或者没收财产：

（一）伪造、变造汇票、本票、支票的；

（二）伪造、变造委托收款凭证、汇款凭证、银行存单等其他银行结算凭证的；

（三）伪造、变造信用证或者附随的单据、文件的；

（四）伪造信用卡的。

单位犯前款罪的，对单位判处罚金，并对其直接负责的主管人员和其他直接责任人员，依照前款的规定处罚。

第一百八十九条 【对违法票据承兑、付款、保证罪】银行或者其他金融机构的工作人员在票据业务中，对违反票据法规定的票据予以承兑、付款或者保证，造成重大损失的，处五年以下有期徒刑或者拘役；造成特别重大损失的，处五年以上有期徒刑。

单位犯前款罪的，对单位判处罚金，并对其直接负责的主管人员和其他直接责任人员，依照前款的规定处罚。

二、票据贴现环节风险

贴现是指持票人将未到期的商业汇票转让给贴现银行，贴现银行将票面金额扣除贴利息后的余额付给持票人的一种资金融通方式。商业汇票包括银行承兑汇票和商业承兑汇票。

由于以贴现方式从银行获得资金比以申请贷款方式获得资金更为容易，因此成为不法分子骗取银行资金的重要方式。不法分子之所以采用假商业汇票手段实施诈骗，原因是多方面的。

（1）商业汇票票面金额巨大，每张商业汇票少则几百万元，多则上千万元，一旦诈骗得手，数额可观。

（2）现代制假手段高超，假票、假章、“克隆”票据、电脑复制，无所不用其极，制假几乎可达到乱真的程度。

（3）商业汇票流通范围广，贴现行跨地区、跨系统查询困难诸多。

（4）对犯罪分子惩处不力。因假商业汇票诈骗被收审的不法人员，常因犯罪未得逞、未造成银行或企业的事实损失，而使司法部门对其从轻发落，助长了犯罪分子以身试法的侥幸心理。

（一）票据贴现环节风险的类型（4种）

银行人员在贴现环节，主要应防范不法分子以假银票、假合同、假发票等骗取贴现资金。若银行人员足够细心稳重，认真审核贴现时的相关资料，注意每个细节，是可以发现隐藏在“小差错”背后的风险隐患的。

票据贴现环节风险的类型（4种）
● 虚假银票 ● 虚假合同 ● 虚假发票 ● 其他风险苗头

1. 虚假银票

以银行承兑汇票为例，犯罪分子到银行骗取贴现的虚假银票，主要有伪造银票、变造银票、克隆银票等几种形式。

（1）伪造银票骗贴。伪造票据可能发生在票据行为的各个环节，包括出票、背书、承兑、保证等环节。犯罪分子的作案手段是，使用与真汇票质地相似的纸张，采用高科技方式印制，使得假票格式和内容与真票完全一致，几乎真假难辨。犯罪分子往往还同时伪造与银行承兑汇票有关的购销合同、增值税专用发票、出票银行的确认函或担保书等。为了增加贴现银行查询的难度，犯罪分子常常专门到远距离的外地银行申请办理贴现。

（2）变造银票骗贴。变造票据是指对真实、有效的票据记载内容的改变，绝大部分的情况下，主要是变造票面金额。

犯罪分子的作案手段是，先在银行存入少量资金，获取一张面额较小的真实的银行承兑汇票（如 1 万元），然后利用高科技手段对汇票金额进行变造，使之成为一张大额的汇票（如 500 万元），然后用这种变造后的银票到银行办理贴现或质押贷款。

（3）克隆银票骗贴。克隆（复制）是指对真实、有效的票据或票据用纸的外观形式进行非法模仿制作的行为。如前所述，不法分子的作案手段是，先办理一张金额较大的真实银行承兑汇票，然后采用高科技手段照原样复制若干份。这类犯罪具有极强的欺骗性，最早出现时使银行防不胜防，贴现银行被诈骗的情况时有发生，造成巨额资金损失，同时引发出票银行与贴现银行之间的大量纠纷。最近几年由于一线营业机构严密防范，此类假票往往未贴现即被堵截。

那么，该如何防止虚假承兑汇票贴现?

第一，要实行“五集中”管理原则。

银行对于贴现业务操作风险的管理，应遵循“五集中”原则，即集中审验、集中查询、集中保管、集中托收、集中核算。

集中审验，同城支行所有客户提交贴现的商业汇票原件，必须提交分行会计部门集中审验真实性和有效性。分行会计部门对经过其审验的商业汇票的真实性、合法性负责。

集中查询，同城支行所有客户提交贴现的商业汇票查询工作，必须集中到分行会计部门办理。

集中保管，同城支行所有贴现后票据，必须集中到分行会计部门保管。

集中托收，贴现后商业汇票到期，由分行会计部门集中发出托收、跟踪回款、处理退票。

集中核算，同城支行所有贴现业务会计账务，必须集中到分行会计部门处理。

第二，审核资料的齐全性。

贴现申请人除了提供《贴现申请书》、汇票原件、《营业执照》、《组织机构代码证书》原件之外，还应该提供贴现票据项下的商品交易合同原件，或其他能够证明汇票合法性的凭证。以及能够证明票据项下的商品交易确已履行的凭证（如发货单、运输单、提单、增值税发票等复印件）。这些凭证的内容应与商品交易合同内容相一致，且必须符合国家法律、法规及有关政策的规定。

第三，审核票据的真实性。

借助先进的技术手段对票据的真实性进行鉴别和确认，严防贴入伪造票、变造票。

按照《票据法》《支付结算办法》等相关法律法规，对票面的合法性、合规性以及背书的连续性进行审核和认定。

通过验印系统对贴现申请人背书的真实性、合法性进行审验和确认。

按照《中国人民银行关于完善票据业务制度有关问题的通知》（银发〔2005〕235 号）和总行相关规定进行查询。

第四，银行承兑汇票在贴现之前必须查询，可用以下任何一种方式。

网上查询：对于本银行系统内承兑的汇票，可通过行内资金汇划清算系统向承兑行查询。

横直查询：有“先横后直”和“先直后横”两种查询方法。发起查询行所在地设有查复行分支机构的，采用先横后直的方式查询；发起查询行所在地未设有查复行分支机构的，查复地设有查询行分支机构的，可采用先直后横的方式查询。

实地查询：查询行双人上门查询，请承兑行在查询查复书上加盖结算专用章等，证明该行签发了此票据。

底卡传真查询：对继续办理的票据，传真给承兑行，要求承兑行接到查询的传真件后，将汇票的底卡联传真给查询行，同时仍需按正常的先横后直或先直后横进行查询。

注意：在采用以上任何一种方式查询后，应另行安排人员进行电话复查。

受理行在处理已办理贴现、质押等的大额票据时，应及时通知出票行，以避免被犯罪分子以“克隆”票据在其他金融机构重复办理票据贴现或票据质押。

受理票据贴现业务时应向出票行发出查询查复书。根据票据可能同时被多张“克隆”的特点，如果同一票号的票据被多家金融机构前来查询（一般 3 次以上），可能该票据已被“克隆”，受理行及出票行的经办人员均应引起注意，要记录在案，向上级报告，追查到底。

2. 虚假合同

购销合同是证实货物销售真实性的重要资料，银行人员必须认真加以核实审查，防止贴现资金被骗。

案例

发现《购销合同》和《供货协议书》有造假嫌疑

北京 JJH 投资有限公司申请贴现两张银行承兑汇票，6 个月期，金额共计 4000 万元，贴现利率 4.2‰。承兑人是某行北京某支行营业室。

贴现银行审查部门提出如下审查意见。

（1）出票人是贴现申请人的母公司 JH 集团有限公司，关联交易或融资性开票明显。

（2）《购销合同》和《供货协议书》有造假嫌疑：①合同前后纸质不同，字迹不同；②合同无签约日期；③未收货先付 4000 万元款，与商业惯例不符；④发票是服务业、娱乐业专用发票。

（3）申请人第一年销售收入才 221 万元，第二年才 714 万元，第三年 2 月即销售 4033 万元，突然大幅增加的销售额的真实性需要再核实。

因此，明显是无真实贸易背景的融资性贴现。承兑人为支行营业室，到期能否一次支付 4000 万元值得怀疑。为此，审查人员建议向出票支行的上级行去核实该银票的真实性。

3. 虚假发票

对于票据业务增值税发票的审查，应注意发票中销售物品名与购销合同一致性核对，注意发票金额的计算，发票是否加盖发票专用章，并综合分析各方面要素的统一性、合理性，确保贸易背景真实。

发票常见的问题有：伪造、变造发票，发票与购销合同不符合，发票重复使用，发票印鉴等资料模糊不清，等等。

4. 其他风险苗头

（1）被出票行告知接到过多次查询。贴现行在贴现之前，需要向出票行查询银票的真伪。如果被出票行告知，该票已接到过其他银行的多次查询，查询人员必须引起警惕。因为可能已经有相同的一张或多张银票在其他银行手上，也将要或已经贴现。

（2）被出票行告知是“以大带小”开票。查询人员也必须引起警惕，因为小票可能已经被不法分子变造为大票，并到各家银行去贴现。

上述两种情况，都可能涉及不法分子用假银票诈骗，银行人员应该暂停办理贴现手续，查明真实情况，并向监管部门报告。

（二）如何防范票据贴现风险

防范票据贴现风险的主要方法就是通过对合同和发票的认真审核，确认其贸易背景的真实性。银行调查、审查、审批的各级人员要以高度负责任的态度，善于从贸易合同、商业发票和银行汇票三方之间的逻辑关系，发现虚假贴现的蛛丝马迹。

对于存在以下情况的银行承兑汇票应不予办理贴现。

（1）从金额上看，增值税发票金额或贸易合同金额小于汇票票面金额的。

（2）从日期上看，汇票开出日期（指没有发生背书转让的汇票）或者与本次贸易对应的背书转让日期（指发生过背书转让的汇票），在贸易合同签订日期或增值税发票日期之前的。

（3）从期限上看，贸易合同、增值税发票的日期与承兑汇票开出或背书日期相隔 3 个月以上，又无法证明是同一笔交易的。

（4）从商品上看，合同交易名称与增值税应税商品名称不符且不能证明是同一商品的。

（5）从单位上看，贴现申请人及其前手、与增值税发票及贸易合同的购销当事人不一致，且不能证明是相同单位的。

第二节　贸易融资风险

贸易融资是银行向企业国内外贸易业务提供资金融通，是银行专业性比较强的授信业务，它涉及当事人多，授信业务品种多，各类文件资料多，操作管理要求多。银行人员必须做到责任心强，熟悉国家监管要求和银行规章制度，了解业务流程和风险要点，才能切实把好风险关。

由于贸易型企业的特殊性，银行人员在开展贸易融资业务中，应注意企业的以下风险。

贸易融资风险的类型（11 种）
● 虚假贸易背景 ● 担保条件不落实 ● 发票有问题 ● 挪用资金 ● 商品质量出现问题 ● 商品库存大量积压 ● 销售量大幅下降 ● 价格大幅变动 ● 汇率波动风险 ● 销售回款不落实 ● 涉及司法纠纷

一、虚假贸易背景

银行对于前来申请贸易融资的企业，务必审核贸易背景的真实性，包括：企业资信是否可靠，融资用途是否真实，还款来源是否可信，授信条件是否合理，担保条件是否可接受，等等。尤其要通过对各项资料的严格审查，对现场实际的认真调查，发现蛛丝马迹，防止上当受骗导致银行资金有去无回。

案例

发现客户无法对 5.4 亿美元贸易背景做出合理解释

福州 HQ 实业集团公司向银行申请 400 万美元进口开证业务。

放款中心放款员在审核中发现，该笔业务提供的进口合同为两年期的大合同，总金额为 5.4 亿美元，即每月进口量高达 2250 万美元，这与该公司的进口能力严重不符，且该公司未能提供相应的内销合同，还款来源不确定。因此放款员把大合同提交回信审员确认贸易背景是否真实合理。

放款员与信审员重新审核发现，该客户上报信审部门的贸易合同上的付款条款为“先开出 400 万美元银行保函”，而提交放款中心申请开证的出口合同上的付款条款则为“先开出 400 万美元信用证”，其他合同要素均相同。

为此，放款员认为该笔业务贸易背景可疑，要求客户经理对该笔业务贸易背景真实性重新调查。客户经理在调查过程中发现，客户对此无法做出合理解释，经请示领导同意后，放款中心停止 400 万美元进口信用证业务放款。

发现进口信用证受益人非进口合同规定受益人

福建省CBGYJT有限公司申请开立金额为80万新加坡元的不可撤销进口信用证，10%保证金，开证申请书上的受益人为：Cargotec CHS Asia Pte Ltd。

放款员在放款审批中发现，企业提供的进口合同的卖方（即合同规定的受益人）为MacGREGOR Pte Ltd，与开证申请书上的受益人名称不同，其余要素均与开证申请书一致。经询问客户经理，客户经理回答含糊，放款中心立即暂停此笔业务开证。

二、担保条件不落实

外贸企业都是轻资产，不像实体企业那样有土地、厂房、设备可以抵押给银行作为担保。因此，银行对于外贸企业应该寻求其他的担保条件，比如第三方保证、保证金、应收账款质押等。在具体业务操作过程中，要严格按照银行管理办法和规章制度执行，防止担保条件不落实的风险。

案例

发现出口退税账户已质押给其他银行

深圳市FC股份有限公司向A行申请840万元出口退税前置贷款，期限6个月，以其在A行唯一开立的出口退税专户作质押担保。

A行放款审批人员在质押登记前经查询人行征信系统发现，该公司已于几个月前将其出口退税权益全部质押给B行深圳分行，期限1年。本行已无法取得相应的权益，担保无法落实，放款中心立即停止放款。

在与客户取得沟通后得知，客户与B行原有的授信业务已经结清。于是要求在B行撤销质押登记后予以放款，避免了风险隐患。

发现银行标准文本缺少保证金质押内容的条款

某年6月15日，杭州TA经济开发有限公司申请开立金额为184.4万美元信用证，并提交了20%保证金，银行当天审核无误后放款。8月23日，公司提出修改信用证金额，比原证增加138.3万美元，并存缴相应的金额。

放款中心审核相关改证材料后，认为该业务还存在漏洞，即虽已冻结足额的保证金，但本行标准格式的《改证申请书》上，缺少保证金质押内容的条款，无法确定该保证金性质。为此，放款中心要求客户专门签订了相应的保证金质押合同，以明确为该笔开证的担保，而后给予了改证。

● **风险提示**：由此案例看出，放款审核工作往往会遇到个性化的细节问题，对此各岗位人员必须多思考、多钻研，准确而分析判断存在的风险防范漏洞，及时做出应对措施，把好风险关。

三、发票有问题

发票是证明贸易背景真实的资料。某主要风险在于：一是企业不能按银行要求提供发票，二是企业提供的是虚假发票。

银行人员应严格按照银行管理要求，在规定时间内，及时向企业收集相应的增值税发票等税务发票。对于未能在规定时间内提供发票的客户，督促其尽快补齐。对超过规定时间未能提供发票的客户，或者发现提供虚假发票的客户，严禁继续开票，果断暂停业务合作。

案例

发现客户提供的是假发票

广西JH置业公司主营业务为涉及钢材、白糖、水泥及煤等矿产品的批发业务及房地产开发。某年2月至7月，南宁某分行向其发放流贷1000万元，签发银行承兑汇票4600万元，用于向非关联方支付采购钢材及白糖款项，以自有土地作抵押。

分行在8月的开票业务风险排查中发现，当年1月至5月，分行为公司签发银行承兑汇票5060万元，企业只提供了258张金额价值2494万元发票复印件，其余发票均不能提供，且发票均系4月1日后开立的已停用旧版普通发票，发票票面的开票单位与南宁市税务局系统中的实际购票单位不符。表明公司提供的发票均为假发票，银票无真实贸易背景。

分行掌握上述情况后立即召开风险分析会，确定该公司有违法违规行为，涉嫌挪用银行信贷资金投向房地产开发，授信存在高风险，必须采取强有力的清收措施。为此，分行采取了以下措施：一是立即成立整改工作小组，制订了详细的收回方案，并切实落实清收工作，责任到人；二是停止企业提用额度；三是采取“态度坚决、施以重压、迫其还款”的催收策略，多次派专人上门向公司发送还款提示函，明确表示分行将采取的多种清收措施，要求企业限期结清授信业务。

整改工作小组人员在清收过程中，多次上门与公司高管人员沟通，详尽阐述本行的立场和措施，清楚告知企业违法行为，如不归还将承担刑事责任。公司高管人员因此产生了极大的心理压力，积极配合结清授信业务，最后如期归还5600万元。

四、挪用资金

外贸企业常见的风险就是将银行资金挪为他用，特别是将短期的贸易融资资金使用到长期的项目上，不可预见因素增多，导致资金的损失。

因此银行人员在贷前要认真审查交易合同等资料，在贷后要严格检查资金去向，防止企业挪用资金的情况发生。

案例

客户挪用资金导致前两笔打包贷款均未正常交单

烟台 FSD 食品有限公司申请办理信用证打包贷款 61 万美元。放款中心在核对国际业务部出具的未结清业务明细表时发现，该客户有即将到期的打包贷款无回款记录。经联系分行国际部，得知该客户前两笔打包贷款均未正常交单。

放款中心立即要求经办客户经理了解客户生产经营是否正常，并要求经办支行行长需对该笔业务的安全性出具明确的意见。经支行了解，客户对此前的打包贷款未严格按约定使用，而是挪为他用，可能形成风险。

放款中心于是拒绝了该客户的提款申请。同时建议支行加强贷后管理，确保即将到期的打包贷款按时收回。

五、商品质量出现问题

贸易企业主要是靠销售商品赚钱，如果商品质量出了问题，必然会影响商品的销售，银行授信资金的回收也将出现风险。因此，在授信资金发放后，银行人员必须按照银行专项管理办法，对企业交易的商品从购买、存放，到销售、运输等各个环节都认真全面全程加以监管。

案例

粮贸公司购买的 1.2 万吨玉米因北方强降雨发生霉变

深圳市 A 粮食贸易有限公司（以下简称“A 公司”）主要从事玉米贸易，某分行给予 8000 万元开票额度，期限 1 年，专项用于向北镇市 B 粮食购销有限公司（以下简称“B 公司”）采购玉米，保证金 30%，公司实际控制人连带保证。货到海星港后由 C 公司对货物监管，同时以提货单作质押，质押率不超过 70%。B 公司承担开票后 4 个月内发货的责任，A 公司在开票后 4 个月内以保证金赎货。

额度快到期前，A 公司出现了两个重大预警信号：一是由于北方强降雨，从 B 公司发出的约 1.2 万吨玉米发生霉变，且未到分行指定港口；二是因其实际控制人家属涉案，A 公司在分行的保证金账号被法院冻结 900 万元。由此 A 公司经营出现实际损失，周转资金极为紧张。

经办支行及时向分行书面反映了上述预警情况，分行立即召开紧急协调会，研究并采取了以下措施。

一是立即停止对 A 公司授信。要求 A 公司出具还款计划承诺书，承诺按进度回款保证金，如未回款分行可宣布贷款提前到期。

二是向 B 公司发送《履约通知函》，要求及时发货并承担相关履约责任。

三是法律保全部门做好准备，如果 A 公司未及时回款，随时准备前往 B 公司查封其仓库，主张要求其垫款的权利。

四是及时掌握了A公司下游未收款项情况，每周与实际控制人会谈，实时把握付款来源。

经历时两个月的紧张工作，A公司分四次回款，分行银行承兑汇票均逐笔正常解付结清。

出口农用塑料编织袋出现质量问题导致国外退货

宁波A国际贸易有限公司、B塑料制品有限公司为同一控制人关联企业。以生产销售农用塑料编织袋为主，产品大部分出口至欧美及南美地区。与宁波某分行建立合作关系，综合授信650万美元，专项用于出口信用保险项下的出口押汇，追加两企业实际控制人夫妇个人连带责任保证。

授信半年后，企业开始出现收汇延迟、押汇逾期等情况。分行会同经办支行多次到访企业实地了解到，发现原因是两企业因出口业务量增长过快，将部分生产外包，而外包产品的质量问题是引起国外客户退货的主因，导致企业收汇资金未能按时到账，造成押汇逾期。

分行召开专题风险分析例会，考虑到出口信保项下的出口押汇业务因产品质量问题较难获得保险理赔，但企业负责人仍有积极还款意愿。为了不影响企业在他行的融资能力，决定对两企业采取“押一笔收两笔”的逐步退出方案。经过分支行上下齐心努力，一次次到企业实地鼓励和劝说企业负责人，将一笔笔到款回收。随着最后1笔292万元人民币的入账，两家企业授信敞口最终全部结清，并成功退出。

● **风险提示：**出口信用保险项下的出口押汇业务在风险资产考核方面属于零风险资产占用业务，但也会发生保险公司免赔和拒赔的情况，因此在实际业务操作中对客户准入和贸易背景要求较高，且在授信后发现问题也要迅速处置。

六、商品库存大量积压

如果贸易企业的商品库存大量积压，必然会占压企业的周转资金，导致资金链紧张，偿还银行贷款困难。特别是有些大宗的资源性物资，其价格受经济周期的影响很大，轻则使企业经营亏损，重则会导致企业破产倒闭。对此问题银行人员必须高度重视。平时要掌握好企业的正常库存数量，如果发现有不正常的增加情况，应及时查明原因，采取措施加以解决。请见案例。

案例

企业囤积铬矿库存造成大额亏损

杭州SY物资有限公司是一家经营铬矿、焦炭、镍矿、钢材等原料的国内贸易企业。杭州某分行给予授信敞口920万元，担保方式为个人住宅及写字楼作抵押。

经办行贷后管理过程中，通过上下游市场调查、现场检查、客户访谈等方式，发现企业经营存在以下问题：一是主营产品铬价格波动大，企业惜售、囤积库存造成大额亏损；二是企业对外投资占用大量资金并涉及民间借贷，资金链存在断裂可能。

当时授信企业在分行融资敞口 730 万元。客户经理在贷款到期前半个月对企业进行催收，充分考虑企业到期无力偿还的可能，拟订两套应急方案，做足了准备工作。

12 月 14 日，经办行连夜联系企业法定代表人进行协商，约定还款计划。但次日经办行被告知未能如期筹得款项。经办行判断借款人还款意愿较差，故立即实施第二套应急方案，火速赶赴抵押担保人处积极沟通、协商，要求筹款代偿，否则银行将付诸法律处置抵押物。

抵押人考虑到拍卖抵押物的不良后果，至 12 月 23 日，两位抵押人分别筹措资金代偿了借款人 730 万元授信敞口，分行信贷风险得以控制。而 SY 公司在他行贷款已出现欠息，企业资金风险凸显。

● **风险提示**：在以上案例中，该分行的举措值得推广。

（1）高度关注企业主营产品的市场风险，不掉以轻心，通过及时调整抵押物强化担保措施，提前化解风险。

（2）风险凸显时判断果断，在借款人无力还贷的情况下，及时启动第二套应急方案，与抵押人进行沟通和劝说，最终达到代偿的目的。

（3）领导高度重视，客户经理措施得当。支行行长每天听取汇报和落实化解工作，客户经理通过每天坚持到抵押人家中接送上下班，加大了抵押人的压力，最终落实代偿方案。

七、销售量大幅下降

导致企业销售量下降的原因有多种，包括经济形势发生变化、国家政策出现调整、产品质量出现问题、产品过时、季节变化因素、市场出现更好的替代品、价格偏高、售后服务差等。贸易企业销售量发生变化或者下降是正常的情况，但如果是大幅度的下降，就可能存在问题。银行人员必须认真分析原因，看是临时性的、可以解决的问题，还是根本性的、不可解决的问题。如果是后者，应该停止授信业务的支持。

案例

纺织品公司出现销售规模下降和延期交单等异常况

江苏兴化市 XK 纺织品有限公司是一家以纺织品外贸加工为主营业务的中小型企业，南京某分行给予 1000 万元综合授信额度，由泰州市 HL 置业有限公司土地使用权及商业用房提供抵押担保，并追加实际控制人、财务负责人连带责任保证。公司在分行银票余额 4400 万元，敞口余额 1000 万元。

随着企业经营受全球金融危机影响，分行在日常与企业接触过程中以及贷款管理过程中发现企业经营出现异常情况，具体表现有以下三个方面。

一是企业销售规模较上年同期下降较多，应收账款增长较快，达到2500多万元人民币，资金周转效率差；二是企业在分行国际结算量较以往有大幅下降，且合同交单存在拖延现象，清偿部分合同项下的借款不是靠出口回笼资金，而是依赖外部资金；三是企业管理层非理性占用企业流动资产，购置不必要的高档消耗品，且存在涉足房地产行业的情况。

针对以上风险状况，分行领导班子高度重视此事，由分行长亲自挂帅，相关部门多方联动，采取内紧外松的策略，制订了合理的清收计划，最终顺利化解风险，成功退出该客户授信。

玩具出口企业因金融危机致订单严重下滑

佛山市南海ZH玩具有限公司主要是为国外大型玩具品牌如迪斯尼、金堡、克诺、达宝斯贴牌生产高档软体玩具及相关用品，产品以出口为主。广州某分行给予1200万元综合授信额度，期限1年，可用于流贷和开银承（40%保证金），以土地作抵押担保。该公司能按时支付利息，信用记录良好。

但随着全球金融危机的爆发，我国出口型企业面临了严峻的考验，玩具行业更甚，国内方面在涨薪潮、人民币升值以及出口退税政策等因素的冲击下，代工企业所赚取的利润不断摊薄，在上述大环境下，借款人开始出现了订单和利润严重下滑，但银行负债仍保持增加的情况，企业经营出现了明显的预警信号。

对此，分行通过业务分析会等形式对该客户的行业风险及经营风险进行了重点分析，出于审慎考虑，决定采取退出措施。经过几个月时间的沟通，借款人提前一个月归还了贷款。

八、价格大幅变动

大宗物资价格的大幅变动，对于企业经营的风险是巨大的。银行主要要防止两个方面的风险，一是要防止原材料价格上涨风险，二是要防止销售价格下跌的风险。

案例

化工产品进口价格大幅下跌引下游公司毁约

南京某银行于2007年开始与江苏A纺织进出口公司开展授信业务合作，从当初的7500万元授信额度发展到2014年的2.37亿元。授信均由江苏省B纺织集团提供担保。

2015年A纺织进出口公司申请续作授信时，银行审查发现问题如下。

（1）进口原油价格不断下跌。受原油价格持续下跌影响，公司进口的化工产品（如苯乙烯、丙二醇产品）价格巨幅下跌，跌幅超过30%。下游客户毁约，导致未能及时收回货款，不能偿还银行债务。

（2）经营品种单一。由于近年来出口业务出现萎缩，企业将业务重心转移到进口业务，已占主营业务近50%。但企业进口的货物品种相对单一，主要为苯乙烯和丙二醇等产品，且下游渠道比较单一，只有一两家客户，因此下游客户经营情况的变化对其影响较大。

（3）企业管理不善。企业经营团队负责人风险偏好大，曾经出现过重大经营失误。在原油价格下跌过程中，有对赌行为。化工产品价格下跌后，管理层对后期价格走势判断失误，对苯乙烯等产品进行囤货，且未建立相应的价格对冲避险机制，也未及时进行止损。货物进口报关后，在下游企业货款尚未支付的情况下，管理人员违反内部授权进行放货，造成部分货款无法收回。

为此，银行婉拒了客户新的授信申请。

大宗期铜贸易价格反向波动投机风险大

某贸易企业主要从事铜的贸易，年均有 10 多亿元的贸易额，90% 以上为铜贸易。该企业的贸易模式，是在购进铜的同时向下游卖铜，以伦敦铜未来一段时间的期货价格为交易价格，赚取交易价差。客户的资产构成主要以存货、应收账款和其他应收款为主，但其他应收款都是关联公司，有投资公司、娱乐公司等，存在将资金通过往来款用于其他领域的嫌疑。

该客户向银行申请 1 亿元国际信用证额度，用于进口铜，保证金比例 10%，提供了异地房产抵押，抵押率 60%，信用证期限 + 议付期限为 180 天。

经分行信审会审议，认为存在主要风险点如下。

（1）该贸易企业的贸易模式是赚取铜的价格波动产生的价差，表面上有实物贸易，但风险极高，一旦价格向相反方向大幅波动，则客户会出现大幅亏损。

（2）客户实质上是以贸易的名义进行铜的投资，利用银行低成本的资金和杠杆进行铜的套利交易，属于高风险业务。

（3）客户存在利用账款回收和信用证到期时间差进行资金套利的情况。

（4）抵押物在异地，不利于本银行监督管理。

该行最终否决了融资申请。之后，该客户在他行信用证出现垫款。

● **风险提示：**银行的贸易融资应支持真实的贸易业务。对于以贸易为由，从事大宗商品投机和资金套利的高风险业务，违背银行经营原则，不属于银行支持范围。虽然客户提供了足值的抵押物，但银行不是当铺，不是有抵押的业务就做。

矿产品等大宗商品价格波动剧烈

近两年来，大宗商品特别是矿产品价格波动剧烈，部分高杠杆大宗商品进出口企业风险加大。西安某银行在审查审批该类企业时严格把关，主动退出有风险隐患的授信客户。

陕西某有色资源有限公司主要经营有色金属、焦炭、化工原料、钢材、黑金属、光伏材料的销售，是西安某行存量授信客户，获批 4 亿元综合授信额度，其中流贷及银承额度 1 亿元，商票保贴额度 3 亿元。

在原授信到期，授信审查续作申请时发现以下问题。

（1）该公司资产负债规模、刚性负债及收入较几年前翻倍增长，资产负债率高达 82%，但净利润并未随之增长。

（2）该企业开始大量开展以转口贸易为背景的业务，实际以套取利差为主要目的。

（3）该企业上下游发生重大变化，下游由实际生产企业变为了贸易企业。

（4）拟质押的应收账款账期较长，真实性存疑。

（5）铜贸易及铅锌矿粉贸易风险增加。

经分行信审会审议，为了保证本行存量授信余额能够按时结清，在新的批复中要求“原有业务结清后，经银行风险管理部门同意后方可使用新授信额度”。之后该企业结清该行业务，该行考虑到风险不可控故未再同意启用该额度，实现了主动退出风险企业。

九、汇率波动风险

作为外贸企业，如果不注意人民币汇率波动的风险，通过贸易价差赚取的那一点利润，瞬间就可能被汇率变动的汇差所吞噬掉。银行在向外贸企业提供授信融资时，也务必注重汇率波动的风险，提前采取好防范和化解的措施。出口要预防人民币升值风险，进口要预防人民币贬值风险。

案例

发现因人民币贬值企业备付资金有213万元缺口

某年6月，济南YGXG铜业有限公司向银行申请开立1216.7万美元远期信用证，首期保证金20%。9月该笔信用证到期，银行为企业办理了1013万美元的海外代付，企业续存10%保证金，敞口以该笔信用证所买1328.54吨铜作质押担保。12月30日企业又备付了人民币资金，向银行申请解除货物质押。

银行放款中心放款员在审核该笔《解除质押通知书》时，发现当日人民币兑美元汇率为6.68，而企业备付资金是按照半年前开证时的6.47的汇率计算的。即按照申请解押当天的汇率，企业备付的金额不能覆盖银行业务敞口，少备付了213万元人民币。放款中心随即通知营销机构停止了该项质物的释放。

5天后，企业追加213万元备付金，放款中心才签发了《解除质押通知书》。该笔业务虽为国际业务，但放款中心在质押物释放环节严格把关，在业务的最后关头，保障了信贷资金的安全。

受理以外币计价的备证担保要防止人民币升值风险

广东省台山市A织业有限公司及B制衣有限公司均为外商独资企业，实际控制人为同一人，广州某甲分行有授信业务合作。2008年底，借款人受国际金融危机、人民币对港元升值较大，以及自身投资失误影响，经营状况急转直下，主营业务收入萎缩，营运资金紧张，甲分行为此2009年考虑退出该公司业务。

经与香港乙商业银行协商，甲行同意在乙行为借款人开出6200万港元备用信用证担保的情况下，在短期内为借款人办理5300万元的贷款重组。经过1年多重组宽限，甲行发现借款人经营情况每况愈下，多次拖欠贷款利息，甚至因人民币对港元的升值令乙行的备用信用证金额不足以覆盖本行的贷款本金。

为此，甲行多次催促借款人尽快偿还贷款本息，但借款人仅出具书面文件表示无力偿还到期贷款。根据当时的港元兑人民币汇率，乙行开出的6200万港元备用信用证仅折人民币5257万元，无法全额覆盖5273万元贷款本金及35.3万元欠息。

为此，甲行决定不再给予借款人宽限期，直接向乙行索偿，以避免损失进一步扩大，主要采取了以下措施。

一是要求乙行增加备用信用证担保金额，最终获得新增金额152万港元，并于3月7日收到乙行的赔付款项，同时通过择期远期结汇方式锁定了结汇汇率。

二是积极催促借款人偿还本行贷款本金和相关利息。最终于2011年1月收回全部欠息。

三是积极与外管局沟通，协助借款人办理外债登记和结汇手续。于5月6日收到广东外管局同意索偿款结汇的批复，5月9日办理结汇，成功保全了信贷资产的安全。

● **风险提示：**本次业务从索偿到办理结汇还贷的全过程历时两个月，在此期间，甲行需面对外币汇率波动风险。由此，本笔业务的启示主要有：

（1）尽量要求境外担保（备用信用证）以人民币计价，以规避汇率波动风险。如采用外币计价，应在收到赔付款当天提交远期结汇交易，锁定外汇风险。

（2）对资产规模较小，或经营状况不理想的客户，尽量要求该客户先办妥相关外债登记，以缩短从索偿到结汇的时间。

十、销售回款不落实

对于许多中小贸易公司来说，贸易融资的还款来源应该是一对一的。银行在发放贸易融资之前，就应提前落实好还款来源的资金。对于不同的授信业务品种，采取不同的措施控制好还款来源。

案例

发现还款来源不落实

某银行放款中心受理杭州LS针织有限公司的一笔出口订单融资业务，折合人民币约1750万元，融资期限170天，客户提交资料齐全。

但放款人员审查时发现，在这笔业务提交的贸易合同中，约定的付款方式为“L/C 180 days after shipment date”（信用证方式，装船后180天付款）。而根据本行《跨境人民币出口订单融资业务管理办法（试行）》的相关规定，出口订单融资业务应为出口商在备货阶段提出的融资申请，即出货前融资，且融资期限不超过180天，归还融资的款项必须为出口商的回款资金。

放款中心认为，按照LS公司贸易合同的约定，进口商付款的日期是在装船后180天才付款，而本笔融资期限170天，还款资金来源存在问题，届时肯定会发生逾期。因此，对该笔业务做了退卷处理。

● 风险提示：在业务品种不断创新的情况下，日常的放款工作不仅要注意法律风险方面的审查，也要注意结合各类业务流程特点、防范授信期限、授信还款资金匹配风险。

钢材经销商回款困难垫款严重现金流紧张

重庆市DX经贸发展有限公司系一家从事建材批发的商贸企业。重庆某分行于某年11月向其发放500万元流动资金贷款，期限1年，主要用于向钢厂购买钢材。以借款人自有商业用房作抵押，抵押物评估价1258万元，抵押率39.74%。

第二年二季度以后，钢材市场价格逐渐下滑，市场未来走势不明，加之国家对政府融资平台贷款的清理，一些基建项目出现资金短缺、支付困难等情况，进而对该公司造成回款困难、垫款严重、现金流紧张。而且企业规模较小，抗风险能力较弱，经营风险凸现。

对此支行领导高度重视，与业务部门进行研究，拟提前收回该笔贷款。同时，经办客户经理与企业进行了适时的沟通，以取得公司的理解和支持。在该公司收到一笔货款后，提前足额归还银行贷款，潜在风险得以化解。

十一、涉及司法纠纷

贸易企业的重大风险之一就是司法纠纷，即使胜诉也会导致时间的耽误和成本的增加，如果败诉则将导致经济损失。银行人员在对贸易企业授信时，一是要了解以前是否有未解决的司法纠纷，二是要了解是否还有潜在的司法纠纷。防止企业在银行账户里的资金被司法机关冻结和扣划的风险。

案例

保税区国贸公司因涉诉被法院冻结5000万元

天津港保税区HF国际贸易有限公司具有丰富的贸易经验和众多的国内外优良客户。天津某分行给予1.2亿元综合授信额度，期限1年，用于国内煤炭贸易，担保方式以第三方房地产作抵押。

放款4个月后，山东省高院根据诉讼财产保全《裁定书》，以贸易合同纠纷为由，将该客户在分行的账户冻结金额5000万元。

在企业出现上述预警信息后，分行第一时间开会，采取细致、有效的化解风险措施。

（1）要求客户提前将本季度的贷款利息划入银行中间账户，保障利息收入。

（2）要求客户经理实时掌握与案件有关的材料，向企业负责人和其委托律师随时了解案件情况的进展，密切关注案件的后续审理进程，探察对方及其委托律师与分行合作的态度。

（3）收集企业近期业务合同（包括与下游客户签订的硫黄买卖合同）、目前业务量、财务报表，相关法律文书等。

经过分支行的多方面的工作努力，借款人在9个月时通过中间账户办理了提前还款，贷款本息全部结清。

借款人产生贸易纠纷致合同履行停滞

张家港保税区A贸易有限公司主要从事纺织原料、纺织品、纺织面料的购销，经营方式上以代理经销为主。苏州某分行向其发放流动资金贷款550万元，期限1年，由江苏B投资担保有限公司提供保证担保。

放款一个月后，支行贷后检查发现，企业贷款资金流向并未按照借款合同约定对象支付，贸易合同履行处于停滞状态，当即引起支行客户经理警觉，并向行长室汇报。按照行长室指示，支行立即召开信贷会议，拟订化解方案。同时将该信息告知担保单位，要求其加强保后管理，共同关注借款人的授信风险。

春节过后，企业经营仍无好转，贸易合同依然无法履行。支行通过多方了解，借款人已与贸易对手发生纠纷并遭对方起诉。支行要求客户经理每周至少一次要求借款人提前归还贷款，并及时与江苏B担保公司保持联系。

经过近半年时间对借款人的反复施压，借款人始终无法偿还贷款。支行向借款人和担保人发出了《要求提前偿还银行贷款的函》并宣布该笔贷款提前到期。在分行多方坚持不懈的努力下，担保公司最终代偿了借款人的550万元贷款。

● **风险提示：**（1）重视风险预警工作，在出现预警信号时，提前采取措施，主动出击，为全额化解贷款提供了保障。

（2）与担保公司良好的合作和相互的配合支持。该笔贷款能够成功化解，担保有限公司的代偿起到了至关重要的作用，小企业授信依托有实力的专业担保公司担保是行之有效的方案，对风险缓释能起到非常有效的作用。

外贸企业股东在国外投资铅锌项目面临重大纠纷风险

厦门某分行给予厦门A进出口贸易有限公司综合授信额度2000万元，期限1年，专项用于开立国内信用证，20%保证金，国内信用证受益人限制为厦门B抽纱进出口贸易有限公司。由公司主要股东及关系企业厦门C运通进出口有限公司承担连带保证担保，并追加厦门B抽纱进出口有限公司保证担保。

分行贷后管理了解到，企业股东和港商在尼日利亚共同投资约1亿元的铅锌矿发生纠纷，投资可能面临重大风险；进口的部分铅精矿品位可能与合同相差较多，特别是硫含量很高，市场接受度不好，价格低；非洲周边局势近年来持续动荡，投资环境恶化。同时，根据日常监控及结算部门反馈，该企业在分行单笔业务到期时，还款资金到账很晚，出现无法提前筹备资金的现象。

● **风险提示：**以上风险预警显示该企业经营出现重大风险隐患，资金链较为紧张，且授信为贸易公司保证担保，第二还款来源能力较弱。意识到这些特殊预警后，分行采取“内紧外松”策略，密切监控企业的资金往来情况、单笔到期前的到账情况。在最后一笔国内信用证到期结清后，不再续作授信，实现成功退出。

第三节　集团客户风险

企业集团是指以母公司为核心、以资本产权关系为纽带、以协同运营为手段、以实现整体价值最大化为目标的企业群体。集团授信是指银行对集团客户统一提供的授信。

多年来，由于盲目多元化扩张、高杠杆过度融资等问题，导致许多集团客户整体或某一业务板块内的企业连续经营亏损、资产负债率等财务指标恶化、持续经营能力大幅减弱，银行贷款和公司债到期偿付风险不断显现，不断发生通过破产重组、资产剥离等手段逃废银行债务的案例。

由于集团客户本身体量大，旗下企业多且涉及行业庞杂，名义债务主体与实际债务主体分离，银行授信金额巨大且用途流向难以控制，使得集团客户授信风险更加具有隐蔽性、滞后暴露性和连锁破坏性，一旦爆发将会给银行带来巨大损失。

案例

对合作8年的民营集团过度授信，未落实抵押最终损失12亿元

一、业务背景

Z集团为一家拥有20多年历史的跨区域、多元化经营的家族企业集团，创始人和原实际控制人为林某。企业一直将饮用水生产销售经营及钢材贸易仓储作为支柱行业，在两个行业中都具有一定的影响力。成员企业多达48家，涉及领域还包括房地产、物流、便利店、足球俱乐部等。

2015年5月27日，当地媒体报道，Z集团内公司已停产，企业已数月欠薪，现金流断裂，各家银行贷款本息陆续出现逾期和不良，集团债务问题在短时间内迅速恶化。风险爆发后，经查其总体负债40.16亿元，主要包括银行负债31.16亿元、民间融资约4.2亿元、某项目融资4.8亿元，实际已经资不抵债。

二、风险情况

X分行于2007年初与Z集团开展业务合作8年，至2014年6月Z集团现金流断裂时，对该集团内授信企业为9家，授信余额12.48亿元。分行于7月至12月向法院对其下属9家公司提起诉讼，共分为38宗案件立案。因部分被告失联及部分被告提管辖权异议等恶意行为或其他不利

情况的发生，导致案件诉讼进展缓慢。

由于银行债权无有效抵质押担保，并且Z集团企业已陷入严重的资不抵债，分行于2015年至2016年分三批将Z集团不良资产组包，通过卖断的方式向资产管理公司累计转让12.4亿元。最终只回收现金4000万元，12亿元核销处理。

总行于2015年对分行行长免职并异地调离，分行对主办客户经理、经办员、支行长、产品经理、集团客户部负责人、信审员、风险管理部负责人问责。其中，两人给予降级处分；两人给予通报批评处分；一人给予警告处分；九人（含上述人员）给予经济处罚。

三、漏洞与教训

（一）企业经营存在的主要问题

1. 盲目扩张、短贷长用、挪用信贷资金

Z集团短短几年内不断扩张，而且将大量短期性信贷资金挪用于长期性投资。例如2010年至2013年，集团投入11亿元购买和装修某国际轻纺城项目、投入1.6亿元至某项目的前期准备、投入约2.5亿元至某“三旧改造”项目、投入约1亿元至某地区两处地块，“短贷长用、挪用资金”现象十分严重。

2. 存在大量民间融资

Z集团民间高息负债至少有4.2亿元，直接导致一些民间债权人将其物业的重要证件收走，并通过私自过户的形式侵蚀资产的抵押余值。

Z集团在频繁倒贷中用“拆东墙补西墙”的民间借贷做过桥资金，不仅偿债压力巨大，而且高额利息使财务费用上升，生产经营受到了严重影响，为最终企业资金链断裂埋下了伏笔。

（二）分行风险管理存在的主要问题

1. 未识别关联企业，未实行集团统一授信

分行在贷前调查、审查审批时均未能识别企业之间的关联关系，未对该集团核定统一授信额度并加以控制。尤其是从2012年底开始，Z集团的钢材贸易受行业萎靡影响明显，分行未提升警觉，反而加大了对其推荐的上下游企业的授信。直至2013年7月续作授信时才发现存在关联关系，但仍未加以重视，也未按总行规定将这些企业纳入集团客户统一管理。

分行在对Z集团授信过程中，均在分行权限内对Z集团各企业分别审批，未进行集团统一授信，结果出现整体问题。

2. 一年内授信金额翻倍，过度授信

2011年至2012年分行对Z集团的授信从首次的7.7亿元，一年翻番地增加至15亿元，而该企业的销售收入、利润等在这期间并没有大幅增长，分行予以授信扩大一倍的依据明显不足。

Z集团在各家银行总负债余额31.16亿元，而该分行一家授信余额就达12.48亿元，占比超40%以上，对单一客户明显存在过度授信问题。

特别是在2013年授信审查报告中已揭示“风险加大，企业难以配合进行数据检查工作”，以及2014年企业已多次出现逾期、垫款的情况下，分行对Z集团授信余额虽进行了部分压缩，但整体授信规模依然较大，未能及时降低风险敞口。

3. 判断失误，轻信承诺，风险显现仍追加授信

分行为延缓不良资产暴露，轻信企业重组向好和实际控制人的承诺，误认为通过继续支持能够使企业情况好转，在授信主体资质和抵押物没有得到改善和优化的情况下，继续对其推荐的上下游企业授信，化整为零审批，造成风险敞口不断放大。

4. 抵押担保条件不落实，违背“宁让收益，不让风险”原则

分行 2012 年 7 月给予该集团 9 亿元授信批复中，要求以某商铺作抵押，并注明若在 2013 年 3 月底前不能落实抵押登记手续，贷款对应利率按月息 10‰执行。

其后，在抵押登记条件成熟的情况下，分行为追求高额收益，追求考核指标，同意客户支付高利率而未要求落实抵押登记，致使某商铺被抵押给其他银行。结果在授信风险爆发后，分行授信缺乏有效的风险缓释措施，直接导致了巨额信贷资金的损失。

● **风险提示**：对于大企业集团，不能认为“瘦死的骆驼比马大”，从而放松对其风险管理。有些生产经营规模比较大，原材料和销售“两头在外”的外资企业，由于见主动上门营销的银行较多，故不愿向银行提供经营和财务资料。银行就必须从生产、销售、经营、财务等多方面加以分析判断，并在发现风险时，提前采取退出措施。

一、集团客户的经营特征和突出风险

与一般企业客户相比，集团客户通常具备较大的资产规模和经营规模，产业链较长，有一定的市场竞争优势和抗风险能力，是各家银行的重要客户群和营销重点。但集团客户比一般企业客户具有更为复杂的经营特征和突出风险，主要如下。

一是复杂的组织结构和关联关系。不少集团客户的关联企业主要是通过投资链条形成的，投资形式分为全资、控股和参股三种。一般都具有超过二层以上的组织结构关系，呈现出多层次特征。特别是民营企业集团，多采取家族式管理方式，内部产权关系复杂，治理结构不清，关联关系隐蔽，信息很不透明。

二是靠多元化投资扩大资产规模。混业经营的企业集团常常围绕市场热点做题目，通过频繁开展兼并收购方式，实施多元化投资，不断扩大资产规模。

三是资金来源主要靠投融结合。往往是以融资促投资，以投资带融资。有的说是通过股票一级市场“圈钱”，在二级市场上操纵股票价格牟取暴利，形成“银行融资—购并—上市—再购并—再上市—银行融资”滚动扩张模式。集团投资控制的关联企业越多，从银行融资的能力就越强。

四是注重塑造社会形象。企业集团为寻求更大发展，往往高度重视社会形象的塑造，如经常参与捐助活动、助学活动、大型演出以提高社会知名度。

二、集团客户的财务管理特征

其特征主要表现在以下几方面。

一是财务管理模式以集权型为主，集团内大部分成员公司的财务资金都集中于集团的财务部门或财务公司。

二是集团的融资和投资资金调度一盘棋，集团内哪些企业需要用款，哪些企业可充当融资通道，都由集团财务部门统一计划安排，通过统一调度，可尽量降低财务费用。

三是融资以银行贷款为主，其主要原因是集团客户资产规模比较大，资信容易让银行接受，另外银行贷款的利率比社会融资成本低，企业积极争取。

四是财务管理的常态是投资扩张带动融资需求，随着企业生产经营规模不断扩张，对资金的需求就不断加大。

三、集团客户的融资方式

从不同集团客户的经营风格看，融资方式可分为以下三种类型。

一是激进型融资方式。即负债率较高，意味着集团整体资本结构中“高杠杆化”、高负债倾向。而且杠杆结构中短期化明显，即短期债务占全部债务总额比例较高，典型表现为利用短期贷款用于长期资产占用，俗称“短款长用”或“短贷长投”。激进型融资方式具有低成本、高收益、高风险的特点。

二是保守型融资方式。与激进型融资方式相反，保守型融资方式的负债率较低，在整体资本结构中具有“低杠杆化”、低风险、杠杆结构长期化的倾向。

三是中庸型融资方式。这是一种可持续增长的中间路线策略。

很明显，银行对于激进型融资方式的集团客户，不应跟得太紧。因为许多集团企业最终经营失败导致资金链断裂的“三部曲”是：第一步是不断设立新企业，不惜成本多渠道大量融资；第二步是新投资项目进展不顺利，资金难以为继；第三步是部分债主开始讨债，引起全体债权人追债的多米诺骨牌效应，集团企业资金链最终崩盘。

四、集团客户风险的类型（10种）

集团客户具有一般企业的风险，我们在本书前面的有关章节都讲到过。这些风险包括：借款人欺诈风险、高管个人风险、管理层风险、经营管理风险、违法违纪风险、行业风险、财务管理风险、借款用途风险、还款来源风险、授信条件风险、担保条件风险等。

集团客户还具有其自身特殊的风险。从大量事例来看，集团客户对银行最大的风险，就是资金链突然断裂，还不了银行的贷款。银行人员必须改变仅看国资委控股背景、集团整体资产和收入规模等几项简单指标，就主张给予大额集团授信的管理模式。银行应高度重视集团客户授信风险，认真调查和分析集团客户持续经营能力和信用基础，合理确定额度授信和担保方式。

经总结，导致集团客户资金链断裂的原因主要是以下风险因素。

集团客户风险的类型（10 种）
● 经营规模过度扩张 ● 多元发展出现失败 ● 过度融资杠杆率高 ● 过度担保替人还债 ● 关联交易套取授信 ● 关联企业互相担保 ● 挪用资金遭受损失 ● 短贷长投周转困难 ● 财务造假隐瞒风险 ● 出现风险连锁反应

（一）经营规模过度扩张

民营集团客户经营通常具有多元化、跨区域的特点，因扩张意愿强烈而面临经营分散化、管理日趋复杂和资金难以保障等多重压力。许多民营集团客户就是由于盲目追求规模、过度负债、盲目投资等问题，最终企业破产倒闭。

那么，该如何防范集团客户过度扩张风险？

银行在对集团客户授前调查时，如果发现经营规模过度扩张，摊子铺得很大时，要小心谨慎，适度授信，更不能对其资金需求大包大揽。

银行对于已予授信的集团客户，应限制其资本支出以防过度扩张风险。因为借款人的资本支出会减少其现金或实物资产。由于投资回收期长，且不确定性较大，如果减少现金将直接影响借款人的偿债能力，如果减少实物资产将影响借款人经营创现能力，也影响借款人的偿债能力。

银行可在《借款合同》中对借款人的资本支出行为进行限制，主要条款包括以下几项。

（1）在未清偿本行贷款本息前，未经本行书面同意，借款人不得进行长期股权投资、兼并收购和购建固定资产等资本性支出。

（2）在未清偿本行贷款本息前，借款人对外股权投资、兼并收购和购建固定资产等资本性支出总额不得超过一定额度。

（3）在未清偿本行贷款本息前，借款人必须一直从事当前的主营业务，或某项业务收入在主营业务收入中的占比不低于 X%。

银行人员在授信后管理中，依据以上条款对企业进行检查监督，防范企业盲目发展、过度扩张的风险。

（二）多元发展出现失败

企业应该是多元化还是专业化？这一直是理论界和实业界争论的焦点，有的人认为多元化是陷阱，专业化是馅饼，也有的人认为只有实行多元化企业才能够分散风险，做大做强。其实每一个企业有每一个企业的特点和具体情况。我们去研究世界的 500 强和中国的 500 强，多元化成功的有很多，专业化成功的也有很多。世界 500 强有 50% 以上的企业基本都是在三个、四个产业里面发展。

然而，企业集团因多元化发展而失败的案例也不少。

案例

企业集团因多元化发展而失败的案例

从 1991 年到 2001 年，三九集团并购了 70 多家军队企业和 140 多家地方企业，形成了医药、汽车、食品、制酒、旅游饭店、商业、农业和房地产八大行业，但在并购时没有把握住整个宏观环境，忽略了国家的产业政策、宏观经济环境以及对竞争态势和未来业务前景的分析，没有根据市场环境的变化去正确选择并购的行业。没有认识到自己的核心竞争力与技术优势，从而在一次次看似成功的扩张中给自己埋下了险恶的种子，最终走向失败。

1994 年如日中天的春兰集团迅速地开始了一系列的多元化进程，由主营生产空调逐步转向摩托车、冰箱、汽车、彩电、新能源电池等行业。但由于对进入新产业领域的风险认识不足，加上没有控制风险的有效对策，春兰集团不仅在新业务上毫无建树，而且削弱了企业原本的主业所具有的竞争优势。

2016 年 9 月 28 日，恒大集团发布公告称，出售恒大冰泉、恒大粮油、恒大乳业三大业务中的全部权益，总代价约为 27 亿元人民币！而仅在 3 年前的 2013 年底，恒大集团吹响了多元化号角，推出了首个跨界快消领域产品——恒大冰泉，计划 2014 年销售 100 亿元，2016 年达到 300 亿，一时间吸引了媒体和众多人关注！但是这个出身“豪门”的产品，并没有取得预想中的辉煌，2014 年实际销售不到 10 亿元，而 2013 年至 2015 年 5 月累计亏损达 40 亿元。这表面上看是恒大经营策略失误，而深层问题是恒大遭遇“跨界困境”。即企业带着过去成功的过度自信，轻视和没掌握新领域规律，从而遭遇重大挫折，只能选择全面退出。

那么企业集团在多元化发展过程中，哪些是导致失败的因素呢？或者说，出现哪些情况时，银行的授信业务必须加以警惕呢？

（1）机会主义式的盲目扩张。追求利润是企业的天性，企业往往受到利益的驱使，寄希望于通过短期的投资获得超额的利润，在不同行业中跳来跳去。带有很大的投机成分的多元化，如果新领域的业务一旦进入竞争激烈的成熟期，超额利润消失，多元化的结果往往事与愿违。

多元化的发展方向是否可行，其成长是否能够给企业集团带来效益，一般可以从产业吸引力、进入成本、新老业务互益性三方面来检验。这是防范多元化风险最为底线的方法，称为“三重检验法”。产业吸引力是指多元化成长所选择的产业必须具有较高的投资回报率，适宜的竞争条件和一个能长期获得利润的市场环境。进入成本就是指目标产业的进入成本不宜过高，但通常情况是，越是有吸引力的产业，进入的成本往往越昂贵。互益性是指多元化企业原有的业务必须能给新进入的业务提供某些有竞争优势的潜力，或者新的业务能给公司原有的业务增强竞争优势。凡是方向性选择错误的多元化，都难免失败。

（2）扩张速度过快。多元化经营具有内在风险，即在企业刚刚进入某一领域时，并非占有绝对优势，甚至没有优势可言。因此在多元化初期，要把握好扩张速度，讲究节奏。但是，中国很多民营企业不深入调查和进行可行性研究，哪个领域热，就将资源投向哪个领域，跨行业、跨部门、跨地区地全面铺开，给企业经营管理和财务管理带来了极大的风险。

（3）核心竞争力弱化。不管企业集团实施何种形式的多元化，培养和壮大核心竞争能力都至关重要。企业集团应该通过保持和扩大自己的核心主营业务，在此基础上再兼顾多元化。而一些民营企业在并购扩张过程中，缺乏以核心竞争力为导向的并购思想，只注重企业规模，热衷于资本运作，为了追逐超额利润，核心业务还未拥有强大的竞争力，就进入其他领域。这样的企业不仅缺乏足够的资源建立新优势，甚至会牵连到原来的经营领域。

（4）经营管理人才不足。集团管理层容易过高估计自己跨行业经营的能力，缺乏经营管理新行业的知识和经验，用老经验处理新问题，加大了决策失误的风险。企业集团马不停蹄地进入陌生的新行业，急切需要大量既有技术又懂管理的人才，人才配置容易捉襟见肘。如果薪酬机制不合理，会使大批骨干技术研发人员流入竞争对手那边，导致在竞争中逐渐丧失技术优势，从而失去市场。

（5）未建立强有力的内控机制。集团的多元化涉及行业跨度大，业务的协同性差，甚至完全不关联。盲目的多元化，会使得管理总部和经营单位之间信息不对称，管理难度加大，对业务的市场判断能力减弱。总公司逐步丧失了对集团内各成员企业和业务发展的控制能力，导致最后的局面不可收拾。

（6）团队文化不兼容风险。兼并和重组是多元化得以迅速实现的有效手段。团队文化是企业凝聚力的基础，良好的团队文化和理念是企业在发展过程中不断磨合而形成的。多元化的购并对企业的团队文化是一个严峻的考验。如果企业集团不能将企业文化灌输到被购并企业中去，那么，集团多元化的战略目标就无从实现。

（7）客户对品牌不认可风险。品牌导向是市场竞争的有效法则，客户对集团原产品的认知一旦形成，就很难改变。有些集团在多元化过程中，简单地实施单一品牌战略，即把各类产品的名称在统一商标（如春兰、海尔、格力）后面加个后缀。这种用单一品牌来涵盖集团全部产品，存在着明显的局限性，市场和客户不认可的风险显然要比多种品牌高得多。

（8）没有灵活动态的退出机制。退出机制对于及时化解多元化风险很重要。企业在多元化投资前，往往更注重美好前景，很少考虑退出问题。然而，如果企业进入的不是一个利润高地而是资源投入的陷阱，发现是错误投资还要硬撑下去，那么很可能导致企业集团全军覆没。这时，只有果断地剥离已出现风险的业务，才能避免多米诺骨牌崩塌风险。

案例

中国多元化企业集团崩盘启示录

（来源：创业邦，俞铁成，2019 年 12 月 26 日）

2019 年即将过去，回首这一年，让我印象最深的经济现象是一大批中国著名的民营企业集团，从年初到年末接连爆发资金链断裂的新闻，陷入彻骨寒冷的濒临破产重组的困境。

这些集团有惊人的相似之处：

（1）资产大多在500亿元以上。

（2）旗下平均都有两家以上上市公司。

（3）产业横跨平均5个以上。

（4）创始人绝大多数是1960—1970年出生。

（5）公司创立时间多在20年以上。

（6）集团资产负债率大多在60%以上。

这些集团的发展路径也大致相似。

第一步：创始人先从事一个行业，从小公司做到该行业领先乃至成功上市。

第二步：创始人自信心爆棚，从产业经营转向资本经营，希望能在其他行业再复制第一个上市公司的成功经验，于是把第一个上市公司的股票质押贷款（上市公司大股东在股票上市后，三年内不能出售；三年后也不能随便套现，否则一公告将影响股价），因为中国证监会严禁同业竞争，股票质押贷款出来的钱不能投资于原有主业，必须进入新的行业寻找投资机会。

第三步：由于各种因素，新进入的第二个产业也发展顺利，几年后又产生一家上市公司，这时集团创始人基本上就进入“天下英雄舍我其谁”的自信心爆棚阶段，于是就迫不及待地在第二家公司上市后，把该公司股票质押套现继续寻找第三个行业、第四个行业……

第四步：当发展到十年后，这些集团平均有了百亿资产和至少一家上市公司后，各种社会荣誉和光环纷至沓来，于是老板们开始加速扩张，左手尽可能从股市及银行、债市募资，右手尽可能寻找各热门行业的投资机会下注……

第五步：当中国经济狂奔猛进30年，终于在2019年进入实质性大调整之际，这些多元化扩张的民营大集团，突然发现自己直接从酷暑进入寒冬：公司原有主营业务进入发展瓶颈期停滞不前，新兴业务陷入竞争红海不断烧钱，公司每年产生的经营性现金流，覆盖不了几百亿的债务所产生的利息，于是被迫玩起了“十个锅九个盖”的资金游戏，拆东墙补西墙，正常融资通道堵死就从民间集资，资金利息成本也一路水涨船高。

第六步：终于有一天，这些集团下面一个规模才几亿的小信托产品或债券产品出现违约，好事不出门坏事传千里，瞬间各路债权人蜂拥而至上门追债，集团顿时资金链断裂，债务危机爆发。

第七步：因为这些百亿规模的大集团都是当地龙头企业之一，也是当地重要的用工大户和税收大户，地方政府基本都会参与拯救这些集团公司的事务，出钱出力稳定局面；同时，这些集团开始资产大甩卖套现自救。但若真的发展至此，这些集团基本也会元气大伤，能度过此次债务危机就是万幸了。

这些大集团出事的最大元凶就是“多元化扩张”。

中国企业关于“多元化”还是“专业化”经营，在20年前就曾经展开过轰轰烈烈的大争论。当时吴晓波先生的《大败局》里面的许多案例都是源于盲目多元化扩张。

为什么中国老板们这么喜欢多元化扩张？这些老板多元化扩张的理论依据通常有以下几项。

（1）不要把所有的鸡蛋都放到一个篮子里。

（2）之前“我”成功地在一个行业做大并上市，企业经营都是相通的，“我”可以在其他行业复制之前的成功经验。

（3）全世界企业界曾经疯狂追捧的500强企业——通用电气，就是标准的依靠多元化扩张而成功的典范，中国的复星集团也靠多元化非常成功。

（4）只要“我”做好“多元化投资、专业化经营”，在每个行业找到最优秀的职业经理人并加上股权激励就可以克服新行业水土不服的风险。

（5）中国各种新兴行业层出不穷，不多元化就永远跟不上时代潮流。

确实，这些集团公司覆盖的行业里都少不了房地产、金融投资等这些年高速发展而且来钱快的热门行业。

确实，在中国前20年高速发展资金充沛的阶段，大多数多元化集团的扩张速度远远高于专业化集团的扩张速度。

为何企业多元化扩张到一定阶段就会出事？道理很简单，当今的市场经济竞争太残酷，每个产业和细分行业都在进行你死我活的激烈竞争，即便你聚集全部资源到一个行业也不一定能活得长久。

许多老板都是因为觉得自己所在行业赚钱太辛苦，眼红其他行业的发财机遇，于是跨界去赌一把，殊不知当今世界各行业就是一个个“围城”——城内人觉得城外好发财，城外人削尖脑袋想进入城内分一杯羹。

其实倒不如老老实实想好自己最擅长的专业和技能是什么？然后聚集所有的精力和资源“单点爆破”，把一个产业深挖吃透，通过扎实的技术创新引领产业升级。

断了浮躁多元化扩张的心，就没有那么多额外的资金需求，企业负债率也能控制在比较低的水平，企业自然就能活得安全滋润，老板也就能安静下来做真正该用心做的事业。

最后，想用曾文正公的一段话来与大家共勉：“用功譬如掘井，与其多掘数井，而皆不见泉，何若老守一井，力求及泉，而用之不竭乎？”

（三）过度融资杠杆率高

当企业集团的发展战略是在本行业迅速扩张或跨界多元化发展时，必然有大量的资金需求，很容易出现过度融资杠杆率高的情况。作为银行，要特别注意控制集团客户以下三方面的债务总量。

一是要注意控制好本行对集团客户的授信总量。

常出现的情况是，本行对集团客户中各成员企业分别的授信金额看起来都不是很大，但如果将集团客户作为一个整体来看待，全部企业的授信金额加总起来看时，金额将会是很大一个数量，形成本行对该集团客户整体信用膨胀的风险。

因此，银行对于集团客户必须核定总体授信额度，防止过度授信。银行监管部门和各家银行对于单一客户风险集中度、单一集团客户风险集中度、股东关联方风险集中度，都有指标限制，必须认真遵照执行，不得突破。

总行负责对经营活动跨一级分行辖区的集团授信总体额度的确定，并由总行或指定的主办行监控额度的使用。对于经营活动在一级分行辖区的集团，由分行核定总体授信额度。对同一企业的授信，应由一个分支行对其授信，以避免多头授信带来的降低授信条件和过度授信。在贷款审批上，要做到“识别关联企业，控制集团授信”。不得化整为零审批，不得超额度用信。

二是要注意控制好集团客户在各家银行总的负债总量。

部分集团客户会利用各家商业银行之间信息不通的空子，向不同银行或同一家银行的不同分支机构多头申请授信，并采用集团内部众多关联企业相互担保、过度担保的方式，大量套取银行资金。

如果银行的借款人擅自增加债务总量，将会大量增加其利息成本，削弱其偿债能力，直接影响贷款行的债权利益（特别是无抵押债权的）。因此，银行在《借款合同》中通常都会有财务限制条款，即银行要对借款人的财务指标及可能影响财务指标的重大经营及财务行为进行限制和约束，一旦借款人触发这些条款，银行有权采取救济措施，保障贷款安全。其中重要的内容就是限制借款人增加债务的条款。请参见第一章第十七节“财务风险”中有关内容。

三是要注意集团客户总的社会债务负担。

银行在授前调查时，要避开“太多投资项目，大量民间融资”的集团客户。因为企业如果有大量的民间融资，说明其已经难以从银行借到低成本的贷款。而民间借贷活动的复杂化、隐蔽化，参与的人数和资金面往往难以估计，容易诱发群体性社会风险，加剧企业倒闭。而且企业背上沉重的利息负担必然是饮鸩止渴，导致资金周转更加困难。因此，不论是新客户还是老客户，只要发现有大量民间借贷行为的，均不应受理其授信申请，已授信的要采取措施压缩和退出。

（四）过度担保替人还债

银行选择的授信对象通常是集团客户的核心企业，这些企业一般经营财务状况较好，偿债能力较强。当集团内其他企业向银行申请授信时，常常要求集团的核心企业提供担保。但是如果这些企业担保过度，甚至发生大量的代为履约偿债时，将可能严重影响到担保人的正常经营。

银行对于授信对象，不仅应限制其过度举债，还应限制其过度担保。同时要确认其担保的合法有效性，即上市公司担保要符合上市公司章程、证券监管部门的规定，还要将上市公司对外担保的信息披露纳入银行的监控范围。

（五）关联交易套取授信

民营集团内有一些子公司会在资金紧张的时候，隐瞒重要经营信息，通过非公允关联交易、虚假关联交易或重大兼并收购等方式，大量套取银行授信资金。银行人员要注意集团客户的虚假交易行为，防止关联企业之间虚开增值税发票、虚构营业额、虚开商业承兑汇票并向银行贴现，防止以融资为目的开立银行承兑汇票。

（六）关联企业互相担保

集团客户关联企业之间相互担保现象普遍，看似担保手续合法规范，但由于关联企业之间利益相互联系，从单一借款人看有另一家企业的保证担保，但从集团整体的层面看，实际为银行的信用放款。关联企业互保实际上使银行的担保措施形同虚设，掩盖和扩大了银行的授信风险。

银行一是要从严控制集团客户内部各个关联企业的互保行为，防止现金流不足、过度授信、非正常关联交易频繁的集团客户的互相担保、连环担保；二是对集团成员企业的放款，应尽可能地要求采取抵押或质押方式。

（七）挪用资金遭受损失

有些集团在内部实行统一财务管理和统贷统还融资模式，通过内部资金结算中心统一调度资金，逃避银行对资金真实用途的监控，给银行贷后监管带来困难。这种财务管理模式造成各银行贷款转入企业集团的结算中心后形成了“一锅粥”，集团企业可根据自身需要抽调挪用银行贷款。因此，便出现了集团客户成员企业以自身名义获取贷款后，被企业集团挪作与申请用途不符的购买基金、关联公司增资、收购股权等用途，甚至用来挥霍的现象。

还有的大股东常以下属资质较好的企业作为融资平台，长期大量挪用和占用子公司资金，投向高风险业务，投资失败导致企业亏损。一旦资金链断裂，银行就会遭到巨大损失。

银行应控制资金去向防止被挪用，通过严格审批授信用途和控制客户结算账户方式，控制信贷资金去向，防止不合理地流向其关联企业。对于项目融资而言，具体可通过根据项目完成进度（监理单位或银行聘请的专业人员评估其进度）发放贷款或开立银行承兑汇票，将贷款资金直接划到（银行承兑汇票直接交到）材料供应商或施工单位等。对每天收取现金的项目如主题公园，要有核对其每天卖出的门票收入的措施，并且要求客户及时将门票现金存入银行，销售回款须严密监控，除客户持续经营的必要开支外，不得动用。

（八）短贷长投周转困难

“短款长用”或“短贷长投”是集团客户常用的方法，由于短期融资利率低，集团客户为了降低财务成本，就借入短期资金用于长期项目建设，想通过“拆东墙、补西墙，墙墙不倒”的方式，达到既降低财务成本又满足企业扩张资金需求的双重目的。其结果是，在企业负债的期限结构中，出现债务短期化趋势。每年有大量需要到期偿还的债务，如果衔接处理不好，就会出现资金周转困难，甚至资金链断裂的风险。

所以银行在授信后管理上，要防止“短款长用”和“短贷长投”，严格按贷后资金使用和管理制度，控制好每笔资金的去向，防止挪用风险。

（九）财务造假隐瞒风险

有些企业集团存在虚假出资、重复验资、抽逃出资以及交叉持股等现象。通过转移定价、母公司直接调配子公司资产、关联交易等形式，随意调整集团内各企业的资产负债结构。还有些企业集团的合并报表未剔除集团关联企业之间的投资、应收应付款项，夸大了授信主体的资产、销售收入和利润。

集团客户财务造假的方式主要有：一是为满足授信条件，利用关联企业相互控制的特性，通过进行关联交易来随意调节会计报表的相关数据，粉饰借款主体的财务报表，使各项财务指标达到授信条件，直接影响了银行授前调查及授后管理决策的准确性。二是关联企业之间通过相互投资参股虚增资本，使银行信贷人员误认为公司资本实力雄厚，从而给贷款带来风险。三是集团企业在关联交易的披露上极不规范，财务反映严重不实。

由于关联企业间交易的复杂性，银行缺乏可靠信息来源和调查手段，很难全面掌握关联企业的各种资料，难以准确判断关联客户经营与财务信息的真实性，致使对关联企业的授信业务无法准确把握。

因此，银行人员应对集团整体的合并报表和主要关联成员企业的财务报表进行认真审查，看其是否重复计算销售收入、虚增利润，并表范围是否符合新的会计准则，通过剔除不合理虚增部分，还原为真实数据。

借款人按规定向债权银行披露有关信息，是银行了解其经营情况和财务状况，判断其偿债能力的重要途径。因此，为保护债权人利益，《借款合同》中应有信息披露条款，约定："借款人应及时向本行提供财务报表和其他相关资料；或借款人应及时、准确、全面地向本行披露包括关联关系、关联交易及对外担保情况等信息。当借款人不履行上述信息披露义务时，本行有权采取借款合同项下约定的或法律规定的救济措施。"

（十）出现风险连锁反应

企业集团或关联整体内部的风险具有隐蔽性、时滞性、传染性和系统性，即集团内部通过财务集中管理和关联交易，很容易粉饰部分成员真实情况和偿债能力。集团内单一公司客户的信贷风险隐蔽性强，"十个锅九个盖"，容易掩盖早期风险。如果集团整体的经营持续恶化，到"十个锅子"只有"四五个盖"的时候，就可能再也盖不住了，在这个过程中，一些"黑天鹅"事件也会加速引爆财务危机。一旦某一成员企业无法偿还到期贷款，就可能引发集团整体的财务崩盘，银行和投资者往往到这时才能发现集团早已无力偿付全部债务。

还特别容易出现"墙倒众人推""破鼓万人捶"的连锁反应，即当民营集团客户内的其中一家企业出现经营风险苗头时，引起各家银行的连锁反应，纷纷对该集团内全部授信企业采取集体收贷行为，从而出现资金链断裂，风险集中爆发，形成全集团的系统性风险。

由于企业在经营恶化的情况下可能会做出高风险的决策，关联企业违约可能是整个集团发生财务危机或出现道德风险的征兆。因此，银行可在《借款合同》中增加交叉违约条款，约定：

（1）借款人所在集团中任一成员企业对债权人的违约，导致其可能无法全额偿还本行债务的，均应视为借款人对本行的违约。

（2）借款人对他行或其他债权人违约，导致其可能无法全额偿还本行债务的，也应视同借款人对本行违约。

（3）借款人在贷款期内涉及诉讼金额超过净资产的 $X\%$（参考值为 10%）以上时，需及时将诉讼情况、进展、风险及解决方案通知本行。

（4）保证人涉及重大诉讼或银行融资出现违约，借款人应及时将保证人更换为本行认可的其他保证人或提供本行认可的其他担保方式，否则视为借款人对本行的违约。

五、对集团客户风险综合控制措施

近几年来，我国银行对集团客户授信频繁发生大额不良资产。因此，对于集团客户授信，除了注意防范以上所述风险之外，还应重点从以下几方面采取控制措施。

（一）在经营理念上，要认识到“即使是老客户，也会有新风险”

集团客户从单一实体发展为公司集团，至少要经历十年八年的时间。银行与其合作时间至少也是几年以上，对企业的经营财务人员等方面都比较熟悉，属于银行老客户了。但绝不能因此而放松警惕。因为企业和人一样，不是永生不死的。没有不变的市场，没有不变的客户。往日不断成功的老客户，今日也有可能成为经营的失败者，此类事例数不胜数。因此，对客户的每次授信申请，都必须当作第一次申请来严格审查，不可大意。当发现客户有风险时，必须果断退出。

（二）在授信额度上，要按照“一个债务人”原则，实行集团统一授信

就是要将全部集团成员企业和关联企业看作一个债务人，进行整体风险管理，看其整体债务负担与财务能力是否匹配，是否存在过度融资的情况，在此基础上再考察单个客户（即借款人）的偿债能力。

单个客户的偿债能力，既与自身的财务情况密切相关，又受集团或关联整体的影响很大。集团或关联整体内部的风险具有隐蔽性、时滞性、传染性和系统性，集团内部通过财务集中管理和关联交易，很容易粉饰部分成员状况和偿债能力。集团客户的信贷风险比起单一公司客户的信贷风险的隐蔽性更强，更容易掩盖早期风险。随着集团财务状况的不断恶化，成员企业的风险传染速度很快，掩盖的难度越来越大，最后一旦风险爆发，往往形成系统性的多米诺式崩塌。

因此，调查和审查的目的，一是要尽可能把企业隐性关联关系找出来，把多个关联客户整体还原成一个债务人；二是要识别关联交易对企业财务的美化效果，挤压出其中水分；三是对集团或关联客户整体进行集团统一授信和限额管理，防范信用膨胀风险；四是对关联企业成员违约实行一票否决制，避免风险的扩大和蔓延。

对于无合并报表但由自然人控制的民营企业集团，应建立虚拟集团，并对财务报告进行合并，剔除关联交易收入和利润，防止资产、收入和利润的虚增。

（三）在组织架构上，要分析找出集团中的私人控股或家族控股企业

银行在授信之前，必须分析清楚授信申请人所在的集团，以及集团的组织架构和股权结构。分析方法是通过审核授信对象的股东组成，其股东的股东又是谁，逐步上溯，直到不能再上溯为止；再下溯顶层股东向下投资的企业，这些企业又投资的企业……直到不能再下溯为止。如果授信申请人未提供上述材料，银行应通过工商管理局查找。在民营集团企业中，要找出私人控股的企业，他们是通过集团内企业关联交易为私人或家族谋利的根源，是分析关联交易的“牛鼻子”。

（四）在选择借款主体上，要优先考虑核心和盈利企业作为借款人

考虑到集团企业多元化经营，各成员企业之间的实际经营情况和财务状况存在很大的差异，银行应尽可能选择主要盈利板块和核心企业作为贷款对象。

对于紧密型集团客户，应选择集团公司本部、核心子公司作为授信主体。如果是以集团母公司作为借款主体的，要考虑其本身是否拥有核心资产或核心业务，以及用款主体是集团母公司还是转借给下属子公司，集团财务管理体制如何，集团母公司对成员企业的控制能力如何等。

对于松散型集团客户，应选择主要盈利板块和核心企业为授信对象，或即使不能贷给核心企业，也应尽量要求核心企业提供担保。否则，一旦集团整体出现财务危机，银行对集团弱势成员企业的融资，就很容易首先成为企业逃废债的对象。

集团客户内的企业良莠不齐，有的企业甚至可能仅是家族控股企业谋取私利的工具或平台。主营业务不突出，经营现金流少，实物资产少，股东想让其破产时就随时可以进行，银行债务大多随之付诸东流。银行授信时必须避开这些“地雷”。

（五）在授信审查上，要严格审查集团母公司的财务状况

对于集团客户母公司进行授信时，尤其要加强对其主营业务和本级会计报表的分析，必须对集团母公司进行信用评级，并根据评级结果核定授信额度。要避免使用集团合并报表或其控股的上市公司报表替代母公司本级报表，不得人为上调集团母公司信用评级，不得擅自扩大审批权限。

对于大量承接债务，仅从事投资控股业务的管理平台型集团母公司，授信应从严控制，确保融资用途合规、额度审慎合理，且须由集团内优质核心企业提供连带责任保证或提供足值有效的抵质押担保。

对于集团客户成员企业授信，不能单纯依赖有了集团担保，而忽视成员企业自身经营状况和偿债能力，超限额核定授信额度。

（六）在担保条件上，应要求集团客户提供核心和优质资产抵押

集团客户关联交易较多，而其中许多关联交易不是公允的，有损债权人和其他股东利益。虽然银行筛选了集团的核心企业为授信对象，也难免授信对象的资产低价卖给集团内其他企业，或高价从其他企业买入资产，资金或利润转移到集团内其他企业。

为此，银行必须强调第二还款来源，掌握实实在在的东西，要求授信对象或关联企业以优质资产抵押。不能仅接受企业信用保证，特别是集团内企业的互保，信用保证只能作为抵押上的追加。在抵押条件上，要坚持“宁让收益，不让风险”原则，即银行宁可让出一些收益条件，也不能降低担保条件。坚决杜绝形式上的担保，防范担保能力和责任的虚化。对民营企业集团授信业务，原则上要提供抵质押担保，控制企业核心资产，并要求大股东个人、家庭成员提供无限连带责任保证。

（七）在还款来源上，控制好集团客户的现金流

银行应通过提供现金管理服务等方式控制集团客户的现金流。当前很多集团客户都采取结算中心、内部银行和财务公司等模式，加强对集团资金的管理。银行要利用这一趋势，积极营销集团客户的现金管理业务，通过掌控集团客户的资金归集、流动和流向情况，既可辅助识别企业的关联关系，又有利于通过控制企业现金，提升银行掌控实质风险的能力。

银行可通过《借款合同》中的条款，对借款人从下面几方面加以控制。

1. 要约定借款人的现金行为

债务主要是靠现金来清偿的，因此，债务总量应与销售收入或经营活动的现金流入量和净流量保持一定的配比关系。约定借款人现金行为的主要条款包括以下几项。

（1）明确销售收入对付息负债的最低保障要求。如在《借款合同》中约定：在未清偿本行贷款本息前，借款人在任一时点的付息负债总额 / 上一年度（或最近 12 个月）销售收入不应大于 X%（制造业参考值为 100%），），或借款人在任一时点的短期付息负债总额 / 上一年度（或最近 12 个月）销售收入不应大于 X%（制造业参考值为 50%）。

（2）明确经营活动现金净流量对付息负债的最低保障要求。如在《借款合同》中约定：在未清偿本行贷款本息前，经营活动现金净流量 / 付息负债总额不应小于 X%（制造业参考值为 5%）。

（3）明确销售归行额对本行贷款的最低保障要求。如在《借款合同》中约定：在未清偿本行贷款本息前，借款人每年在本行归集的销售收入不得低于本行融资总额的 X%。

（4）明确最低经营活动现金净流量要求。如在《借款合同》中约定：在未清偿本行贷款本息前，借款人经营活动现金净流量不得连续 X 年为负值（通常针对中长期项目贷款）。

2. 要规定资金账户的监管要求

银行对借款人资金账户的监管是否到位对贷款偿还有重大影响，特别是对于借款人第二还款来源保障程度相对较弱，或本行贷款直接来源是靠特定的销售收入和应收款项（如打包贷款、保理、发票融资等）。因此，为保护债权人利益，可在《借款合同》中增加资金监管条款。

（1）贷款资金的支付方式和贷款人受托支付的金额标准。

（2）借款人在本行开立资金监管账户，销售收入按不低于本行贷款占比归集本行监管账户，并授权本行对账户资金进行监管，优先用于按约定偿还本行贷款本息。

（3）如果借款人特定收入（即本笔业务的还款来源）提前实现，本行有权根据借款人资金回笼情况提前收回贷款（主要针对贸易融资）。

（4）借款人应将在本行开立的账户作为 ×× 企业（购货方）回款或拨款单位拨款的唯一合法账户。

（5）如果借款人连续 X 月（季度）在本行回笼的资金低于一定额度或一定比例，对本行贷款安全产生不利影响，本行有权宣布贷款提前到期。

3. 要限制借款人分配利润

借款人实现的利润是重要的还款来源之一，现金分配利润一方面直接减少了还款来源，另一方面也影响了借款人的积累能力及未来发展能力。借款人减少对股东分配利润有利于提高其偿债能力。《借款合同》中限制借款人分配利润的主要条款包括以下几项。

（1）在未按约定的还款计划偿还当年到期贷款本息之前，不对股东进行现金分红。

（2）在未清偿本行贷款本息前，借款人分配利润需经银行书面同意，且最高股利支付比例不得高于当期实现净利润的 X%。

（3）在未清偿本行贷款本息前，借款人每年以股利、管理费或其他形式支付给股东的金额不超过一定数额或一定比例。

（八）在控股地位上，要防止大股东对控制权的转移

借款人控股股东或下属核心子公司对借款人的经营情况和偿债能力影响很大。为了防止控制权的转移，银行可在《借款合同》中增加限制控制权转移条款，约定：“在借款期限内，①目前控股股东要维持对借款人的控股地位不变；②借款人维持对下属某几家核心子公司的控股地位不

变，并维持集团目前的财务资金管理体制不变。”

（九）在债务管理上，防止集团逃废债务和擅自出售资产

我国目前现代企业制度建设相对滞后，部分集团客户信用观念淡薄，道德伦理缺失，其常常利用兼并、重组、贸易、置换等关联交易手段进行成员企业财产和利益的不当转移，蓄意逃废银行债务，将自身的经营问题转嫁形成信贷风险。

借款人的营业收入和利润是资产创造的，借款人出售运营资产将直接影响其持续创造营业收入和利润的能力，并直接影响到债务的偿还。因此，严格限制借款人出售资产或要求其净资产维持在较高的水平，有利于保障借款人的偿债能力。在《借款合同》中限制借款人出售资产的主要条款包括以下几项。

（1）在未清偿本行贷款本息前，借款人不得出售、变卖、转让或租赁主要的运营资产。

（2）在未清偿本行贷款本息前，借款人净资产不低于一定额度。

（3）在未清偿本行贷款本息前，借款人最高借款余额与净资产的比率不高于$X\%$。

（十）在监控水平上，要开发关联关系识别及控制模型

集团客户在银行办理业务过程中留下了大量的信息，依托数据仓库（EDW）中的客户资金流水、客户基础信息、报表信息和担保信息等。银行可开发基于大数据的关联关系识别模型，要深入了解集团客户、集团本部及成员企业的关联关系，将集团关联关系信息完整、及时地录入银行的授信管理系统，用于识别客户关联关系，还可对客户资金双向交易、受托支付资金回流和利用关联企业腾挪资金等异常行为进行监控，提升银行控制关联风险的能力。

（十一）在授信后管理上，要建立“烽火台”机制和“拉闸”机制

集团客户要出问题的时候，并不是一下全面出问题，而是先有一些风险预兆，比如媒体出现负面报道，实际控制人出问题，集团公司、关联企业法律纠纷，账户和财产被查封和扣划，贷款本息出现逾期，等等。如果银行在第一时间没发现，在全行系统也没采取措施，则等到集团风险总爆发时再去救，已经来不及了。

为此，银行应该在全行风险管理信息系统中，建立及时预警的“烽火台”机制和联动处置的“拉闸”机制。“烽火台”机制的作用是全行预警，由第一家发现风险的分行或支行，在该系统中第一时间向全行各地机构发出警报，引起注意。“拉闸”机制的作用是暂停业务，总行可通过该系统，立即暂停全行各地所有机构对该集团客户的所有授信业务，直到风险警报解除才予以恢复。

附 录

附录一 行长风险管理启示录

不良资产是银行家心中的痛。

防范风险要从选对客户开始。

要想不被骗，就不要和骗子打交道。

要想学会做好的贷款，先要学会拒绝不好的贷款。

不怕乱如麻，只怕不调查。

事后控制不如事中控制，事中控制不如事前控制。

防风险，要“三早”：早发现、早行动、早化解。

我在基层银行工作，经常跑企业，直接接触企业的各级管理人员，得出了一个重要体会：要看厂长的素质。厂长的素质就是企业的素质，一把手的素质决定了贷款项目的成败。

看企业首先要看厂长，看他的人品素质怎样，精神状态是否积极向上，工作思路是否清晰流畅。企业家有许多精神上的东西，靠电脑评级是评不出来的。对于中小企业，了解企业负责人的性格、为人、嗜好等情况非常重要，因为这些东西会决定企业行为甚至成败。

“山不在高，有仙则名；水不在深，有龙则灵。”虽然大企业的授信风险相对较低，中小企业的授信风险相对较高，但也不能一概而论。市场经济在发展，银行应以“企业不论大小，重在经营好坏”的眼光去判断风险大小。

对于出现问题的贷款采取果断措施，可以在很大程度上减少损失。采取的措施越早，银行的损失越小。

先求控大，再求控小。就是说，要先看行业风险大小，再看企业风险大小。

国外先进商业银行的实践证明，几乎每家银行都选择自己最熟悉、风险管理经验最丰富的行业作为信贷进入的主要领域并设定相应限额，而对其感觉陌生、缺乏风险管理经验的行业，无论该行业的企业处于何种生命周期阶段及发展方向如何，一般都不会轻易进入。

《周易》上说“安不忘危，存不忘亡”。银行在“大好形势”下面临着大发展时机，更要冷静地分析和思考,冲动往往会作出错误的决策。很多历史经验证明,表面的大发展往往潜伏着大风险。

“月盈则亏，物极必反。”从世界各国银行的经验来看，似乎都难逃这样的规律，在经济高涨时放出去的大量贷款，会在经济衰退时形成大量的不良资产。

从中外金融史来看，银行和企业的兴衰基本是同命运的。企业经营不佳，必然带来银行的坏账。犹如常言所说：企业今天的困难，就是银行明天的困难。因此，当国家开始对过剩行业紧缩调控时，银行务必要小心。

调查贷款时，要做到“耳听为虚，眼见为实”。

我要求客户经理到小企业调查时必须做到：
三个“必看”，必须对生产车间、仓库、抵质押品实地查看。
三个“必谈”，必须与实际控制人、财务经理、基层员工三级人员见面谈话。
三个“必查”，必须对财务账、水电费单据、纳税单进行核查。

有问题的企业不会把它最隐秘的情况告诉你。

对于未到期的贷款必须加强检查，及时发现和处置风险苗头。如果等到潜在的风险转变为真正损失时，为时已晚。

要特别小心“三过”企业，过度扩张、过度负债、过度担保。这些膨胀很快的企业，往往结束得也快。

贪婪是商人的天性，也是商人的天敌。

冒险是企业家的生命，而谨慎则是银行家的生命。银行家不能只跟着企业家跑，必须要有自己的判断能力。

预防风险是防火，化解风险是救火。事前的预防，胜于事后的扑救。

不熟的不做，看不清的不做，控制不住的不做。

当我们不知道这个客户贷款想干什么的时候，最好离他远一点。

凡骗必假，凡假必骗。骗子凡是要骗人，必然要造假资料。银行凡是发现资料有假，应马上意识到后面必有骗局。

银行贷款的原则，安全性第一，收益性第二，顺序不能颠倒。

核实贸易背景的真实性，不仅要在贷前调查时审核买卖合同，关键还要在贷后检查时看企业是否做到了“三动”，即是否动钱、动账、动货，即银行的资金是否有划拨，企业的账目是否有记载，仓库的货物是否有发送。

在贷前调查时，没有什么能替代下面三个最主要的问题：你要这笔贷款干什么用？你准备用什么还？当你说的还款方法不行时，还准备怎么办？

银行人员在确定每笔授信条件时，要像裁缝师傅“量身定做”一样，认真确定好金额、期限、利率、担保条件等，这个原则无论是从前还是现在都是适用的。

判断客户借款金额是否合理，有一个简单办法，就是和他前三年的贷款余额相比，在生产经营正常的情况下，这次借款金额如果没有大幅增加，基本可认为是合理的。

要真正把握好客户的需求，帮客户设计好方案，避免金额、期限、利率、担保等贷款条件不断改变的情况发生。

银行对抵押物管理的标准是：选得好、评得准、押得住。

越是好企业，能提供的押品越好；越是差企业，能提供的押品越差。

判断房产抵押物的价值，可有三个参考价：一是房产的购买价，二是二手房的成交价，三是法院的拍卖价。

核保人员是银行派出去的眼睛和耳朵，必须严格按照规章制度操作，确保借款人和担保人签字盖章的真实性，严防诈骗案件的发生。

质押贷款说是低风险业务，实际却有高操作风险，一不注意就容易出案件。

附录二　授信风险明细表

（风险类型 352 种）

“明者见危于无形，智者见祸于未萌。”要想识别和防范授信风险，首先要知道都有哪些风险。为便于读者一目了然、简明扼要地掌握主要的授信风险，笔者将本书中所述的各类风险提纲挈领地列示如下。

各家银行风险管理部门可将此附录所列风险加入本行的《授信调查表》《授信审查表》《授后检查表》中，使得各个岗位人员在做授信调查、授信审查和授后检查等工作中，注意识别、发现、堵截、防范和化解这些风险。

至于每项风险的危害程度和紧急程度，各家银行可结合本行的客户评级、债项评级、审批标准、预警级别、五级分类等项制度，进一步研究划分，并制定对应的事前防范和事后化解管理办法。

注：此处所列的 352 种风险只是在本书中论述的，实践中的风险数量不止这些。

第一章　借款人风险（114种）

节	风险类型
第一节　欺诈风险	**虚假借款人风险的类型（3种）** 假公司 假地点 假人员
第二节　实际控制人风险	**实际控制人风险的类型（21种）** 一、健康风险（4种） 暗疾——有重大健康暗疾隐患 重病——重病已不能正常工作 身亡——正常或非正常死亡 失联——突然失踪或无法联系 二、违法违规（5种） 涉案——涉及刑事案件被司法机关传唤、拘留、逮捕或判刑 涉讼——涉及民事纠纷诉讼 欺诈——对他人发生过欺诈行为 传闻——媒体和社会对其有负面报道或不良传闻 其他——违反国家法律法规的其他情形

续表

节	风险类型
第二节　实际控制人风险	三、资金紧张（6种） 投机——存在大量炒股、炒期货等高风险投机行为 借贷——参与（或曾经参与）民间高息借贷活动 欠债——仍有拖欠民间大额个人债务 不良——个人征信系统中有（或曾有）大额不良贷款记录 违约——个人信用卡有违约记录 转股——非正常原因向他人转让（或拟转让）股权 四、行为异常（3种） 身份——无法确认是否为企业实际控制人 离职——非正常原因离开原企业或现企业的重要职务 异常——频繁跳槽、常换手机号等异常情况 五、家庭问题（3种） 家庭——家庭存在重大纠纷（婚姻、财产、子女、遗产等） 移民——本人或全家已经（或正在）办理移民 退休——本人已经（或将）办理退休
第三节　管理层风险	**管理层风险的类型（6种）** 人事异常——高管人员或董事会成员异常变动 高管分裂——管理层出现严重分歧 决策混乱——经营理念和决策混乱 股权变化——股权结构发生重大不利变化 兼并重组——企业将进行兼并或重组 逃废债务——债务人通过种种方式逃废银行债务
第四节　违法违规风险	**违法违规风险的类型（9种）** 一、触犯国家刑法的类型（4种） 企业经营中的刑法风险 企业管理中的刑法风险 企业政商交往中的刑法风险 企业融资中的刑法风险 二、违反国家法规的类型（5种） 违反国家税务规定 违反国家环境保护法规 违反海关监管规定 违反药品食品监管规定 违反国家土地管理规定

续表

节	风险类型
第五节　经济纠纷风险	**经济纠纷的类型（2种）** 经济合同纠纷 经济侵权纠纷
第六节　账户查冻扣风险	**账户查冻扣风险的类型（3种）** 账户被查询 账户被冻结 账户被扣划
第七节　行业风险	**高风险行业的类型（5种）** 经济周期下行时的行业 受国家政策性限制的行业 整体衰退的行业 快速消失的行业 受汇率变动影响大的行业
第八节　生产问题	**生产问题的类型（23种）** 一、生产管理混乱问题（8种） 营业证照不齐备 厂区环境脏乱差 劳动纪律松散 生产厂区冷清 设备陈旧落后 上班工人和职员稀少 工作精神状态不饱满 内部管理制度混乱 二、开工不足问题（4种） 虚假生产 车间设备开工不足甚至停产 用电量减少（下降20%以上） 用水量减少（下降20%以上） 三、产品质量风险问题（3种） 产品质量不达标 以假充真 以次充好

续表

节	风险类型
第八节　生产问题	四、生产成本上升问题（6种） 单位产品原材料消耗量增加 原材料价格大幅上升（超过产品价格涨幅） 重要供货商终止合作或大幅减少供货量 用工成本增加 管理费用增加 税收费用增加 五、安全生产风险问题（2种） 发生重大安全事故 遭受重大自然灾害
第九节　产品销售困难	**产品销售困难的类型（4种）** 产品销售量大幅下降（下降20%以上） 产品销售价格下降 重要销售商终止合作或大幅减少订货量 产品竞争力和市场占有率明显下降
第十节　库存积压问题	**库存积压问题的类型（2种）** 库存产品过剩积压 库存账实不符
第十一节　过度扩张风险	**过度扩张风险的类型（1种）** 企业过度扩张风险
第十二节　多元化投资风险	**多元化投资风险的类型（1种）** 企业多元化投资风险
第十三节　投资房地产风险	**投资房地产风险的类型（1种）** 企业投资房地产风险
第十四节　关联交易风险	**关联交易风险的类型（4种）** 虚假交易，套取授信 相互担保，虚化信用 内部挪用，资金失控 躲避责任，逃废债务
第十五节　人力资源管理问题	**人力资源管理问题的类型（4种）** 缺乏良好的文化理念 员工离职率高 人力资源过剩 人力资源短缺

续表

节	风险类型
第十六节　社会负面信息	**企业负面信息来源的类型（5种）** 从中国人民银行征信系统中发现不良记录 从其他银行获悉负面信息 从政府部门网站收集负面信息 从媒体报道获悉负面信息 从社会渠道获悉负面信息
第十七节　财务风险	**财务风险的类型（20种）** 一、经营亏损（1种） 二、应收账款出问题（1种） 三、现金流紧张（1种） 四、高利贷风险（1种） 五、债务负担沉重（1种） 六、过度担保（4种） 企业过度担保 被担保人违约而代偿赔付 关联方担保出问题 擅自对外提供担保 七、资金链断裂（10种） 库存和应收账款过大 盲目决策，过度扩张 多元化投资失利 投资房地产失败 资产价格泡沫破裂 超高的财务杠杆 大量民间借贷发生纠纷 融资期限结构不合理 过度担保造成被动 经济下行前未提前收缩 八、财务制度混乱（1种）

第二章　借款用途风险（11种）

节	风险类型
第二节　应注意防范借款用途风险	**借款用途风险的类型（11种）** 用于违反国家法律法规的 用于国家严格限制领域的 关联方套取贷款的 表外业务没有真实交易背景的 短贷长用的 挪用资金的 用于高风险投机的 用于发放高利贷的 用于偿还其他银行不良贷款的 将贷款资金输送给股东或实际控制人的 用途不明且无法证实的

第三章　还款来源风险（4种）

节	风险类型
第二节　应注意防范还款来源风险	**还款来源风险的类型（4种）** 还款意识不可信 还款来源不可靠 还款资金不可控 授后管理不到位

第四章　授信条件风险（4种）

节	风险类型
第一节　金额不当风险	**金额不当风险的类型（1种）** 金额不当风险
第二节　期限不当风险	**期限不当风险的类型（1种）** 期限不当风险
第三节　利率不当风险	**利率不当风险的类型（1种）** 利率不当风险
第四节　担保不当风险	**担保不当风险的类型（1种）** 担保不当风险

第五章　担保人风险（14种）

节	风险类型
第一节　担保人资信风险	**担保人资信风险的类型（3种）** 虚假担保人 高风险担保方式 担保人资信不足风险
第二节　担保人违规风险	**担保人违规风险的类型（3种）** 违反关联方担保规定 违反担保人公司章程 超核定额度担保
第三节　担保资料无效风险	**担保资料无效风险的类型（3种）** 无效担保决议 无效担保签章 担保合同未随借款合同一起变更
第四节　担保公司风险	**担保公司风险的类型（5种）** 虚假担保公司欺诈 快速扩张集聚风险 违规经营遭受处罚 套取资金和挪用银行资金 发生多次赔付，资金链紧张

第六章　抵押风险（42种）

节	风险类型
第一节　防范抵押欺诈风险	**抵押物欺诈的类型（7种）** 抵押物根本不存在 非法房产抵押 重复抵押 高估抵押物价值 虚假抵押资料 蒙骗银行核保人员 抵押登记造假

续表

节	风险类型
第二节　抵押物不可接受风险	**不可接受的抵押物的类型（4种）** 抵押物已出售 有问题的出租房 重复抵押 抵押物难以处置变现
第三节　法律风险	**法律风险的类型（3种）** 抵押物不符合法律法规 抵押物被查封 抵押物存在权属纠纷
第四节　评估风险	**评估风险的类型（4种）** 虚假评估报告 抵押物价值明显被高估 评估公司不符合要求 评估报告过期
第五节　抵押条件风险	**抵押条件风险的类型（6种）** 抵押率不符合本行规定 抵押期限未覆盖授信期限 抵押条款对本行不利 抵押顺位对本行不利 房产和土地未同时办理抵押 抵押物保险单过期
第六节　抵押手续存在问题	**抵押手续存在问题的类型（7种）** 未获得审批文件 抵押物名称不符 抵押物面积有误 土地未缴纳出让金 抵押登记内容有误 抵押手续未落实 抵押程序不符合银行规定
第七节　抵押物损毁风险	**抵押物损毁风险的类型（5种）** 抵押物被司法查封 抵押物状态发生变化 抵押物出现损毁 抵押物被抵押人擅自处置 抵押物价值大幅下降（超过10%）

续表

节	风险类型
第八节　保单风险	**保单风险的类型（6种）** 保险单金额未覆盖贷款本息 保险单期限未覆盖贷款期限 保险单内容与借款合同内容不匹配 赔付条款苛刻 保费未按时缴纳或全额缴纳 保险单尚未生效

第七章　质押风险（44种）

节	风险类型
第一节　存单质押风险	**存单质押风险的类型（8种）** 一、存单质押诈骗风险的类型（4种） 拉存款质押骗贷 伪造假存单质押 与存款人串通欺诈 与存款银行内鬼勾结作案 二、存单质押操作风险的类型（4种） 出质人意愿不真实 质押资金来源不合规 质押金额未覆盖贷款本息 质押期限与授信期限不匹配
第二节　存货质押风险	**存货质押风险的类型（13种）** 一、存货质押欺诈风险的类型（4种） 以假充真 以次充好 价格高估 重复质押

续表

节	风险类型
第二节　存货质押风险	二、存货质押操作风险的类型（9 种） 存货的品种、规格、数量等不符合银行要求 存货的权属不明确 质押价格未按“购买价和市场价孰低”的原则确定 监管方资质不符合本行要求 存货保险单存在问题 押品未进入指定仓库存放 仓库管理混乱，账账不符，账实不符 货物未分堆码放，标识不明 违规出库，随意放货
第三节　应收账款质押风险	**应收账款质押风险的类型（20种）** 一、应收账款质押欺诈风险的类型（4 种） 违法交易合同 虚假应收账款 销售价格虚高 抽逃贷款资金 二、应收账款质押操作风险的类型（16 种） 不适合质押的应收账款 应收账款权属不明 应收账款被重复质押 质押率不当风险 质押条款不具有排他性 质押顺位上本行处于不利地位 未制定专门管理办法 未设立专用回款账户 质押资料手续不全 授信后资金未按时足额入账 资金被擅自挪用 债务人抗辩权风险 放弃权利风险 诉讼时效风险 抵销权风险 被司法机构查冻扣风险

续表

节	风险类型
第四节　股票质押风险	**股票质押风险的类型（3种）** 不可接受质押的股票 股票价格不断下跌 股票质押登记手续存在问题

第八章　虚假资料风险（57种）

节	风险类型
第一节　虚假合同	**虚假合同风险的类型（11种）** 一、虚假经济合同的类型（4种） 伪造的经济合同 变造的经济合同 恶意串通订立的经济合同 修改后的经济合同 二、问题合同的类型（7种） 重复使用的合同 尚未生效的合同 过期失效的合同 有对银行不利条款的合同 合同当事人名称等有问题的合同 合同价格金额有问题的合同 合同结算方式有问题的合同
第二节　虚假借款决议	**虚假借款决议的类型（3种）** 疑似伪造、变造的借款决议 签字人员不符合企业规定 签字人数不符合企业规定

续表

节	风险类型
第三节　虚假担保决议	**虚假担保决议的类型（10种）** 疑似伪造、变造的担保决议 决议未经董事会有效同意 决议未经股东（大）会同意 董事会、股东（大）会的表决人无效 表决同意的票数不足 对表决事项的授权书不明确 决议上的签字人未获授权 表决决议过期失效 签字人签错位置 决议公证书表述不明确
第四节　虚假签字	**虚假签字的类型（4种）** 文件中缺漏签字人签字 他人假冒签字人签字 他人代替签字人签字 无权签字人签字
第五节　虚假印鉴	**虚假印鉴的类型（10种）** 使用假印鉴 印鉴未在公安部门和工商管理部门备案 印鉴与在公安部门和工商管理部门备案的不符 用印与本行预留印鉴不符 使用多套公章 使用已注销的公章 更名后仍使用旧公章 使用已失效的人名章 公章老化变形无法验证 盖章模糊难以识别
第六节　虚假授权委托书	**虚假授权委托书的类型（5种）** 未获授权的授权委托书 超出权限的授权委托书 授权事项不明确的授权委托书 过期失效的授权委托书 难以核实真假的授权委托书

续表

节	风险类型
第七节　虚假发票	**虚假发票的类型（7种）** 伪造、变造的虚假发票 客户提供不出银行要求的发票 重复使用的发票 已经作废的发票 向税务机关查询不到的发票 与常理不符的大金额发票 复印件模糊不清的发票
第八节　虚假财务报表	**虚假财务报表的类型（7种）** 高估资产 低估负债 高估销售收入 低估销售成本 虚假利润 虚假银行对账单 虚假审计报告

第九章　银行授信风险苗头（13种）

节	风险类型
第一节　他行授信风险苗头	**他行授信风险苗头的类型（9种）** 在他行授信拖欠本息 在他行授信分类被降级 在他行授信申请被拒绝 在他行授信余额大幅增加 在他行授信发生被动重组 频繁更换开户银行和结算账户 同时在过多家银行办理授信 贷款将被用于归还他行问题贷款 异地企业跨区来本行借款
第二节　本行授信风险苗头	**本行授信风险苗头的类型（4种）** 资金归行率不足 提前到账制不落实 五级分类下降 配合态度变差

第十章　专项授信业务风险（49种）

节	风险类型
第一节　票据风险	**票据风险的类型（28种）** 一、票据开票环节风险（24种） （一）开票欺诈风险（5种） 虚假合同骗开票 关联企业骗开票 相互串通骗开票 内外勾结骗开票 伪造、变造假票 （二）无效合同风险（9种） 未提供购销合同 购销合同疑为伪造、变造 购销合同制作粗糙，可信度低 购销合同重复使用 购销合同已失效 购销合同买卖双方与票据业务双方不匹配 购销合同产品与企业经营范围不符 合同约定的结算方式与实际不符 合同复印件缺核对章和经办人签字 （三）业务办理风险（10种） 申请人出问题 担保人出问题 用途不符合规定 开票金额有问题 开票期限有问题 开票日期有问题 保证金来源有问题 挪用票款 应付票款未提前到位 办理不规范 二、票据贴现环节风险（4种） 虚假银票 虚假合同 虚假发票 其他风险苗头

续表

节	风险类型
第二节　贸易融资风险	**贸易融资风险的类型（11种）** 虚假贸易背景 担保条件不落实 发票有问题 挪用资金 商品质量出现问题 商品库存大量积压 销售量大幅下降 价格大幅变动 汇率波动风险 销售回款不落实 涉及司法纠纷
第三节　集团客户风险	**集团客户风险的类型（10种）** 经营规模过度扩张 多元发展出现失败 过度融资杠杆率高 过度担保替人还债 关联交易套取授信 关联企业互相担保 挪用资金遭受损失 短贷长投周转困难 财务造假隐瞒风险 出现风险连锁反应

附录三 客户风险信息网站

根据《中华人民共和国政府信息公开条例》，互联网上可查询客户信息的政府网站越来越多，可查询到全国范围的客户信息（不限地区），基本没有查询门槛（可模糊查询），信息向全社会公开（查询时无须注册），不收查询费。

银行人员无论是在授信调查、授信审查、授信审批，还是在授信发放、授后管理、授信回收各项工作中，都应通过有关网站随时查询客户的风险信息，从而做出风险决策和采取管理措施。

一、查询企业基础信息

★ 全国组织机构统一社会信用代码公示查询平台

★ 全国企业一般纳税人资格查询网

★ 小微企业名录（国家市场监督管理总局网站）

★ 巨潮资讯网（中国证监会指定的上市公司信息披露网站）

★ 上海证券交易所网站

★ 深圳证券交易所网站

★ 全国公民身份证号码查询服务中心

★ 全国中小企业股份转让系统

★ 信用视界

★ 天眼查

★ 悉知网

★ 企查查

★ 启信宝（AI 商业调查工具）

★ 高新技术企业认定管理工作网（科学技术部火炬高技术产业开发中心主办）

二、查询企业信用信息

★ 中国人民银行征信中心

★ 中国银保监会客户风险监测预警系统（供银行系统内部查询）

★ 国家企业信用信息公示系统（国家市场监督管理总局主办）

★ 各省区市信用网站，如北京市企业信用信息网、浙江企业信用网、深圳信用网、信用大连、山东信诚征信中心等

★ 中国信用网（社会信用体系建设发展研究会主办）

★ 信用中国网站（国家公共信用信息中心主办）
★ 绿盾企业征信系统
★ 查票通（企业发票安全卫士）

三、查询企业资产信息

★ 动产融资统一登记系统（中国人民银行征信中心主办）
★ 中征应收账款融资服务平台（中国人民银行征信中心主办）
★ 全国市场监管动产抵押登记业务系统（国家市场监督管理总局网站）

四、查询企业涉诉信息

★ 人民法院公告网（最高人民法院主办）
★ 中国裁判文书网（最高人民法院主办）
★ 各省级高院网站，如北京法院网、上海法院网、浙江法院网等
★ 中国执行信息公开网（最高人民法院主办）
★ 全国法院失信被执行人名单信息公布与查询系统（最高人民法院主办）
★ 人民法院诉讼资产网（最高人民法院主办）
★ 全国企业破产重整案件信息网（最高人民法院主办）
★ 各类司法拍卖网站
★ Open Law 裁判文书检索网站

五、查询企业被行政处罚信息

★ 行政处罚及市场禁入情况（中国证监会网站 ）
★ 环保行政处罚（各省市地方政府环保部门网站）
★ 国土行政执法公示（自然资源部网站）
★ 国家市场监督管理总局
★ 安全管理网

六、查询企业税务信息

★ 国家税务总局网站
★ 各地税务局网站
★ 国家税务总局全国增值税发票查验平台

七、查询企业投融资信息

★ 中国货币网（中国外汇交易中心暨全国银行间同业拆借中心主办）
★ 中国债券信息网（中央国债登记结算有限责任公司主办）
★ 和讯网（中国财经网络领袖）
★ 汇通票据网（中国最大票据门户网站）
★ 中国银行间市场交易商协会网站

八、政府各主管部门网站

★ 中国电子口岸（海关中国电子口岸执法系统）
★ 海关信息网（全国海关信息中心主办）
★ 中国土地市场网（自然资源部子网站）
★ 全国征地信息共享平台（自然资源部子网站）
★ 矿业权市场（自然资源部子网站）
★ 中国及多国专利审查信息查询（国家知识产权局主办）
★ 中国商标网（国家知识产权局商标局主办）
★ 中国采购招标网（投标采购行业唯一指定发布网站）
★ 建设工程企业资质（住房和城乡建设部网站）
★ 国家市场监督管理总局网站
★ 中国版权保护中心网站

九、行业协会网站

★ 中房网（中国房地产业协会官方网站）
★ 中国证券业协会网站
★ 中国律师网（中华全国律师协会主办）
★ 金马甲网络交易联盟（资产与权益在线交易平台）
★ 国家煤炭工业网
★ 中国医药商业协会网

参考文献

［1］张磊．价值：我对投资的思考［M］．杭州：浙江教育出版社，2020.
［2］国务院国资委考核分配局．企业绩效评价标准值 2021［M］．北京：经济科学出版社，2021.
［3］张衢．信贷与风险［M］．北京：中国金融出版社，2020.
［4］邓莹．赢在控险：一名原刑侦教官的风险管控之路［M］．长春：吉林出版集团有限公司，2020.
［5］王团结．小微企业贷款调查技术［M］．北京：机械工业出版社，2020.
［6］张文魁．经济学与经济政策［M］．北京：中信出版集团，2018.
［7］张金昌．智能财务分析方法：准确计算法和因素穷尽法［M］．北京：中国社会科学出版社，2018.
［8］吴晓波．激荡十年，水大鱼大：中国企业 2008—2018 年［M］．北京：中信出版集团，2018.
［9］董汉勇，华文龙．发现灰犀牛：信贷审查的逻辑［M］．北京：现代出版社，2017.
［10］蒲小雷．企业信贷与商业信用尽职调查［M］．北京：中国金融出版社，2017.
［11］孙建林．授信操作风险防范——近年 600 案例解析［M］．北京：企业管理出版社，2017.
［12］熊涛．银行业重点风险防范指南［M］．北京：中国金融出版社，2017.
［13］徐捷．国际贸易融资：实务与案例［M］．北京：中国金融出版社，2017.
［14］刘元庆．信贷的逻辑与常识［M］．北京：中信出版集团，2016.
［15］张衢．货币商人［M］．北京：中国金融出版社，2016.
［16］孙建林．优秀客户经理授信业务指引［M］．北京：企业管理出版社，2015.